평시국제공법

1905 제2·12권
보성전문학교 교과서번역사업 12
고려대학교 仁星기금 후원

평시국제공법

平時國際公法

석진형 강술·신해영 교열
강병근 옮김

KOREA
UNIVERSITY
PRESS
고려대학교
출판문화원

인성기금

"인성기금은 유휘성 회장이
고려대학교에 기부하여 조성된 연구기금입니다"

"고려대학교 연구비에 의하여 수행되었음"

머리말

석진형(石鎭衡) 저《평시국제공법(平時國際公法)》을 포함하여 보성전문 교과서를 현대어로 바꾸는 작업은 2019년부터 시작된 고려대 법학전문대학원의 보성전문 시대 교과서 번역 사업의 일부이다. 이 사업의 결과 이미《전시국제공법(戰時國際公法)》이 2021년 고려대 박기갑 교수에 의해 현대문으로 번역되어 출간된 적이 있다. 그동안 번역되지 않았던《평시국제공법》은 2025년 개교 120주년을 맞이하여 기획된 고대법학 120주년 사업의 일환으로 착수되었다.

《평시국제공법》의 저자는 본문에서 제2차 헤이그 평화회의가 '작년'에 열렸다고 몇 차례 기술하였다. 따라서 아마도 이 책은 1908년에 간행되었을 것이다. 이 책의 원문은 한글과 한자가 섞여 세로쓰기로 작성되어 있는데 한글은 옛 한글이어서 이해하기 어렵고 한자 역시 일본식·중국식 한자어로 되어 있어서 의미를 찾기 어려웠다. 무엇보다도 문체가 현대문과 달라서 익숙해지는 데 몇 개월이 걸렸다.

이 책에서 소개하는 '인명', '지명', '사건명'은 이 책 저술 당시의 방식으로 음차되어서 원래의 명칭을 찾는 데 시간이 많이 소요되었다. 역자가 최대한 그 근거를 찾아서 현대어 음차 방식에 맞추어 바꾸었으나, 원문의 인명, 지명, 사건명을 도저히 파악할 수 없을 때는 원문을 살리되 현대어 표기로 바꾸었다.

이 책의 원문을 현대어로 바꾸면서 가급적 한자어를 현대문으로 풀어쓰고자 노력했다. 하지만, 풀어쓰면 너무 길어지거나 앞뒤 말의 용례상 한자를 사용해야 할 경우는 괄호 처리하였다. 역자주를 최소화하기 위하여 조약 명칭, 인명, 지명, 사건명은 본문에서 괄호 속에 외국어 표기를 하고, 미진한 경우에만 각주에서 설명하였다. 원문과 숫자가 다를 경우 역자가 근거를 찾아서 최대한 맞는 쪽으로 수정하였다.

1905년 보성전문학교에서 국제공법을 전시와 평시로 나누어 강의한 것이나 강의교재를 만들어 사용했다는 것은 지금 생각해도 대단한 일이다. 1904년 러일전쟁 이후의 국제법도 21세기 우크라이나 전쟁 이후의 국제법에 못지않게 급격한 변화 과정에 있었다. 120여 년 전 국제법과 현재의 국제법을 비교 검토하는 작업은 너무나 양이 많고 내용도 다양해서 다른 기회에 수행해야 할 것이다.

석진형의 《평시국제공법》이 현대문으로 번역되어 세상에 나오기까지 여러 사람들의 도움이 있었다. 이황 법학전문대학원 원장의 주도하에 '보성전문 개교 120주년 기념 사업'이 추진되지 않았다면 이 책은 현대문으로 옮겨질 수 없었을 것이다. 아울러, 비슷한 시기 다른 보성전문 교과서 번역 작업을 수행한 동료 교수님들의 노고에서도 많은 도움과 자극을 받았다. 편집 과정에서 고려대학교 출판문화원의 전승현 님이 꼼꼼하게 검토해 주신 점에 깊은 감사를 드린다. 앞으로 이 책을 계기로 19세기 말 20세기 초 국내에서 간행된 다른 국제법 저서의 현대문 번역 작업이 더 많아지기를 기대한다.

2025년 3월

역자 강병근

차례

머리말 v

서언 1

제1편 총론 4

제1장 국제법의 본질 4

제1절 국제법이 법률인가? 4

제2절 비법률론파의 학설에 대한 논리적 반박 14

제2장 국제공법의 정의 25

제3장 국제공법의 연원 48

제1절 국제공법 연원의 종류와 설명 50

제1관 조약 50

제2관 포획심검소와 중재재판소의 판결 53

제3관 외교문서와 국제사건에 관한 공문 서류 55

제4관 국내법과 국내 관리에 내린 훈령 56

제5관 학설과 학회의 결의 57

제2절 국제법 연원의 효력 61

제4장 국제공법의 명칭 63

제5장 국제공법 연구의 필요성 64

제2편 국제공법의 당사자 67

제1장 국제공법 당사자의 성질 67

제2장 국가의 종류 70

제1절 주권 향유와 행사 정도에 근거한 국가의 분류 71

제1관 주권국 74

제2관 일부주권국 ... 75
제2절 정세와 형편에 근거한 국가의 분류 ... 91
제1관 단독국 ... 91
제2관 복잡국 ... 93
제3장 국가의 성립 요소 ... 99
제1절 개론 ... 99
제2절 국가의 영역 ... 100
제1관 영역의 성격 ... 100
제2관 영역의 경계 ... 101
제3관 영역의 취득과 상실 ... 106
제4관 공해, 영해 및 하천 ... 141
제5관 호수, 운하와 선박 ... 164
제3절 국가의 영역 ... 169
제4절 국가의 성립과 승인 ... 172
제4장 국가의 멸망과 변경 ... 192
제1절 국가의 멸망 ... 192
제2절 국가의 변경 ... 196

제3편 국가의 권리 ... 209
제1장 개론 ... 209
제2장 국가의 평등권 ... 213
제1절 총론 ... 213
제2절 국제 예의 ... 215
제1관 국가, 군주의 호칭과 계급 ... 216
제2관 주권자 및 국가 대표자의 서열 ... 219
제3관 외교상 용어 ... 222
제4관 해상 경례 ... 223
제3장 국가의 독립권 ... 228
제1절 개론 ... 228
제2절 영역 내에 대한 독립권 ... 232
제1관 외국 인민 ... 233
제2관 외국 선박 ... 256

제3절 영역 외에 대한 독립권 262
제1관 영역 외에 있는 자국 인민 262
제2관 공해상 선박 264
제3관 치외법권 271
제4관 영사재판권 282
제4장 국가의 자위권 287
제1절 총론 287
제2절 간섭 293
제1관 간섭의 성격 293
제2관 간섭의 종류 296
제5장 국가의 교통권 314
제1절 총론 314
제2절 외교관 316
제3절 영사관 341
제4절 조약 354
제1관 조약의 성격 354
제2관 조약의 성립 356
제3관 조약의 형식 360
제4관 조약의 비준 361
제5관 조약의 효력 365
제6관 조약의 해석 368
제7관 조약의 소멸과 갱신 369

제4편 국제분쟁 375
제1장 총칙 375
제2장 평화적 수단 379
제1절 직접 협상 380
제2절 주선과 거중조정 382
제3절 중재재판 385
제4절 국제회의 393
제3장 강제 수단 395

제1절 보복 396
제2절 복구 397

平時國際公法論

石鎭衡 講述
申海永 校閱

緖言

國際公法을講論홈에當ᄒᆞ야世人의迷見을先述ᄒᆞ노니或者ᄂᆞᆫ妄論의迷執으로써國際公法이不如大砲一門이라云ᄒᆞ니大砲가一門이면萬國의數千年慣習과萬國의累會合條約을能히打破乎아假使或者의所論과ᄀᆞᆺ치大砲의一門으로能히打破라ᄒᆞ야도若一箇의抵抗國이有ᄒᆞᆯ時ᄂᆞᆫ不可不戰時公法의適用을反見ᄒᆞᆯ지니或者의所論이一血勇少年男子의言論에不過홈은此에再辯ᄒᆞᆯ處가初無ᄒᆞ고

或者ᄂᆞᆫ空想의迷執으로써國際公法은國法과如ᄒᆞ야國家가土偶木像ᄀᆞᆺ치拱手無爲ᄒᆞ야도他國家가自來ᄒᆞ야我國을到底히保護ᄒᆞᆯ意로自信ᄒᆞ니一定ᄒᆞᆫ國法下에生活ᄒᆞ야生命財産을完全ᄒᆞᆫ法律에依托ᄒᆞᆫ人民이라도自主自活의能力이不足ᄒᆞᆫ者ᄂᆞᆫ法律上禁治産의宣告와後見의制度가有ᄒᆞ거던何況六大洲覇界에

평시국제공법론

석진형(石鎭衡) 강술

신해영(申海永) 교열

서언

국제공법을 강론할 때 먼저 세상 사람들의 헛된 견해를 말하자면, 어떤 사람은 망령된 논리에 미혹되어 국제공법이 대포 1문보다 못하다고 한다. 대포 1문으로 여러 나라의 수천 년 된 관습과 여러 나라들이 여러 차례 회의하여 체결한 조약을 깨뜨릴 수 있을까? 설령 그 사람의 이론처럼 대포 1문으로 깨뜨릴 수 있다고 해도 만약 저항하는 국가가 하나라도 있을 때는 오히려 전시공법이 적용되는 것을 반드시 보게 될 것이니 그 사람의 이론이 혈기 왕성한 남자 소년의 주장에 불과한 점은 재론할 여지가 전혀 없다.

어떤 사람은 공상에 미혹되어 사로잡혀서 국제공법은 국내법과 같아서 국가가 인형같이 손을 모은 채 가만히 있어도 다른 국가가 알아서 찾아와 우리나라를 어쨌거나 보호할 것이라고 자신한다. 일정한 국내법하에 생활해도 생명과 재산을 완전히 법률에 맡긴 인민이라도 자주적으로 스스로 살아갈 능력이 부족한 사람은 법률상 금치산 선고와 후견제도가 있겠지만, 하물며 전 세계 패권 국가들 사이에서러 사람이 사망한 사람이 있으

生活ᄒᆞᄂᆞᆫ國家가土偶ᄀᆞᆺ치拱手無爲ᄒᆞ야또他國家가自來保護ᄒᆞ기로思想ᄒᆞ고야自國을豈能保存ᄒᆞ리오

或者ᄂᆞᆫ妄想의迷執으로ᄡᅥ國際公法은國內法의成文法과ᄀᆞᆺ치成條成編ᄒᆞ야每條每章에照律處斷ᄒᆞᄂᆞᆫ意로推想ᄒᆞ니條約은國際法의一淵源이라該條約締結國間에或其條約을解釋適用ᄒᆞᄂᆞᆫ者가不無ᄒᆞ되成條成編ᄒᆞ야內國의成文法法典體로編纂된者ᄂᆞᆫ아닐ᄲᅮᆫ더러又況國際問題가多數ᄂᆞᆫ國際上慣例ᄅᆞᆯ依ᄒᆞ야解決되ᄂᆞᆫ者ㅣ리오

大抵國際公法은以上三或者의妄論空想과如ᄒᆞᆫ者ㅣ아니라假令箇人은國內에生活ᄒᆞ면其箇人을拘束ᄒᆞᄂᆞᆫ法律을知ᄒᆞᆯ必要가有ᄒᆞ고國家ᄂᆞᆫ世界에生活ᄒᆞ면其國에關係되ᄂᆞᆫ國際上原理原則을知ᄒᆞᆯ必要가生ᄒᆞᄂᆞ니此ㅣ即吾人의國際法을硏究코져ᄒᆞᄂᆞᆫ目的이로다然이나如此ᄒᆞᆫ大學問을述者의淺見薄識으로焉敢히其學理의蘊奥ᄅᆞᆯ盡發ᄒᆞ야ᄡᅥ讀者의滿足ᄒᆞᆷ을得케ᄒᆞ리오아ᄂᆞᆫ我國에斯學에關ᄒᆞᆫ著書ᄂᆞᆫ初無ᄒᆞ고以上三或者의妄想空論과如ᄒᆞᆫ誤惑은滋甚ᄒᆞᆷ으로淺學을不顧ᄒᆞ고玆에斯法을五編에分ᄒᆞ야其大綱領을講述ᄒᆞ야ᄡᅥ剞劂에付ᄒᆞᆷ은不得

살아가는 국가가 흙 인형같이 손은 모은 채 가만히 있어도 다른 국가가 알아서 찾아와서 보호하리라 생각해서야 어떻게 자기 나라를 보존할 수 있겠는가?

어떤 사람은 망상에 미혹되어 사로잡혀서 국제공법은 국내의 성문법과 같이 조문으로 편성되어 각 조문과 각 장의 규칙을 따라 처리하는 것으로 추측하는데 조약은 국제법 연원 중 하나로서 그 조약을 체결한 국가들 사이에 혹시 그 조약을 해석하여 적용하는 경우가 없지 않지만, 조문으로 편성했다고 해서 국내의 성문법법전 방식으로 편찬된 것이 아닐 뿐만 아니라 또한 게다가 국제문제 중 다수는 국제적인 관례에 의하여 해결된다.

대체로 국제공법은 위의 세 가지 망령된 논리나 공상과 같은 것이 아니다. 가령 개인이 국내에서 생활하자면 그 개인을 구속하는 법률을 알 필요가 있고, 국가가 세계에서 생활하자면 그 국가에 관계되는 국제적인 원리 원칙을 알 필요가 생긴다. 이는 곧 우리가 국제법을 연구하려는 목적이다. 그러나 이같이 커다란 학문을 저자의 얕은 견해와 지식으로 어찌 감히 심오한 학술이론을 모두 드러내어 독자들을 만족시킬 수 있을까? 우리나라에 이 학문에 관한 저서가 전혀 없고 위의 3가지 망상과 공론 같이 괴이하고 의심스러운 점이 극심해져 있기에 학문 수준이 얕지만, 이참에 이 법을 5편으로 나누어서* 그 대강을 강술하여 발간하는 것은 부득이하게

* 제4편 제3장 중간 이후인 400쪽 이하는 원문이 결락되어 현대문으로 옮길 수 없었다. 이하 이 책의 페이지 하단에 나오는 각주는 모두 역자주임을 밝힌다.

己斯學校에敎授코져ᄒᆞᆷ이오公衆社會에發表ᄒᆞᆷ은아니라他日學窓의餘日이有ᄒᆞ거던此에修正을更加ᄒᆞ야社會에公佈ᄒᆞᆷ을自期ᄒᆞ노라

本講義의大目次

第一編　總論

第二編　國際公法當事者

第三編　國家의權利

第四編　國際爭議

第五編　局外中立

附錄

이 학교에서 강의하기 위한 것이고 일반 대중에게 발표하는 것은 아니다. 나중에 학교 일이 한가해지면 수정해서 사회에 공포할 것을 약속한다.

이 강의의 대 목차

제1편 총론

제2편 국제공법의 당사자

제3편 국가의 권리

제4편 국제분쟁

제5편 국외중립

부록

第一編　總論

第一章　國際法의本質

今에國際法을研究코져ᄒᆞᆷ에自然羅馬時代以來로브터今日에至ᄒᆞ기ᄭᆞ지斯學上에一大問題되ᄂᆞᆫ法律論非法律論에追及ᄒᆞ야其根本的論理와歐西諸學者의立說을叅考ᄒᆞ야써斯法의本質을確定ᄒᆞ고其枝項을追次分析ᄒᆞᆯ必要가有ᄒᆞᆷ을認ᄒᆞᆯ지로다故로左에此問題에關ᄒᆞᆫ諸學說의贊論과反論을槪擧ᄒᆞ고又述者의贊成ᄒᆞᄂᆞᆫ學說과其理由ᄅᆞᆯ說明코져ᄒᆞ노라

第一節　國際法이法律歟아

第一、國際法을非法律로論駁ᄒᆞᄂᆞᆫ諸學者의說

法理學者에分析派가有ᄒᆞ니뻰삼氏의分析說과오ㅡ스틴氏의分類法說이是라氏等의學說이當時一世ᄅᆞᆯ捲掌ᄒᆞᆯ時에國際法에關ᄒᆞ야曰國際法은法律이아니라ᄒᆞᄂᆞᆫ說이盛行ᄒᆞ얏고

其次斯法에非法律論을主張ᄒᆞ야有力ᄒᆞᆫ者ᄅᆞᆯ콜네릿지氏라云ᄒᆞᆯ지라以外에以上三氏와同說을主張ᄒᆞᄂᆞᆫ學者가其數ㅣ甚多호ᄃᆡ是說은皆三氏의學說을基因

제1편 총론

제1장 국제법의 본질

이제 국제법을 연구하고자 할 때 자연히 로마 시대 이후 오늘날에 이르기까지 이 학문의 큰 문제인 법률론과 비법률론을 따라잡으려면 근본적인 논리와 서구의 여러 학자의 학설을 참고해서 이 법의 본질을 확정하고 그 세부 항목을 추가로 분석힐 필요가 있다.

따라서 아래에서 이 문제에 관한 여러 가지 학설의 찬성론과 반대론을 개괄적으로 거론하고 저자가 찬성하는 학설과 그 이유를 설명하려고 한다.

제1절 국제법이 법률인가?

1. 국제법은 법률이 아니라고 주장하는 여러 학자의 학설

법철학자 중 분석파인 벤담(J. Bentham)의 분석설과 오스틴(J. Austin)의 분류법설이 풍미하던 시절에 국제법에 관해서 국제법은 법률이 아니라는 설이 성행했다.

그때 이 법의 비법률론을 주장했던 유력한 사람은 콜러리지(Lord Coleridge)라고 한다. 이외에 위의 3인과 같은 설을 주장했던 학자의 수가 매우 많지만, 이들의 설은 대개 위 3인의 학설을 기반으로

ᄒᆞᆫ者ㅣ라ᄒᆞ야도可ᄒᆞᆯ지로다

以上과ᄀᆞᆺ치國際法非法律論은甚히英國學者間에盛行ᄒᆞᆫ바ㅣ니此說中에其有力ᄒᆞᆫ者ᄅᆞᆯ擧ᄒᆞᆯ진ᄃᆡ

오ㅣ스틴氏曰成文法의特徵을說明코져ᄒᆞ면必先主權、主權과暫時라도可히相離치못ᄒᆞᆯ關係ᄅᆞᆯ有ᄒᆞᆫ服從、及獨立政治社會三者ᄅᆞᆯ說明ᄒᆞᆷ을要ᄒᆞᆯ지라大抵成文法은單獨主權者或集合體로成立ᄒᆞᆫ主權團體가政治團體의一員或集員에向ᄒᆞ야發布ᄒᆞᆫ者ㅣ라帝王或主權의團體로브터此에對ᄒᆞ야服從의關係ᄅᆞᆯ有ᄒᆞᆫ臣民에게下ᄒᆞᆫ者ㅣ니成文法即正當히法이라可稱ᄒᆞᆯ法律은下命이是ㅣ라下命이아닌法律을法律이라云ᄒᆞᆷ은適當ᄒᆞᆫ命名이아니오또法律中某種類의法律은輿論을依ᄒᆞ야設定되ᄂᆞᆫ者ㅣ라假令紳士間輿論을依ᄒᆞ야設定된者가有ᄒᆞ니是ᄅᆞᆯ名譽法이라稱ᄒᆞ고또流行社會의輿論을依ᄒᆞ야定ᄒᆞᄂᆞᆫ者ㅣ有ᄒᆞ니是ᄂᆞᆫ流行에基因ᄒᆞᆫ法이오又獨立ᄒᆞᆫ諸政治的團體의互相關係ᄅᆞᆯ規定ᄒᆞᆫ者가有ᄒᆞ니是ᄂᆞᆫ國民間의輿論을依ᄒᆞ야諸國民及諸主權者上에設定된者ㅣ니此ᄅᆞᆯ萬國公法或國際法이라稱ᄒᆞᄂᆞ니라大抵此等輿論에依ᄒᆞ야設定

한 것이라고 할 수 있다.

위와 같이 국제법의 비법률론은 영국 학자들 사이에 매우 성행했다. 이러한 설 중에서 유력한 것을 거론해 본다.

오스틴에 따르면 성문법의 특징을 설명하고자 한다면 반드시 주권이 우선하고, 주권과 잠시라도 떨어질 수 없는 관계에 있는 복종, 그리고 독립된 정치사회의 세 가지를 설명해야 한다. 대체로 성문법은 단독 주권자 혹은 집합체로 성립한 주권단체가 정치단체의 개별 구성원 혹은 집단 구성원에 대해 공포한 것이다. 제왕 혹은 주권 단체에 대해 복종 관계를 갖는 신민에게 내려진 것이 성문법 즉 법이라고 정당하게 말할 수 있는 법률은 하명(下命)이다. 하명이 아닌 법률을 법률이라고 하는 것은 적절하게 이름 붙인 것이 아니다. 또한 법률 중 어떠한 종류의 법률은 여론에 의하여 설정되는 것이다. 가령 신사들 사이의 여론에 의하여 설정된 것은 이를 명예법이라 칭한다. 또한 사회의 유행 여론에 의하여 설정되는 것이 있으니 이는 유행에 기반한 법이다. 또한 독립된 여러 정치단체의 상호관계를 규정한 것이 있으니 이는 국민 사이의 여론에 의하여 모든 국민 그리고 모든 주권자에게 설정된 것이니 이를 만국공법 혹은 국제법이라 칭한다. 대체로 이들 여론에 의하여 설정된

된者를法이라稱ᄒᆞᆷ은畢竟法律上에不當히命名ᄒᆞᆫ者ㅣ라云ᄒᆞᆯ지라換言ᄒᆞ면法의字意를不適當히擴張ᄒᆞ야用ᄒᆞᆫ者ㅣ라云ᄒᆞᆯ지로다同氏又曰國際法은自然法即人類上에規定된者ㅣ오制裁를具치아니ᄒᆞᆫ法律을意味ᄒᆞᆷ이라若法律로制裁를有치아니ᄒᆞᆫ者는正當ᄒᆞᆫ法律이아니니然則國際法은法律이아니오一道德律에不過ᄒᆞᆯ지라故로是를正當히法律이라云ᄒᆞ기不能ᄒᆞ도다若各國國民에共通ᄒᆞᄂᆞᆫ裁判所가有ᄒᆞ야國際法을執行ᄒᆞ야도此亦一道德上組織에不過ᄒᆞ니何故오如此ᄒᆞᆫ裁判所를維持코져ᄒᆞᄂᆞᆫ各國國民의同意는何時라도法律上의危險이無ᄒᆞ고徹消ᄒᆞᆷ을可得ᄒᆞᆯ所以니라

오ㅣ스틴氏의國際法非法律論은右와如ᄒᆞ거니와스티분氏의非法律論은左와如ᄒᆞ니

스티분氏曰國際法即「인터네숀날로우」는不正確ᄒᆞᆫ者인故로誤解ᄒᆞ기易ᄒᆞ니何者오此字意는亂雜濫用ᄒᆞ야正當히法이라稱ᄒᆞᆯ者及不然者를同一히通用ᄒᆞ야來ᄒᆞᆫ所以라國際法名稱下에包含ᄒᆞᆫ諸般規則을類別ᄒᆞ야其互相의關係를研究ᄒᆞᆷ은實로利益과興味가有餘ᄒᆞᆫ研究라云ᄒᆞᆯ지로다盖國際法字意에

것을 법이라고 칭하는 것은 결국 법률에 부당하게 이름을 붙인 것이라고 할 것이다. 바꿔 말하자면 법이라는 글자가 갖는 뜻을 부적절하게 확장해서 사용한 것이라고 할 것이다.

또한 오스틴에 따르면 국제법은 자연법 즉 인류에게 규정된 것이고 제재력이 없는 법률을 의미한다. 만약 법률에서 제제가 없는 것은 정당한 법률이 아니기에 이렇다면 국제법은 법률이 아니고 하나의 도덕률에 불과하다. 따라서 이를 정당히 법률이라고 할 수 없다. 만약 각국의 국민에게 공통된 재판소가 있어서 국제법을 집행한다고 해도 이 역시 하나의 도덕에 따른 조직에 불과하다. 왜냐하면 이와 같은 재판소를 유지하고자 하는 각국 국민의 동의는 언제라도 법률상 위험이 없고 취소될 수 있기 때문이다.

오스틴의 국제법 비법률론은 위에서와 같고 스토웰(Lord Stowell)의 비법률론은 아래와 같다.

스토웰에 따르면 국제법 즉 'international law'는 부정확한 것이기 때문에 오해하기 쉽다. 왜냐하면 이 글자의 뜻이 난잡하게 남용되어서 정당히 법이라고 할 것과 그렇지 않은 것을 같은 것으로 통용해 왔기 때문이다. 국제법이라는 명칭에 포함된 여러 가지 규칙의 유형을 구별해서 그들 상호관계를 연구하는 것은 실제로 이익과 흥미가 있는 연구라고 하였다. 대개 국제법 글자의 뜻이

(一)或時에는國際間에發生ᄒᆞᆫ規則에適用ᄒᆞ는事도有ᄒᆞ며(二)或時에는他國民에關係를有ᄒᆞᆫ國法에適用ᄒᆞ는事도有ᄒᆞ나前者는即國際間에行ᄒᆞ는規則에法律名稱을定ᄒᆞ는時는其法律字意에謬誤가有ᄒᆞᆫ者ㅣ라何故오如此ᄒᆞᆫ法은共通權力者에依ᄒᆞ야可히强行ᄒᆞᆯ者가아닌所以오後者의境遇에至ᄒᆞ야國法의規定을法이라云ᄒᆞᆷ은其意多少間正當ᄒᆞ나國際的「인터네슌날」形容詞는誤錯ᄒᆞᆷ을不免ᄒᆞᆯ지로다何故오此等의法은國法이오國際法이아닌所以라余는今에다시此兩方의適例를擧ᄒᆞ노니

條約은國際法의一部라云ᄒᆞᆷ은往往耳目에記睹ᄒᆞ는바ㅣ라條約設定ᄒᆞ는義務는理論上法律的이아니오即德義的이라各國은國際法律上封鎖를犯ᄒᆞᆫ船舶貨物을捕獲ᄒᆞ는事로宣告ᄒᆞᆷ을得ᄒᆞᆫ다說ᄒᆞ는者가有ᄒᆞ니此境遇에此規定은法律的事에關ᄒᆞ야疑點이一無ᄒᆞ야도熟思ᄒᆞ면此規則은各國國民에共通ᄒᆞ는法이되는者가아니오其捕獲을行ᄒᆞ는國의法이라此事項即捕獲에關ᄒᆞ야는各國國民이人類를爲ᄒᆞ야一致ᄒᆞᆫ法을設立ᄒᆞᆫ者ㅣ나然이나此法이右各國國民全般의決議를依ᄒᆞ야確定된者는아니라各國이各其人類一般을爲ᄒᆞ

① 어떤 때에는 국가 간에서 발생한 규칙에 적용되는 일도 있고 ② 어떤 때에는 타국민과 관계되는 국내법에 적용되는 일도 있다. 전자는 즉 국제적으로 행하는 규칙에 법률 명칭을 정하는 때는 그 법률의 글자 의미에 오류가 있다. 왜냐하면 이와 같은 법은 공통된 권력자에 의하여 강행할 수 없기 때문이다. 후자의 경우에 국내법 규정을 법이라고 하는 것은 그 의미가 다소 정당하지만, '국제적(international)'이라는 형용사는 착오를 면할 수 없다. 왜냐하면 이들 법은 국내법이고 국제법이 아니기 때문이다. 나는 이제 다시 이 양쪽에 해당하는 사례를 들어본다.

조약이 국제법의 일부라는 말은 종종 들을 수 있다. 조약이 설정하는 의무는 논리상 법률적인 것이 아니라 도의적이다. 각국은 국제법률상 봉쇄를 위반하는 선박과 화물을 포획하기로 선언할 수 있다고 말하는 사람이 있다. 이 경우에 이 규정은 법률적인 것에 관하여 의심할 점이 전혀 없어도 깊이 생각하면 이 규칙은 각국 국민에 공통되는 법이 아니고 포획하는 국가의 법이다. 이러한 사항 즉 포획에 관해서는 각국 국민이 인류를 위해서 일치된 법을 만든 것이다. 그러나 이 법이 각국 국민 전체의 결의로 확정된 것이 아니라 각국이 각자 인류 전체를 위하여

야作定ᄒᆞᆫ事ᄂᆞᆫ各國國民이海賊의行爲ᄂᆞᆫ人類一般의賊이라規定ᄒᆞᆷ과如ᄒᆞᆷ이라云云

以上列擧ᄒᆞᆫ바ᄂᆞᆫ分析學派의有力ᄒᆞᆫ攻擊이라吾人은此等의說을認是ᄒᆞ야旣往數世紀間文明國間에由來ᄒᆞᆫ行爲規則에法律의名稱付與ᄒᆞᆷ을拒絶ᄒᆞᆯ지法律의名稱付與ᄒᆞᆷ을贊成ᄒᆞᆯ지可히研究ᄒᆞᆯ一問題라若此問題가單히法理學上의無責任論이라ᄒᆞ면國際法學者가貴重ᄒᆞᆫ時間을此問題에關ᄒᆞ야徒費ᄒᆞᆯ必要가專無ᄒᆞ나然이나不幸히오ㅣ스틴氏의訴論과如ᄒᆞᆫ者ᄂᆞᆫ其影響이單히法學界에及ᄒᆞᆯ뿐아니라實際國際上ᄭᆞ지影響이有ᄒᆞ야外交家로ᄒᆞ여곰國際法無視의口實을得케ᄒᆞᆷ에至ᄒᆞ야ᄂᆞᆫ大凡斯學에從事ᄒᆞᄂᆞᆫ者ㅣ不可不辨明이無치못ᄒᆞᆯ지라今에國際法無視의一例를先擧ᄒᆞᆯ진ᄃᆡ西曆千八百八十七年六月頃에로ㅣ드、소리스부리ᄂᆞᆫ國會上院에셔萬國仲裁裁判所建設議案에對ᄒᆞ야曰一數年來歐州大陸의現象을觀ᄒᆞᆫ건ᄃᆡ平和의精神이減少ᄒᆞ야戰爭廢止의方法이漸次層一層困難됨을信ᄒᆞ노라吾人의希望이國際法에對ᄒᆞ야誤解된者ㅣ甚多ᄒᆞ니元來國際法은普通稱ᄒᆞᄂᆞᆫ法으로成立된者ㅣ아님으로如此ᄒᆞᆫ法은裁判所가有ᄒᆞ야裁判

작정한 것은 각국 국민이 해적행위는 인류 전체의 적이라고 규정한 것과 같다고 했다.

이상 열거한 것은 분석학파의 유력한 주장이다. 우리는 이러한 주장을 인정해서 이미 수 세기 동안 문명국들 사이에서 유래한 행위 규칙에 법률이라는 명칭을 부여하는 데 반대할지 법률이라는 명칭을 부여하는 데 찬성할지는 연구할 문제이다. 만약 이 문제가 단순히 법철학적으로 무 책임론이라고 하면 국제법학자가 귀중한 시간을 이 문제에 관해서 허비할 필요가 전혀 없다.

그러나 불행히도 오스틴의 주장과 같은 것은 그 영향력이 단순히 법학계에 미칠 뿐만 아니라 실제 국제적으로까지 영향력이 있기에 외교계에서 국제법을 무시하는 구실이 될 수 있기에 대체로 이 학문에 종사하는 사람들이 견해를 분명히 밝히지 않을 수 없다. 이제 국제법을 무시한 사례 한 가지를 거론해 보면 1887년 6월경에 솔즈베리(Lord Salisbury)는 영국 상원에서 국제중재재판소 설치안에 대해서 다음과 같이 말하였다.

“지난 몇 년 동안 유럽 대륙의 현상을 보건대 평화 정신이 감소해서 전쟁 폐지 방법이 점차로 더욱 곤란하게 되었다고 믿는다. 우리들의 국제법에 대한 희망이 오해였던 것이 너무 많았다. 원래 국제법은 보통 법이라고 칭할 것이 아니다. 이와 같은 법은 재판소가 있어서

所에셔執行ᄒᆞᄂᆞᆫ者ㅣ아니어ᄂᆞᆯ此ᄅᆞᆯ法이라稱ᄒᆞᆷ은旣已誤解됨을難免ᄒᆞᆯ지라以上의誤解가漸次增長ᄒᆞ야世界가永久히平和의空想을生ᄒᆞ게ᄒᆞᆷ에至ᄒᆞ얏다」—云云ᄒᆞ니此ᄅᆞᆯ由ᄒᆞ야觀ᄒᆞ건ᄃᆡ學者의主說이漸次變遷ᄒᆞ야政治上에責任이有ᄒᆞᆫ外部大臣의口上에及ᄒᆞ야神聖ᄒᆞᆫ平和ᄅᆞᆯ嘲笑蔑視ᄒᆞᆷ이如此ᄒᆞ니不可不吾人은斯學을爲ᄒᆞ야一筆의辯論이無치못ᄒᆞᆯ지라故로以下에國際法을法律로視ᄒᆞᄂᆞᆫ諸學說을列擧ᄒᆞ고次에述者의意見及贊成ᄒᆞᄂᆞᆫ理由ᄅᆞᆯ說明코져ᄒᆞ노라

第二、國際法을法律로論ᄒᆞᄂᆞᆫ諸學者의說

以上所論의分析派ᄂᆞᆫ法理學沿革上舊派에屬ᄒᆞᄂᆞᆫ者ㅣ니此學說은殆히歷史學派메인氏와굴낙氏等의게打破ᄒᆞᆫ바ㅣ되니라然이나此等國際法을法律로論ᄒᆞᄂᆞᆫ學說도其學說의根據가歸一치못ᄒᆞ니即左와如ᄒᆞ도다

(一) 法律에ᄂᆞᆫ制裁ᄅᆞᆯ不要ᄒᆞᆫ다ᄂᆞᆫ說　此說을主唱ᄒᆞᄂᆞᆫ派에도二派가有ᄒᆞ니

(甲) 夫法律은國家에對ᄒᆞᆫ規則이라主權者가臣民에下ᄒᆞ고又臣民互相의權利義務ᄅᆞᆯ規定ᄒᆞᆫ者ㅣ아니오其職務執行의格式을定ᄒᆞᆷ에不過ᄒᆞᆫ다說

재판소에서 집행하는 것이 아니다. 이를 법이라고 칭하는 것은 이미 오해를 면할 수 없다. 이상의 오해가 점차로 증가해서 세계가 영구적으로 평화로울 수 있다는 공상이 생겨났다"라고 하였다.

이를 보건대 학자의 주된 학설이 점차 변천해서 정치적으로 책임을 갖는 외부대신의 입에서 신성한 평화를 조소하고 멸시하는 것이 이와 같으니 어쩔 수 없이 우리가 이 학문을 위하여 변론하지 않을 수 없다. 따라서 아래에서는 국제법을 법률로 보는 여러 학설을 열거하고 그다음에 서사의 의견과 찬성하는 이유를 설명하고자 한다.

2. 국제법을 법률로 주장하는 여러 학자의 학설

위에서 논한 분석파는 법철학의 연혁상 구파에 속한다. 이 학설은 역사학파인 메인(H. Maine)과 클라크 등에 의해 거의 깨졌다. 그러나 국제법을 법률로 주장하는 이들 학설도 그 학설의 근거가 하나로 귀결되지 않는데 그것들은 다음과 같다.

(1) 법률은 제재를 요건으로 하지 않는 주장

이 설을 주장하는 파에도 두 종류가 있다.

(가) 대개 법률은 국가에 대한 규칙이다. 주권자가 신민에게 명령하고 또 신민 상호 간의 권리의무를 규정하는 것이 아니고, 그 직무 집행의 각 방식을 정하는 데 불과하다고 주장하는

ᄒᆞᄂᆞᆫ者ㅣ有ᄒᆞ니(학그스氏와사인氏의主說) 此說을依ᄒᆞ면法은下命及服從의關係를規定ᄒᆞᆫ者ㅣ아니오또制裁가有ᄒᆞᆷ을要치아니ᄒᆞᆷ이니然則制裁가無ᄒᆞᆷ으로써國際法이法律이아니라ᄒᆞᆷ은議論이成立치못ᄒᆞᆫ다ᄒᆞ며(乙)、他派ᄂᆞᆫ如此히極端으로法律은一切制裁를不要ᄒᆞᆫ다論치아니ᄒᆞ야또某種類의法律에ᄂᆞᆫ制裁를不要ᄒᆞᄂᆞ니故로制裁ᄂᆞᆫ法律의最必要ᄒᆞᆫ原素가아니라假令憲法으로論ᄒᆞ면憲法中君主의게關ᄒᆞᆫ條項과如ᄒᆞᆫ者ᄂᆞᆫ上으로下에對ᄒᆞ야下ᄒᆞᆫ者ㅣ아니오또制裁가無ᄒᆞ도다(法朗西國際法學者뢰노ㅣ氏講義、) 同氏又曰箇人間에法律이有ᄒᆞᆷ과ᄀᆞᆺ치國際間에도法이有ᄒᆞ니此兩法의差異ᄂᆞᆫ制裁有無에在ᄒᆞᆯ지라或人이國際法을論ᄒᆞ야曰國際法에도制裁가有ᄒᆞ니即戰爭이是라ᄒᆞ니蓋所謂制裁가有ᄒᆞ니即戰爭이是라云ᄒᆞᄂᆞᆫ論點은誤錯이有ᄒᆞᆷ을不免ᄒᆞᆯ지니何故오大抵戰爭者ᄂᆞᆫ强力應用에不外ᄒᆞᆯ지라此强力은時機와境遇를從ᄒᆞ야或不正當히應用되ᄂᆞᆫ者ㅣ有ᄒᆞ니抑此制裁者ᄂᆞᆫ法에不可不必要되ᄂᆞᆫ條件이아니라彼憲法에ᄂᆞᆫ制裁가有ᄒᆞ야皆曰法이라稱乎아ᄒᆞ얏고

(二)、國際法에確定ᄒᆞᆫ制裁가有ᄒᆞ니戰爭이是라ᄒᆞᄂᆞᆫ說　右述과ᄀᆞᆺ치뢰노

것이 있다. [학그스와 사인이 주장한] 이 설에 의하면 법은 하명과 복종의 관계를 규정한 것이 아니고, 또한 제재가 있을 필요가 없다. 이렇다면 제제가 없어서 국제법이 법률이 아니라고 하는 논의는 성립되지 못한다. (나) 다른 파는 이같이 극단적으로 법률은 제재가 일절 필요 없다고 논하지 않아도 어떠한 법률은 제재를 요건으로 하지 않기에 제제는 법률에 가장 필요한 요소가 아니라고 한다. 가령 헌법을 논하자면 헌법에서 군주 관련 조항과 같은 것은 위에서 아래로 명령하는 것이 아니고 또한 제재가 없다고 한다[프랑스 국제법학자 르노(L. Renault)의 강의]. 르노는 다음과 같이 말하였다. 개인 사이에 법률이 있는 것과 같이 국가 간에도 법이 있다. 이 양 법의 차이는 제재의 여부에 있다. 혹자가 국제법을 논하면서 국제법에도 제재가 있다고 하면서, 전쟁이 그것이라고 한다. 대개 소위 제재가 즉 전쟁이라고 하는 논점은 착오를 면하기 어렵다. 왜냐하면 대체로 전쟁이라는 것은 무력을 응용하는 것을 벗어나지 않는다. 이러한 무력은 시기와 때에 따라서 혹은 정당하지 않게 응용되는 경우가 있다. 이러한 제재는 법에 필수 불가결한 조건이 아니다. 헌법에서 제재가 있어야만 모두 법이라고 칭할 것인가?

(2) 국제법에 확정된 제재가 있는데 그것이 전쟁이라는 주장

위에서 서술한 바와 같이

ㅣ氏ᄂᆞᆫ戰爭을制裁로認非ᄒᆞ야도戰爭을制裁로認是ᄒᆞ고是ᄅᆞᆯ論據ᄒᆞ야國際法을法律로論ᄒᆞᄂᆞᆫ者ㅣ甚多ᄒᆞ니(即드위스氏此論에有名ᄒᆞᆫ學者ㅣ라)氏曰近代에諸般進步ᄅᆞᆯ件ᄒᆞ야眞理의力이意思ᄅᆞᆯ壓倒ᄒᆞᄂᆞᆫ時에法學者가恒常法理ᄅᆞᆯ解說ᄒᆞᆷ에法에對ᄒᆞᆫ觀念이幼稚ᄒᆞ야法으로써主權者가服從者에向ᄒᆞ야發ᄒᆞᆫ行爲의規則即主權者의意思發表라斷言ᄒᆞᆷ에至ᄒᆞ야ᄂᆞᆫ實로慨嘆을不堪ᄒᆞᄂᆞᆫ바ㅣ라吾人은法律規則과道德規則間에區別이有ᄒᆞᆷ을認定ᄒᆞ노니若行爲規則의制裁로形體ᄅᆞᆯ成ᄒᆞ야生命財産에關ᄒᆞᆫ危險이되ᄂᆞᆫ時ᄂᆞᆫ此行爲의規則은法律的規則이오若制裁가人의良心에만關ᄒᆞ야發見ᄒᆞᆯ者가되ᄂᆞᆫ時ᄂᆞᆫ其行爲의規則은道德的規則이라然이나國際關係ᄅᆞᆯ統御ᄒᆞᄂᆞᆫ規則의形體的制裁ᄂᆞᆫ何者오即戰爭의權利ᄅᆞᆯ執行ᄒᆞᄂᆞᆫ事가是라云ᄒᆞ고ᄯᅩ古者의雄辯家아덴氏의說을引ᄒᆞ야曰戰爭者ᄂᆞᆫ法律的訴訟을依ᄒᆞ야制裁ᄒᆞ기不能ᄒᆞᆫ者에向ᄒᆞ야行ᄒᆞᄂᆞᆫ訴訟方法이라何者오法律的訴訟은法에抗拒ᄒᆞ기不能ᄒᆞᆷ을自覺ᄒᆞᄂᆞᆫ者에對ᄒᆞ야ᄂᆞᆫ有效로대互相同等의力을有ᄒᆞᆫ者에對ᄒᆞ야ᄂᆞᆫ戰爭이訴訟되ᄂᆞᆫ所以라此主義ᄂᆞᆫ既往實行ᄒᆞᆫ바ㅣ有ᄒᆞ니即윤스타條約(西曆一千

르노는 전쟁을 제재로 인정하지 않지만, 전쟁을 제재로 인정하고 이를 논거로 삼아 국제법이 법률이라고 논하는 사람이 심히 많다. 즉, [트위스(T. Twiss)가 이러한 주장으로 유명한 학자이다] 트위스에 따르면 근대의 여러 가지 발전에 수반해서 진리의 힘이 의사를 압도하는 때에 법학자는 항상 법이론을 해설할 때 법에 대한 관념이 유치하여 법으로써 주권자가 복종하는 사람들에게 내린 행위 규칙이 즉 주권자의 의사를 발표하는 것이라고 단언하는 것에 실로 개탄하지 않을 수 없다. 우리는 법률 규칙과 도덕 규칙 사이에 구별이 있는 것을 인정한다. 만약 행위 규칙이 제재의 형태가 되어 생명과 재산에 관한 위험이 되는 때 그 행위의 규칙은 법률 규칙이다. 만약 제재가 사람의 양심에 관해서만 발현되는 때는 그 행위의 규칙은 도덕 규칙이다. 그러나 국제관계를 통제하는 규칙의 형태로서 제재가 무엇이냐면 전쟁할 권리를 집행하는 일이라고 말하고, 또한 예전의 웅변가 아덴의 주장을 인용하여 말하기를 전쟁이란 것은 법률적인 소송에 의하여 제재할 수 없는 것에 대해서 행하는 소송 방법이라 하는 것은 무엇인가? 법률적 소송은 법에 항거할 수 없다고 자각하는 사람에 대해서 유효하다. 상호 동등한 힘을 가진 자에 대해서는 전쟁이 소송이 되는 이유로 이러한 주의는 이미 실행된 바 있는데 바로 뮌스터(Münster)조약

六百四十三年에日耳蔓웨스트팔늬市府에셔締結ᄒᆞᆫ條約이니此條約은即歐洲에有名ᄒᆞᆫ三十年戰爭의終局을結ᄒᆞᆫ者ㅣ라과如ᄒᆞᆫ條約은戰爭이訴訟適用ᄒᆞᄂᆞᆫ方法됨을吾人의게示ᄒᆞ얏고爾來强國間에權力平均의問題가成立되야此를維持코져ᄒᆞᆷ은歐洲協調의目的이오其後에其方法으로유뜨레크드條約을依ᄒᆞ야十八世紀初葉에至ᄒᆞ야ᄂᆞᆫ歐洲의權力平均을妨害ᄒᆞᄂᆞᆫ者ㅣ有ᄒᆞ면此에對ᄒᆞ야戰爭ᄒᆞᄂᆞᆫ權利를承認ᄒᆞ얏스니此를由ᄒᆞ야觀ᄒᆞ야도諸國의交際를規定ᄒᆞᆫ行爲의規則은正當ᄒᆞᆫ法律이라認定ᄒᆞᆷ을得ᄒᆞᆯ지로다何故오此等의規則은戰爭의非常制裁가有ᄒᆞᆫ所니以라

(三)、國際法은其法規를依ᄒᆞ야確定ᄒᆞᆫ制裁와未確定의制裁가有ᄒᆞ다ᄒᆞᄂᆞᆫ說、國際法은制裁가無ᄒᆞᆷ은아니라然이나元來其制裁ᄂᆞᆫ오ㅣ스틴氏의所論과ᄀᆞᆺ치上으로브터下에對ᄒᆞ야命令ᄒᆞᄂᆞᆫ者ㅣ됨을要ᄒᆞᆷ은其理由가無ᄒᆞᆯ지로다國際法은或法規를依ᄒᆞ야確定ᄒᆞᆫ制裁가有ᄒᆞ기도ᄒᆞ고又他法規를依ᄒᆞ야ᄂᆞᆫ未確定ᄒᆞᆫ制裁가有ᄒᆞ다立論ᄒᆞᆷ이有ᄒᆞ니此ᄂᆞᆫ英吉利法學者로ㅣ렌스氏의所論氏ᄂᆞᆫ又此를敷衍ᄒᆞ야曰國際法에도法規의某種類ᄂᆞᆫ法과同一히制裁가有ᄒᆞ고其他의法規ᄂᆞᆫ各政府及國民의輿論을依ᄒᆞᆫ强制力外에强制力을有치못ᄒᆞᄂᆞᆫ

[1643년에 게르만 베스트팔렌시에서 체결된 조약으로서 이 조약은 유럽에서 유명했던 30년 전쟁의 종료를 정한 것이다]과 같은 것은 전쟁이 소송적용 방법이 되는 것을 우리에게 보여주었다. 이후 강국 사이에 세력균형 문제가 성립되어 이를 유지하려고 했던 것이 유럽협조의 목적이었고 그 후 그 방법으로 유트레히트조약에 의하여 18세기 초에 이르러서는 유럽의 세력균형을 방해하는 것이 있으면 이에 대해서 전쟁하는 권리를 승인했으니 이를 보더라도 여러 국가의 교류를 규정하는 행위 규칙은 정당한 법률이라고 인정할 수 있을 것이다. 왜냐하면 이들 규칙은 전쟁이라는 특별한 제재를 갖기 때문이다.

(3) 국제법은 법규에 따라 확정된 제재와 미확정된 제재가 있다는 주장

국제법에는 제재가 없는 것이 아니라 원래 그 제재는 오스틴의 주장과 같이 위에서 아래에 대해 명령하는 것이 되어야 할 이유는 없다. 국제법은 어떤 경우에는 그 법규에 따라서 확정된 제재가 있기도 하고 또는 다른 법규에 따라서 미확정된 제재가 있다고 주장할 수 있다[이는 잉글랜드 법학자인 로렌스의 주장]. 로렌스(T. Lawrence)는 이를 부연해서 말하기를 국제법에도 법규 중 어느 것은 법과 같이 제재가 있고 그 밖의 법규는 각국 정부와 국민의 여론에 따른 강제력 이외에는 강제력을 갖지 못한다.

니此等法規에違反된境遇에는其國民은其他國民의게或未確定ᄒᆞᆫ制裁를受키易ᄒᆞ리라ᄒᆞ니此로ㅣ렌스派의學說卽未確定의制裁라云ᄒᆞᆫ者는極히模糊ᄒᆞᆷ을難免ᄒᆞᆯ지라唯前半說卽國際法中에一二法規는制裁가有ᄒᆞ다ᄒᆞ는說이오ㅣ스틴氏派에歷史派에셔도一般共認ᄒᆞ는바ㅣ니彼捕獲法에關ᄒᆞᆫ法規가是라此點에關ᄒᆞ야捕獲法은法律이라制裁가有ᄒᆞ야도是則國際法이아니라云ᄒᆞ는點에對ᄒᆞ야는不可不說明을更加ᄒᆞᆯ必要가不無ᄒᆞ도다然이나此는後章에詳述ᄒᆞᆯ處가有ᄒᆞᆯ지로다

(四)、國際法에關ᄒᆞ야도裁判所가有ᄒᆞ니仲裁裁判所가卽是라ᄒᆞ는說、此說은其論據가甚히薄弱ᄒᆞ니彼오ㅣ스틴氏의國際法非法律論은旣已仲裁裁判所가有ᄒᆞᆫ以上에立論ᄒᆞ야如此ᄒᆞᆫ判裁所는成立이有ᄒᆞ야도一道德的組織에不過ᄒᆞ다論ᄒᆞᆫ바ㅣ則仲裁裁判所가有ᄒᆞᆫ一件事로오ㅣ스틴氏의攻擊을答코져ᄒᆞᆷ은不能ᄒᆞᆯ지라

(五)、오ㅣ스틴氏派의法律要素論에誤錯이有ᄒᆞ다ᄒᆞ는說、此說은最中有力ᄒᆞᆫ說이니(英國의史學大方家로有名ᄒᆞᆫ메인氏와클낙氏의主說)오ㅣ스틴氏의國際法非法律論은此에至

이들 법규를 위반할 때 그 국민은 다른 국민에게서 미확정된 제재를 받기 쉽다는 것이다. 이러한 로렌스파의 학설인 미확정 제재라고 하는 것은 극히 모호한 점을 면하기 어렵다. 오직 앞부분의 주장으로서 즉, 국제법 중에 한두 가지 법규는 제재가 있다는 주장이 오스틴파나 역사파에서도 함께 인정되는 것이 일반적이다. 이것이 포획법에 관한 법규이다. 이 점에 관해 포획법은 법률이기에 제재가 있어도 이는 국제법이 아니라고 하는 점에 대해서는 어쩔 수 없이 설명을 추가할 필요가 없지 않다. 그리나 이는 나중 절에서 상세히 서술할 경우가 있을 것이다.

(4) 국제법에 관해서도 재판소가 있는데 이는 중재재판소라는 주장

이 주장은 그 근거가 매우 박약하다. 오스틴의 국제법 비법률론은 이미 중재재판소가 있다는 점에 기반한 주장이다. 이와 같은 재판소가 설치되더라도 하나의 도덕적 조직에 불과하다고 주장했었다. 즉, 중재재판소가 있다는 점 하나만으로 오스틴의 주장에 대해서 반박할 수 없다.

(5) 오스틴파의 법률 요소론에 착오가 있다는 주장

이 주장은 가장 유력한 주장이다[영국의 역사학 대가로 유명한 메인과 클라크의 주장]. 오스틴의 국제법 비법률론은 이 주장으로

호야打破되얏다可云홀지라以上諸氏의衆說을彼此咀嚼參照호야次節에更論코져호노라

第二節 非法律論派學說에對호論駁

其一、오ㅣ스틴氏의學說에對호論難、以下에詳述호려어와氏의論點은如左호니라

(一)、法律은正當호權力者의發布호下命이라制裁와必伴호야行호는者ㅣ니故로下命이아니오制裁에伴行호는者ㅣ아니면法律이아니라然則國際法은法律이아니며

(二)、國際法上에國際的制裁가有호者도有호나是則國際法이아니오國法이라

云홈에在호니라故로此節에法律은下命에不限호고又制裁를常要치아니호는事를詳論호면自然本問題의解決을見홀지로다

(甲)、오ㅣ스틴氏의說은歷史와事實에相反됨이有호니氏의法律分析論은中古中央集權의國家에在호야는正當타云홀지라도是를社會가進步호던

깨졌다고 할 수 있다. 위의 여러 사람의 주장을 세밀히 분석해서 다음 절에서 다시 논하고자 한다.

제2절 비법률론파의 학설에 대한 논리적 반박

1. 오스틴의 학설에 대한 논란

이하에서 상술하지만, 오스틴의 논점은 아래와 같다.

(1) 법률은 정당한 권력자가 공포한 하명으로서 제재를 반드시 수반해서 행하는 것이다. 따라서 하명이 아니고 제재를 동반해서 행하는 것이 아니면 법률이 아니다. 이렇다면 국제법은 법률이 아니다.

(2) 국제법에서 국제적 제재가 있는 것도 있지만 이러한 것은 국제법이 아니고 국내법이다.

따라서 이 절에서 법률은 하명에 한정되지 않고, 또 제재가 항상 필요한 것은 아닌 경우를 상세히 기술하면 자연히 이 문제의 해결을 볼 수 있다.

(가) 오스틴의 주장은 역사와 사실에 반하는 점이 있다. 오스틴의 법률분석론은 고대나 중세의 중앙집권 국가에 있어서 정당하다고 말할지라도 이를 사회가 발전하던

初期의習慣法時代와現今法律現象에는適用치못홀지로다假令玆에習慣法을依ᄒᆞ야人의行爲를羈束홀國이有ᄒᆞ면此國에셔는何人이던지何故로習慣法을從홈에當ᄒᆞ야는疑點이不無홀지라氏는猶此境遇에도法律은主權者의制裁를付ᄒᆞᆫ者로發布된者ㅣ라云홈을可得乎아氏는따르윈氏의(英國有名ᄒᆞᆫ博物學者ㅣ니西曆千八百七年에出生ᄒᆞ야千八百八十二年에死ᄒᆞᆫ者)以前에出生ᄒᆞ야彼따르윈氏의可敵ᄒᆞᆯ者가無ᄒᆞ던進化說의原理를不知ᄒᆞ니是를足히深咎치아니ᄒᆞ나唯吾人後世의法學者가如此ᄒᆞᆫ管見을固執홈은實로可笑홈에止홀지로다次에法律의諸要素가時代를依ᄒᆞ야法의原動力도輕重變遷의事가有홈을先論코져ᄒᆞ노라

로ㅣ렌스博士의說을依홀진대法의要素를次의六原素로分ᄒᆞ얏스니(一)、强制力(二)、整頓(三)、秩序(四)、正義(五)、軌一(六)、有權者ㅣ是라此等의六原素는恒常法律되는複雜觀念中에混淆ᄒᆞ야存在ᄒᆞᆫ者ㅣ오各自別箇로獨立ᄒᆞ야存在ᄒᆞ는者는아니라然而此等要素는法律種類를依ᄒᆞ야分量과程度에差異가有ᄒᆞ니彼에는主要地位를点ᄒᆞ는要素가此에至ᄒᆞ야는

초기 관습법 시대와 현재의 법률 현상에는 적용할 수 없다. 가령 지금 관습법에 따라 사람의 행위를 얽매려는 국가가 있다면 이 국가에서는 누구라도 무슨 까닭으로 관습법을 따라야 하는지에 대한 의문점이 없지 않을 것이다. 오스틴은 오히려 이러한 경우에도 법률은 주권자가 제재를 부가하여 공포한 것이라고 말할 수 있을까? 오스틴은 다윈[영국의 유명한 박물학자로서 1807년에 출생하여 1882년에 사망한 사람] 이전에 출생해서 대적 불가능한 다윈 진화설의 원리를 알지 못하여 이를 충분히 검토하지 못했다. 그런데도 우리 후세의 법학자가 이와 같은 견해를 고집하는 것이 정말로 가소로울 뿐이다. 다음으로 법률의 여러 가지 요소들이 시대에 따라 법의 원동력으로서 경중이 바뀌는 일이 있는 점을 먼저 논하고자 한다.

로렌스 박사의 주장에 따르면 법의 요소는 다음 6가지 원소로 분류된다. ① 강제력, ② 정돈, ③ 질서, ④ 정의, ⑤ 통일성, ⑥ 유권자이다.* 이들 6가지 요소는 법률이 되는 복잡한 관념에 항상 혼재되어 있고 각자 별개로 독립적으로 존재하지 않는다. 그래서 이들 요소는 법률의 종류에 의하여 분량과 정도의 차이가 있다. 어느 법률에서는 주된 지위를 차지하는 요소라도 다른 법률에서는

---

* T. J. Lawrence, *The Principles of International Law*, third edn.(Boston, USA: D.C. Heath & Co, 1900), p.14; 로렌스는 상급자의 명령(command of a superior), 행위규제(regulator of conduct), 원하지 않지만 지키도록 하는 것(that which compels the unwilling to comply in outward act at least with the rudimentary precepts of righteousness), 통일성(producer of uniformity), 권위에 근거한 명령(command proceeding from properly constituted authority)이라고 했다.

主要가되지아니ᄒᆞᄂᆞᆫ事ᄅᆞᆯ知ᄒᆞᆯ지니라

玆에注意ᄅᆞᆯ要ᄒᆞᆯ者ᄂᆞᆫ秩序의觀念과軌一의觀念이其類가相似ᄒᆞᆫ故로是ᄅᆞᆯ相混치아니ᄒᆞᆯ事ㅣ是라假令引例說明ᄒᆞᆯ진대玆에園直이有ᄒᆞ야朝에掃庭ᄒᆞ고夕에灌水ᄒᆞ야其業을規則的으로行ᄒᆞ면此ᄂᆞᆫ秩序가有ᄒᆞᆫ行爲오此秩序가有ᄒᆞᆫ行爲ᄅᆞᆯ每日連續ᄒᆞ야行ᄒᆞᄂᆞᆫ境遇에ᄂᆞᆫ此園直의行爲ᄂᆞᆫ軌一이라可稱ᄒᆞᆯ지라此ᄅᆞᆯ由ᄒᆞ야觀ᄒᆞ면秩序ᄂᆞᆫ各別의事項을順序的으로行ᄒᆞᆷ에因ᄒᆞ야生ᄒᆞᄂᆞᆫ者ㅣ오軌一은其秩序가有ᄒᆞᆫ同一의行爲ᄅᆞᆯ連續ᄒᆞ야行ᄒᆞᆷ에因ᄒᆞ야生ᄒᆞᄂᆞᆫ者ㅣ라以下에前記ᄒᆞᆫ六原素에關ᄒᆞ야必要의程度ᄅᆞᆯ研究코져ᄒᆞ노라

正義라云ᄒᆞᄂᆞᆫ原素와整頓及有權者라云ᄒᆞᄂᆞᆫ原素ᄂᆞᆫ恒常法律되ᄂᆞᆫ觀念을件ᄒᆞᄂᆞᆫ者ㅣ나是ᄅᆞᆯ主要된者ㅣ라云ᄒᆞᆷ은不得ᄒᆞᆯ지니此三者ᄂᆞᆫ大概以上列擧ᄒᆞᆫ六原素中他三者中에包含되ᄂᆞᆫ者로又此後三者中에도軌一이라云ᄒᆞᄂᆞᆫ原素ᄂᆞᆫ必要ᄒᆞᆫ者ㅣ아니라元來軌一이라云ᄒᆞᄂᆞᆫ原素ᄂᆞᆫ物質界의現象에通ᄒᆞᄂᆞᆫ規則中에ᄂᆞᆫ主要된者ㅣ니假令春去夏來ᄒᆞ고秋去冬來ᄒᆞ며夏去秋

주된 요소가 되지 않는 것을 알 수 있다.

여기에서 주의해야 할 것은 질서의 개념과 통일성의 개념이 그 종류가 서로 유사하여서 이를 혼동하지 않는 것이다. 가령 예를 들어 설명하자면 과수원지기가 있어서 아침에 과수원을 정리하고 저녁에 물을 주어서 그 업무를 규칙으로 행하는 경우 이는 질서가 있는 행위이다. 이처럼 질서 있는 행위를 매일 연속해서 행할 때는 이 과수원지기의 행위는 통일성이 있다고 칭할 수 있다. 이로써 보건대 질서는 각기 다른 사항을 순서 있게 행함에 따라서 생기는 것이고, 통일성은 같은 행위를 실서 있게 연속해서 행함으로써 생기는 것이다. 이하에서는 앞서 기술한 6가지 요소에 관하여 필요한 만큼 연구하고자 한다.

정의라 하는 요소와 정돈 그리고 유권자라고 하는 요소는 항상 법률인 개념에 수반되는 것이지만 이를 주된 요소라고는 할 수 없다. 이 세 가지 요소는 대개 위에서 열거한 여섯 가지 요소 중 다른 세 가지 요소에 포함되는 것이고 또한 이후 세 가지 요소 중 통일성이라고 하는 요소는 필요한 것이 아니다. 원래 통일성이라고 하는 요소는 물질세계의 현상에서 통하는 규칙 중에서 주된 요소이다. 가령 봄이 가고 여름이 오고, 가을이 가고 겨울이 오며, 여름이 가고 가을이 오고,

來ᄒᆞ고冬去春來ᄒᆞ야四時가其節을不換ᄒᆞ고次第代謝ᄒᆞᆷ은千古의其軌惟一이라如此히物質界에通ᄒᆞᄂᆞᆫ規則의要素에ᄂᆞᆫ軌一을最主要ᄒᆞᆫ要素로認ᄒᆞᆯ지로대千變萬化ᄒᆞᄂᆞᆫ人間의行爲規則中에ᄂᆞᆫ主要된者라謂치못ᄒᆞᆯ지로다然則次에所餘者强力과秩序兩原素中에何者가爲重ᄒᆞᆯ가此問題를決ᄒᆞᄂᆞᆫ時卽國際法의法律與否의論結을得ᄒᆞᆷ에至ᄒᆞᆯ지니라

上述ᄒᆞᆷ과ᄀᆞᆺ치氏의所見은實로一時代의管見됨을免치못ᄒᆞᆯ지라國內에國法이行ᄒᆞᆷ은單히刑罰의制裁를恐懼ᄒᆞᆷ에在ᄒᆞᆫ時代에ᄂᆞᆫ氏의議論이正確ᄒᆞ야制裁가無ᄒᆞᆫ法律은法이아니라謂ᄒᆞ야도可ᄒᆞ려니와假令英國、노르만(노르만은第九第十兩世記에北部로브터來襲ᄒᆞᆫ海賊으로英國의一部와法國의一部를略奪ᄒᆞᆫ時代)時代에國王이警察官되던時에ᄂᆞᆫ正當타ᄒᆞᆯ지니此時代에ᄂᆞᆫ法律이單히國王의意思로出來ᄒᆞ야國王이是를施行ᄒᆞᆷ을依ᄒᆞ야行ᄒᆞᄂᆞᆫ所以라今日의社會에至ᄒᆞ야ᄂᆞᆫ此와相異ᄒᆞ야法律이單히主權者의意思로브터發生ᄒᆞᄂᆞᆫ者ᄂᆞᆫ아니라法律의行ᄒᆞᆷ은專혀其必要와有益에存在ᄒᆞᆷ이오强力과如ᄒᆞᆫ者ᄂᆞᆫ恒常必要되ᄂᆞᆫ者ㅣ아니로ᄃᆡ唯法律執行의最後手段으로必要ᄒᆞᆷ에止ᄒᆞᆯᄲᅮᆫ이로다今日文明國의普通人民이法律에服從ᄒᆞᄂᆞᆫ理由를窃想ᄒᆞᆯ진대其服從ᄒᆞᆷ은專혀法律의必要와有益에

겨울이 가고 봄이 와서 사계절이 바뀌지 않고 다음번 순서로 이동하는 것은 오래된 법칙 중 유일한 것이다. 이같이 물질세계에서 통하는 규칙에서는 통일성을 가장 중요한 요소로 인정하겠지만, 변화무쌍한 인간의 행위 규칙 중에는 중요한 것이라고 말할 수 없다. 그래서 다음에 나머지 강제력과 질서의 두 가지 요소 중에서 무엇이 중요할 것인가 하는 문제를 해결하는 때에 국제법이 법률인지 아닌지의 결론을 내릴 수 있게 될 것이다.

위에서 언급한 것과 같이 오스틴의 견해는 실로 한 시대의 의견인 것을 면하지 못할 것이다. 국내에서 국내법이 적용되는 것은 단순히 형벌의 제재를 두려워했었기 때문이었던 시대에는 오스틴의 주장이 정확해서 제재가 없는 법률은 법이 아니라고 할 수 있었다[가령 영국 노르만 시대(노르만은 제9세기와 제10세기에 북부에서 습격해 들어온 해적으로서 영국 일부와 프랑스 일부를 침략한 시대)에 국왕이 경찰관이 되었던 때에는 정당하였다고 할 것이다. 이 시대에는 법률이 단순히 국왕의 의사에서 나왔고 국왕이 이를 시행함으로 하였기 때문이다]. 오늘날의 사회에 이르러서는 이와 서로 달라서 법률은 단순히 주권자의 의사로부터 발생하는 것이 아니다. 법률을 적용하는 것은 완전히 그 필요와 이익이 존재하기 때문이다. 강제력과 같은 것이 항상 필요한 것은 아니고, 다만 법률 집행의 최후 수단으로 필요한 것에 그칠 뿐이다. 오늘날 문명국의 보통 인민이 법률에 복종하는 이유를 곰곰이 생각해 보면 그가 복종하는 것은 완전히 법률의 필요와 이익에

基因ᄒᆞᆷ이오且人民은法律에慣熟ᄒᆞᆫ故로不識不知中에服從ᄒᆞᄂᆞᆫ者ㅣ라決코一一히制裁가有ᄒᆞᆷ을恐ᄒᆞ야服從ᄒᆞᆷ이아닌事ᄅᆞᆯ可知ᄒᆞᆯ지로다彼共和政體國에ᄂᆞᆫ其政体上治者被治者間에懸隔ᄒᆞᆫ區別이不有ᄒᆞ야實際上被治者되ᄂᆞᆫ者가法律을作成ᄒᆞ고또治者의强行ᄒᆞᄂᆞᆫ强力의程度ᄅᆞᆯ制限ᄒᆞ며凡人民의協贊이不有ᄒᆞᆫ法律은强行ᄒᆞᆷ을不得ᄒᆞ나니如此ᄒᆞᆫ國에至ᄒᆞ야도法律이制裁와强行을依ᄒᆞ야成立ᄒᆞᆫ다云乎아又若法律은制裁ᄅᆞᆯ要ᄒᆞᄂᆞᆫ者ㅣ라ᄒᆞ야一一히强行力을要ᄒᆞᆯ진대教育、衛生、製造業、鑛產業、運輸業等에關ᄒᆞᆫ法律은當初에强行될理由가毫無ᄒᆞ도다然則所謂强力은法律에最主要되ᄂᆞᆫ原素가아니라法律은社會가漸次發達ᄒᆞᆷ으로브터從來ᄒᆞᄂᆞᆫ者ㅣ오決코主權者一人의意思로發表ᄒᆞᆫ者ㅣ아니니卽一般國民의承認ᄒᆞᆫ國是에不外ᄒᆞ고服從의事實은國民自體가法律을正當히自信ᄒᆞ야此에服從ᄒᆞᆷ으로成立ᄒᆞᆫ者ㅣ로다(以上은博士로ㅣ렌스의論文抄譯)

메인氏曰오ㅣ스틴氏의分析法에最重要素로論擧ᄒᆞᆫ者ᄂᆞᆫ制裁가是라故로彼後進學者ᄂᆞᆫ氏의言을推論ᄒᆞ야人은刑罰을恐ᄒᆞᄂᆞᆫ所以로法에服從ᄒᆞᆫ다

근거하는 것이다. 또한 인민은 법률에 익숙해졌기 때문에 부지불식간에 복종하는 것이다. 결코 일일이 제재가 있는 점을 두려워하여 복종하는 것이 아니라는 것을 알 수 있다. 공화정체의 국가는 그 정치 체제상 통치자와 피치자 사이에 현격한 구별이 없어서 실제로 피치자인 사람들이 법률을 작성하고 또 통치자가 강행하는 강제력의 정도를 제한한다. 일반 인민의 협찬이 없는 법률은 강행할 수 없다. 이와 같은 국가에서도 법률이 제재와 강제력에 의하여 성립한다고 할 수 있는가? 또한 만약 법률이 제재를 요건으로 하는 것이라고 하면 일일이 강행할 힘이 필요할 것인데, 교육, 위생, 제조업, 광산업, 운수업 등에 관한 법률은 애초에 강행될 이유가 전혀 없다. 그래서 소위 강제력은 법률에서 가장 중요한 요소가 아니다. 법률은 사회가 점차 발달하면서 따라오는 것이다. 결코 주권자 일인의 의사로 공포한 것이 아니다. 즉, 일반 국민이 승인한 국가의 기본정책을 벗어날 수 없고 복종 사실은 국민 자신들이 법률을 정당하다고 믿어서 이에 복종하면서 성립된 것이다(이상은 로렌스 박사의 논문 요약 번역).

메인의 주장에 따르면 오스틴의 분석법에서 가장 중요한 요소로 거론되는 것은 제재이다. 따라서 그 이후의 학자들이 오스틴의 말을 추론해서 사람은 형벌을 두려워한다는 이유로 법에 복종한다고

斷定홈에至ᄒᆞ니라

事實上에此斷定은專혀誤錯됨을未免홀지니何者오今日의行ᄒᆞᄂᆞᆫ法規의多數ᄂᆞᆫ不知不識間慣習을成ᄒᆞ야行ᄒᆞᄂᆞᆫ所以니라

元使或人은刑罰을恐ᄒᆞ야法을從ᄒᆞ나然이나近來文明國에此等의人은多數가아니라換言ᄒᆞ면此等의人은實際上에所謂罪的階級에限홀지니玆에刑罰을恐ᄒᆞ야盜賊、殺人의犯罪를不行ᄒᆞᄂᆞᆫ者一人이有ᄒᆞ야此에對ᄒᆞ야千百人은刑罰等에思想업시此等行爲를不爲ᄒᆞᄂᆞᆫ者가實際比較的多數가될지라如此ᄒᆞᆫ意思의慣習은各種의原因으로從ᄒᆞ야生ᄒᆞᄂᆞᆫ者ㅣ나盖幼時의教育은此慣習에對ᄒᆞ야極히有力ᄒᆞᆫ地位를占홀者ㅣ오又宗教上의効力이不尠홈은無疑ᄒᆞᆫ事實이라然이나玆에吾人이極히注意홀바ᄂᆞᆫ國際法創設者가制裁ᄂᆞᆫ創設치아니ᄒᆞ얏스나準法的精神을創設ᄒᆞᆫ事가是니라（以上은메인氏의說抄譯）

如此히氏ᄂᆞᆫ準法的精神되ᄂᆞᆫ者를法律의行ᄒᆞᄂᆞᆫ理由로說明ᄒᆞ니라然이나歷史上으로法律進化의時代를三分ᄒᆞ면中央集權時代以前에習慣法時代가有ᄒᆞ니

단정하게 되었다.

사실상 이렇게 단정하는 것은 완전히 착오가 되는 것을 면할 수 없다. 왜냐하면 오늘날 적용되는 법규의 다수는 부지불식간에 관습이 되어서 적용되기 때문이다.

원래 어떠한 사람은 형벌을 두려워하여 법을 따른다. 그러나 근래 문명국에서 이러한 사람들은 다수가 아니다. 바꾸어 말하자면 이러한 사람들은 실제로는 소위 범죄인들에 한정될 것이다. 여기에서 형벌을 두려워하여 도적, 살인 범죄를 저지르지 않는 사람이 한 사람이라면 이에 비해 수만 명은 형벌 등에 대한 생각 없이 이러한 행위를 저지르지 않는 자가 실제로 비교할 때 다수가 될 것이다. 이와 같은 의식의 관습은 각종의 원인에 따라서 생기는 것이다. 대체로 어린 시절의 교육은 이러한 관습에 대해서 매우 유력한 지위를 차지한다. 또한 종교가 적지 않은 효력을 갖는 것은 의심할 여지 없는 사실이다. 그러나 지금 우리가 매우 주의해야 할 점은 국제법 창설자가 제재를 창설하지 않았지만, 법에 따르는 정신을 창설했다는 것이다(이상은 메인의 주장을 요약 번역).

이같이 메인은 법에 따르는 정신이라는 것을 법률을 적용하는 이유로 설명하였다. 그러나 역사적으로 법률 진화의 시대를 셋으로 나누면 중앙집권 시대 이전에 관습법 시대가 있었다.

此時代로브터漸次進化ᄒᆞ야中央集權의時代에至ᄒᆞ얏고中央集權時代로브터漸次進化ᄒᆞ야近世에至ᄒᆞ얏스니以上三時代의各異ᄒᆞᆫ點을說明코져ᄒᆞ야以下의實例로써此ᄅᆞᆯ分明히ᄒᆞᆯ지로다吾人이若習慣法時代에生活ᄒᆞᄂᆞᆫ人民에對ᄒᆞ야何故로法律에服從ᄒᆞᆷ을問ᄒᆞ면彼ᄂᆞᆫ必曰予가法律에服從ᄒᆞᆷ은其法律이歷史時代로브터行來ᄒᆞ야予若法을違ᄒᆞ야神은違法者의게罰을必加ᄒᆞ리라云ᄒᆞᆯ것이오又若中世歐洲에生活ᄒᆞ던人民의게對ᄒᆞ야亦何故로法律에服從歟아ᄒᆞ면此人民은必曰予若法律에服從치아니ᄒᆞ면王이予ᄅᆞᆯ必罰ᄒᆞᆯ所以라云ᄒᆞᆯ것이오今日에吾人이又若米人及瑞西人의게向ᄒᆞ야以上의所以ᄅᆞᆯ問ᄒᆞ면彼等은必曰法者ᄂᆞᆫ吾人의作成ᄒᆞᆫ바ㅣ니卽吾人의必要와有益을依ᄒᆞ야成立된者ㅣ라但如此ᄒᆞᆫ境遇에箇人이不好ᄒᆞᄂᆞᆫ法規가存在치아니ᄒᆞᆷ은아니로대吾人이此에從ᄒᆞᄂᆞᆫ所以ᄂᆞᆫ專혀社會의公共秩序ᄅᆞᆯ重히ᄒᆞᄂᆞᆫ所以라云ᄒᆞᆯ지라如此히第一時代의法律은人民의迷信과慣習을依ᄒᆞ야行ᄒᆞ고第二時代의法律은强力을依ᄒᆞ야行ᄒᆞ고第三時代의法律은一般國民의意思ᄅᆞᆯ依ᄒᆞ야行ᄒᆞᄂᆞᆫ者ㅣ故로오ㅣ스틴氏의說과如ᄒᆞᆫ者ᄂᆞᆫ此第二時代에ᄂᆞᆫ正當타ᄒᆞ려니와今此第三時代에至ᄒᆞ야ᄂᆞᆫ業

이 시대로부터 점차 진화하여 중앙집권 시대에 이르렀고, 중앙집권 시대로부터 점차 진화하여 근세에 이르렀다. 이상 3개 시대의 각기 다른 점을 설명하고자 아래에서는 실례를 들어 이를 분명히 하겠다. 우리가 만약 관습법 시대에 생활하는 인민들에게 무슨 이유로 법률에 복종하는지를 묻는다면 그들은 자신들이 법률에 복종하는 것은 해당 법률이 역사시대부터 적용되어 왔기 때문이고, 자신들이 만약 법을 위반하면 신이 법을 위반한 자들을 반드시 벌할 것이라고 말할 것이다. 또한 만약 중세 유럽에 생활하던 인민에게도 역시 무슨 이유로 법률에 복종하는지 묻는다면 이들 인민은 반드시 자신들이 만약 법률에 복종하지 않으면 왕이 자신들을 반드시 벌할 것이기 때문이라고 말할 것이다. 오늘날 우리가 만약 미국인과 스위스인에게 위와 같이 이유를 묻는다면 이들은 반드시 법이라는 것은 자신들이 작성한 것으로서 즉, 자신들의 필요와 이익에 의해서 성립된 것이지만 단지 이 같은 경우에 개인이 좋아하지 않는 법규가 존재하지 않는 것은 아닌데도 자신들이 이에 따르는 이유는 전적으로 사회의 공공질서를 중하게 여기기 때문이라고 할 것이다. 이같이 첫 번째 시대의 법률은 인민이 미신과 관습에 의하여 행하고 두 번째 시대의 법률은 강제력에 의하여 행하고, 세 번째 시대의 법률은 일반 국민의 의사에 의하여 행하는 것이다. 따라서 오스틴의 주장과 같은 것은 두 번째 시대에는 정당하겠지만 지금과 같이 세 번째 시대에 이르러서는

己陳腐의說에屬홀지니라

(乙)오ㅣ스틴氏의說은法의語源에相反되ᄂᆞᆫ바ㅣ有ᄒᆞ니氏의所論中法에關ᄒᆞ야下命이라斷定홈은即法의語源에相反되ᄂᆞᆫ바ㅣ라(此를極히細密히論評ᄒᆞᆫ學者ᄂᆞᆫ即보ㅣ라싸氏)此에關ᄒᆞᆫ詳細說明은玆에不可不西文을引謄ᄒᆞ야其語意를分明히홀지로대拘碍되ᄂᆞᆫ바ᄂᆞᆫ印刷에西字을入刋키難홈으로此에關ᄒᆞ야ᄂᆞᆫ講義時에其大旨를口授코져ᄒᆞ야玆에省畧ᄒᆞ노라

其二、스티분氏捕獲法論에對ᄒᆞᆫ論難、氏ᄂᆞᆫ戰權執行에關ᄒᆞ야曰此境遇에正確ᄒᆞᆫ意味의法이有홈과如ᄒᆞ나若其事實을精密히研究홀진대捕獲法이法이라도萬國의共通ᄒᆞᆫ法이아니오唯是戰權을執行ᄒᆞ고封鎖犯을罰ᄒᆞᄂᆞᆫ國의國法될ᄲᅮᆫ이라何國에던지各國民이一致ᄒᆞ야此種事項의法을立홈은此法이一般人類를爲ᄒᆞ야極히便利ᄒᆞᆫ所以라如此히各國民의게便利ᄒᆞᆫ故로各國은此事項에對ᄒᆞ야異議를不容ᄒᆞᄂᆞᆫ者ㅣ라云ᄒᆞ니其言이甚히銳利巧妙ᄒᆞ나然이나是를確實ᄒᆞᆫ意見이라謂ᄒᆞ기不能ᄒᆞ고又氏의所論에封鎖犯과禁制品에關ᄒᆞᆫ法은萬國民의容認을因ᄒᆞ야成立ᄒᆞᆫ者ㅣ아니오此一般容

이미 진부한 주장에 속한다.

(나) 오스틴의 주장은 법의 어원에 반하는 점이 있다. 오스틴의 주장 중 법에 관해서 하명이라고 단정하는 것은 법의 어원에 반한다[이를 매우 상세히 논평한 학자는 보카이다]. 이에 관한 상세한 설명은 지금 어쩔 수 없이 서양 문을 끌어다 베끼어 그 어의를 분명히 해야겠지만 구애되는 점은 서양 문자를 인쇄해서 간행하기 어렵기에 이에 관해서는 강의할 때 그 대강을 구술로 전달하기로 하고 지금은 생략하겠다.

2. 스토웰의 포획법론에 대한 논란

스토웰은 전쟁할 권리의 집행에 관하여 말하면서 이 경우에 정확한 의미의 법이 있는 것과 같지만, 만약 그 사실을 정밀히 연구해 보면 포획법이 법이라도 세계 각국에 공통되는 법이 아니고 오직 전쟁할 권리를 집행하고 봉쇄를 위반하는 자를 벌하는 국내법일 뿐이기에 어느 나라에든지 각국의 국민이 일치하여 이러한 종류의 법을 제정하는 것은 이 법이 인류 일반을 위하여 매우 편리하기 때문이고, 이같이 각국 국민에게 편리한 까닭으로 각국은 이러한 사항에 대하여 이의를 제기하지 않는 것이라고 했다. 이 말이 심히 예리하고 정교하지만 이러한 의견이 확실한 것이라고 말할 수 없다. 또한 스토웰의 주장에서 봉쇄 위반과 금제품에 관한 법은 세계 각국 국민이 용인했기에 만들어진 것이 아니다. 이처럼 일반적으로 용인되었던

認의事實은各國國民으로ᄒᆞ여곰此等의法을發布ᄒᆞᆷ에至ᄒᆞᆫ事情에不過ᄒᆞᆯ뿐이라云ᄒᆞ니然則此法規로若此封鎖犯及禁制品에關ᄒᆞ야各國의容認을依ᄒᆞᆫ者ㅣ아니오他의法規라ᄒᆞ면萬國의異議를不受ᄒᆞᆯ希望이無ᄒᆞ고且各國이國法으로規定ᄒᆞᆫ外에他條件이此에伴在치아니ᄒᆞ면國際間에決코施行될理가無ᄒᆞ리니玆에所謂他條件은何者오各國의容認이是라今一國에셔萬國이刑法上에均一히犯罪로認ᄒᆞᄂᆞᆫ者를規定ᄒᆞ얏다假定ᄒᆞ면此境遇에ᄂᆞᆫ其法規가單히其國內臣民에對ᄒᆞ야만可行ᄒᆞᆯ뿐이오他國臣民에對ᄒᆞ야ᄂᆞᆫ特別境遇外에可行치못ᄒᆞᆯ지라假令奴隷買賣로論ᄒᆞᆯ지라도此買賣ᄂᆞᆫ諸文明國法律에海賊行爲로定ᄒᆞᄂᆞ니海賊에ᄂᆞᆫ國法的海賊과國際法的海賊이有ᄒᆞ니라此境遇에ᄂᆞᆫ國法的海賊을指ᄒᆞᄂᆞᆫ者ㅣ라然이나此海賊에關ᄒᆞ야ᄂᆞᆫ如何ᄒᆞᆫ國이라도其海賊所屬國과特別條約이無ᄒᆞ면此를拿捕ᄒᆞᆷ이不能ᄒᆞᆯ지라元來此海賊은何國法을勿論ᄒᆞ고犯罪者로認ᄒᆞ야도是ᄂᆞᆫ實로國際法上에犯罪가아니오國法上의犯罪라故로彼等本國의船艦은彼等의게警察權을施行ᄒᆞ고彼等本國의裁判所ᄂᆞᆫ彼等을裁判ᄒᆞᆷ이原則이될지니若彼等이他國軍艦의게拿捕된時ᄂᆞᆫ通商條約

것은 각국 국민에게 이러한 법을 공포하게 된 사정에 불과할 뿐이라고 한다. 그렇다면 이 법규로 만약 봉쇄 위반과 금제품에 관하여 각국이 용인한 것에 따른 것이 아니다. 다른 법규라고 하면 세계 각국의 이의제기를 받지 않을 것이라는 희망이 없고, 또한 각국이 국내법으로 규정한 것 이외에 다른 조건이 이에 수반되지 않으면 국제적으로 결코 시행될 수가 없다. 여기에서 소위 다른 조건은 무엇이냐면 각국이 용인하는 것이다. 현재 한 국가에서 세계 각국이 형법으로 균일하게 범죄로 인정하는 것을 규정하였다고 가정하면 이 경우에는 그 법규가 단순히 그 국가의 내부에서 신민에게만 적용될 수 있을 뿐이고, 타국 신민에 대해서는 특별한 경우 이외에는 적용될 수 없다. 가령 노예매매로 논하더라도 이러한 매매는 여러 문명국의 법률에서 해적행위로 정한다[해적은 국내법으로 정한 해적과 국제법으로 정한 해적이 있다. 이 경우에는 국내법으로 정한 해적을 가리키는 것이다]. 그러나 이러한 해적에 관해서는 어떠한 국가라도 그 해적이 속한 국가와 특별히 조약이 없다면 이를 나포할 수 없다. 원래 이러한 해적은 어느 국가의 법을 막론하고 범죄자로 인정하여도 이는 실제로는 국제법상 범죄가 아니고, 국내법상의 범죄이기 때문에 이들의 본국 함선이 이들에게 경찰권을 시행하고 이들 본국의 재판소가 이들을 재판하는 것이 원칙이다. 만약 이들이 타국 군함에 나포되었을 때는 통상조약에을依ᄒᆞ야海賊本國으로브터其海賊의裁判權을明言홈으로通例를作ᄒᆞᄂᆞᆫ도다然이나此와相反ᄒᆞ야國際法上의海賊에至ᄒᆞ야ᄂᆞᆫ法理가是와大異ᄒᆞ니此種의海賊은如何ᄒᆞᆫ國이라도隨意로是를拿捕ᄒᆞᆯ지라其理由가何在오各國國法上에總히是를犯罪者로定ᄒᆞᆯ뿐아니라萬國共通의敵이라ᄒᆞ야國際法上에是를犯罪로見홈에在ᄒᆞ다ᄒᆞᆯ지로다以上事實을依ᄒᆞ야스티분氏의論法을反論ᄒᆞᆯ진대國際法上海賊에關ᄒᆞᆫ法規ᄂᆞᆫ萬國이共通ᄒᆞ야遵行ᄒᆞᄂᆞᆫ法이오決코單純ᄒᆞᆫ國法이아니라謂홈을得ᄒᆞᆯ지라此論은又封鎖犯及海上捕獲法中多數法規에도適用ᄒᆞ리니此海上法에關ᄒᆞᆫ萬國의容認은甚히明白ᄒᆞ고强硬ᄒᆞᆫ者ㅣ라各國은各國이隨意로此等法規의發布홈을放任치아니ᄒᆞ도다然則此容認者ᄂᆞᆫ何오戰爭境遇에各國이交戰國의捕獲法을他國民의執行홈을容認ᄒᆞᄂᆞᆫ意是라假令今此日露開戰時로論ᄒᆞ야도日本國은交戰國의一方이라日本國은自國領土以外되ᄂᆞᆫ海洋에서敵國에赴ᄒᆞᄂᆞᆫ中立國의禁制品及封鎖를破ᄒᆞᆫ船舶을拿捕ᄒᆞ고沒收ᄒᆞᄂᆞᆫ權利에對ᄒᆞ야萬國이一言의異議를提出치못홈과如ᄒᆞᆫ者ㅣ라(此等行爲가平時에在ᄒᆞ야ᄂᆞᆫ犯罪行爲가아니라)如此

의하여 해적의 본국으로부터 그 해적의 재판권을 분명히 하는 것이 통상적인 사례가 된다. 그러나 이와 반대로 국제법상의 해적에 이르러서는 법리가 이와 크게 다르다. 이러한 종류의 해적은 어떠한 국가라도 마음대로 이를 나포한다. 그 이유가 어디 있냐면 각국 국내법에서 전부 이를 범죄자로 정할 뿐 아니라 세계 각국이 공동의 적이라고 하여 국제법에서 이를 범죄로 보고 있기 때문이다. 이상의 사실에 의하여 스토웰의 논지에 반론하자면 국제법상 해적에 관한 법규는 세계 각국이 공통으로 준수해서 이행하는 법이다. 결코 단순한 국내법이 아니라고 할 수 있다. 이러한 논지는 또한 봉쇄 위반과 해상 포획법 중 다수의 법규에도 적용된다. 이러한 해상법에 관하여 세계 각국이 용인하는 것이 매우 명백하고 강경하다. 각국은 자신들이 마음먹은 대로 이들 법규가 공포되는 것을 방치하지 않았다. 그래서 이러한 용인이 무엇이냐면 전쟁할 때 각국이 교전국의 포획법을 타국 국민에게 집행하는 것을 용인하는 의미이다. 가령 현재 이와 관련해서 러일전쟁 시를 논의하여도 일본국은 교전국의 일방이다. 일본국은 자국 영역 이외의 해양에서 적국으로 가는 중립국의 금제품과 봉쇄를 깨뜨린 선박을 나포하고 몰수하는 권리에 대해서 세계 각국이 한마디 이의제기도 하지 못했던 것과 같다[이들 행위는 평시에는 범죄행위가 아니다]. 이같이

히平時에在ᄒᆞ야ᄂᆞᆫ無罪의行爲가戰時를當ᄒᆞ면急히其事情을變ᄒᆞ야中立國의貨物이라도交戰國의領海以外即公海에셔拿捕等制裁를受홈에至ᄒᆞᄂᆞᆫ理由가何在오要ᄒᆞ건대一國이其一國內에向ᄒᆞ야國法으로禁制品의運送을不許ᄒᆞ고或封鎖를破홈을不許ᄒᆞᆫ다規定ᄒᆞᆫ所以로以上의大變動을生ᄒᆞᄂᆞᆫ者로ᄂᆞᆫ論ᄒᆞ기不能ᄒᆞ도다右述홈과ᄀᆞᆺ치各國이各自平時에正當ᄒᆞᆫ行爲로認ᄒᆞ던者가突然히不正ᄒᆞᆫ行爲로變홈에至ᄒᆞ야ᄂᆞᆫ國際上에有力ᄒᆞᆫ原因이無치못ᄒᆞᆯ지니玆에所謂有力ᄒᆞᆫ原因은何오非他라海上捕獲法의執行ᄒᆞᄂᆞᆫ事를各國이一般容認ᄒᆞᆫ者ㅣ是라此一般容認의結果로國際間에法規로認ᄒᆞ야萬國은交戰國이海上捕獲을實行홈에對ᄒᆞ야異議를主張치못홈이니是ᄂᆞᆫ決코交戰國一箇의國法을依ᄒᆞ야萬國이異議를主張치못ᄒᆞᄂᆞᆫ者ᄂᆞᆫ아니라此를由ᄒᆞ야觀ᄒᆞ면捕獲法과如ᄒᆞᆫ法은一般國際上容認을依ᄒᆞ야國際間에成立ᄒᆞᆫ法即國際法이오且國法的制裁를有ᄒᆞᆫ法律이라謂ᄒᆞ야도可ᄒᆞᆯ지로다

以上衆說의歸着ᄒᆞᆯ바를擧ᄒᆞᆯ진ᄃᆡ法은반다시命令이아니오又制裁를必要ᄒᆞᄂᆞᆫ

평시에는 무죄인 행위가 전시에는 그 사정이 급변하여 중립국의 화물이라도 교전국의 영해 이외인 공해에서 나포 등 제재를 받게 되는 이유가 어디에 있는가 하면 요컨대 한 국가가 그 국가의 국내에 대해서 국내법으로 금제품의 운송을 불허하거나 봉쇄를 깨뜨리는 것을 불허한다고 규정하였기 때문에 위의 대변동이 생기는 것이라고 논할 수 없다. 위에서 기술한 바와 같이 각국이 각자 평시에 정당한 행위로 인정하던 것이 돌연히 부정한 행위로 바뀌게 되는 것은 국제적으로 유력한 원인이 없으면 안 될 것이다. 여기에서 소위 유력한 원인은 무엇이냐면 다름이 아니라 해상포획법을 집행하는 것을 각국이 일반적으로 용인한 것이다. 이러한 일반적인 용인의 결과로 국제간에 법규로 인정해서 세계 각국은 교전국이 해상포획을 실행하는 것에 대하여 이의를 주장하지 못하는 것이다. 이는 결코 교전국 일국의 국내법에 따라 세계 각국이 이의를 주장하지 못하는 것이 아니다. 이로써 보건대 포획법과 같은 법은 일반 국제법상 용인받는 것에 의하여 국제간에 성립되는 법, 즉 국제법이고, 또한 국내법적 제재를 갖춘 법률이고 할 수도 있다.

이상 여러 학설의 결론을 들자면 법은 반드시 명령은 아니고 또한 제제가 필요한

者ㅣ아니라故도(一)、國際法의某部分은命令이아니오且制裁가無ᄒᆞ나然이나法律을成立홈에拘碍ᄒᆞᆯ바ㅣ아니니此等法律은所謂各國의承認을依ᄒᆞ야成立ᄒᆞᆫ者ㅣ오(二)、國際法의如何ᄒᆞᆫ種類는國法과同一의制裁를有ᄒᆞᆫ者ㅣ라論定ᄒᆞ야大着가無ᄒᆞ리로다

本章問題에關ᄒᆞ야可히叅考ᄒᆞᆯ書籍紹介 此叅考書籍을紹介홈에當ᄒᆞ야世界의先進國되는英、米、法、德四箇國諸學者의斯法에關ᄒᆞᆫ者를槪擧ᄒᆞᆯ지로대述者는英德文은未通ᄒᆞ고元來所學은日本文을依ᄒᆞᆫ者인故로左에日本著書中可考ᄒᆞᆯ者만紹介ᄒᆞ노라(若研究者가英法、德文을依ᄒᆞ야研究코져ᄒᆞ는者ㅣ有ᄒᆞ면述者가雖未尙讀ᄒᆞᆫ書籍이라도當初述者가依學ᄒᆞ던書籍原書中에所顯ᄒᆞᆫ者는紹介ᄒᆞ고져ᄒᆞ노라)

高橋作衛博士所著平時國際法論、寺尾亨博士所述日本帝國大學筆記國際公法平時、部中村進午博士所著國際公法、秋山雅之助學士所著平時國際公法等

第二章 國際公法의定義

玆에國際公法의性質을分析的으로說明코져홈에當ᄒᆞ야不可不其定義를先下ᄒᆞᆯ지라然이나此定義에關ᄒᆞ야는從來斯學에從事ᄒᆞ는者ㅣ自說을各主ᄒᆞᆯ뿐아니라或者는其範圍를極히廣義的으로說明홈도有ᄒᆞ고又或者는其範圍를極히

것이 아니다. 따라서 ① 국제법의 어떠한 부분은 명령이 아니고, 또한 제재가 없지만, 법률로 성립하는데 구애될 것이 없다. 이들 법률은 소위 각국의 승인에 따라 성립하는 것이다. ② 국제법의 어떠한 종류는 국내법과 같은 제재를 갖는다고 논리를 정리해도 별 무리가 없다.

이 장의 문제에 관하여 참고할 수 있는 서적 소개[이들 참고서적을 소개한다면 세계적으로 선진국인 영국, 미국, 프랑스, 독일 4개국의 여러 학자들이 이 법에 관해 개괄적으로 거론하겠지만, 저자는 영어와 독일어 문장을 아직 이해하지 못하고 원래 배운 것은 일본문에 의한 것이기 때문에 아래에서는 일본 저서 중 고려할 만한 것만 소개하겠다(만약 연구자가 영어, 불어, 독어문에 의하여 연구하려는 것이 있으면 저자가 아직 읽지 못한 서적이라도 애초에 저자가 배울 때 의존했던 서적의 원서 중에서 제시된 것을 소개하겠다)]

다카하시 사쿠에(高橋作爲) 박사 저술《평시국제법론》, 데라오 토오루(寺尾亨) 박사 저술《일본제국대학필기국제공법평시》, 베나카 무라신우(部中村進牛) 박사 저술《국제공법》, 아키야마 마사노스케(秋山雅之助) 학사 저술한《평시국제공법》등.

제2장 국제공법의 정의

이제 국제공법의 성격을 분석적으로 설명하려고 할 때 불가피하게 그 정의를 먼저 내려야 한다. 그러나 이 정의에 관해서는 종래 이 학문에 종사하는 사람들이 각자 자신의 주장을 할 뿐 아니라, 어떠한 사람은 그 범위를 매우 넓게 설명하기도 하고 또 어떠한 사람은 그 범위를 매우

狹義的으로說明ᄒᆞᄂᆞᆫ者도有ᄒᆞ니其範圍ᄅᆞᆯ廣義的으로說明ᄒᆞᄂᆞᆫ者ᄂᆞᆫ國際法의適用ᄒᆞᄂᆞᆫ範圍ᄅᆞᆯ甚히廣大히ᄒᆞ야大凡此世界上에國家의形體가有ᄒᆞᆫ以上은其國의文明程度와未開野蠻과宗敎의何敎ᄅᆞᆯ信仰ᄒᆞ던지不問ᄒᆞ고國際法의適用을見ᄒᆞᆯ者ㅣ라호ᄃᆡ是와相反ᄒᆞ야其範圍ᄅᆞᆯ狹義的으로說明ᄒᆞᄂᆞᆫ者ᄂᆞᆫ國際法의適用ᄒᆞᄂᆞᆫ範圍ᄅᆞᆯ甚히狹小케ᄒᆞ야國際法은文明國間에限ᄒᆞ야適用ᄒᆞᆫ다ᄒᆞ며又ᄂᆞᆫ耶蘇敎國에만適用ᄒᆞᆫ다ᄒᆞ며又或歐美列邦에만適用ᄒᆞᆯ者ㅣ라稱ᄒᆞ나是皆過不及의歎이有ᄒᆞᆷ을未免ᄒᆞᆯ지로다然이나此國際法은他의國法과ᄀᆞᆺ치解釋ᄒᆞ야定義ᄅᆞᆯ下ᄒᆞᆷ은不可ᄒᆞ니何故오國際法은學者의空論보다實際가緊重ᄒᆞᆫ지라假令과學者空想으로斷言ᄒᆞ야定義ᄅᆞᆯ下ᄒᆞ야도其定義가實際에適合지아니ᄒᆞ면是ᄂᆞᆫ紙上의空文이될지라以上或者의廣義的解釋과ᄀᆞᆺ치大凡世界上에國家된以上은其國의何如ᄅᆞᆯ不問ᄒᆞ고國際法을適用ᄒᆞᆫ다主張ᄒᆞᆷ이或其條理에ᄂᆞᆫ正當타ᄒᆞᆯ지나實際各國이國際間에此學說의拘束을不受ᄒᆞᆷ에何오故로述者ᄂᆞᆫ勉勵ᄒᆞ야空論을避ᄒᆞ고實地ᄅᆞᆯ重히ᄒᆞ야左와ᄀᆞᆺ치定義ᄅᆞᆯ下코져ᄒᆞ노라

國際公法이란者ᄂᆞᆫ文明國團體에屬ᄒᆞᆫ國과國이互相의關係ᄅᆞᆯ各自容認ᄒᆞ야各

좁게 설명하는 사람도 있다. 그 범위를 넓게 설명하는 사람은 국제법이 적용되는 범위를 매우 넓혀서 대체로 이 세계에서 국가의 형체가 있는 이상 그 국가의 문명 정도와 미개, 야만, 그리고 무슨 종교를 신봉하든지 묻지 않고 국제법이 적용된다고 보는 사람들이다. 이와 반대로 그 범위를 좁게 설명하는 사람은 국제법의 적용 범위를 매우 좁혀서 국제법은 문명국 사이에 한정하여 적용된다거나 또는 예수교 국가에만 적용된다고 하거나 혹은 구미의 여러 국가에만 적용되는 것이라 칭하지만, 이는 모두 부적절한 점이 있음을 면하기 어렵다. 그러나 이 국제법은 다른 국내법과 같이 해석해서 정의를 내릴 수 없다. 왜냐하면 국제법은 학자의 공허한 논리보다 실행이 필요하고 중요하기 때문이다. 가령 학자가 공상으로 단언해서 정의를 내려도 그 정의가 실행에 적합하지 않으면 이는 종이 위의 공허한 문장이 될 것이다. 위에서 언급하였듯이 혹자의 광의적 해석과 같이 대체로 세계적으로 국가인 이상 그 국가가 어떠한지를 묻지 않고 국제법이 적용된다고 주장하는 것이 혹시 그 조리에 정당할지라도 각국의 실행이 국제적으로 이 학설의 구속당하지 않는 것은 왜 그러할까? 따라서 저자는 최선을 다해 공론을 피하고 실제를 중히 하여 아래와 같이 정의를 내리려고 한다.

국제공법이라는 것은 문명국 단체에 속한 국가와 국가가 상호관계를 각자 용인하여 각국이

國이遵行ᄒᆞᄂᆞᆫ行爲의規則이니라

右定義ᄂᆞᆫ從來國際法學者의衆說을參考ᄒᆞ야述者의案出ᄒᆞᆫ者ㅣ라更히此定義를左에分析ᄒᆞ야說明코저ᄒᆞ노라

第一、文明國은何오

夫文明國者ᄂᆞᆫ何오國家가何如ᄒᆞᆫ程度에達ᄒᆞ면文明國이라稱ᄒᆞᆷ을可得乎아此問題에關ᄒᆞ야ᄂᆞᆫ實로暫時間難解ᄒᆞᆯ問題라從來에諸學說이紛紜ᄒᆞ니로렌스氏ᄂᆞᆫ曰文明國되ᄂᆞᆫ文明의程度ᄂᆞᆫ豫定ᄒᆞ기難ᄒᆞᆫ者ㅣ라云ᄒᆞ며某學者ᄂᆞᆫ曰文明國은耶蘇敎를尊崇ᄒᆞᄂᆞᆫ國을謂ᄒᆞᆷ이라ᄒᆞ며又某學者ᄂᆞᆫ曰文明國은洲歐的文明國에限ᄒᆞᆫ다ᄒᆞ나此諸說은足히可採ᄒᆞᆯ바ㅣ無ᄒᆞ도다然이나웨스트릭氏의文明程度에關ᄒᆞᆫ說明은可採ᄒᆞᆯ處가頗有ᄒᆞᆷ으로氏의論을左에譯載ᄒᆞ고兼ᄒᆞ야述者의賛成ᄒᆞᄂᆞᆫ바ㅣ라ᄒᆞ노라

氏曰土耳其外에歐洲와亞米利加ᄂᆞᆫ習慣行事思想이大槪同一ᄒᆞᆫ지라宮庭及社交ᄂᆞᆫ何國을勿論ᄒᆞ고一夫一婦의主義를取ᄒᆞ며婦人의게對ᄒᆞ야ᄂᆞᆫ尊敬을主義ᄒᆞ며技藝及學問은其趣가相同ᄒᆞ야此國에서業務及利益되ᄂᆞᆫ者ᄂᆞᆫ彼國

준수하여 이행하는 행위 규칙이다.

위와 같은 정의는 종래 국제법 학자의 여러 가지 주장을 참고하여 저자가 제안한 것이다. 다시금 이 정의를 아래에서 분석하여 설명하고자 한다.

1. 문명국은 무엇인가?

대체 문명국이 무엇인가? 국가가 어떠한 정도에 도달하면 문명국이라 칭할 수 있는가? 이 문제에 관해서는 참으로 짧은 시간에 풀기 어려운 문제여서 종래에 여러 학설이 복잡했다. 로렌스는 문명국이 되는 문명의 정도는 미리 정하기 어려운 것이라고 말하였다. 또한, 어떤 학자는 문명국은 예수교를 높이 숭앙하는 국가를 일컫는다고 말하거나, 또한 어떤 학자는 문명국은 유럽 문명국에 한정한다고 말하였지만, 이러한 여러 학설은 채택할 것이 없다. 그러나 웨스트레이크(J. Westlake)의 문명 수준에 관한 설명은 채택할 것이 꽤 있기에 그의 논리를 아래에 번역하여 싣고, 곁들여 저자가 찬성하는 바이다.

웨스트레이크는 터키 이외에 유럽과 아메리카는 관습을 행하는 사상이 대개 같다고 하였다. 가정과 사회는 어느 국가를 막론하고 일부일처주의를 취하여 부인을 존경하는 주의를 갖는다. 기예와 학문은 취지가 서로 같아 한 나라에서 업무와 이익이 되는 것은 다른 나라에도同一히業務와利益이되아同一의民刑法保護를受ᄒᆞ야司法衙門은何國을勿論ᄒᆞ고同一正義의觀念이되며社會의組織을脅迫ᄒᆞ는危險과是危險을避코져ᄒᆞ야取ᄒᆞ는바의手段은各國이槪同ᄒᆞ며人生의生活運命을考究ᄒᆞ는文學과人生娛樂에藉供ᄒᆞ는文學과人生의感情을表示ᄒᆞ는文學은何國으로從ᄒᆞ야出來ᄒᆞ던지各國이共讀共感ᄒᆞᄂᆞ니以上諸事項이其細節에至ᄒᆞ야는諸國間에些少相異ᄒᆞᆫ處가少有ᄒᆞ대何國人을不問ᄒᆞ고高等의敎育을受ᄒᆞᆫ者는他國의家庭、學校、法廷、戱臺、寺院等에入ᄒᆞ야大槪異域의人됨을自感ᄒᆞ는事가無ᄒᆞ고國家의境界를相越ᄒᆞ야人民의往來가甚히頻繁ᄒᆞᆯ뿐아니라一國의臣民이他國에旅行、或居住ᄒᆞ는時라도別로異人의階級을不成ᄒᆞ야其旅行地、居住地의人民과共同히自由로交通混合ᄒᆞ고其地의法律保護를安全히自感ᄒᆞᄂᆞ니歐洲及亞米利加의文明이共通이라云ᄒᆞᆷ은此의情形을謂ᄒᆞᆷ이니라

土耳其、波斯、支那、日本、暹羅、及其他數國은歐洲의文明과相殊ᄒᆞᆫ文明을保有ᄒᆞ니此等諸國의文明은歐米의文明과相殊ᄒᆞᆯ뿐아니라其尊崇ᄒᆞ는宗敎가

에서도 똑같이 업무와 이익이 되어 민법과 형법의 보호를 받는 것이 같다. 사법기관은 어느 국가를 막론하고 같은 정의 관념을 갖고서 사회조직을 협박하는 위험과 이 위험을 피하려고 취하는 수단은 각국이 대개 같다. 인간 생활과 운명을 탐구하는 문학과 인간 생활에 즐거움을 제공하는 문학과 인간 생활의 감정을 표시하는 문학은 어느 국가에서 나왔든지 각국이 함께 읽고 공감한다. 이상의 여러 가지 사항이 그 세부 사항에 이르러서는 여러 국가 간에 약간 다른 곳이 조금 있지만, 어느 국가 사람인지를 불문하고 고등 교육을 받은 사람은 타국의 가정, 학교, 법정, 연극장, 사원 등에 들어갔을 때 대개 다른 지역 사람으로 자각하는 일이 없고 국가의 경계를 서로 넘어서 인민의 왕래가 매우 빈번할 뿐 아니라 한 국가의 신민이 타국에 여행하거나 거주하는 때라도 별로 이방인 계급을 만들지 않아서, 여행지, 거주지의 인민과 공동으로 자유로이 교류하고 섞여서 그 밖의 법적 보호를 안전하게 느껴서 유럽과 아메리카의 문명이 공통된다고 하는 것은 이러한 상황을 말하는 것이다.

터키, 페르시아, 중국, 일본, 시암, 그리고 그 밖의 여러 개 국가는 유럽 문명과 서로 다른 문명을 보유한다. 이들 여러 국가의 문명은 구미의 문명과 서로 다를 뿐 아니라 높이 숭앙하는 종교도

亦異ᄒᆞ야歐洲人及米人이此等諸國에旅行或居住ᄒᆞᄂᆞᆫ時ᄂᆞᆫ特히隔離ᄒᆞᆫ一階級을成ᄒᆞ야其地의法律保護가安全홈을自感치못ᄒᆞᄂᆞ니假使其地의法律이公正ᄒᆞ다ᄒᆞ야도相殊ᄒᆞᆫ文明으로出來ᄒᆞᄂᆞᆫ新奇ᄒᆞᆫ利益을十分保護ᄒᆞᆯ者로信賴ᄒᆞᆯ事가不能ᄒᆞ도다故로此等諸國에在ᄒᆞᆫ歐米人은各其自國의領事裁判權下에置ᄒᆞᄂᆞ니此領事裁判權은歐米의諸國이此等諸國과締結ᄒᆞᆫ條約을依ᄒᆞ야設立된者ㅣ라其領事ᄂᆞᆫ自國의強力을些少使用ᄒᆞᄂᆞᆫ事를得ᄒᆞᆯ지라도其裁判權을維持ᄒᆞ기爲ᄒᆞ야ᄂᆞᆫ必竟其駐在國政府가條約을依ᄒᆞ야許與ᄒᆞᆫ바의援助를借依ᄒᆞᆯ지라如此ᄒᆞᆫ援助를許與ᄒᆞᆫ國家ᄂᆞᆫ組織的強力을因ᄒᆞ야維持ᄒᆞᆯ固有의確立秩序를保有ᄒᆞ고且其國人의先導者가異類의文明要件을理解ᄒᆞᆯ程度에進步ᄒᆞᆫ者를要ᄒᆞᄂᆞ니此程度에達ᄒᆞᆫ國은不可不文明國으로認定ᄒᆞᆯ지라此文明國의文明은相殊ᄒᆞᆫ文明即歐洲의文明과文明이相殊ᄒᆞᆯ뿐이라云ᄒᆞ고(此에至ᄒᆞ기ᄭᆞ지ᄂᆞᆫ述者의賛成ᄒᆞᄂᆞᆫ說)氏ᄂᆞᆫ又曰國際法은此二種의國民中第一種의國民中으로發生ᄒᆞᆫ者ㅣ라故로國際法은共通의文明으로ᄡᅥ基礎를作ᄒᆞᄂᆞ니國家ㅣ文明이同等이라云ᄒᆞᄂᆞᆫ者ᄂᆞᆫ要컨대共通文明을指稱ᄒᆞᄂᆞᆫ者

역시 다르다. 유럽인들과 미주인들이 이들 여러 국가에 여행하거나 거주하는 때는 특히 격리된 한 계급이 되어서 그 밖의 법적 보호가 안전하다고 느끼지 못한다. 가령 그 밖의 법률이 공정하다 해도 서로 다른 문명에서 나오는 희한한 이익을 충분히 보호할 것으로 신뢰할 수 없다. 따라서 이들 여러 국가에 있는 구미인은 각자 자국의 영사재판권에 놓인다. 이러한 영사재판권은 구미의 여러 국가가 이들 여러 국가와 체결한 조약에 의하여 설립된 것이다. 그 영가는 자국의 강제력을 다소 사용할 수 있어도 재판권을 유지하기 위해서는 결국 그 수재국 정부가 조약에 의하여 허락한 지원을 빌려야 한다. 이와 같은 지원을 허락한 국가는 조직적인 강제력으로써 유지할 고유의 확립된 질서를 보유하고, 또 그 나라 사람의 지도자가 서로 다른 문명 요건을 이해할 정도로 발전할 사람이어야 할 필요가 있다. 이 정도에 도달한 국가는 불가불 문명국으로 인정해야 할 것이다. 이러한 문명국의 문명은 서로 다른 문명, 즉 유럽의 문명과 문명이 서로 다를 뿐이라고 하였다(여기까지는 저자가 찬성하는 주장). 웨스트레이크는 또한 국제법은 이 두 가지 종류의 국민 중 첫 번째 종류의 국민에게서 발생한 것이라고 하였다. 따라서 국제법은 공통된 문명을 기초로 삼기에 국가와 문명이 동등하다고 하는 것은 요컨대 공통 문명을 가리키는 것이다.

ㅣ라然이나土耳其와如ᄒᆞᆫ國은地理的關係로브터歐洲政治的組織體에容認된者ㅣ오他點에至ᄒᆞ야ᄂᆞᆫ第二種에屬ᄒᆞᆯ者ㅣ라故로此ᄂᆞᆫ論外에置ᄒᆞᆯ지나歐洲國際法의適用이明白ᄒᆞᆫ事實을無視치아니ᄒᆞᆯ範圍內에ᄂᆞᆫ土耳其가國際法의惠澤을享受ᄒᆞᆯ지로다然이나此異種의文明即歐洲의文明과不同ᄒᆞᆫ文明을保有ᄒᆞᆫ土耳其가國際法의惠澤을享受ᄒᆞᄂᆞᆫ理由ᄂᆞᆫ土耳其가歐洲의文明과同一의文明을保有ᄒᆞᆫ所以가아니라此로因ᄒᆞ야國際法이共通文明을基礎삼ᄂᆞᆫ定理ᄂᆞᆫ可히變치못ᄒᆞ리로다國際法이今日에如此히存在ᄒᆞᆷ은歐洲人民間에存在ᄒᆞᆫ理由에不外ᄒᆞᆷ이라云ᄒᆞ니라(以上은述者의不賛成ᄒᆞᄂᆞᆫ說)

大抵文明의程度ᄅᆞᆯ論ᄒᆞᆷ에當ᄒᆞ야其立說ᄒᆞᆯ바ᄅᆞᆯ物質上에依치아니ᄒᆞ고法律上에主觀을立ᄒᆞ며專히國內關係에만依치아니ᄒᆞ고國際上으로立說ᄒᆞ야洋의東西ᄅᆞᆯ不問ᄒᆞ고領事裁判權을無滯行使ᄒᆞᆯ程度即領事ᄂᆞᆫ警察權等의執行을不要ᄒᆞ고犯罪人이有ᄒᆞᆫ時ᄂᆞᆫ其國이警察及其他强力으로拿捕ᄒᆞ야領事의게移送ᄒᆞ면領事ᄂᆞᆫ自國의强力을不要ᄒᆞᆯ程度의組織的强力을保有ᄒᆞ야其國家의秩序ᄅᆞᆯ維持ᄒᆞᄂᆞᆫ國으로其國人의先導者가能히異種의文明을理解ᄒᆞᆯ時ᄂᆞᆫ縱令其國家가歐洲的文明을不有ᄒᆞᆫ國이라도文明國이라稱ᄒᆞᆷ에拘碍ᄒᆞᆷ

그러나 터키와 같은 국가는 지리적 관계로부터 유럽의 정치조직체에서 인정된 것이고 다른 점에서는 두 번째 종류에 속한다. 따라서 이는 논외에 두겠지만, 유럽 국제법의 적용이 명백한 사실을 무시하지 않는 범위 내에서는 터키가 국제법의 혜택을 누린다. 그러나 이러한 서로 다른 문명, 즉 유럽 문명과 같지 않은 문명을 보유한 터키가 국제법의 혜택을 누리는 이유는 터키가 유럽의 문명과 같은 문명을 보유하기 때문이 아니다. 이로 인하여 국제법이 공통 문명을 기초로 삼는다는 정의는 변할 수 없다고 하였나. 국제법이 오늘날 이같이 존재하는 것은 유럽 인민들 사이에 존재한다는 이유에 불과하다고 한다(이상은 저자가 찬성하지 않는 주장).

대체로 문명의 정도를 논할 때 이론 설정의 기반을 물질에 의하지 않고 법률을 주로 한다. 온전히 국내 관계만 따르지 않고 국제적으로 이론을 설정하여 동양과 서양을 불문하고 영사재판권을 행사하는데 애로가 없을 정도[즉 영사가 경찰권 등의 집행이 필요하지 않고, 범죄인이 있는 때는 그 국가가 경찰이나 그 밖의 강제력으로 체포해서 영사에게 이송하면 영사는 자국의 강제력이 필요하지 않을 정도]의 조직적 강제력을 보유해야 그 국가의 질서를 유지하는 국가로서 그 나라 사람들의 지도자가 다른 문명을 이해할 수 있을 때는 설령 그 국가가 유럽 문명을 보유하지 않은 국가라도 문명국이라고 칭하는데 구애받을 것이

바ㅣ無ᄒᆞ다論斷ᄒᆞᆷ은氏의意見이正當明瞭ᄒᆞ도다此論法上으로文明의範圍ᄅᆞᆯ定ᄒᆞ면東洋의諸獨立國도並히此文明國範圍에算入ᄒᆞ야國際團體中의一主體됨은述者도異議ᄅᆞᆯ不陳ᄒᆞ고同意ᄒᆞᄂᆞᆫ바ㅣ라日本의國際法學者도擧皆此說에同意ᄒᆞᄂᆞᆫ바ㅣ라日本國際法擔任敎授高橋作衛氏의所著平時公法五十五頁叅照然이나氏의議論後半에曰國際法上에所謂文明國者ᄂᆞᆫ以上兩種의文明中歐洲的文明國이오國際公法의發達原因을歐洲에專歸ᄒᆞᆷ에至ᄒᆞ야ᄂᆞᆫ實로不當ᄒᆞ며又不贊成ᄒᆞᄂᆞᆫ바ㅣ라此點에關ᄒᆞ야ᄂᆞᆫ五年前卽光武四年西曆千九百年九月七日國際法學會의決議에國際法學會에서內亂及暴動에關ᄒᆞᆫ議案第一條에曰「國際法은暴動或內亂境遇에是ᄅᆞᆯ鎭壓코져ᄒᆞᄂᆞᆫ母國政府에對ᄒᆞ야第三國及其所屬國民의게一定ᄒᆞᆫ義務로써負擔케ᄒᆞᆷ이라」定ᄒᆞ고此條文討論에關ᄒᆞ야諸學者가國際法性質上에就ᄒᆞ야自然一大議論을惹起ᄒᆞ니라西曆千九百年九月七日國際法學會年報中第十八頁叅照其時에웨스트랙氏ᄂᆞᆫ修正案을提出ᄒᆞ야曰本條文과及其趣旨에關ᄒᆞ야ᄂᆞᆫ大槪贊成이나「歐洲的文明國」云云形容詞ᄅᆞᆯ國際法에附屬코져提請ᄒᆞ고此氏ᄂᆞᆫ英國의學者로叅席ᄒᆞᆫㅣ者라데잘단氏ᄂᆞᆫ此웨스트랙氏議論에贊成ᄒᆞ얏스나此氏ᄂᆞᆫ法國의學者로叅席ᄒᆞᆫ者ㅣ라白耳義國의學者로린쟈크민氏ᄂᆞᆫ此

없다고 결론 짓는 웨스트레이크의 의견이 정당하고 명료하다. 이러한 논법으로 문명의 범위를 정하면 동양의 여러 독립국도 함께 이러한 문명 범위에 포함되어 국제단체의 한 주체가 된다는 점에 저자도 이의 없이 동의하는 바이다[일본의 국제법학자들도 대개 이러한 주장에 동의하는 바이다. 일본의 국제법 전임 교수인 다카하시 사쿠에의 저술《평시공법》제55면 참조].

그러나 웨스트레이크는 논의 후반에서 말하기를 국제법에서 소위 문명국은 위의 두 종류의 문명 중에서 유럽 문명국이고, 국제공법의 발날 원인을 전적으로 유럽에 귀속시킨 것은 참으로 부당하고 찬성하지 않는 바이다. 이 점에 관해서는 5년 전, 즉 광무 4년[1900년 8월 7일 국제법학회 결의]에 국제법학회에서 내란과 폭동에 관한 결의안 제1조에서 "국제법은 폭동 혹은 내란의 경우에 이를 진압하려는 모국 정부에 대해서 제삼국과 그 소속 국민에게 일정한 의무를 부담 지운다"라고 규정하였다.* 이 조문에 관한 토론에서 여러 학자가 국제법의 성격에 이르러서 자연히 큰 논란이 발생했다[1900년 9월 7일《국제법학자 연보》중 제18면 참조]. 그때 웨스트레이크는 수정안을 제출하면서, 이 조문과 그 취지에 관해서는 대개 찬성이나 '유럽 문명국'이라고 하는 형용사를 국제법에 첨부하도록 제안했다[웨스트레이크는 영국의 학자로 참석했다]. 데자르댕(A. Desjardins)은 웨스트레이크의 제안에 찬성하였으나[데자르댕은 프랑스의 학자로 참석했다] 벨기에의 롤랭자크맹(G. Rolin-Jaequemyns)은 이

* 'Rights and duties of foreign powers as regards the established and recognized governments in case of insurrection', article 1 "International law imposes upon third Powers, in case of insurrection or civil war, certain obligations towards established and recognized governments, which are struggling with an insurrection."

第一條의適用을但歐洲的文明國에限ᄒᆞᄂᆞᆫ웨스트락氏의修正을論駁ᄒᆞ고「歐洲的文明國」云云者ᄂᆞᆫ何如ᄒᆞᆫ意義를有ᄒᆞᆷ과文明을歐洲的文明에限ᄒᆞᆷ은其理由가何在ᄒᆞᆷ과今日西半球의北米合衆國과東半球의亞細亞中日本과如ᄒᆞᆫ國은是何等의文明을保有ᄒᆞᆫ國歟아今에所謂歐洲的文明을保有ᄒᆞᆫ邦國歟아亞米利加的文明을保有ᄒᆞᆫ邦國歟아亞細亞的文明을保有ᄒᆞᆫ邦國歟아其確然ᄒᆞᆫ限界를示ᄒᆞᆷ을質問ᄒᆞ얏더니웨스트락氏ᄂᆞᆫ此에答ᄒᆞ야曰米國及日本의文明은結局에其文明이歐洲的文明에不外ᄒᆞᆯ지라元來本學會에셔定ᄒᆞᄂᆞᆫ바의法則은漸次로文明이達進ᄒᆞᄂᆞᆫ國에適用ᄒᆞᆯ者ㅣ오決코偏狹ᄒᆞᆫ規定이아니나然이나若余가提出ᄒᆞᆫ制限을不設ᄒᆞᄂᆞᆫ時ᄂᆞᆫ文化劣等의國에對ᄒᆞ야도不可不適用ᄒᆞᆯ結果에至ᄒᆞᆯ지라ᄒᆞ니라其次에希臘人케베ㅣ氏ᄂᆞᆫ一種別論을提出ᄒᆞ야曰本學會의討論ᄒᆞᄂᆞᆫ規則은耶蘇敎國以外에適用ᄒᆞᆷ을不得ᄒᆞᆯ지오本學會에셔可取ᄒᆞᆫ規則은文明諸國의法律觀念을保有ᄒᆞᆫ邦國에만適用ᄒᆞᆯ者ㅣ라要컨ᄃᆡ未開國及耶蘇敎國以外의國은此를並除ᄒᆞᆯ者ㅣ라ᄒᆞ며부루사氏ᄂᆞᆫ曰凡國際法은耶蘇敎國及耶蘇敎國의法律主義를認得ᄒᆞᄂᆞᆫ邦國에만行ᄒᆞᆯ事ᄂᆞᆫ

제1조의 적용을 유럽 문명국만으로 한정하자는 웨스트레이크의 수정안에 대해서 논박하면서, '유럽의 문명국'이라고 하는 것이 어떠한 의미를 갖는지, 그리고 문명을 유럽 문명에 한정하는 이유는 어디에 있는지, 그리고 오늘날 서반구의 북미합중국과 동반구의 아시아에서 일본과 같은 국가는 어떠한 문명을 보유하는 국가인지 현재 소위 유럽 문명을 보유하는 국가인지 아니면 아메리카 문명을 보유한 국가인지 아니면 아세아 문명을 보유한 국가인지 그 확실한 한계를 제시해 달라고 질문하였다. 웨스트레이크는 이에 답하여 미국과 일본의 문명은 결국에 그 문명이 유럽 문명을 벗어나지 않는다고 하였다. 원래 이 학회에서 정한 법칙은 점차로 문명이 발전하는 국가에 적용되는 것이고 결코 편협한 규정이 아니다. 그러나 만약 자신이 제출한 제한을 두지 않는 때에는 문화적으로 열등한 국가에 대해서도 어쩔 수 없이 적용되는 결과에 이르게 될 것이라고 말하였다. 그다음에 그리스인 케배는 다른 주장을 제기하면서, 이 학회에서 토론하는 규칙은 예수교 국가 이외에는 적용할 수 없고 이 학회에서 채택할 수 있는 규칙은 여러 문명국가의 법률 관념을 보유하는 국가에만 적용된다고 하면서, 요컨대 미개국과 예수교 국가 이외의 국가들은 제외해야 한다고 말하였다. 브루사(E. Brusa)는 대개 국제법은 예수교 국가와 예수교 국가의 법률주의를 아는 국가에만 적용된다는 것은

西曆千八百七十三年뮤닉크(德國聯邦中의一國바비엘의都會名稱이라)에서本學會가國際法에關ᄒᆞ야셔도採用ᄒᆞ고會議에셔도採用ᄒᆞᆫ主義라故로此第一條에關ᄒᆞ야셔도適用ᄒᆞᄂᆞᆫ者ㅣ라ᄒᆞ야웨스트락氏의修正案을賛成ᄒᆞ고「耶蘇敎國間」云云言詞ᄅᆞᆯ附添ᄒᆞ기로發議ᄒᆞ얏더니웨스트락氏ᄂᆞᆫ此에反對ᄒᆞ야耶蘇敎ᄅᆞᆯ信仰치아니ᄒᆞᄂᆞᆫ邦國으로도文明에進達ᄒᆞᆫ者가不無ᄒᆞ나一國의人民의宗敎上信仰으로써國交上의關係ᄅᆞᆯ誤解ᄒᆞᆷ은甚히不當ᄒᆞ다ᄒᆞ니라(氏ᄂᆞᆫ德國學者의로參席ᄒᆞᆫ者ㅣ라)又로린작크민氏ᄂᆞᆫ此問題에關ᄒᆞ야曰耶蘇敎國或歐洲的文明國云云文字ᄅᆞᆯ付ᄒᆞᆷ보다ᄂᆞᆫ寧히文明諸强國云云文字ᄅᆞᆯ用ᄒᆞᆷ이穩當ᄒᆞ다ᄒᆞ고코르시氏ᄂᆞᆫ此ᄅᆞᆯ賛成ᄒᆞ야文明諸强國云云文字ᄅᆞᆯ採用ᄒᆞᆷ은實로國際法學會의目的에適合ᄒᆞᆫ者ㅣ라ᄒᆞ고法國의쎄레氏ᄂᆞᆫ曰文明國과他邦國間에區別을設ᄒᆞᆷ이不能ᄒᆞ도다世界上諸强國이一國의獨立을承認ᄒᆞᆫ以上은他國은此에對ᄒᆞ야無端히干涉ᄒᆞᆷ을不得ᄒᆞᆯ지라其暴動을自由로鎭壓ᄒᆞᆷ을得케ᄒᆞᆷ은此是承認上으로由出ᄒᆞᄂᆞᆫ當然의結果ㅣ라ᄒᆞ야議論이不一ᄒᆞᆷ으로討論은畢竟左의提出案에就ᄒᆞ야多數로決定되니라

1873년 뮌헨[독일연방 중의 한 주인 바이에른주 도시의 명칭이다]에서 이 학회가 국제법에 관하여도 채용했고 회의에서도 채용했던 주의라고 말하였다. 따라서 이 제1조에 관해서도 통용된다고 해서 웨스트레이크의 수정안을 찬성하였고, '예수교 국가 간' 이라고 하는 용어를 첨부하자고 발의하였다. 웨스트레이크는 이에 반대하면서 예수교를 믿지 않는 국가도 문명이 발달한 경우가 없지 않으나 한 국가 인민들의 종교적 신앙으로써 국교 관계를 오해하는 것이 매우 부당하다고 하였다[브루사는 독일 학자로 참석하였다*]. 또한, 를랭자크맹은 이 문제에 관하여 예수교 국가 혹은 유럽 문명국가라고 하는 문자를 첨부하기보다 차라리 문명국인 여러 강국(文明諸强國)이라는 문자를 사용하는 것이 온당하다고 말하였다. 코르시는 이를 찬성하여 문명제강국(文明諸强國)이라는 문자를 채용하면 참으로 국제법학회의 목적에 적합할 것이라고 하였다. 프랑스의 피레는 문명국과 다른 국가들을 구별하는 것이 불가능하다고 말하였다. 세계적으로 여러 강국이 한 국가의 독립을 승인한 이상 다른 나라는 이에 대해서 아무 이유 없이 간섭할 수 없다고 하였다. 그 폭동을 자유로이 진압할 수 있도록 하는 것은 이러한 승인에서 발생하는 당연한 결과라고 하였다. 토론의 논의가 일치하지 않아서 결국 아래의 제시된 안건들이 다수결로 정해졌다.

* Emilio Brusa는 토리노대학 교수로서 국적은 이탈리아였다.

第一、　國際法에歐洲的文明國云云文字를附加홀意로提請혼發議

第二、　耶蘇敎國以外의邦國에對혼制限과갓치野蠻國은除外ᄒ기로提請혼發議

第三、　耶蘇敎國或基督敎國의法律主義를認得ᄒ는邦國云云文字를附加홀意로提請혼發議

第四、　文明諸强國間云云文字를附加홀意로提請혼發議

如斯히第一發議는二票에對혼全多數의一致로否決ᄒ고第二發議는三票에對ᄒ야全多數의一致로否決되며第三發議도否決되고第四發議修正說은撤回ᄒ니라

以上所載文은列國國際法學者가組織혼國際法學會에서諸學者가國際法에對혼自己의意思를吐盡혼바ㅣ라大槪此를由ᄒ야觀ᄒ면歐西의斯法에從事ᄒ는者가堂堂혼學會에서滔滔히耶蘇敎國間云云文字를國際法에附加ᄒ기를發議홈에至ᄒ야는實로慨歎에不堪홀事實이라然이나此等說은皆多數로否決되야業已陳腐에屬혼者인즉吾人이玆에採用홀必要가無홈은多辯을不

첫째, 국제법에 유럽 문명국이라고 하는 문자를 첨가하는 취지로 제안된 안건

둘째, 예수교 국가 이외의 국가에 대한 제한과 같이 야만국을 제외하기로 제안된 안건

셋째, 예수교 국가 혹은 기독교 국가의 법률주의를 아는 국가라고 하는 문자를 첨가하는 취지로 제안된 안건

넷째, 문명국인 여러 강국 간이라고 하는 문자를 첨가하는 취지로 제안된 안건

이같이 첫 번째 안건은 2표를 받아 전체 다수가 일치하여 부결하였고, 두 번째 안건은 3표를 받아 전체 다수가 일치하여 부결하였으며, 세 번째 안건도 부결되었고, 네 번째 안건인 수정안은 철회되었다.

위에 실은 글은 여러 나라의 국제법학자들이 조직한 국제법학회에서 여러 학자가 국제법에 대한 자기 의사를 가감 없이 드러낸 것이다. 대개 이로써 본다면 서유럽에서 이 법에 종사하는 사람들이 번듯한 학회에서 오만하게 예수교 국가 간이라는 문자를 국제법에 부가하자고 제안했던 것에는 참으로 개탄하지 않을 수 없다. 그러나, 이들 주장은 모두 다수로 부결되어 이미 진부한 것이다. 우리는 여기에서 채용할 필요가 없음은 많은 말이

待홀지로다要컨ᄃᆡ今日의國際法은로ㅣ린작크민氏의所論과ᄀᆞᆺ치文明은歐洲의專有物이아니라此에對ᄒᆞ야文明의區別을設홈은不當타홈이穩當ᄒᆞ도다述者도ᄯᅩᄒᆞᆫ此意見을贊成ᄒᆞ야國際法은文明國全般에共通ᄒᆞᄂᆞᆫ規則이오歐洲的文明國에限홀者ㅣ아니라ᄒᆞ노라

第二、 國際團體ᄂᆞᆫ何오

此에所謂國際團體云云問題에關ᄒᆞ야도學者間에管見을各守ᄒᆞ야主說이不同ᄒᆞ니假令以上文明國範圍程度에關ᄒᆞ야論홈과ᄀᆞᆺ치耶蘇教國文明國의集合體라稱ᄒᆞᄂᆞᆫ者도有ᄒᆞ며又歐洲的文明國의團體에限홀者ㅣ라主張ᄒᆞᄂᆞᆫ者도不無ᄒᆞ나此問題에關ᄒᆞ야ᄂᆞᆫ以上第一問題와ᄀᆞᆺ치甚히難解홀事가無ᄒᆞ리니何故오文明國의程度及範圍를解得ᄒᆞ면追次로可히解得홀者ㅣ되ᄂᆞᆫ所以니라

國際團體에加入홈에當ᄒᆞ야ᄂᆞᆫ歐洲諸國의容認이有홈을要홀ᄂᆞᆫ지若此를要ᄒᆞᆫ다홀진대土耳其와如ᄒᆞᆫ國은西曆千八百五十六年以來歐洲의諸大國과條約을締結ᄒᆞ얏스니此條約을締結홈에依ᄒᆞ야國際上團體에加入홈을始得ᄒᆞᆫ

필요 없다. 요컨대 오늘날의 국제법은 롤랭자크맹의 주장하는 바와 같이 문명은 유럽의 전유물이 아니다. 이에 대하여 문명을 구별하는 것은 부당한 것이 온당하다. 저자도 또한 이러한 의견에 찬성하여 국제법은 문명국 전반에 공통된 규칙이고 유럽 문명국에 한정할 것은 아니라고 본다.

2. 국제단체는 무엇인가?

이에 소위 국제단체라고 하는 문제에 관해서도 학자들 사이에 각자의 의견을 지키기에 주된 주장이 같지 않다. 가령 문명 범위와 정도에 관한 위의 주장과 같이 예수교국인 문명국의 집합체라 칭하는 사람도 있고, 또한 유럽 문명국 단체에 한정된다고 주장하는 사람도 없지 않다. 이 문제에 관해서는 위의 첫 번째 문제와 같이 매우 난해한 것은 없다. 왜냐하면 문명국의 정도와 범위를 이해하면 이어서 이해할 수 있기 때문이다.

국제단체에 가입할 때 유럽의 여러 국가의 용인이 있어야 하는지, 만약 이것이 필요하다면 터키와 같은 국가는 1856년 이래 유럽의 여러 큰 국가들과 조약을 체결했으니 이러한 조약을 체결함에 따라 국제적 단체에 비로소 가입한

者乎아業已十八世紀에墺國과露國으로條約을締結ᄒᆞᆫ時로브터國際團體에加入ᄒᆞᆫ者乎아

又國際團體에加入ᄒᆞᆷ에當ᄒᆞ야ᄂᆞᆫ公使의授受가有ᄒᆞᆫ時로브터國際團體上의一員됨을始認ᄒᆞᆯᄂᆞᆫ지若此時로브터始認ᄒᆞᆫ다ᄒᆞᆯ진대土耳其ᄂᆞᆫ西曆千七百年頃에露國과法國으로公使ᄅᆞᆯ授受ᄒᆞ야스니土耳其ᄂᆞᆫ西曆千八百五十六年巴里의條約이締結되기以前브터國際上團體에加入ᄒᆞᆫ者乎아日本과如ᄒᆞᆫ國은維新前에諸外國과條約을締結ᄒᆞ얏시니其時로브터國際上團體에加入ᄒᆞᆫ者乎아公使의授受가有ᄒᆞᆫ時로브터爲始乎아巴里의條約及赤十字條約等에加盟ᄒᆞᆫ時로爲始乎아此等點에關ᄒᆞ야ᄂᆞᆫ學者의議論이甚히模糊ᄒᆞᆷ을未免ᄒᆞᆯ지로다

大抵國際上團體云者ᄂᆞᆫ文明國의集合體라條約을歐洲의列邦國과締結ᄒᆞᆷ과公使의授受가有ᄒᆞᆫ時와歐洲의先進國이加入의許可가有與否等事ᄂᆞᆫ此에重要ᄒᆞᆫ標準이되지못ᄒᆞᆯ지로다凡此世界에以上所論과如ᄒᆞᆫ文明의程度에達ᄒᆞᆫ國이면洋의東西와宗敎의異同과人種의自他ᄅᆞᆯ不問ᄒᆞ고一切國際上團體員

것인가? 이미 18세기에 오스트리아와 러시아와 조약을 체결한 때부터 국제단체에 가입한 것인가?

또한 국제단체에 가입할 때는 공사의 교환이 있는 때로부터 국제단체의 일원이 되는 것을 인정하기 시작할지, 만약 이때부터 인정하기 시작한다면 터키는 1700년경에 러시아와 프랑스와 공사를 교환했으니 터키는 1856년 파리조약 체결 이전부터 국제적 단체에 가입한 것인가? 일본과 같은 국가는 유신 이전에 외국의 여러 국가와 조약을 체결했으니 그때부터 국제적 단체에 가입한 것인가? 공사의 교환이 있던 때부터 시작하는 것인가? 파리조약과 적십자조약 등에 가입한 때부터 시작하는 것인가? 이러한 점들에 관해서는 학자들의 논의가 매우 모호한 것을 면할 수 없다.

대체로 국제적 단체라고 하는 것은 문명국의 집합체이다. 유럽의 여러 국가와 조약을 체결한 것과 공사의 교환이 있는 때와 유럽의 선진국이 가입 허가를 했는지 아닌지 등의 일은 중요한 표준이 되지 못한다. 무릇 이 세계에는 위에서 논의했던 문명 정도에 도달한 국가라면 동양과 서양, 종교의 같고 다름과 인종이 같음과 다름을 불문하고 국제적 단체의 구성원이

되ᄂᆞᆫ資格이有ᄒᆞ다ᄒᆞᆷ으로써甚히適當ᄒᆞᆫ議論이라ᄒᆞ노라

第三、 國과國의互相間關係ᄅᆞᆯ謂ᄒᆞᆷ이라

國際公法은元來世界上에二個以上의國家가存在ᄒᆞ야其互相間의關係卽權利義務ᄅᆞᆯ指稱ᄒᆞᄂᆞᆫ者ㅣ라故로若世界上에單一國家가存在ᄒᆞᄂᆞᆫ時ᄂᆞᆫ他와關係ᄅᆞᆯ做出ᄒᆞᆯ事가不能ᄒᆞᆯ지ᄒᆞ다若個人으로論ᄒᆞ야도一個人ᄲᅮᆫ存在ᄒᆞᆫ時ᄂᆞᆫ他人과交通ᄒᆞ야其間에權利義務ᄅᆞᆯ生ᄒᆞᆯ事가不能ᄒᆞᆷ과ᄀᆞᆺ치國家도亦一個의國家만世界上에存在ᄒᆞᄂᆞᆫ時ᄂᆞᆫ他國家와交通ᄒᆞ야互相間의關係ᄅᆞᆯ做出ᄒᆞᆯ事가不能ᄒᆞᆷ에遂至ᄒᆞᆯ지라假令太古朦昧時代에國家의組織을具有ᄒᆞᆫ者ㅣ惟一個되ᄂᆞᆫ時와天炎地變을依ᄒᆞ야數多의國家가擧皆滅亡ᄒᆞ고惟一個의國家가存在ᄒᆞᆫ時와밋一大英雄이世界上에傑出ᄒᆞ야全世界ᄅᆞᆯ席捲統一ᄒᆞᄂᆞᆫ時ᄂᆞᆫ但國家와臣民間의關係或臣民互相間의關係가有ᄒᆞᆯᄲᅮᆫ이오國家互相間의關係ᄅᆞᆯ做出ᄒᆞᆯ事가無ᄒᆞᆯ지로다然이나國과國卽二個以上의國家가有ᄒᆞ야도同等의關係가아니오服從의關係ᄅᆞᆯ有ᄒᆞᆫ時ᄂᆞᆫ國際公法의適用을不見ᄒᆞᆯ지니假令保護國과被保護國間에乙者ᄂᆞᆫ甲者의許可ᄅᆞᆯ不得ᄒᆞ면外國과戰端을開ᄒᆞᆯ事와

되는 자격 일체가 있는지 아닌지가 매우 적당한 논의이다.

3. 국가와 국가의 상호관계를 말함

국제공법은 원래 세계에서 둘 이상의 국가가 존재하여 그들 상호 간의 관계, 즉 권리 의무를 지칭하는 것이다. 따라서 만약 세계에 국가가 단독으로 존재하는 때는 남과 관계를 만들 수가 없다. 만약 개인으로 논하여도 개인 혼자만 존재하는 때는 타인과 교통하여 그들 사이에 권리 의무가 발생할 수 없는 것과 같이 국가도 역시 한 국가만 세계에 존재하는 때는 다른 국가와 교통하여 상호 간의 관계를 만들어 낼 수 없게 될 것이다. 가령 아주 오래전 문명 이전 시대에 국가 조직을 갖춘 것이 오직 하나였던 때와 천재지변에 의하여 다수의 국가가 대거 멸망하고 오직 한 국가만 존재하던 때와 그리고 세계에 걸출한 영웅이 등장하여 전 세계를 석권하고 통일하던 때는 단지 국가와 신민 사이의 관계 혹은 신민 상호 간의 관계가 있었을 뿐이고, 국가 상호 간의 관계가 될만한 것이 없었다. 그러나 국가와 국가, 즉 2개 이상의 국가가 있어도 동등한 관계가 아니고 복종의 관계가 있었던 때는 국제공법의 적용이 나타나지 않는다. 가령 보호국과 피보호국 사이에 을은 갑의 허가받지 못하면 외국과 전쟁을 개시하는 것과

條約을締結홀事가不能ᄒᆞ다的定ᄒᆞ면此兩者間에ᄂᆞᆫ不可不併立홀事를不得홀지오又被屬地와殖民地等은或副王을置ᄒᆞ고議會를有ᄒᆞ야도尙此其本國의許可가無ᄒᆞ면外國에對抗홀事를不得홀지라故로殖民地及屬國은其本國과國際上의關係를有치못홈으로써國際上에國과國이라稱치못홀지로다

第四、　容認은何오

國際公法은文明國團體에屬ᄒᆞᆫ國과國이互相의關係를各自客認홈에依ᄒᆞ야成立ᄒᆞᄂᆞᆫ者ㅣ라ᄒᆞ면又不可不其容認이如何ᄒᆞᆫ文字의意義를有홈과其方法及其容認의實行ᄒᆞᄂᆞᆫ者ㅣ何者됨을研究홀必要가有홈으로써左에其大略을說明코져ᄒᆞ노라

其一、　容認의方法　此方法에二種이有ᄒᆞ니

(甲)、條約으로써明言ᄒᆞᆫ容認

(乙)、慣行을因ᄒᆞ야成立ᄒᆞᄂᆞᆫ容認이是라(피리ㅣ몰氏의區別)

其二、　容認을許與ᄒᆞᄂᆞᆫ國家

國際法上에容認을許與ᄒᆞᄂᆞᆫ國家ᄂᆞᆫ何오國際法學者ᄂᆞᆫ皆曰國際法은萬國

조약 체결하는 것을 할 수 없다고 하면. 이 양자 간에는 병립할 일이 있을 수 없다. 또한 피속지(被屬地)와 식민지 등이 어떤 때는 대리 군주를 두고 의회가 있어도 오히려 이들 본국의 허가가 없으면 외국에 대항할 수 없다. 따라서 식민지의 속국은 그 본국과 국제적인 관계를 갖지 못하기에 국제적으로 국가와 국가라고 할 수 없다.

4. 용인은 무엇인가?

국제공법은 문명국 단체에 속한 국가와 국가들이 상호관계를 각자 용인하는 것에 의하여 성립하는 것이라면 또한 그 용인이 문자로서 어떠한 의미를 갖는지와 그 방법 및 그 용인을 실행하는 것이 무엇인지를 연구해야 하기에 아래에서는 그 대강을 설명하겠다.

(1) 용인의 방법

이 방법에는 두 가지 종류가 있다.

(가) 조약으로 명확히 선언하는 용인

(나) 관행으로써 성립하는 용인(필리모어(R. Phillimore)의 구분)

(2) 용인을 허락하는 국가

국제법상 용인을 허락하는 국가는 무엇인가? 국제법학자들은 대개 국제법은 세계 각국의

의客認을依ᄒᆞ야効力이生ᄒᆞᆫ다ᄒᆞ니此國際法에容認을要ᄒᆞᆫ다ᄒᆞᄂᆞᆫ點에至ᄒᆞ야ᄂᆞᆫ近時學者의衆說이大畧一致ᄒᆞ나然이나自來로歷史의實際에徵ᄒᆞ건대國際法規ᄂᆞᆫ文明國一般의容認을依ᄒᆞ야成立ᄒᆞᄂᆞᆫ者ㅣ아니라小弱國은實際에完全ᄒᆞᆫ容認을與ᄒᆞᆯ必要가無ᄒᆞᆫ者로認定ᄒᆞ야古로今에至ᄒᆞ기ᄭᆞ지實際問題의多數ᄂᆞᆫ歐羅巴協調를依ᄒᆞ야解釋ᄒᆞ얏스니然則實際國際法은大强國의設定ᄒᆞᄂᆞᆫ바를萬國의容認或文明國一般의容認이라稱ᄒᆞᄂᆞᆫ虛僞名稱下에稱來ᄒᆞ얏도다其內實을更言ᄒᆞ면實은大强國의容認과小弱國의服從的點認을依ᄒᆞ야成立ᄒᆞᆫ者ㅣ라謂치아니치못ᄒᆞᆯ지라今에歐羅巴協調ᄂᆞᆫ容認과甚히密接ᄒᆞᆫ關係가有ᄒᆞᆷ으로其歐羅巴協調의沿革을詳述ᄒᆞ야研究者의材料에供코져ᄒᆞ노라

歐羅巴協調의起源은十九世紀初葉에當ᄒᆞ야(쇼몬)條約으로ᄡᅥ其形體를創成ᄒᆞ얏스니盖此條約은西歷千八百十四年三月一日에巴理를占領ᄒᆞ고那翁을廢位ᄒᆞᆯ際에英、露、普、墺、間에締結ᄒᆞᆫ者ㅣ라此條約의目的은那翁의抑制와其後維也納條約으로設定ᄒᆞᆫ政畧의大要를定ᄒᆞᆷ에在ᄒᆞ니詳言ᄒᆞ

용인에 따라 효력이 생긴다고 말한다. 이처럼 국제법에서 용인이 필요하다는 점에 대해서는 근대 학자들의 여러 의견이 대략 일치한다. 그러나 종래의 역사적 실상에서 밝혀보건대 국제법규는 문명국 일반의 용인에 따라 성립하는 것이 아니다. 약소국은 실제로 완전한 용인을 줄 필요가 없는 것으로 인정되어 예로부터 지금에 이르기까지 실제 문제의 다수는 유럽의 협조에 따라 해석되었다. 그래서 실제로 국제법은 강대국이 설정하는 것을 세계 각국의 용인 혹은 문명국 일반의 용인이라고 명칭을 위장하여 불리웠다. 그 내실을 다시 말하자면 사실은 강대국이 용인하고 약소국이 묵인으로 복종하는 것에 의하여 성립된 것이라고 하지 않을 수 없다. 오늘날 유럽의 협조는 용인과 매우 밀접한 관계가 있기에 유럽협조의 이력을 상술하여 연구자들의 연구재료로 제공하고자 한다.

유럽의 협조는 19세기 초에 쇼몽조약(Treaty of Chaumont)으로써 그 형체가 창설되었던 것에서 시작했다. 대개 이 조약은 1814년 3월 1일 파리를 점령하여 나폴레옹을 폐위시킬 때, 영국, 러시아, 프로이센, 오스트리아 사이에 체결되었다. 이 조약의 목적은 나폴레옹 억제와 그 후 빈조약으로 설정된 정책의 대강을 정하는 데 있었다. 이를 상세히 말하자면

면歐羅巴의全體의力을借ᄒᆞ야那翁의勢力을抑制코져ᄒᆞᆷ에不外ᄒᆞ도다此目的을依ᄒᆞ야歐洲의諸君主及政治家ᄂᆞᆫ擧皆猜疑嫉妬의念을棄ᄒᆞ고那翁에對抗ᄒᆞ야歐洲의土地配置를各自復舊ᄒᆞ고單獨一國이尨大ᄒᆞ야權力의平均을欠缺케ᄒᆞᆷ을防止ᄒᆞᆯ事로期圖ᄒᆞ며此目的을依ᄒᆞ야歐洲의四大强國은一致의運動을行ᄒᆞ야所謂歐羅巴協調의端緖를開ᄒᆞ얏더니其後千八百十五年에至ᄒᆞ야那翁이敗北ᄒᆞ고歐洲의公敵은全히消滅ᄒᆞᆷ으로歐洲가一致ᄒᆞᆯ原因은尙此存在ᄒᆞᆯ必要가無ᄒᆞ나然이나共同一致의運動을行ᄒᆞᆷ은依然히存在ᄒᆞ야往々時事問題가起ᄒᆞᆷ을從ᄒᆞ야共同一致의主義가事實에現出ᄒᆞ얏스니如此히强國이一致協調ᄒᆞᄂᆞᆫ事ᄂᆞᆫ歐羅巴政略의一主義로成立ᄒᆞᆷ에至ᄒᆞ니라其後維也納會議當時에「쇼ㅣ몬」條約上列國이公敵으로視ᄒᆞ던法國도亦此大强國中에算入ᄒᆞ야一國을增加ᄒᆞᆷ으로브터自然其目的도變치아니치못ᄒᆞᆷ에至ᄒᆞ니라

如此히歐洲協調에法國을算入ᄒᆞᆷ은當然ᄒᆞᆫ事ㅣ라其富强의程度와歷史의沿革上으로觀ᄒᆞ야도此國을除外ᄒᆞᆷ은自然의趨勢에反ᄒᆞᄂᆞᆫ者ㅣ로다法國

유럽 전체의 힘을 빌려 나폴레옹의 세력을 억제하기 위한 것에 지나지 않는다. 이 목적에 의하여 유럽의 여러 군주와 정치가는 시기 질투하는 마음을 모두 내려놓고 나폴레옹에 대항하여 유럽의 토지 배치를 각자 복구하고 한 국가가 단독으로 방대해져 세력균형을 깨뜨리게 되는 것을 방지하는 것을 의도하였다. 이 목적에 의하여 유럽의 4대 강국은 일치된 활동을 하여 소위 유럽협조(Concert of Europe)의 실마리를 열었다. 그 후 1815년에 이르러 나폴레옹이 패배하고 유럽의 공적이 완전히 소멸하면서 유럽이 일치할 원인은 오히려 존재할 필요가 없어졌다. 그러나 공동으로 일치된 활동을 하는 것은 여전히 존재하여, 종종 시사 문제가 발생함에 따라 공동으로 일치된 주의가 실제로 드러나게 되었다. 이같이 강국이 일치하여 협조하는 일이 유럽 정책의 한가지 주의로 성립되었다. 그 후 빈회의 당시 '쇼몽'조약의 당사국이 공적으로 보았던 프랑스도 이러한 강대국에 포함되어 한 나라가 늘게 되면서 자연히 그 목적도 변하게 되었다.

이같이 유럽협조에 프랑스를 포함한 것은 당연한 일이었다. 그 나라의 부강한 정도와 역사적 이력으로 보아도 이 국가를 제외하는 것은 자연스러운 추세에 반하는 것이었다. 프랑스는은如此히西曆千八百十五年으로爲始ᄒᆞ야歐洲協調에入ᄒᆞ고伊太利ᄂᆞᆫ千八百六十七年에至ᄒᆞ야加入ᄒᆞᆷ을始得ᄒᆞ얏고他歐洲의諸小國은此에加入ᄒᆞᆷ을不得ᄒᆞ얏스나但維也納會議時에瑞西、葡萄牙、瑞典等諸國은會議에列席ᄒᆞᄂᆞᆫ事를許與ᄒᆞ야도實際ᄂᆞᆫ他諸强國과平等의地位를持保치못ᄒᆞᆷ은從來에歐洲外交事實을依ᄒᆞ야可證ᄒᆞᆯ者ㅣ로다此三國外의小國은使節을派ᄒᆞ야但會議에叅席ᄒᆞᆯᄲᅮᆫ아니라千八百十八年「엑스、라、샤쎌」會議에ᄂᆞᆫ維也納會議에叅席을許與ᄒᆞ얏던諸小國도叅席ᄒᆞᆷ을不許ᄒᆞᆷ에遂至ᄒᆞᆷ으로西班牙國은異議를提出ᄒᆞ얏스나終局에其目的을達치못ᄒᆞ니라然而此西曆千八百十八年十一月十五日「엑스、라、샤쎌」의秘密議定書ᄂᆞᆫ諸小國에列國會議出席權을許ᄒᆞ얏스니其議定書의要領이如左ᄒᆞ니라

五大强國의結合은一時的의事項이아니라此結合은諸條約維持及其設定諸權利를爲ᄒᆞ야存立ᄒᆞᆫ者ㅣ오又歐洲의平和를保全ᄒᆞᄂᆞᆫ列國의組織이永久히安全ᄒᆞ기를企圖ᄒᆞ기爲ᄒᆞ야存在ᄒᆞᆫ者ㅣ라此結合은列國이會議를開ᄒᆞ고此機關을依ᄒᆞ야共同의活動을行ᄒᆞᄂᆞᆫ者ㅣ니若此討議問題

이같이 1850년에 처음 유럽협조에 들어갔고 이탈리아는 1867년에 가입하게 되었고, 다른 유럽의 여러 소국은 이에 가입할 수 없었다. 다만, 빈회의 시에 스위스, 포르투갈, 스웨덴 등 여러 나라들은 회의에 참석하는 것을 허락받았지만 실제는 다른 여러 강국과 동등한 지위를 갖지 못했던 점은 종래의 유럽 외교 사실에 의하여 증명할 수 있다. 이들 3국 이외의 소국은 사절을 파견해서 회의에 참석했을 뿐만 아니라 1818년 '엑스라샤펠(Aix-la-Chapelle)'회의에는 빈회의 참석이 허락되었던 여러 소국도 참석할 수 없게 된 것에 스페인은 이의를 제기하였으나 결국 그 목적을 이루지 못하였다. 그러나 1818년 11월 15일 '엑스라샤펠' 비밀의정서는 여러 소국에 국제회의 출석권을 부여하였는데 그 의정서의 대강은 아래와 같다.

5대 강국의 결합은 일시적인 사항이 아니다. 이 결합은 여러 조약의 유지 및 조약에서 설정한 권리를 위하여 존립하는 것이다. 또한 유럽의 평화를 보전하는 여러 국가의 조직이 영구적으로 안전하기를 도모하기 위하여 존재하는 것이다. 이러한 결합은 여러 국가가 회의를 열고 회의 기관에 의하여 공동으로 활동하는 것이니, 만약 토의 문제와

에關係가有ᄒᆞᆫ諸小國의代表者는出席홈을得홈이라
卽此議定書의趣旨는歐洲의諸問題를歐羅巴協調에依ᄒᆞ야決定코져홈에在ᄒᆞ고又此五大强國을依ᄒᆞ는一個中心約强力을創設코져홈에在ᄒᆞ야小國은此議定書를依ᄒᆞ야其會議問題에關係가有ᄒᆞᆫ境遇에만列席홈을得ᄒᆞ얏스니今其一二의實例를擧ᄒᆞ건대(一)西曆千八百六十七年倫敦會議에白耳義、和蘭二國은此에列席홈을許ᄒᆞ얏스니盖其議題中룩센불릉에關ᄒᆞᆫ事項은二國에關係가有ᄒᆞᆫ所以오(二)西曆千八百八十四年及千八百八十五年에공고ㅣ河、나잉가河及其地域의通商、航海와其他政治上問題에關ᄒᆞᆫ西亞弗利列國會議에는白耳義、丁抹、西班牙、和蘭、葡萄牙、瑞典等諸國의代表者도列席ᄒᆞ고又土耳其도亞弗利加에領土를有홈으로써列席홈을許ᄒᆞ얏더라然이나小國에列席을許홈은權利的이아니오恩惠的이라故로其列席의許與不許는諸强國의意思에在ᄒᆞ다謂홀지니今에又其一例를擧홀진대西曆千八百七十八年에希臘의領土를擴張홈에關ᄒᆞ야伯林에會議를開홀새希臘은利害의關係가有홈으로써此에列席홈을要求ᄒᆞ야도

관계가 있는 여러 소국의 대표자는 출석할 수 있다.

즉, 이 의정서의 취지는 유럽의 여러 가지 문제를 유럽협조에 따라 결정하려는 데 있다. 또한 이들 5대 강국에 의한 한 개의 중심적인 강제력을 창설하려는 데 있다. 소국은 이 의정시에 의하여 그 회의의 문제와 관계가 있는 경우에만 참석할 수 있었다. 이제 그러한 실례를 한두 가지 들어보면 ① 1867년 런던회의에 벨기에, 네덜란드 2개국은 이 회의에 참석하도록 허락받았다. 대체로 그 의제 중 룩셈부르크에 관한 사항은 이들 양국과 관계가 있었기 때문이다. ② 1884년 및 1885년에 콩고강, 니제르강, 및 그 밖의 지역 내 통상 항해와 그 밖의 정치적 문제에 관한 서아프리카 국제회의에는 벨기에, 덴마크, 스페인, 네덜란드, 포르투갈, 스웨덴 등 여러 나라의 대표자도 참석하고, 또한 터키도 아프리카에 영토를 갖고 있었기에 참석이 허락되었다. 그러나 소국이 회의에 참석할 수 있는 것은 권리가 아니고 혜택을 받는 것이었다. 따라서 회의 참석의 허락 여부는 여러 강국의 의사에 있었다고 할 것이다. 이제 또 한 사례를 들자면 1878년에 그리스의 영토 확장과 관련해서 베를린회의를 열었을 때 그리스는 이해관계가 있었기에 이 회의에 참석하겠다고 요구했지만,

列國은此를拒絶ᄒᆞ니라此를由ᄒᆞ야觀ᄒᆞᆯ진대小國의容認은是를必要라認ᄒᆞ기難ᄒᆞ니小國은單히强國이定ᄒᆞᆫ바에服從ᄒᆞ면可ᄒᆞᆫ情狀이有ᄒᆞ도다然則獨立의承諾과ᄀᆞᆺ치亦國際團體에某國을加入ᄒᆞᄂᆞᆫ問題에關ᄒᆞ야ᄂᆞᆫ是를强國間에셔決定ᄒᆞ야歐洲全體의名義로是를有効케ᄒᆞᄂᆞᆫ도다

要컨대彼等强國이如右히事業을成ᄒᆞᆫ者ㅣ不尠ᄒᆞ니即希臘의獨立을得ᄒᆞᆫ事도全혀此歐洲協調의餘澤을蒙ᄒᆞᆫ者ㅣ라西曆千八百二十二年에希臘國이暴起ᄒᆞ야土耳其를抗拒ᄒᆞᆯ際에神聖同盟即「홀늬、알늬앙스」ᄂᆞᆫ此에對ᄒᆞ야同情은不表ᄒᆞ나亦此를壓服코져아니ᄒᆞ되特히露國과如ᄒᆞᆫ國은其同一宗敎의人民되ᄂᆞᆫ所以로希臘人에對ᄒᆞ야保助의觀念을反抱ᄒᆞ고英法二國은一致ᄒᆞ야如左ᄒᆞᆫ方針을取ᄒᆞ얏스니曰土耳其事件에關ᄒᆞ야ᄂᆞᆫ露國이神聖同盟을自意로決定ᄒᆞᆷ이不可ᄒᆞ다ᄒᆞ야此方針을因ᄒᆞ야希臘事件을率先處理ᄒᆞ야希臘으로ᄒᆞ야곰獨立케ᄒᆞᆷ에勉力ᄒᆞ야西曆千八百三十二年五月七日에倫敦條約의結果를依ᄒᆞ야英、露、法三國은希臘의獨立을承認ᄒᆞᆷ에遂至ᄒᆞ얏스나然이나此事件은墺地利、普魯西兩國의協賛을經由ᄒᆞ기

여러 국가는 이를 거절하였다. 이로써 보건대 소국이 용인하는 것이 필요하다고 보기 어렵다. 소국은 단순히 강국이 정한 바에 복종하면 되는 상황이 있다. 그래서 독립의 승낙과 같이 국제단체에 어떤 국가가 가입하는 문제에 관한 것도 강국 사이에서 결정하고 유럽 전체의 이름으로 유효하게 된다.

요컨대 이들 강국이 위와 같이 사업을 이룬 것이 적지 않다. 즉, 그리스가 독립하게 된 것도 완전히 유럽협조의 혜택을 입은 것이다. 1822년에 그리스에서 폭동이 일어나 터키에 항거할 때 신성동맹, 즉 'Holy Alliance'는 이에 대해 동정을 표시하지 않았지만 이를 진압하려고도 하지 않았다. 특히 러시아와 같은 국가는 인민들의 종교가 같다는 이유로 그리스인에 대해 오히려 지원하겠다는 생각을 품었고, 영국과 프랑스 2개국은 일치하여 아래와 같은 방침을 취하면서, 터키 사건에 관해서는 러시아가 신성동맹을 스스로 결정할 수 없다고 하였다고 말하면서, 이러한 방침을 근거로 그리스 사건을 주도해서 처리하여 그리스가 독립하도록 힘썼다. 1832년 5월 7일 런던조약의 결과에 따라 영국, 러시아, 프랑스의 3국은 그리스의 독립을 승인하게 되었다. 그러나 이 사건이 오스트리아와 프로이센 양국의 협찬을 받기까지

ᄭᆞ지實行치아니ᄒᆞ니라如此히此等二國은恒常希臘獨立에關ᄒᆞ야實際의助力은不與ᄒᆞ야도商議ᄅᆞᆯ受ᄒᆞᆯ權은有ᄒᆞ다主張ᄒᆞ야千八百六十二年깅、오ᄯᅩ王廢位ᄒᆞᆯ境遇에도亦此大强國協調ᄅᆞᆯ依ᄒᆞ야丁抹國의皇族죠르지親王을希臘의王으로定ᄒᆞ야此事件을鎭定ᄒᆞ고又千八百七十七年及千八百八十二年에希臘의領土ᄅᆞᆯ擴張코져ᄒᆞᆫ要求도列國의審判을要ᄒᆞᆯ事件으로伯林의會議ᄅᆞᆯ開ᄒᆞᆷ에至ᄒᆞ얏스니要컨ᄃᆡ希臘의獨立은全히歐洲協調의一結果ㅣ로다

白耳義의建國도亦諸强國協調에基因ᄒᆞᆫ者ㅣ니此境遇에도諸强國은共同一致의運動을行ᄒᆞ니라事件의起源은和蘭國王이和蘭과及其叛民白耳義人間의調和ᄅᆞᆯ諸强國에向ᄒᆞ야要求ᄒᆞᆷ으로브터爲始ᄒᆞᆫ者ㅣ나然이나諸强國은和蘭國王의希望과相反ᄒᆞ야白耳義의獨立을承認ᄒᆞ고且白耳義의永久局外中立國되ᄂᆞᆫ事ᄅᆞᆯ發布ᄒᆞ얏스니此問題ᄂᆞᆫ當時諸强國間에議論이不一ᄒᆞ얏스나千八百三十九年의條約을依ᄒᆞ야此ᄅᆞᆯ實行ᄒᆞᆫ故로白耳義國內에ᄂᆞᆫ濺血의慘酷이有ᄒᆞᆫ後成效ᄒᆞᆷ을始得ᄒᆞ니라

그리스의 독립은 실행되지 않았다. 이같이 이들 2개국은 항상 그리스 독립에 관해 실제적인 지원을 주지 않으면서도 상의받을 권리는 갖는다고 주장하여 1862년 오톤왕이 폐위된 경우에도 역시 이들 강대국의 협조로 덴마크의 황족 조지* 친왕(親王)을 그리스의 왕으로 정하여 이 사건을 진정시켰다. 또한 1877년 및 1882년에 그리스의 영역 확장 요구도 여러 국가의 심판이 필요했던 사건으로서 베를린회의가 열리게 되었다. 요컨대 그리스 독립은 완전히 유럽협조의 결과였다.

벨기에 건국도 역시 여러 강대국의 협조에 근거한 것이었다. 이 경우에도 여러 강국은 공동으로 일치하여 활동했다. 사건의 기원은 네덜란드 국왕이 네덜란드와 그에 반란하는 벨기에인들 사이의 조정을 여러 강국에 대해 요구한 것에서 시작되었다. 그러나 여러 강국은 네덜란드 국왕의 희망과 반대로 벨기에의 독립을 승인하였고 또 벨기에가 영구국외중립국이 되는 것을 공포하였다. 이 문제는 당시 여러 강국 간에 논의가 일치하지 않았으나 1839년 조약에 의하여 이를 실행하였기 때문에 벨기에 국내적으로는 참혹한 유혈사태가 있었던 후 효력을 얻기 시작했다.

* 즉위 전 빌헬름 게오르크, 즉위 후 요르요스 1세.

크리미야戰爭도亦歐洲協調中으로브터出來혼者ㅣ니盖此戰爭은許多의目的을有혼者ㅣ로대其主要혼目的은歐羅巴土耳其의耶蘇敎司命을露西亞一國에專歸홈을妨害ᄒᆞ야歐洲全般에歸코져홈에在ᄒᆞ도다換言ᄒᆞ면卽露國의勢力이過히土耳其에充滿홈을抑制코져홈에在혼者ㅣ라千八百五十六年巴理條約에墺地利、普魯西兩國이亦此에調印ᄒᆞ얏스니此二國은元來크리미야戰爭의交戰國은아니나大强國되는所以로써其條約에調印혼者ㅣ오又其後千八百七十八年伯林條約에(此條約은同年六月十三日로至七月十三日間에伯林에會議롤開ᄒᆞ야條約을成혼者ㅣ니此條約의結果는부루가리야國이半主權國이되고몬데네글오國、쇠르비야國、及루마니야國은主權國이되고보스니아(此는아드리아딕크海에濱在혼土耳其國의一州名이라)州及헤르제고빈(此는亦歐洲土耳其의(舊邦名)邦은墺地利匈牙利의계占領되야此二國의行政權에服從ᄒᆞ니라)英、法、澳等諸强國은歐洲東方의問題롤處置ᄒᆞ기爲ᄒᆞ야調印홈도亦是歐羅巴協調의一大活動이로다

此外에埃及及크리트問題等歐羅巴協調롤依ᄒᆞ야處理된者롤枚擧ᄒᆞ면許多更有ᄒᆞ도다然이나크리미야戰爭時에歐洲列國이日本을永世局外中立

크리미아 전쟁도 역시 유럽협조에서 나온 것이다. 대개 이 전쟁은 허다한 목적을 가졌다. 그 주요 목적은 유럽이 터키의 예수교 관리권을 러시아 한 국가에 전적으로 귀속시키는 것을 방해하여 유럽 전체에 귀속시키려는 데에 있었다. 바꾸어 말하자면 러시아의 세력이 과도하게 터키에 미치는 것을 억제하려는 데에 있었다. 1856년 파리조약에서 오스트리아, 프로이센 양국도 이 조약에 서명했다. 이들 2개국은 원래 크리미아 전쟁의 교전국이 아니었으나 강대국이었던 이유로 그 조약에 서명한 것이다. 또한 그 후 1878년 베를린조약[이 조약은 같은 해 6월 13일에서 7월 13일 사이에 베를린에서 회의가 열려 성립되었다. 이 조약의 결과 불가리아가 반주권국이 되었고, 몬테네그로, 세르비아, 및 루마니아가 주권국이 되었고, 보스니아(이는 아드리아해에 근접한 터키의 일개 주의 이름이다) 주 및 헤르체고비나(이 역시 유럽 터키의 옛 지방으로서 오스트리아-헝가리에 점령되어 이들 2개국의 행정권에 복종하였다)]에 영국, 프랑스, 오스트리아 등 여러 강국이 동유럽 문제를 처리하기 위하여 서명한 것도 역시 유럽협조의 큰 활동이었다.

이외에 이집트 및 크레타 문제 등 유럽협조에 따라 처리된 것을 일일이 거론하자면 허다하다. 그러나 크리미아 전쟁 시 유럽의 여러 국가가 일본을 영세국외 중립국으로

國으로定홀議가亦一次發起ᄒᆞ얏다云ᄒᆞ니是를要컨대所謂歐洲의協調云者는諸國紛議에關ᄒᆞ야審判者도되고反이立法者도되나其中小國은此에叅與홈을不得ᄒᆞᄂᆞᆫ故로英國學者로ㅣ렌스氏는是를評ᄒᆞ야曰强國은歐洲事件에關ᄒᆞ야主要의地位를占領홈으로其結果國際上의平等原則은業已適用홀處가無ᄒᆞ야强國은其强力을依ᄒᆞ야威力을恣逞ᄒᆞ고小國은其國力이微弱홈으로但其決定에可히服從치아니치못홀情形에至ᄒᆞ야스니按ᄒᆞ건ᄃᆡ歐洲强國의協調는漸次發達ᄒᆞ야國際爭議를決定ᄒᆞᄂᆞᆫ機關을成ᄒᆞ야往昔三百年前에諸哲學家政治家及宗敎家가希望ᄒᆞ던最高國際裁判所를得ᄒᆞ얏다ᄒᆞ나以上氏의議論과ᄀᆞᆺ치歐洲의協調를國際上의紛議判定者ㅣ라ᄒᆞ며又國際法의立法者ㅣ라稱홈은不能ᄒᆞ도다然이나其歐洲의現存協調는漸次擴張되야今日에至ᄒᆞ야는歐羅巴뿐의協調가아니오米西戰爭以後로는歐米의協調를成ᄒᆞ고終局에世界의協調를成ᄒᆞ면此協調가庶幾公平의域에達홀지以今所見으로는法理上에甚히適合지못혼者ㅣ라謂홀지로다彼白耳義國의有名홀歷史派의國際法學者나닏氏는此를評ᄒᆞ야曰所

정하는 논의도 한 차례 있었다고 한다. 이를 요컨대 소위 유럽의 협조라고 하는 것은 여러 국가의 다양한 논의에 관하여 심판자도 되고 반대로는 입법자도 되지만, 그중 소국은 이에 참여할 수 없었기 때문에 영국의 학자 로렌스는 이를 평하기를 강국은 유럽의 사건에 관해 주요한 지위를 차지하기에 그 결과 국제적인 평등원칙은 이미 적용될 여지가 없다고 하였다. 강국은 자신의 무력에 의하여 위력을 제멋대로 행사하고, 소국은 자신의 국력이 미약하기에 단지 그 결정에 복종할 수밖에 없는 상황에 이르렀기에 이로써 생각해 보건대 유럽 강국의 협조가 점차 발달하여 국제분쟁을 결정하는 기관이 되어서 옛날 1-2백 년 전에 여러 철학자, 정치가와 종교가들이 희망하던 최고 국제재판소를 얻게 되었다고 하지만, 위의 로렌스의 주장과 같이 유럽의 협조가 국제분쟁의 판정자라고 하거나 국제법의 입법자라고 할 수 없다. 그러나 현재의 유럽협조는 점차 확장되어 오늘날에는 유럽만의 협조가 아니다. 미서전쟁 이후로는 유럽과 미국의 협조가 되고, 종국에는 세계의 협조가 된다면 이러한 협조가 거의 공평한 지경에 이르게 될지는 현재의 소견으로는 법리적으로 매우 적합하지 않다고 할 것이다. 벨기에의 저 유명한 역사학과 국제법학자 롤랭(É. Rolin)은 이를 평하여 소위

謂歐羅巴의協調者는法理上에甚히不公平ᄒᆞᆫ者ㅣ라我白耳義는專制의歐洲協調의結果로永世局外中立國을成ᄒᆞ얏도다當初此協調의當事者는英、德、露、墺、의四大强國이러니其次에法國이此에加入ᄒᆞ고又伊太利가加入ᄒᆞ야六大强國을成ᄒᆞ얏더니現今米西戰爭以後에는北米合衆國이加入ᄒᆞ고北清事件以後에는日本이加入ᄒᆞ얏스니然則歐羅巴의協調는一變ᄒᆞ야歐米協調를成ᄒᆞ고三變ᄒᆞ야世界의協調를成ᄒᆞᆫ지라如此히漸次進步ᄒᆞ야文明國一般의協調되는事를得ᄒᆞ면於是乎國際法上에完全ᄒᆞᆫ萬國의容認이行ᄒᆞᆷ을始見ᄒᆞ리라立論ᄒᆞ니라然이나日本國은今에나닌氏가論ᄒᆞᆷ과又치此大强國協調에加入與否에關ᄒᆞ야는可히疑慮가不無ᄒᆞᆯ지니頃者에米國「에ㅣ르ㅡ」大學校의有名ᄒᆞᆫ샤르뜨氏의論文을據ᄒᆞ건대今에我合衆國은歐洲의大强國과互相比肩ᄒᆞ야其伍件에如入ᄒᆞ얏도다然則大强國은業巳英、露、墺、法、伊、等뿐이아니라就中伊太利와如ᄒᆞᆫ國은其地位를保存ᄒᆞ기不能ᄒᆞ니日本은伊太利의地位를代占ᄒᆞ고支那와如ᄒᆞᆫ國은若其他日泰西의文明을輸入ᄒᆞ는時는高等의地位를得ᄒᆞᆯ지로다云ᄒᆞ얏스니氏는

유럽의 협조라는 것은 법리적으로는 매우 불공평한 것이라고 하였다. 벨기에는 전제적인 유럽협조의 결과로써 영세국외 중립국이 되었다고 하였다. 애초 이 협조의 당사자는 영국, 독일, 러시아, 오스트리아 4개 강국이었다가 프랑스가 가입하고 또 이탈리아가 가입하여 6개 강국이 되었다. 현재 미서전쟁 이후에는 북미합중국이 가입하고 북청사변(北淸事變) 이후에는 일본이 가입하였다. 그래서 유럽의 협조는 변해서 유럽과 미국의 협조가 되었고 또 변해서 세계의 협조가 되었다. 이같이 점차 진보하여 문명국 일반의 협조가 되어 버리면 여기에서 국제법적으로 세계 각국이 완전히 용인하는 것을 볼 수 있게 될 것이라고 주장하였다. 그러나 일본은 지금 롤랭이 논하였듯이 이러한 강대국의 협조에 가입할지 하지 않을지는 전혀 의심할 여지가 없다. 이전에 미국 '예일'대학교의 유명한 쁘르뜨의 논문을 거론하자면 지금 미합중국은 유럽의 강대국과 상호 비슷해져서 그 또래 집단에 가입하였다. 그래서 강대국은 이미 영국, 러시아, 오스트리아, 프랑스, 이탈리아 등만이 아니었다. 특히 그중 이탈리아와 같은 국가는 그 지위를 보전할 수 없어서 일본이 이탈리아의 지위를 대신 차지하였고, 중국과 같은 국가는 그 밖의 서양 문명을 수입하는 때는 높은 지위를 얻을 수 있다고 하였다.

一便으로伊太利國이大强國되지못ᄒᆞᆯ事를論ᄒᆞ고一邊으로日本이此伊太利에代位ᄒᆞᆯ事를云ᄒᆞ야스니此를由ᄒᆞ야觀ᄒᆞ면氏의議論이其實은日本이大强國되지못ᄒᆞ는事를表示ᄒᆞᆷ이라然이나今後歐洲의諸國과亞米利加의合衆國과亞細亞의日本等國으로世界의協調를成ᄒᆞ야써世界의國際最高裁判所의任務를行ᄒᆞᆯ時가有ᄒᆞ고又此等國의協同을依ᄒᆞ야國際法規上에立法ᄒᆞ는事가有ᄒᆞ면此時에나國際法이諸文明國의一般容認을依ᄒᆞ야成立ᄒᆞ는者ㅣ라云ᄒᆞᆷ을得ᄒᆞᆯ지未知호대現今狀態는文明國一般의容認이라稱ᄒᆞ야도其實은大國에서容認ᄒᆞ면國際法은成立ᄒᆞ는者ㅣ오小國은單히其法에服從ᄒᆞ야默認ᄒᆞᆯ뿐이로다

第三章　國際公法의淵源

國際公法의淵源은何如ᄒᆞᆫ者를指ᄒᆞᆷ인지此問題에關ᄒᆞ야는學者間에其觀察ᄒᆞ는點이各異ᄒᆞ야或者는學說을重히ᄒᆞ고或者는條約을重히ᄒᆞ며又或者는國際의先例及外交文書等에其觀察의主點을置호대大槪此를區別ᄒᆞ면大陸의學派와英米의學派로二派에分ᄒᆞᆷ을得ᄒᆞᆯ지라然而此大陸의學派는羅馬法과學說을

뻐르뜨는 한 편으로는 이탈리아가 강대국이 되지 못했다고 주장하고, 다른 한편으로는 일본이 이탈리아의 지위를 대신한다고 하였다. 이로써 보건대, 뻐르뜨의 주장이 사실은 일본이 강대국이 되지 못했다는 것을 표시한다. 그러나 이후 유럽의 여러 국가, 미합중국과 아시아의 일본 등의 국가들이 세계의 협조가 되어서 세계적으로 국제최고재판소의 임무를 수행할 때가 있고, 또한 이들 국가의 협조에 따라 국제법규를 입법하는 일이 있으면, 이때에나 국제법이 여러 문명의 일반적인 용인에 따라 성립하는 것이라고 할 수 있을지 모르겠다. 현재 상태는 여러 문명국의 일반적인 용인이라고 해도 사실은 대국들이 용인하면 국제법이 성립하는 것이고 소국은 단순히 그 법에 묵인하여 복종할 뿐이다.

제3장 국제공법의 연원

국제공법의 연원이 어떠한지의 문제에 관해서 학자들 사이에 관점이 각각 다르다. 어떤 사람은 학설을 중시하고, 어떤 사람은 조약을 중시하며, 또한 어떤 사람은 국제적 선례와 외교문서 등을 중점적으로 관찰한다. 대개 이를 구별하면 대륙 학파와 영미 학파의 2가지 학파로 나눌 수 있다. 그러나 이러한 대륙 학파는 로마법과 학설을

重히ᄒᆞ고英米의學派ᄂᆞᆫ裁判所의判決例와其他各國々民間의慣習을重히ᄒᆞᄂᆞ니今此二派를比較的으로說明ᄒᆞᆯ진대左와如ᄒᆞ도다

英米의學派ᄂᆞᆫ幷히判決과慣習을重히ᄒᆞᄂᆞ니盖英及米에至ᄒᆞ야ᄂᆞᆫ裁判所의判決이其國國法의有力ᄒᆞᆫ者ㅣ라換言ᄒᆞ면立法者가發布ᄒᆞᆷ을依ᄒᆞ야成文法을作ᄒᆞᆯᄲᅮᆫ아니라慣行을依ᄒᆞ야成立ᄒᆞᄂᆞᆫ法律도法律로視ᄒᆞ며又裁判所의判決은法律이何者되ᄂᆞᆫ証據를成ᄒᆞᄂᆞᆫ者ㅣ라如此ᄒᆞᆫ法律組織下에生活ᄒᆞᄂᆞᆫ英米人이裁判所判決에其主觀點을置ᄒᆞᆷ은當然ᄒᆞ나然이나是와相反ᄒᆞ야大陸의學派ᄂᆞᆫ其國法의組織上裁判所의判決이如此히重要ᄒᆞᆫ者ㅣ아니오又法律解釋上에도甚히尊重히思想치아니ᄒᆞᄂᆞᆫ故로如此ᄒᆞᆫ國에生活ᄒᆞᄂᆞᆫ學者ᄂᆞᆫ但法律의有効無効를立法者의發布與否에歸ᄒᆞ고發布가無ᄒᆞᆫ者ᄂᆞᆫ何等의効力이無ᄒᆞᆫ者ㅣ라一個의判決例ᄂᆞᆫ一事件에對ᄒᆞ야法律을適用ᄒᆞᆷ에不過ᄒᆞᄂᆞᆫ者ㅣ니如此ᄒᆞᆫ事件에對ᄒᆞ야判決을下ᄒᆞᄂᆞᆫ法理ᄂᆞᆫ決코判決을依ᄒᆞ야確定ᄒᆞᄂᆞᆫ者ㅣ아니오立法者의發布를依ᄒᆞ야定ᄒᆞᄂᆞᆫ者ㅣ라ᄒᆞ야學說을重히ᄒᆞ나니라盖此二派의主點을叅酌ᄒᆞ야左에其淵源을擧ᄒᆞ노라

중시하고, 영미 학파는 재판소의 판결례와 그 밖의 각국 국민 간의 관습을 중시한다. 이제 이 2개 학파를 비교하여 설명하면 아래와 같다.

영미 학파는 판결과 관습을 함께 중시한다. 대개 영국과 미국에서는 재판소의 판결이 그 국가의 국내법으로서 힘이 있다. 달리 말하자면 입법자가 공포한 것에 의하여 성문법을 만들 뿐 아니라 관행에 의하여 성립하는 법률도 법률로 본다. 또한 재판소의 판결은 법률이 무엇인지에 관한 증거가 된다. 이와 같은 법률제도하에서 생활하는 영미인이 재판소 판결에 중점을 두는 것은 당연하다. 그러나 이와 반대로 대륙 학파는 그 국가의 제도상 재판소의 판결이 이처럼 중요하지 않다. 또한 법률 해석상으로도 매우 존중해서 생각하지 않기 때문에 이러한 국가에서 생활하는 학자는 단지 법률의 유·무효를 입법자의 공포 여부에 돌리고 공포가 없는 것은 전혀 효력이 없다. 일개 판결례는 한 사건에 관해서 법률을 적용하는 것에 불과하다. 이 같은 사건에 대해 판결하는 법리는 결코 판결 때문에 확정되는 것이 아니고, 입법자의 공포에 따라 정하는 것이기에 학설을 중시한다. 대개 이러한 2개 학파의 주안점을 참작하여 아래에서 그 연원을 언급한다.

第一節　國際公法淵源의種類及說明

第一款　條約

此條約에關ᄒᆞ야後編에更히細密分析ᄒᆞ야說明ᄒᆞᆯ處가有ᄒᆞᆯ지라然이나玆에條約이國際法淵源의一種類를成ᄒᆞᆷ에ᄂᆞᆫ何如ᄒᆞᆫ價値를保有ᄒᆞᆫ者인지此點에關ᄒᆞ야ᄂᆞᆫ或曰條約은其當事者間에成立되ᄂᆞᆫ者ㅣ라其互相間問題解釋에關ᄒᆞ야ᄂᆞᆫ必要ᄒᆞᆯ지라도國際法上으로觀ᄒᆞ면如許히必要ᄒᆞᆫ者ㅣ아니라ᄒᆞ며又或者ᄂᆞᆫ曰國際法의一原則이라云ᄒᆞᆯ者ᄂᆞᆫ條約中으로因ᄒᆞ야發見ᄒᆞᄂᆞᆫ者ㅣ라（西曆一千八百七十一年에倫敦에開會ᄒᆞᆫ列國公會에셔俄、德、墺、法、英、伊、土等國의代表者가調印ᄒᆞᆫ議定書에條約이一次締結ᄒᆞᆫ時ᄂᆞᆫ一國은相對國의合意가無ᄒᆞ면是로從ᄒᆞ야發生ᄒᆞᄂᆞᆫ義務를解除ᄒᆞ고又其條款을變更ᄒᆞᆯ事ㅣ不能云云）如此히後者의主張은甚히極端의論者ㅣ나然이나此二派中條約이國際法의淵源되ᄂᆞᆫ點에至ᄒᆞ야ᄂᆞᆫ輕重의區別은有ᄒᆞ대皆同一히承認ᄒᆞᄂᆞᆫ바ㅣ라是를更히三種에分ᄒᆞ야研究ᄒᆞᆯ진대

一、國際關係上에親規定을設定ᄒᆞ며又領土에關ᄒᆞᄂᆞᆫ國際上의狀況을變更ᄒᆞ야一切의文明國或多數의文明國이調印ᄒᆞᆫ者

此種의條約은此에對ᄒᆞ야調印ᄒᆞᆫ國이多則多ᄒᆞᆷ을從ᄒᆞ야有力ᄒᆞ고期限이長

제1절 국제공법 연원의 종류와 설명

제1관 조약

조약에 관해서는 후편에 다시 세밀히 분석하여 설명할 경우가 있을 것이다. 그러나 여기에서는 조약이 국제법 연원의 한 종류가 될 때, 어떠한 가치를 보유하는 것인지에 관해서 어떤 사람은 말하기를 조약은 그 당사자 간에 성립되는 것이기에 이들 상호 간의 문제를 해석하는 것과 관련해서 필요할지라도 국제법적으로 보면 이같이 필요한 것은 아니라고 한다. 또한 어떠한 사람은 말하기를 국제법 원칙이라고 하는 것은 조약에서 발견하는 것이라고 한다[1871년에 런던에서 개최된 국제회의에서 러시아, 독일, 오스트리아, 프랑스, 영국, 이탈리아, 터키국의 대표자가 서명한 의정서에서 조약이 일차적으로 체결되었을 때 한 나라는 상대국의 동의가 없으면 여기에서 발생하는 의무를 해제하거나 그 조약 규정을 변경할 수 없음]. 이같이 후자의 주장은 매우 극단적인 논리이다. 그러나 이 2개 학파 중 조약이 국제법의 연원이 된다는 점에 대해서는 경중을 구별할 수 있다는 점은 모두 인정하는 것이 같다. 이를 다시 세 종류로 나누어 연구하고자 한다.

1. 국제관계에서 새로운 규정을 설정하고 또한 영토에 관한 국제적인 상황을 변경하기 위하여 모든 문명국 혹은 다수의 문명국이 서명한 것

이러한 종류의 조약은 이에 대해 서명한 국가가 많으면 많을수록 유력하고 기한이 길면

則長홈을從ᄒᆞ야其淵源을成홈에有力ᄒᆞᆫ者ㅣ라若一切의文明國이同一히調印ᄒᆞ거나又最初에ᄂᆞᆫ調印ᄒᆞᆫ國이小數라도後日에至ᄒᆞ야同一히賛成調印ᄒᆞᄂᆞᆫ時ᄂᆞᆫ此條約의締結行爲을國際法의一立法이라可云ᄒᆞᆯ지오其條約은國際團體中各國家에對ᄒᆞ야拘束力을保有ᄒᆞᄂᆞᆫ者ㅣ라然이나如此ᄒᆞᆫ條約은恒常少數됨을未免ᄒᆞᄂᆞ니今에國際上에此種條約의實例를擧ᄒᆞᆯ진ᄃᆡ西曆千八百六十四年에締結ᄒᆞᆫ赤十字條約이此種條約에屬ᄒᆞᆯ지로다此條約은病者及負傷者看護에關ᄒᆞᆫ一切의人及物을中立으로認定ᄒᆞᄂᆞᆫ者ㅣ라千八百六十六年에至ᄒᆞ기ᄭᆞ지ᄂᆞᆫ北米의合衆國이此에賛同치아니ᄒᆞ얏더니其後에加入ᄒᆞ야今日의形勢ᄂᆞᆫ文明國一般이殆幾承認ᄒᆞ야諸等邦國을拘束ᄒᆞᄂᆞᆫ効力이有ᄒᆞ다云ᄒᆞᆯ지로다又千八百九十年블익셀會議의最終決議書ᄂᆞᆫ奴隷의貿易을禁止ᄒᆞᄂᆞᆫ事에關ᄒᆞᆫ者ㅣ니以上赤十字條約과同一히一般承認ᄒᆞᄂᆞᆫ바ㅣ니라

然이나玆에一問題가有ᄒᆞ니一般文明國의承認이無ᄒᆞᆫ議定書도亦國際法의一淵源으로視홈을可得ᄒᆞᆯ가換言ᄒᆞ면自國의承認이無ᄒᆞᆫ新規定을遵守ᄒᆞᄂᆞᆫ義務를負擔홈이可ᄒᆞᆯ가ᄒᆞᄂᆞᆫ問題가是라此問題를硏究홈에當ᄒᆞ야ᄂᆞᆫ不可不

길수록 그에 따라서 연원이 되는데 유력하다. 만약 모든 문명국이 서명하거나 처음에는 서명국이 소수라도 나중에는 같이 찬성하여 서명하는 때는 이 조약을 체결하는 행위가 국제법을 제정하는 것이라고 할 수 있다. 그 조약은 국제단체 내 각 국가에 대해 구속력을 보유한다. 그러나 이와 같은 조약은 항상 소수인 점을 면할 수 없다. 현재 국제적으로 이러한 종류의 조약을 실례로 들어보면, 1864년에 체결된 적십자조약이 이러한 종류의 조약에 속한다. 이 조약은 병자와 부상자 간호에 관계하는 모든 사람과 사물을 중립으로 인정한다. 1866년에 이르기까지는 북미합중국이 이에 찬성하지 않다가 그 후에 가입하였다. 오늘날의 형세는 문명국 일반이 거의 승인하여 여러 국가를 구속하는 효력을 갖는다고 할 것이다. 또한 1890년 브뤼셀회의의 최종의결서는 노예무역 금지에 관한 것인데 위의 적십자조약과 같이 일반적으로 승인되었다. 그러나 여기에서 한 가지 문제가 있는데, 문명국 일반의 승인이 없는 의정서도 역시 국제법의 연원으로 볼 수 있는가이다. 바꾸어 말하면 자국이 승인하지 않은 새로운 규정을 준수할 의무를 부담하는지의 문제이다. 이 문제를 연구할 때는 불가불

其條約의性質上으로브터判斷ᄒᆞᆯ지니假令玆에海洋에濱在치아니ᄒᆞᆫ國이有ᄒᆞ다假定ᄒᆞ면此等國은海上에關ᄒᆞᆫ列國條約이調印ᄒᆞᆯ必要가無ᄒᆞᆯ지라然則巴里宣言에若瑞西와如ᄒᆞᆫ國이不調印ᄒᆞᄂᆞᆫ事가有ᄒᆞ야도是로因ᄒᆞ야該宣言의價値를減小ᄒᆞᆯ者ㅣ아니로라

二、條約이締約國互相間에新規定을創設ᄒᆞᄂᆞᆫ者

此境遇를當ᄒᆞ야當事者ᄂᆞᆫ二三個國에限ᄒᆞᄂᆞ니此新法規되ᄂᆞᆫ者ᄂᆞᆫ此二三國에限ᄒᆞ야行ᄒᆞᆯ者ㅣ오一般의法規가아니라故로此新法規의特點은其一般의國際法이아닌事가是라何故오若此新法規도一般이國際法이라ᄒᆞ면特히新規定을創設ᄒᆞᆯ必要가無ᄒᆞᆫ所以라要컨ᄃᆡ此等條約은通則에例外를設ᄒᆞᄂᆞᆫ者ㅣ니假令千七百八十五年에合衆國과普魯西間의條約은此種條約에屬ᄒᆞᆯ지로다其條約第十三條에曰兩國의一便假令甲國은戰爭을主張ᄒᆞ고他一便乙國은平和를維持ᄒᆞᆷ에際ᄒᆞ야甲國은乙國船舶의禁制品을拿捕ᄒᆞ야도此를沒收치아니ᄒᆞᄂᆞᆫ事를約ᄒᆞᆷ이라規定ᄒᆞ얏스니此ᄂᆞᆫ一般國際法原則에違反되ᄂᆞᆫ者ㅣ라通常國際法의原則으로論ᄒᆞ면此乙國船舶內의禁制品을沒收ᄒᆞᆷ으로

그 조약의 성격부터 판단해야 할 것이다. 가령 여기에 해안선을 갖고 있지 않은 국가가 있다고 가정하면 이들 국가는 해상에 관한 여러 국가의 조약에 서명할 필요가 없다. 그런데 파리 선언에 만약 스위스와 같은 국가가 서명하지 않는 일이 있어도 이로 인하여 그 선언의 가치가 감소하는 것은 아니다.

2. 조약이 체약국 상호 간에 새로운 규칙을 창설하는 것

이 경우에 당사자는 2-3개 국가에 한정한다. 이처럼 새로운 법규인 것은 이들 2-3개 국가에만 시행되는 것이고 일반 법규가 아니다. 따라서 이러한 새로운 법규의 특징은 일반 국제법이 아니라는 것이다. 왜냐하면 만약 이러한 새로운 법규도 일반 국제법이라고 하면 특히 새로운 규정을 창설할 필요가 없기 때문이다. 요컨대 이들 조약은 통칙의 예외가 된다. 가령 1785년에 미합중국과 프로이센 사이의 조약은 이러한 종류의 조약에 속한다. 이 조약 제13조에서는 양국 중 일방으로서 가령 갑국은 전쟁을 주장하고, 상대방 을국은 평화를 유지하고자 할 때 갑국은 을국 선박의 금제품을 나포해도 이를 몰수하지 않겠다는 약속을 규정하기로 했다. 이는 일반 국제법 원칙을 위반하는 것이다. 통상적인 국제법 원칙으로 논하자면 을국의 선박 내에 있는 금제품을 몰수하는 것이

法을作ᄒᆞᄂᆞ니然而此等特別의條約을創設ᄒᆞ야一般國際以外의利益을得코져홈이라蓋如此ᄒᆞᆫ條約은國際法의淵源을成홀事가不能호대但此二三箇國間에創設ᄒᆞᆫ法則이라도其結果가良好ᄒᆞ야其他邦國이此를模倣ᄒᆞᄂᆞᆫ時ᄂᆞᆫ列國의容認이有ᄒᆞᆫ以後로國際法의淵源을成홈에遂至홀지로다此ᄂᆞᆫ自由船舶과自由貨物의原則沿革과如ᄒᆞᆫ者ㅣ니抑此原則은厥初西曆千六百五十年頃에西班牙와米國과和蘭間에締結ᄒᆞᆫ條約을基因ᄒᆞᆫ者ㅣ라此條約은元來二三箇國間에締結된者ㅣ나其創設ᄒᆞᆫ新原則이漸次列國의模倣ᄒᆞᄂᆞᆫ바ㅣ되야一般文明國의採用홈에至ᄒᆞ니라

三、國際法法則을包含치아니ᄒᆞᆫ條約卽當事者間의事件을規定ᄒᆞᆫ者

大槪多數의條約은此種에屬ᄒᆞᄂᆞ니大抵國은國際의事件을處理홈에當ᄒᆞ야將來의國際法等을顧思홈보다目前利益에氣를奪ᄒᆞᄂᆞᆫ바ㅣ되ᄂᆞᆫ故로國際의法則을設定ᄒᆞᄂᆞᆫ事ㅣ少ᄒᆞ니此ㅣ第三種의條約이多數되ᄂᆞᆫ所以라此等의條約은國際法의淵源을成치못홀지니라

第二欵　捕獲審檢所及仲裁裁判所의判決

법이다. 그러나 이러한 특별조약을 창설하여 일반적 국제관계 이외의 이익을 얻으려고 한 것이다. 대개 이와 같은 조약은 국제법의 연원이 될 수 없겠지만, 다만 이들 2-3개 국가 간에 창설된 법칙이라도 그 결과가 양호하여 그 밖의 국가들이 이를 모방하는 때는 여러 국가의 용인이 있고 난 이후 국제법의 연원이 될 수 있을 것이다. 이는 자유선박과 자유화물 원칙의 이력과 같은 것이다. 또한, 이 원칙은 애초 1650년경 스페인과 영국, 스페인과 네덜란드 간에 체결된 조약에 비롯된 것이다. 이 조약은 원래 2-3개국 간에 체결된 것이고, 새로이 창설된 원칙을 여러 국가가 점차 모방하여 일반 문명국들이 채용하게 되었다.

3. 국제법 법칙을 포함하지 않은 조약, 즉 당사자 간의 사항을 규정한 것

대개 다수의 조약은 이러한 종류에 속한다. 대체로 국가들은 국제사건을 처리할 때 장래의 국제법을 생각하기보다 눈앞의 이익에 기를 빼앗기기 때문에 국제법 규칙을 설정하는 일이 적어서 이와 같은 세 번째 종류의 조약이 많은 이유이고, 이들 조약은 국제법의 연원이 되지 못할 것이다.

제2관 포획심검소와 중재재판소의 판결

(一)捕獲審檢所ᄂᆞᆫ戰爭繼續中에交戰國으로開始ᄒᆞ야其軍艦이拿捕ᄒᆞᆫ者에關ᄒᆞ야審判을下ᄒᆞᄂᆞᆫ官衙ㅣ라此審檢所ᄂᆞᆫ國際法을基因ᄒᆞ야審判을下ᄒᆞᄂᆞ니此審判에關ᄒᆞ야ᄂᆞᆫ實際上列國의干涉을惹起ᄒᆞᄂᆞᆫ事ㅣ少ᄒᆞ도다此審檢所의判決은其判事의能力學力及公平程度를比較ᄒᆞ야國際上의先例로尊重히ᄒᆞᄂᆞᆫ者ㅣ니旣往에有名히判決例를下ᄒᆞ던者를米國의스토ㅣ리와法國의셔르쏠늬와英國의로ㅣ뜨、스토웰諸氏라稱ᄒᆞᄂᆞ니라

捕獲審檢所에셔新事件을裁判ᄒᆞᆷ에當ᄒᆞ야最初에ᄂᆞᆫ裁判官이目前該事件에만關ᄒᆞ야審判을下ᄒᆞᆫ者ㅣ로대後日에至ᄒᆞ야同一事件에其判決을引用ᄒᆞᄂᆞᆫ時ᄂᆞᆫ國際法上에一原則을作ᄒᆞᆷ에遂至ᄒᆞᄂᆞ니假令有名ᄒᆞᆫ繼續航海主義와如ᄒᆞᆫ者ᄂᆞᆫ最初로ㅣ뜨、스토웰判事가英法戰爭際에判定ᄒᆞᆫ者ㅣ러니其後에漸次로此主義를諸國이採用ᄒᆞ야今日에至ᄒᆞ야ᄂᆞᆫ國際法의一法規로認ᄒᆞ야北米의合衆國은此主義上으로甚히不利益의地位에處ᄒᆞ야도同國裁判所ᄂᆞᆫ南北戰爭時에此를適用ᄒᆞ야一層此主義를擴張ᄒᆞ니라

(二)仲裁裁判所의判決

(1) 포획심검소는 전쟁이 계속되는 중에 교전국이 열어서 그 군함이 나포한 것에 관해 심판을 내리는 관청이다. 이 심검소는 국제법을 근거로 해서 심판을 내리기에 이 심판에 관해서 실제로 여러 국가의 간섭을 초래하는 일이 적다. 이 심검소의 판결은 그 판사의 능력, 학력 및 공평한 정도를 비교하여 국제적인 선례로서 존중받는다. 이전에 유명한 판결을 했던 사람들은 미국의 스토리(Story)와 프랑스의 뽀르딸늬와 영국의 스토웰이다.

포획심검소에서 새로운 사건을 재판할 때 처음에는 재판관이 눈앞의 해당 사건에 관해서만 심판을 내렸지만, 나중에는 같은 사건에 그 판결을 인용하는 때는 국제법상 하나의 원칙을 만들게 된다. 가령 유명한 계속항해 주의와 같은 것은 영불전쟁 시에 스토웰 판사가 처음 판정한 것이다. 그 후 점차 이러한 주의를 여러 국가가 채용하여 오늘날에 이르러서는 국제법의 한 법규로 인정받아 북미합중국은 이러한 주의로 인해 심각하게 불이익한 지위에 처해도 합중국의 재판소는 남북전쟁 때에 이를 적용하여 이 주의를 한층 더 확장했다.

(2) 중재재판소의 판결

國際爭議를決定ᄒᆞᄂᆞᆫ仲裁裁判所의判決은有力ᄒᆞᆫ國際法의淵源이라假令西曆千八百七十五年亞非利加葡萄牙國領地델나고아灣事件에關ᄒᆞ야英國과葡萄牙國間에爭議가有ᄒᆞᆫ時에法國大統領막크마온氏가仲裁裁判官으로判決을下ᄒᆞ야葡萄牙國의主張을正當히認ᄒᆞ고占領에關ᄒᆞᆫ國際法上의原則을確定ᄒᆞ야大凡數百年來에占領ᄒᆞᆫ土地ᄂᆞᆫ暫時中斷ᄒᆞᆷ을因ᄒᆞ야其權利를可失ᄒᆞᆯ事가無ᄒᆞ다確定ᄒᆞ얏스니此原則은元來西曆千六百五十年산다、루시아事件(即千六百四十年에英人이土人의게殺戮을被ᄒᆞ야爾後再次占領을放棄ᄒᆞᆷ으로占領을中斷ᄒᆞᆫ者ㅣ라)의先例를引用ᄒᆞ야占領에關ᄒᆞᆫ國際法의原則을確立ᄒᆞᆫ者ㅣ라大概此等의判決은後日에可起ᄒᆞᆯ同一事件의先例로國際法의有力ᄒᆞᆫ淵源을成ᄒᆞᄂᆞ니라

第三款　外交文書及國際事件에關ᄒᆞᆫ公文書類

外交文書ᄂᆞᆫ國과國間의外交事件에關ᄒᆞᆫ通信의書類를指ᄒᆞᆷ이니假令清法事件에關ᄒᆞ야英國外部大臣그람빌氏와法國駐英公使와딩통氏間에往復文書等과如ᄒᆞᆫ者니라

國際事件에關ᄒᆞᆫ文書ᄂᆞᆫ以上事件中法國大統領줄、페리氏가敎書를外國駐

국제분쟁을 결정하는 중재재판소의 판결은 유력한 국제법 연원이다. 가령 1875년 아프리카의 포르투갈령 델라고아만(Delagoa Bay) 사건에 관해 영국과 포르투갈 사이의 분쟁이 있었을 때 프랑스 대통령 마크 마옹(Patrice de Mac Mahon)이 중재재판관으로서 판결해서 포르투갈의 주장이 정당하다고 인정하면서 점령 관련 국제법의 원칙을 확정하면서, 거의 수백 년 동안 점령했던 토지는 잠시 중단했다는 이유로 그 권리를 상실할 수 없다고 확정하였다. 이 원칙은 원래 1650년 산타루시아 사건[주, 1640년에 영국인이 원주민에게 살해되자 이후 재차 점령을 포기함으로 인해 점령을 중단한 것]의 선례를 인용하여 점령에 관한 국제법 원칙을 확립한 것이다. 대개 이러한 판결은 나중에 발생할 수 있는 같은 사건의 선례로서 국제법의 유력한 연원이 된다.

제3관 외교문서와 국제사건에 관한 공문 서류

외교문서는 국가와 국가 사이의 외교 사건에 관하여 통신한 서류를 가리킨다. 가령 청불 사건에 관하여 영국 외부대신 그랜빌(Lord Granville)과 프랑스의 주영 공사 워딩턴(W. Waddington) 사이의 왕복 문서 같은 것이다.

국제사건에 관한 문서는 위의 사건 중 프랑스 수상 쥘 페리(Jules Ferry)가 외국 주재

在自國公使에下ᄒᆞ야米國의禁制品을說明홈과如ᄒᆞᆫ者及列國委員이調査ᄒᆞᆫ結果를報告ᄒᆞᆫ報告書類를謂홈이라然이나此等書類ᄂᆞᆫ恒常秘密히ᄒᆞ야社會에發表치아니호대英法兩國에서ᄂᆞᆫ寬大ᄒᆞᆫ主義를取ᄒᆞ야往往히國際事件에關ᄒᆞᆫ事件文字를網羅ᄒᆞ야一册字를出刊ᄒᆞ니英國의「쁠누、색」과法國의「리블、존」等册이卽此類니라

第四欵　國法及內國官吏에下ᄒᆞᆫ訓令

國法으로國際法問題에關ᄒᆞᆫ境遇가有ᄒᆞ니假令市民의權利、歸化局外中立罪人拿交、海賊에關ᄒᆞᆫ國法及海陸軍의法律、領事의規則等과如ᄒᆞᆫ者ㅣ오又國內官吏에對ᄒᆞ야下ᄒᆞᆫ訓令으로國際法의必要淵源되ᄂᆞᆫ者ㅣ有ᄒᆞ니假令西曆千六百八十一年法國의海上法令은當時에甚히分明치못ᄒᆞ던捕獲에關ᄒᆞᆫ法規를巧妙히設定ᄒᆞᆫ者ㅣ라此海上法令은千七百六十年에바린氏가註釋ᄒᆞ야스토ㅣ웰卿의判決은恒常此를依ᄒᆞ야下ᄒᆞᆫ者ㅣ多ᄒᆞ니如此히當初에ᄂᆞᆫ一國國內海軍에關ᄒᆞ야下ᄒᆞᆫ訓令과如ᄒᆞᆫ者도漸次進步ᄒᆞ야國際法의淵源을成ᄒᆞ얏도다假令日本의捕獲規定은其海軍省으로自國海軍에對ᄒᆞ야下ᄒᆞᆫ訓

자국 공사에 교서를 내려 미국의 금제품을 설명한 것과 같은 것 그리고 국제위원들이 조사한 결과를 보고한 보고서류를 말한다. 그러나 이들 서류는 항상 비밀로 해서 사회에 공포하지 않지만, 영국과 프랑스 양국에서는 관대한 주의를 취하여 종종 국제사건에 관한 내용을 망라하여 책자를 출간한다. 영국의 '블루 북(Blue Book)', 프랑스의 '리브르 존(Livre Jaune)'의 책이 이러한 종류이다.

제4관 국내법과 국내 관리에 내린 훈령

국내법으로서 국제법 문제와 관련되는 경우가 있다. 가령 시민의 권리, 귀화한 중립 국적의 범죄인 인도, 해적에 관한 국내법과 육·해군의 법률, 영사 규칙 등과 같은 것이고, 또한 국내의 관리에 대해 내린 훈령으로서 국제법의 필수적 연원인 것이 있다. 가령, 1681년 프랑스의 해상법령은 당시로는 매우 불분명했던 포획에 관한 법규를 상세히 규정하였다. 이 해상법령은 1760년에 발랭(René-Josué Valin)이 주석서를 발간하였고, 스토웰의 판결이 항상 이를 근거로 하여 내린 것이 많다. 이같이 처음에는 한 나라의 국내 해군에 관해 내린 훈령 같은 것도 점차 진보하여 국제법 연원이 되었다. 가령, 일본의 포획규정은 그 해군성이 자국 해군에 대하여 내린 훈령에

令에不過호딕國際法의原則을包含ᄒᆞ고又米國이自國陸軍에對ᄒᆞ야下ᄒᆞᆫ野戰訓令은陸戰에關ᄒᆞᆫ바最古의國內法規ㅣ라此法規ᄂᆞᆫ彼有名ᄒᆞᆫ西曆千八百七十四年ᄲᅳ락쉘會議의標準을成ᄒᆞ고近者海牙陸戰規則의材料가되얏스니一國國內의訓令이國際法에淵源됨은此를徵ᄒᆞ야可知ᄒᆞᆯ지로다

第五欵 學說及學會의決議

槪括的으로學說이라云ᄒᆞ야도其內開를細別ᄒᆞ면各種의區別이有ᄒᆞ니假令反對의判決、偶然이與ᄒᆞᆫ說、著作家의著書、及其他新聞紙上에公刊ᄒᆞᆫ說이皆此學說中에包含ᄒᆞᆯ지라然이나英國의學者ᄂᆞᆫ此에輕重을置ᄒᆞ야反對의判決及偶然히與ᄒᆞᆫ說等은著書及新聞紙等의學說보다重要ᄒᆞᆫ淵源으로認ᄒᆞ니其理由ᄂᆞᆫ此等判決이雖裁判所에셔少數로否決ᄒᆞ야採用치ᄂᆞᆫ못ᄒᆞ야도裁判所記錄中에ᄂᆞᆫ在ᄒᆞᆫ所以라云ᄒᆞᆷ에不過ᄒᆞ도다今에此를一二에分ᄒᆞ야更히說明ᄒᆞ노라

(一) 反對判決 反對判決은一事件에對ᄒᆞ야少數의裁判官이主張ᄒᆞᄂᆞᆫ意見으로多數裁判官의抑制를受ᄒᆞ야비록採用치ᄂᆞᆫ못ᄒᆞ야도其意見이裁判

불과하였지만 국제법 원칙을 포함하였고, 또한 미국이 자국 육군에 대해서 내린 야전 훈령은 육군에 관해 가장 오래된 국내 법규이다. 이러한 법규는 저 유명한 1874년 브뤼셀회의의 기준이 되었고, 최근에는 헤이그 육전 규칙의 자료가 되었으니 한 국가의 국내 훈령이 국제법 연원이 되는 것은 이를 증거로 알 수 있다.

제5관 학설과 학회의 결의

개괄적으로 학설이라고 해도 그 내용을 세분하면 각종 구별이 있다. 가령 반대 판결, 우연히 제시된 주장, 저작가의 저서, 그리고 그 밖의 신문 기사에 공개적으로 발표된 주장이 모두 이러한 학설에 포함된다. 그러나 영국의 학자는 이에 경중을 두어서 반대 판결 및 우연히 제시된 주장 등은 저서와 신문지의 학설보다 중요한 연원으로 인식하였다. 그 이유는 이들 판결이 비록 재판소에서 소수로서 부결되어 채택되지 못했지만, 재판소 기록에 있기 때문이라고 하는 데 불과하다. 이제 이를 한두 개로 나누어 다시 설명하기로 한다.

(1) 반대 판결

반대되는 판결은 한 사건에 대해서 소수의 재판관이 주장하는 의견으로서 다수 재판관의 억제를 받아 비록 채택되지 못했어도 그 의견이 재판소

所記錄中에存在ᄒᆞᆫ者를謂ᄒᆞᆷ이라然이나此等少數의意見中으로出來ᄒᆞ야國際法規를成ᄒᆞᄂᆞᆫ者ㅣ不尠ᄒᆞ니假令今에其一例를擧ᄒᆞᆯ진ᄃᆡ戰時에中立國船舶은敵國護送船의保護를被치못ᄒᆞᆯ지라若此保護를被ᄒᆞᆫ時ᄂᆞᆫ中立船되ᄂᆞᆫ資格을失ᄒᆞ야敵船으로認ᄒᆞᆷ을得ᄒᆞᄂᆞ니此ᄂᆞᆫ今日國際法의原則이라然而往昔十九世紀初葉에米國은此主義를反ᄒᆞ야中立船은交戰國軍艦의護送을可受ᄒᆞᆯ者ㅣ라ᄒᆞ야西曆千八百十五年네레이드號事件에關ᄒᆞ야米國多數의裁判官은以上米國의主義를主張ᄒᆞ얏더니其中에一裁判官스토ㅣ리氏ᄂᆞᆫ此를反對ᄒᆞ야其不然ᄒᆞᆫ理由를論ᄒᆞ고所謂反對判決을下ᄒᆞ니라然이나此反對의判決이今日에至ᄒᆞ야ᄂᆞᆫ國際上에正當ᄒᆞᆫ法規를成ᄒᆞ얏스니然則反對의判決이라도國際法의淵源을成ᄒᆞᄂᆞᆫ事ᄂᆞᆫ更히容疑ᄒᆞᆯ處가無ᄒᆞ도다

(二) 偶然히與ᄒᆞᆫ說　偶然히與ᄒᆞᆫ說即「오쎄다ㅣ딕타」ᄂᆞᆫ一事件이起ᄒᆞ야裁判官이此를討論ᄒᆞᆯ際에其事件에對ᄒᆞ야ᄂᆞᆫ直接으로關係가無ᄒᆞᄃᆡ偶然히與ᄒᆞᆫ說이國際上에重要ᄒᆞᆫ淵源을作ᄒᆞᄂᆞᆫ事ㅣ有ᄒᆞ니假令「푸랑코니아」

기록에 존재하는 것을 말한다. 그러나 이들 소수의 의견에서 나와 국제법규가 되는 것이 적지 않다. 가령 지금 그 한 가지 사례를 거론하자면 전시에 중립국 선박은 적국 호송선의 보호를 받지 못한다. 만약 이러한 보호를 받게 되면 중립 선박이 되는 자격을 잃어 적 선박으로 인식될 수 있는데, 이는 오늘날 국제법 원칙이다. 그러나 예전의 19세기 초에 미국은 이러한 주의에 반대하여 중립 선박은 교전국 군함의 호송을 받을 수 있다고 하였다. 1815년 네레이드호(The Nereide) 사건에 관해 미국의 다수 재판관은 위의 미국 입장을 주장하였다. 그 재판관 중 한 사람인 스토리는 이에 반대하여 그렇지 않은 이유를 논하고 소위 반대 판결했다. 그러나 이 반대 판결이 오늘날에는 국제적으로 정당한 법규가 되었다. 그래서 국제법 연원이 되는 것을 다시 의심할 여지가 없다.

(2) 우연히 제시된 주장

우연히 제시된 나온 주장 즉 '오비타 딕타(obiter dicta)'는 사건이 생겨서 재판관이 이를 토론할 때 그 사건에 대해 직접 관계가 없지만, 우연히 제시된 주장이 국제적으로 중요한 연원을 만드는 경우가 있다. 가령 '프랑코니아'

號事件을討論홈에當ᄒ야英國外部大臣콜네릿디氏가國際法을評論ᄒ야曰國際法은不正確ᄒᆫ者ㅣ라論홈이其事件에關ᄒ야ᄂᆞᆫ影響이無ᄒ나國際法을法律로論홈과非法律로論홈에至ᄒ야ᄂᆞᆫ大關係가有ᄒᆫ者ㅣ된지로다

(三) 學者의說　十七八世紀에學者의著書中으로브터國際法規의出來ᄒᆫ者ㅣ甚多홈으로英國學者로ㅣ렌스氏ᄂᆞᆫ此時代를評論ᄒ야曰此時代의學者ᄂᆞᆫ國際法의設定者ㅣ라云ᄒ기ᄭᆞ지에至ᄒ니라此時代에聲譽가有ᄒ던學者卽스와레스氏젼틸늬스氏그로튀스氏쎽펜도르프氏及쎙게르쇡氏等의學說은各國의容認을依ᄒ야國際의法規를成ᄒᆫ者ㅣ不少ᄒ니假令젼틸늬스氏의戰爭法은기로튀스氏의平戰條規第三編의基礎를成ᄒ야近世에至ᄒ야ᄂᆞᆫ米國陸戰訓令의採用ᄒᆫ바ㅣ되고又萬國國際法學會의有名ᄒᆫ陸戰條規의材料를成ᄒ야海牙平和會議의陸戰에關ᄒᆫ法規慣例를宣言ᄒᆫ中에包含ᄒ니라

그로튀스氏의平等權、獨立權、占領權等의法理ᄂᆞᆫ羅馬法에對ᄒ야一大變更을加ᄒ고今日에至ᄒ야도其國際法上에原則을猶成ᄒ며十八世紀初葉

호(The Franconia) 사건을 판단할 때 영국의 대법원장* 콜러리지가 국제법에 대해 평가하면서 국제법은 부정확하다고 논했던 것이 그 사건에 관해서는 영향이 없으나 국제법을 법률로 논할지 아니면 법률이 아닌 것으로 논할지에 대해서는 관계가 크다.

(3) 학설

17, 18세기 학자의 저서에서 국제법규가 나온 것이 매우 많기에 영국학자 로렌스는 이 시대를 평가하여 말하기를 이 시대의 학자는 국제법을 설정하는 사람들이라고까지 하였다. 이 시대에 명성이 있었던 학자들인 수아레스(Francisco Suárez), 젠틸리(Alberico Gentili), 그로티우스(Hugo Grotius), 푸펜도르프(Samuel von Pufendorf), 빙케르스훅(Cornelis van Bijnkershoek)의 학설은 각국의 용인에 따라 국제법규가 된 것이 적지 않다. 가령 젠틸리의 전쟁법은 그로티우스의 전쟁과 평화의 법 제3권의 기초가 되었고, 근세에는 미국 육전 훈령에 채용되었다. 또한 국제법학회의 유명한 육전 조약의 소재가 되어 헤이그 평화회의 육전에 관한 법규와 관례 선언에 포함되었다.

그로티우스의 평등권, 독립권, 점령권 등의 법리는 로마법을 크게 변경하였고, 오늘날에도 여전히 국제법 원칙이 되었으며, 18세기 초에

* 원문에서는 외부대신이라고 하고 있지만, 이 시기 외부대신은 스탠리(Lord Stanley)였다. Lord Coleridge는 당시 사법부의 2인자였던 수석 대법관(Lord Chief Justice)이었다. 현재 Lord Chief Justice는 대법원장 임무를 수행하고, 당시의 사법부 1인자의 직위인 Lord Chancellor는 현재 재판업무를 수행하지 않는다.

에빙게르쇽氏의立說ᄒᆞᆫ領海의法理는今日國際法에도猶其適用을見ᄒᆞ며깃싸델氏著書中의中立法規는그로뒤스氏의欠缺을補充ᄒᆞ야玆에今日國際法의組織을成ᄒᆞ얏스니此時代에斯法에從事ᄒᆞ던學者의事業은此싸델氏에至ᄒᆞ야終結ᄒᆞᆫ者ㅣ라云ᄒᆞᆯ지로다元來國際法은此싸델氏에至ᄒᆞ야完成ᄒᆞᆫ者ㅣ아니오其後에도益益히改良을尙要ᄒᆞᆷ은疑慮가無ᄒᆞᆫ事實이로대斯法을改良設定ᄒᆞ는事業은歐洲協調、政治家、及裁判官을依ᄒᆞ야發達된者ㅣ니라

(四)學會의決議　近代의學者는國際法淵源에重要ᄒᆞᆫ材料를供ᄒᆞ는者ㅣ라云ᄒᆞ기難ᄒᆞᆷ으로列國은此不規律不整頓ᄒᆞᆫ國際法規를整頓ᄒᆞ며國際法典을編成ᄒᆞ야列國各主義의矛盾을均一히ᄒᆞᆯ目的으로數個의機關을設ᄒᆞ니(一)은萬國國際法學會오(二)는萬國國際法協會等이是라如此히列國은此機關을設ᄒᆞ고各國의學者等이定期相會ᄒᆞ야精密히國際法法理를比較研究ᄒᆞ야互相辯難攻擊ᄒᆞᆷ으로써國際의法規도漸次로矛盾과衝突을減ᄒᆞ는傾向이有ᄒᆞ니라然而此等決議案은特히列國政府에提出ᄒᆞ야其容認

빙케르스혹이 이론을 세운 영해의 법리는 오늘날 국제법에서도 여전히 적용되며, 바텔(Emmerich de Vattel) 저서의 중립법규는 그로티우스의 흠결을 보충하여 오늘날 국제법의 틀이 되었다. 그 시대에 이 법에 종사하던 학자들의 사업은 바텔에 이르러 종결되었다고 한다. 원래 국제법은 바텔에 이르러 완성된 것은 아니고 그 후에도 점점 더 개량하는 것이 여전히 필요한 점은 의심할 수 없는 사실이다. 이 법을 개량하고 설정하는 사업은 유럽의 협조, 정치가, 및 재판관에 의하여 발달하였다.

(4) 학회의 결의

근대 학자는 국제법 연원에 중요한 소재를 제공한다고 말하기 어렵기에 여러 국가는 규율되지 않고 정돈되지 않은 국제법규를 정돈하고 국제법전을 편성하여 여러 국가가 각자 취하는 주의의 모순을 균일하게 할 목적으로 여러 개의 기관을 설치하였다. ①은 국제법학회고, ②는 국제법협회 등이다. 이같이 여러 국가는 이들 기관을 설치하고 각국 학자들이 정기적으로 서로 만나서 국제법 법리를 정밀하게 비교 연구하여 상호 어려운 점을 주장하고 반박함으로써 국제법규도 점차 모순과 충돌이 감소하는 경향이 있다. 그러나 이들 결의안은 특히 여러 국가의 정부에 제출하여 그들이 용인하도록

을催促ᄒᆞᄂᆞᆫ故로此等學會가國際法을爲ᄒᆞ야提供ᄒᆞᄂᆞᆫ바ㅣ不尠ᄒᆞ도다

（一） 萬國國際法學會卽「잉스띠뒤、되、뜨롸잉떠르나시오날」은西曆千八百七十三年十二月에白耳義國간市에創設ᄒᆞᆫ者ㅣ라世界의國際法學者를網羅ᄒᆞ야國際의法典編成及各國主義의衝突을調和ᄒᆞᆷ으로目的ᄒᆞᆫ바ㅣ니盖其關係와事業이如此히重大ᄒᆞᆫ故로該會員及副員의數ᄂᆞᆫ極히制限ᄒᆞ야英、德、法、과如ᄒᆞᆫ國도多數會員의出席을不得ᄒᆞᄂᆞᆫ지라其結果로大陸派의學者가勢力을掌ᄒᆞ고英米派의學者ᄂᆞᆫ比較的勢力이不振ᄒᆞᄂᆞᆫ狀況이有ᄒᆞ니라

（二）、萬國國際法協會卽「앗소시에슨、오프、인터네스날로ㅣ」ᄂᆞᆫ亦西曆千八百七十三年十月에白耳義國首府블익셀市에第一會를開ᄒᆞ고國際法規의改良과國際法法典의編成을目的ᄒᆞᆫ者ㅣ니此會의會員은裁判官、航海會社所有者等實際에在ᄒᆞᆫ者로組織ᄒᆞᆷ으로其勢力이英米派에在ᄒᆞ니라

第二節　國際法淵源의効力

재촉하기 때문에 이들 학회가 국제법을 위하여 이바지하는 바가 적지 않다.

① 국제법학회 즉 'Institut de Droit International'은 1873년 11월에 벨기에 강/헨트(Gend/Ghent)시에서 창설되었다. 세계의 국제법학자들을 망라하여 국제법 법전편찬 및 각국 주의의 충돌을 조화시키는 것을 목적으로 한다. 대개 그 관계와 사업이 이같이 중대한 까닭에 그 회원과 부 회원의 수는 매우 제한된다. 영국, 독일, 프랑스와 같은 국가도 다수의 회원이 참석할 수 없다. 그 결과, 대륙파 학자가 세력을 상악하고 영미파 학자는 비교적 세력이 부진한 상황이 있다.

② 국제법협회 즉 'Association of International Law' 역시 1873년 10월에 벨기에의 수도 브뤼셀시에서 제1차 회의를 개최하고 국제법규의 개량과 국제법 법전편찬을 목적으로 하였다. 이 협회의 회원은 재판관, 항해회사소유자 등 실무에 있는 사람들이 조직하였기에 그 세력은 영미파에 있다.

제2절 국제법 연원의 효력

國際法의淵源은將來에國際法을成ᄒᆞᄂᆞᆫ材料오直接國際法은아니라畢竟國際의容認格式을經由ᄒᆞᆫ後에眞國際法을始成ᄒᆞᆯ者ㅣ니是以로英國의學者로ㅣ렌스氏曰一規則에對ᄒᆞ야法되ᄂᆞᆫ權力을與ᄒᆞᆷ은惟一國際의容認이有ᄒᆞᆯ뿐이라然而此容認與否ᄂᆞᆫ其實行與否ᄅᆞᆯ從ᄒᆞ야証明ᄒᆞᆯ지니要컨대此實行은恰然히源泉의泉口와如ᄒᆞ야此泉口ᄅᆞᆯ通過ᄒᆞᆫ後에其本流에入ᄒᆞᆯ者와如ᄒᆞᆷ을謂ᄒᆞᆷ이라論ᄒᆞ얏스니然則以上에所謂淵源뿐으로ᄂᆞᆫ國際의法規ᄅᆞᆯ難成ᄒᆞᆷ은現今國際慣例에徵ᄒᆞ야可知ᄒᆞᆯ지로다然이나玆에一疑點이有ᄒᆞ니此淵源과國際法間에確然ᄒᆞᆫ區別이無ᄒᆞᆫ境遇가有ᄒᆞ니假令以上에所論과ᄀᆞᆺ치世界一般의文明國이擧皆條約에調印ᄒᆞ야國際法上에原則을成立ᄒᆞᆫ境遇ㅣ是라如此ᄒᆞᆫ境遇에ᄂᆞᆫ條約을一便으로觀察ᄒᆞ야國際法의淵源이로대又一便으로觀察ᄒᆞ면文明國一般의容認을經ᄒᆞᆫ國際上의原則이라云ᄒᆞ기도能ᄒᆞᆯ지라然則此境遇에該條約은國際法의淵源歟아直接國際法되ᄂᆞᆫ方式을經由ᄒᆞᆫ者歟아此에對ᄒᆞᆫ述者의意見은若條約의成立事實이如此ᄒᆞ면寧其條約은直接國際法이라謂ᄒᆞᆷ이可ᄒᆞᆯ지로다

국제법 연원은 장래에 국제법이 되는 소재이고 직접 국제법은 아니다. 필경 국가들의 용인을 받는 격식을 거친 후에야 비로소 진정한 국제법이 된다. 이러한 이유로 영국 학자 로렌스는 한 규칙에 대해서 법이 되도록 하는 권한을 부여하는 것은 오직 국가들의 용인뿐이라고 말했다. 그러나 이러한 용인 여부는 그 실행 여부를 좇아서 증명될 것이다. 요컨대 이러한 실행은 흡사 샘물이 나오는 입구와 같아서 이러한 샘 입구를 통과한 후에 그 본류로 들어가는 것과 같다고 논하였다. 그래서 위에서 수위 연원만으로는 국제법규가 되기 어렵다고 하는 것은 현재 국제관례를 증거로 알 수 있다. 하지만 여기에서 한 가지 의문점이 있다. 이러한 연원과 국제법 사이를 확연히 구별할 수 없는 때도 있다. 가령 위에서 논했던 것과 같이 세계의 문명국 일반이 대거 조약에 서명하여 국제법상 원칙이 성립된 경우가 그것이다. 이러면 한편으로는 조약으로 보아서 국제법의 연원이겠지만 또 한편으로 보자면 문명국 일반의 용인을 거친 국가들 사이의 원칙이라고 할 수도 있다. 그래서 이 경우에 해당 조약은 국제법의 연원인가? 아니면 직접 국제법이 되는 방식을 경유한 것인가? 이에 대한 저자의 견해는 만약 조약으로 성립된 사실이 이와 같다면 차라리 그 조약은 직접 국제법이라고 해야 할 것이다.

斯法上에國際의關係ᄅᆞᆯ規定ᄒᆞᆫ平時戰時의規定이「인터네스날、로ㅣ」卽國際法이라云ᄒᆞᄂᆞᆫ名稱을得ᄒᆞᆷ은近來의事ㅣ라當初에ᄂᆞᆫ一定ᄒᆞᆫ名稱이無ᄒᆞ야或「쥬스、씨빌」이라稱ᄒᆞᄂᆞᆫ者도有ᄒᆞ니此ᄂᆞᆫ나이스博士의所著英國國際法觀念과歷史及로크氏의所著教育論에徵ᄒᆞ야可知ᄒᆞᆯ者ㅣ니라

其次에ᄂᆞᆫ國際間에如何ᄒᆞᆫ事件이起ᄒᆞ던지其事件에對ᄒᆞ야ᄂᆞᆫ耶蘇의聖書ᄅᆞᆯ適用ᄒᆞᆯ者ㅣ라稱ᄒᆞ야神聖戰術法을起ᄒᆞᆷ에至ᄒᆞ얏스니此戰術法은西曆千六百二十九年卽크로튀스氏의平戰條規가編成되던四年前에出版ᄒᆞᆫ者ㅣ라然而今日에至ᄒᆞ야도此主義ᄅᆞᆯ尙且主張ᄒᆞᄂᆞᆫ學者가有ᄒᆞ니假令米國의싸비스氏ᄂᆞᆫ今日이라도耶蘇의聖書ᄂᆞᆫ直接國際法法典으로適用ᄒᆞ야可ᄒᆞᆫ者ㅣ라主張ᄒᆞᆷ과如ᄒᆞ도다

其後西曆千七百五十八年에至ᄒᆞ야빠델氏가國際에關ᄒᆞᆫ一書ᄅᆞᆯ著ᄒᆞᆯ재其書에「드라、데、쟝」이라始稱ᄒᆞ얏더니爾後로英國에「로ㅣ、오푸、네슌」名稱과德國에「뵐게ㅣ레히트」名稱이生ᄒᆞ니라

제4장 국제공법의 명칭

이 법에서 국가들 사이의 관계를 규정한 평시와 전시의 규정이 'International Law' 즉 국제법이라고 하는 명칭을 얻은 것은 근래의 일이다. 애초에는 일정한 명칭이 없어서 어떤 때는 'Jus Civile'*이라고 칭하는 사람도 있었다. 이는 나이스 박사가 저술한 영국 국제법 관념과 역사, 그리고 로크가 저술한 교육론을 참조하면 알 수 있을 것이다.

그다음에는 국가들 사이에 어떠한 사건이 발생하는지 그 사건에 대해서는 예수의 성서를 적용한다고 하여 신성전술법을 기초하기에 이르렀다. 이 전술법은 1629년 그로티우스가 전쟁과 평화의 법을 편찬하기 4년 전에 출간되었다.** 그러나 오늘날에도 이러한 주의를 여전히 주장하는 학자가 있다. 가령 미국의 따비스가 오늘날에도 예수의 성경이 국제법 법전으로 직접 적용되어야 한다고 주장하는 것과 같다.

그 후 1758년에 이르러서 바텔이 국가들 사이에 관한 한 권을 저술하면서 'droit des gens'이라는 제목을 처음 사용했다. 이후 영국에서 'law of nations' 명칭과 독일의 'Völkerrecht' 명칭이 생겼다.

---

* Jus Civile은 로마 시민들 사이에 적용되는 법이기에 'Jus Gentium'이 되어야 할 것으로 보인다.
** 《전쟁과 평화의 법(De Jure Belli Ac Pacis Libri Tres)》은 1625년에 출간되었다.

國際法名稱의大略은右述과如ᄒᆞ나今此世紀에至ᄒᆞ야ᄂᆞᆫ各國이거의國際云云形容詞의文字即「인터ㅣ네스날」을採用ᄒᆞ고各其自國의法字를附ᄒᆞ야用ᄒᆞᆷ에至ᄒᆞ니라

第五章　國際公法研究에必要

吾人이國際公法을研究ᄒᆞᄂᆞᆫ必要가何에在ᄒᆞ뇨其必要되ᄂᆞᆫ事項이決코不尠ᄒᆞ니左에更히其必要事項을區分ᄒᆞ야說明코져ᄒᆞ노라

第一、　國際法을研究ᄒᆞᆷ은國民의義務라

大抵國民의行動決心이國家安寧秩序에重大ᄒᆞᆫ影響이可及ᄒᆞᄂᆞᆫ事ᄂᆞᆫ玆에多言을不待ᄒᆞ고知得ᄒᆞᆯ者ㅣ라今此各國의交通이日益頻月益繁ᄒᆞᄂᆞᆫ秋를當ᄒᆞ야各國이各其鍊磨ᄒᆞᆫ技量으로써競爭ᄒᆞ야迺勝迺負ᄒᆞᄂᆞᆫ結果를發布ᄒᆞᆷ은全히其國民心底의何如ᄒᆞᆷ을從ᄒᆞ야可決ᄒᆞᆯ者ㅣ라然而我邦國民의行動決心은此程度에姑未到達ᄒᆞ야或戰時를當ᄒᆞ면嚴正中立云云四字를口能相道ᄒᆞ야形式上에發表ᄒᆞ되其內許를不知ᄒᆞ며平時게ᄂᆞᆫ外他列國과國際上關係에如何ᄒᆞᆫ權利及義務의有ᄒᆞᆷ을不辨ᄒᆞ야往往國際上原則에違反되ᄂᆞᆫ擧措行動의

국제법 명칭의 대강은 위에서 서술한 것과 같으나 금세기에 와서는 각국이 거의 국제라는 형용사의 문자, 즉, 'international'을 채용하고 각각 자국 말로 '법(法)' 자를 첨부하여 사용하게 되었다.

제5장 국제공법 연구의 필요성

우리가 국제공법을 연구할 필요가 어디에 있을까? 그것이 필요한 사항이 절대로 적지 않기에 아래에서 나시 그 필요한 사항을 구분해서 설명하려고 한다.

1. 국제법을 연구하는 것은 국민의 의무이다

대체로 국민의 행동과 결심이 국가의 안녕과 질서에 중대한 영향을 미술 수 있다는 점은 여기에서 많은 말을 하지 않아도 알 수 있을 것이다. 현재 각국의 교통이 날로 빈번해지는 시기를 맞이하여 각국이 각자 연마한 기량으로 경쟁하여 이에 이기거나 지는 결과가 나오는 것은 온전히 그 국민의 마음 밑바닥이 어떠한지에 따라서 결정된다. 그러나 우리나라 국민의 행동과 결심은 지금은 이 정도에 도달하지 않아 혹시 전쟁을 당하면 엄정중립이라는 4글자로 말만 능란하게 형식적으로 발표하지, 그 은밀한 내막은 모른다. 평시에는 외국의 다른 국가들과의 국제관계에서 어떠한 권리와 의무가 있는지를 분별하지 못해서 종종 국제적 원칙에 위반되는 행동거지를

發表됨이有ᄒᆞᆷ을難免ᄒᆞᆷ으로歐米及其他의關係國이國際公法團體에加入ᄒᆞᆷ을忌嫌ᄒᆞᄂᆞᆫ情狀이不無ᄒᆞ니此ᄅᆞᆯ由ᄒᆞ야觀ᄒᆞᆯ진대當今我國國民의受侮見困이此에甚ᄒᆞᆷ이無ᄒᆞ거ᄂᆞᆯ此時ᄅᆞᆯ當ᄒᆞ야도國民은冷然看過ᄒᆞ야門外漢으로自處ᄒᆞ고高枕晏眠ᄒᆞ니寧有是理리오凡事ᄅᆞᆯ熱心研究ᄒᆞ야死以後로自處ᄒᆞ면生存以前에ᄂᆞᆫ不成ᄒᆞᆯ理가初無ᄒᆞ리니國民이國民된以上은各其個人及團體의擧措行動을輕忽히아니ᄒᆞ고國際公法原則에適合ᄒᆞᆫ行爲을行ᄒᆞ야漸次로文明團體의一員된地位ᄅᆞᆯ得ᄒᆞᆷ은我國民이今日을當ᄒᆞ야最先의義務라ᄒᆞ노라

第二、 國際法을研究ᄒᆞᆷ은各國과交際上에必要가有ᄒᆞ니라

今日의世界ᄂᆞᆫ古代와相殊ᄒᆞ야萬國의交通이日을隨ᄒᆞ야層一層頻繁ᄒᆞᆷ으로國과國間에紛擾ᄅᆞᆯ易生ᄒᆞᆯ事ᄂᆞᆫ事勢에不得已ᄒᆞᆫ者ㅣ라如此히國際의事件이有ᄒᆞᆯ時에其事件을一一히談判에附ᄒᆞ야其終局을見ᄒᆞ며又一一히條約으로此ᄅᆞᆯ處理코져ᄒᆞ면如此히多端ᄒᆞᆫ時局에到底히實行키難ᄒᆞᆯ뿐아니라實行ᄒᆞᆯ餘暇가無ᄒᆞᆯ지라大抵國際公法은其繁雜을避ᄒᆞ기爲ᄒᆞ야此等境遇ᄅᆞᆯ豫先想

발표하는 경우가 있는 것을 면할 수 없기에 구미와 그 밖의 관계국들은 국제공법 단체에 가입하는 것을 꺼리는 사정이 없지 않다. 이로써 보건대, 지금 당장 우리나라 국민이 모멸당하고 곤란을 당하는 것이 심한 것이 없다고 해도 이때를 당해서 국민은 냉정히 예사롭게 보아 넘기면서 자신은 상관없는 사람으로 자처하고 편안히 지내니 어찌 이럴 수 있겠는가? 모든 일을 열심히 연구하여 죽은 이후라도 제대로 자리잡히도록 하겠다면 살아 있는 이전에 이루지 못할 이유가 전혀 없다. 국민이 국민인 이상 각 개인과 단체의 행동거지를 경솔하지 않도록 하고 국제공법원칙에 적합한 행위를 행하여 점차 문명단체의 일원이 되는 지위를 얻도록 하는 것은 우리 국민이 오늘날에 가장 먼저 해야 할 의무이다.

2. 국제법을 연구하는 것은 각국과 교류할 때 필요하다

오늘날 세계는 고대와 서로 달라 세계 각국의 교통이 날마다 더 빈번해지면서 국가와 국가 사이에 분쟁이 쉽게 발생하는 사정을 어찌할 수 없다. 이같이 국가와 국가 사이의 사건이 있을 때 그 사건을 그 사건을 일일이 협상에 회부하여 종결시키고, 또한 일일이 조약으로 이를 처리하고자 하면 이같이 복잡한 시국에 도저히 실행하기 어려울 뿐만 아니라 실행할 여지가 없다. 대체로 국제공법은 이러한 번잡한 경우를 피하고자 이러한 경우를 예상하여

像ᄒᆞ야每事를未萌에防禦ᄒᆞ고紛爭을未生에妥判코져ᄒᆞᄂᆞᆫ法規ㅣ니故로事項의簡單ᄒᆞᆫ者ᄂᆞᆫ一一히國際의談判及其他條約、會議等을不待ᄒᆞ고無事히結局ᄒᆞᆷ을可得ᄒᆞᆯ지오又古昔의時代와ᄀᆞ치些少의葛藤으로直時戰端을開ᄒᆞᆷ과如ᄒᆞᆫ弊를防止ᄒᆞᆯ지며縱令兵火가相連ᄒᆞ야도其戰禍를無辜ᄒᆞᆫ生靈及無關係ᄒᆞᆫ列國에延及ᄒᆞᆯ事가無ᄒᆞᆷ에可至ᄒᆞᆯ지라然則國은於是乎安堵ᄒᆞᆯ지오交際ᄂᆞᆫ於是乎完全ᄒᆞᆯ지니此ᄂᆞᆫ實로國際에ᄂᆞᆫ國際公法의必要가有ᄒᆞᆫ바ㅣ오個人에ᄂᆞᆫ國際公法研究의必要가有ᄒᆞᆫ바ㅣ라ᄒᆞ노라

第三、　國際公法을研究ᄒᆞᆷ은戰時를當ᄒᆞ야尤極必要가有ᄒᆞ니라

往往히世間에國際法을不知ᄒᆞᄂᆞᆫ者ㅣ有ᄒᆞ야曰國際公法은一形式에不過ᄒᆞᄂᆞᆫ者ㅣ라平時에在ᄒᆞ야ᄂᆞᆫ非常히國際法適用을唱道ᄒᆞ나一朝戰爭이起ᄒᆞᆷ에及ᄒᆞ야ᄂᆞᆫ弱肉强食의慘酷ᄒᆞᆫ現像을露出ᄒᆞ야國際公法이雖有ᄒᆞ다云ᄒᆞ나正義를救助ᄒᆞᆯ道理가無ᄒᆞᆯᄲᅮᆫ더러空然히暴虐ᄒᆞᆫ徒黨으로ᄒᆞ야곰跋扈의行爲를恣逞케ᄒᆞᄂᆞᆫ者ㅣ라故로國際公法은無用의長物이오國際公法을研究ᄒᆞᆷ은無益의學問이라評論ᄒᆞ니此等의言語를做出ᄒᆞᄂᆞᆫ者ᄂᆞᆫ足히公法을共論ᄒᆞᆯ者ㅣ

매사를 발생 이전에 막고 분쟁이 생기기 전에 처리하기 위한 법규이다. 따라서 사안이 간단한 것은 일일이 국가들 사이의 협상 및 그 밖의 조약, 회의 등을 기다리지 않고 무사히 종결할 수 있다. 또한 예전 시대와 같이 사소한 갈등으로 즉시 전쟁을 개시하는 것과 같은 폐단을 막으며, 설령 전쟁으로 이어지더라도 전쟁으로 인한 재난이 무고한 백성 그리고 이와 관련 없는 여러 국가들에 파급되는 일이 없게 된다. 그래서 국가들은 이에 안도할 것이고 국제관계는 온전할 것이다. 이는 참으로 국가와 국가 사이에 국제공법이 필요하고, 개인에게는 국제공법 연구가 필요하다고 할 것이다.

3. 국제공법을 연구하는 것은 전시에 더욱 필요하다

종종 세상 사람 중에 국제법을 알지 못하는 사람들이 말하기를 국제공법은 하나의 형식에 불과한 것이어서 평시에는 예사롭지 않게 국제법의 적용을 주장하지만 만일 전쟁이 일어나게 되면 약육강식의 참혹한 현상이 드러나서 비록 국제공법이 있다고 해도 정의를 구제할 도리가 없을 뿐만 아니라 공연히 포학한 무리가 발호하여 제멋대로 행동하도록 한다고 한다. 따라서 국제공법은 쓸모없는 물건이고 국제공법은 연구하기에 무익한 학문이라고 평가한다. 이러한 말을 꺼내는 사람들은 공법을 함께 논할 자들이 전혀 아니오잇此等의觀念을固執ᄒᆞ야不動ᄒᆞᄂᆞᆫ者ᄂᆞᆫ비록此公法을研究ᄒᆞ야도成就의所望이無ᄒᆞᆫ者ㅣ라謂ᄒᆞᆯ지로다大抵國際公法의平時必要ᄂᆞᆫ各國의交際ᄅᆞᆯ親密히ᄒᆞ야國과國間의人民으로ᄒᆞ야곰互相安堵케ᄒᆞ며又國과國間의權利ᄅᆞᆯ鞏固케ᄒᆞ며義務ᄅᆞᆯ分明케ᄒᆞᄂᆞᆫ等諸點에在ᄒᆞᆫ事ᄂᆞᆫ既已屢述ᄒᆞᆫ바ㅣ나一次干戈相交ᄒᆞᄂᆞᆫ時ᄂᆞᆫ公法이効力을失ᄒᆞ며兵力이公法을蹂躙ᄒᆞᆫ다云ᄒᆞᄂᆞᆫ觀念을抱有ᄒᆞᆫ者의腦髓ᄅᆞᆯ啓發코져ᄒᆞᆯ진대第一、國際公法은戰爭을未發에防止手段되ᄂᆞᆫ事ㅣ有ᄒᆞ며第二、戰爭이已開ᄒᆞᆫ以後라도戰時의公法이尙有ᄒᆞ며第三、戰爭이起ᄒᆞᆫ後에戰爭을中止코져ᄒᆞᆷ에도尙且公法의必要가有ᄒᆞ며第四、戰爭을結局ᄒᆞᆫ以後에至ᄒᆞ야도亦此戰爭의關係ᄅᆞᆯ處分ᄒᆞᆷ에必要가有ᄒᆞ니此四點은戰時에도公法이可히無치못ᄒᆞᆯ要點이라然則以上四點을解得ᄒᆞᆫ後에도猶且公法이戰時ᄅᆞᆯ當ᄒᆞ면必要가無ᄒᆞ다謂ᄒᆞ리오

第二編　國際公法의當事者

第一章　國際公法當事者의性質

國際公法全體에貫通ᄒᆞᄂᆞᆫ議論은大概以上第一編에陳述ᄒᆞᆫ바와如ᄒᆞᆫ지라今此

아니다. 또한 이러한 관념을 고집하여 움직이지 않는 자들은 비록 이 공법을 연구해도 결실을 볼 가망성이 없는 자들이라고 할 수 있다. 대체로 국제공법이 평시에 필요한 것은 각국의 교류를 친밀히 하여 국가와 국가 사이에서 인민들이 서로 편안하게 하며 또한 국가와 국가 사이의 권리를 공고히 하고 의무를 분명히 하는 등 여러 가지 점에 대해서는 이미 여러 차례 서술하였다. 일차로 전쟁이 벌어지는 때는 공법이 효력을 잃으며 병력이 공법을 짓밟는다고 하는 생각을 싸안고 있는 자들의 뇌를 계발시키려 한다면 첫째로 국제공법은 전쟁이 발생하기 이전에 전쟁 방지 수단이 된다. 둘째로 전쟁이 이미 개시된 이후라도 여전히 전시공법이 있다. 셋째로 전쟁이 발생한 후에 전쟁을 중지시키려는 경우에도 여전히 공법이 필요하다. 넷째로 전쟁을 종결한 이후가 되더라도 역시 이러한 전쟁 관련 사항을 처분할 필요가 있다. 이들 네 가지 점은 전시에도 공법이 없어서는 안 될 핵심 사항이다. 그래서 이상 네 가지 점을 이해한 후에도 오히려 공법이 전시에 필요 없다고 말할 수 있겠는가?

제2편 국제공법의 당사자

제1장 국제공법 당사자의 성질

국제공법 전체에 관통하는 논의는 대개 위의 제1편에서 서술한 바와 같다. 이제

第二編에至ᄒᆞ야ᄂᆞᆫ國際公法의適用을受ᄒᆞᆯ者ㅣ何者됨을論ᄒᆞᆷ이니假令國法上으로論ᄒᆞ면國法의適用을受ᄒᆞᆯ者ᄂᆞᆫ何者오卽其國民을指ᄒᆞᆷ과如ᄒᆞᆫ者ㅣ라盖國際公法上關係게當ᄒᆞ야其權利義務의主體를成ᄒᆞᄂᆞᆫ者ᄂᆞᆫ惟獨國家ㅣ是니即國家間의權利義務ᄂᆞᆫ國際法上의關係를成ᄒᆞᄂᆞᆫ者ㅣ나然이나國際公法團體에加入ᄒᆞᆫ國家의權利義務와加入치아니ᄒᆞᆫ國家의權利義務와ᄂᆞᆫ互相差異가有ᄒᆞ니國家가雖其國上으로觀ᄒᆞ면國家되ᄂᆞᆫ要素가具備ᄒᆞ야도他國家가是를國家로許認치아니ᄒᆞ면其國에對ᄒᆞ야ᄂᆞᆫ國際公法上當事者ㅣ라云ᄒᆞ기難ᄒᆞᆯ뿐아니라國際公法上行爲를行ᄒᆞ야도實際에其効果를見ᄒᆞ기難ᄒᆞᆫ境遇가不尠ᄒᆞᆯ지라國家가國際團體에加入치아니ᄒᆞᆫ時ᄂᆞᆫ團體諸國에對ᄒᆞ야團體上으로認定ᄒᆞᆫ國際公法上의權利를取得ᄒᆞ고義務를負擔ᄒᆞᄂᆞᆫ事가無ᄒᆞᆯ지로대但偶然히數國間關係에當ᄒᆞ야國際公法上의原則과一致ᄒᆞᄂᆞᆫ事ᄂᆞᆫ有ᄒᆞᆯ지로다假令國際團體에加入ᄒᆞᆫ甲國의人民이國際團體에加入치아니ᄒᆞᆫ乙國人民에對ᄒᆞ야危害를加ᄒᆞᆫ時ᄂᆞᆫ甲國이此人民을罰ᄒᆞ야도是ᄂᆞᆫ乙國이國際公法의當事者되ᄂᆞᆫ所以로甲國에請求ᄒᆞ야甲國으로ᄒᆞ야곰此人民을罰ᄒᆞ게ᄒᆞᆷ을得ᄒᆞᆫ者ㅣ아니오甲國은自國法

제2편에서는 국제공법의 적용을 받는 것이 무엇인지를 논할 것이다. 가령 국내법으로 논하자면 국내법의 적용을 받는 자가 누구냐고 하면 그 국민을 가리키는 것과 같다. 대개 국제공법적 관계에서는 그 권리 의무의 주체가 되는 자는 오직 국가만이다. 즉, 국가 간 권리와 의무는 국제법적 관계가 된다. 그러나 국제공법단체에 가입한 국가의 권리와 의무는 가입하지 않은 국가의 권리와 의무와 상호 차이가 있다. 국가가 비록 그 국가로 보자면 국가가 되는 요소를 갖췄어도 다른 국가가 이를 국가로 인정하지 않았다면 그 국가에 대해서 국제공법의 당사자라고 말하기 어려울 뿐만 아니라 국제공법상 행위를 하더라도 실제로 그 효과를 보기 어려운 경우가 적지 않을 것이다. 국가가 국제단체에 가입하지 않았을 때는 단체의 여러 국가에 대해 단체에서 인정한 국제공법상 권리를 취득하고 의무를 부담하는 일이 없다. 다만 우연히 여러 개 국가와 관계할 때 국제공법상 원칙과 일치하는 일이 있을 수 있다. 가령 국제단체에 가입한 갑국의 인민이 국제단체에 가입하지 않은 을국 인민에 대해서 위해를 가하였을 때는 갑국이 이 이 인민을 벌해도 이는 을국이 국제공법의 당사자가 되기 때문에 갑국에 청구하여 갑국에 이 인민을 벌하게 한 것이 아니다. 갑국은 자국 법률의

律의結果로其人民을罰홈에不過훈者ㅣ니라

以上과ᄀᆞ치國家로써國際公法의主體라論홈에當ᄒᆞ야ᄂᆞᆫ第一不可不研究홀一問題가有ᄒᆞ니卽國家ᄂᆞᆫ何如훈者를謂ᄒᆞᄂᆞᆫ事ㅣ是라國際公法上國家의定義ᄂᆞᆫ國法上의國家定義及哲學上의國家定義와其意가不同ᄒᆞ야國際公法上國家에ᄂᆞᆫ他團體卽家族、種族、組合、會社等과區別홀必要가有ᄒᆞ니此等團體와國家를區別홈은國際公法을適用ᄒᆞᄂᆞᆫ境遇에必要가實有훈所以라今에此國家의定義를述홀진대

國家란者ᄂᆞᆫ地球表面上一定훈土地에法律上及實際上國民的生活組織이有훈者를指稱홈이니라

今에右定義를更히割論ᄒᆞ면三個의要素가有ᄒᆞ니一曰人民이니人民이有ᄒᆞ야國家의社會國民的基礎를成ᄒᆞᄂᆞᆫ者ㅣ오二曰土地니土地가有ᄒᆞ야國家의地理的基礎를成ᄒᆞᄂᆞᆫ者ㅣ오三曰權力이니權力이有ᄒᆞ야國家의政體國民的基礎를成ᄒᆞᄂᆞᆫ者ㅣ是라此三個要素에關ᄒᆞ야ᄂᆞᆫ後章에詳密히論述홀處가有홈으로其說明은省略ᄒᆞ나國際公法上으로觀ᄒᆞ면雖此等의要素가具備ᄒᆞ야도國際公法

효과로 그 인민을 벌한 것에 불과하다.

이상과 같이 국가를 국제공법의 주체로 논할 때는 첫째로 반드시 연구해야 할 문제가 있다. 즉 어떠한 것을 국가라고 하는지의 문제이다. 국제공법상 국가의 정의는 국내법상의 국가에 관한 정의 그리고 철학적인 국가의 정의와 그 의미가 같지 않다. 국제공법상 국가에는 다른 단체 즉 가족, 종족, 조합, 회사 등과 구별할 필요가 있다. 이들 단체와 국가를 구별하는 것은 국제공법을 적용할 때 실제로 필요하기 때문이다. 이제 이러한 국가의 정의를 서술해 보겠다.

국가라는 것은 지구 표면의 일정한 토지에 법률적으로 그리고 실제로 국민의 생활조직이 있는 것을 지칭한다.

이제 위의 정의를 다시 나누어 논의하면 3개의 요소가 있다. 하나는 인민이다. 인민이 있어야 국가의 국민 사회적 기초가 만들어진다. 둘째는 토지이다. 토지가 있어야 국가의 지리적 기초가 만들어진다. 셋째는 권력이다. 권력이 있어야 국가의 정치체제와 국민적 기초가 만들어진다. 이 3개 요소에 관해서는 뒤에서 상세히 논술할 여지가 있기에 그 설명은 생략하지만, 국제공법으로 보자면 비록 이들 요소를 갖춰도 국제공법의

의主體라稱ᄒᆞ기不能ᄒᆞ니假令國家에人民及土地가有ᄒᆞ고國權이其上에普及ᄒᆞᆫ대鎖國의主義를取ᄒᆞ야他國家와不交不通ᄒᆞ며或은他强權力國에對ᄒᆞ야服從의義務及事實이有ᄒᆞᆫ境遇에ᄂᆞᆫ此를可히國際公法上의國家라稱ᄒᆞ기難ᄒᆞᆷ으로右三個要素外에猶且一要素를要ᄒᆞᄂᆞ니即四曰對外主權이是라此를更演ᄒᆞᆯ진대國家ᄂᆞᆫ自然其國家組織上으로觀ᄒᆞ면以上三個의要素가有ᄒᆞ야自國內에關ᄒᆞᆫ事ᄂᆞᆫ無碍히統治ᄒᆞᆷ을得ᄒᆞ되外部關係에關ᄒᆞ야由로處決ᄒᆞᆯ權利가無ᄒᆞ면所謂國際公法上에主體됨을不得ᄒᆞᄂᆞ니라

此外에交戰團體及會社、個人이라도國際法의適用을受ᄒᆞᄂᆞᆫ境遇가有ᄒᆞ되交戰團體가國際公法의適用을受ᄒᆞᆷ은戰時國際公法研究範圍에屬ᄒᆞ고會社及個人이國際法의適用을受ᄒᆞᆷ은國際私法研究範圍에屬ᄒᆞᄂᆞᆫ故로此에省略ᄒᆞ노라

第二章　國의種類（即國際公法當事者의種類）

國家를國際公法上으로研究ᄒᆞᆷ에當ᄒᆞ야ᄂᆞᆫ其國의政體及情形의如何ᄂᆞᆫ細論ᄒᆞᆯ必要가無ᄒᆞ니此等事ᄂᆞᆫ國法研究上에一任ᄒᆞᆷ이可ᄒᆞᆯ지라故로國際公法學者ᄂᆞᆫ其研究ᄒᆞᄂᆞᆫ主點을國家如何ᄒᆞᆫ部分에主權이存在ᄒᆞᆷ을分明히ᄒᆞᆷ에在ᄒᆞ니라

주체라 할 수 없다. 가령 국가에 인민 그리고 토지가 있고 국권이 그것들에 확산하더라도 쇄국주의를 취하여 다른 국가와 교통하지 않거나 혹은 권력이 강한 다른 국가에 대해 복종할 의무와 그러한 사실이 있는 경우에는 이를 국제공법상 국가라고 칭하기 어려울 것이기에 위의 3개 요소 이외에 여전히 한 요소가 필요하다. 즉, 네 번째는 대외주권이다. 이를 다시 말하자면 국가는 자연히 그 국가 조직에서 보면 이상 3개 요소가 있어야 자국 내에 관한 일을 막힘없이 통치할 수 있겠지만, 외부 관계에 관하여 자유롭게 결정하여 처리할 권리가 없으면 소위 국제공법상 주체가 될 수 없다.

이외에 교전단체와 회사, 개인이라도 국제법의 적용을 받는 경우가 있다. 교전단체가 국제공법의 적용을 받는다는 것은 전시국제공법의 연구범위에 속하고 회사와 개인이 국제법의 적용을 받는 것은 국제사법의 연구범위에 속하기 때문에 여기에서는 생략하겠다.

제2장 국가의 종류(즉, 국제공법 당사자의 종류)

국가를 국제공법에서 연구할 때는 그 국가의 정치체제 및 형편이 어떠한지는 상세히 논할 필요가 없다. 이러한 것들은 국내법 연구에 일임해야 할 것이다. 따라서 국제공법 학자가 연구하는 중점 사항은 국가의 어떠한 부분에 주권이 존재하는지를 분명히 하는 데 있다.

第一節　主權享有及行使程度에基因ᄒᆞᆫ國의分類

各國이享有行使ᄒᆞᄂᆞᆫ權利의程度를依ᄒᆞ야國을分類호대或者ᄂᆞᆫ獨立國及半獨立國云云名稱을附加ᄒᆞ나此名稱은穩當ᄒᆞᆫ名稱이아니라何故오盖獨立云者ᄂᆞᆫ西語에所謂「인데펜덴트ㅣ」是니要컨ᄃᆡ此「인데펜덴트」의字意ᄂᆞᆫ原來否定的言語라故로雖些少의事件이라도「인데펜덴트」되지못ᄒᆞᄂᆞᆫ時ᄂᆞᆫ同時에「인데펜덴트」가되지아니치못ᄒᆞᆯ지라然則此兩者間에ᄂᆞᆫ程度가有ᄒᆞ기不能ᄒᆞ고又半獨立國이라云ᄒᆞᆯ者ㅣ有ᄒᆞᆯ理由가無ᄒᆞᆯ지로다

國際法學者의多數ᄂᆞᆫ國을分ᄒᆞ야主權國及半主權國或一部主權國으로論斷ᄒᆞ니玆에所謂國의主權은可히分割ᄒᆞᆯ者歟아果若此主權을可히分割ᄒᆞᆯ者ㅣ라ᄒᆞᄂᆞᆫ時ᄂᆞᆫ以上의區分ᄒᆞᆫ半主權及一部主權이라云ᄒᆞᄂᆞᆫ名稱을附加ᄒᆞ야無碍ᄒᆞᆯ지로대若可히分割치못ᄒᆞᆯ者ㅣ라ᄒᆞ면半主權及一部主權의名稱을附加ᄒᆞ기難ᄒᆞ도다

主權은分割치못ᄒᆞᄂᆞᆫ者ㅣ라主張ᄒᆞᄂᆞᆫ學者ᄂᆞᆫ오ㅣ스틴氏의唱道ᄒᆞᄂᆞᆫ바ㅣ니此問題에關ᄒᆞ야可히研究ᄒᆞᆯ者ᄂᆞᆫ國法上의主權과國際法上의主權을同一히視論

제1절 주권 향유와 행사 정도에 근거한 국가의 분류

각국이 향유하고 행사하는 권리의 정도에 의하여 국가를 분류한다. 혹자는 독립국과 반독립국 운운하는 명칭을 부기하지만 이러한 명칭은 온당한 명칭이 아니다. 왜냐하면 대개 독립이라는 것은 서양 언어에서 'independent'이다. 요컨대 이 'independent'의 글자 뜻은 원래 부정적 용어이다. 따라서 비록 사소한 사건이라도 'independent'하지 않을 때는 동시에 'independent'하시 않을 것이다. 그래서 이 양자 간에는 정도가 있다고 할 수 없고 또한 반독립국이라고 하는 것이 있을 이유가 없다.

국제법학자의 다수는 국가를 분류하여 주권국가와 반주권국 혹은 일부주권국으로 주장한다. 여기에서 소위 국가의 주권을 나눌 수 있는가? 과연 만약 주권이 나눌 수 있는 때는 위에서 구분한 반주권과 일부 주권이라고 하는 명칭을 부가하는 것이 거칠 것이 없겠지만, 만약 나눌 수 없는 것이라면 반주권과 일부 주권의 명칭을 부가하는 것이 어려울 것이다.

주권은 나눌 수 없는 것이라는 주장은 오스틴이 주도하였다. 이 문제에 관하여 연구할 것은 국내법상 주권과 국제법상 주권을 같이 보고서 논할 수 있는지

與否에在ᄒᆞ도다

메인氏ᄂᆞᆫ此에關ᄒᆞ야曰吾人은國法의解釋上으로오ㅣ스틴氏의主權不可分의說을認否치아니ᄒᆞ나然이나此說을直接으로國際法主權에對ᄒᆞ야適用키難ᄒᆞᆫ事ᄂᆞᆫ可히注意ᄒᆞ지아니치못ᄒᆞᆯ지라國法上의主權과國際法上의主權과ᄂᆞᆫ同一의主權이아니니國法上의主權은其國에在ᄒᆞ야ᄂᆞᆫ最高地位에處ᄒᆞᆯ뿐아니라其國中에ᄂᆞᆫ惟一의主權이라故로此主權은分割ᄒᆞ야論ᄒᆞ기難ᄒᆞ되國際法上의主權은是와相反ᄒᆞ야諸權의總括卽集合의權이라故로此諸權은互相分離ᄒᆞᆷ을可得ᄒᆞᆯ者ㅣ라論ᄒᆞ니氏의論ᄒᆞᆷ과ᄀᆞᆺ치國際法學者의觀察ᄒᆞᄂᆞᆫ主權은對外의主權이오國法學者의觀察ᄒᆞᄂᆞᆫ主權은對內의主權이라故로其間에議論이一致치아니ᄒᆞᆷ은其觀察에基因ᄒᆞᆫ自然의事勢로ᄃᆡ蓋國際法上의主權은他國의主權과平等의主權이오且獨立의主權이라然則國法上으로論ᄒᆞ면其國內最高惟一主權以外에他主權을不認ᄒᆞ야도國際法上으로論ᄒᆞ면此主權을有ᄒᆞᆫ國이惟一個에止치아니ᄒᆞ고獨立의主權을有ᄒᆞᆫ國은皆同一의地位를持保ᄒᆞ야世界에各據ᄒᆞᆷ으로써國法上의主權은其國內上下關係에最高惟一主權이라도國際法上各國

여부에 있다.

메인은 이에 관하여 자신들은 국내법 해석상 오스틴의 주권 불가분 설을 부인하지 않는다고 말하였다. 그러나 이러한 주장을 국제법상 주권에 대해서 직접 적용하기 어렵다는 점을 특히 주의해야 한다고 하였다. 국내법상의 주권과 국제법상의 주권은 같은 주권이 아니기에 국내법상의 주권은 그 국가에서 최고의 지위에 있을 뿐만 아니라 그 국가에서 주권으로서 유일하다. 따라서 이들 주권은 나눠서 논하기 어렵지만, 국제법상의 주권은 이와 반대로 여러 가지 권리의 종괄 즉 집합적인 권리이다. 따라서 이러한 여러 가지 권리는 상호 분리할 수 있다고 논하였다. 메인이 주장하는 것과 같이 국제법학자가 관찰하는 주권은 대외주권이고 국내 법학자가 관찰하는 주권은 대내주권이다. 따라서 그들 사이의 논의가 일치하지 않는 것은 관찰하는 견해에 따른 자연스러운 현상이다. 대개 국제법상 주권은 타국의 주권과 평등한 주권이고 독립 주권이다. 그래서 국내법상으로 논하자면 그 국내의 최고 유일한 주권 이외에 다른 주권을 인정하지 않아도 국제법상으로 논하자면 이 주권을 갖는 국가가 오직 한 국가에 그치지 않고, 독립 주권을 갖는 국가는 대개 같은 지위를 보유하여 세계 각지에 거함으로써 국내법상의 주권은 그 국내의 상하관계에서 최고 유일한 주권이라고 해도 국제법상 각국의

의主權은互相平等의地位를持保ᄒᆞᄂᆞ니要컨ᄃᆡ主權은其權能에對ᄒᆞ야對內對外의差異가有ᄒᆞ다謂ᄒᆞᆷ이可ᄒᆞ도다

主權分割與否에關ᄒᆞ야ᄂᆞᆫ以上에述ᄒᆞᆫ바와如ᄒᆞ나其兩主權即對內主權及對外主權의主要ᄒᆞᆫ區別을論ᄒᆞᆯ진ᄃᆡ對內主權의成立은他國의承認을不待ᄒᆞ야도其主權의成立을見ᄒᆞᆯ事ㅣ是라假令玆에一個新國이有ᄒᆞ야成立ᄒᆞᆯ際에其對內主權의成立은外國이此에對ᄒᆞ야承認ᄒᆞᄂᆞᆫ時에爲始ᄒᆞᄂᆞᆫ者ㅣ아니오其國이實際上成立ᄒᆞᆫ時ᄂᆞᆫ對內의主權即法理上의主權이成立ᄒᆞᆫ者ㅣ라何故오國의成立은成立ᄒᆞᄂᆞᆫ事實을依ᄒᆞ야成立ᄒᆞᄂᆞᆫ所以로다是以로北米合衆國의對內主權은西曆千七百七十六年七月四日에自由의主權及獨立을宣言ᄒᆞᆫ時로브터完全히成立ᄒᆞᆫ者ㅣ라然이나對外의主權은此를他國이承認ᄒᆞᆷ을要ᄒᆞᄂᆞ니新國은雖其國內에對ᄒᆞ야最上의權力을保有ᄒᆞ야도外國이獨立國으로非認ᄒᆞ면國際團體에加入ᄒᆞ야利益을共享ᄒᆞ기不能ᄒᆞᆯ지니라

如此히主權을可히分割ᄒᆞᆯ者ㅣ라ᄒᆞᄂᆞᆫ以上은各國의享有行使ᄒᆞᄂᆞᆫ主權分量을依ᄒᆞ야主權國、半主權國의分類를生ᄒᆞᆯ지니左에此兩者를分析論述코져ᄒᆞ노

주권은 상호 평등한 지위를 보유한다. 요컨대 주권은 그 권능에 대해서 대내 대외의 차이가 있다고 해야 한다.

주권분할 여부에 관해서는 위에서 서술한 바와 같지만 양쪽 주권, 즉 대내주권과 대외주권의 중요한 구별을 논한다면 대내주권이 성립하기 위해서는 타국의 승인을 기다리지 않아도 그 주권의 성립을 볼 수 있다. 가령 지금 새로이 국가 1개국이 성립되었을 때 그 대내주권은 외국이 이에 대해서 승인하는 때에 성립하기 시작한 것이 아니고, 그 국가가 실제로 성립된 때에 대내주권 즉, 법리상의 주권이 성립한다. 왜냐하면 국가의 성립은 성립된 사실에 의하여 성립하기 때문이다. 이러한 이유로 북미합중국의 대내주권은 1776년 7월 4일에 자유로이 주권과 독립을 선언한 때부터 완전히 성립하였다. 그러나 대외주권은 이를 타국이 승인하는 것이 필요하다. 신생국은 비록 그 국내에서 최상의 권력을 보유하더라도 외국이 독립국으로 인정하지 않으면 국제단체에 가입하여 이익을 함께 누릴 수 없다.

이같이 주권을 나눌 수 있는 이상 각국이 향유하고 행사하는 주권의 분량에 의하여 주권국, 반주권의 분류가 생길 것이기에 아래에서는 이 양자를 분석하여 논하고자 한

라

第一欵　主權國

主權國을解說홈에當ᄒᆞ야學者間에異論이不無ᄒᆞ니빳뎔氏ᄂᆞᆫ國의性質을論ᄒᆞ야其狀態如何ᄂᆞᆫ不拘ᄒᆞ고自國의統治ᄅᆞᆯ自行ᄒᆞ야外國에對ᄒᆞ야도能히獨立ᄒᆞᄂᆞᆫ時ᄂᆞᆫ是國은主權國이라謂홈이可ᄒᆞᆫ지라如此ᄒᆞᆫ國은國際團體社會에셔自然의法則을從ᄒᆞ야共同히生活ᄒᆞᄂᆞᆫ自然人과無異ᄒᆞᆫ者ㅣ니然則玆에所謂主權國者ᄂᆞᆫ完全ᄒᆞᆫ主權과獨立의兩者ᄅᆞᆯ要ᄒᆞᄂᆞᆫ者ㅣ라ᄒᆞ며又或者ᄂᆞᆫ此ᄅᆞᆯ評ᄒᆞ야曰主權國의要素ᄂᆞᆫ主權과獨立의兩者ᄅᆞᆯ要ᄒᆞᄂᆞᆫ者ㅣ아니라ᄒᆞ야其理由ᄅᆞᆯ說明ᄒᆞ야曰主權과獨立은各別의物이라然而世人은往々히主權國에도獨立치못ᄒᆞᆫ國이有ᄒᆞ며獨立國에도完全ᄒᆞᆫ主權을不有ᄒᆞᆫ者ㅣ有ᄒᆞ다云ᄒᆞ나盖今日多數의學說은獨立國及主權國兩者ᄅᆞᆯ同一히視홈이니라然이나今日國際上의實際ᄅᆞᆯ觀察ᄒᆞᆯ진ᄃᆡ西歐에白耳義와如ᄒᆞᆫ國은完全ᄒᆞᆫ主權은有치못ᄒᆞ야도列國의保證과承認을依ᄒᆞ야條約으로써獨立의國됨을確認ᄒᆞ얏스니此ᄅᆞᆯ由ᄒᆞ야觀ᄒᆞ면主權國은皆完全ᄒᆞᆫ獨立과主權을有ᄒᆞᆫ者ㅣ라論ᄒᆞ기難ᄒᆞ도다然則如何ᄒᆞᆫ國으로써主

다.

제1관 주권국

주권을 해설할 때 학자 간에 이론이 없지 않다. 바텔은 국가의 성격을 논하여 그 상태와 상관없이 자국을 스스로 통치하여 외국에 대해서도 독립할 수 있는 때 이 국가를 주권국이라고 말해야 하기에 이와 같은 국가는 국제사회의 국가단체에서 자연법칙에 따라 함께 생활하는 자연인과 다를 바 없어서, 여기에서 소위 주권국이라는 것은 완전한 주권과 독립 두 가지를 요건으로 한다고 하였다. 또한 어떤 사람은 이를 평하기를 주권국의 요소는 주권과 독립 두 가지를 요건으로 하는 것이 아니라고 하면서, 그 이유를 설명하기를 주권과 독립은 각각 별개의 것이지만, 세상 사람들은 종종 주권국도 독립국이 아닌 국가가 있으며 독립국도 완전한 주권을 보유하지 않은 경우가 있다고 한다. 대개 오늘날 다수의 학설은 독립국과 주권국 양자를 같이 본다. 그러나 오늘날 국가들 사이의 실상을 관찰하면 서구의 벨기에와 같은 국가는 완전한 주권을 보유하지 못해도 여러 국가의 보증과 승인에 따라 조약으로써 독립국인 것이 확인되었다. 이로써 보면 주권국은 모두 완전한 독립과 주권을 보유하는 것이라고 주장하기 어렵다. 그래서 어떠한 국가를

權國이라云ᄒᆞᆷ이可乎아此에關ᄒᆞ야ᄂᆞᆫ英國옥스포르드大學校教授쎄르나르드氏의說을記述ᄒᆞ야大畧賛成ᄒᆞᄂᆞᆫ바를示ᄒᆞ노라

쎄르나르드博士의名著亞米利加戰爭中英國中立論에曰主權國은其自國의主權的政府下에永久的으로組織ᄒᆞᆫ團體及人의集合을謂ᄒᆞᆷ이니此에所謂主權的政府云者ᄂᆞᆫ其組織의何如를不關ᄒᆞ고法律을制定ᄒᆞ야是를其團體中에對ᄒᆞ야强行ᄒᆞᄂᆞᆫ權力를實行ᄒᆞ며且他의優等政府에對ᄒᆞ야服從치아니ᄒᆞᄂᆞᆫ者를謂ᄒᆞᆷ이라故로此積極的及消極的의要素即權力의實行及他權力의認否ᄂᆞᆫ主權觀念에十分必要ᄒᆞᆫ要件이라云云

此說을由ᄒᆞ야觀ᄒᆞᆯ진ᄃᆡ自國이法律을制定ᄒᆞ야是를强行ᄒᆞ며且强力에服從치아니ᄒᆞᄂᆞᆫ國은玆에所謂主權國範圍에幷히包含ᄒᆞᆯ者ㅣ라云ᄒᆞᆯ지니라

第二欵　一部主權國

古者의學者ᄂᆞᆫ恒常半主權國云云文字를採用ᄒᆞ얏스나此半主權國云云文字ᄂᆞᆫ元來西洋學者모셀氏의平時國際法論中으로出來ᄒᆞᆫ者ㅣ라然而此半主權國云云文字ᄂᆞᆫ歐洲公法上에獨立國中完全ᄒᆞᆫ主權을不有ᄒᆞᆫ諸國에適用ᄒᆞᆫ者ㅣ니故

주권국이라고 할 수 있겠는가? 이에 관해서는 영국 옥스퍼드 대학 교수 버나드(M. Bernard)의 주장을 기술하여 대강 찬성하는 점을 제시하겠다.

버나드 박사는 자신의 명저인 미국 남북전쟁 중 영국의 중립론에서 주권국은 자국의 주권적 정부하에서 영구적으로 조직된 단체와 개인의 집단을 말한다고 하였다. 이에 소위 주권적 정부라고 하는 것은 그 조직이 어떠한지와 상관없고 법률을 제정하여 이를 해당 단체에 대해서 강행하는 권력을 실행하고, 또 다른 우월한 정부에 대해 복종하지 않는 것을 말했다. 따라서 이러한 적극적이고 소극적인 요소, 즉 권력을 실행하고 다른 권력을 부인하는 것은 주권 개념에 매우 필수적인 요건이라고 하였다.

이러한 주장에서 본다면 자국의 법률을 제정하여 이를 강행하며, 또한 강제력에 복종하지 않는 국가는 이에 소위 주권국의 범위에 함께 포함된다고 할 것이다.

제2관 일부주권국

옛날의 학자는 항상 반주권국이라는 용어를 채용했으나 이 반주권국이라는 용어는 원래 서양 학자 모저(J. Moser)의 평시국제법론에서 나온 것이다. 그러나 이 반주권이라는 용어는 유럽공법에서 독립국 중 완전한 주권을 보유하지 않는 국가들에 적용한 것이다. 따라서

로헤프타氏ᄂᆞᆫ此半主權國云云文字ᄅᆞᆯ採用ᄒᆞᆷ에不拘ᄒᆞ고其語弊ᄅᆞᆯ論ᄒᆞ야曰半主權國의名稱은語學上에分明히語弊가有ᄒᆞ니大凡一國家ᄂᆞᆫ主權國되ᄂᆞᆫ同時에又服從者됨이不能ᄒᆞᆯ지라然이나實際上某國은特別ᄒᆞᆫ條約을依ᄒᆞ야其主權에屬ᄒᆞᆫ바權利ᄅᆞᆯ他國에讓與ᄒᆞ야不得已其國에服從ᄒᆞᆯ義務가有ᄒᆞᆷ으로ᄡᅥ半主權國의名稱을採用ᄒᆞᆷ이라論ᄒᆞ니라

로ㅣ렌스氏ᄂᆞᆫ是와相反ᄒᆞ야半主權國文字ᄅᆞᆯ採用치아니ᄒᆞ고一部主權國의名稱을採用ᄒᆞ얏ᄉᆞ니其理由ᄂᆞᆫ半主權이라云ᄒᆞᄂᆞᆫ文字에ᄂᆞᆫ主權의正半을意味ᄒᆞᄂᆞᆫ者ㅣ라然이나實際上果然正確히主權의半分만保有ᄒᆞᆫ者ㅣ아니라論ᄒᆞᆷ에在ᄒᆞ도다故로述者ᄂᆞᆫ此로렌스氏의說을賛成ᄒᆞ야玆에一部主權云云文字ᄅᆞᆯ採用코져ᄒᆞ노라然則此一部主權國者ᄂᆞᆫ何오卽一個의政治團體로對外主權의一部分은享有行使ᄒᆞ야도他의部分은外國의政治團體가行使ᄒᆞᄂᆞᆫ者ᄅᆞᆯ指ᄒᆞᆷ이니라

此一部主權國을三種의區分ᄒᆞᆷ을得ᄒᆞᄂᆞ니卽保護ᄅᆞᆯ被ᄒᆞᄂᆞᆫ國。聯邦을組織ᄒᆞᄂᆞᆫ國、及永世의局外中立國이是라此區分에關ᄒᆞ야ᄂᆞᆫ論者ᄅᆞᆯ從ᄒᆞ야永世局外中立國을一部主權部分에加入치아니ᄒᆞ고特히一編을設ᄒᆞ야論ᄒᆞᄂᆞᆫ者ㅣ有ᄒᆞ

헤프터(A. Heffter)는 이 반주권국이라는 용어를 채용했음에도 불구하고 그 어폐를 논하면서 반주권 명칭은 어학상 분명히 어폐가 있다고 하였다. 대체로 한 국가는 주권국이면서 동시에 복종하는 국가가 될 수 없다. 그러나 실제로 이느 국가는 특별조약에 의하여 주권에 속한 권리를 타국에 넘겨주어 부득이하게 그 국가에 복종할 의무를 짐으로써 반주권국의 명칭을 채용하는 것이라고 주장하였다.

로렌스는 이와 반대로 반주권국 용어를 채용하지 않고 일부주권국의 명칭을 채용하였다. 그 이유는 반주권이라고 하는 용어에는 주권의 절반을 의미하는 것이지만, 실제로 과연 정확히 절반만 보유하는 것은 아니라고 주장하였다. 따라서 저자는 이러한 로렌스의 주장을 찬성하여 여기에서는 일부 주권 용어를 채용하고자 한다. 그래서 이러한 일부주권국이라는 것은 무엇이냐면 한 개의 정치단체로서 대외주권 일부분을 누려 행사해도 다른 부분은 외국의 정치단체가 행사하는 것을 가리킨다. 이러한 일부주권국을 3가지 종류로 구분할 수 있다. 즉, 보호받는 국가, 연방을 조직한 국가, 그리고 영세국외 중립국이다. 이러한 구분에 관해서는 논자에 따라서 영세국외 중립국을 일부주권국에 포함하지 않고 특별히 1개의 편을 마련해서 논하는 경우가 있다.

나逃者는是를此部에加入ᄒᆞᆷ이妥當타信ᄒᆞᆷ으로玆에論述ᄒᆞ노라（後編局外中立編에更히此永世局外中立을論ᄒᆞᆯ時가有ᄒᆞᆷ으로玆에는其大畧만述ᄒᆞᆯᄲᅮᆫ이라）

第二 被保護國

國家의主權이不完全ᄒᆞ야對外의主權行使를永久히外國手中에一任ᄒᆞ거나或外國의게制限ᄒᆞᆫ바ㅣ되야其外國의保護를依ᄒᆞ야國家의成立을持保ᄒᆞᄂᆞᆫ者를稱ᄒᆞ야被保護國이라云ᄒᆞᄂᆞ니如此히一國家가他國保護下에立ᄒᆞ야其國家의生存을持保ᄒᆞᄂᆞᆫ原因이左의三種이有ᄒᆞ니

（一） 諸强國間에셔一個의弱國을處分ᄒᆞᆷ에當ᄒᆞ야互相間의利害關係가有ᄒᆞᆷ으로一國의倂呑을防禦ᄒᆞ기爲ᄒᆞ야協議上으로一强國保護下에置ᄒᆞ야其獨立을持保케ᄒᆞᄂᆞᆫ者

（二） 一國의國力이微弱ᄒᆞᆷ으로他國의保護를受ᄒᆞ야其國家의生存을持保ᄒᆞᄂᆞᆫ者

（三） 文明國이野蠻國或半開國을倂呑ᄒᆞᄂᆞᆫ手段으로爲先是等國을被保護國으로定ᄒᆞᄂᆞᆫ者ㅣ是라

저자는 영세국외 중립국을 이 부에 포함하는 것이 타당하다고 믿기에 여기에서 서술하고자 한다[후편의 국외중립 편에서 다시 영세국외 중립을 논할 때가 있기에 여기에서는 그 대강만 서술할 뿐이다].

1. 피보호국

국가 주권이 불완전하여 대외주권의 행사를 영구적으로 외국의 수중에 일임하거나 혹은 외국에 제한받아서 그 외국의 보호에 따라 국가의 존립을 유지하고 보호하는 것을 칭하여 피보호국이라고 한다. 이같이 한 국가가 다른 국가의 보호 아래 있어서 그 국가의 생존을 유지하고 보호하는 원인은 다음과 같이 3가지 종류가 있다.

(1) 여러 강국 사이에서 1개의 약한 국가를 처분할 때 상호간의 이해관계가 있어서 1개 국가가 병탄하는 것을 막기 위하여 협의하여 1개 강국의 보호 아래 두어서 그 독립을 유지하고 보호하도록 하는 경우

(2) 1개 국가의 국력이 미약하여 타국의 보호를 받아야 그 국가가 생존을 유지하고 보호하는 경우

(3) 문명국이 야만국 혹은 반개국을 병탄하는 수단으로 우선 이들 국가를 피보호국으로 정하는 경우이다.

保護國과被保護國의關係ᄂᆞᆫ其條約의規定何如를依ᄒᆞ야各自差異가有ᄒᆞ니或被保護國의對外主權一部分만保護國이行使ᄒᆞᄂᆞᆫ者도有ᄒᆞ며或保護國이被保護國의內政ᄭᅡ지干涉ᄒᆞᄂᆞᆫ事도有ᄒᆞ나然이나被保護國은保護國에服從ᄒᆞ야其一部를成ᄒᆞᄂᆞᆫ者ㅣ아니라故로保護國自國의對外主權行使와其被保護國의對外主權行使와ᄂᆞᆫ決코同一히混視치못ᄒᆞᆯ者로信ᄒᆞ노라然則假令保護國이他國과戰端을開ᄒᆞᆫ境遇에被保護國은中立國의地位를保守ᄒᆞᆯ事를可得ᄒᆞᆯ지니此二國은各各別個의國家ㅣ라今에其一例를擧ᄒᆞᆯ진ᄃᆡ西曆千八百十五年에巴里의條約을依ᄒᆞ야英國保護下에置ᄒᆞᆫ바아이오니아(地中海內에在ᄒᆞᆫ群島ㅣ니希臘과相對ᄒᆞ야小亞西亞一部에瀕在ᄒᆞᆫ者ㅣ라)群島ᄂᆞᆫ英、普、墺、露諸國의調印ᄒᆞᆫ憲法을依ᄒᆞ야一個의合衆國을成立ᄒᆞᆫ者ㅣ라此合衆國의對外關係ᄂᆞᆫ總히英國政府가掌握ᄒᆞ야同島를代表ᄒᆞ야外國과條約을締結ᄒᆞᄃᆡ同島의船舶은아이오니아合衆國國旗를用ᄒᆞ며通商上關係에至ᄒᆞ야他國에領事ᄂᆞᆫ派遣ᄒᆞᆷ이不能ᄒᆞ야도他國에셔派來ᄒᆞᄂᆞᆫ領事ᄂᆞᆫ接受ᄒᆞᆷ이能ᄒᆞ얏스니此群島가事實上英國의保護下에在ᄒᆞᆷ은可히容疑ᄒᆞᆯ바ㅣ아니로ᄃᆡ其果然英國에絕對的으로服從ᄒᆞᆯ가二國

보호국과 피보호국의 관계는 그 조약 규정이 어떠한지에 의하여 각자 차이가 있다. 혹은 피보호국의 대외주권 중 일부분만 보호국이 행사하는 때도 있다. 혹은 보호국이 피보호국의 내정까지 간섭하는 때도 있다. 그러나 피보호국은 보호국에 복종하여 그 일부가 되지는 않는다. 따라서 보호국이 자국의 대외주권을 행사하는 것과 피보호국의 대외주권 행사는 결코 같은 것으로 혼합하여 볼 수 없다고 믿는다. 그래서, 가령 보호국이 타국과 전쟁을 개시할 때 피보호국은 중립국의 지위를 보전할 수 있다. 이들 2개국은 각각 별개의 국가이다. 지금 그 예를 하나 든다면 1815년 파리조약에 의하여 영국의 보호 아래 놓이게 된 이오니아[지중해에 있는 군도로서 그리스와 마주하면서 소아시아 일부에 연안선을 갖는 것] 군도는 영국, 프로이센, 오스트리아, 러시아 국가들이 서명한 헌법에 따라 1개의 합중국을 성립하였다. 이 합중국의 대외 관계는 전부 영국 정부가 장악하여 이들 섬을 대표하여 외국과 조약을 체결하였지만, 이 섬의 선박은 이오니아 합중국 국기를 사용하고 통상관계에 이르러서는 타국에 영사를 파견할 수 없더라도 다른 국가에서 파견하는 영사를 접수할 수는 있었다. 이 군도가 사실상 영국의 보호 아래 있었다는 점은 의심할 바가 아니었지만, 그것이 과연 영국에 절대적으로 복종했는지 2개국이 이各別獨立ᄒᆞ야其保護關係에만影響이有ᄒᆞᆯ가ᄒᆞᄂᆞᆫ問題ᄂᆞᆫ業已크리미아戰爭中아이오니아船舶事件을依ᄒᆞ야決定된者ㅣ라詳言ᄒᆞ면卽英露交戰際에아이오니아船舶이英國巡洋艦의게拿捕ᄒᆞᆫ바ㅣ되야判定港에引致ᄒᆞ얏스니其引致ᄒᆞᆫ理由ᄂᆞᆫ英露兩國이交戰中에英國의敵되ᄂᆞᆫ露國과通商ᄒᆞ얏다云ᄒᆞᆷ에在ᄒᆞ더니其事實을調査ᄒᆞᆷ에該船은全히封鎖치아니ᄒᆞᆫ露國港灣에向ᄒᆞ야出帆ᄒᆞᆫ者ㅣ오又其積載ᄒᆞᆫ物品은禁制品이아니라故로此事件에關ᄒᆞ야英國의拿捕를正當히認與不認은아이오니아人民이英國의敵에對ᄒᆞ야英國의臣民과同一地位에立與不立點을依ᄒᆞ야判決된者ㅣ라此時에英國海事裁判所判事라싱동氏ᄂᆞᆫ此事件에對ᄒᆞ야判決을下ᄒᆞ야曰抑此아이오니아人民은英國에對ᄒᆞ야臣民의義務를負擔ᄒᆞᆫ者ㅣ아니오彼等은條約의規定ᄒᆞᆫ바를從ᄒᆞ야一定ᄒᆞᆫ服從的關係를有ᄒᆞᆯ섇이라假令條約으로ᄒᆞ여곰英國에아이오니아를爲ᄒᆞ야露國에對ᄒᆞ야宣戰의權能을與ᄒᆞᆫ者ㅣ라ᄒᆞ야도此現在의戰爭에關ᄒᆞ야ᄂᆞᆫ如此ᄒᆞᆫ宣戰을發布치아니ᄒᆞ얏스니一般國際規定을依ᄒᆞ야判斷ᄒᆞ면아이오니아州와英國의關係를아이오니아人民으로ᄒᆞ여곰英國臣民과同一

각각 별개로 독립하여 그 보호 관계에만 영향이 있었는지에 관한 문제는 이미 크리미아 전쟁 중 이오니아 선박 사건에 의하여 결정되었다. 이를 상세히 논하자면 즉 영국과 러시아가 교전할 때 이오니아 선박이 영국 순양함에 나포되어 재판받을 항구에 인양되었다. 그 인양 이유는 영국과 러시아 양국이 교전 중에 영국의 적인 러시아와 통상하였다고 하는 데 있었다. 그 사실을 조사하니 해당 선박은 전혀 봉쇄되지 않은 러시아 항만을 향해 출범하였고 또한 그 적재 물품은 금제품이 아니었다. 따라서 이 사건에 관해 영국의 나포를 정당한 것으로 인정할지는 이오니아 인민이 영국의 적에 대해서 영국의 신민과 같은 지위에 있었는지 아닌지에 의하여 판결되었다. 이때 영국의 해사재판소 판사 루싱턴(G. Lushington)은 이 사건에 대해 판결하면서 이들 이오니아 인민은 영국에 대해서 신민의 의무를 부담하지 않고 이들은 조약 규정에 따라 일정한 복종 관계를 맺을 뿐이라고 하였다. 가령 조약에서 영국이 이오니아를 위해 러시아를 상대로 선전포고할 권능을 부여했어도 이 당시의 전쟁에 관해서는 이러한 선전을 공포하지 않았기에 일반 국제규정에 따라 판단하면 이오니아주와 영국의 관계로서 이오니아 인민이 영국의 신민과 같이

히露國과對敵地位에立홀事로認定ᄒᆞ기不能ᄒᆞ도다ᄒᆞ니라此로由ᄒᆞ야觀홀진ᄃᆡ此有名ᄒᆞᆫ判決은分明히被保護國은保護國이他國과戰爭을開始ᄒᆞᆫ境遇에保護國과同一의地位即交戰國一便에立홀者ㅣ되지아니ᄒᆞᄂᆞᆫ事를示ᄒᆞᆫ者ㅣ오被保護國은保護國의屬國되지아니ᄒᆞᄂᆞᆫ事를證明ᄒᆞᆫ者ㅣ니라

又此外에被保護國의例가不尠ᄒᆞ니假令今에其一二의例를擧홀진ᄃᆡ모나고國(法國알쓰마리침縣內에一小公國이니人口三千餘口라)은西曆千六百四十一年以來法國革命時代ᄭᆞ지ᄂᆞᆫ法國의被保護國이러니革命의時期를當ᄒᆞ야其關係가漸次로變ᄒᆞ야被保護의關係를脫ᄒᆞ얏다가更히西曆千八百十四年에巴里條約第三條를依ᄒᆞ야再次法國保護下에置ᄒᆞ얏더니其後에又千八百十五年巴里條約第一條를依ᄒᆞ야사르듸니아의保護를被ᄒᆞ다가西曆千八百六十一年에사르듸니아가니스(法國알쓰미리침縣의所在地ㅣ오地中海의一港灣이라)를法國에讓與홈에及ᄒᆞ야니스(사르듸니아ᄂᆞᆫ니스內에모나고를包含ᄒᆞ야置ᄒᆞ니라)모나고王은同年二月二日의條約을依ᄒᆞ야모나고市以外의領地를法國에讓與ᄒᆞ얏스니此時以後로ᄂᆞᆫ모나고ᄂᆞᆫ사르듸니아의保護를脫ᄒᆞ고又法國의保護를受ᄒᆞᄂᆞᆫ形跡도無ᄒᆞ야一小獨立國으로主權國을成ᄒᆞ니

러시아와 적대적 지위에 있다고 인정할 수 없다고 하였다. 이로써 보건대 이 유명한 판결은 분명히 피보호국은 보호국이 다른 국가와 전쟁을 개시할 때 보호국과 같은 지위로서 즉 교전국의 한쪽 편에 서지 않는다는 것을 보여준다. 피보호국은 보호국의 속국이 아니라는 것을 증명한다.

또한 이외에 피보호국의 예가 적지 않다. 가령 지금 그 예를 한두 개 들어본다. 모나코국[프랑스 알프마리팀(Alpes-Maritimes) 현 내의 작은 공국으로서 인구는 3,000여 명이다]은 1641년 이후 프랑스 혁명 시대까지 프랑스의 피보호국이있다가 혁명 시기에 관계가 점차 변하여 피보호 관계를 벗어났다가 다시 1840년에 파리조약 제3조에 의하여 재차 프랑스의 보호 아래 놓였다가 그 후 또 1815년 파리조약 제1조에 의하여 사르디니아의 보호를 받다가 1861년에 사르디니아가 니스[프랑스 알프마리팀 현청 소재지가 있는 지중해의 항만이다]를 프랑스에 넘겨주게 되자, 니스[사르디니아는 니스 안에 모나코를 포함해 두었다] 모나코 왕은 같은 해 2월 2일의 조약에 의하여 모나코시 이외의 영지를 프랑스에 넘겨주었으니 이때 이후로 모나코는 사르디니아의 보호를 벗어나서 또 프랑스의 보호를 받는 흔적도 없어서 하나의 독립된 소국으로 주권국이 되었다.

라몰다비아(土耳其다누브河上古代의郡名이니人口一百八十萬을有ᄒᆞ니라)及왈나기아(土耳其다누브河邊古代의郡名)ᄂᆞᆫ西曆千八百二十九年ᄭᆞ지土耳其의屬邦이러니同年九月十四日에아도리아노블條約第五條를依ᄒᆞ야露國의保証으로土耳其의宗主權下(此에所謂宗主權者ᄂᆞᆫ西語「쉬스렌틔의譯言이니封建時代에上級諸候의地位를有ᄒᆞᆫ者의主權을指함이라)에置호대此兩國은內政上專히獨立을許ᄒᆞᆫ바ㅣ되야檢疫을行ᄒᆞ며國境을防禦ᄒᆞ며公共의安寧을維持ᄒᆞ며且法律을强行ᄒᆞ기爲ᄒᆞ야民兵設備의事를特許ᄒᆞ고千八百五十六年에至ᄒᆞ야巴里의條約으로露國의保證을解ᄒᆞ고歐洲列國이保證ᄒᆞ얏더니其後千八百六十一年에兩國이合併ᄒᆞ야一州를成ᄒᆞ니라然이나土耳其에對ᄒᆞ야ᄂᆞᆫ依然히被保護國으로存在ᄒᆞᆫ事ᄂᆞᆫ西曆千八百五十六年三月三十日의巴里條約第十二條를依ᄒᆞ야分明ᄒᆞ도다

쇠르비아ᄂᆞᆫ西曆千八百五十六年에巴里條約을依ᄒᆞ야歐洲列國의保證으로土耳其國宗主權下에置ᄒᆞ얏더니其後千八百七十八年에伯林會議를依ᄒᆞ야獨立의王國을成ᄒᆞ야今日에ᄂᆞᆫ主權國中에添加ᄒᆞᆯ지라도千八百七十八年ᄭᆞ지ᄂᆞᆫ一部主權國이라稱ᄒᆞᆷ이可ᄒᆞ도다

몰다비아(Moldavia)[터키 다뉴브강 상류의 고대 지역명으로서 인구는 180만이다]와 왈라키아[터키 다뉴브강 주변의 고대 지역명]는 1829년까지 터키의 속방이었다. 같은 해 9월 14일에 아드리아노플조약(Treaty of Adrianople) 제5조에 의하여 러시아가 보증하고 터키의 종주권하[여기에서 소위 종주권자는 서양어 'suzerainty'의 번역어로서 봉건시대 상급 제후의 지위를 갖는 자의 주권을 가리킨다]에 놓였다. 이 양국은 내정에 대해서는 온전히 독립을 허용받아서 검역하거나, 국경을 방어하거나, 공공의 안녕을 유지하며, 또 법률을 강행하기 위하여, 민간인 군내의 설지를 특별히 허락받았다. 1856년이 되어 파리조약으로 러시아의 보증을 해제하고 유럽 여러 국가가 보증하였다. 그 후 1861년에 양국이 합병하여 하나의 주를 이루었다. 그러나 터키에 대해서는 여전히 피보호국으로 존재했던 것은 1856년 3월 30일의 파리조약 제12조에 의하여 분명하였다.

세르비아는 1856년에 파리조약에 의하여 유럽 여러 국가의 보증으로 터키의 종주권 아래에 놓였다. 그 후 1878년에 베를린회의에 따라 독립된 왕국이 되었다. 오늘날에는 주권국에 추가되었다고 해도 1878년까지는 일부 주권이라고 칭하는 것이 타당하다.

몬데네그로도亦土耳其國이宗主權下에保有홈을主張ᄒᆞ얏스나伯林條約以來로主權國을成ᄒᆞ니라

쏠마디아(墺在利沿海아드리아다크에濱在ᄒᆞᆫ地名이라)ᄂᆞᆫ墺地利의保護를受ᄒᆞ고安南은法國의保護를被ᄒᆞ며馬來半島ᄂᆞᆫ英國의保護를受ᄒᆞ니라玆에更히研究者의參考를爲ᄒᆞ야英國과馬來半島間의保護條約及法國과安南間의保護條約大槩를揭載코져ᄒᆞ노라

英國과馬來半島間의保護條約大槪

(一)、從來存立ᄒᆞᆫ成文幷不成文의諸條約을確定ᄒᆞ기爲ᄒᆞ야스리、메난데이노얌、쓰안、베사ㅣ하、죠호ㅣ의主治者及승게ㅣ、우죤、졔레부렘보ㅣ、담빙의主治者와玆에各自領邦을英國政府保護下에置홈을約홈이라

(二)、上記의各邦主治者ᄂᆞᆫ玆에各自의領邦을合ᄒᆞ야넹구리셈비란이라稱ᄒᆞᄂᆞᆫ一聯邦을建立홈에合意ᄒᆞᆫ대各自該聯邦政府의行政에關ᄒᆞ야ᄂᆞᆫ英國駐在官의幇助를得ᄒᆞ야行ᄒᆞ고且回々敎에關ᄒᆞᆫ事項外에ᄂᆞᆫ他一切行政에

몬테네그로도 역시 터키가 종주권을 보유한다고 주장하였으나 베를린조약 이후 주권국이 되었다.

달마티아(Dalmatia)[오스트리아 연안 아드리아해에 해안선을 둔 지명이다]는 오스트리아의 보호를 받았고, 안남은 프랑스의 보호를 당했으며, 말레이반도는 영국의 보호를 받았다. 여기에서 다시 연구자가 참고할 수 있도록 영국과 말레이반도 사이의 보호조약과 프랑스와 안남 간 보호조약의 대강을 싣고자 한다.

영국과 말레이반도 간 보호조약의 대상

(1) 종래 있었던 성문과 불문의 여러 조약을 확정하기 위하여 세리(Seri), 메난티(Menanti), 이노얌, 쓰안, 베사르(Besar), 조호르(Johor)의 주요 통치자와 숭가이 우종(Sungai Ujong), 제레부렘보, 담빙의 주요 통치자가 여기에서 각자의 통치 영역을 영국 정부의 보호 아래 두기로 약속하였다.

(2) 위의 각 지역의 주요 통치자는 이에 각자의 영역을 합하여 느그리 슴빌란(Negeri Sembilan)이라고 하는 하나의 연방을 건립하는 데 합의하였다. 각자의 해당 연방 정부의 행정에 관해서는 영국 주재관의 지원을 받아서 행하고, 또 무슬림에 관한 사항을 제외하고 다른 모든 행정에

關ᄒᆞ야同駐在官의勸告를從홈이라

(三)、玆에合意約定ᄒᆞᆫ處置ᄂᆞᆫ何邦의主治者라도自己의領邦에서保有ᄒᆞᆫ政權外에ᄂᆞᆫ他邦國의政權에關ᄒᆞ야互相關與치못ᄒᆞᆯ事로認定홈이라

法國과安南間의保護條約大槪西曆千八百七十四年專

第一條　安南國은法國의保護를公認ᄒᆞ야是를承諾ᄒᆞ고歐洲의諸國과交際上에此保護로從ᄒᆞ야生ᄒᆞᄂᆞᆫ關係諸件을承諾홈이니卽法國은安南과他外國支那에至ᄒᆞ기ᄭᆞ지라도交誼를總裁ᄒᆞ고安南政府ᄂᆞᆫ但法國의紹介를因ᄒᆞ야外國과交際홈을得홈이라

第二條　法國共和政府大統領은今日以後라도반다시安南國의王을王으로待遇ᄒᆞ며諸外國에對ᄒᆞ야ᄂᆞᆫ安南國의獨立을證明ᄒᆞ야爾後로安南國에外患이有ᄒᆞ거나又瀕海地及海에賊患이有ᄒᆞ야國事整理鎭靜에若救援을要ᄒᆞᆯ時ᄂᆞᆫ其請求에必應ᄒᆞ야事의難易를不問ᄒᆞ고無保의約으로是를援護홈이라

第三條　安南國은旣已法國의援護를受ᄒᆞᆯ事로約定ᄒᆞᆫ以後에ᄂᆞᆫ其外交事務

관하여 같은 주재관의 권고를 따랐다.

(3) 이에 합의하여 약정한 조치는 어느 지역의 주요 통치자라도 자신의 영역에서 보유하는 정권을 제외하고는 다른 연방 구성 영역의 정권에 관하여 상호 관여하지 않기로 하였다.

프랑스와 안남 간 보호조약 대강으로서 1874년의 일

제1조

안남국은 프랑스의 보호를 공식 인정하여 이를 승낙하고 유럽의 여러 국가와 교류할 때 이러한 보호에서 발생하는 관계 사항을 승낙한다. 즉 프랑스는 안남과 다른 외국인 중국에 이르기까지도 모두 관리하고 안남 정부는 다만 프랑스의 소개를 근거로 외국과 교류할 수 있다.

제2조

프랑스 공화국 정부의 대통령은 오늘 이후 반드시 안남국의 왕을 왕으로 대우하며 모든 외국에 대해서는 안남국의 독립을 증명하여 이후로 안남국에 외환이 있거나 해변과 바다에 도적으로 인한 환란이 있어 국사를 정리하고 진정시키기 위하여 만약 구원이 필요할 때는 요청에 반드시 응하여 일의 난이도를 불문하고 담보 없이 원조하여 보호하기로 한다.

제3조

안남국은 이미 프랑스의 원조와 보호를 받기로 약정한 이후에는 그의 외교 사무에至ᄒᆞ야一切法國의政體ᄅᆞᆯ模倣ᄒᆞ고且今日에定ᄒᆞᆫ바政體ᄅᆞᆯ變更치못ᄒᆞᆯ지라此盟約은專히國事에만關ᄒᆞᆫ者ㅣ오市上에關ᄒᆞᆫ者ㅣ아니나若此後에安南國王이或他國과市上에關ᄒᆞᆫ方法을盟約코져ᄒᆞᄂᆞᆫ事가有ᄒᆞᆯ지라도今에盟約ᄒᆞᆫ事項에違反ᄒᆞᆷ을不得ᄒᆞᆷ假令此盟約事項에違反되ᄂᆞᆫ事가無ᄒᆞᆯ지라도豫先法國에照會ᄒᆞᆷ을要ᄒᆞᆷ이라

玆에一個研究ᄒᆞᆯ者ㅣ有ᄒᆞ니被保護國과附庸國의關係가是ㅣ라學者間에附庸國을一部主權國部에擧論ᄒᆞᄂᆞᆫ者ㅣ不無호대此附庸國과被保護國은可히同一히論치못ᄒᆞᆯ者ㅣ라故로左에其相殊ᄒᆞᆫ點을擧論ᄒᆞᆯ진대附庸國이란者ᄂᆞᆫ一部主權國部分에編入ᄒᆞ기不能ᄒᆞᆫ者ㅣ니此ᄂᆞᆫ他國과其主權에對ᄒᆞ야服從의關係ᄅᆞᆯ有ᄒᆞᆫ國이라假令露國과波蘭의關係와法國과마당아스갈의關係와英國과印度의關係와如ᄒᆞᆫ者ㅣ라其主要ᄒᆞᆫ差點이如左ᄒᆞ니（一）、被保護國은保護主權에服從ᄒᆞᄂᆞᆫ者ㅣ아니라故로保護國이被保護國의內政을干涉ᄒᆞᄂᆞᆫ境遇라도兩國은各自別個의國이로대是와相反ᄒᆞ야附庸國은假令內政上他國의干涉을受ᄒᆞᄂᆞᆫ事가稍尠ᄒᆞᆫ境遇라도决코獨立의國이아니니라（二）、

에 대해서는 프랑스의 모든 정치체제를 모방하고 또한 오늘 정하였듯이 정치체제를 변경할 수 없다. 이러한 맹약은 오롯이 국사에만 관련되고 시장에 관한 것은 아니지만, 만약 이후 안남 국왕이 혹시라도 타국과 시장에 관한 방법을 맹약하려는 경우에는 지금 맹약한 사항을 위반할 수 없다. 가령이 맹약 사항을 위반하는 일이 없을지라도 우선 프랑스에 조회해야 한다.

여기에서 한 가지 연구할 사항은 피보호국과 부용국의 관계이다. 학자 간에는 부용국을 일부주권국의 유형으로 거론하는 자가 없지 않지만, 이러한 부용국과 피보호국은 같은 것으로 논할 수 없다. 따라서 아래에서는 그와 서로 다른 점을 거론할 것이다. 부용국이란 일부주권국의 유형에 포함할 수 없다. 이는 타국의 주권에 대해서 복종하는 관계에 있는 국가이다. 가령 러시아와 폴란드의 관계, 그리고 프랑스와 마다가스카르(Madagascar)의 관계, 영국과 인도의 관계와 같은 것이다. 그 주요한 차이점은 아래와 같다. ① 피보호국은 보호 주권에 복종하는 것이 아니다. 따라서 보호국이 피보호국의 내용을 간섭하는 경우라도 양국은 각자 별개의 국가이다. 이와 반대로 부용국은 가령 내정에서 타국의 간섭을 받는 일이 적은 경우라도 전혀 독립국이 아니다.

保護國과被保護國의關係는條約에基因ᄒᆞ야被保護國은其條約을依ᄒᆞ야得ᄒᆞᆫ權利를自由로行使ᄒᆞ대附庸國은如此ᄒᆞᆫ權利가無ᄒᆞ니假令特別히許與ᄒᆞᆫ行爲의自由라도此自由는其本國에서隨時制限ᄒᆞᆷ을得ᄒᆞᆯ지니라(三)被保護國은不完全이라도一個의國이됨으로써特別의制限을受치아니ᄒᆞᆫ事項에關ᄒᆞ야는十分權利를保有ᄒᆞᆷ이原則이로대附庸國은其本國一部分에不過ᄒᆞ는故로特別히許與ᄒᆞᆫ事項外에는如何ᄒᆞᆫ權利도無ᄒᆞ니라

第二 聯邦國

聯邦을組織ᄒᆞ는諸國과及其聯邦의中央團體는各各一部의主體國이라此聯邦制度에는對外主權의一部分을中央政府에一任ᄒᆞ고其餘의對外主權은各自其邦에保有ᄒᆞᆫ바ㅣ되야各邦이直接으로外國과關係ᄒᆞ는事를得ᄒᆞ느니此制度는西曆千八百十五年頃에德國聯邦의例가是라此聯邦의各員은聯邦全體及他員의安寧을害치아니ᄒᆞ는範圍以內에는各自自由로外國과關係ᄒᆞ는事를得ᄒᆞᆯ지니라

中央의權力은索遜의首府프랑크포르드에設置ᄒᆞ고各其聯邦의大臣으로組

② 보호국과 피보호국의 관계는 조약에 근거하여 피보호국은 그 조약에 의하여 얻은 권리를 자유롭게 행사할 수 있지만, 부용국은 이와 같은 권리가 없다. 가령, 특별히 허락받은 행동의 자유라도 이러한 자유는 본국에서 수시로 제한될 수 있다.
③ 피보호국은 불완전하지만, 일개 국가이기에 특별히 제한받지 않은 사항에 관해서는 충분히 권리를 보유하는 것이 원칙이지만, 부용국은 그 본국의 일부에 불과하여서 특별히 허락받은 사항 이외에는 어떠한 권리도 없다.

2. 연방국

연방을 조직하는 여러 국가와 그 연방의 중앙 단체는 각각 주권국의 일부이다. 이 연방제도에는 대외주권 일부분을 중앙정부에 일임하고, 나머지 대외주권은 각 구성 주가 보유하여 각 구성 주는 직접 외국과 관계를 맺을 수 있다. 이 제도는 1815년경에 독일연방의 예가 있다. 이 연방의 각 구성 주는 연방 전체와 다른 구성주의 안녕을 해치지 않는 범위 내에서 각자 자유롭게 외국과 관계를 맺을 수 있다.

중앙 권력은 작센의 수도 프랑크푸르트에 설치하고 각 연방의 대신으로 조직한

織ᄒᆞᆫ議會를建設ᄒᆞ야其權能上으로條約의締結權公使의派遣及接受의權과聯邦領土에外患이有ᄒᆞᆫ時ᄂᆞᆫ宣戰의權을有ᄒᆞ나然이나實際上此等의權力은十分實行치못ᄒᆞ고又此中央團體의權力은別로外國에常置ᄒᆞᆫ公使를派遣ᄒᆞᆫ事가無ᄒᆞ야但五大强國으로브터各其公使를派遣ᄒᆞᆯ뿐이로대是와相反ᄒᆞ야各邦은外國及其他聯邦에對ᄒᆞ야公使를派送ᄒᆞ얏스니此를由ᄒᆞ야觀ᄒᆞᆯ진대此德國聯邦의主權은中央의權力團體와各聯邦政府間에分在ᄒᆞᆫ者ㅣ라云ᄒᆞ야도不可ᄒᆞᆷ이無ᄒᆞᆯ지로다故로換言ᄒᆞ면프랑크포르드에在ᄒᆞᆫ中央權力은其他各聯邦과ᄀᆞᆺ치完全ᄒᆞᆫ主權을有치못ᄒᆞᆫ者ㅣ오一部의主權만有ᄒᆞᆫ者ㅣ라云ᄒᆞᆯ지로다然則玆에一難題가有ᄒᆞ니假令事實上으로論ᄒᆞᆯ진ᄃᆡ聯邦의一員되ᄂᆞᆫ國으로大强國中에參與ᄒᆞᆫ墺地利와普魯西도完全ᄒᆞᆫ主權國을成치못ᄒᆞᄂᆞᆫ問題가是라事實上의勢力으로觀ᄒᆞ면此兩國은主權國되ᄂᆞᆫ資格이具有ᄒᆞ되法理上으로論ᄒᆞ면其權力은聯合의規約을依ᄒᆞ야他聯邦과同一히制限ᄒᆞᆫ者ㅣ라但聯邦이總會議를開ᄒᆞᆯ時에他小邦보다多數의投票權은有ᄒᆞ나聯邦의一員된以上은是를不可不一部의主權國이라云ᄒᆞᆷ이妥當ᄒᆞᆯ지로다然이나如

의회를 건설하여 그 권능상 조약 체결권을 가진 공사의 파견과 접수의 권한, 그리고 연방 영토에 외환이 있는 때에는 전쟁 선포의 권한을 갖는다. 그러나 실제로 이들 권력을 충분히 실행하지 못하였고 또한 이러한 중앙 단체의 권력과 별개로 외국에 상주하는 공사를 파견한 일이 없다. 다만 5대 강국이 각자 공사를 파견했을 뿐이다. 이와 반대로 각 구성 주는 외국 및 그 밖의 연방에 대해서 공사를 파견했다. 이로써 보건대 이러한 독일연방의 주권은 중앙의 권력 단체와 각 연방 구성주의 정부 사이에 나뉘이 존재했다고 해도 무방하나. 따라서 날리 말하자면 프랑크푸르트에 있는 중앙 권력은 그 밖의 각 연방 구성 주와 같이 완전한 주권을 갖지 못했고, 일부의 주권만 가졌다고 할 것이다. 그러나 여기에서 한 가지 어려운 문제가 있다. 가령 사실 면에서 논하자면 연방의 구성 주가 되는 국가로서 강대국 중에서 참여했던 오스트리아와 프로이센마저도 완전한 주권국이 되지 못하는 문제가 있다. 사실상의 세력으로 보자면 이 양국은 주권국이 될 자격을 갖췄다. 법리적으로 논하자면 그 권력은 연합의 규약에 따라 다른 연방과 같이 제한된다. 다만 연방이 총회를 개최할 때 다른 소규모 연방 주보다 다수의 투표권을 갖지만, 연방의 일원이 된 이상 이를 부득이하게 일부주권국이라고 하는 것이 타당할 것이다. 그러나 이같이

此히不分明ᄒᆞᆫ國體ᄂᆞᆫ國家의性質上으로브터漸次必要가無ᄒᆞ야消滅될者ㅣ라故로今日에至ᄒᆞ야ᄂᆞᆫ此聯邦의制度가甚尠ᄒᆞ야德帝國도漸漸其性質을變ᄒᆞ야合衆國國體로進化ᄒᆞ니此ᄂᆞᆫ國體發達의自然ᄒᆞᆫ形勢로되德帝國聯邦中에빠빠리아及索遜二國은今日이라도尙且公使의授受權이有ᄒᆞ니此ᄂᆞᆫ舊來의歷史上關係로出來ᄒᆞᆫ現象이로다

第三 永世局外中立國

永世局外中立國이란者ᄂᆞᆫ他國의攻擊을防禦ᄒᆞᄂᆞᆫ以外에ᄂᆞᆫ外國과戰爭을開始ᄒᆞᆷ이不能ᄒᆞ며雖平時라도單純ᄒᆞᆫ國防目的以外에ᄂᆞᆫ他國과戰端을開始ᄒᆞᄂᆞᆫ交涉에叅入치못ᄒᆞᄂᆞᆫ條件으로써諸强國間의條約을依ᄒᆞ야其獨立及安全을保證ᄒᆞᆫ國이니主權國의權能되ᄂᆞᆫ一部分卽防戰以外에戰爭에關ᄒᆞᆫ事項을諸國間條約에依ᄒᆞ야永久히抛棄ᄒᆞᆫ者ㅣ라如此히主權의一部分을抛棄ᄒᆞ고成立ᄒᆞᆫ以上은其國家를完全ᄒᆞᆫ主權國이라論치못ᄒᆞᆯ事ᄂᆞᆫ多言을不待ᄒᆞ고可辨ᄒᆞᆯ者ㅣ로다然이나此點에關ᄒᆞ야或者ᄂᆞᆫ此永世局外中立國을主權一部分에入코저ᄒᆞᄂᆞᆫ者ㅣ有ᄒᆞ야其理由를陳ᄒᆞ야曰西曆千八百五十六年에巴里條

분명하지 않은 국가 형태는 국가의 성격상 점차 필요가 없어서 소멸할 것이다. 따라서 오늘날에는 이러한 연방 제도가 극히 적어서 독일 제국도 저점 그 성격이 바뀌어 합중국 국가 형태로 진화하니, 이는 국가 형태 발달로서 자연스러운 형세이다. 독일제국연방 중에 바바리아(Bavaria)와 작센 2개국은 오늘날에도 여전히 공사 접수권이 있다. 이는 과거에서 내려온 역사적 관계에서 드러나는 현상이다.

3. 영세국외 중립국

영세국외 중립국은 타국의 공격을 방어하는 것 이외에는 외국과 전쟁을 개시할 수 없다. 비록 평시라도 단순한 국방 목적 이외에는 타국과 전쟁을 개시하는 교섭에 참여하지 못한다는 조건으로써 여러 강국 간 조약에 의하여 그 독립과 안전을 보증받은 국가이다. 주권국 권능의 일부인 방어 전쟁 이외에 전쟁에 관한 사항을 여러 국가 사이의 조약에 의하여 영구적으로 포기한 것이다. 이같이 주권의 일부를 포기하고 성립된 이상 그 국가를 완전한 주권국이라 논하지 못하는 것은 판단하는데 많은 말이 필요 없다. 그러나 이 점에 관해서 혹자는 이러한 영세국외 중립국을 주권국의 유형에 포함하는 경우가 있다. 그 이유로 제시하는 바는 1856년 파리조약은

約은黑海를中立海로定ᄒᆞ야千八百七十一年ᄭᆞ지ᄂᆞᆫ露國이黑海에軍艦을置ᄒᆞ며又兵器를製造ᄒᆞᄂᆞᆫ處所를建設치못ᄒᆞ얏스나露國은黑海가中立海되ᄂᆞᆫ所以로其主權國되ᄂᆞᆫ性質을防害ᄒᆞᆷ이無ᄒᆞᆷ과又치中立의事實은其國이主權國되ᄂᆞᆫ事實에影響이無ᄒᆞ고且永世局外中立國은彼聯邦及被保護國과其意不同ᄒᆞ니此等國에ᄂᆞᆫ外交上의關係를中央政府及保護國에서行ᄒᆞ야도永世局外中立國에서ᄂᆞᆫ此外交上의關係를自國이他國과自由交涉ᄒᆞᄂᆞᆫ事實이他主權國과相殊ᄒᆞᆫ點이無ᄒᆞ고但國防以外의戰爭에關係가有ᄒᆞᆫ外交事項에至ᄒᆞ야만制限이有ᄒᆞ야自行ᄒᆞ기不能ᄒᆞᆯ뿐이라此制限ᄒᆞᆫ權利에關ᄒᆞ야도聯邦及被保護國境遇에ᄂᆞᆫ其中央政府及保護國의게制限을受ᄒᆞᆫ權利라도行使ᄒᆞᄂᆞᆫ事가有ᄒᆞ되永世局外中立國境遇에關ᄒᆞ야ᄂᆞᆫ永世局外中立國이行치못ᄒᆞᄂᆞᆫ權利即攻擊戰爭과如ᄒᆞᆫ者ᄂᆞᆫ如何ᄒᆞᆫ國이라도代行ᄒᆞᆯ事를不得ᄒᆞᄂᆞᆫ故로永世局外中立國은聯邦及被保護國과同一히是를一部主權國部分에入ᄒᆞ기不能ᄒᆞ다云ᄒᆞᆷ에在ᄒᆞ도다然이나此言論은穩當타云ᄒᆞ기不能ᄒᆞ니永世局外中立國은他一部主權國과其主權의制限이差異가有ᄒᆞᆷ으로此國을主權에制限

흑해를 중립 해로 정하여 1871년까지는 러시아가 흑해에 군함을 두거나 병기를 제조하는 장소를 건설하지 못하였다. 러시아는 흑해가 중립해가 되었다는 이유로 주권국이 되는 성격을 방해받지 않았던 것과 같이 중립 사실은 그 국가가 주권국이 되는 사실에 영향이 없고 또한 영세국외 중립국은 연방이나 피보호국과 그 의미가 같지 않다. 이들 국가는 외교적 관계를 중앙정부 및 보호국에서 행해도 영세국외 중립국에서는 이러한 외교상의 관계를 자국이 타국과 자유롭게 교섭하는 사실이 다른 주권국과 서로 다른 점이 없다. 다만, 국방 이외의 전쟁과 관계가 있는 외교 사항에 대해서만 제한이 있어서, 스스로 행할 수 없을 뿐이다. 이처럼 제한된 권리에 관해서도 연방 및 피보호국의 경우에는 그 중앙정부 및 보호국에 제한받는 권리라도 행사할 일이 있겠지만, 영세국외 중립국의 경우에 관해서는 영세국외 중립국이 행할 수 없는 권리로써 즉 공격 전쟁과 같은 것은 어떠한 국가라도 대신 할 수 없어서 영세국외 중립국은 연방 및 피보호국과 같이 이를 일부주권국의 유형에 포함할 수 없다는 말이 있다. 그러나 이러한 주장은 온당하다고 말할 수 없다. 영세국외 중립국은 다른 일부주권국과 그 주권의 제한에 차이가 있기에 이 국가를 주권의 제한이 이無ᄒᆞᆫ國으로認視ᄒᆞᆷ은其論理가不正確ᄒᆞ고且黑海에露國이兵器製造所를建設치못ᄒᆞᆷ으로盟約ᄒᆞᆷ과德國이나인河下流에城砦를建築치아니ᄒᆞᆫ다盟約ᄒᆞᆷ은幷히其國의主權一部分에欠缺을生ᄒᆞᆫ바ㅣ아니오國際法上의原則으로從ᄒᆞ야出來ᄒᆞᆫ者ㅣ라是로因ᄒᆞ야其國이存廢의關係가有ᄒᆞᆷ은아니니如此ᄒᆞᆫ制限은國際法上其國의成立과何等의關係가有ᄒᆞᆫ條件을成치아니ᄒᆞᆷ으로써此를彼白耳義國의立國基礎되ᄂᆞᆫ永世局外中立國의條件卽攻擊戰爭을不爲ᄒᆞᄂᆞᆫ條件과ᄂᆞᆫ混視치아니ᄒᆞᆷ을要ᄒᆞᆯ지니라

此永世局外中立說明에關ᄒᆞ야ᄂᆞᆫ更히後編局外中立論에詳細히論述ᄒᆞᆯ바ㅣ有ᄒᆞᆷ으로玆에其例를略擧ᄒᆞᆷ에止ᄒᆞᆯ뿐이로라

永久局外中立의國、地、海、河及人、物의例

一、瑞西、此國은西曆千八百十五年에英、露、墺、法、德、五個國이法都巴里에서約定ᄒᆞᆫ바永久局外中立國이니라

二、白耳義、此國은西曆千八百三十一年十一月十五日及千八百三十五年四月十九日의條約을依ᄒᆞ야英京倫敦會議의結果로써承認ᄒᆞᆫ바永久局外

없는 국가로 보는 것은 논리적으로 부정확하다. 또한 흑해에 러시아가 병기 제조창을 건설하지 못한다고 맹약한 것과 독일이 라인강 하류에 성채를 건축하지 않기로 맹약한 것은 둘 다 이들 국가의 주권에 일부 흠결이 발생한 것이 아니고 국제법상 원칙에서 따라 나온 것이다. 이로 인해서 그 국가가 존폐의 상황에 있는 것은 아니다. 이와 같은 제한은 국제법상 그 국가의 성립과 조금이라도 관계있는 조건이 되지 아니하기에 이를 벨기에 건국의 기초로서 영세국외 중립국의 조건 즉 공격 전쟁을 할 수 없다는 조건과 혼동해서 보지 않아야 한다.

영세국외 중립국의 설명에 관해서는 다시금 후편의 국외 중립론에서 상세히 논술할 것이 있기에 여기에서는 그 사례를 개괄하는 것에 그칠 뿐이다.

영세국외 중립인 국가, 토지, 바다, 하천, 및 사람, 물건의 사례

(1) 스위스

이 국가는 1850년에 영국, 러시아, 오스트리아, 프랑스, 독일의 5개 국가가 프랑스의 수도 파리에서 약정한 영세국외 중립국이다.

(2) 벨기에

이 국가는 1831년 11월 15일 및 1835년 4월 19일의 조약에 의하여 영국의 수도 런던회의의 결과로써 승인받은 영세국외 중립

中立國이니라

三、룩셈부릉그、法國東北의大公爵領地니其領主는和蘭國王이兼ᄒᆞ야統治ᄒᆞ나니라 此國은西曆千八百六十七年五月十一日의倫敦條約을依ᄒᆞ야英、法、墺、露、德、四個國의擔保로成立ᄒᆫ永久局外中立國이니라

四、공오、此國은西曆千八百八十五年二月二十六日에亞佛利加공오條約을依ᄒᆞ야成立ᄒᆫ永久局外中立國이니라

五、글낙고、此都府ᄂᆞᆫ西曆千八百十五年에維也納條約을供ᄒᆞ야成立ᄒᆫ永久局外中立地라然이나西曆千八百四十六年에墺地利國이此都府를併呑ᄒᆞᆷ으써同時에永久局外中立地의關係를失ᄒᆫ바ㅣ되니라

六、黑海、此海ᄂᆞᆫ西曆千八百五十六年의巴里條約 露土의講和條約이라 의結果를依ᄒᆞ야成立ᄒᆫ永久局外中立海라然이나千八百七十一年에露國의請求를因ᄒᆞ야同年三月十三日의倫敦條約結果로永久局外中立되ᄂᆞᆫ關係를失ᄒᆫ바ㅣ되니라

七、또ㅣ나河會、此또ㅣ나河싸뉴브河會ᄂᆞᆫ西曆千八百五十六年에巴里의

국이다.

(3) **룩셈부르크**[프랑스 동북쪽 대공작의 영지로서 영주는 네덜란드 국왕이 겸하여 통치하였다]

이 국가는 1867년 5월 11일의 런던조약에 의하여 영국, 프랑스, 오스트리아, 러시아, 독일의 5개국이 담보하여 성립한 영세국외 중립국이다.

(4) **콩고**

이 국가는 1885년 2월 26일에 아프리카 콩고조약에 의하여 성립한 영세국외 중립국이다.

(5) **크라쿠프**

이 도시는 1815년에 제네바조약을 따라서 성립한 영세국외 중립지역이다. 그러나 1846년에 오스트리아가 이 도시를 병탄하면서 동시에 영세국외 중립지역의 지위를 상실하게 되었다.

(6) **흑해**

이 바다는 1856년 파리조약[러시아와의 강화조약이다]의 결과에 따라 성립한 영세국외 중립해이다. 그러나 1871년에 러시아의 요구로 인해 같은 해 3월 13일 런던조약의 결과로 영세국외 중립의 지위를 상실하게 되었다.

(7) **도나우강 위원회**

도나우강 다뉴브강 위원회는 1856년 파리

會議를依ᄒᆞ야中立을宣言ᄒᆞᆫ者ㅣ니同會ᄂᆞᆫ同年에巴里에列席ᄒᆞᆫ各國의委員으로써組織ᄒᆞ야또ㅣ나河修理工事를監督ᄒᆞᄂᆞᆫ責任이有ᄒᆞᆫ者ㅣ라故로此會ᄂᆞᆫ修理의工事가告迄ᄒᆞᄂᆞᆫ同時에解散ᄒᆞᆯ者ㅣ로대當時交戰國의게工事를蹂躪ᄒᆞᆯ念慮가有ᄒᆞ야其會議의存在時期를延期ᄒᆞ얏스니千八百八十三年의列國會議ᄂᆞᆫ二十一個年의時期를延期ᄒᆞ기로決議ᄒᆞ니라

八、蘇士運河、此運河ᄂᆞᆫ埃及의總督(即王)이라비셰로이가法人페르듸난、돠、렛셥의게開鑿ᄒᆞᄂᆞᆫ權을特許ᄒᆞ야開鑿ᄒᆞᆫ運河러니其後西曆千八百八十八年의條約을依ᄒᆞ야永久局外中立運河를成ᄒᆞ니라

九、赤十字條約을依ᄒᆞᆫ人及物、此赤十字條約은西曆千八百六十四年에瑞西에셔締結ᄒᆞᆫ條約이나此條約에依ᄒᆞᆫ人及物은永久히中立의人及物을成ᄒᆞ니라

第二節 情形에基因ᄒᆞᆫ國의分類

第一款 單獨國

單獨國이란者ᄂᆞᆫ自國의內政政治機關을組織ᄒᆞ야國際代表의權利를保有ᄒᆞ며

회의를 거쳐 중립을 선언하였다. 이 위원회는 같은 해 파리에 참석한 각국 위원으로 조직되어서 도나우강 수리 공사를 감독하는 책임을 졌다. 따라서 이 위원회는 수리 공사가 끝나는 동시에 해산할 것이었지만 당시 교전국에 공사를 유린당할 염려가 있어서 이 회의의 존속 시기를 연기하여서 1883년 국제회의는 21년 기간을 연기하기로 결의했다.

(8) 수에즈운하

이 운하는 이집트의 총독[즉 왕이다] 비서로이(Viceroy)가 페르디낭 드 레셉(Ferdinand de Lesseps)에게 개빌권을 특허하여 파낸 운하이다. 그 후 1888년 조약에 의하여 영세국외 중립운하가 되었다.

(9) 적십자조약에 의한 사람과 물건

이 적십자조약은 1864년에 스위스에서 체결된 조약이다. 이 조약에 의한 사람과 물건은 영구적으로 중립인 사람 및 물건이 된다.

제2절 정세와 형편에 근거한 국가의 분류

제1관 단독국

단독국은 자국의 내정정치기관을 조직하여 국제적으로 대표할 권리를 보유하며

對內及對外關係에至ᄒᆞ야도他國과聯結ᄒᆞᄂᆞᆫ事가無ᄒᆞᆫ國을謂홈이라今에國際法上에主權國되ᄂᆞᆫ國으로單獨國의資格이有ᄒᆞᆫ國을擧ᄒᆞᆯ진대英、德、法、露、伊太利、西班牙、日本、和蘭、支那、等國의類가是니此等諸國은其內部及外部에對ᄒᆞᆫ關係에至ᄒᆞ야決코他國의容喙ᄅᆞᆯ受ᄒᆞ고且他國과互相聯結ᄒᆞᄂᆞᆫ事가無ᄒᆞ야如何ᄒᆞᆫ境遇라도自國의單獨機關을依ᄒᆞ야其主權을行ᄒᆞᄂᆞᆫ故로單獨國은雖殖民地ᄅᆞᆯ有ᄒᆞ야도決코是ᄂᆞᆫ複雜國이라稱ᄒᆞ기難ᄒᆞᆯ지라何故오殖民地ᄂᆞᆫ本國의一部分이니假令其殖民地에議會軍隊及其他의固有ᄒᆞᆫ機關이有ᄒᆞ야도外部에對ᄒᆞᆫ關係上에決코代表의權이無ᄒᆞ야本國의承認을不得ᄒᆞ면行使치못ᄒᆞᄂᆞᆫ性質이有홈으로純然ᄒᆞᆫ代表權이라稱홈을不得ᄒᆞᆯ지라是以로和蘭、西班牙、英國及葡萄牙等國은許多의殖民地ᄅᆞᆯ有ᄒᆞ야도單獨國되ᄂᆞᆫ性質에毫末도拘碍ᄒᆞᆯ바가無홈으로西洋學者뷰른즐氏ᄂᆞᆫ其自著ᄒᆞᆫ近世國際公法에論ᄒᆞ야曰母國에屬ᄒᆞᆫ바殖民地ᄂᆞᆫ有制限의獨立을保有ᄒᆞᆫ者ㅣ니特殊ᄒᆞᆫ國際公法上에關係ᄅᆞᆯ有ᄒᆞᆫ一部의主權國과恰似ᄒᆞ다論ᄒᆞ얏스나是ᄂᆞᆫ誤解의論法이라假令濠洲와加拿多의地로論ᄒᆞ면此兩地方은英國과遠隔ᄒᆞᆫ地方이로대英國領土의一部分을

대내 및 대외 관계에 대해서도 타국과 연계할 일이 없는 국가를 일컫는다. 현재 국제법상 주권국인 국가로서 단독국의 자격을 갖는 국가들을 거론하면 영국, 독일, 프랑스, 러시아, 이탈리아, 스페인, 일본, 네덜란드, 중국 등이 있다. 이들 여러 국가는 내부 및 외부에 대한 관계에 대해서 전혀 타국의 말참견(容喙)을 받거나 타국과 상호 연계할 일이 없어 어떠한 경우라도 자국의 단독 기관에 의하여 그 주권을 행한다. 따라서 단독국은 비록 식민지를 가져도 결코 이 나라가 복잡국이라고 칭하기 어렵다. 왜냐하면 식민지는 본국의 일부이기 때문이다. 가령 식민지에 의회, 군대와 그 밖의 고유한 기관이 있어도 외부에 대한 관계에서 결코 대표권이 없어서 본국의 승인을 얻지 못하면 행사할 수 없는 성질이 있기에 순수한 의미에서 대표권이라고 칭할 수 없다. 이러한 이유로 네덜란드, 스페인, 영국 및 포르투갈 등의 국가들은 허다한 식민지를 가졌어도 단독국인 성격에는 전혀 구애받을 것이 없다. 서양 학자 블룬칠리(J. C. Bluntschli)는 자신이 저술한 근세국제공법에서 논하기를 모국에 속한 식민지는 독립이 제한되기에 국제공법상 특수한 관계를 갖는 일부주권국과 흡사하다고 하였지만, 이는 오해가 있는 논지이다. 가령 호주와 캐나다의 땅으로 논하자면 이 양 지방은 영국과 멀리 떨어진 지방이지만 영국 영토의 일부분이

成ᄒᆞ야獨立의主權이無ᄒᆞ니此ᄅᆞᆯ由ᄒᆞ야觀ᄒᆞᆯ진대雖國家ᄂᆞᆫ殖民地ᄅᆞᆯ有ᄒᆞ야도單獨國되ᄂᆞᆫ資格에妨害될事가無ᄒᆞᆯ지니라

國家ᄂᆞᆫ或領土ᄅᆞᆯ合倂ᄒᆞᄂᆞᆫ例가有ᄒᆞ나其單獨國되ᄂᆞᆫ性質을不失ᄒᆞᄂᆞ니假令英國이西曆千七百七年及千八百年의條例ᄅᆞᆯ依ᄒᆞ야蘇格蘭愛爾蘭及英蘭을合倂ᄒᆞ야一國을成ᄒᆞ야도單獨國되ᄂᆞᆫ資格을不失ᄒᆞᄂᆞ니라此에關ᄒᆞ야西洋學者헤프털氏ᄂᆞᆫ其自著ᄒᆞᆫ國際公法第二十二章에英蘭、蘇格蘭、愛蘭으로써複雜國이라ᄒᆞ야單獨國에論치아니ᄒᆞ고北米의合衆國과西歐의瑞西와同一히論ᄒᆞᆷ은其理由ᄅᆞᆯ發見ᄒᆞ기難ᄒᆞ도다

第二欵　複雜國

補雜國이란者ᄂᆞᆫ二個以上의國이互相結合ᄒᆞ야主權을共有ᄒᆞᄂᆞᆫ者ᄅᆞᆯ指ᄒᆞᆷ이니此結合의事項은或外國에對ᄒᆞᆫ關係만有ᄒᆞᆫ者도有ᄒᆞ며又或內國의行政事項ᄭᆞ지各倂ᄒᆞ야成立ᄒᆞᄂᆞᆫ者도有ᄒᆞ니其例ᄅᆞᆯ擧ᄒᆞᆯ진대德帝國、瑞西、瑞典及那威、墺地利又匈牙利等國이是ㅣ라左에更히其順序ᄅᆞᆯ從ᄒᆞ야說明ᄒᆞ노라

第一、聯邦國、　此聯邦國에關ᄒᆞᆫ說明은前節에已陳ᄒᆞᆫ故로玆에省略ᄒᆞ노라

되어서 독립된 주권이 없다. 이로써 보건대 비록 국가가 식민지를 가져도 단독국이 되는 자격에는 방해될 일이 없다.

국가가 영토를 합병하는 사례가 있지만, 그 단독국의 성질을 상실하지 않는다. 가령 영국이 1707년 및 1800년 조례에 따라 스코틀랜드, 아일랜드, 및 잉글랜드를 합병하여서 한 나라가 되었어도 단독국이 되는 자격을 잃지 않았다. 이와 관련해서 서양 학자 헤프터는 자신이 저술한 국제공법 제22장에서 잉글랜드, 스코틀랜드, 아일랜드로써 복잡국이라 하여 단독국으로 논하지 않으면서, 북미의 합중국과 서구의 스위스와 같이 논한 것은 그 이유를 발견하기 어렵다.

제2관 복잡국

복잡국은 2개 이상의 국가들이 상호결합하여 주권을 공유하는 것을 가리킨다. 이렇게 결합한 사항은 어떠한 경우에는 외국 관련 사항에 한정하거나, 또는 국내의 행정 사항까지 합병하여 성립하는 것도 있다. 그 예를 들면, 독일 제국, 스위스, 스웨덴 및 노르웨이, 오스트리아와 헝가리 등의 국가들이다. 아래에서는 다시 그 순서에 따라서 설명하겠다.

1. 연방국

이러한 연방국에 관한 설명은 앞의 절에서 이미 하였기 때문에 여기에서는 생략하겠다.

第二、結合國、國際公法上數個의國家가結合ᄒᆞ야成立ᄒᆞᄂᆞᆫ者의種類가左와如ᄒᆞ니라

(一)君合國

君合國이란者ᄂᆞᆫ二個以上의國家가同時에同一首長或同一王朝를依ᄒᆞ야統治ᄒᆞᄂᆞᆫ者를指ᄒᆞᆷ이니此結合의期限은或一君主의生前으로定ᄒᆞᄂᆞᆫ事도有ᄒᆞ며或一王朝로써期限을定ᄒᆞᄂᆞᆫ事도有ᄒᆞ며又或政體의變更으로期限을定ᄒᆞᄂᆞᆫ事도有ᄒᆞ니假令白耳義國의王레오뽀르드二世의終身은공오國과白耳義國의君合國되ᄂᆞᆫ關係를定ᄒᆞᄂᆞᆫ期限으로採用ᄒᆞ얏고西曆千七百十四年으로브터千八百三十七年에至ᄒᆞ기ᄭᆞ지英國과하노블間에聯合關係ᄂᆞᆫ王統의變更으로써聯合의期限을定ᄒᆞ며又西曆千七百七年으로브터千八百五十七年에至ᄒᆞ기ᄭᆞ지普魯西國과놈불웅侯國間에君合期限은놈불웅國이共和의政體를組織ᄒᆞ던時期가即此關係를廢止ᄒᆞᆷ이되니라

大抵此聯合의性質은事實上二個以上의國家가同一의首長及同一의王朝를依ᄒᆞ야統治ᄒᆞᄂᆞᆫ者를指ᄒᆞᆷ이오各國이內外에對ᄒᆞ야獨立權을失ᄒᆞᆷ은아

2. 결합국

국제공법상 여러 개의 국가가 결합하여 성립하는 것의 종류는 아래와 같다.

(1) 군합국

군합국이라는 것은 2개 이상의 국가가 동시에 같은 수장 혹은 같은 왕조에 의하여 통치하는 것을 가리킨다. 이러한 결합의 기한은 어떤 때는 군주 1인의 생전으로 정하는 일도 있으며, 어떤 때는 왕조 하나로써 기한을 정하는 일도 있다. 또한 어떤 때는 정치체제의 변경으로 기한을 정하는 일도 있다. 가령 벨기에 국왕 레오폴드 2세의 일생을 콩고국과 벨기에가 군합국 관계를 정하는 기한으로 채용하였다. 1714년부터 1837년에 이르기까지 영국과 하노버 간 연합관계는 왕토의 변경으로 연합의 기한을 정하였다. 또한 1707년부터 1857년에 이르기까지 프로이센과 노이엔부르크(Neuenburg) 공국 간의 군합 기간은 노이엔부르크국이 공화정체를 구성하던 시기가 즉 이 관계를 폐지하는 것이었다.

대체로 이러한 연합의 성질은 사실상 2개 이상의 국가가 같은 수장 그리고 같은 왕조에 의하여 통치하는 것을 가리키는 것이고, 각국이 내외에 대해서 독립권을 상실하지 않는다.

니라換言ᄒᆞ면此聯合은國家의聯合이아니오但二個以上의國이外國에對ᄒᆞ야同一代表者ᄅᆞᆯ有ᄒᆞᆷ에不過ᄒᆞᆷ으로君主ᄂᆞᆫ一人이라도各政府ᄂᆞᆫ互相獨立ᄒᆞ야內外의政務ᄅᆞᆯ處理ᄒᆞᆯ뿐아니라此聯合ᄒᆞᆫ兩國間이라도條約의締結及其他事項을行使ᄒᆞᆷ은各獨立國間에行使ᄒᆞᄂᆞᆫ一切의關係와相殊ᄒᆞᆫ바ㅣ無ᄒᆞ도다故로此君合國의一便이戰爭을開始ᄒᆞᄂᆞᆫ日이라도他一便國은此에加入치아니ᄒᆞᆷ을得ᄒᆞᄂᆞ니假令西歐에有名ᄒᆞᆫ戰爭那翁時代에英國은法國의敵이로대하노불은平和의關係ᄅᆞᆯ維持ᄒᆞᆫ事가有ᄒᆞ니라然則此에一問題가有ᄒᆞ니曰君合國이互相間에戰爭을開始ᄒᆞᆯ가云ᄒᆞᄂᆞᆫ事ㅣ是라西洋의法學者헤프털氏ᄂᆞᆫ此에關ᄒᆞ야論호대此兩國은戰爭을開始ᄒᆞ기不能ᄒᆞ니若此兩國이互相間에戰爭을開始ᄒᆞᄂᆞᆫ時ᄂᆞᆫ其君主ᄅᆞᆯ何國의君主라論ᄒᆞᆷ이可乎아但其事實上으로論ᄒᆞ면此兩國間에ᄂᆞᆫ戰爭을開始ᄒᆞ기不能ᄒᆞᆷ은多言을不待ᄒᆞ고分明히解得ᄒᆞᆯ바ㅣ라何故오若此君合兩國間에戰爭이開始ᄒᆞ면其聯合은自然維持ᄒᆞ기難ᄒᆞ야勢不得已絶斷ᄒᆞᆷ을免치못ᄒᆞᆯ所以니라假令今에其君合에例ᄅᆞᆯ擧ᄒᆞᆯ진대以上畧擧ᄒᆞᆫ外에西曆千八百九十年에和

바꾸어 말하자면 이 연합은 국가의 연합이 아니고 다만 2개 이상의 국가가 외국에 대해서 같은 대표자를 갖는 것에 불과하기에 군주는 한 사람이라도 각 정부는 상호 독립하여 내외의 정무를 처리할 뿐 아니라 이렇게 연합한 양국 사이라도 조약 체결 및 그 밖의 사항을 행하는 것은 각 독립국 간에 행사하는 모든 관계와 서로 다를 바 없다. 따라서 이러한 군합국의 일방이 전쟁을 개시하는 경우라도 다른 군합국 한 쪽은 이에 참여하지 않을 수 있다. 가령 서구에서 유명했던 나폴레옹 전쟁 시대에 영국은 프랑스의 적이었지만, 하노버는 평화 관계를 유지했던 경우가 있다. 그래서 이에 한가지 문제가 있다. 그것은 군합국이 상호 간에 전쟁을 개시할 수 있는가 하는 것이다. 서양의 법학자 헤프터는 이에 관해서 논하기를 이들 양국은 전쟁을 개시할 수 없는데 만약 이 양국이 상호 간에 전쟁하는 때는 그 군주를 어느 국가의 군주라고 할 수 있을 것인가? 다만, 사실만을 논하자면 이들 양국 간에는 전쟁을 개시할 수 없다는 점은 많은 말을 하지 않아도 분명히 이해할 수 있다. 왜냐하면 만약 이러한 군합국 양국 간에 전쟁이 개시되면 연합은 자연히 유지하기 어려워 부득이하게 단절되는 것을 면할 수 없기 때문이다. 가령 지금 그 군합의 예를 들자면 위에서 간단히 거론한 것 이외에 1890년에 네덜란드

蘭王이룩셈불응그의侯를兼ᄒᆞᆫ事와千八百六十二年에丁抹王이스레스위홀스틴（스레스위는西曆千八百六十四年에丁抹國의게取得ᄒᆞᆫ德國의一郡名이오홀스틴은德國의舊聯邦中一邦이니亦丁抹의게取得ᄒᆞᆫ者ㅣ라）兩州의君主를兼ᄒᆞᆷ과又千八百五十七年에普魯西王이뇌샤텔（此는瑞西聯邦中의一邦이니人口가一萬五千假量이라）의君主를兼ᄒᆞᆷ과如ᄒᆞᆫ者ㅣ皆此例니라

(二)政合國

政合國이란者는數國이其內政에關ᄒᆞ야는各自獨立이로대外國에對ᄒᆞᆫ關係에至ᄒᆞ야는數國이互相共通ᄒᆞ는國을指ᄒᆞᆷ이니換言ᄒᆞ면即外國에對ᄒᆞ야는一致의運動을行ᄒᆞ야도內政上에는關係가無ᄒᆞ야彼君合國의例와又치王統及王身을依ᄒᆞ야結合ᄒᆞᆫ者ㅣ아니니今에政合國의例를擧ᄒᆞᆯ진대墺地利及匈牙利兩國間의結合과瑞典及諸威兩國間의結合等이是라然이나此에對ᄒᆞ야某學者는瑞典及諸威兩國間의關係를政合國이라論치아니ᄒᆞ고君合國이라稱道ᄒᆞ는者ㅣ有ᄒᆞ나此兩國이政合國의情形을有ᄒᆞᆷ은其兩國歷史에徵ᄒᆞ야可히容疑ᄒᆞᆯ바ㅣ無ᄒᆞᆯ지로다今에其證據를擧示ᄒᆞᆯ진대西曆千五百三十六年으로브러千八百十四年에至ᄒᆞ기ᄭᆞ지는諸威國이丁抹

왕이 룩셈부르크 공을 겸한 일과 1863년에 덴마크 왕이 슐레스비히-홀슈타인(Schleswig-Holstein)[슐레스비히는 1864년에 덴마크국에서 획득한 독일의 군 지명이고, 홀슈타인은 독일의 구 연방 중 하나의 구성 주로서 역시 덴마크에서 획득했다] 양주의 군주를 겸한 것과 또한 1857년에 프로이센 왕이 뇌샤텔(Neuchâtel)[이는 스위스 연방 중의 한 주로서 인구는 15,000명 정도이다]의 군주를 겸한 것들이 모두 이러한 예이다.

(2) 정합국

정합국이란 수 개국이 자신들의 내정에 관해서는 각자 독립이지만 외국 관계에 대해서는 수 개국이 상호 공통되는 국가를 가리키는 것이다. 바꿔 말하자면 즉 외국에 대해서는 일치된 활동을 하더라도 내부 정치적으로는 관계가 없어서 저 군합국의 예와 같이 왕통과 왕 자신에 의하여 결합하는 것이 아니다. 현재 정합국의 예를 든다면 오스트리아와 헝가리 양국 간 결합과 스웨덴과 노르웨이 양국 간 결합 등이다. 그러나 이에 대해서 어떤 학자는 스웨덴과 노르웨이 양국 간 관계를 정합국으로 논하지 않고 군합국이라 칭하는 사람이 있지만, 이 양국이 정합국의 형태를 보이는 것은 이들 양국의 역사에서 보건대 의심할 것이 없다. 현재 그 증거를 제시해 보면 1536년부터 1814년에 이르기까지 노르웨이국이 덴마크국과

國과結合ᄒᆞ야丁抹王代表下에立ᄒᆞ얏스니此年間에ᄂᆞᆫ或君合國이라論ᄒᆞ야도不可ᄒᆞᆷ이無ᄒᆞᆯ지로대千八百十四年八月十四日의條約以後로ᄂᆞᆫ諾威ᄂᆞᆫ瑞典國王의게一切國際의關係ᄅᆞᆯ付托ᄒᆞ야假令瑞典國王位에變更이有ᄒᆞᆯ지라도兩國의結合은永久히絶斷치아니ᄒᆞᆯ事ᄅᆞᆯ盟約ᄒᆞ엿스나此兩國은是로因ᄒᆞ야一國의形體ᄅᆞᆯ成ᄒᆞᆫ者ㅣ아니오兩國은各自獨立ᄒᆞ야內閣議會及商船의標號等이擧皆相殊ᄒᆞ고但外國에對ᄒᆞ야交涉을開ᄒᆞᆯ時에만瑞典國王이此ᄅᆞᆯ掌行ᄒᆞᆷ에不過ᄒᆞ며又墺地利又匈牙利兩國間에結合內容을察ᄒᆞᆯ진ᄃᆡ外交及軍務의事件을兩國이共同處理ᄒᆞ야此兩事件에關ᄒᆞᆫ財政도亦兩國이共同負擔ᄒᆞᄂᆞ니라

君合國과政合國을區別ᄒᆞᆷ은其實益이戰爭境遇에在ᄒᆞ니政合國의一國은他一國이外國과干戈ᄅᆞᆯ相交ᄒᆞᄂᆞᆫ時ᄂᆞᆫ其結合國과同一히交戰國地位에立ᄒᆞ고且中立國의宣言을發布ᄒᆞ면亦同一히中立國되ᄂᆞᆫ義務가有ᄒᆞ되君合國에至ᄒᆞ야ᄂᆞᆫ如此ᄒᆞᆫ關係가無ᄒᆞ야結合國에一國이假令交戰國의聲明이有ᄒᆞᆯ지라도他一國은同時에其務義가無ᄒᆞ며且一國이中立의宣言을發布

결합하여 덴마크 왕의 대표하에 있었다. 이 기간에는 혹시 군합국이라고 논하는 것이 불가능하지 않았겠지만, 1814년 8월 14일 조약 이후 노르웨이는 스웨덴 국왕에게 모든 국제관계를 부탁하였다. 가령 스웨덴국의 왕위에 변경이 있어도 양국의 결합은 영구적으로 단절하지 않기로 맹약하였다. 그러나 이들 양국은 이로 인해서 일국의 형체를 이룬 것이 아니다. 양국은 각자 독립하여 내각회의 및 상선의 표시 등이 모두 서로 달랐다. 다만 외국에 대해서 교섭을 개시할 때만 스웨덴 국왕이 이를 맡아 처리하는 것에 불과하였다. 또한, 오스트리아와 헝가리 양국 간의 결합 내용을 살펴보면 외교와 군사 업무를 양국이 공동으로 처리하여 이 두 가지 사안에 관한 재정도 역시 양국이 공동으로 부담하였다.

군합국과 정합국을 구별하는 실익은 전쟁의 경우에 있다. 정합국의 한 국가는 타국이 외국과 전투할 때는 자신의 결합국과 같이 교전국의 지위에 있게 되고, 또한, 중립국선언을 내면 역시 같이 중립국이 될 의무를 갖는다. 군합국에 대해서는 이와 같은 관계가 없어서, 결합국의 한 국가가 가령 교전국으로서 성명을 내어도 다른 일국은 동시에 그러한 의무가 없다. 또한 한 국가가 중립선언을 선포

ᄒᆞ야도他一國은同時에中立國되ᄂᆞᆫ義務가無ᄒᆞ니라

（三）合衆國

合衆國은多數의國家가互相結合ᄒᆞ야唯一主權下에立ᄒᆞ고其唯一主權이國際法上에主體됨을得ᄒᆞᄂᆞᆫ者ᄅᆞᆯ指ᄒᆞᆷ이니詳言ᄒᆞ면多數의國家（玆에所謂國家란者ᄂᆞᆫ國際公法上의國家가안니라）가相集ᄒᆞ야中央에主權者ᄅᆞᆯ置ᄒᆞ고其主權者의게國際公法上의主體되ᄂᆞᆫ事ᄅᆞᆯ委任ᄒᆞ야各其最高主權下에服從ᄒᆞᄂᆞᆫ者ㅣ라故로國內의各州와如ᄒᆞᆫ者ᄂᆞᆫ外部에對ᄒᆞ야何等의關係도有치아니ᄒᆞᆷ이原則이니라今에合衆國의例ᄅᆞᆯ擧ᄒᆞᆯ진ᄃᆡ（一）瑞西（二）北米合衆國（三）알젠틴（四）墨西哥（五）베네주엘나（六）브레질（七）콜놈비아等國이라然이나德國聯邦에關ᄒᆞ야ᄂᆞᆫ學者의議論이相殊ᄒᆞ니或曰聯邦國이라論ᄒᆞ며或曰合衆國이라論ᄒᆞ나述者ᄂᆞᆫ現今의情形으로ᄂᆞᆫ合衆國이라論ᄒᆞ기姑難ᄒᆞ도다何故오德國聯邦中에某國이各自外國에對ᄒᆞ야代表權이有ᄒᆞᆷ을見ᄒᆞ야도分明ᄒᆞᆯ지라假令德國聯邦中에빠이엘과如ᄒᆞᆫ國은德帝國에對ᄒᆞ야外國과條約締結ᄒᆞᄂᆞᆫ權만委任ᄒᆞ고其他公使授受權等은皆自國이掌

해도 다른 한 국가는 동시에 중립국이 될 의무가 없다.

(3) 합중국

합중국은 다수의 국가가 상호 결합하여 유일한 주권하에 있고, 그 유일한 주권이 국제법상 주체가 되는 것을 가리키는 것이다. 상세히 말하자면 다수의 국가[여기에서 소위 국가란 것은 국제공법상의 국가가 아니다]가 서로 모여 중앙에 주권자를 두고, 그 주권자에게 국제법상 주체가 되는 일을 위임하여 각자가 자신들의 최고 주권하에 복종하는 것이다. 따라서 국내의 각주와 같은 것은 외부에 대해서 전혀 관계를 갖지 않는 것이 원칙이다. 현재 합중국의 예를 든다면, ① 스위스, ② 북미합중국, ③ 아르헨티나, ④ 멕시코, ⑤ 베네수엘라, ⑥ 브라질, ⑦ 콜롬비아 등의 국가들이다. 그러나 독일연방에 관해서는 학자들의 논의가 서로 다르다. 혹자는 연방국이라 논하고, 혹자는 합중국이라 논한다. 저자는 현재의 정황으로는 합중국이라 논하기 어렵다. 왜냐하면, 독일연방 중 어떤 주는 각자 외국에 대해서 대표권을 갖는 것으로 보이는 것이 분명하기 때문이다. 가령 독일연방 중 바이에른(Bayern)과 같은 주는 독일 제국에 대해 외국과 조약을 체결하는 권한만 위임하였고, 그 밖의 공사 접수권 등은 모두 자신이

有ᄒᆞ니是ᄂᆞᆫ可히合衆國이라論ᄒᆞ기不能ᄒᆞᆫ好證據ㅣ니라

(四) 被保護國及附庸國

此被保護國及附庸國의說明은大略以上에論述ᄒᆞᆷ과如ᄒᆞᆷ으로玆에省略ᄒᆞ노라

第三章　國家의成立要素

第一節　槪論

國家의要素ᄂᆞᆫ版圖、人民及主權이是라故로版圖가有ᄒᆞᄃᆡ人民이無ᄒᆞ거나人民이有ᄒᆞᄃᆡ版圖가無ᄒᆞ거나版圖及人民이有ᄒᆞᄃᆡ此를統治ᄒᆞᄂᆞᆫ主權이無ᄒᆞ면雖國家가成立코져ᄒᆞ나成立치못ᄒᆞᄂᆞ니此三者ᄂᆞᆫ合ᄒᆞ야論ᄒᆞ야其實이一이오分ᄒᆞ야論ᄒᆞ면其名이三이라然則國家가國家로世界에成立코져ᄒᆞ면不可不此三要素ᄂᆞᆫ具備ᄒᆞᆫ然後라야國의名稱을始附ᄒᆞ야論ᄒᆞᆯ지로다然而此所謂國家者ᄂᆞᆫ一民族과差異ᄒᆞ니今에其差異ᄒᆞᆷ을一言코져ᄒᆞ면此民族二字ᄂᆞᆫ西語에所謂「네ㅣ손」이是라此「네ㅣ손」은同人種或同言語의團體를云ᄒᆞᆷ이오國家者ᄂᆞᆫ一定ᄒᆞᆫ版圖上에組織ᄒᆞᆫ政府를有ᄒᆞᆫ人民의團體를云ᄒᆞᆷ이니故로國에ᄂᆞᆫ數民族이

마음대로 했는데, 이는 합중국이라고 주장할 수 없는 좋은 증거이다.

(4) 피보호국과 부용국

피보호국과 부용국의 설명은 대략 위에서 서술한 것과 같기에 여기에서는 생략한다.

제3장 국가의 성립 요소

제1절 개론

국가의 요소는 영역, 인민, 그리고 주권이다. 따라서 영역이 있지만, 인민이 없거나, 인민이 있지만, 영역이 없거나, 영역과 인민이 있지만 이를 통치할 주권이 없으면 비록 국가로 성립하고자 해도 성립할 수 없다. 이러한 3가지를 합하여 논하자면 사실은 하나이다. 이를 나누어 논하자면 그 이름이 세 가지이다. 그래서 국가가 국가로서 세계에 성립하고자 한다면 반드시 이 세 가지 요소를 갖춘 후에야 비로소 국가의 명칭을 붙여서 논할 것이다. 그러나 소위 국가라는 것은 한 민족과 다르다. 현재 그 차이에 대해서 한마디 한다면, 이 민족이라는 두 글자는 서양어로는 소위 '네이션(nation)'이다. 이 '네이션'은 같은 인종 혹은 같은 언어를 사용하는 단체를 말한다. 국가라는 것은 일정한 영역 위에 조직된 정부를 가진 인민의 단체를 말한다. 따라서 국가에는 여러 민족이

包含ᄒᆞᆫ事가有ᄒᆞ도다假令英、露、墺等國에波蘭人이有ᄒᆞᆫ대此波蘭民族은國際法上에單位를成치못ᄒᆞ고他國家에合併ᄒᆞ야國際法上에單位를始成ᄒᆞᄂᆞ니라此民族을單位로稱코져ᄒᆞᆷ은伊太利國의만티니氏니氏의學說이盛行ᄒᆞ던時代에ᄂᆞᆫ歐洲에民族的結合獨立이라稱ᄒᆞᄂᆞᆫ說이有ᄒᆞ야希臘의獨立及伊太利國의結合一致等을擧論ᄒᆞ얏스나然이나此民族主義와國家主義ᄂᆞᆫ漸次互相調和ᄒᆞᄂᆞᆫ傾向이有ᄒᆞᆫ대盖國際公法上으로觀察ᄒᆞ면今此地球上에國이國으로成立ᄒᆞᄂᆞᆫ以上은此三個의要素를備有치아니ᄒᆞ고成立ᄒᆞᆷ을不得ᄒᆞᆯ者ㅣ됨으로特히其要素根本에遡及ᄒᆞ야ᄂᆞᆫ研究ᄒᆞᆯ必要가稍少ᄒᆞᆯ지로다大抵各國의領土主權이란者ᄂᆞᆫ如何ᄒᆞᆫ者를指ᄒᆞ며又其主權의土地的範圍即主權의行ᄒᆞᄂᆞᆫ範圍及其領土主權을無主權地에擴張ᄒᆞᄂᆞᆫ等原因을研究ᄒᆞᆷ은國際公法을研究ᄒᆞᄂᆞᆫ範圍內에屬ᄒᆞᄂᆞᆫ者ㅣ라故로左에其順序를從ᄒᆞ야研究ᄒᆞᆯ必要가有ᄒᆞ니라

第二節　國家의版圖

第一欵　版圖의性質

國家의版圖란者ᄂᆞᆫ地球上表面의一部即陸과水가一國專占的權力에歸ᄒᆞᆫ者를

포함될 수 있다. 가령, 영국, 러시아, 오스트리아 등의 국가에는 폴란드인이 있다. 이 폴란드 민족은 국제법상 단위를 형성하지 못하고 다른 국가에 합병되어야 비로소 국제법상 단위가 된다. 이러한 민족을 단위로 칭하려 했던 사람은 이탈리아의 마치니(G. Mazzini)였다. 마치니의 학설이 성행하던 시대에는 유럽에서 민족적 결합에 의한 독립이라고 불리는 주장이 있었다. 그리스의 독립과 이탈리아의 통일 등을 거론하였다. 그러나 이러한 민족주의와 국가주의는 점차 상호 조화하는 경향이 있었다. 대개 국제공법상 관찰하사년 현재 이 지구상에 국가가 국가로 성립하는 이상 이 3개의 요소를 갖추지 않고는 성립할 수 없기에 특히 이들 요소의 근본에 소급해서 연구할 필요가 적다. 대체로 각국의 영토주권이라는 것은 어떠한 것을 가리키는지, 또한 그 주권의 토지 범위, 즉 주권을 행사하는 범위와 그 영토주권을 주권이 없는 토지에 확장하는 것 등의 원인을 연구하는 것은 국제공법을 연구하는 범위 내에 속하는 것이다. 따라서 아래에서는 그 순서에 따라 연구할 필요가 있다.

제2절 국가의 영역

제1관 영역의 성격

국가의 영역이란 지구상 표면의 일부, 즉, 육지와 물이 한 국가의 독점적 권력에 속한 것을

謂ᄒᆞᆷ이니盖此版圖의關係를歷史上으로觀察ᄒᆞᆯ진대但陸地의關係만指稱ᄒᆞᆷ이러니其後로漸次發達ᄒᆞ야第十七世紀에至ᄒᆞ야ᄂᆞᆫ陸地에關ᄒᆞᆫ法則을海岸에適用ᄒᆞ야國際公法이陸與海에並히關係가有ᄒᆞ다謂ᄒᆞᄂᆞᆫ觀念이始生ᄒᆞ니라

國家의版圖ᄂᆞᆫ但陸地에限ᄒᆞᆯ뿐아니오其國에屬ᄒᆞᆫ沼岸、河流等에至ᄒᆞ기ᄭᆞ지包含ᄒᆞᄂᆞᆫ者ㅣ라故로版圖ᄂᆞᆫ離隔散在ᄒᆞᆯ지라도其國을成立ᄒᆞᆷ에拘碍될事가毫無ᄒᆞ니假令殖民地로ᄡᅥ成立ᄒᆞᆯ지라도其國家權力範圍內에在ᄒᆞ야一個의完全ᄒᆞᆫ形體를組成ᄒᆞᆷ은國家成立問題에關ᄒᆞ야毫末의影響이無ᄒᆞᆯ지니라然則版圖의散在及合在問題ᄂᆞᆫ戰術上及政略上의意味를有ᄒᆞᆯ뿐이오國際公法上의問題ᄂᆞᆫ아니니라

版圖가一處에合在ᄒᆞᆫ者를合在領地라稱ᄒᆞ고各處에散在ᄒᆞᆫ者를散在領地라稱ᄒᆞᄂᆞ니英國과如ᄒᆞᆫ國의領地ᄂᆞᆫ散在領地오我韓及淸과如ᄒᆞᆫ國의領地ᄂᆞᆫ合在領地니라

第二欵 版圖의境界

國境의問題ᄂᆞᆫ歐洲의大陸과ᄀᆞᆺ치國與國이互相隣接ᄒᆞ야國交民交가日益頻繁

말한다. 대개 이 영역 관련 사항을 역사적으로 관찰한다면 육지 관련 사항만 지칭하였다. 그 후로 점차 발달하여 17세기에 이르러서는 육지에 관한 법칙을 해안에 적용해서 국제공법이 육지와 바다에 함께 관계를 갖는다고 하는 개념이 비로소 생겼다.

국가의 영역은 단지 육지에만 한정되지 않고 그 국가에 속한 연안, 하천 등에까지 포함하는 것이다. 따라서 영역은 서로 떨어져 산재하여도 그 국가의 성립에 구애될 일이 전혀 없다. 가령 식민지로써 국가가 성립하여도 그 국가의 권력 범위 내에서 하나의 완전한 형체를 조성하는 경우는 국가성립 문제에 관하여 전혀 영향이 없다. 그래서 영역이 흩어져 있거나, 합해져 있는 문제는 전술상 그리고 정책상의 의미가 있을 뿐이고, 국제공법상 문제는 아니다.

영역이 한 곳에 합쳐져 있는 것을 합재 영지라고 칭하고, 여러 곳에 흩어져 있는 것을 산재 영지로 칭한다. 영국과 같은 국가의 영지는 산재 영지이고, 우리나라 한국 그리고 청과 같은 국가의 영지는 합재 영지이다.

제2관 영역의 경계

국경 문제는 유럽 대륙과 같이 국가와 국가가 상호 인접하여 국가 간 교류와 민간교류가 날로 더욱 번성한

ᄒᆞᆫ地에셔最極重視ᄒᆞᄂᆞ니是ᄅᆞᆯ從來外交史에徵ᄒᆞ야觀察ᄒᆞᆯ진대此國境問題에關ᄒᆞ야至大ᄒᆞᆫ國際間의葛藤을惹起ᄒᆞᆫ者ㅣ甚히不尠ᄒᆞ도다今에其中最奇異ᄒᆞᆫ實例及最重要ᄒᆞᆫ史蹟을略擧ᄒᆞ야研究者材料에供給코져ᄒᆞ노라

(一)法國에ᄂᆞᆫ世襲의政略으로其國境을所謂自國自然的境界에至ᄒᆞ기ᄭᆞ지擴張코져ᄒᆞᄂᆞᆫ企圖가有ᄒᆞ니此所謂法國의自然的境界ᄂᆞᆫ西으로쎄레니ㅣ스山、東으로라인河、東南으로알ᄲᅳ山嶺、南北으로海面에至ᄒᆞ기ᄭᆞ지ᄅᆞᆯ自國의領土區域이라稱ᄒᆞᆷ에在ᄒᆞ도다法國은此天然的境界ᄅᆞᆯ依ᄒᆞ야自國의領土區域이라定ᄒᆞ고其內에自國主權을擴張ᄒᆞ야ᄡᅥ世界에雄飛코져ᄒᆞᆷ은法國自來의政略이라此政略은路易十四世頃에一時實行ᄒᆞ얏스나然이나라인方面에關ᄒᆞᆫ此政略은英、德、墺、諸國의反對ᄅᆞᆯ因ᄒᆞ야其目的을不達ᄒᆞᆷ으로今日法國의國境은라인河ᄅᆞᆯ相隔ᄒᆞᆷ이甚遠ᄒᆞ니라又那翁三世도亦라인州ᄅᆞᆯ經營ᄒᆞ얏스나比斯莫政略에陷ᄒᆞᆫ바ㅣ되야此州倂呑의意思ᄅᆞᆯ自白ᄒᆞᆷ은普法戰爭의大原因을成ᄒᆞ얏스니此ᄅᆞᆯ由ᄒᆞ야觀ᄒᆞᆯ진ᄃᆡ國境의問題가如此히至大ᄒᆞᆫ外交事件을惹起ᄒᆞᆷ은古來의歷史上一二例에不止ᄒᆞᆯ지니라

땅에서 가장 중시한다. 이를 종래 외교사에 비추어 관찰해보면 이러한 국경 문제에 관해서 국제적으로 지대한 국제적 갈등이 발생한 경우가 매우 적지 않다. 현재 그중 가장 기이한 실례와 가장 중요한 역사적 사례를 개괄적으로 제시하여 연구자의 소재로 제공하고자 한다.

(1) 프랑스가 대대로 취한 정책은 자신의 국경을 소위 자국의 자연적 경계에 이르기까지 확장하려는 의도가 있었다. 이같이 소위 프랑스의 자연적 경계는 서쪽으로는 피레네산, 동쪽으로는 라인강, 동남쪽으로는 알프스산맥, 남북으로는 해수면에 이르기까지를 자국의 영토구역으로 칭하는 것이었다. 프랑스는 이러한 천연적 경계에 따라 자국의 영토구역을 정하고, 그 안에서 자국의 주권을 확장해서 세계에 웅비하려고 했던 것은 프랑스 스스로 정한 정책이었다. 이러한 정책은 루이 14세 무렵 일시적으로 실행했다. 그러나 라인강 쪽에 관해서 이러한 정책은 영국, 독일, 오스트리아 국가들의 반대로 인해서 그 목적을 달성하지 못하였다. 오늘날 프랑스의 국경은 라인강과 서로 상당히 멀리 떨어져 있다. 또한 나폴레옹 3세 역시 라인주를 경영하였지만, 비스마르크의 정책에 빠지게 되어서, 이 주를 병탄하겠다는 의사를 스스로 밝힌 것이 보불전쟁의 큰 원인이 되었다. 이로써 보건대, 국경 문제가 이같이 지대한 외교 사건을 일으킨 것은 오랜 역사상 한두 가지 사례에 그치지 않는다.

(二)西曆千八百八十三年의슈네ㅣ벨事件은國境問題에關ᄒᆞᆫ一奇異의事件이니此事件은有名ᄒᆞᆫ뚜란쥬ㅣ將軍이法國軍部大臣의命을被ᄒᆞ야알사스、로ㅣ렌을回復코져ᄒᆞᆷ으로브터比斯莫과모롯게等이德國會議에臨ᄒᆞ야常備兵員의增加를爭議ᄒᆯ時에起ᄒᆞᆫ者ㅣ라此슈네ㅣ벨은法國國境의警察官으로恒常스트라스뿌룩砲臺의防備를探知코져ᄒᆞ야스트라스뿌룩의商一人과暗通ᄒᆞ야秘密探偵에從事ᄒᆞ더니此商人이捕縛됨으로一切의事件이現露ᄒᆞ야德國司法警察官은슈네ㅣ벨을捕縛ᄒᆞ기爲ᄒᆞ야諸般妙謀로써슈네ㅣ벨을德國國境內에誘入ᄒᆞᆫ後에捕縛ᄒᆞᆷ이라云ᄒᆞ나當時新聞等의報ᄒᆞ던바를據ᄒᆞ면슈네ㅣ벨의捕縛은德國의國境內도아니오法國의國境內도아니라兩國境界線上에셔捕縛ᄒᆞᆫ者ㅣ니其時彼의頭部半身은法國國境內에在ᄒᆞ고足部半身은德國國境內에在ᄒᆞᆫ故로德國警察官은其兩足을先縛ᄒᆞᆫ後에其全身을德國國境內에引入ᄒᆞᆷ이라記載ᄒᆞ야議論이紛紜不一ᄒᆞ얏스나調査의結果를依ᄒᆞ야슈네ㅣ벨의捕縛은德國國境內에在ᄒᆞᆫ事實에判決되얏스니如此히國境問題는其根本的司法管轄問題와關係가甚히密接ᄒᆞᆷ으로써上記의奇異事件을做

(2) 1883년 슈네벨레(Guillaume Schnaebelé 혹은 Wilhelm Schnäbele) 사건은 국경 문제와 관련된 기이한 사건이다. 이 사건은 유명한 불랑제(Georges Ernest Boulanger) 장군이 프랑스 군부대신의 명을 받아 알자스-로렌을 회복하기 위한 것으로부터 비스마르크와 몰트케(Moltke) 등이 독일 회의에서 상비병의 증가를 다투어 논의할 때 일어난 일이다. 슈네벨레는 프랑스 국경의 경찰관으로서 항상 스트라스부르크 포대의 방비를 탐지하고자 스트라스부르크의 상인 한 사람과 은밀히 소통하여 비밀리에 정보를 수집하는 일에 종사하였나. 이 상인이 체포되면서 모든 사건이 드러나게 되어 독일 사법경찰관은 슈네벨레를 체포하기 위하여 여러 가지 묘책을 고안해서 슈네벨레를 독일 국경 내로 유인한 후 체포한 것이라고 했지만, 당시 신문 등에 보도된 바를 들어보면 슈네벨레를 체포한 곳은 독일 국경 내에서도 아니고, 프랑스 국경 내에서도 아니라 양국의 경계선상에서 체포된 것이다. 체포 당시 그의 머리 쪽 반신은 프랑스 국경 내에 있었고, 다리 쪽 반신은 독일 국경 내에 있었기 때문에 독일 경찰관이 그의 양발을 먼저 묶은 후에 그의 전신을 독일 국경 내에 끌어들였다는 것이라고 기재하여 논의가 분분하여 일치되지 않았다. 조사 결과에 의하면 슈네벨레 체포는 독일 국경 내에서 있었던 사실이 판결되었다. 이같이 국경 문제는 그 근본이 되는 사법관할 문제와 매우 밀접한 관계가 있기에 위에서 기술한 기이한 사건이

出ᄒᆞᄂᆞ니라

版圖境界에關係는上記와如ᄒᆞᆫ國際間難問題及葛藤을釀成ᄒᆞᄂᆞᆫ根本的關係라故로是는不可不分明히ᄒᆞᆯ지니此를分明히論코져ᄒᆞ면不可不國與國間의境界及國與海洋間의境界를區別ᄒᆞ야先論ᄒᆞᆯ必要가有ᄒᆞ니라

國과國間의境界란者는一國의主權이開始ᄒᆞ고他一國의主觀이終了ᄒᆞᄂᆞᆫ一劃線에不外ᄒᆞ며又國과海洋의境界는國際公法上에認許ᄒᆞᄂᆞᆫ바領海의終了ᄒᆞᄂᆞᆫ處를指ᄒᆞ야謂ᄒᆞᆷ이니라國境에二種이有ᄒᆞ니一曰天然的國境이오二曰人爲的及合意的國境이是라

(一)天然的國境　海、川、湖、山、原、野、沙漠、은學者를從ᄒᆞ야天然的國境이라主張ᄒᆞᄂᆞᆫ者ㅣ不無호대細密히研究ᄒᆞ면海以外ᄂᆞᆫ充分히國家間의境界를確定키難ᄒᆞᆫ者ㅣ라故로海以外의天然的國境은條結及慣行을依ᄒᆞ야確言ᄒᆞᆷ을要ᄒᆞᆯ者ㅣ나然이나此等의條約及慣行이無ᄒᆞᆫ境遇에ᄂᆞᆫ國際公法上으로下記의原則이有ᄒᆞ니即左와如ᄒᆞ도다

(一) 河流에可히航通ᄒᆞᆯ者ᄂᆞᆫ其中央線으로써境界를定ᄒᆞᄂᆞ니西曆千八百六十七

나왔다.

영역의 경계에 관해서는 위에서 기술한 바와 같이 국제적으로 어려운 문제와 갈등을 양성하는 근본이 된다. 따라서 이는 반드시 분명히 해야 한다. 이를 분명하게 논하고자 한다면 반드시 국가와 국가 사이의 경계와 국가와 해양 사이의 경계를 구별해서 먼저 논할 필요가 있다.

국가와 국가 사이의 경계란 한 국가의 주권이 개시되고 다른 한 국가의 주권이 종료하는 경계선을 벗어나지 않는다. 또한 국가와 해양의 경계는 국제공법상에서 허용하듯이 영해가 종료하는 곳을 가리켜서 말하는 것이다. 국경에는 두 가지 종류가 있으니 첫째는 천연 국경이고, 둘째는 인위적 혹은 합의적 국경이다.

(1) 천연 국경

바다, 하천, 호수, 산, 평원, 들, 사막은 학자에 따라서 천연 국경이라고 주장하는 사람들이 없지 않다. 이를 세밀히 연구하면 바다 이외에는 국가 간 경계를 충분히 확정하기 어렵다. 따라서 바다 이외의 천연 국경은 조약과 관행에 의하여 확실히 해야 한다. 그러나 이들 조약과 관행이 없는 경우에는 국제공법상 후술하는 원칙이 있으니, 즉 아래와 같다.

하천에 통항이 가능한 경우는 그 중앙선으로써 경계를 정한다. 1867년

年十二月二十日에白耳義、伊太利、及墺地利國間에締結된國境條約第三條는此에關ᄒᆞᆫ法則을規定ᄒᆞᆫ者ㅣ라航路를中央線으로明言ᄒᆞᆷ은西曆千八百二十七年二月二十七日빠ㅣ덴과法國間의國境條約第四條를依ᄒᆞ야라인河에關ᄒᆞᆫ條項을定ᄒᆞᆷ과如ᄒᆞᆫ者ㅣ니若河底에變更이有ᄒᆞᆫ時는舊河底로써境界를定ᄒᆞᆷ이라ᄒᆞ얏스나大抵河가完全ᄒᆞᆫ境界를成ᄒᆞ기不能ᄒᆞᆷ은(一)經濟上의歷史를依ᄒᆞᆯ진대河流는人民으로ᄒᆞ여곰密接케ᄒᆞ는者ㅣ오離隔케ᄒᆞ는者ㅣ아니라云ᄒᆞᆷ과(二)河流의天然的境界에關ᄒᆞ야는條約으로써定치아니ᄒᆞ면其河流의境界됨이不完全이라云ᄒᆞᆷ에在ᄒᆞ도다

山嶽도今日에至ᄒᆞ야는國家間의適當ᄒᆞᆫ國境이아니니假令몽、쇠니스(伊法兩國其間의알색山이니其山下에兩國을開通ᄒᆞ는大隧道가有ᄒᆞ니라)及싱、고달(瑞西領알색山中의山名이니高가三千메-를에及ᄒᆞᄂᆞ니라)과如ᄒᆞᆫ高山도隧道를開鑿ᄒᆞ야兩國을交通ᄒᆞᆷ이難事가아님을見ᄒᆞ야도可知ᄒᆞᆯ바ㅣ라然이나山嶽이國境되는境遇에는其山巔即分水線으로써境界線을定ᄒᆞᄂᆞ니西曆千八百七十八年의伯林條約及千八百六十七年의墺、伊、條約은卽此國境問題에關ᄒᆞᆫ條約이니라

12월 20일에 벨기에, 이탈리아, 그리고 오스트리아 국가 간에 체결된 국경조약 제3조는 이에 관한 법칙을 규정하였다. 항로를 중앙선으로 명시한 것은 1827년 2월 27일 바덴(Baden)과 프랑스 사이의 국경조약 제4조에 의하여 라인강에 관한 조항을 정한 것과 같은 것이다. 만약 하천 바닥이 변한 때는 이전 하천 바닥으로써 경계를 정하기로 하였지만, 대개 하천이 완전한 경계가 될 수 없는 것은 (가) 경제사에 의하면 하천은 인민들이 밀집하도록 하는 것이고 서로 떨어뜨리는 것이 아니라고 하는 것과 (나) 하천의 천연적 경계에 관해서는 소약으로 정하지 않으면 그 하천을 경계로 하는 것이 불완전하다고 하는 데 있다.

산악도 오늘날에 이르러서는 국가들 사이에 국경이 되기에 적당하지 않다. 가령 몽 세니(Mont Cenis)[이탈리아와 프랑스 양국 사이의 알프스의 산이다. 이 산 아래에 양국을 연결하는 큰 터널이 있다] 그리고 세인트갈렌(St. Gallen)[스위스령 알프스 산중의 산 이름으로서 그 높이가 3,000m에 이른다]과 같은 높은 산도 터널을 뚫어 양국을 연결하는 것이 어려운 일이 아님을 보더라도 알 수 있다. 그러나 산악을 국경으로 할 때는 그 산의 봉우리 즉, 나뉘는 선으로 경계선을 정한다. 1878년의 베를린조약 및 1867년의 오스트리아-이탈리아조약은 이러한 국경 문제에 관한 조약이다.

湖水、原野、沙漠等에至ᄒᆞ야ᄂᆞᆫ條約을依ᄒᆞ야確定치아니ᄒᆞ면國家間의國境을成치못ᄒᆞᄂᆞ니라但湖水에關ᄒᆞ야ᄂᆞᆫ河에關ᄒᆞᆫ原則을適用코져ᄒᆞᄂᆞᆫ實者가不無ᄒᆞ되三個國以上이同一湖水에瀕在ᄒᆞᆫ境遇에ᄂᆞᆫ此說도効力이無ᄒᆞᆯ지로다

(二)人爲的及合意的國境

人爲的國境이란者ᄂᆞᆫ國家間의合意及慣行을依ᄒᆞ야定ᄒᆞᆫ바數學上의線이나或天然的의國境을依ᄒᆞ야定ᄒᆞᄂᆞᆫ者도有ᄒᆞ며又或經度及緯度를隨ᄒᆞ야定ᄒᆞᄂᆞᆫ事도有ᄒᆞ니要컨대其定ᄒᆞᄂᆞᆫ바境遇를從ᄒᆞ야相殊ᄒᆞᆫ者ㅣ니라然이나盖此數學上의線은一一히是를其地圖에記入ᄒᆞ며又其實際上處所에坑濠及浮標를置ᄒᆞ야標章을作ᄒᆞ고若國境에關ᄒᆞ야國境條約解釋에異議가生ᄒᆞᆫ時ᄂᆞᆫ恒常國際에審理委員을設ᄒᆞ야審理케ᄒᆞᆷ이通則이니라此國際의審理委員은實로海牙平和會議際에露國이提出ᄒᆞᆫ바ㅣ니此에關ᄒᆞᆫ詳細說明은後篇國際爭議解決手段部에至ᄒᆞ야陳述코져ᄒᆞ노라

第三欵　版圖의取得及喪失

호수, 벌판, 사막 등에 대해서는 조약에 의하여 확정하지 않으면 국가 간 국경이 되지 못한다. 다만 호수에 관해서는 하천에 관한 원칙을 적용하고자 하는 논자가 없지 않은데, 3개국 이상이 같은 호수에 인접해 있는 경우에는 이 주장도 효력이 없다.

(2) 인위적 및 합의적 국경

인위적 국경이란 국가 간 합의 및 관행에 의하여 정한다. 수학적 선이나 혹은 천연 국경에 따라 정하는 것도 있으며, 또한 어떤 때는 경도와 위도를 따라 정하는 때도 있다. 요컨대 그 정하는 때에 따라 서로 다르다. 그러나 대개 이 수학적 선은 일일이 이를 지도에 기입하고, 또한 실제 장소에 구덩이나 해자, 그리고 부표를 두어 표장을 만든다. 만약 국경에 관해 국경조약의 해석에 이의가 생길 때는 항상 국제심사위원회를 설치하여 심리하도록 하는 것이 일반적인 규칙이다. 이러한 국제심리위원회는 실제로 헤이그 평화회의 때 러시아가 제출한 것이다. 이에 관한 상세한 설명은 후편인 국제분쟁 해결 수단에 관한 부분에서 기술하고자 한다.

제3관 영역의 취득과 상실

第一項 版圖의取得

第一、本來取得

本來取得이란者는他國의版圖增減에關係를不及ᄒᆞ고自國에對ᄒᆞ야版圖를增添ᄒᆞ는方法을謂홈이니其種類는左와如ᄒᆞ니라

(一)、增添、國家의領土가海洋、河川、及湖水로써國境을定ᄒᆞᆫ境遇에天然의作用을因ᄒᆞ야新土地가其領土에附着ᄒᆞ며又其版圖內에在ᄒᆞᆫ水面及附近에生ᄒᆞ는時는其新土地를領有ᄒᆞᆫ國家에셔取得홈이原則이니라此方法을依ᄒᆞ야領土를取得ᄒᆞ면此를增添이라稱ᄒᆞᄂᆞ니是以로海洋中으로發生ᄒᆞᆫ潮流及地震을依ᄒᆞ야一國領土附近에新土地가增添ᄒᆞ며領地內島嶼等에發生ᄒᆞᆫ時는無論以上의原則을依ᄒᆞ야其領土領海를有ᄒᆞᆫ國家가占領ᄒᆞᆯ者ㅣ오若其國領土領海以外에發生ᄒᆞᆫ時라도其領海의附近되는時는當然히其國家에屬ᄒᆞᆯ者ㅣ됨으로他國家는此를占領ᄒᆞ야取得치못ᄒᆞᆯ지라其理由는西曆千八百五年「안나」號事件에關ᄒᆞ야英國判事스토ㅣ웰氏判決에米國미스싯피河口에在ᄒᆞᆫ沙洲는米國海岸으로브터三哩以外에在ᄒᆞ나然이

제1항 영역의 취득

1. 원시취득

원시취득이란 타국의 영역 증감과 관련 없이 자국에 대해서 영역을 증가하여 첨부하는 방법을 말하며 그 종류는 아래와 같다.

(1) 첨부

국가의 영토가 해양, 하천, 그리고 호수로써 국경을 정한 경우에 천연 작용을 이유로 새로운 토지가 그 영토에 부착하거나 그 영역 내에 있는 수면과 부근에 생기는 때는 그 새로운 토지를 영유하는 국가가 취득하는 것이 원칙이다. 이러한 방법에 따라 영토를 취득하면 이를 첨부라 한다. 이러한 이유로 해양에서 발생한 조류 및 지진에 의하여 한 국가의 영토 부근에 새로운 토지가 첨부되며 영지 내의 도서 등에 발생하였을 때는 말할 것도 없이 이상의 원칙에 의하여 그 영토와 영해를 갖는 국가가 점령할 것이다. 만약 그 국가의 영토와 영해 이외에서 발생한 때라도 그 영해의 부근이었을 때는 당연히 그 국가에 속하는 것이기에 다른 국가는 이를 점령하여 취득하지 못한다. 그 이유는 1805년의 '안나'호(The Anna) 사건에 관하여 영국 판사 스토웰의 판결에서 미국 미시시피 하구에 있는 사주는 미국 해안으로부터 3해리 바깥에 있었지만,

나其土地는米國의領土로브터直接流來ᄒᆞ야其領土의附屬地를成ᄒᆞᄂᆞᆫ故로增添의原原을依ᄒᆞᆯ者ㅣ라若此를米國의不屬ᄒᆞᆫ者ㅣ라ᄒᆞ면他國은自由로此를占領ᄒᆞ야築堤及起堡ᄒᆞᆷ을得ᄒᆞᆯ지니然則此는米國에有害됨이甚ᄒᆞᆫ者ㅣ라ᄒᆞ얏스니如此히版圖附近에新土地가生ᄒᆞᆫ時는假令其土地가領土及領海와幾許間隔在ᄒᆞᆫ者ㅣ라도其國家의國防上으로他國의領占을許ᄒᆞᆯ者ㅣ아니니라

又河川及湖水로써國境을成ᄒᆞᆫ境遇에水流의自然的事實을因ᄒᆞ야一便의陸地가漸次로水底에沈入ᄒᆞᄂᆞᆫ同時에對岸의土地는益益增加ᄒᆞᄂᆞᆫ時는領土를有ᄒᆞᆫ國이當然히其附着ᄒᆞᆫ土地를占領ᄒᆞᆷ이原則이니라然이나但兩國의國境을經度緯度及其他의一定線으로區別ᄒᆞᆫ時에其境界線이水流와符合ᄒᆞ야其河川을國境으로看做ᄒᆞᆯ境遇에는無論其約定의國境線을標準ᄒᆞᆯ지오河流의如何를依ᄒᆞ야變ᄒᆞᆯ者ㅣ아니며又河流及湖水가暴漲ᄒᆞ야其水流의方向을變ᄒᆞ거나其周圍의水流가陸에激變을與ᄒᆞᆷ과如ᄒᆞᆫ一時의急遽變化로從來ᄒᆞᆫ者는此를口實로ᄒᆞ야其土地에增添權利를主張키不能ᄒᆞ고

그 토지는 미국의 영토로부터 직접 흘러와서 그 영토의 부속지가 되었기 때문에 첨부의 원칙에 의할 것이다. 만약 이를 미국에 속하지 않는다고 한다면 타국이 자유로이 이를 점령해서 건축지와 보루 쌓는 땅을 얻게 될 것이다. 그러하면 이는 미국에 심하게 해가 될 것이라고 하였다. 이같이 영역 부근에 새로운 토지가 생기는 때는 가령 그 토지가 영토 및 영해와 얼마 정도 떨어져 있는 것이라도 그 국가의 국방상 다른 국가의 점령을 허락할 것이 아니다.

또한, 하천과 호수를 국경으로 삼았을 때 물 흐름의 자연적 사실로 인하여 한 쪽 육지가 점차 물 밑으로 들어가는 것과 동시에 맞은쪽 언덕의 토지는 점점 증가하는 때는 영토를 갖는 국가가 당연히 그에 부착하는 토지를 점령하는 것이 원칙이다. 그러나 다만 양국의 국경을 경도와 위도, 그리고 그 밖의 일정한 선으로 구별한 때에 그 경계선이 물 흐름에 부합하여 그 하천을 국경으로 간주하면 말할 것도 없이 약정했던 국경선을 표준으로 할 것이고 하천의 흐름이 어떠한지에 의하여 변하지 않는다. 또한 하천과 호수가 갑자기 불어나서 물 흐름의 방향이 바뀌거나 그 주위의 물 흐름이 육지에 심각한 변경을 주는 것과 같이 일시에 급격한 변화에서 오는 경우 이를 구실로 삼아 그 토지에 첨부의 권리를 주장할 수 없다.

又河流의中央及湖水의中央으로써國境을定ᄒᆞᆫ時라도水中에新土地가顯出ᄒᆞᆫ境遇ᄂᆞᆫ領土에最近ᄒᆞᆫ國家가此ᄅᆞᆯ取得ᄒᆞ며其土地가中央線에橫在ᄒᆞ면兩國이各其一部分을占領ᄒᆞᆯ지니若其湖水及水流가二個國以上의境界ᄅᆞᆯ成ᄒᆞᄂᆞᆫ時라도亦以上의一理ᄅᆞᆯ批ᄒᆞ야論定ᄒᆞᆷ을得ᄒᆞᆯ지니라

(二)先占　無人의土地와野蠻人의居住地及何國家에도不屬ᄒᆞᆫ土地ᄅᆞᆯ國家의行爲로써占有ᄒᆞ야自國領土內에幷入ᄒᆞᄂᆞᆫ行爲ᄅᆞᆯ先占이라云ᄒᆞᄂᆞ니古來로歐洲諸國이殖民地ᄅᆞᆯ多有ᄒᆞᆷ에至ᄒᆞᆷ은大槪此方法을依ᄒᆞ야成功ᄒᆞᆫ者ㅣ라先占이라者ᄂᆞᆫ領土取得의方法中最重要ᄒᆞᆫ者ㅣ니凡無所屬의土地ᄅᆞᆯ國家가領有ᄒᆞᄂᆞᆫ方法에關ᄒᆞ야ᄂᆞᆫ國際公法上今日에至ᄒᆞ기ᄭᆞ지三期의變遷이有ᄒᆞᆫ者ㅣ라第十六世紀以前中世에在ᄒᆞ야ᄂᆞᆫ異宗敎者及無信仰者의有ᄒᆞᆫ土地ᄂᆞᆫ耶蘇敎人民이當然히取得ᄒᆞᆯ者ㅣ라ᄒᆞ고又羅馬의法王은地球上의統轄者ㅣ라云ᄒᆞᄂᆞᆫ所以로써何人의게對ᄒᆞ던지任意로土地ᄅᆞᆯ可與ᄒᆞᆯ者ㅣ라ᄒᆞ야葡萄牙國及西班牙國은西曆千四百九十三年法王알넥산돌六世의敎書ᄅᆞᆯ依ᄒᆞ야新世界의土地로아직發見치아니ᄒᆞᆫ者라도亦占有ᄒᆞᄂᆞᆫ

또한 하천의 중앙 그리고 호수의 중앙을 국경으로 정한 때라도 물에서 새로운 토지가 드러날 때는 영토에서 가장 가까운 국가가 이를 취득한다. 그 토지가 중앙선을 가로질러 있게 되면 양국이 각각 그중 일부를 점령한다. 만약 그 호수 및 물 흐름이 2개국 이상의 경계가 되는 때도 역시 이상의 한가지 이유를 들어 정할 수 있다.

(2) 선점

사람이 없는 토지와 야만인의 거주지 그리고 어느 국가에도 속하지 않는 토지를 국가의 행위로써 점유하여 자국의 영토에 합하는 행위를 선점이라고 한다. 옛날부터 유럽의 여러 국가가 식민지를 다수 보유하게 된 것은 대개 이 방법에 따라서 성공한 것이다. 선점이란 영토취득 방법 중 가장 중요하다. 대개 어디에도 속하지 않은 토지를 국가가 영유하는 방법에 관해서는 국제공법상 오늘날에 이르기까지 세 가지 변천 기간이 있었다. 16세기 이전 중세에는 다른 종교인과 무신앙자가 보유한 토지를 예수교 인민이 당연히 취득할 수 있었다. 또한 로마 교황은 지구상의 통치자라고 하는 이유로 어떠한 사람에 대해서도 임의로 토지를 줄 수 있어서, 포르투갈과 스페인은 1493년 교황 알렉산데르 6세의 교서에 의해 신세계의 토지로서 아직 발견되지 않은 것이라도 점유할

權이有ᄒᆞ다主張ᄒᆞ며且其敎書ᄅᆞᆯ依ᄒᆞ야他國이其土地에對ᄒᆞᆫ慾望을防禦ᄒᆞᆷ도能ᄒᆞᆷ이라稱道ᄒᆞ더니第十六世紀中葉으로브터英國及和蘭國과法國等이葡萄牙國及西班牙國과相爭ᄒᆞ야亞米利加大陸東洋及其他南洋의探檢을行ᄒᆞᆷ에至ᄒᆞ야英國及和蘭國과如ᄒᆞᆫ新敎國은元來法王이他國에交付ᄒᆞᆫ敎書의効力을認否ᄒᆞ고法國도亦此ᄅᆞᆯ認否ᄒᆞᆷ으로諸國間領土紛議에關ᄒᆞ야發見의優先으로써領土의先占이라ᄒᆞᆷ에遂至ᄒᆞ고無所屬地의發見이有ᄒᆞᆫ時ᄂᆞᆫ其發見의事實뿐으로도完全ᄒᆞᆫ主權을取得ᄒᆞᆷ이能ᄒᆞᆫ者ㅣ라看做ᄒᆞ야諸國의探檢航海者ᄂᆞᆫ先發見ᄒᆞᆫ土地에十字架及紀念碑ᄅᆞᆯ建ᄒᆞᆷ으로其先占의事實을表示ᄒᆞ니라然而第十七八世紀의相交ᄒᆞᆯ際에諸國의殖民地ᄅᆞᆯ設置ᄒᆞᄂᆞᆫ慣習이盛行ᄒᆞᆷ에至ᄒᆞ야其領有에關ᄒᆞᆫ國家間의紛議가頻生ᄒᆞᆷ으로戰爭을惹起ᄒᆞᆷ이不尠ᄒᆞ나然이나當時에其紛議多數ᄂᆞᆫ戰爭을依ᄒᆞ야決定되며又其紛爭國間의協議와及其一便國內國事情에關ᄒᆞᆫ政畧上理由ᄅᆞᆯ依ᄒᆞ야其局을決ᄒᆞ고先占에關ᄒᆞ야ᄂᆞᆫ學理上으로其問題ᄅᆞᆯ研究ᄒᆞ야解決된者ㅣ甚尠ᄒᆞ니라故로先占의要件은一定ᄒᆞᆫ原則이無ᄒᆞ더니第十八世

권리가 있다고 주장하거나 또한 그 교서에 의해 타국이 그 토지에 대해서 갖는 욕망을 방어할 수 있다고 하였다. 16세기 중엽부터 영국과 네덜란드, 그리고 프랑스 등이 포르투갈과 스페인과 서로 경쟁하여 아메리카 대륙, 동양, 그리고 태평양을 탐험하게 되어서 영국과 네덜란드와 같은 개신교 국가들은 원래 교황이 타국에 내준 교서의 효력을 부인하고 프랑스도 역시 이를 부인하면서 여러 국가 간 영토분쟁에 관해 발견을 우선하여 영토의 선점이라고 하기에 마침내 이르렀고, 아무에게도 속하지 않는 토지가 발견되는 때는 그 발견 사실만으로도 완전한 주권을 취득할 수 있다고 간주하여 여러 국가의 탐험 항해자들이 먼저 발견한 토지에 십자가나 기념비를 세워서 그 선점 사실을 표시하였다. 그러나 17, 18세기에 여러 국가가 서로 교류할 때 이들이 식민지를 설치하는 관습이 성행하게 되면서 그 영유에 관한 국가 간 분쟁이 빈번히 발생하여 전쟁을 일으키는 경우가 적지 않았다. 그러나 당시 그러한 분쟁의 다수는 전쟁에 따라 결정되거나 그 분쟁국 간 협의 그리고 그 한쪽 국가의 국내적 사정에 관한 정책적 이유에 의하여 그 상황을 결정하고 선점에 관해서는 학문적으로 그 문제를 연구하여 해결된 것이 아주 적었다. 따라서 선점의 요건은 일정한 원칙이 없었다. 18세기에

紀에至ᄒᆞ야빙게르속、빠델、마르텐스以來의法學者ᄂᆞᆫ單純ᄒᆞᆫ發見에基因ᄒᆞᆫ土地取得은占領의權利ᄅᆞᆯ確定ᄒᆞᆷ에不足ᄒᆞ다ᄒᆞ야先占은必其事實上의占有ᄅᆞᆯ要ᄒᆞᆯ者ㅣ라說明ᄒᆞ고又國際紛議에至ᄒᆞ야도發見은領有如何ᄅᆞᆯ決ᄒᆞᆷ에充分ᄒᆞᆫ理由가아니라ᄒᆞ야土地ᄅᆞᆯ領有코져ᄒᆞ면發見以外에占有ᄅᆞᆯ要ᄒᆞᆫ다ᄒᆞᆷ에至ᄒᆞ니라然則今日에至ᄒᆞ야ᄂᆞᆫ國際公法上發見의効力이何如오先占은國際間에紛議가生ᄒᆞ거나其事實이不充分ᄒᆞᆫ境遇에此ᄅᆞᆯ可히證明ᄒᆞᆯ一證據에不過ᄒᆞᆯ지로다

第一、先占의要素

現行國際公法上에國家가先占을依ᄒᆞ야土地ᄅᆞᆯ取得코져ᄒᆞ면第一何文明國에도附屬치아니ᄒᆞᆫ土地되ᄂᆞᆫ事、第二國家가領有ᄒᆞᆯ意思ᄅᆞᆯ表示ᄒᆞᆫ事、第三事實上에占有ᄅᆞᆯ實行ᄒᆞᆫ事가是라此三要素中에一要素라도欠缺이有ᄒᆞᆫ時ᄂᆞᆫ國家의領土되ᄂᆞᆫ効力이無ᄒᆞ니라

(一)何文明國에도附屬치아니ᄒᆞᆫ土地란者ᄂᆞᆫ羅馬法上에無主物과同一히國際公法上에其土地가國家領有部分範圍에不在ᄒᆞ야無人의土地

이르러서야 빙케르스훅, 바텔, 마르텐스(F. Martens) 이후의 법학자들은 단순한 발견에 근거한 토지취득은 점령의 권리를 확정하기에 부족하다고 하였다. 선점은 반드시 사실상 점유해야 한다고 설명하였다. 또한, 국제분쟁에 이르러서도 발견은 영유 여부를 결정하는데 충분한 이유가 되지 않는다고 하여 토지를 영유하고자 한다면 발견 이외에 점유가 필요하다는 것에 이르렀다. 그래서 오늘날에는 국제공법상 발견의 효력이 어떠한가? 선점은 국제분쟁이 발생하거나 그 사실이 충분하지 않았을 때 이를 증명하는 증거 중의 하나에 불과하다.

(가) 선점의 요소

현행 국제공법상 국가가 선점에 따라 토지를 취득하고자 하면 첫째로 어떠한 문명국에도 부속하지 않는 토지여야 한다. 둘째로 국가가 영유할 의사를 표시해야 한다. 셋째로 사실상 점유를 실행해야 한다. 이러한 3가지 요소 중에서 한 요소라도 결여하는 때는 국가의 영토가 되는 효력이 없다.

① 어느 문명국에도 부속하지 않는 토지란 로마법상 무주물과 같이 국제공법상 그 토지가 국가가 영유하는 범위에 있지 않아서 사람이 살지 않는 토지가

가되거나野蠻人의게屬ᄒᆞᆫ바土地가되거나又或他國이拋棄ᄒᆞᆫ土地되논事를要ᄒᆞ대就中無人의土地로何國家權力範圍內에도不在ᄒᆞᆫ無人島를領有ᄒᆞᆷ에논他國의權利를妨害ᄒᆞ논事가無ᄒᆞᆷ으로써各國이此를先占ᄒᆞ논權利가有ᄒᆞᆷ은容疑ᄒᆞᆯ바ㅣ아니나今日世界의交通이發達ᄒᆞᆫ結果로如此ᄒᆞᆫ土地가全地球上에存在ᄒᆞᆫ事實은殆無ᄒᆞ니라然이나日本은明治二十四年에小笠原島南北에在ᄒᆞᆫ三個의島嶼를占領ᄒᆞ야自國領土部分에筭入ᄒᆞ논事를勅令第九十號로써發布ᄒᆞ야此三個島에硫黃島名稱을附與ᄒᆞ고英國은西曆千八百九十二年에印度洋中에在ᄒᆞᆫ小群島를先占ᄒᆞ야取得ᄒᆞ얏고又同年에法國은印度洋中에在ᄒᆞᆫ글노류스、롯쉬비르드及파당아스갈島東南에在ᄒᆞᆫ선드、볼、암스델담群島를先占ᄒᆞ야領有ᄒᆞᆫ實例가有ᄒᆞ니라

野蠻人의게屬ᄒᆞᆫ土地를國家가先占ᄒᆞᆷ에當ᄒᆞ야논或其土人의게對ᄒᆞ야報酬를與ᄒᆞ논事도有ᄒᆞ며或其土人의請求及希望을不顧ᄒᆞ고先占ᄒᆞ논事도有ᄒᆞ며又或其土人을征伐ᄒᆞ고其土地를奪取ᄒᆞ논事도有ᄒᆞ

되거나 야만인에 속한 토지, 또는 어떤 경우에는 타국이 포기한 토지일 것이 필요하다. 특히, 사람이 살지 않는 토지로서 어느 국가의 권력 범위 내에도 있지 않은 무인도를 영유하는 것은 타국의 권리를 방해하는 일이 없기에 각국이 이를 선점하는 권리를 갖는 것은 의심할 바 아니다. 오늘날 세계적으로 교통이 발달한 결과 이와 같은 토지가 전 지구상에 존재하는 경우는 거의 없다. 그러나 일본은 메이지 24년(1891년)에 오가사와라섬(小笠原島)의 남북에 있는 3개의 도서를 점령하여 자국 영도에 포함하는 것을 칙령 제90호를 공포하여 이 3개 섬에 이오섬(硫黃島) 명칭을 붙였다. 영국은 1892년에 인도양에 있는 소 군도를 선점 취득하였다. 또한 같은 해에 프랑스는 인도양에 있는 글로리외즈(Îles Glorieuses), 로슈베르트(Roches Vertes) 및 마다가스카르섬 동남쪽에 있는 생폴(Île Saint-Paul), 암스테르담(Île Amsterdam) 군도를 선점하여 영유했던 실례가 있다.

야만인에게 속한 토지를 국가가 선점하는 경우 혹은 그 원주민에게 비용을 지급하는 때도 있다. 혹은 그 원주민의 요구나 희망을 고려하지 않고 선점하는 때도 있다. 또한 그 원주민을 정벌하고 그들의 토지를 탈취하는

境遇라도文明國은自由로其土地를先占ᄒᆞᄂᆞᆫ權利가有ᄒᆞ다ᄒᆞ니今에其理由를據ᄒᆞᆯ진대凡國際公法社會에不屬ᄒᆞ고又可屬ᄒᆞᆯ資格이無ᄒᆞᆫ野蠻人團體ᄂᆞᆫ國際公法의主體가아님으로斯法上의權利義務를不有ᄒᆞᄂᆞ니如此ᄒᆞᆫ土地ᄂᆞᆫ斯法上에無主物이라故로其土地에關ᄒᆞᆫ土人의權利란者ᄂᆞᆫ德義上의權利오國際公法上의權利ᄂᆞᆫ아니니文明國은他國의權利를侵害ᄒᆞᄂᆞᆫ者ㅣ아니면此를先占ᄒᆞ야領有ᄒᆞᆯ者ㅣ라云ᄒᆞᆷ에在ᄒᆞ도다然이나近來歐洲諸國은亞非利加의土地를先占ᄒᆞᆷ에當ᄒᆞ야其土人統轄의便宜上으로多小의報酬를與ᄒᆞ며近來歐洲列邦이其官吏의게對ᄒᆞ야下ᄒᆞᆫ바訓令을見ᄒᆞᆯ지라도擧皆土人의幼稚ᄒᆞᆫ主權及野蠻人의獨立을尊重코져ᄒᆞᄂᆞᆫ思想은一般이承認ᄒᆞᆷ과如ᄒᆞ고又西曆千八百八十五年二月伯林會議列國代表者討論中에도亞非利加의土人權利를認ᄒᆞᆫ形蹟이有ᄒᆞ고又千八百九十年불익쉘列國條約에도亞非利加土人保全及保護에關ᄒᆞᆫ仁愛規定이詳密호대先占에關ᄒᆞ야現今領土取得의實際狀況을觀察ᄒᆞ면文明諸國은土人의主權及獨立을認

경우라도 문명국은 자유로이 그들의 토지를 선점하는 권리를 갖는다고 한다. 지금 그 이유를 들어보면 대개 국제공법 사회에 속하지 않고 또한 그에 속할 자격이 없는 야만인 단체는 국제공법상의 주체가 아니기에 이 법의 권리와 의무를 갖지 않는다. 이와 같은 토지는 이 법에서 무주물이다. 따라서 그 토지에 관한 원주민의 권리란 것은 도덕상 권리이고 국제공법상 권리는 아니다. 문명국은 타국의 권리를 침해하는 것이 아니면 이를 선점하여 영유한다는 말이 있다. 그러나 근래 유럽의 여러 국가는 아프리카의 토지를 선점할 때 그 원주민 동제의 편리를 위하여 다소의 비용을 지급한다. 근래 유럽 각국이 자기 관리들에게 내린 훈령을 보더라도 대부분 원주민의 유치한 주권 및 야만인의 독립을 존중하려는 사상은 일반적으로 인정되는 것과 같다. 또한 1885년 2월 베를린회의에서 각국 대표들의 토론 중에서도 아프리카 원주민의 권리를 인정한 흔적이 있다. 또한 1890년 브뤼셀조약에서도 아프리카 원주민의 보전과 보호에 관한 인도적 규정이 상세하다. 선점에 관해 현재의 영토취득의 실제 상황을 관찰하면 여러 문명국은 원주민의 주권 및 독립을 인정하는

ᄒᆞᄂᆞᆫ聲言에反ᄒᆞ야其土地를自由로剝奪ᄒᆞᄂᆞᆫ事實이數世紀以前과毫厘도相殊ᄒᆞᆫ點이無ᄒᆞᆯᄲᅮᆫ아니라土人과締結ᄒᆞᆫ條約은此를蔑視ᄒᆞ야一便으로土人의게對ᄒᆞ야ᄂᆞᆫ條約上에其權利를認ᄒᆞᄂᆞᆫ明文을規定ᄒᆞ고同時에他一便으로即他國에對ᄒᆞ야ᄂᆞᆫ反히其條約을利用ᄒᆞ야土人의土地를自由로自國의領土를作ᄒᆞ야所謂保護地及被保護國이라名稱ᄒᆞ고是를自國領土部分에筭入ᄒᆞᆯᄲᅮᆫ아니라文明國間의條約으로써勢力의範圍를定ᄒᆞ야아직探檢치아니ᄒᆞᆫ土地에對ᄒᆞ야도自國의領土權을主張ᄒᆞᄂᆞᆫ現象이有ᄒᆞ니라

他國이抛棄ᄒᆞᆫ土地ᄂᆞᆫ無主物에屬ᄒᆞᄂᆞ니蓋國家가此를先占코져ᄒᆞ면必其土地가他文明國에附屬치아니ᄒᆞᆫ事를要ᄒᆞᄂᆞᆫ故로一次라도他國家領土部分에在ᄒᆞ던土地ᄂᆞᆫ其國이此에對ᄒᆞ야其主權即領土權을完全히抛棄ᄒᆞᆫ時라야他國이此를始占ᄒᆞᆯ지라凡國家가如此ᄒᆞᆫ抛棄를行ᄒᆞᆷ은其國의自意로出來ᄒᆞᆫ者及其國意思에反ᄒᆞ야不得已放棄ᄒᆞᄂᆞᆫ者의二種이有ᄒᆞ니自意로其土地를放棄ᄒᆞᆫ時ᄂᆞᆫ其國이其地를更히回復

선언과 반대로 그들의 토지를 자유로이 박탈하는 점이 수 세기 이전과 조금도 다른 점이 없을 뿐만 아니라 원주민과 체결한 조약을 무시하여 한편으로는 원주민에 대해서는 조약상 그들의 권리를 명문으로 인정하여 규정하면서 동시에 다른 한편으로는 즉, 타국에 대해서는 그와 반대로 조약을 이용하여 원주민의 토지를 자유로이 자국의 영토로 만들어 소위 보호지 및 피보호국이라 명하고, 이를 자국 영토의 일부로 산입할 뿐 아니라 여러 문명국 간 조약으로써 세력 범위를 정하여 아직 탐험하지 않은 토지에 대해서도 자국의 영토권을 주장하는 현상이 있다.

타국이 포기한 토지는 무주물에 속한다. 대개 국가가 이를 선점하고자 하면 반드시 그 토지가 다른 문명국에 부속하지 않아야 한다는 요건이 있어서 한 번이라도 타국 영토의 일부로 있었던 토지는 그 국가가 이에 대해서 그 주권 즉, 영토권을 완전히 포기한 때여야 타국이 이를 비로소 점유하게 된다. 대개 국가가 이처럼 포기한 것은 그 국가의 자발적 의사에서 나온 것과 그 국가의 의사에 반해서 어쩔 수 없이 포기하는 것의 두 가지 종류가 있다. 스스로 자신이 포기하였을 때는 그 국가가 그 토지를 다시금 회복할

ᄒᆞᆯ意思가無ᄒᆞ거나又ᄂᆞᆫ其意思ᄅᆞᆯ正當히推定ᄒᆞᆷ을可得ᄒᆞᆯ境遇에만他國이此ᄅᆞᆯ先占ᄒᆞᆷ을可得ᄒᆞᆯ지오其意思에反ᄒᆞ야其土地ᄅᆞᆯ不得已放棄ᄒᆞᆫ時ᄂᆞᆫ其國이此ᄅᆞᆯ回復ᄒᆞᆯ意思가無ᄒᆞ거나又ᄂᆞᆫ其國이此ᄅᆞᆯ回復ᄒᆞᆯ所望이無ᄒᆞᆫ境遇에至ᄒᆞᆫ時라야他國이此ᄅᆞᆯ先占ᄒᆞᆷ을始得ᄒᆞᆯ지라然이나國家가一定ᄒᆞᆫ土地에對ᄒᆞ야此ᄅᆞᆯ領有ᄒᆞᄂᆞᆫ事ᄅᆞᆯ公布ᄒᆞᆯ지라도占有의其實이無ᄒᆞ면是ᄂᆞᆫ其土地ᄅᆞᆯ取得ᄒᆞᆫ者ㅣ라云ᄒᆞᆷ을不得ᄒᆞᆯ지니領有의意思表示만有ᄒᆞ고占有에着手치아니ᄒᆞ면他國家ᄂᆞᆫ國交上相當ᄒᆞᆫ年月以內에其意思ᄅᆞᆯ不可侵ᄒᆞᆯ責任은有ᄒᆞᆯ지로대其國이永久히其占有ᄅᆞᆯ不行ᄒᆞᄂᆞᆫ時ᄂᆞᆫ他國이是ᄅᆞᆯ占有ᄒᆞ야도無妨ᄒᆞᆯ지라然則此領土ᄅᆞᆯ放棄ᄒᆞᄂᆞᆫ境遇에果然幾許年月을經過ᄒᆞ면其領土ᄅᆞᆯ放棄ᄒᆞᆫ者로認定ᄒᆞᆯᄂᆞᆫ지此問題ᄂᆞᆫ全히事實問題ㅣ니其放棄의任意及不任意의境遇ᄅᆞᆯ考察ᄒᆞ야決定ᄒᆞᆯ外에道理가無ᄒᆞᆯ지로다今에國際上實例ᄅᆞᆯ擧ᄒᆞᆫ진대西曆千七百十二年에和蘭國이任意로放棄ᄒᆞᆫ太西洋中모리스島ᄅᆞᆯ千八百二十一年에法國이先占ᄒᆞᆫ事가有ᄒᆞ고又千六百三十九年에英國은

의사가 없거나 그러한 의사를 정당하게 추정할 수 있을 때만 타국이 이를 선점할 수 있을 것이다. 그 의사에 반하여 자신의 토지를 어쩔 수 없이 포기하였을 때는 그 국가가 이를 회복할 의사가 없거나 그 국가가 이를 회복하겠다는 소망이 없는 경우에 이른 때라야 타국이 이를 선점하기 시작할 수 있다. 그러나 국가가 일정한 토지에 대해서 이를 영유한다는 것을 공포하여도 점유의 사실이 없으면 이는 그 토지를 취득하는 것이라고 할 수 없을 것이다. 영유의 의사표시만으로 점유에 착수하지 않으면 다른 국가는 국교상 상당한 기간 이내에 그 의사를 침해하지 않아야 할 책임은 갖겠지만, 그 국가가 영구적으로 점유하지 않는 때에는 타국이 이를 점유해도 무방할 것이다. 그러나 이 영토를 내버려 둘 때 과연 어느 정도의 기간이 지나야만 그 영토를 포기한 것으로 인정할 수 있는지에 관한 문제는 온전히 사실문제이기 때문에 그러한 포기가 임의인지 아닌지의 경우를 고찰하여 결정할 수밖에 도리가 없다. 현재 국제적인 실례를 들어보면 1712년에 네덜란드가 임의로 포기한 태평양의 모리셔스섬을 프랑스가 1821년에 선점한 일이 있다. 또한 1639년에 영국은

太西洋中산다　루시아島에殖民ᄒᆞ얏스나同人民은土人의게慘殺을遭ᄒᆞᆫ後十年間再次殖民ᄒᆞᆯ意思가無ᄒᆞᆷ으로千六百五十年에法國이同島를先占ᄒᆞ얏더니英國은此에對ᄒᆞ야反對의意思를表示ᄒᆞ얏스나結局은法國領土에遂歸ᄒᆞᆫ實例가有ᄒᆞ니라

然이나一次國家의領土를成ᄒᆞᆫ者로一時의事情或怠慢을因ᄒᆞ야其管轄及監督이中絕ᄒᆞᆫ者ᄂᆞᆫ是를放棄ᄒᆞᆫ者로認ᄒᆞ기難ᄒᆞ니此點에關ᄒᆞ야國際上에有名ᄒᆞᆫ實例가有ᄒᆞ니라此ᄂᆞᆫ即西曆千八百七十五年七月에法國大統領마크마온氏가仲裁로判決ᄒᆞᆫ델나고아灣事件이니其判決은此道理를一層確實케ᄒᆞᆫ者ㅣ라謂ᄒᆞᆯ지로다詳言ᄒᆞ면亞非利加東岸에在ᄒᆞᆫ델나고아灣地方은第十六世紀에葡萄牙國이此를發見ᄒᆞᆫ以來로繼續領有ᄒᆞ야同灣에流來ᄒᆞᄂᆞᆫ에스쎄리뒤、산도河北岸은同國殖民地部分以內에屬ᄒᆞᆫ바ㅣ러니其南岸地方에關ᄒᆞ야英國은千八百二十三年에獨立을自稱ᄒᆞᆫ土人과條約을締結ᄒᆞ야其條約上으로讓受ᄒᆞᆫ者ㅣ라稱托ᄒᆞ고其地를占領ᄒᆞ니於是에英、葡兩國間에紛讓를生ᄒᆞ

태평양의 산타루시아섬을 식민지로 개척했지만, 이 섬에 이주한 자국민이 원주민에게 참살당한 후 10년간 재차 식민할 의사가 없었기에 1650년에 프랑스가 이 섬을 선점하였다. 영국은 이에 대해서 반대 의사를 표시하였지만 결국은 프랑스 영토로 돌아갔던 실례가 있다.

그러나 첫 번째 국가의 영토가 되었던 것이 일시적인 사정 혹은 태만으로 인해서 그 관할과 감독이 중단된 경우는 이를 포기한 것으로 인정하기 어렵다. 이 점에 관해서 국제적으로 유명한 실례가 있다. 이는 즉 1875년 7월에 프랑스 대통령 마크 마옹이 중재 판정한 델라고아만 사건이다. 이 판정은 이러한 원칙을 한층 확실히 하였다고 할 수 있다. 이를 상세히 설명하면 아프리카 동쪽 해안에 있는 델라고아만 지방은 16세기에 포르투갈이 발견한 이후 이를 계속 영유하였고, 같은 만에서 흘러나온 에스피리토 산토(l'Espirito Santo) 하천의 북쪽 언덕은 같은 국가의 식민지에 속하였다. 그 남쪽 부분에 관해 영국은 1823년에 스스로 독립했다고 하는 원주민과 조약을 체결하여 조약상 양도받았다는 것을 빙자하고 그 토지를 점령하였다. 이에 영국, 포르투갈 양국 사이에 분쟁이 발생하여야其事實을調査ᄒᆞᆫ즉葡萄牙國은英國이其土人과條約을締結ᄒᆞ기以前으로브터其殖民地附近에多數의屯營所를早設ᄒᆞ야殖民地를護來ᄒᆞᆫ事實이分明ᄒᆞ고其間幾個年管轄이懈怠ᄒᆞᆷ을證得ᄒᆞᆫ지라故로仲裁裁判者는此一時的占有의中絶로써數百年以來에繼續ᄒᆞᆫ主權이効力을失ᄒᆞᆯ者ㅣ아니라判決ᄒᆞ니라

(二)國家가領有ᄒᆞᆯ意思表示가有ᄒᆞᆫ事를要ᄒᆞᄂᆞ니國家가自國人民의發見ᄒᆞᆫ土地及殖民ᄒᆞᆫ土地를自國이領有코져ᄒᆞ면其主權의直接行爲로此土地를自國領土部分에筭入ᄒᆞᄂᆞᆫ意思를表示치아니치못ᄒᆞᆯ지니此意思의表示는中央政府의意思로出來ᄒᆞᆷ을要ᄒᆞᄂᆞ니라假令政府가先占ᄒᆞᆯ目的으로派遣ᄒᆞᆫ者가一定ᄒᆞᆫ土地에對ᄒᆞ야本國의領土되는事를公示ᄒᆞ거나或은政府에셔豫先航海者及旅行者의게對ᄒᆞ야發見ᄒᆞᄂᆞᆫ土地를自國의名義로先占케命令ᄒᆞ야其命令을因ᄒᆞ야土地의發見ᄒᆞᆫ者를領有ᄒᆞᆯ事로公示ᄒᆞ거나又或政府命令에基因치아니ᄒᆞᆫ殖民者가占有ᄒᆞᆫ土地에對ᄒᆞ야中央政府가直接으로其土地를領有ᄒᆞᆯ事로追認

그 사실을 조사한즉, 포르투갈은 영국이 그 원주민과 조약을 체결하기 이전부터 그 식민지 부근에 다수의 요새를 일찍이 설치하여 식민지를 보호해 온 사실이 분명하고 그사이 몇 해 동안 관리를 소홀히 했던 것이 증명되었다. 따라서 중재재판관은 이같이 일시적으로 점유가 중단됨으로써 수백 년 동안 계속되어 온 주권의 효력이 상실되는 것은 아니라고 판정하였다.

② 국가가 영유하겠다는 의사를 표시하는 것을 요건으로 하기에 국가가 자국인이 발견한 토지와 식민한 토지를 자국이 영유하려면 자신의 주권을 직접 행사해서 이 토지를 자국 영토에 산입하겠다는 의사를 표시하지 않을 수 없다. 이러한 의사표시는 중앙정부의 의사에서 나와야 한다. 가령 정부가 선점할 목적으로 파견한 자가 일정한 토지에 대해서 본국의 영토라는 것을 공시하거나 혹은 정부에서 미리 항해자 그리고 여행자들에게 그들이 발견하는 토지를 자국의 명의로 선점하도록 명령하여 그 명령으로 인해서 발견한 토지를 영유한다고 공시하거나 정부 명령에 근거하지 않은 식민자가 점유한 토지에 대해서 중앙정부가 직접 그 토지를 영유하도록 추인한

ᄒᆞᆫ境遇等에만先占의効力이生ᄒᆞᆯ지라然而國家가此等의意思를表示ᄒᆞᄂᆞᆫ方法은其土地에國旗를建ᄒᆞ고本政府의宣言書를朗讀ᄒᆞᆷ이普通格例로ᄃᆡ其形式如何ᄂᆞᆫ一定치아니ᄒᆞ야各其表示의方法이相殊ᄒᆞ나國家ᄂᆞᆫ土地를領有ᄒᆞᆷ에當ᄒᆞ야完全ᄒᆞᆫ意思表示만有ᄒᆞ면此에足ᄒᆞᆯ지로다然이나此에關ᄒᆞ야ᄂᆞᆫ亞非利加大陸의先占例外가有ᄒᆞ니西曆千八百八十五年에歐洲十二個國及北米合衆國이伯林에會議를開ᄒᆞ고條約을締結ᄒᆞ얏스니同條約第三十四條에曰

將來亞非利加大陸海岸에現在ᄒᆞᆫ所有以外의土地를領有ᄒᆞ거나或從來로土地를所有치아니ᄒᆞᆫ國家가土地를取得코져ᄒᆞ며其海岸에保護地를設定코져ᄒᆞᄂᆞᆫ時ᄂᆞᆫ其他本條約에記名ᄒᆞᆫ國이反對의意見이有ᄒᆞ면其意見을提起ᄒᆞᆯ機會를與ᄒᆞ기爲ᄒᆞ야各其行爲를通知ᄒᆞᆷ이可ᄒᆞᆷ이라

規定ᄒᆞ고其先占及保護地에關ᄒᆞ야國際的紛議를未萌에防禦코져ᄒᆞᆷ으로學者中에此規定을利用ᄒᆞ야先占은其行爲를他文明國에通知ᄒᆞᆷ

경우 등에만 선점의 효력이 생긴다. 그러나 국가가 이러한 의사를 표시하는 방법은 그 토지에 국기를 세우고 본국 정부의 선언서를 낭독하는 것이 보통의 격식상 관례이지만, 그 형식 여부는 일정하지 않아서 각각의 표시 방법이 서로 달라서 국가는 토지를 영유할 때 완전한 의사표시만 있으면 이에 충분하다. 그러나 이에 관해서는 아프리카 대륙의 선점 사례의 예외가 있다. 1885년에 유럽 12개국과 북미합중국이 베를린에서 회의를 열고서 조약을 체결하였다. 이 조약 제34조에서는

"장차 아프리카 대륙 해안에 현재 소유한 것 이외의 토지를 영유하거나 혹은 이전부터 토지를 소유하지 않았던 국가가 토지를 취득하고자 하여, 그 해안에 보호지를 설정하고자 하는 때는 이 조약에서 기명한 다른 국가가 반대의 의견이 있으면 그 의견을 제기할 기회를 주기 위하여 각기 그 행위를 통지해야 한다"라고

규정하고 그 선점 및 보호지에 관한 국제적 분쟁이 발생하기 전에 막기 위하여 학자 중에는 이 규정을 이용하여 선점은 그 행위를 다른 문명국에 통지해야

이可ᄒᆞ다稱道ᄒᆞᄂᆞᆫ者ㅣ不無ᄒᆞ되 此說은國際公法上에正當ᄒᆞᆫ學說이라云ᄒᆞ기不能ᄒᆞ도다何者오右條約의規定은第一、 同條約의締約國及加盟諸國에만對ᄒᆞ야拘束ᄒᆞᄂᆞᆫ效力이生ᄒᆞᆯ지오其以外諸國에對ᄒᆞ야ᄂᆞᆫ何等의效力도不生ᄒᆞᆯ지며第二、 同規定은亞非利加大陸海岸에만其適用을實行ᄒᆞ고他大陸及亞非利加內地에關ᄒᆞ야ᄂᆞᆫ其適用을實行ᄒᆞᆯ理由가無ᄒᆞᆯ뿐아니라雖亞非利加沿岸이라도陸地로起點ᄒᆞ야三哩以外에在ᄒᆞᆫ마당가스갈島嶼에至ᄒᆞ야ᄂᆞᆫ規定을適用치못ᄒᆞᆯ바ㅣ되ᄂᆞᆫ所以니라

以上某學者의所論과ᄀᆞᆺ치列國一般의承認이有ᄒᆞ야如此ᄒᆞᆫ通知로써國際公法의法則을成ᄒᆞᆷ에至ᄒᆞ면斯法을爲ᄒᆞ야其有益ᄒᆞᆫ點이不尠ᄒᆞᆷ은容疑ᄒᆞᆯ바ㅣ아니라既往西曆千八百八十八年에로ㅣ잔느에開會ᄒᆞᆫ萬國國際法協會에서도此通知方法을贊成ᄒᆞ며又亞非利加洲에關ᄒᆞ야ᄂᆞᆫ諸國間에 此規定을從ᄒᆞ야實際에 通知를行ᄒᆞᆯ뿐아니라法國은고린스島를先占ᄒᆞ고 英國은쎄츄란드를 先占ᄒᆞᆷ에 當ᄒᆞ야도 兩地方

한다고 말하는 사람이 없지 않다. 이러한 주장은 국제공법적으로 정당한 학설이라고 말할 수 없다. 왜냐하면 위 조약의 규정은 첫째, 이 조약의 체약국 및 가입국들에 대해서만 구속하는 효력이 생기고, 그 이외의 여러 국가에 대해서는 전혀 효력이 생기지 않기 때문이다. 둘째, 이 규정은 아프리카 대륙 해안에만 적용할 수 있고, 다른 대륙 및 아프리카 내지에 관해서는 적용할 이유가 없을 뿐 아니라 비록 아프리카 연안이라도 육지를 기점으로 해서 3해리 이외에 있는 마다가스카르제도에 대해서는 이 규정을 적용할 수 없기 때문이다.

이상 어떤 학자의 주장과 같이 여러 국가 일반의 승인이 있어야 이와 같은 통지가 국제공법의 법칙이 되면 이 법에 유익한 점이 적지 않다는 점은 의심할 것이 없다. 이미 1888년에 로잔에서 열린 국제법학회에서도 이러한 통지 방법을 찬성하였다.* 또한 아프리카에 관해서는 여러 국가 사이에 이 규정을 좇아서 실제로 통지하였을 뿐만 아니라 프랑스는 고린스섬을 선점하고, 영국은 베추아날랜드(Bechuanaland)를 선점할 때도 양 지방이

---

* 국제법학회(Institute of International Law)는 '영토의 선점에 관한 국제선언 초안(Projet de déclaration internationale relative aux occupations de territoires)'을 1888년 로잔 회의에서 채택하였다.

이右規定以外의地됨을不關ᄒᆞ고同條約締盟諸國에通知ᄒᆞᆫ事가有ᄒᆞ며又千八百九十年七月에英德兩國이條約을締結ᄒᆞ야 닷트湖附近의亞非利加土人과締結ᄒᆞᆯ條約을互相通知ᄒᆞᆷ이라約定ᄒᆞᆫ事實이有ᄒᆞ대此條約의規定도亦其性質上効力을可及ᄒᆞᆯ者ㅣ兩締盟國에不過ᄒᆞᆯ지오法國及英國의亞非利加沿岸及內地先占通知ᄂᆞᆫ兩國의任意的行爲에止ᄒᆞᆯ뿐이며萬國國際法協會의決議ᄂᆞᆫ一學說에不過ᄒᆞᆫ者ㅣ라然則是로因ᄒᆞ야先占은國際公法의法則上으로一般他諸國에對ᄒᆞ야通知ᄒᆞᆯ義務가有ᄒᆞᆫ者ㅣ라云ᄒᆞᆷ은不能ᄒᆞᆯ지로다

(三)事實上의占有를要ᄒᆞᄂᆞ니國家가一定ᄒᆞᆫ土地를領有코져ᄒᆞᆷ에當ᄒᆞ야ᄂᆞᆫ單히意思의表示로써完全ᄒᆞᆫ先占이라云ᄒᆞ기不能ᄒᆞᆷ으로國家ᄂᆞᆫ其土地에對ᄒᆞ야占有의事實及繼續을行치아니치못ᄒᆞᆯ지라然則占有의事實이란者ᄂᆞᆫ何오卽國家가其土地에民을移ᄒᆞ며軍隊를置ᄒᆞ야政治上의一定ᄒᆞᆫ組織을其土地領有意思表示前後의相當ᄒᆞᆫ年月以內에設置ᄒᆞ야其土地를防衛保護ᄒᆞ며使用을不絕ᄒᆞ야有効히占有의實蹟

위 규정 이외의 토지였던 것과 관계없이 위 조약의 여러 체약국들에 통지한 적이 있다. 또한 1890년 7월에 영국과 독일 양국은 조약을 체결하여 차드(Chad)호 부근의 아프리카 원주민과 체결할 조약을 상호 통지하기로 약정한 사실이 있다. 이러한 조약 규정도 역시 그 성격상 효력이 미칠 수 있는 것은 양 체약국에 불과할 것이고, 프랑스와 영국의 아프리카 연안과 내지 선점의 통지는 양국이 임의적인 행위에 그칠 뿐이며 국제법학회의 결의는 한가지 학설에 불과하다. 그래서 이로 인하여 신짐은 국제공법의 법칙상 일반적으로 다른 여러 국가에 대해서 통지할 의무가 있는 것이라고 할 수 없다.

③ 사실상 점유를 요건으로 하기에 국가가 일정한 토지를 영유하고자 할 때는 단순히 의사의 표시로 완전한 선점이라고 할 수 없다. 국가는 그 토지를 점유하고 점유를 계속하지 않으면 안 된다. 그래서 점유 사실이 무엇이냐면 국가가 그 토지에 국민을 이주시키고 군대를 두어서 일정한 정치 조직을 그 토지의 영유 의사를 표시하기 전후 상당한 기간 이내에 설치하여 그 토지를 방어하고 보호하며 사용을 끊지 않아야 유효하게 점유한 실적을

을擧ᄒᆞᆷ을指ᄒᆞᆷ이니라西曆千八百八十五年伯林條約第三十五條에曰本條約에記名國은亞非利加大陸의海岸先占地方內에其旣得權을尊重ᄒᆞ며且其協定條件으로써相當ᄒᆞᆫ時期에通商及運搬의自由를尊重케ᄒᆞ기爲ᄒᆞ야相當ᄒᆞᆫ權力을設定ᄒᆞᆯ義務를約定ᄒᆞᆷ이라規定ᄒᆞ니라此規定은同條約締結國及亞非利加大陸海岸에限ᄒᆞᆫ者ㅣ로ᄃᆡ其法則은國際公法上先占에關ᄒᆞᆫ法則을一層明確케ᄒᆞᆫ者ㅣ라云ᄒᆞᆷ을得ᄒᆞᆯ지라然이나占有의事實을設備ᄒᆞᆷ에當ᄒᆞ야ᄂᆞᆫ先占코져ᄒᆞᄂᆞᆫ其土地各部에此를悉皆設備ᄒᆞᆷ이可與不可ᄒᆞᆫ問題ᄂᆞᆫ其先占地의範圍境界如何를待ᄒᆞ야可決ᄒᆞᆯ者ㅣ나小群島를先占ᄒᆞᆷ에ᄂᆞᆫ其各島嶼에悉皆殖民ᄒᆞᆯ必要가無ᄒᆞᆷ으로써一個所에設定ᄒᆞᆫ行爲라도可히其全體를取得ᄒᆞᆯ지니假令西曆千八百八十五年에英國이루이샤드群島를先占ᄒᆞ고德國이마루살群島를領有ᄒᆞᆫ例가皆是니라

第二、先占地의區域

先占을依ᄒᆞ야國家가取得ᄒᆞᆯ土地란者ᄂᆞᆫ單히移住ᄒᆞᆫ人民이居住ᄒᆞᄂᆞᆫ面

들어서 가리킬 수 있다. 1885년 베를린조약 제35조에서는 "이 조약의 서명국은 아프리카 대륙 해안의 선점 지역 내에서 그 기득권을 존중하고 또한 그 협정의 조건으로 상당한 시기에 통상과 운반의 자유를 존중받기 위하여 상당한 권력을 설정할 의무를 약정한다"고 규정하였다. 이 규정은 베를린조약의 체결국과 아프리카 대륙의 해안에 한정된 것이고 그 법칙은 국제공법상 선점에 관한 법칙을 더욱 명확하게 하는 것이라고 할 수 있다. 그러나 점유 사실을 설정할 때는 선점하려는 해당 토시의 각 부분에 이를 모두 설정할 수 있는시 아닌시의 문제는 그 선점지의 범위 경계가 어떠한지를 기다려 결정할 것이나 소 군도를 선점할 때는 그 각 도서에 모두 식민할 필요는 없고, 1개소에 설정하는 행위라도 그 전체를 취득할 수 있다. 가령 1885년에 영국이 루이지아드(Louisiade) 군도를 선점하고, 독일이 마셜(Marshall) 군도를 영유한 사례가 모두 이것이다.

(나) 선점지의 구역

선점에 따라 국가가 취득할 토지는 단순히 이주한 인민이 거주하는 면적과

積과及其土地에砲臺兵營을設置ᄒᆞ야事實上으로防備ᄒᆞᆫ土地範圍內에限치아니ᄒᆞ고其居住ᄅᆞᆯ安全히ᄒᆞᆷ에必要ᄒᆞᆫ附近의無所屬地及將來에殖民地ᄅᆞᆯ繁榮케ᄒᆞ기爲ᄒᆞ야相當히必要ᄒᆞᆫ土地ᄂᆞᆫ皆其本國이領有ᄒᆞ야其領土에算入ᄒᆞᆷ을得ᄒᆞᄂᆞ니假令一島海岸에殖民地ᄅᆞᆯ設定ᄒᆞᆫ境遇에ᄂᆞᆫ其全島地가廣大치아니ᄒᆞ면其全島ᄂᆞᆫ悉皆殖民地에附屬ᄒᆞᆯ지오廣大ᄒᆞᆫ陸地海岸에殖民地ᄅᆞᆯ設定ᄒᆞᆫ境遇에ᄂᆞᆫ內地ᄅᆞᆯ交通ᄒᆞᆷ에道路ᄅᆞᆯ其海岸으로取ᄒᆞᆯ時ᄂᆞᆫ同殖民地의境界ᄅᆞᆯ其地에在ᄒᆞᆫ水流源口에溯及ᄒᆞ야其分水界卽水源山脈의頂上으로써分界ᄒᆞᆷ이普通의慣例니라此慣例의法則을名稱ᄒᆞ야「힌다ㅣ란드」原則이라稱ᄒᆞᄂᆞ니此法則은又殖民地ᄅᆞᆯ貫流ᄒᆞᄂᆞᆫ河川의浸潤土地ᄂᆞᆫ皆其領有에屬ᄒᆞᄂᆞᆫ者ㅣ라認ᄒᆞᄂᆞ니라然이나此法則이普通境遇에適用ᄒᆞᆷ이能ᄒᆞᆷ은容疑ᄒᆞᆯ바ㅣ아니로ᄃᆡ一切境遇에能皆通用ᄒᆞᆯ者ㅣ라云ᄒᆞᆷ은不得ᄒᆞᆯ지로다假令亞非利加洲와如ᄒᆞᆫ大陸에ᄂᆞᆫ大河의水源이內地에遠在ᄒᆞᆷ으로나일及공고河口에一殖民地ᄅᆞᆯ設定ᄒᆞᆯ지라도其水源에及ᄒᆞᄂᆞᆫ바大陸及其他多數의分流가有ᄒᆞᆫ諸大河의浸潤地ᄅᆞᆯ

그 토지에 포대와 병영을 설치하여 사실상 방비하는 토지 범위 내로 한정되지 않고 그 거주를 안전하게 하는데 필요한 부근의 무주지와 장래 식민지를 번영시키기 위해 상당히 필요한 토지는 모두 그 본국이 영유하여 자신의 영토에 산입할 수 있다. 가령, 한 섬의 해안에 식민지를 설정하였을 때 그 섬 전체의 토지가 넓지 않으면 그 섬 전체가 모두 식민지에 속할 것이다. 광대한 육지와 해안에 식민지를 설정하였으면 해안 도로를 취하여 내지로 교통할 때 같은 식민지의 경계는 그 땅에 있는 물 흐름의 발원지로 소급해서 그 분수계 즉 발원지 산맥의 정상을 경계로 하는 것이 보통의 관례이다. 이러한 관례 법칙을 이름하여 '힌터란트' 원칙이라고 한다. 이 법칙은 또한 식민지를 관통하여 흐르는 하천이 침습한 토지는 모두 그 영유에 속하는 것으로 인정한다. 그러나 이러한 법칙이 보통의 경우에 적용될 수 있는 것은 의심의 여지가 없지만, 어느 경우에나 모두 통용된다고 할 수는 없다. 가령 아프리카주와 같은 대륙에는 큰 하천의 발원이 내지에 멀리 떨어져 있어서 나일강과 콩고강 하구에 하나의 식민지를 설정하여도 그 발원지에 이르겠지만, 대륙과 그 밖의 분류가 많이 있는 여러 큰 하천의 침습지를

悉皆領有ᄒᆞᆯ者ㅣ라云ᄒᆞᆷ은道理上에可許키難ᄒᆞ며又濠洲와如ᄒᆞᆫ陸地一海岸에小殖民地ᄅᆞᆯ設定ᄒᆞᆯ지라도全島ᄅᆞᆯ領有ᄒᆞᆯ理由ᄂᆞᆫ無ᄒᆞ니라如此ᄒᆞᆫ境遇에ᄂᆞᆫ各其殖民地의防禦와生活의安全과繁榮에必要ᄒᆞᆫ程度ᄅᆞᆯ隨ᄒᆞ야相當ᄒᆞᆫ區域을領有ᄒᆞᆷ에不過ᄒᆞᆯ지오大河一岸에殖民地ᄅᆞᆯ設定ᄒᆞᆯ지라도其對岸의廣漠ᄒᆞᆫ土地ᄅᆞᆯ悉皆領有ᄒᆞᆷ은不得ᄒᆞᄂᆞᆫ故로他國이其對岸을先占ᄒᆞᄂᆞᆫ權利에對ᄒᆞ야ᄂᆞᆫ毫末이라도妨害될事가無ᄒᆞᆯ지니라然而二個國이仝一海岸及河岸에殖民ᄒᆞ야天然的의地勢上으로其境界ᄅᆞᆯ可辨키難ᄒᆞ거나或其境界ᄅᆞᆯ分定ᄒᆞᆯ相當ᄒᆞᆫ標準이無ᄒᆞᆫ時ᄂᆞᆫ其殖民地ᄅᆞᆯ兩殖民地의人民이最後居住ᄒᆞᆫ中央線을取ᄒᆞ야分界ᄅᆞᆯ定ᄒᆞᆯ外에道理가無ᄒᆞ니西曆千八百三年에墨西哥灣에關ᄒᆞᆫ米西兩國領土境界分定方法이即此例니라

第三、勢力의範圍

此勢力의範圍ᄅᆞᆯ說明ᄒᆞᆷ에當ᄒᆞ야ᄂᆞᆫ西語에所謂「힌다ㅣ란드」主義와密接ᄒᆞᆫ關係가有ᄒᆞᆷ으로先히「힌다ㅣ란드」主義ᄅᆞᆯ論述ᄒᆞ고次에勢力範圍

모두 영유한다고 하는 것은 도리상 허용하기 어렵다. 또한 호주와 같은 육지의 한 해안에 작은 식민지를 설정하여도 섬 전체를 영유할 이유는 없다. 이 경우에는 각기 식민지의 방어와 생활의 안전과 번영에 필요한 정도를 따라서 상당한 구역을 영유하는 것에 불과할 것이다. 큰 하천의 한쪽 언덕에 식민지를 설정하여도 그 맞은편의 광활한 토지를 모두 영유할 수는 없으므로 다른 국가가 그 맞은편 언덕을 선점하는 권리에 대해서는 조금도 방해될 일이 없다. 그러나, 2개국이 함께 한 해안과 하천의 언덕에 식민해서 천연 지세로 그 경계를 분별하기 어렵거나 혹은 그 경계를 분리하여 나누어 정하기에 상당한 표준이 없는 때는 그 식민지를 양 식민지의 인민이 마지막으로 거주했던 중앙선으로 경계를 나누는 것 이외에 도리가 없다. 1803년에 멕시코만에 관한 미국과 스페인 양국 영토 경계 획정 방법이 이러한 사례이다.

(다) 세력의 범위

세력 범위를 설명할 때는 서양 언어에 소위 '힌터란트' 주의와 밀접한 관계가 있기에 먼저 '힌터란트' 주의를 설명하고 그 다음에 세력 범위를

를詳說ᄒᆞ야其關係를分明히ᄒᆞ고져ᄒᆞ노라

某學者ᄂᆞᆫ此「헌다ㅣ란드」主義와勢力의範圍를混視ᄒᆞ야論ᄒᆞᄂᆞᆫ者도有ᄒᆞ며又某學者ᄂᆞᆫ此兩者를區別ᄒᆞ야論ᄒᆞᄂᆞᆫ者도有ᄒᆞ되述者ᄂᆞᆫ此兩者를區別ᄒᆞ야論ᄒᆞᆷ이妥當ᄒᆞᆷ으로信ᄒᆞ노라

甲、「헌다란ㅣ드」主義

此主義ᄂᆞᆫ先占을依ᄒᆞ야其先占의効力이可及ᄒᆞᆯ範圍를定ᄒᆞᄂᆞᆫ者ㅣ라解言ᄒᆞᆯ진ᄃᆡ先占은其先占의實力이可及ᄒᆞᆯ範圍를領土主權의延長ᄒᆞᆯ範圍라稱ᄒᆞᄂᆞ니此範圍를決定ᄒᆞᆷ에關ᄒᆞ야ᄂᆞᆫ古來로多數의學說이頗有ᄒᆞ되此「헌다ㅣ란드」主義ᄂᆞᆫ一海岸을先占ᄒᆞ면實力은其背後地에反及ᄒᆞᄂᆞᆫ者ㅣ라ᄒᆞ야是로因ᄒᆞ야先占의範圍를定ᄒᆞᄂᆞᆫ者ㅣ라故로此主義ᄂᆞᆫ其性質上先占되ᄂᆞᆫ領土主權延長權源에關ᄒᆞ야効力의範圍를確定ᄒᆞᄂᆞᆫ者ㅣ오假先占未熟權源의範圍를定ᄒᆞᄂᆞᆫ者ㅣ아니라是即勢力의範圍와相殊ᄒᆞᆫ主點이니此「헌다ㅣ란드」主義ᄂᆞᆫ普通先占의一原則은成ᄒᆞᆯ지라도各境遇에總히實行ᄒᆞ야限度를定ᄒᆞᆯ者ㅣ라云ᄒᆞᆷ은不

상세히 설명하여 그 관계를 분명히 하고자 한다. 어떤 학자는 이 '힌터란트' 주의와 세력 범위를 혼동하여 논하는 때도 있으며, 또한 어떤 학자는 이 양자를 구별하여 논하는 일도 있다. 저자는 이 양자를 구별하여 논하는 것이 타당하다고 믿는다.

① '힌터란트' 주의

이 주의는 선점에 따라 그 선점의 효력이 미칠 수 있는 범위를 정하는 것이라고 용어를 풀이하겠지만, 선점은 그 선점이 실효적으로 미칠 수 있는 범위를 영토 주권의 연장범위라고 한다. 이러한 범위를 결정하는 것에 관해서는 옛날부터 다수의 학설이 많이 있었다. 이러한 '힌터란트' 주의는 한 해안을 선점하면 효력이 그 배후지에 거꾸로 미치도록 해서 이로써 선점 범위를 정하는 것이다. 따라서 이러한 이 주의는 그 성격상 선점되는 영토의 주권 연장 권원에 관하여 효력 범위를 확정하는 것이다. 가령 선점 권원이 미숙한 경우의 범위를 정하는 것이 아니다. 이는 세력 범위와 서로 다른 중요한 점이다. 이러한 '힌터란트' 주의는 보통 선점의 한 원칙이 될지라도 각 경우에 모두 실행해서 한도를 정할 수 있다고는

能ᄒᆞᆯ지로다盖此主義는元來既占地域의範圍를確定코져ᄒᆞ는精神上으로從ᄒᆞ야出來ᄒᆞᆫ者ㅣ라然이나漠然ᄒᆞᆫ海岸背後의地域을既占範圍內에筭入ᄒᆞᆷ은其結果가假設先占을主張ᄒᆞᆷ에不過ᄒᆞᆯ지로다此에關ᄒᆞ야는西洋學者보ᄅᆞ가氏의說明이大概正當ᄒᆞᆷ으로信ᄒᆞ는故로左에其大要를紹介ᄒᆞ야써參考에供코져ᄒᆞ노라(日本國際法學者高橋作衛氏도亦此를贊成ᄒᆞ는바ㅣ니라)(高橋氏著平時國際公法論第三百十四頁乃至第三百九十六頁보ᄅᆞ氏手簿第三十張等叅考) 以上에述ᄒᆞᆫ바를略言ᄒᆞ면「힌다란드」主義는實力的先占의範圍를定ᄒᆞᆷ에當ᄒᆞ야海岸背後의一帶地를悉皆占領코져ᄒᆞ는主義니海岸의背後地가狹小ᄒᆞᆫ時와小河流의水源이有ᄒᆞᆫ時는是를適用ᄒᆞᆷ이能ᄒᆞᆯ지로대是와相反ᄒᆞ야其背後의地面이垠涯가無ᄒᆞᆫ時는是를適用ᄒᆞᆷ에當ᄒᆞ야極히不便ᄒᆞᆷ을感ᄒᆞᆯ지라然則此「힌다、란드」主義는實로國際法上先占의範圍를定ᄒᆞᆷ에標準을成ᄒᆞ기難ᄒᆞᆷ으로此에關ᄒᆞ야는寧其普通先占에關ᄒᆞᆫ勢力의範圍原則을適用ᄒᆞ야法理上에毫末이라도欠點됨이無ᄒᆞᆯ듯信ᄒᆞ노라

乙、勢力의範圍

할 수 없다. 대개 이 주의는 원래 이미 점유한 지역의 범위를 확정하기 위한 정신에 따라서 나온 것이다. 그러나 막연히 해안의 배후지역을 이미 점유한 범위 내에 산입하는 경우 그 결과는 가상의 선점을 주장하는 것에 불과할 것이다. 이에 관해서는 서양 학자 보일가의 설명이 대체로 정당하다고 믿기 때문에 아래에서는 그 대강을 소개하여 참고하도록 하고자 한다 [일본 국제법학자 다카하시 사쿠에 역시 이를 찬성한다. 다카하시 저서 《평시국제법론》 314쪽에서 396쪽, 보일의 장부 제30장 등 참고].

위에서 기술한 것을 요약하면 '힌터란트' 주의는 실효적 선점의 범위를 정할 때 해안 배후의 일대 토지를 모두 점령하려는 주의이다. 해안의 배후지가 협소한 때와 소하천의 수원이 있는 때는 이를 적용할 수 있겠지만, 이와 반대로 그 배후 지면의 끝이 없는 때는 이를 적용할 때 매우 불편함을 느낄 것이다. 그래서 이러한 '힌터란트' 주의는 참으로 국제법상 선점의 범위를 정하는 표준이 되기 어렵다. 이에 관해서는 차라리 보통의 선점에 관한 세력 범위 원칙을 적용하여야 법리상 조금이라도 흠결이 없을 것이라고 믿는다.

② 세력 범위

此勢力範圍에關ᄒᆞ야詳細히說明ᄒᆞᆫ學者ᄂᆞᆫ로ㅣ렌스氏가是라然而此로ㅣ렌스氏의學說을根據ᄒᆞ야日本國際公法學者高橋氏ᄂᆞᆫ此에敷衍說明ᄒᆞᆷ이如左ᄒᆞ니卽

(一)、未開無主地ᄂᆞᆫ万國自由先占에任ᄒᆞᆯ뿐아니라又保護地設置ᄒᆞᆷ을得ᄒᆞᄂᆞ니卽此勢力範圍의設定ᄒᆞᆯ目的地ᄂᆞᆫ無主權의土地됨을要ᄒᆞᆷ이니라

(二)、從來로各國이無主權地에對ᄒᆞ야先占을行ᄒᆞ고又保護權을設定코져ᄒᆞᆷ으로因ᄒᆞ야便宜上其勢力의範圍를設定ᄒᆞᄂᆞ니設定의理由ᄂᆞᆫ要건ᄃᆡ左開二個理由에不外ᄒᆞ도다

實力先占을行ᄒᆞᆫ境遇에ᄂᆞᆫ勢力의範圍를設定ᄒᆞᆯ必要가無ᄒᆞ니何故오先占의範圍ᄂᆞᆫ實力의及ᄒᆞᄂᆞᆫ範圍니其範圍ᄂᆞᆫ土地上에組織的으로發顯ᄒᆞ야極히明確ᄒᆞᆫ所以라然이나但實力의先占이아니오假設的으로廣大ᄒᆞᆫ土地를先占地及保護地로定코져ᄒᆞᆷ은一種無形的希望에不過ᄒᆞᆷ으로各國은其範圍를定ᄒᆞ기難ᄒᆞ야通知及宣言으로써

이 세력 범위에 관하여 상세히 설명한 학자는 로렌스이다. 그러나 로렌스의 이러한 학설을 근거로 일본 국제공법학자 다카하시는 이에 부연해 설명한 것이 아래와 같다.

㉠ 개척되지 않은 무주지는 모든 국가가 자유로이 선점할 뿐만 아니라 또한 보호지를 설치할 수 있다. 즉, 이러한 세력 범위를 설정하기 위한 목적의 토지는 주권이 없는 토지여야 한다.

㉡ 종래 각국이 주권이 없는 토지에 대하여 선점하고 또 보호권을 설정하기 위하여 편의상 그 세력 범위를 설정하였다. 이러한 설정 이유는 요컨대 아래의 두 가지 이유를 벗어나지 않는다.

실효적인 선점을 행하였으면 세력 범위를 설정할 필요가 없다. 왜냐하면 선점의 범위에 효력이 미치는 범위여서 그 범위는 토지에 조직적으로 드러나야 매우 명확하기 때문이다. 그러나 단지 실효적 선점이 아니고 가상으로 광대한 토지를 선점지와 보호지로 정하고자 하는 것은 일종의 형체가 없는 희망에 지나지 않기에 각국은 그 범위를 정하기 어려워 통지 및 선언으로써

各國希望의衝突을防止ᄒᆞᄂᆞ니此假設的範圍를稱ᄒᆞ야勢力의範圍라云ᄒᆞᄂᆞᆫ故로勢力範圍의問題가起ᄒᆞᆫ根本的理由ᄂᆞᆫ此假設先占을認코져홈에在ᄒᆞ니라

又ᄂᆞᆫ各國이皆未開地에對ᄒᆞ야對等의權으로써先占을主張ᄒᆞᄂᆞᆫ故로同一ᄒᆞᆫ土地에數個希望이顯出ᄒᆞᄂᆞᆫ時가有ᄒᆞᆫ지라故로如此ᄒᆞᆫ境遇에各國間의合意를因ᄒᆞ야互相調和홈을希望ᄒᆞᄂᆞ니假令甲國이甲地를先占코져宣言ᄒᆞᄂᆞᆫ時ᄂᆞᆫ乙國이是를認是ᄒᆞᄂᆞᆫ代에乙國이乙地를先占코셔宣言ᄒᆞᄂᆞᆫ時ᄂᆞᆫ甲國이亦是를認是홈을因ᄒᆞ야各國의衝突을得避ᄒᆞ고其各自의有ᄒᆞᆫ바를勢力의範圍라稱ᄒᆞᄂᆞ니勢力의範圍란者ᄂᆞᆫ各國의合意를依ᄒᆞ야互相讓步홈에起因ᄒᆞᆫ者ㅣ니라

如此히勢力의範圍란者ᄂᆞᆫ無主權地에만關ᄒᆞ야可起홀問題오不完全ᄒᆞᆫ主權이라도主權이有ᄒᆞᆫ土地에至ᄒᆞ야ᄂᆞᆫ勢力의範圍를設定코져홈은國際公法上에意味가無ᄒᆞᆫ者ㅣ라故로此範圍ᄂᆞᆫ決코領土主權延長의完全ᄒᆞᆫ權源이아니오一種의假設的先占으로其效力이但其勢力의

각국의 희망이 충돌하지 않도록 방지한다. 이러한 가상의 범위를 세력 범위라고 하므로 세력 범위의 문제가 발생하는 근본적인 이유는 이러한 가상의 선점을 인정하려는 데 있다.

또는 각국이 모든 미개척지에 대해 대등한 권리로써 선점을 주장하기 때문에 같은 토지에 여러 개의 희망이 드러나는 때가 있다. 따라서 이러한 경우에 각국 사이에 합의하여 상호 조화하기를 희망한다. 가령 갑국이 갑지를 선점한다고 선언하는 때는 을국이 이를 인정하고, 번갈아 을국이 을지를 선점한다고 선언하는 때에는 갑국도 이를 인정함으로써 각국의 충돌을 피할 수 있고, 각자 갖는 것을 세력 범위라고 칭하니, 세력 범위란 각국의 합의에 따라 상호 양보하는 것에 근거하는 것이다.

이같이 세력 범위는 무주지에 관해서만 일어날 수 있는 문제이고, 불완전한 주권이라도 주권이 있는 토지에 대해서는 세력 범위를 설정하고자 하는 것은 국제공법상 의미가 없다. 따라서 이러한 범위는 결코 영토 주권이 연장되는 완전한 권원이 아니고 일종의 가상 선점으로 그 효력이 단지 그 세력

範圍를設定ᄒᆞᆫ締盟國間에ᄂᆞᆫ有効ᄒᆞᆯ지라도他國家에對ᄒᆞ야ᄂᆞᆫ何等의効力이無ᄒᆞᆯ지며又此範圍ᄂᆞᆫ其假設先占을認是ᄒᆞᆷ으로브터其成立을始見ᄒᆞᆯ지니라

第四、「힌다ㅣ란드」主義와勢力範圍主義의差異

(一)、兩主義起源理由에差異가有ᄒᆞ니「힌다ㅣ、란드」ᄂᆞᆫ先占의實力으로써論據를作ᄒᆞ야起ᄒᆞᆫ者ㅣ라換言ᄒᆞ면即海岸의實力先占은何點으로써限度ᄒᆞᆯ者歟아云ᄒᆞᄂᆞᆫ問題를解決ᄒᆞ기爲ᄒᆞ야起ᄒᆞᆫ主義나然이나勢力範圍ᄂᆞᆫ假設의先占을行ᄒᆞ면各國의衝突을惹起ᄒᆞᆷ으로브터此를調和ᄒᆞ기爲ᄒᆞ야起ᄒᆞᆫ者ㅣ라故로前者ᄂᆞᆫ實力先占으로브터起ᄒᆞᆫ者ㅣ라後者ᄂᆞᆫ假設先占을認ᄒᆞᆷ으로브터起ᄒᆞᆫ者ㅣ니라

(二)、「힌다ㅣ란드」主義ᄂᆞᆫ先占ᄒᆞᆫ海岸으로起點을作ᄒᆞ야此主義를應用ᄒᆞᄂᆞᆫ者ㅣ니此ᄂᆞᆫ即先占의實力範圍를設定ᄒᆞᆷ으로目的ᄒᆞᄂᆞᆫ所以라然이나勢力範圍의設定은海岸에在ᄒᆞᆫ既設先占의部分으로브터起算ᄒᆞᆯ必要가無ᄒᆞ니此ᄂᆞᆫ即勢力範圍主義에關ᄒᆞ야ᄂᆞᆫ實力의先占을重視

범위를 설정한 체약국 간에는 유효할지라도 다른 국가에 대해서는 전혀 효력이 없다. 또한 이러한 범위는 그 가상 선점을 인정할 때 비로소 성립된다.

(라) '힌터란트' 주의와 세력 범위 주의의 차이

① 양 주의의 기원이 되는 이유에 차이가 있다. '힌터란트'는 선점의 효력을 논거로 해서 발생한다. 바꿔 말하자면, 즉 해안의 실효적 선점은 어떤 점으로써 한도를 둘 것인가라는 문제를 해결하기 위하여 제기한 주의이다. 그러나 세력 범위는 선점을 가정하면 각국의 충돌을 야기하기에 이를 조화시키기 위하여 제기한다. 따라서 전자는 실효적 선점으로부터 생기는 것이고, 후자는 가상의 선점을 인정하는 데서 생기는 것이다.

② '힌터란트' 주의는 선점한 해안을 기점으로 해서 이 주의를 응용하는 것이다. 이는 선점의 실효적 범위를 설정하기 위한 것을 목적으로 하기 때문이다. 그러나 세력 범위의 설정은 해안에 이미 설정된 선점 부분으로부터 시작하여 계산할 필요가 없다. 이는 세력 범위 주의에 관해서는 실효적 선점을 중시하지

치아니ᄒᆞᆷ으로基因ᄒᆞᆫ者ㅣ오海岸에占有有無ᄂᆞᆫ不問ᄒᆞ고假設先占을行ᄒᆞᆫ範圍를定ᄒᆞᆷ으로ᄡᅥ目的ᄒᆞᄂᆞᆫ所以니라然이나若「힌다、란드」主義로海岸의占有를依ᄒᆞ야海岸背後의廣大地域을先占ᄒᆞᆯ者ㅣ라論ᄒᆞᄂᆞᆫ境遇에ᄂᆞᆫ其結果가假設先占을主張ᄒᆞᆷ과同一ᄒᆞᆫ者ㅣ되ᄂᆞᆫ故로過激ᄒᆞᆫ「힌다ㅣ란드」主義ᄂᆞᆫ畢竟勢力範圍와同一히假設先占의主義를成ᄒᆞᆯ지니라

(三) 時效

國法上에個人이時效를因ᄒᆞ야財産을取得ᄒᆞᆷ과同一히國家도亦時效를因ᄒᆞ야領土를取得ᄒᆞᆯ지니即國家가占有ᄒᆞᆫ土地에關ᄒᆞ야取得의原因이不分明ᄒᆞ거나又ᄂᆞᆫ他國에對ᄒᆞ야不法으로取得ᄒᆞᆷ과如ᄒᆞᆫ土地에對ᄒᆞ야ᄂᆞᆫ其國家가其土地를領有ᄒᆞᆯ理由가無ᄒᆞᆫ境遇에若眞正領有者가顯出ᄒᆞ야其權利를主張치도아니ᄒᆞ고又ᄂᆞᆫ主張ᄒᆞᄂᆞᆫ事를怠慢히ᄒᆞ며主張ᄒᆞᆯ能力이無ᄒᆞᆷ으로占領國이永久히繼續호ᄃᆡ他國으로브터妨害ᄒᆞᆷ을不受ᄒᆞ고平穩히其土地를取用ᄒᆞᆫ時ᄂᆞᆫ國際公法上의時效를因ᄒᆞ야其領土를取得ᄒᆞᄂᆞ니라

않는 데 원인이 있다. 해안 점유 여부는 묻지 않고 가상 선점의 범위를 정하기 위한 것을 목적으로 하기 때문이다. 그러나 만약 '힌터란트' 주의로써 해안의 점유에 따라 해안 배후의 광대한 지역을 선점할 것이라고 주장할 때는 그 결과가 가상 선점을 주장하는 것과 같은 것이 되기 때문에 과도한 '힌터란트' 주의는 필경 세력 범위와 마찬가지로 가상 선점 주의가 될 것이다.

(3) 시효

국내법상 개인 시효를 원인으로 재산을 취득하는 것과 마찬가지로 국가도 역시 시효를 원인으로 해서 영토를 취득한다. 즉 국가가 점유한 토지에 관하여 취득 원인이 불분명하거나 타국에 대해서 불법으로 취득한 것과 같은 토지에 대해서는 그 국가가 그 토지를 영유할 이유가 없는 경우에 만약 진정한 영유자가 나타나서 그 권리를 주장하지 않거나 주장하는 데 태만하여 주장할 능력이 없어서 점령국이 영구적으로 계속해서 타국으로부터 방해를 받지 않고 평온히 그 토지를 수용하는 때는 국제공법상 시효를 원인으로 그 영토를 취득한다.

凡時効를財産取得의一方法으로定ᄒᆞ야其財産을取得케홈은所有者의게對ᄒᆞ야有所有의安全을圖謀ᄒᆞ고紛爭을防禦ᄒᆞ야當事者間의不和를調平홈이國際公法及國法間에相殊ᄒᆞᆫ바ㅣ無ᄒᆞᆫ者ㅣ라然이나國際公法上에特히時効를領土取得의一方法으로認ᄒᆞᄂᆞᆫ所以ᄂᆞᆫ此로써列國間의領有權取得如何의問題를法理上으로解釋코져홈이아니오國際의紛爭을防止ᄒᆞ고列國의秩序를確實케ᄒᆞᄂᆞᆫ一手段으로定ᄒᆞ야假令占有의原因은不正홈에基因ᄒᆞᆫ者ㅣ라도時効로써此에關ᄒᆞᆫ紛爭을杜絶코져홈에在ᄒᆞᆫ者ㅣ라故로領有權取得如何의問題ᄂᆞᆫ姑捨ᄒᆞ고國家가一土地를平穩히多年占有ᄒᆞᆫ占有ᄂᆞᆫ實際上其國家의領土와相殊ᄒᆞᆫ點이毫無ᄒᆞᆯᄲᅮᆫ아니라多數의學者도亦國際公法上의時効를土地에關ᄒᆞᆫ一領有權取得의方法으로認ᄒᆞ며特히휘ㅣ동氏와如ᄒᆞᆫ學者ᄂᆞᆫ此에關ᄒᆞ야說明ᄒᆞ야曰國際公法上에若此時効를領土權取得의原因으로不定ᄒᆞᄂᆞᆫ時ᄂᆞᆫ其土地領有에關ᄒᆞ야紛爭이相絶ᄒᆞᆯ時가無ᄒᆞᆯ지오一國은他國에對ᄒᆞ야數千年前의歷史로써其領有의權利를主張홈에至ᄒᆞ야地球上의主權者ᄂᆞᆫ悉皆其領土에關ᄒᆞᆫ由來의權利를喪失홈

대체로 시효를 재산취득의 한 방법으로 정하여 재산을 취득하도록 하는 것은 소유자에 대해서는 소유자의 안전을 도모하고, 분쟁을 방어하여 당사자들 사이의 불화를 조정하는 것은 국제공법과 국내법 사이에 서로 다를 바가 없다. 그러나 국제공법상 특히 시효를 영토 취득의 한 가지 방법으로 인정하는 이유는 이로써 여러 국가 사이의 영유권취득 여부의 문제를 법리적으로 해석하려는 것이 아니다. 국제분쟁을 방지하고 여러 국가의 질서를 확실히 하려는 수단의 한가지로 정한 것이다. 가령 점유 원인은 정당하지 않은 것에 근거한 것이라도 시효로써 이에 관한 분쟁을 차단하려는 것에 있다. 따라서 영유권취득 여부의 문제는 고사하고 국가가 어느 토지를 평온히 수년 점유한 경우는 실제로 그 국가의 영토와 서로 다른 점이 전혀 없을 뿐 아니라 다수의 학자도 국제공법상 시효를 토지에 관한 영유권취득의 한 가지 방법으로 인정한다. 특히 휘턴(H. Wheaton)과 같은 학자는 이에 관하여 설명하기를 국제공법상 만약 이러한 시효를 영토권취득의 원인으로 정하지 않는 때는 그 토지 영유에 관한 분쟁이 끊어질 때가 없을 것이고 한 국가는 타국에 대해서 수천 년 전의 역사로써 그 영유의 권리를 주장하게 되어서 지구상의 주권자는 모두 그 영토에서 파생된 권리를 상실하게

에至홀지라論홈은正當훈議論이라不謂홈을不得홀지로다
玆에又一注意를要홀바ㅣ有ᄒᆞ니時效에關ᄒᆞ야는國法上에一定훈期間이有ᄒᆞ니成文法及不成文法으로規定홀바ㅣ有ᄒᆞᄃᆡ國際公法上에至ᄒᆞ야는其期間이一定치도아니ᄒᆞ고又一定키도極難홈으로國家가永久히領土를取用ᄒᆞ야來훈境遇에果然時效를因ᄒᆞ야取得훈者ㅣ됨은判定홀標準이無홈으로써畢竟은各其境遇의事情을依ᄒᆞ야當事者間에論定홈外에는他道理가無홀지라然이나國家가他國의妨害를不受ᄒᆞ고多年間平穩히占來훈土地에關ᄒᆞ야는其領有의原因은增添及先占의原因과同一히當初에其土地를取得훈歷史上의事實을援用ᄒᆞ야其領土에對훈自國의權利를證明홀必要가無ᄒᆞ고單히時效를依ᄒᆞ야其領有를證明ᄒᆞ고反對者의權利를主張ᄒᆞ는者의게對ᄒᆞ야는此로써抗辯홈을得홀지라然而國家가不正히土地를占有훈境遇에는其占有의不正이時日의經過를依ᄒᆞ야消滅케ᄒᆞ야써正當훈領有者됨에는當初로適法의行爲를因ᄒᆞ야取得훈境遇보다長年月을要홈은多數學者의承認ᄒᆞ는바ㅣ니라

될 것이라고 논한 것은 정당한 논의라고 할 것이다.

여기에서 또 한 가지 주의해야 할 것이 있다. 시효에 관해서는 국내법상 일정한 기간이 있고, 성문법과 불문법으로 규정하는 것이 있지만, 국제공법상으로는 그 기간이 일정하지 않고 또한 정하기도 지극히 어려워서 국가가 영구적으로 영토를 수용해 온 경우에 과연 시효를 원인으로 취득하게 되는지를 판정할 표준이 없어서 필경 각 경우의 사정에 따라 당사자 간에 논의해서 정하는 수밖에는 다른 도리가 없다. 그러나 국가가 타국의 방해를 받지 않고 수년간 평온히 옛날부터 내려온 토지에 관해서 그 영유하는 원인은 첨부와 선점의 원인과 같게 당초에 그 토지를 취득한 역사적인 사실을 원용하여 그 영토에 관한 자국의 권리를 증명할 필요가 없고, 단순히 시효에 의하여 그 영유를 증명하고 반대로 권리를 주장하는 자에 대해서는 이로써 항변할 수 있을 것이다. 그러나 국가가 정당하지 않게 토지를 점유하였을 때 그러한 불법 점유가 시일이 지나면서 소멸하여서 정당한 점유자가 되는 것에는 당초에 적법한 행위를 원인으로 취득한 경우보다 긴 세월이 필요하다는 것은 다수의 학자가 인정하는 바이다.

第二、傳來取得

傳來取得이란者ᄂᆞᆫ業已一國의主權이普及ᄒᆞᄂᆞᆫ土地로其國의自由意思를依ᄒᆞ거나或은他의强力을依ᄒᆞ야其土地가他에移轉ᄒᆞᆷ을謂ᄒᆞᆷ이니傳來取得方法에ᄂᆞᆫ割讓賣買、交換、抵當、贈與等方法을依ᄒᆞ야行ᄒᆞᄂᆞᆫ者ㅣ라然이나某學者ᄂᆞᆫ嫁資도亦此部分에筭入ᄒᆞ야論ᄒᆞᄂᆞᆫ者ㅣ有ᄒᆞ대元來中古及近世初期에ᄂᆞᆫ此嫁資의方法을依ᄒᆞ야領土의取得이行ᄒᆞᆫ歷史가不無ᄒᆞ나輓近에至ᄒᆞ야ᄂᆞᆫ其事蹟이全無ᄒᆞᆷ으로써述者ᄂᆞᆫ此方法을省略ᄒᆞ노라

(一)割讓

領土의割讓은其割讓을受ᄒᆞᆫ國으로브터觀察ᄒᆞ야合倂에不外ᄒᆞ나割讓ᄒᆞᆫ國으로브터觀察ᄒᆞ면領土를喪失ᄒᆞᆫ者ㅣ라故로如何ᄒᆞᆫ境遇에其割讓이有効로成立ᄒᆞᆯ者歟아左의順序를從ᄒᆞ야說明코져ᄒᆞ노라

第一、任意的割讓　任意的割讓이란者ᄂᆞᆫ自國의領土를自意로他國에割讓ᄒᆞᄂᆞᆫ者를謂ᄒᆞᆷ이니近世에至ᄒᆞ야ᄂᆞᆫ此例가甚尠ᄒᆞ니라假令西曆千八百六十三年에希臘國이英國으로브터아이오니아島를得ᄒᆞᆷ은此任意的

2. 전래 취득

전래 취득은 이미 한 국가의 주권이 확산한 토지로서 그 국가의 자유의사에 의하거나 혹은 다른 강제력에 의하여 그 토지가 타국에 이전하는 것을 말한다. 전래 취득 방법에는 할양 매매, 교환, 저당, 증여 등 방법에 따라 하는 것이다. 그러나, 어떤 학자는 여자의 혼인 비용도 역시 이 부분에 산입하여 논하는 경우가 있다. 원래 중세, 고대 그리고 근세 초기에는 이러한 혼인 비용의 방법에 따라 영토의 취득이 된 역사가 없지 않지만, 몇 년 전 이래 지금까지 그 사례가 전혀 없기에 저자는 이 방법에 대해서 생략하겠다.

(1) 할양

영토의 할양은 그러한 할양을 받는 국가로부터 보자면 합병에 지나지 않지만 할양한 국가로부터 보자면 영토를 상실한 것이다. 따라서 어떤 때 그 할양이 유효하게 성립하는 것인지를 아래의 순서에 따라서 설명하고자 한다.

(가) 임의적 할양

임의적 할양은 자국의 영토를 스스로 타국에 할양하는 것을 말한다. 근세에 이르러 이러한 예가 매우 적다. 가령 1863년에 그리스가 영국으로부터 이오니아섬을 획득한 것은 이러한 임의적

割讓을依ᄒᆞᆫ바ㅣ오又千八百六十年에튀린네條約의結果로닛쓰及사보이엔伯領이法國에歸ᄒᆞᆷ도亦此任意的割讓에基因ᄒᆞᆫ者ㅣ니라

第二、强制的割讓、此强制的割讓이란者는征服의結果로브터割讓ᄒᆞ는境遇를謂ᄒᆞᆷ이니如此ᄒᆞᆫ割讓은實際에頻有ᄒᆞᆫ者ㅣ라然이나此割讓을有効로認ᄒᆞᆷ에는左의條件을要ᄒᆞᄂᆞ니第一은當事國이媾和條約에關ᄒᆞ야意思가合致ᄒᆞᆫ事오第二는割讓이傳授의形式을依ᄒᆞ야完了ᄒᆞᆫ事ㅣ是라有名ᄒᆞᆫ斯法學者마루덴氏는此條件에關ᄒᆞ야割讓地의居住人民이事實上으로服從ᄒᆞ는事를條件中에添入ᄒᆞ나然이나氏도亦此條件에至ᄒᆞ야는緻密ᄒᆞᆫ注意를附ᄒᆞ야因割讓地의人民이新國의人民되는事를希望ᄒᆞ거나希望치아니ᄒᆞ는事를形式的으로發布ᄒᆞᆷ을要ᄒᆞ는意義는아니라ᄒᆞ니라

玆에更히人民의意思를問ᄒᆞ야其土地의割讓을可決ᄒᆞᆯ者ㅣ라論ᄒᆞ는學者의說을叅考ᄒᆞ건대今日의此世界는卽君主가人民의財産及臣民에對ᄒᆞ야恣意로權力을操縱ᄒᆞᆯ時期가아니며君主一身의意思를國家의法律

할양에 의한 것이다. 또한 1860년에 튀린(Turin)조약의 결과로 니스와 사보이 백작령이 프랑스에 돌아간 것도 역시 이러한 임의적 할양에 근거한 것이다.

(나) 강제적 할양

강제적 할양은 정복의 결과로부터 할양하는 경우를 말한다. 이와 같은 할양은 실제로 많다. 그러나 이러한 할양이 유효한 것으로 인정받기 위해서는 아래의 조건을 충족해야 한다. 첫째는 당사국이 강화조약에 관한 의사의 합치가 있어야 한다. 둘째는 할양이 전수 형식에 의하여 완료되어야 한다. 러시아의 유명한 법학자인 마르텐스는 이러한 조건에 관해 할양지의 거주민들이 사실상 복종하는 것을 조건에 포함했다. 그러나 마르텐스도 이 조건에 대해서는 치밀하게 주의하여 말하기를 할양지의 인민이 새로운 국가의 인민이 되기를 희망하거나 희망하지 않는 것을 형식적으로 공포하는 것을 요건으로 한다는 의미는 아니라고 하였다.

여기에서 다시금 인민의 의사를 물어서 그 토지의 할양을 결정할 수 있다고 논하는 학자의 주장을 참고하자면 오늘날 이 세계는 군주가 인민의 재산과 신민에 대해서 스스로 권력을 행사하는 시기가 아니며 군주 개인의 의사를 국가의 법률로로認ᄒᆞᆯ時期가아니라故로領內의人民을對畜과同視ᄒᆞ고奴隷와同視ᄒᆞ야人民의意思를不問ᄒᆞ야其合意를不待ᄒᆞ고住民을土地와同一히他國의讓與홈과如홈은決코正當ᄒᆞᆫ處置됨을不得ᄒᆞᆯ뿐아니라況今日은人民의一部가政事決定에參與ᄒᆞ며代議士를選擧ᄒᆞ야其國의立法及行政을關與홈이通例되ᄂᆞᆫ時代리오如此ᄒᆞᆫ時代를當ᄒᆞ야君主의割讓行爲로人民의自由를剝奪ᄒᆞ야人民의不知ᄒᆞᄂᆞᆫ政治를頒布ᄒᆞ야其人民과一次도相議치아니ᄒᆞᆫ法律에服從케홈은穩當치아니ᄒᆞᆫ行爲라如此ᄒᆞᆫ境遇에其人民으로ᄒᆞ야곰其不法暴行을得免케ᄒᆞᆯ方法은其地方의住民으로ᄒᆞ여곰他國에屬ᄒᆞᆯ事를希望ᄒᆞ고不希望ᄒᆞᄂᆞᆫ意思를定케ᄒᆞ야其住民의多數가此에同意ᄒᆞ지아니ᄒᆞᄂᆞᆫ時ᄂᆞᆫ其土地의割讓을認否홈이穩當ᄒᆞ다論홈에在ᄒᆞ니라是以로近世의諸國은往往土地를割讓ᄒᆞᆯ境遇에人民의意思를問홈이可ᄒᆞ다ᄒᆞ야西曆千八百六十年의뒤린條約締結은割讓地되ᄂᆞᆫ니ㅣ스及사보이의住民이法國統治下에歸코저ᄒᆞᄂᆞᆫ事를承諾홈을因ᄒᆞ야成立ᄒᆞᆫ者ㅣ오又千八百六十三年에英國이아이오니아島를希臘에

인정하는 시대가 아니다. 따라서 영역 내의 인민을 짐승을 대하는 것과 같게 보고 노예와 같게 보아서 인민의 의사를 묻지 않고, 그들의 합의를 기다리지 않고 주민을 토지와 같게 타국에 넘겨줌과 같은 것은 결코 정당한 처리가 될 수 없을 뿐 아니라 하물며 오늘날 인민의 일부가 정치적 결정에 참여하며 대의원을 선거하여 그 국가의 입법 및 행정에 관여하는 것이 통례인 시대이다. 이와 같은 시대에 군주의 할양행위로 인민의 자유를 박탈하여 인민이 알지 못하는 정치를 공포하여 그 인민과 한 번도 상의하지 않은 법률에 복종하도록 하는 것은 온당하지 않은 행위이다. 이때 그 인민들이 불법적인 폭거를 피할 방법은 그 지방 주민들이 타국에 속하는 것을 희망하는지 아니면 희망하지 않는지의 의사를 정하도록 해서 그 주민의 다수가 이에 동의하지 않는 때는 그 토지의 할양을 부인하는 것이 온당하다. 이러한 이유로 근세의 여러 국가는 종종 토지를 할양할 때 인민의 의사를 물어야 한다고 해서 1860년 튀린조약 체결은 할양지인 니스와 사보이의 주민이 프랑스 통치를 받는 것을 승낙한 것을 원인으로 성립되었다. 또한 1863년에 영국이 이오니아섬을 그리스에

割讓ᄒᆞᆷ은島民의意思가希臘에服從ᄒᆞᄂᆞᆫ事ᄅᆞᆯ自甘ᄒᆞᆷ에基因ᄒᆞᆫ者ㅣ며又千八百六十六年에ᄲᅳ랑그條約第五條ᄂᆞᆫ普魯西國이슐네스비의北部ᄅᆞᆯ取得ᄒᆞᆷ에ᄂᆞᆫ其土地의住民意思ᄅᆞᆯ背反치아니ᄒᆞᆯ事ᄅᆞᆯ條件으로定ᄒᆞ얏스나然이나此ᄂᆞᆫ皆最近世國際公法上에容認ᄒᆞᄂᆞᆫ바ㅣ아니니라

人民이割讓을甘諾ᄒᆞᄂᆞᆫ事가極히明確ᄒᆞᆫ境遇即事情이有ᄒᆞ야不可不割讓을要ᄒᆞᆫ境遇에ᄂᆞᆫ此ᄅᆞᆯ割讓의條約으로締結ᄒᆞᄂᆞᆫ事가有ᄒᆞ니假令英國保護下에在ᄒᆞ던아이오니아島ᄂᆞᆫ其島의人民이業已西曆千八百六十三年以前에希臘國과合倂ᄒᆞᆯ事ᄅᆞᆯ希望ᄒᆞ얏고니스及사보이ᄂᆞᆫ以太利國에對ᄒᆞ야從來로同情을表示ᄒᆞᆷ이分明ᄒᆞᆷ으로써法人이空然히適當ᄒᆞᆫ時期에必要ᄒᆞᆫ準備ᄅᆞᆯ行ᄒᆞ고人民의意思ᄅᆞᆯ問ᄒᆞᄂᆞᆫ形式을用ᄒᆞᆷ에不過ᄒᆞ도다故로右二個境遇에畢竟人民一般의意思ᄅᆞᆯ問ᄒᆞᆷ이라云ᄒᆞᆷ은一個假稱的形式에止ᄒᆞᆯᄲᅮᆫ아니며ᄲᅳ랑그條約第五條와如ᄒᆞᆫ條約은普魯西가那翁第三世의媒介ᄅᆞᆯ依ᄒᆞ야締結ᄒᆞᆫ者ㅣ니其條約은實行된形蹟이無ᄒᆞ고其後千八百七十八年에墺地利와合意ᄒᆞᆷ을因ᄒᆞ야廢止ᄒᆞ얏스며又千八百七十

할양한 것은 섬 주민의 의사가 그리스에 복종하는 것을 스스로 달게 여긴 것에 기반했다. 또한, 1866년에 프라하(Praha)조약 제5조는 프로이센이 슐레스비히 북부를 취득하는 것이 그 토지 주민의 의사에 반하지 않을 것을 조건으로 정하였다. 그러나 이는 모두 최근 국제공법상 용인하는 것은 아니다.

인민이 할양을 달게 수락하는 것이 매우 명확한 경우, 즉, 사정이 있지만 어쩔 수 없이 할양이 필요한 경우에는 이를 할양조약으로 체결하는 일이 있다. 가령 영국의 보호 아래 있던 이오니아섬은 그 섬의 주민이 이미 1863년 이전에 그리스와 합병하는 것을 희망하였고, 니스와 사보이는 이탈리아국에 대해서 이전부터 공감을 표시한 것이 분명하였기에 프랑스인이 드러내 놓고 적당한 시기에 필요한 준비를 하고서 인민 일반의 의사를 묻는 형식을 활용한 것에 불과하였다. 따라서 위의 두 가지 경우에 필경 인민의 일반 의사를 묻는다고 하는 것은 하나의 형식에 그칠 뿐이다. 프라하조약 제5조와 같은 조약은 프로이센이 나폴레옹 3세의 중개에 따라 체결한 것이다. 그 조약은 실행된 적이 없고 그 후 1878년에 오스트리아와의 합의를 원인으로 폐기했다. 또한 1871년의

一年의프랑크포르드條約及千八百七十八年의伯林條約에도土地合併에關ᄒᆞ야人民의意思를問ᄒᆞᆯ者ㅣ라云ᄒᆞᆷ과如ᄒᆞᆫ條項이無ᄒᆞ니라

以上의事實을依ᄒᆞ야觀察ᄒᆞ면國家ᄂᆞᆫ人民의意思를問ᄒᆞᆷ을因ᄒᆞ야領土의取得을決定ᄒᆞᆯ必要가有ᄒᆞᆷ을不見ᄒᆞ고又人民의意思를問ᄒᆞᆷ이國民自用의意思를保證ᄒᆞᆷ에確實치못ᄒᆞᆷ은事實上에分明ᄒᆞᆫ者ㅣ라然則此를法理上으로研究ᄒᆞᆯ必要ᄂᆞᆫ無ᄒᆞ대法律上의起點으로觀察ᄒᆞ면大凡條約은條約의締結權이有ᄒᆞᆫ機關으로브터締結된以上은其條約이全國家를拘束ᄒᆞᆯ効力이有ᄒᆞᆫ者ㅣ되ᄂᆞᆫ故로土地의割讓條約도亦此原則에遺漏ᄒᆞᆯ바ㅣ아니니即此原則은公法上의大原則이오他의例外를許ᄒᆞᆯ者ㅣ아니라是로由ᄒᆞ야觀ᄒᆞ면條約이正式으로締結된以上은其條約의結果로他國에併呑될土地의人民이其國家決定에對ᄒᆞ야反對ᄒᆞᄂᆞᆫ意思를表示ᄒᆞᆯ지라도結局은効力이無ᄒᆞᆷ에歸ᄒᆞᆯ지로다但如此ᄒᆞᆫ境遇에關ᄒᆞ야其人民으로ᄒᆞ여곰割讓을受ᄒᆞᆫ國에屬ᄒᆞᄂᆞᆫ權과其以前國家에屬ᄒᆞᄂᆞᆫ權二權中에其一權을選擇ᄒᆞᄂᆞᆫ權을與ᄒᆞ야行케ᄒᆞᆫ事ᄂᆞᆫ業已第十七世紀及十八世紀

프랑크푸르트조약과 1878년의 베를린조약에도 토지합병에 관하여 인민의 의사를 묻는 것과 같은 조항이 없다.

이상의 사실에 의하여 고찰하면 국가는 인민의 의사를 묻는 것을 원인으로 영토 취득을 결정할 필요가 있다고 볼 수 없다. 또한 인민의 의사를 묻는 것이 국민 스스로 사용하는 의사를 확실히 보증하지 못하는 것이 사실상 분명하다. 그래서 이를 법리상으로 연구할 필요가 없지만, 법률적인 관점에서 고찰하자면 대개 조약은 조약체결권을 가진 기관이 체결한 이상 그 조약이 선 국가를 구속하는 효력이 있다, 따라서 토지 할양조약도 역시 이러한 원칙에서 빠져나갈 바가 아니다. 즉, 이러한 원칙은 공법의 대원칙이고 달리 예외를 허용할 것이 아니다. 이로써 보자면 조약이 정식으로 체결된 이상 그 조약의 결과로 타국에 병탄될 토지의 인민이 그 국가의 결정에 대해서 반대하는 의사를 표시할지라도 결국은 효력이 없게 된다. 다만 이러한 경우에 관해 그 인민들이 할양받은 국가에 속하는 권리와 그 이전 국가에 속하는 권리의 두 가지 권리 중에서 어느 하나의 권리를 선택하는 권리를 부여하여 행하도록 하는 것은 이미 17세기 그리고 18세기에

에頻頻實行ᄒᆞ야近世에至ᄒᆞ야ᄂᆞᆫ列邦이悉皆此方法을用ᄒᆞᆷ에至ᄒᆞ니라
假令프랑그포르드媾和條約第二條에ᄂᆞᆫ德國에割讓ᄒᆞᆫ알사스、로ㅣ렌二州의住民의게西曆千八百七十一年十一月々지法國에移轉ᄒᆞ야法國의人民되ᄂᆞᆫ事를得ᄒᆞᆷ이라規定ᄒᆞ얏고又千八百七十九年의콘스단디노블條約第七條에ᄂᆞᆫ土耳其領地의人民으로伯林條約을基因ᄒᆞ야露國領地에穩轉코저ᄒᆞᄂᆞᆫ者ᄂᆞᆫ條約의批准日卽二月三日로起算ᄒᆞ야限三個年의期間을與ᄒᆞᄂᆞᆫ故로不動產을賣却ᄒᆞ고土耳其의土地를去ᄒᆞᆷ이可ᄒᆞᆷ이라規定ᄒᆞ니라然이나不動產賣却云云의條項은近時媾和條約의不見ᄒᆞᄂᆞᆫ例니如此ᄒᆞᆫ條項은幾許間舊式條項에屬ᄒᆞᆷ이니라要컨ᄃᆡ此選擇權卽西語에所謂「옵시옹」權은今日國際公法上에在ᄒᆞ야ᄂᆞᆫ普通割讓地人民의게對ᄒᆞ야與ᄒᆞᆷ이原則이니라

然則如何ᄒᆞᆫ人民이割讓과同時에新國人民을成ᄒᆞᆯ者歟西曆千八百六十六年十月十三日의維也納平和條約第十四條와如히「玆에謂ᄒᆞᆫ바期間은分割地에出生ᄒᆞᆫ人民의게對ᄒᆞ야云ᄒᆞᄂᆞᆫ者ㅣ라然이나本條約交換

여러 번 실행되어 근세에 이르러서는 여러 국가가 모두 이러한 방법을 활용하게 되었다. 가령 프랑크푸르트 강화조약 제2조에서는 독일에 할양된 알자스, 로렌 2개 주의 주민에게 1871년 11월까지 프랑스에 이전하여 프랑스의 인민이 되는 것을 하도록 규정하였고, 또한 1879년의 콘스탄티노플조약 제7조에서는 터키 영지의 인민으로서 베를린조약을 근거로 해서 러시아 영지에 이전하고자 하는 사람들은 조약의 비준일, 즉 2월 3일로 시작하여 3년 기한을 부여하였기 때문에 부동산을 매각하여 터키의 토지를 처분해야 한다고 규정하였다. 그러나 부동산 매각에 관한 조항은 최근의 강화조약에서는 볼 수 없는 사례이기에 이와 같은 조항은 어느 정도 구식 조항에 속한다. 요컨대 이러한 선택권 즉 서양어에서 소위 '옵션'권은 오늘날 국제공법상에서는 보통 할양지 인민들에게 부여하는 것이 원칙이다.

그렇다면 어떠한 인민이 할양과 동시에 새로운 국가의 인민이 될 것인가? 1866년 10월 13일의 빈 평화조약 제14조와 같이 "여기에서 이른바 기간은 분할지에서 출생한 인민에 대해서 말하는 것이다. 그러나 이 조약 교환일에

日에墺地利以外地에在혼者의게對ᄒᆞ야ᄂᆞᆫ二個年을期間으로定홈이라」云홈과如혼明文이有혼時ᄂᆞᆫ特히必要가無호ᄃᆡ馬爾條約第五條와又치單히住民이라稱ᄒᆞ고其住民의性質은明文으로規定치아니혼時ᄂᆞᆫ不得已疑訝가生홀지라故로此에關ᄒᆞ야ᄂᆞᆫ學者의議論이頗有ᄒᆞ나然이나就中호ᄅᆞᆯ氏의分類法이詳密홈으로左에擧示ᄒᆞ야硏究者의게供코져ᄒᆞ노라

(一)、割讓地의出生民으로其地에現住ᄒᆞᄂᆞᆫ者

(二)、割讓地의出生民으로其割讓當時에暫時不在혼者

(三)、割讓地에出生혼人民은아니로ᄃᆡ其地에現住ᄒᆞ고永久히定住홀意思가有혼者

(四)、割讓地에出生혼人民으로其地에現住치아니ᄒᆞᄂᆞᆫ者

호ᄅᆞᆯ氏ᄂᆞᆫ如右히區別ᄒᆞ고又他學者ᄂᆞᆫ六種에至ᄒᆞ기ᄭᆞ지區別혼者도不無ᄒᆞ나然이나호ᄅᆞᆯ氏의分類가妥當홈으로信ᄒᆞ노라

(二)、賣買

오스트리아 이외의 토지에 있는 자에 대해서는 2개년을 기간으로 정한다"라고 한 것과 같은 명문이 있는 때는 특히 필요가 없다. 시모노세키(馬關)조약 제5조와 같이 단순히 주민이라 칭하고 그 주민의 성격을 명문으로 규정하지 않았을 때는 어쩔 도리 없이 의문이 생길 것이다. 따라서 이에 관해서는 학자들의 논의가 많다. 그러나 특히 홀(W. Hall)의 분류법이 세밀하기에 아래에 제시하여 연구자에게 제공하고자 한다.

① 할양지 출생민으로서 그 토지에 현재 거주하는 자
② 할양지 출생민으로서 그 할양 당시에 잠시 부재한 자
③ 할양지 출생민은 아니지만, 그 토지에 현재 거주하고 영구적으로 정주할 의사를 가진 자
④ 할양지 출생민으로서 그 토지에 현재 거주하지 않는 자

홀은 위와 같이 구별하였고, 또한 다른 학자들은 6가지 종류로까지 구별한 사람도 없지 않다. 그러나 홀의 분류가 타당하다고 믿는다.

(2) 매매

昔時에在ᄒᆞ야ᄂᆞᆫ君主가國家의版圖ᄅᆞᆯ祖宗傳來의家屋으로看做ᄒᆞᄂᆞᆫ故로君主가任意로割讓을行ᄒᆞ야國家의領地ᄅᆞᆯ他에讓與ᄒᆞᄂᆞᆫ事가中古及近世初葉에至ᄒᆞ야尤甚盛行ᄒᆞᆫ바ㅣ라然이나近時國家에至ᄒᆞ야ᄂᆞᆫ其國家가憲法國됨과絕對的의君主國됨을不問ᄒᆞ고國家의統治權을有ᄒᆞᆫ者가其國家의版圖ᄅᆞᆯ已物과同一히視ᄒᆞᆷ을不得ᄒᆞ야法律的根據ᄅᆞᆯ依치아니ᄒᆞ면讓與ᄒᆞᆷ이不能ᄒᆞᆯ지라故로賣買에基因ᄒᆞᆫ取得方法은現時代에至ᄒᆞ야ᄂᆞᆫ其例가甚尠ᄒᆞᆯ뿐아니라或此方法이行ᄒᆞᄂᆞᆫ時라도其影響을人民의게ᄂᆞᆫ不及케ᄒᆞᄂᆞᆫ條件下에行ᄒᆞᆷ을要ᄒᆞ야領地ᄅᆞᆯ賣買ᄒᆞ면其地에居住ᄒᆞᄂᆞᆫ人民의게對ᄒᆞ야一定ᄒᆞᆫ期間을必與ᄒᆞ고其地ᄅᆞᆯ退去ᄒᆞᄂᆞᆫ權利ᄅᆞᆯ與ᄒᆞᄂᆞ니라

最近世에至ᄒᆞ야國家의版圖ᄅᆞᆯ賣買ᄒᆞ야取得ᄒᆞᆫ例ᄅᆞᆯ擧ᄒᆞᆯ진대北米合衆國이亞米利加에在ᄒᆞᆫ露國의領地ᄅᆞᆯ七百二十萬弗로買入ᄒᆞᆷ과又西曆千八百六十八年에北米合衆國이丁抹國의島嶼선、도마ㅣ스及선 죤을七百五十萬弗로買入ᄒᆞᆷ과如ᄒᆞᆫ者ㅣ是니라

(三)、交換

옛날에는 군주가 국가의 영역을 조상 대대로 전해 내려온 가족 재산으로 간주하였기 때문에 군주가 임의로 할양해서 국가의 영지를 타국에 넘겨주는 일이 중세와 근세 초엽에 이르러 더욱 심하게 성행하였다. 그러나 근대 국가에 이르러서는 그 국가가 헌법 국가가 되고 절대주의 군주국가가 되는지를 불문하고 국가의 통치권을 갖는 자가 그 국가의 영역을 물건과 같게 볼 수 없어서, 법률적 근거에 의하지 않으면 넘겨줄 수 없다. 따라서 매매를 근거로 취득하는 방법은 현시대에 이르러서는 그 사례가 매우 적을 뿐 아니라 어떤 경우에는 이 방법을 행하는 때라도 그 영향이 인민에게 미치지 않게 하는 조건에서 행하는 것을 요건으로 해서 영지를 매매하면 그 토지에 거주하는 인민에게 일정한 기간을 반드시 부여하고 그 토지에서 퇴거할 권리를 준다.

최근에 이르러 국가의 영역을 매매해서 취득한 사례를 든다면 북미합중국이 아메리카에 있는 러시아의 영토를 720만 달러로 매입한 것과 또한 1868년에 북미합중국이 덴마크의 도서인 세인트토마스(Saint Thomas)와 세인트존(Saint John)을 750만 달러에 매입한 것이 있다.

(3) 교환

一國의領土가他國에移轉ᄒᆞᆫ時ᄂᆞᆫ其領土에在ᄒᆞᆫ主權은交替ᄒᆞᄂᆞᆫ者ㅣ니如何ᄒᆞᆫ境遇에領土ᄂᆞᆫ交換ᄒᆞᆯ者歟아今에其大要를略論ᄒᆞ면即一國의領土가他國領內에圍繞ᄒᆞ야在ᄒᆞᆫ時及他國과共有의土地가有ᄒᆞᆫ時에始其領土를交換ᄒᆞᆯ者ㅣ니라假令西曆千八百五十六年의巴理條約을依ᄒᆞ야몰다비아와쎄사라비아와交換ᄒᆞᆫ前例及日本及露國이樺太島와千島와交換ᄒᆞᆫ事實이有ᄒᆞ니라

此交換은交換의條約을依ᄒᆞ야行ᄒᆞᄂᆞᆫ者도有ᄒᆞ고又ᄂᆞᆫ國境의條約을依ᄒᆞ야行ᄒᆞᄂᆞᆫ事도有ᄒᆞ니라

(四)、抵當

一國이領土를他國에抵當ᄒᆞᆫ後에其義務를不履行ᄒᆞᆫ結果로因ᄒᆞ야其抵當物을其他國에傳致ᄒᆞᄂᆞᆫ事가有ᄒᆞ니假令西曆千七百十三年에瑞典國으로브터스데틴及쏘메른兩方을普魯西國에抵當ᄒᆞᆷ과如ᄒᆞᆫ者ㅣ是니라

(五)、贈與

國家가領土의一部를無償으로他國에讓與ᄒᆞᄂᆞᆫ事가有ᄒᆞ니此贈與ᄂᆞᆫ或戰

한 국가의 영토가 타국에 이전하였을 때는 그 영토에 있는 주권이 교체되는데 어떤 때 영토가 교환되는 것인가? 현재 그 대강을 요약해서 논하자면 즉 한 국가의 영토가 타국 영역 내에 둘러싸여 있는 때 그리고 타국과 공유하는 토지가 있는 때에 비로소 그 영토를 교환할 것이다. 가령 1856년 파리조약에 의하여 몰도바(Moldova)와 베사라비아(Bessarabia)를 교환한 전례가 있고, 일본과 러시아가 가라후토(樺太)섬과 지시마(千島)를 교환한 일이 있다.

(4) 저당

한 국가가 영토를 타국에 저당 잡힌 후에 그 의무를 이행하지 못한 결과 때문에 그 저당물을 타국에 이전하는 경우가 있다. 가령 1713년에 스웨덴이 슈테틴(Stettin)과 포메라니아(Pomerania) 양쪽을 프로이센에 저당 잡힌 것과 같은 것이다.

(5) 증여

국가가 영토 일부를 무상으로 타국에 넘겨주는 경우가 있다. 이러한 증여는 어떠한 때에는

爭의結果로領土의一部를贈與홈도有ᄒᆞ며又或平時의自國이任意로如此훈贈與를行ᄒᆞ는事도有ᄒᆞ나然이나平時에領土를空然히他國에讓與홈은中世以來로列國이領土를重視ᄒᆞ는結果로實例가甚尠호대戰爭의結果를因ᄒᆞ야領土를讓與홈은其實例가頗多ᄒᆞ니라假令西曆千八百五十九年에法國이伊國으로브터롬바르듸州의讓與를受ᄒᆞ야普法戰爭의結果로德國이法國으로브터알사스、로ㅣ렌二州의贈與를受홈과臺灣의贈與及比律賓의事件이皆是例니라

第二項　版圖의喪失

版圖의喪失은傳來의取得을他一便으로觀察ᄒᆞ면悉皆喪失의原因을成홀지라然이나但本來의取得은以上一項에論述홈과如히他國家主權에對ᄒᆞ야妨害되는行爲는無ᄒᆞ나其領土를失ᄒᆞ는國家便으로觀察ᄒᆞ면亦天然의事實을因ᄒᆞ야喪失ᄒᆞ는原因이니라故로此에關ᄒᆞ야는以上一項에叅照ᄒᆞ야研究ᄒᆞ면可히解得홀道理가有홈으로써玆에省略ᄒᆞ노라

第四欵　公海領海及河流

전쟁의 결과로서 영토 일부를 증여하는 것도 있다. 또한 평시에 자국이 임의로 이와 같은 증여를 하는 때도 있다. 그러나 평시에 영토를 공연히 타국에 넘겨주는 것은 중세 이래로 여러 국가가 영토를 중시한 결과로 실례가 매우 적다. 전쟁 때문에 영토를 넘겨준 경우는 그 실례가 많다. 가령 1859년에 프랑스가 이탈리아로부터 롬바르디아(Lombardia)주를 양도받은 것, 보불전쟁의 결과로 독일이 프랑스로부터 알자스, 로렌 2개 주의 증여를 받은 것, 그리고 대만 증여와 필리핀 사건이 모두 이러한 예이다.

제2항 영역의 상실

영역의 상실은 전래 취득을 다른 한 편에서 고찰하는 것으로 모두 영역 상실의 원인이 된다. 그러나 다만 본래 취득은 위의 제1항에서 논술했던 것과 같이 타국의 주권을 방해하는 행위는 없지만, 그 영토를 상실하는 국가 쪽에서 보자면 역시 천연 사실을 원인으로 상실하는 것이다. 따라서 이에 관해서는 위의 제1항을 참조하여 연구하면 이해할 수 있을 것이기에 여기에서는 생략하고자 한다.

제4관 공해, 영해 및 하천

第一、公海

國際公法上으로地球上의海面을分類ᄒᆞᄂᆞᆫ時ᄂᆞᆫ其海面이公海及領海二種에止ᄒᆞᆯ지라然而國家版圖內에有ᄒᆞᆫ者ᄅᆞᆯ領海라稱ᄒᆞ고諸國家領海의以外되ᄂᆞᆫ海面을悉皆公海라稱ᄒᆞᄂᆞᆫ故로公海란者ᄂᆞᆫ何國家版圖에도不屬ᄒᆞᄂᆞᆫ同時에諸國人民은此海面에對ᄒᆞ야共通의利益權及使用權을享有ᄒᆞᆷ이能ᄒᆞᆫ者ᄅᆞᆯ謂ᄒᆞᆷ이오何如ᄒᆞᆫ國家라도獨히此海面을領有ᄒᆞ야領有權、主權及管轄權을主張치못ᄒᆞᄂᆞᆫ者ᄅᆞᆯ指ᄒᆞᆷ이니라凡海洋은世界의文明發達及人民의繁殖을爲ᄒᆞ야欠缺치못ᄒᆞᆯ者ㅣ어ᄂᆞᆯ若一國家가如此ᄒᆞᆫ海洋을無制限으로占領ᄒᆞ야其海洋上에主權을行使ᄒᆞ게ᄒᆞ며或은各國이各自領有ᄒᆞ야其主權을行使ᄒᆞ게ᄒᆞᄂᆞᆫ時ᄂᆞᆫ他國家全體ᄅᆞᆯ統治ᄒᆞ고國家互相間의衝突을惹起ᄒᆞᄂᆞᆫ結果가生ᄒᆞ야諸國家의自由及平等의關係ᄅᆞᆯ維持키難ᄒᆞ야國際公法의基礎ᄅᆞᆯ搖動ᄒᆞᆷ에可至ᄒᆞᆯ者ㅣ됨으로써今日에至ᄒᆞ야ᄂᆞᆫ海洋의自由ᄅᆞᆯ公認ᄒᆞᆷ으로原則을作ᄒᆞ야公海ᄂᆞᆫ公路로認ᄒᆞ고產物은無主物로視ᄒᆞᄂᆞᆫ故로諸國民은自由로公海ᄅᆞᆯ使用ᄒᆞ며產物을取得ᄒᆞᆯ지니公海에關ᄒᆞᆫ諸國家의權利ᄂᆞᆫ完全ᄒᆞᆫ平等權이니라

1. 공해

국제공법상 지구상의 해수면을 분류하는 때는 그 해수면이 공해 및 영해 두 가지 종류에 그친다. 그러나 국가 영역 내에 있는 것을 영해라 칭하고 여러 국가의 영해 바깥인 해수면을 모두 공해라 칭하기 때문에 공해란 어느 국가의 영역에도 속하지 않는 동시에 여러 국가의 인민들이 이 해수면에 대해서 공통된 이익권 및 사용권을 누릴 수 있는 것을 말하고, 어떠한 국가라도 단독으로 이 해수면을 영유하여 영유권, 주권, 및 관할권을 주장하지 못하는 것을 가리킨다. 대체로 해양은 세계의 문명 발달과 인민의 번영을 위하여 빼놓을 수 없기에 만약 한 국가가 이와 같은 해양을 무제한 점령하여 그 해양에 주권을 행사하거나 혹은 각국이 각자 영유하여 그 주권을 행사하는 때는 다른 국가 전체를 통치하고 국가 상호 간의 충돌을 일으키는 결과가 생겨서 여러 국가의 자유 및 평등의 관계를 유지하기 어려워 국제공법의 기초를 흔들어 놓을 수 있게 되기에 오늘날에 이르러서는 해양의 자유를 공인하는 것이 원칙이 되었다. 공해는 공동의 도로로 인정하고 생산물은 무주물로 보기 때문에 여러 국가의 국민은 자유로이 공해를 사용하며 생산물을 취할 수 있기에 공해에 관한 여러 국가의 권리는 완전히 평등하다.

中世에至ᄒᆞ야海上에勢力이有ᄒᆞᆫ諸國家ᄂᆞᆫ無制限으로海洋을自占ᄒᆞ야自國領內에算入ᄒᆞᆷ을可得ᄒᆞᆯ者로信ᄒᆞ야伊太利國은아드리아딕크海ᄅᆞᆯ領有ᄒᆞ고英國은英吉利海峽、北海、愛蘭沿岸及비스게灣을領有ᄒᆞ고丁抹及瑞典兩國은쌀디크海ᄅᆞᆯ領有ᄒᆞ고土耳其ᄂᆞᆫ黑海ᄅᆞᆯ領有ᄒᆞ고西斑牙國은太西洋의全體及墨西牙灣을獨占ᄒᆞ고葡萄牙國은印度洋及모롯고以南의太西洋을領有ᄒᆞᆷ으로第十七世紀初葉에至ᄒᆞ기ᄭᆞ지ᄂᆞᆫ歐洲의近海가國家領內에不在ᄒᆞᆫ者ㅣ殆無ᄒᆞ야諸國은各自其領有ᄅᆞᆯ主張ᄒᆞ며又其海上에他國의舡舶이航行ᄒᆞᆷ을禁止ᄒᆞ고或課稅ᄒᆞ며敬禮ᄅᆞᆯ行ᄒᆞ게ᄒᆞ되若違犯者가有ᄒᆞᆫ時ᄂᆞᆫ刑罰的으로船舶及搭載物을沒收ᄒᆞ야國際間의葛藤을生ᄒᆞᆫ事實이不尠ᄒᆞ니라今日에在ᄒᆞ야當時에歐洲列邦이公海의領有ᄅᆞᆯ認ᄒᆞᆫ所以ᄅᆞᆯ追究ᄒᆞ면無他라當時에ᄂᆞᆫ其領有가自國의人民을保護ᄒᆞᆷ에便利ᄒᆞᆷ이反有ᄒᆞᆫ所以에不外ᄒᆞᆯ지로다何故오當時와如ᄒᆞᆫ通商及航海가發達치아니ᄒᆞᆫ時代에在ᄒᆞ야ᄂᆞᆫ海上에海賊이充滿ᄒᆞ야航海者의生命을殺害ᄒᆞ고財産을奪取ᄒᆞᆷ으로써一定ᄒᆞᆫ海面을優勢의海軍이有ᄒᆞᆫ大國의게領有케ᄒᆞᆷ이航海者의利益上으로도反히安全ᄒᆞᆷ을感ᄒᆞᄂᆞᆫ

중세에 이르러 해상 세력을 보유한 여러 국가는 제한 없이 해양을 스스로 점유하여 자국 영내로 산입할 수 있다고 믿었다. 이탈리아는 아드리아해를 영유하고, 영국은 영국 해협, 북해, 아일랜드 연안 및 비스케이(Biscay)만을 영유하고 덴마크 및 스웨덴 양국은 발트(Balt)해를 영유하고 터키는 흑해를 영유하고 스페인은 대서양 전체 그리고 멕시코만을 독점하고 포르투갈은 인도양과 모로코 이남의 대서양을 영유하여, 17세기 초에 이르기까지 유럽의 근해를 국가들이 영유하지 않은 경우가 거의 없었다. 여러 국가는 각자 그 영유를 주장하거나 그 해상에 타국 선박의 항행을 금지하거나, 과세하거나 경례하도록 하였다. 만약 위반하는 자가 있는 때는 형벌로 선박과 탑재물을 몰수하여 국제적 갈등이 생겼던 것이 적지 않다. 오늘날에 있어서야 당시에 유럽의 여러 국가가 공해를 영유하도록 인정한 이유를 미루어 궁리해 보면 다른 까닭이 없다. 당시에는 그러한 영유가 자국 인민을 보호하는데 오히려 편리했던 이유에 불과하다. 왜냐하면 당시와 같이 통상 및 항해가 발달하지 않은 시대에 있어서는 해상에 해적이 가득하여 항해자를 살해하고 재산을 빼앗았기에 일정한 해수면을 우세한 해군을 가진 대국에 영유하도록 하는 것이 항해자의 이익 면에서도 오히려 안전을 느낄 수 있게 되기

바ㅣ되ᄂᆞᆫ故로其課金을支出ᄒᆞ고敬禮를行ᄒᆞᄂᆞᆫ事가有ᄒᆞᆯ지라도寧其海軍國保護下에立ᄒᆞ야航海를完全히ᄒᆞᄂᆞᆫ者ㅣ利益되ᄂᆞᆫ所以니라然이나第十六世紀中葉에至ᄒᆞ야ᄂᆞᆫ諸國이通商航海의利益을認ᄒᆞ야和蘭國은東洋에航路를開始ᄒᆞ고英國及法國은太西洋及太平洋에探檢船을派遣ᄒᆞᆫ以來로歐洲列邦이通商航海의利益을相爭ᄒᆞ야西曆千六百九年에그로슈스ᄂᆞᆫ葡萄牙國이法王의敎書를依ᄒᆞ야印度洋及太西洋의領有主張을反對ᄒᆞᆯ目的으로海洋自由論을公表ᄒᆞ야海洋의使用은諸國民의自由되ᄂᆞᆫ事를唱道ᄒᆞ얏더니當時에海上領有를主張ᄒᆞ던諸國은此에對ᄒᆞ야反對的著書를發行ᄒᆞ야極力으로海洋領有論을保護ᄒᆞ얏스나其後에又碩學쎙게르속、쌔델及其他의諸學者가皆其海洋領有의不法을批評ᄒᆞᆷ으로第十七八世紀가相交ᄒᆞᆯ際에至ᄒᆞ야ᄂᆞᆫ航海及交通이漸次發達ᄒᆞ고頻繁ᄒᆞᆫ同時에海賊도減少ᄒᆞ야海洋을一國家가獨占ᄒᆞᆷ은無論認否ᄒᆞ고航海者의게對ᄒᆞ야課稅ᄒᆞ고敬禮를强行ᄒᆞᆷ과如ᄒᆞᆫ事項에至ᄒᆞ기ᄭᆞ지라도列國人民의게도不便ᄒᆞᆷ이甚ᄒᆞᆯᄲᅮᆫ아니라極度에至ᄒᆞ야ᄂᆞᆫ國家間에紛議及戰爭을惹起ᄒᆞᄂᆞᆫ事實이有ᄒᆞ야自然히列國은其主張을抛棄ᄒᆞ

때문에 사용료를 지출하고 경례를 하는 일이 있더라도 차라리 해군 소속 국가의 보호하에서 항해를 완전히 하는 것이 이익이 되었기 때문이다. 그러나 16세기 중엽에 이르러서 여러 국가가 통상항해의 이익을 인식하여 네덜란드는 동양 항로를 개시하고 영국과 프랑스는 대서양과 태평양에 탐험선을 파견한 이래로 유럽의 여러 국가가 통상항행의 이익을 서로 다투면서 1609년에 그로티우스는 포르투갈이 교황의 교서에 의하여 인도양과 대서양의 영유를 주장하는 것에 반대할 목적으로 해양자유론을 발간하여 해양의 사용은 여러 국가 국민의 사유라는 점을 주도하였다. 당시에 해양 영유를 주장하던 여러 국가는 이에 대해서 반대되는 저서를 발행하여 안간힘을 다해서 해양 영유론을 보호하였으나 그 후에 또한 석학인 빙케르스훅, 바텔 및 그 밖의 여러 학자가 모두 해양 영유의 불법을 비판하였다. 17세기 말 18세기 초에 항해와 교통이 점차 발달하고 번영한 것과 동시에 해적도 감소하여 해양을 한 국가가 독점하는 것을 물론 부인하였고, 항해자에게 과세하고 경례를 강제하는 것과 같은 사항에 대해서도 여러 국가의 인민들에게도 불편이 심했을 뿐만 아니라 극단적일 때 국가 간 분쟁과 전쟁을 일으키는 일이 있어서 자연히 여러 국가는 그 주장을 포기하고

고海洋의自由를認是ᄒᆞ야一定ᄒᆞᆫ領海以外海面에對ᄒᆞ야ᄂᆞᆫ領有를主張ᄒᆞᄂᆞᆫ國家가無ᄒᆞᆷ에遂至ᄒᆞ니라

上述과如히公海의使用은諸國의人民이自由로使用ᄒᆞᆯ者ㅣ되ᄂᆞᆫ故로何國家何人民을不問ᄒᆞ고第一、航海의自由、第二、漁獵의自由、第三、海底電線架設의自由를有ᄒᆞ야使用ᄒᆞᄂᆞᆫ權이有ᄒᆞᆫ故로左에更히列記ᄒᆞ야說明코져ᄒᆞ노라

第一、航海의自由

諸國家ᄂᆞᆫ軍艦及其他官有私有의船舶을勿論ᄒᆞ고商業上經濟上及政治上의目的으로公海를自由로通航ᄒᆞᆯ權이有ᄒᆞᆫ故로毫末이라도他國家ᄂᆞᆫ其航行法을强制ᄒᆞᆯ事가不能ᄒᆞ니라然이나公海에在ᄒᆞᆫ自國人民에對ᄒᆞ야各國은其行爲를規定ᄒᆞᄂᆞᆫ法則을定ᄒᆞ야船舶이衝突及坐礁等諸般航海의危險을防禦ᄒᆞᆯ目的으로發布遵守케ᄒᆞᄂᆞᆫ事가有ᄒᆞ니假令英國이西曆千八百六十二年七月二十九日에法律로써海上에關ᄒᆞᆫ法則을規定ᄒᆞᆷ과又千八百七十九年七月에文明諸國의代表者가英京倫敦에會集ᄒᆞ야英國의法規를模

해양의 자유를 인정하여 일정한 영해 이외의 해수면에 대해서는 영유를 주장하는 국가가 없어지게 되었다.

위에서 서술한 바와 같이 공해의 사용은 여러 국가의 인민이 자유롭이 사용하는 것이었기 때문에 어느 국가 어느 인민을 불문하고 첫째, 해양의 자유, 둘째, 어업의 자유, 셋째, 해저전선 가설의 자유를 갖고서 사용할 권리를 보유하기 때문에 아래에 다시 나열해서 설명하겠다.

(1) 항해의 자유

여러 국가는 군함과 그 밖의 관용 사용 선박을 막론하고 상업적으로 경제적으로 그리고 정치적인 목적으로 공해를 자유로이 통항할 권리를 갖기 때문에 다른 국가는 자신의 항행법을 조금이라도 강제할 수 없다. 그러나 공해에 있는 자국 인민에 대해서 각국은 그 행위를 규정하는 법칙을 정하여 선박 충돌 및 좌초 등 항행의 여러 가지 위험을 방어할 목적으로 공포하여 준수하도록 하는 경우가 있다. 가령 영국이 1862년 7월 29일에 법률로써 해상에 관한 법칙을 규정한 것과 또한 1879년 7월에 여러 문명국가의 대표가 영국의 수도 런던에 모여서 영국의 법규를 모방하여

倣ᄒᆞ야規定ᄒᆞᆫ法律을自國人民의게對ᄒᆞ야도遵守케ᄒᆞᆷ과如ᄒᆞᆫ者ㅣ皆是라此等의法規ᄂᆞᆫ一般航海者에對ᄒᆞ야燈臺、霧中信號、霧中速力、航路信號、難船信號等法則을遵守케ᄒᆞ야多大ᄒᆞᆫ利益과便宜ᄅᆞᆯ與ᄒᆞᆫ者ㅣ니라

第二、公海의漁獵

公海漁獵에關ᄒᆞ야도一定ᄒᆞᆫ海面을特定ᄒᆞ고其海面上에ᄂᆞᆫ漁獵의獨占權을主張ᄒᆞ니라然이나其後로漸次變遷ᄒᆞ야各國은自國의人民되ᄂᆞᆫ漁業者에만對ᄒᆞ야自國의法律로써其漁業을管理ᄒᆞᆷ에至ᄒᆞ니假令英領프크란드에ᄂᆞᆫ西曆千八百八十一年에膃肭漁獵規則을二十八哩海上ᄭᆞ지及ᄒᆞ야實行ᄒᆞ고愛蘭島의壯蠣保護法은近海二十哩에ᄭᆞ지及ᄒᆞ야實行ᄒᆞ고蘇格蘭의鰊魚業法은其東北海岸으로브터二千七百方哩海上에ᄭᆞ지及ᄒᆞ야適用ᄒᆞ고伊太利國의사르디니아島珊瑚採取法은同島의西南岸으로브터十四哩乃至三十三哩海上ᄭᆞ지及ᄒᆞ야施行된事가有ᄒᆞ야各國은各自法律을發布ᄒᆞ야自國人民의漁業者ᄅᆞᆯ管理ᄒᆞᆯᄲᅮᆫ아니라其定界以內에至ᄒᆞ야ᄂᆞᆫ他國人民의게도其法律을强行ᄒᆞᆫ事가有ᄒᆞ니라然이나要컨대公海의漁獵은自

규정한 법률을 자국 인민에게도 준수하도록 한 것과 같은 것이 모두 이러한 것이다. 이들 법규는 일반 항해자에 대해서 등대, 안개 시 신호, 안개 시 속도, 항로 신호, 조난선 신호 등의 법칙을 준수하도록 하여 많은 이익과 편의를 주었다.

(2) 공해 어업

공해 어업에 관해서도 일정한 해수면을 특정하고 그 해상에서 독점적 어업권을 주장하였다. 그러나 그 후 점차 바뀌어서 각국은 자국 인민인 어업인에게만 자국의 법률로써 그 어업을 관리하기에 이르렀다. 가령, 영국령 포클랜드에서는 1881년에 물개어업 규칙을 28해리까지 시행하고 아일랜드섬의 굴 보호법은 근해 20해리까지 시행하고 스코틀랜드의 연어 어업법은 동북 해안으로부터 2,700해리까지 적용하고, 이탈리아의 사르데냐섬 산호 채취법은 이 섬의 서남 해안으로부터 14해리에서 33해리에까지 시행된 경우가 있다. 각국은 각자의 법률을 공포하여 자국 인민의 어업을 관리할 뿐 아니라 정해진 경계 이내에 대해서는 타국 인민에게도 그 법률을 강행한 경우가 있다. 그러나 요컨대 공해 어업은 자국

國의人民되ᄂᆞᆫ漁業者外에ᄂᆞᆫ國法으로ᄡᅥ其漁業을拘束ᄒᆞᆯ權이無ᄒᆞᆷ으로公海에關ᄒᆞᆫ漁業權은諸國의人民이皆自由로行ᄒᆞᆷ을可得ᄒᆞᆯ지로다公海에關ᄒᆞᆫ漁業의自由ᄂᆞᆫ大概右述과如ᄒᆞ거니와沿海의諸國人民은其漁業의利益을相爭ᄒᆞᄂᆞᆫ結果로國家間에紛爭을惹起ᄒᆞᆫ事實이不尠ᄒᆞ니假令北海의漁業問題ᄂᆞᆫ英、德、法、和、丁、白、六個國間에紛爭이不絶ᄒᆞ야葛藤을生ᄒᆞᆷ으로西曆千八百八十二年五月에海牙列國會議ᄅᆞᆯ經ᄒᆞ야條約으로ᄡᅥ諸國人民의公海漁業自由權을確定ᄒᆞ고其自由及安全을保障ᄒᆞ기爲ᄒᆞ야締約諸國은各其軍艦을派遣ᄒᆞ야監督ᄒᆞᆫ事實이有ᄒᆞ며又現今白翎海의漁業은英米兩國間에關ᄒᆞᆫ膃肭漁業問題ᄅᆞᆯ巴里仲裁裁判에提出ᄒᆞ얏더니同審判官은如左히判決ᄒᆞᆫ事實이有ᄒᆞ니라

英米兩國은各其人民의게對ᄒᆞ야膃肭獸의棲息ᄒᆞᄂᆞᆫ米領쁘리삐로프島의海岸으로브터六十哩以內에在ᄒᆞ야ᄂᆞᆫ全然히其漁獵을禁止ᄒᆞ야白翎海全體에關ᄒᆞᆫ漁獵期間을定ᄒᆞ야每年五月一日로乃至七月三十日間은一切히漁獵을禁ᄒᆞ고兩國人民은漁獵期限內에라도帆船으로만漁獵을行ᄒᆞᆯ지며

인민인 어업인 외에는 국내법으로 어업을 구속할 권한이 없다. 공해에 관한 어업권은 여러 국가의 인민이 모두 자유로이 행할 수 있다. 공해에 관한 어업의 자유는 대개 위에서 기술한 것과 같지만 연근해의 여러 국가 인민들은 그 어업의 이익을 서로 다투었던 결과 국가 간에 분쟁이 발생한 사실이 적지 않다. 가령 북해의 어업 문제는 영국, 독일, 프랑스, 네덜란드, 덴마크, 벨기에 6개국 사이에 분쟁이 끊이지 않아서 갈등이 생겨서 1882년 5월에 헤이그 국제회의를 통하여 조약으로써 여러 국가 인민의 공해어업 자유권을 확정하고 그 자유 및 인진을 보장하기 위하여 체약국들은 각기 군함을 파견하여 감독한 사실이 있다. 또한 현재 베링해의 어업은 영국과 미국 양국 사이의 물개 수렵 문제를 파리 중재재판에 회부하였고 이 재판의 중재관이 아래와 같이 판결한 사실이 있다.

영미 양국은 각자 자국민에 대해서 물개들이 서식하는 미국령 프리빌로프(Pribilof)섬의 해안으로부터 60해리 이내에서는 물개 수렵을 전면 금지하고 베링해 전체에 관해서 물개 수렵 기간을 정하여 매년 5월 1일부터 7월 30일까지는 일절 수렵을 금지하고 양국 인민은 수렵 기간 내에라도 범선으로만 수렵하고,

獵具는網具、火器、爆發藥等物의使用을禁ᄒᆞᄂᆞᆫ等의規定을設ᄒᆞ야英米兩國政府에通牒ᄒᆞᆯ뿐아니라一般同海에膃肭漁業關係가有ᄒᆞᆫ諸他國에對ᄒᆞ야도同規定의實行을勸告ᄒᆞᆫ事實이有ᄒᆞ니라

第三、海底電線

公海中에海底電線을架設ᄒᆞᆷ은諸國家自由權內에屬ᄒᆞᆫ者ㅣ로대其電線을航海者의惡意或怠慢의結果로破損케ᄒᆞᄂᆞᆫ事가有ᄒᆞᆫ故로如此ᄒᆞᆫ破損을防止ᄒᆞ기爲ᄒᆞ야相當ᄒᆞᆫ保護의必要가生ᄒᆞᄂᆞ니라元來海底의電線으로一國領海內에在ᄒᆞᆫ者ᄂᆞᆫ其國이電線保護에關ᄒᆞᆫ必要法則을航海者에게對ᄒᆞ야强行ᄒᆞᆷ을得ᄒᆞᆯ지라도公海에在ᄒᆞᆫ電線에關ᄒᆞ야ᄂᆞᆫ何等의國家라도其海上에對ᄒᆞ야管轄權이無ᄒᆞᆷ으로써他國家船舶에對ᄒᆞ야監督을行ᄒᆞᆷ이不能ᄒᆞᆫ故로今日에至ᄒᆞ야ᄂᆞᆫ自國이國際條約及列國間의同意를得ᄒᆞ야電線의保護를自行ᄒᆞᆯ外에他道理가無ᄒᆞᆯ지로다西曆千八百七十九年에萬國國際法協會ᄂᆞᆫ公海에在ᄒᆞᆫ海底電線을破壞ᄒᆞᆫ行爲及毁損ᄒᆞᆫ行爲를國際公法上에犯罪로認ᄒᆞᆯ事를聲明ᄒᆞ얏더니其後에又列國이其保護에關ᄒᆞᆫ會議를法京

수렵 도구는 그물, 화기, 폭약 등의 물건은 사용을 금지하는 규정을 만들어 영국과 미국 양국 정부에 통보할 뿐 아니라 일반적으로 이 바다에서 물개 수렵과 관련이 있는 다른 여러 국가에 대해서도 이 규정의 실행을 권고한 사실이 있다.

(3) 해저전선

공해에 해저전선을 가설하는 것은 여러 국가의 자유권에 속하지만, 항해자가 악의로 혹은 태만한 결과로 그 전선을 파손하는 일이 있어서 이와 같은 파손을 방지하기 위하여 적절히 보호할 필요가 생긴다. 원래 한 국가의 영해 내에 있는 해저전선은 그 국가가 전선 보호에 관하여 필요한 법칙을 항해자에 대해서 강행할 수 있을지라도 공해에 있는 전선에 관해서는 어떠한 국가라도 그 해상에 대해서 관할권이 없기에 타국의 선박을 감독할 수 없다. 따라서 오늘날에는 자국이 국제조약과 여러 국가의 동의를 얻어서 스스로 전선을 보호하는 것 이외에 달리 방법이 없다. 1879년에 국제법학회는 공해에 있는 해저전선을 파괴하는 행위 및 훼손하는 행위를 국제공법상 범죄로 인정하는 성명을 내었다.* 그 후에 또한 여러 국가가 그 보호에 관한 회의를 프랑스의 수도

* 1879년 9월 5일 국제법학회(Institute of International Law)는 'Resolutions concerning the protection of submarine cables'를 재택하였다.

巴里開에ᄒᆞ고二十六個國이西曆千八百八十四年三月十四日의條約을依ᄒᆞ야公海에在ᄒᆞᆫ海底電線을共同保護上에置ᄒᆞ고各國은同規定의實行을保障ᄒᆞ야其犯罪者를罰ᄒᆞᆷ에必要ᄒᆞᆫ法律을定ᄒᆞ니라今에其大要를擧ᄒᆞᆯ진대如何ᄒᆞᆫ船舶이라도電線의架設及保全에對ᄒᆞ야損害를加치못ᄒᆞ게ᄒᆞ고其違犯은締約ᄒᆞᆫ各國에서軍艦及其他被命ᄒᆞᆫ船舶이監督케ᄒᆞ야五個年間을有効히實行ᄒᆞ기로約定ᄒᆞ얏스나廢止를明言치아니ᄒᆞᄂᆞᆫ以上은年年히其効力을繼續ᄒᆞᆯ事로約定ᄒᆞ얏더니又其締約諸國은西曆千八百八十六年에共同宣言을發表ᄒᆞ야써更히其約定의効力을確定ᄒᆞ고其翌年七月七日의議定書로其實行을確定ᄒᆞ니라然則今日公海에在ᄒᆞᆫ國家의海底電線은各國이自由로架設ᄒᆞᆯ權이有ᄒᆞᆫ者ㅣ라然이나其架設及保全을完全케ᄒᆞᆷ에ᄂᆞᆫ各國이公海에在ᄒᆞᆫ自國人民以外의人民에對ᄒᆞ야監督을行ᄒᆞᆯ權利가無ᄒᆞᆷ으로其妨害者及破損者를國際法上의犯罪者로定ᄒᆞ거나又ᄂᆞᆫ國際의條約으로써其監督을行ᄒᆞᆯ外에道理가無ᄒᆞ니라是以로今日國際上에ᄂᆞᆫ一定ᄒᆞᆫ法則이無ᄒᆞ고但諸國家間의條約을依ᄒᆞ야保護ᄒᆞᆷ에止ᄒᆞᆯ뿐이니라

파리에서 열고 26개국이 1884년 3월 14일의 조약에 의하여 공해에 있는 해저전선을 공동으로 보호하도록 했다. 각국은 이 규정의 실행을 보장하여 그 범죄자를 벌하는 데 필요한 법률을 정하였다. 현재 그 대강을 제시해보면 어떠한 선박이라도 전선의 가설 및 보전에 대해서 손해를 끼치지 못하도록 하였다. 이를 위반한 범죄는 각 체약국에서 군함 및 명령을 받은 그 밖의 선박이 감독하도록 하여 5개년간 유효하게 실행하기로 약정하였지만 폐지하기로 공언하지 않는 이상 매년 그 효력이 지속되도록 약정하였다. 또한 여러 체약국은 1886년에 공동선언을 발표하여 다시금 그 약정의 효력을 확정하고 그다음 해 7월 7일의 의정서로써 그 실행하기로 확정하였다. 그래서 오늘날 공해에 있는 국가들의 해저전선은 각국이 자유로이 가설할 권리를 갖는다. 그러나 그 가설 및 보전을 완전히 하려면 각국이 공해에 있는 자국 인민 이외의 인민에 대해서 감독해야 하는데 그러한 권리가 없기에 그 방해자 및 파손자를 국제법상 범죄자로 정하거나 국제조약으로써 그 감독하는 것에는 방법이 없다. 이러한 이유로 오늘날 국제적으로는 일정한 법칙이 없고, 다만 여러 국가 간의 조약에 의하여 보호하는 것에 그칠 뿐이다.

第二、領海

海洋에面在ᄒᆞᆫ領土에相接ᄒᆞᆫ領海ᄂᆞᆫ其性質이國家가領有ᄒᆞᆫ權力範圍에算入ᄒᆞᆯ者歟아ᄒᆞᄂᆞᆫ問題에關ᄒᆞ야ᄂᆞᆫ多數學說이一致ᄒᆞ야算入ᄒᆞᆷ을可得ᄒᆞᆯ者ㅣ라賛成ᄒᆞᆷ을不拘ᄒᆞ고某學者ᄂᆞᆫ此에對ᄒᆞ야反對ᄒᆞᄂᆞᆫ學說이有ᄒᆞ니今에其學說의理由ᄅᆞᆯ據ᄒᆞ건대凡國家ᄂᆞᆫ其領海에在ᄒᆞᆫ他國民의航海ᄅᆞᆯ妨害ᄒᆞ고又其海面을閉鎖치못ᄒᆞᆯ지며航海의安全을圖ᄒᆞ기爲ᄒᆞ야設置ᄒᆞᆫ浮標、燈臺等物의必要ᄒᆞᆫ費用及勞力을償受ᄒᆞ기外에ᄂᆞᆫ其海上航海者의게對ᄒᆞ야課稅ᄒᆞᆷ을不得ᄒᆞᆷ으로國家ᄂᆞᆫ此海上에領土權을有ᄒᆞᆫ者ㅣ아니오單히其國家管轄下에在ᄒᆞᆫ海面되ᄂᆞᆫ事ᄅᆞᆯ知得ᄒᆞᆯ지라云ᄒᆞᆷ에在ᄒᆞ도다然이나此等理論의當否ᄂᆞᆫ實際上에至ᄒᆞ야何等의關係가無ᄒᆞᆯ지니要컨대國家의領土가海洋에面在ᄒᆞᆫ時ᄂᆞᆫ其國이其沿岸一定水面에對ᄒᆞ야主權即管轄權을行使ᄒᆞᆯ지오如此ᄒᆞᆫ主權下에在ᄒᆞᆫ海面을領海라稱ᄒᆞᆷ을得ᄒᆞᆯ지로다元來海洋은原則上으로自由됨을不關ᄒᆞ고國際公法上에領海ᄅᆞᆯ認ᄒᆞᆷ은無他라平時及戰時ᄅᆞᆯ當ᄒᆞ야其國이國防을行ᄒᆞ고國民의幸福을保護ᄒᆞᆯ必要가有ᄒᆞᆷ을因ᄒᆞ야沿海ᄅᆞᆯ航行ᄒᆞᄂᆞᆫ船舶에

2. 영해

해양과 마주한 영토와 접한 영해는 그 성격상 국가가 영유하는 권력의 범위에 산입할 것인가 하는 문제에 관해서는 다수의 학설이 일치하여 산입하는 데 찬성하는 것에도 불구하고 어떤 학자는 이에 대해서 반대하는 학설이 있다. 여기에서는 그러한 학설의 이유를 거론하고자 한다. 대개 국가는 그 영해에 있는 다른 나라 국민의 항해를 방해하거나 해수면을 폐쇄할 수 없다. 항해의 안전을 도모하기 위하여 설치한 부표, 등대 등에 필요한 비용 및 노력을 보상받는 것 이외에는 그 해상의 항해자에 대해서 과세할 수 없다. 국가는 이 해상에 영토권을 갖는 것이 아니고, 단순히 그 국가의 관할하에 있는 해수면인 것을 알아야 한다는 것이다. 그러나 이러한 이론이 정당한지 아닌지는 실제와 전혀 관계가 없다. 요컨대 국가의 영토가 해양과 마주할 때는 그 국가가 그 연안의 일정한 수면에 대해서 주권 즉, 관할권을 행사한다. 이와 같은 주권하에 있는 해수면을 영해라 칭할 수 있다. 원래 해양은 원칙적으로 자유라는 것과 관련이 없고 국제공법상 영해를 인정하는 것은 다른 까닭이 없다. 평시 및 전시에 그 국가가 국가를 방위하고 국민의 행복을 보호할 필요가 있기에 연안해를 항행하는 선박에

對ᄒᆞ야ᄂᆞᆫ警察上、衛生上及其他의監督을行ᄒᆞ고近海에在ᄒᆞᆫ自國人民의漁業及航海의利益을保護ᄒᆞᆯ必要가有ᄒᆞᆷ으로稅關의密轉入及其他關稅法의實行을監督ᄒᆞ며海上으로브터敵의攻擊을防禦ᄒᆞ고他國間에戰爭이有ᄒᆞᆯ時ᄂᆞᆫ自國의中立을維持ᄒᆞ야써領土의安全及人民의平穩을圖謀ᄒᆞ기爲ᄒᆞ야陸地에接近ᄒᆞᆫ海面上에相當ᄒᆞᆫ設備를行ᄒᆞᆯ必要가有ᄒᆞᆫ故로其沿海ᄂᆞᆫ領海로定ᄒᆞ自國主權下에置ᄒᆞᄂᆞᆫ事ᄂᆞᆫ國際上에一般承認ᄒᆞᄂᆞᆫ바ㅣ니라

第一、領海의區域

領土가海洋에面在ᄒᆞᆫ境遇에其領海의區域을各國이中世以來로無制限ᄒᆞᆫ廣大海面을主張ᄒᆞᆫ事實은以上에도略述ᄒᆞᆫ바ㅣ有ᄒᆞ거니와其後에漸次로學者의反駁과列國間의紛爭及監督上의困難이有ᄒᆞᆷ을因ᄒᆞ야自他의利益上으로其區域을縮少ᄒᆞ야其領海의區域을各國의權力이可及ᄒᆞᄂᆞᆫ部分으로定ᄒᆞᄂᆞᆫ學說이生ᄒᆞ니라假令十六世紀의샤디나시六十哩說과十七世紀末葉及十八世紀初葉의가싸레지스百哩說과바ㅣ아린의無海底說即海底를難測ᄒᆞᆯ程度에至ᄒᆞᆫ海底說及로셰나스의二日航海程度說이有ᄒᆞ얏더니빙

대해서 경찰, 위생 및 그 밖의 감독을 하고 근해에 있는 자국 인민의 어업 및 항해의 이익을 보호할 필요가 있기에 세관의 밀수입 및 그 밖의 관세법 실행을 감독하며 해상으로부터 적의 공격을 방어하고 타국 간 전쟁이 있는 때에는 자국의 중립을 유지하여 영토의 안전 및 인민의 평온을 도모하기 위하여 육지에 접한 해수면에 상당한 설비를 할 필요가 있어서 그 연안해는 영해로 정하고 자국의 주권하에 두는 것은 국가들이 일반적으로 인정한다.

(1) 영해의 구역

영토가 해양을 마주하였을 때 그 영해의 구역을 각국이 중세 이래로 제한 없이 광대하게 해수면을 주장했던 것은 위에서도 약술하였다. 그 후에 점차로 학자들의 반대와 여러 국가 사이의 분쟁 및 감독상 어려운 점이 있어서 공동의 이익이 되도록 그 구역을 축소하여 영해 구역은 각국의 권한이 미칠 수 있는 부분으로 정하는 학설이 생겼다. 가령 16세기의 뽀 디나 시의 60리설과 17세기 말과 18세기 초의 가싸레지스의 100리설과 바아린의 무해저설(無海底說), 즉, 해저를 측정하기 어려울 정도에 이르는 해저설, 그리고 로세냐스의 2일 항해정도설(航海程度說)이 있었다.

겔쇽氏에及ᄒᆞ야領海ᄂᆞᆫ陸地로브터國家의兵力이無効力程度의說即換言ᄒᆞ면海岸으로브터砲丸의達ᄒᆞᄂᆞᆫ距離以內될事를主張ᄒᆞᆷ으로브터其後에諸學者ᄂᆞᆫ此에贊同ᄒᆞ야當物에砲丸이可達ᄒᆞᆯ距離ᄂᆞᆫ三哩에不過ᄒᆞᄂᆞᆫ故로干潮의海岸으로브터海面三哩ᄂᆞᆫ領海로定ᄒᆞᆯ事를諸國家가承認을經ᄒᆞ야今日에至ᄒᆞ야ᄂᆞᆫ學說及實地가更히異議가無ᄒᆞᆷ에至ᄒᆞ니라

然이나領海ᄂᆞᆫ元來領土國의國權及利益을防禦ᄒᆞᆯ必要上으로出來ᄒᆞᆫ者ㅣ오又ᄂᆞᆫ陸地上으로브터國家의權力을適當히行使ᄒᆞᆯ區域을定ᄒᆞ기로主點을作ᄒᆞᄂᆞᆫ故로海岸으로브터發射ᄒᆞᆫ砲丸이到達ᄒᆞᆯ距離即三哩를領海로定ᄒᆞᆷ에不外ᄒᆞᆫ者ㅣ라然而近年에至ᄒᆞ야ᄂᆞᆫ大砲及破臺等의改良을因ᄒᆞ야陸上으로브터發射ᄒᆞᆫ砲丸의到達ᄒᆞᆯ距離가昔時와同一히但三哩에不止ᄒᆞ고六七哩되ᄂᆞᆫ距離에도可히到達ᄒᆞᆯ强力에有ᄒᆞ며軍艦及商船의速力도大增ᄒᆞ야文明程度의進步及利害關係의複雜이前日에比ᄒᆞᆯ者ㅣ아니오警察、衛生及徵稅等海上에關ᄒᆞᆫ監督이며沿海의貿易及漁業其他의利益競爭이層一層頻繁ᄒᆞᆷ으로領土國은自國의利益을保護ᄒᆞ고他國家間에戰爭이有

빙케르스훅에 이르러 영해는 육지로부터 국가의 병력이 효력을 갖지 않는 정도라는 주장, 즉 바꿔 말하면 해안으로부터 포탄이 도달하는 거리 이내가 되어야 한다는 것을 주장하였다. 그 후 여러 학자가 이에 찬동하여 대상물에 포탄이 도달할 수 있는 거리는 3리에 불과하므로 썰물 때 해안으로부터 해수면 3리를 영해로 정하는 사항을 여러 국가가 승인하여서 오늘날에는 학설과 실제가 다시금 이론이 없게 되었다. 그러나 영해는 원래 영토 국의 국권 및 이익을 방어할 필요에서 나타났거나 육지에서부터 국가의 권력을 적당히 행사할 구역을 정하는 중요한 지점이 되기 때문에 해안에서 발사한 포탄이 도달할 거리, 즉, 3리를 영해로 정하는 것에 지나지 않는다. 그러나 최근에 이르러서는 대포와 포대 등이 개량되면서 육상에서 발사한 포탄이 도달하는 거리가 과거와 같이 단지 3리에 그치지 않고 6-7리 되는 거리에도 충분히 도달할 힘을 가졌다. 군함과 상선의 속도도 매우 증가하여 문명 수준의 진보 및 이해관계의 복잡한 점이 이전과 비교할 것이 아니다. 경찰, 위생 및 징세 등 해상에 관한 감독이며 연근해 무역 및 어업, 그 밖의 이익 경쟁이 한층 더 빈번해지면서 영토 국은 자국의 이익을 보호하고 다른 국가 사이에 전쟁이

ᄒᆞᆫ時ᄅᆞᆯ當ᄒᆞ야ᄂᆞᆫ完全히自國의中立을保護ᄒᆞ야自國에關ᄒᆞᆫ危險을避ᄒᆞᆯ必要上으로今日에至ᄒᆞ야單히三哩以內의海面으로만領海ᄅᆞᆯ限定ᄒᆞ고其外海面에對ᄒᆞ야ᄂᆞᆫ自國의國權을行使키不能ᄒᆞᆷ은其領海의區域이狹小ᄒᆞ야當初에領海ᄅᆞᆯ認ᄒᆞᆫ目的에違反됨이有ᄒᆞᆷ으로써國際公法上에其區域을擴張ᄒᆞᆯ必要가有ᄒᆞ니라是以로西曆千八百九十二年에쥬네브에開會ᄒᆞᆫ萬國國際法協會ᄂᆞᆫ領海ᄅᆞᆯ擴張ᄒᆞᆯ必要가有ᄒᆞᆷ으로調查ᄒᆞᆫ事實이有ᄒᆞ야同千八百九十四年三月三十一日에巴里에開會ᄒᆞᆫ同協會ᄂᆞᆫ第二條에領海의區域을六哩로定ᄒᆞ고第四條에中立地區域은六哩以外라도砲丸의到達ᄒᆞᄂᆞᆫ點으로定ᄒᆞᆯ事ᄅᆞᆯ議決ᄒᆞ니라此議決의擴張은無論學理上及實地上에必要ᄒᆞᆫ者ㅣ되ᄂᆞᆫ故로此議決이迅速히諸國家間에實行ᄒᆞᄂᆞᆫ法則을成ᄒᆞ면萬國의幸事로信ᄒᆞ노라然이나此議決은一學會意見에止ᄒᆞᆯ뿐이오諸國家가同意ᄒᆞ야實行ᄒᆞᆫ事蹟은無ᄒᆞᆷ으로써此議決을即國際上에法則이라云ᄒᆞᆷ을不得ᄒᆞᆯ지니라

第二、海峽、港灣、及內海

있을 때는 자국의 중립을 완전하게 보호하여 자국에 관한 위험을 피할 필요에서 오늘날에는 단순히 3리 이내의 해수면으로만 영해를 한정하고 그 바깥 해수면에 대해서는 자국의 국권을 행사할 수 없는 경우 그 영해의 구역이 협소해서 당초에 영해를 인정한 목적에 위반되기에 국제공법상 그 구역을 확장할 필요가 있다. 이러한 이유로 1892년에 제네바에서 개최한 국제법학회는 영해를 확장할 필요가 있다고 조사한 사실이 있고, 1894년 3월 31일에 파리에서 회의를 개최한 같은 협회는 제2조에 영해 구역을 6리로 정하고 제4조에서 중립시의 구역은 6리 이외라도 포탄이 도달하는 점으로 정할 것을 결의했다. 이 결의에서 확장한 것은 물론 학설상 그리고 실제 필요한 것이었기 때문에 이러한 결의가 신속히 여러 국가 사이에 실행하는 법칙이 되면 세계 모든 국가에 다행스러운 일이라고 믿는다. 그러나 이 결의는 한 학회의 의견에 그칠 뿐이고 여러 국가가 동의해서 실행한 적은 없기에 이 결의가 바로 국제적으로 법칙이라고 할 수는 없다.

(2) 해협, 항만, 및 내해

海峽、港灣及內海에關ᄒᆞ야도亦以上에論述ᄒᆞᆷ과如ᄒᆞᆫ原則을適用ᄒᆞ야領海의區域을解決ᄒᆯ지나假令海峽兩岸의陸地가同一國領有에屬ᄒᆞ야其幅員이六哩以內되ᄂᆞᆫ時ᄂᆞᆫ兩海岸으로브터各各三哩의海面을領有ᄒᆞᄂᆞᆫ結果로其海峽全體ᄂᆞᆫ公海의有ᄒᆞᆷ을不見ᄒᆯ지로ᄃᆡ是와相反ᄒᆞ야其幅面이六哩以上되ᄂᆞᆫ時ᄂᆞᆫ兩岸으로브터各各三哩以外되ᄂᆞᆫ海面은公海에屬ᄒᆯ지오又其幅面이六哩以內되ᄂᆞᆫ境遇에ᄂᆞᆫ兩國이兩岸으로브터各各其海面의中央線을標準ᄒᆞ고領有ᄒᆞ야領海의區域을定ᄒᆯ者ㅣ며灣港及內海에關ᄒᆞ야도同一의理由로推定ᄒᆞᆷ을得ᄒᆯ지니若其周圍가悉皆一國에屬ᄒᆞ야海口가六哩以內되ᄂᆞᆫ時ᄂᆞᆫ其海面이如何히廣大ᄒᆯ지라도其國의領土及領海로써包圍ᄒᆞᆫ者ㅣ되ᄂᆞᆫ故로猶其領土內에在ᄒᆞᆫ湖水와同一히其國의領水를成ᄒᆯ지라然이나是와相反ᄒᆞ야海口가六哩以上되ᄂᆞᆫ時ᄂᆞᆫ其中央線이公海에屬ᄒᆞ야其入海의內部ᄂᆞᆫ海岸의各地로브터三哩以內의海面만領海에算入ᄒᆯ지오其餘의海面은皆公海에屬ᄒᆯ지며又ᄂᆞᆫ海口의三哩內外를不問ᄒᆞ고其周圍의土地가二個國以上에屬ᄒᆞᆫ時ᄂᆞᆫ海岸으로브터三哩以內만各自의領海

해협, 항만 및 내해에 관해서도 역시 위에서 논술했던 것과 같은 원칙을 적용하여 영해의 구역을 해결한다. 가령 해협 양쪽 언덕의 육지가 같은 국가의 영유에 속하여 그 폭이 6리 이내일 때는 양쪽 해안으로부터 각각 3리의 해수면을 영유하는 결과로 그 해협 전체는 공해를 갖는 것으로 볼 수 없다. 이와 반대로 그 폭이 6리 이상인 때는 양쪽 언덕에서부터 각각 3리 이외인 해수면은 공해에 속한다. 또한 그 폭이 6리 이내면 양국이 양쪽 언덕에서부터 각각 그 해수면의 중앙선을 표준으로 해서 영유하여 영해 구역을 정할 것이나. 항만과 내해에 관해서도 같은 이유를 들어서 정할 수 있다. 만약 그 주위가 모두 한 국가에 속하여 바다 입구가 6리 이내일 때는 그 해수면이 아무리 광대해도 그 국가의 영토 및 영해로 포위되기 때문에 오히려 그 영토 내에 있는 호수와 같이 그 국가의 영수(領水)가 될 것이다. 그러나, 이와 반대로 바다 입구가 6리 이상인 때는 그 중앙선이 공해에 속해서 육지에 가까운 바다의 내부는 해안의 각지로부터 3리 이내의 해수면만 영해에 포함될 것이고 그 나머지 해수면은 모두 공해에 속한다. 또는 바다 입구의 3리 내외를 불문하고 그 주위의 토지가 2개국 이상에 속하였을 때는 해안으로부터 3리 이내만 각자의 영해로로定ᄒᆞ고其外의海面은公海部分에屬ᄒᆞᆯ지라然이나海灣內海의入海口가一國의領土로써圍繞ᄒᆞ야其海口가六哩를超過ᄒᆞᄂᆞᆫ時ᄂᆞᆫ其海面全體를其國의領海로認ᄒᆞᆷ을可得ᄒᆞᆯ者乎아此에關ᄒᆞ야ᄂᆞᆫ學者間에議論이有ᄒᆞ야不一ᄒᆞ되今日國際上의法則으로ᄂᆞᆫ假令六哩를超過ᄒᆞᆯ지라도其海口를十分防禦ᄒᆞ야國家에必要가有ᄒᆞᆫ境遇에ᄂᆞᆫ實力上으로其海口를閉鎖ᄒᆞᆷ을可得ᄒᆞᆯ지오且其海口의幅員이灣內의廣大ᄒᆞᆷ과相比ᄒᆞ야狹隘ᄒᆞᆫ時ᄂᆞᆫ其灣內全體를其國의領海로認ᄒᆞᄂᆞᆫ學說이有力ᄒᆞ니라如此ᄒᆞᆫ境遇에普通灣口가十哩以內되ᄂᆞᆫ時ᄂᆞᆫ其內部를悉皆領海로看做ᄒᆞᆫ實例가不尠ᄒᆞ니假令西曆千八百三十九年英法兩國漁業條約에灣口의十哩되ᄂᆞᆫ者를領海로定ᄒᆞᆫ事가有ᄒᆞ며同千八百八十年六月에丁抹國政府ᄂᆞᆫ沿海漁業에關ᄒᆞ야同國의灣港으로海口가十哩以內되ᄂᆞᆫ者ᄂᆞᆫ領海로定ᄒᆞᆯ事를布告ᄒᆞ얏더니德國은此를認是ᄒᆞ야其海灣에關ᄒᆞᆫ丁抹國漁業者의權利를侵害치아니ᄒᆞᆯ事로命令을自國人民에對ᄒᆞ야發布ᄒᆞ고同年七月에德國政府ᄂᆞᆫ自國沿岸漁業에關ᄒᆞ야諸外國에發送ᄒᆞᆫ通知書에도亦灣口의十哩以內되ᄂᆞᆫ者를自國의領

정하고 그 이외의 해수면은 공해 부분에 속한다. 그러나 바다와 만 안에서 육지에 가까운 바다의 입구가 한 국가의 영토로 둘러싸여서 그 바다의 입구가 6리를 초과하는 때는 그 해수면 전체를 그 국가의 영해로 인정할 수 있을까? 이에 관해서는 학자 간에 논란이 있어서 일치하지 않는다. 오늘날 국제적인 법칙으로는 가령 6리를 초과하여도 그 바다의 입구를 충분히 방어해야 할 필요가 국가에 있는 경우에는 실력으로 그 바다의 입구를 폐쇄할 수 있을 것이다. 또한 그 바다 입구의 폭이 만 내의 광대함과 서로 비교할 때 협소할 때는 만 내 전체를 그 국가의 영해로 인정하는 학설이 유력하다. 이런 경우에는 보통 만의 입구가 10리 이내일 때는 그 내부를 모두 영해로 간주하는 실례가 적지 않다. 가령 1839년 영국과 프랑스 양국의 어업조약에서 만 입구의 10리를 영해로 정한 경우가 있다. 1880년 6월에 덴마크 정부는 연근해 어업에 관하여 자국의 항만으로서 바다 입구가 10리 이내인 것을 영해로 정한다고 포고했더니 독일이 이를 인정하여 그 만의 바다에 관한 덴마크 어업인의 권리를 침해하지 않도록 자국 인민에 대해서 명령을 공포했고, 같은 해 7월에 독일 정부는 자국 연안 어업에 관해 여러 외국에 발송한 통지문에서도 역시 만 입구의 10리 이내인 것을 자국의 영해로

海로聲明ᄒᆞᆫ事實이有ᄒᆞ며同千八百八十三年五月六日에英、法、德、白、丁、和、等六個國이締結ᄒᆞᆫ北海漁業條約第一條第一項에ᄂᆞᆫ締約國의漁業者가沿岸三里以內의漁業은獨占權이有ᄒᆞᆫ者ㅣ라規定ᄒᆞ고第二項에ᄂᆞᆫ玆에所謂海灣三里區域이란者ᄂᆞᆫ海口가十里를超過ᄒᆞᄂᆞᆫ境遇에其入口에셔灣口를橫線으로劃定ᄒᆞ야起筭ᄒᆞᄂᆞᆫ者ㅣ라規定ᄒᆞᆫ事實이有ᄒᆞ니此等의事實을據ᄒᆞ야觀察ᄒᆞᆯ지라도諸國家間의灣口ᄂᆞᆫ十里以內되ᄂᆞᆫ者를皆領海로定ᄒᆞᄂᆞᆫ者ㅣ됨을可知ᄒᆞᆯ지로다又國家ᄂᆞᆫ古來의主張을依ᄒᆞ야假令海口가十里를超過ᄒᆞᄂᆞᆫ境遇라도其海灣을領漸로定ᄒᆞᆷ에諸國이異議를主張치아니ᄒᆞᆫ事實이有ᄒᆞ니假令法國이廣大ᄒᆞᆫ강갈灣全體를皆領海로定ᄒᆞᆷ과和蘭國이지데르지를領海로定ᄒᆞ야自國漁業者의獨占權을保護ᄒᆞᆷ과英國이쓰리돌灣을自國의領海로定ᄒᆞᆷ과米國이千七百九十三年에델나뵈아灣을領海로布告ᄒᆞ고쥬사픽ㅣ그灣을領海로定ᄒᆞᆷ과如ᄒᆞᆫ者ㅣ皆是例니라又以上에略述ᄒᆞᆫ바와如히萬國國際法協會ᄂᆞᆫ領海를六哩로定ᄒᆞᆯ事를決議ᄒᆞᆷ이有ᄒᆞᆷ을依ᄒᆞ야將來에此六哩說이實行ᄒᆞᄂᆞᆫ時ᄂᆞᆫ內海、港灣、海峽等의海口가十

선언한 사실이 있다. 1883년 5월 6일에 영국, 프랑스, 독일, 벨기에, 덴마크, 네덜란드 등 6개국이 체결한 북해 어업조약 제1조 제1항에서는 체약국의 어업인들이 연안 3리 이내의 어업을 독점할 권리를 갖는다고 규정하였고, 제2항에서는 이에 소위 만의 3리 구역은 바다 입구가 10리를 초과하면 그 입구에서 만 입구를 가로지르는 선으로 획정하여 계산하도록 규정한 경우가 있다. 이들 경우를 근거로 보더라도 여러 국가 사이에 만 입구는 10리 이내인 것은 모두 영해로 정하는 것임을 알 수 있다. 또한 국가는 옛날부터 주장해온 바에 의하여 가령 바다 입구가 10리를 초과하는 경우라도 그 만의 바다를 영해로 정하는 것에 여러 국가가 이의를 주장하지 않은 경우가 있다. 가령 프랑스가 광대한 캉칼(Cancale)만 전체를 모두 영해로 정했던 것, 네덜란드가 자위더르 제이(Zuider Zee)를 영해로 정하여 자국 어업인들의 독점권을 보호했던 것, 영국이 브리스틀(Bristol)만을 자국의 영해로 정한 것과 미국이 1793년에 델라웨어(Delaware)만을 영해로 선포하고 체서피크(Chesapeake)만을 영해로 정한 것과 같은 것이 모두 이러한 예이다. 또한 위에서 약술한 바와 같이 국제법학회는 영해를 6리로 정할 것을 결의한 것에 의하여 장래에 이 6리 설이 실행되는 때는 내해, 항만, 해협 등의 바다 입구가 12리인

二哩되ᄂᆞᆫ者ᄂᆞᆫ當然히領海로定ᄒᆞᆷ을見ᄒᆞᆯ지오現今이라도灣內ᄂᆞᆫ廣大ᄒᆞ되海口가狹小ᄒᆞ야防禦의設備가有ᄒᆞᆫ者ᄂᆞᆫ海口가六哩를超過ᄒᆞᆯ지라도灣內의全體를領海에算入ᄒᆞᆷ을得ᄒᆞᆯ지오十哩以內되ᄂᆞᆫ者ᄂᆞᆫ悉皆領海로看做ᄒᆞᆷ이今日現狀에確據ᄒᆞᆯ바ㅣ니라

第三、河流

河流ᄂᆞᆫ人類交通上에甚히緊要ᄒᆞᆫ者ㅣ되ᄂᆞᆫ事ᄂᆞᆫ更히容疑ᄒᆞᆯ바ㅣ아니라今에其河流의性質을說明ᄒᆞᆯ진ᄃᆡ河流의全體가同一國內에在ᄒᆞᆫ者도有ᄒᆞ며或二個以上國境界에横在ᄒᆞᆫ者도有ᄒᆞ니以上第一境遇의河流에關ᄒᆞ야ᄂᆞᆫ其領土의主權을有ᄒᆞᆫ國이其河流全體에對ᄒᆞ야絶對的으로主權을行使ᄒᆞᆷ이能ᄒᆞᆫ故로他國船舶에對ᄒᆞ야其通航을許ᄒᆞ고不許ᄒᆞᆷ은全히其國自由에屬ᄒᆞᆯ者ㅣ오通航을許ᄒᆞᆫ境遇라도若自國을爲ᄒᆞ야不利益되ᄂᆞᆫ點이有ᄒᆞᆫ時ᄂᆞᆫ即時通航을禁止ᄒᆞ고又相當ᄒᆞᆫ條件及規則을設定ᄒᆞ야服從케ᄒᆞᆷ이能ᄒᆞᆷ은特히說明을不待ᄒᆞ고可解ᄒᆞᆯ者ㅣ로ᄃᆡ第二境遇의河流即二個以上國境에横在ᄒᆞᆫ河流로其領土를貫流ᄒᆞ야海洋에注入ᄒᆞᄂᆞᆫ境遇에其水流를領有ᄒᆞᆫ國이各其部分에對

것은 당연히 영해로 정하는 것을 볼 것이다. 현재라도 만 내의 광대한 바다 입구가 협소하여 방어 설비가 있는 경우는 바다 입구가 6리를 초과할지라도 만 내 전체를 영해에 산입할 수 있다. 10리 이내인 것은 모두 영해로 간주하는 것이 오늘날 현상을 확실히 증명한다.

3. 하천

하천이 인류 교통상 매우 긴요한 것인 점은 다시금 의심할 바가 아니다. 이제 그 하천의 성격을 설명해보면 하천 전체가 같은 국가의 내부에 있는 것도 있고, 혹은 2개국 이상의 국경을 가로질러 있는 때도 있다. 위의 첫 번째 경우의 하천에 관해서는 그 영토 주권을 갖는 국가가 그 하천 전체에 대해서 절대적으로 주권을 행사할 수 있어서 타국 선박에 대해서 통항을 허용할 것인지 아닌지는 온전히 그 국가의 자유에 속한다. 통항을 허락한 경우라도 만약 자국을 위하여 불리한 점이 있는 때는 즉시 통항을 금지하고 또한 상당한 조건 및 규칙을 설정하여 복종시킬 수 있는 점은 특별한 설명 없이도 이해할 수 있을 것이다. 두 번째 경우의 하천, 즉 2개국 이상의 국경을 가로질러 있는 하천이 영토를 통과하여 흘러서 해양으로 들어갈 때 그 물 흐름을 영유한 국가가 각각 그 부분에 대해

ᄒᆞ야他國船舶의通航을禁止ᄒᆞᄂᆞᆫ時ᄂᆞᆫ畢竟其水流以上의諸國이海洋에出入ᄒᆞᆷ을不得ᄒᆞᆯ不便이有ᄒᆞᆷ으로써往昔羅馬法에도河流의通航權은認許ᄒᆞᆫ事實이有ᄒᆞ고又其後의多數學說도河流의通航禁止ᄂᆞᆫ商業의發達을阻害ᄒᆞ고公路ᄅᆞᆯ遮斷ᄒᆞ야各國人民의交通을不便케ᄒᆞᆷ이有ᄒᆞᆷ으로開放ᄒᆞᆫ後에國家ᄂᆞᆫ必要ᄒᆞᆫ制限을加ᄒᆞᆷ이適當ᄒᆞᆫ者ㅣ라主張ᄒᆞᆫ結果로今日에至ᄒᆞ야ᄂᆞᆫ河流의通航을沿岸諸國이拒絶치못ᄒᆞᆷ에至ᄒᆞᆷ으로써通航與否問題에關ᄒᆞ야ᄂᆞᆫ難解ᄒᆞᆯ疑點이殆無ᄒᆞᆯ지라然이나元來此通航權은條約及慣習을依ᄒᆞ야國家가明示或默示의認許로成立ᄒᆞᄂᆞᆫ者ㅣ됨으로學者間에此通航權을不完全權이라稱道ᄒᆞ고不完全權은國際公法上의權利됨을不得ᄒᆞᄂᆞᆫ者ㅣ라主張ᄒᆞ야第十八世紀末葉의미시십피河通航問題即西米兩國間의問題로上下流通航에關ᄒᆞ야紛爭이生ᄒᆞᆫ事ᄅᆞᆯ引証ᄒᆞ나同紛爭問題ᄂᆞᆫ西曆千七百九十五年의條約으로써確定ᄒᆞ야米國人民의게上流ᄅᆞᆯ通航ᄒᆞᄂᆞᆫ完全ᄒᆞᆫ權利ᄅᆞᆯ許與ᄒᆞᆫ事實이有ᄒᆞ며又션드、놀엔스河通航問題에關ᄒᆞ야英國은其上流되ᄂᆞᆫ米國人民의通航을禁止ᄒᆞᆷ으로兩國間에紛爭을生ᄒᆞ야容易히解决치못ᄒᆞ얏더니同千八百二

타국 선박의 통항을 금지하는 때는 필경 그 물 흐름 상류의 여러 국가가 해양을 출입할 수 없는 불편이 있기에 옛날 로마법에서도 하류의 통항권을 인정한 사실이 있다. 또한 그 후 다수의 학설도 하류의 통항 금지는 상업의 발달을 저해하고 공공의 도로를 차단하여 각국 인민의 교통을 불편하게 하기에 개방 후 국가가 필요한 제한을 하는 것이 적당하다고 주장한 결과 오늘날에는 하천의 통항을 여러 연안 국가들이 거절하지 못하게 되어서, 통항 여부 문제에 관해서는 난해한 의문점이 거의 없다. 그러나 원래 이 통항권은 조약 및 관습에 의하여 국가가 명시 혹은 묵시적으로 인허하여 성립하는 것이기에 학자 간에 이러한 통항권을 불완전한 권리라고 칭하고 불완전 권리는 국제공법상의 권리가 될 수 없다고 주장하여 18세기 말 미시시피강 통항 문제, 즉 스페인과 미국 양국 간의 문제로 상류와 하류 통항에 관한 분쟁이 생긴 것을 인용하여 증거로 제시하지만, 이 분쟁 문제는 1795년의 조약으로 확정되어서 미국 인민에게 상류를 통항하는 완전한 권리를 허용한 사실이 있다. 또한 세인트로렌스(St. Lawrence)강 통항 문제에 관해 영국은 상류의 미국인 통항을 금지하면서 양국 간 분쟁이 발생하여 쉽게 해결되지 못하다가 1803년에

年에米國이플노리다及루이산나兩州를取得홈으로브터同河에關ᄒᆞᆫ航行問題는再起홀念慮가無ᄒᆞ고쉰드、놀엔스河事件은米國東部에在ᄒᆞᆫ運東及鐵道가竣工ᄒᆞ야紐育府는單히米國의商業中心點을成홀뿐아니라幷히英領加拿太의商業中心點을成홈에至홈으로其通航의問題는緊重ᄒᆞᆫ原因을失ᄒᆞ야同千八百五十四年에華盛頓條約으로英國은同河의通航을米國人民의게繳交ᄒᆞᆫ條件을附ᄒᆞ고自國의人民과同一히許與홈에遂至ᄒᆞ니라

歐州의中央及西部에在ᄒᆞᆫ諸大河에關ᄒᆞ야第十九世紀以前에는悉皆中世封建諸侯의設定ᄒᆞᆫ慣習上으로單히沿岸諸國의利益을爲ᄒᆞ야設備ᄒᆞᆫ國防上의閉鎖及課稅制度를斷續ᄒᆞ야行來ᄒᆞ얏더니法國은西曆千七百九十二年及九十八年革命時代에河流通航의自由를宣言ᄒᆞ고同九十五年五月에和蘭國과條約을締結ᄒᆞ야써라인、유ㅣ스及셔루드河幷其支流를法國의船舶이自由로通航홀事를約定홀뿐아니라更히同千七百九十九年에라인河를全然히諸國民自由通航에一任홀事로諸國에對ᄒᆞ야提議ᄒᆞ얏스나當時同提議에關係가有ᄒᆞᆫ諸國은應從치아니ᄒᆞ고同千八百十五年에至ᄒᆞ야維也納條約으로써

미국이 플로리다주와 루이지애나주 양주를 취득하면서 이 강에 관한 항행 문제는 다시 발생할 염려가 없어졌다. 세인트로렌스강 사건은 미국 동부에 있는 운하와 철도가 준공되어 뉴욕시는 간단히 미국의 상업중심지가 되었을 뿐 아니라 이와 함께 영국령 캐나다의 상업중심지가 되기에 이르러서 그 통항 문제는 중요성을 상실하였다. 1854년에 워싱턴조약으로 영국은 이 하천의 통항을 미국인에게 내준다는 조건을 붙였고 자국 인민과 같게 허락하게 되었다.

유럽의 중앙 및 서부에 있는 여러 가지 큰 하천에 관해 19세기 이전에는 모두 중세 봉건 제후들이 설정한 관습으로 단순히 여러 연안 국가들의 이익을 위하여 마련한 국방상 폐쇄 및 과세제도를 간헐적으로 행해 왔다. 프랑스는 1792년과 1798년의 혁명 시대에 하천 통항의 자유를 선언하였다. 1795년 5월에 네덜란드와 조약을 체결해서 라인강, 뫼즈(Meuse)강, 및 셸트(Scheldt)강, 더불어 그 지류를 프랑스 선박이 자유로이 통항하도록 약정했을 뿐 아니라 다시금 1799년에 라인강을 완전히 여러 국가의 국민이 자유 통항하도록 일임하는 것을 여러 국가들에 제의했지만, 당시 이 제의에 관련된 여러 국가가 따르지 않았다. 1815년에 이르러 빈조약으로써

(一)、數國의境界及領土를貫流ᄒᆞᄂᆞᆫ河流에關ᄒᆞ야ᄂᆞᆫ船舶이航行ᄒᆞᆷ을可得ᄒᆞᆯ處로브터河口에至ᄒᆞ기ᄭᆞ지商業上航行을自由로定ᄒᆞᆯ事(二)、通航自由의條件으로써各國은其領土內에在ᄒᆞᆫ河流部分에對ᄒᆞ야主權을實行ᄒᆞᆯ지라도通航及商業上必要에基因치아니ᄒᆞ면搭載物留置替載用에關ᄒᆞᆫ倉庫及停船場을建設치못ᄒᆞ고業己建設ᄒᆞᆫ者라도繼續ᄒᆞᆷ을不得ᄒᆞᆯ事(三)、通航稅ᄂᆞᆫ運搬品의分量及性質에關係가無ᄒᆞᆯ事(四)、通航上에關ᄒᆞᆫ警察의規定은各國이均一히ᄒᆞ대沿流諸國의承諾이無ᄒᆞᆫ時ᄂᆞᆫ變更ᄒᆞᆷ을不得ᄒᆞᆯ事等의法則을定ᄒᆞ고其河流에利害關係가有ᄒᆞᆫ諸國은通航稅의金額及賦課徵收의方法其他의事項을調査ᄒᆞ기爲ᄒᆞ야委員을選定ᄒᆞ고其委員은協同一致ᄒᆞ야規律的으로通航의方法을成立케ᄒᆞᆯ事로約定ᄒᆞ야同條約에附加條約을議定ᄒᆞ고其附加條約第十六條에라인、네겔、마인、모젤、써르드諸河의通航을自由에一任ᄒᆞᆯ事로規定ᄒᆞᆫ事가行ᄒᆞ며同年五月에墺、露兩國及德、露兩國은各各條約을締結ᄒᆞ야써뷔스쥬라河及舊波蘭國의諸大河를悉皆開放ᄒᆞᆫ事가有ᄒᆞ며라인河의通航은同千八百二十六年以來로和蘭國과同河의上流되ᄂᆞᆫ日耳曼諸國

① 여러 국가의 경계 및 영토를 관통하여 흐르는 하천에 관해서는 선박이 항행할 수 있는 곳으로부터 하구에 이르기까지 상업적 항행을 자유로이 정함, ② 자유 통항의 조건으로서 각국은 그 영토 내에 있는 하천 부분에 대해 주권을 실행해도 통항과 상업적 필요를 원인으로 하지 않으면 탑재물을 유치하거나 옮겨 싣는데 활용할 창고 및 정선장(停船場)을 건설하지 못하고, 이미 건설한 것이라도 계속할 수 없음, ③ 통항세는 운반품의 분량 및 성질과 관련이 없음, ④ 통항 관련 경찰 규정은 각국이 균일하게 하되 하천에 접한 여러 국가의 승낙이 없는 때는 변경할 수 없음 등의 법칙을 정하고 그 하천에 이해관계를 가진 여러 국가는 통항세 금액, 통항세를 부과하고 징수하는 방법, 그밖의 사항을 조사하기 위하여 위원을 선정하고 그 위원들이 합심하여 통항 방법을 통일적으로 규정하기로 약정하여 이 조약의 추가 조약을 의논하여 정하고, 그 추가 조약 제16조에 라인, 네카어(Neckar), 멘(Maine), 모젤(Moselle), 셸트 강들의 통항을 자유에 일임하기로 규정한 경우가 있다. 같은 해 5월에 오스트리아, 러시아 양국 및 독일, 러시아 양국은 각각 조약을 체결하여 비스와(Wisła)강과 구 폴란드의 큰 강 여러 개를 모두 개방한 경우가 있다. 라인강 통항은 1826년 이래로 네덜란드와 이 하천의 상류에 있는 여러 게르만 국가들

間에紛議가不絕ᄒᆞ더니同千八百三十一年三月에兩國은條約을締結ᄒᆞ야此河ᄅᆞᆯ開放ᄒᆞᆫ事가有ᄒᆞ며同千八百六十八年十月에ᄲᅢᄲᅢ리아、ᄲᅢㅣ덴、法國、和蘭、及普魯西間의만헤임條約은其諸國水流의通航을沿岸國人民自由에一任ᄒᆞᆫ事가有ᄒᆞ며시르드河의通航은第十八世紀中葉에和蘭國과當時에白耳義地方을領有ᄒᆞ얏던墺地利國間에紛爭이不絕ᄒᆞ더니同千八百三十九年에白耳義國이分立ᄒᆞᆯ時에其分立에關ᄒᆞᆫ倫敦條約을依ᄒᆞ야和蘭과白耳義兩國警察下에通航을開放ᄒᆞ니라

以上은歐洲의中央及西部에在ᄒᆞᆫ河流의實例ᄅᆞᆯ略擧ᄒᆞᆫ바ㅣ어니와東部에在ᄒᆞᆫ따뉴ㅣ브大河에關ᄒᆞ야ᄂᆞᆫ其下流ᄅᆞᆯ西曆千八百四十年條約即墺、露條約에基因ᄒᆞ야通航의條件을規定ᄒᆞ고又其上流ᄂᆞᆫ同千八百五十一年에墺國과ᄲᅢᄲᅢ리아國間의條約을依ᄒᆞ야其條件을定ᄒᆞ니라然而同千八百五十六年에列國은法京巴里에서其開放을實行ᄒᆞᆯ事로會議ᄒᆞᆯ時에沿岸國되ᄂᆞᆫ墺地利、ᄲᅡᄲᅡ리아土耳其及우르덴부르히國의委員及쇠르비아、와라샤、모ᄅᆞ다뷔야三州의委員으로써實行委員의團體ᄅᆞᆯ組織ᄒᆞ고又河口及下流의通航上碍滯

사이에 분쟁이 끊이지 않았다. 1831년 3월에 양국은 조약을 체결하여 이 강을 개방한 경우가 있다. 1868년 10월에 바바리아, 바덴, 프랑스, 네덜란드, 및 프로이센 사이의 만하임조약은 여러 국가 하천의 통항을 연안국 인민의 자유에 일임한 경우가 있으며, 셸트강의 통항은 18세기 중엽에 네덜란드와 당시 벨기에 지방을 영유하였던 오스트리아 사이에 분쟁이 끊이지 않더니, 1839년에 벨기에가 분리독립할 때 그 분리독립에 관한 런던 조약에 의하여 네덜란드와 벨기에 양국의 경찰 하에 통항을 개방하였다.

이상은 유럽의 중앙 및 서부에 있는 하천의 실례를 개략적으로 거론한 것이다. 동부에 있는 다뉴브 대하천에 관해서는 1840년 조약인 오스트리아와 러시아의 조약에 근거하여 그 하류를 통항하는 조건을 규정하였다. 또한 그 상류는 1851년에 오스트리아와 바바리아 사이의 조약에 의하여 그 조건을 정하였다. 그러나, 1856년에 여러 국가는 프랑스의 수도 파리에서 그 개방을 실행할 사항을 회의할 때 연안국인 오스트리아, 바바리아, 터키, 및 뷔르템베르크(Württemberg) 국적의 위원 및 세르비아, 왈라키아(Wallachia), 몰다비아 3개 주의 위원으로 실행위원 단체를 조직하였다. 또한 하구 및 하류 통항을 방해하는

物을除去ᄒᆞ기爲ᄒᆞ야ᄂᆞᆫ英、法、墺、露及사루듸니아、의代表者로써委員의團體를組織ᄒᆞ야設置ᄒᆞᆫ事가有ᄒᆞ니라然이나沿岸諸國의委員團體ᄂᆞᆫ通航規則에關ᄒᆞ야協議가不一致홈으로不得已解散홈에遂至ᄒᆞ고其他委員團體ᄂᆞᆫ當初에任期를二個年으로定ᄒᆞ얏더니其後에任期를延期ᄒᆞ야永久的의團體를成ᄒᆞᆯ傾向이有ᄒᆞ야同委員의起案ᄒᆞᆫ河流開放의通航規則은同千八百六十六年巴里會議의認可를得ᄒᆞᆫ後에同千八百六十八年以後로其委員團体ᄂᆞᆫ獨立ᄒᆞ야公債를募集ᄒᆞ고同千八百七十一年의倫敦條約으로同河의工事及設備의中立을認ᄒᆞ야鐵門即「아이옹게드」以下에게警察用小軍艦外의諸國軍艦을許入지아니ᄒᆞ고委員團體의存續期間을二十年間으로延期ᄒᆞ야同千九百四年四月二十四日ᄭᆞ지期間을定ᄒᆞ고猶其後에도廢止치아니ᄒᆞᄂᆞᆫ時ᄂᆞᆫ每三個年式繼續ᄒᆞᆯ事로確定ᄒᆞ니라然而現今ᄶᅡ뉴브河에關ᄒᆞᆫ實狀을觀察ᄒᆞᆯ진대同河의下流即河口로브터이ᄲᅳ라이라에至ᄒᆞ기ᄭᆞ지ᄂᆞᆫ歐洲委員監督下에屬ᄒᆞ고其中流ᄂᆞᆫ墺地利國委員議長下에在ᄒᆞᆫ沿岸諸國의聯合委員이管轄ᄒᆞ며又其上流ᄂᆞᆫ諸沿岸國管轄下에屬홈으로써同河의下流ᄂᆞᆫ永久的中立으로

물건들을 제거하기 위하여 영국, 프랑스, 오스트리아, 러시아, 및 사르디니아의 대표자를 위원으로 하여 단체를 조직하여 설치한 일이 있다. 그러나 여러 연안국의 위원으로 된 단체는 통항 규칙에 관해 협의가 일치되지 않아서, 부득이하게 해산되었고, 그 밖의 위원단체는 당초에 임기를 2년으로 정하였다가 그 후 임기를 연장하여 영구적인 단체가 되는 경향을 보였다. 이들 위원이 기안한 하천 개방의 통항 규칙은 1866년 파리회의에서 인가를 얻은 후 1868년 이후 그 위원단체가 독립하여 공채를 모집하고 1871년 런던조약으로 이 하천의 공사와 시설의 중립은 인정하여 철문, 즉 '아이언 게이트' 하류에는 경찰용 소형 군함 이외의 여러 국가의 군함이 출입하는 것을 허가하지 않았고 위원단체의 존속기간을 20년으로 연장하여 1904년 4월 24일까지 기간을 정하고 여전히 그 후에도 폐지하지 않을 때는 매 3개년씩 계속하기로 확정했다. 그러나 현재 다뉴브강에 관한 실상을 고찰해 보면 이 하천의 하류, 즉 하구에서부터 불가리아에 이르기까지 유럽위원회의 감독 아래에 속하고 그 중간 하천은 오스트리아 출신 위원이 의장으로 있는 여러 연안국 위원들의 연합 위원회가 관할하며, 그 상류는 여러 연안국의 관할하에 속함으로써 이 하천의 하류는 영구적으로 중립인

特別ᄒᆞᆫ地位에在ᄒᆞ니라

南米大陸에在ᄒᆞ야ᄂᆞᆫ西曆千八百五十一年十月에브라질國과뻬류國間의條約으로아마손河의通航을自由에放任ᄒᆞᆫ事가有ᄒᆞ며同千八百六十七年十一月에브라질國政府ᄂᆞᆫ英、法、米三國의請求를依ᄒᆞ야勅令으로同河의本流及支流되ᄂᆞᆫ상프란시스코河及도간진河를諸國民의商業을爲ᄒᆞ야開放ᄒᆞᆫ事가有ᄒᆞ며同千八百五十三年七月에아르젠진共和國은英、法、米三國과條約을締結ᄒᆞ야빠라나河及빠라규河를諸國民의商業上으로開放ᄒᆞᆫ事가有ᄒᆞ며同千八百五十七年十一月에아르젠진及브리질兩國은條約으로써유룽게、빠라나及빠랑게諸河의本流를諸國民의商業上으로開放ᄒᆞᆫ事가有ᄒᆞ며유룽게共和國은同千八百五十三年에法律로써河流를開放ᄒᆞᆫ事가有ᄒᆞ며同千八百六十八年에뻬류及의규아돌兩國도亦其領內의河流를諸國民의商業을爲ᄒᆞ야自由의通航을許與ᄒᆞᆫ事等이有ᄒᆞ니라

亞弗利加大陸에在ᄒᆞ야ᄂᆞᆫ西曆千八百八十五年에伯林의條約으로써該條約締盟各國이공고河를中立으로定ᄒᆞ고其本流及支流를諸國의人民을爲ᄒᆞ야

특별한 지위에 있다.

남미 대륙에서는 1851년 10월에 브라질과 페루 사이의 조약으로 아마존강의 통항을 자유에 맡긴 경우가 있다. 1867년 10월에 브라질 정부는 영국, 프랑스, 미국 3국의 요청에 따라 칙령으로 이 하천의 본류와 지류인 상프란시스쿠(São Francisco)강 및 토칸칭스(Tocantins)강을 여러 국가 국민의 상업을 위하여 개방한 경우가 있다. 1853년 7월에 아르헨티나 공화국은 영국, 프랑스, 미국 3국과 조약을 체결하여 파라나(Paraná)강과 파라과이(Paraguai)강을 여러 국가 국민에게 상업상 개방한 경우가 있다. 1857년 11월에 아르헨티나와 브라질 양국은 조약으로써 우루과이강, 파라나 강, 및 파라과이강의 본류를 여러 국가 국민에게 상업상 개방한 경우가 있다. 우루과이 공화국은 1853년 법률로써 하천을 개방한 경우가 있다. 1868년에 페루와 에콰도르 양국도 역시 영내 하천을 여러 국가 국민의 상업을 위하여 자유 통항을 허용한 때가 있다.

아프리카 대륙에서는 1885년에 베를린조약으로 당해 조약의 각 체약국이 콩고강을 중립으로 정하고, 그 본류 및 지류를 여러 국가의 인민을 위하여

平時에在ᄒᆞᆫ航海의自由ᄂᆞᆫ無制限으로許與ᄒᆞ고雖戰時라도中立國及交戰國의人民이戰時의禁制品을搭載ᄒᆞᆫ船舶以外에ᄂᆞᆫ一切의商業及商品의運搬을許ᄒᆞᆯ뿐아니라其河流에附屬되ᄂᆞᆫ堀河及鐵道에至ᄒᆞ야도亦同一의規則을適用ᄒᆞᆫ事實이有ᄒᆞ며나잉가河에關ᄒᆞ야도英國及法國은各其領有部分에對ᄒᆞ야管轄權은行ᄒᆞ되諸國의商船及商人에對ᄒᆞ야其河流의通航을自由에任ᄒᆞᆯ事로定ᄒᆞᆫ事가有ᄒᆞ며此나잉가河의本流、支流、分流及末流、一部分을領有ᄒᆞ야主權及保護權을行使ᄒᆞᄂᆞᆫ境遇라도以上의規則과同一히施行ᄒᆞᆯ事를約定ᄒᆞ니라

第五欵　湖水運河及船舶

第一　湖水

湖水에關ᄒᆞᆫ國際上問題即境界問題ᄂᆞᆫ以上에版圖의境界를論ᄒᆞᆯ時에大畧說明ᄒᆞᆫ바ㅣ有호대更히此欵에研究ᄒᆞᆯ必要가有ᄒᆞᆫ事ᄂᆞᆫ即其湖水에對ᄒᆞᆫ國家의主權을行使ᄒᆞᄂᆞᆫ事項이是니라

湖水도亦河流와同一히人類의交通을爲ᄒᆞ야重要ᄒᆞᆫ部分을成ᄒᆞᆷ은更히容疑

평시에는 항해의 자유를 무제한 허용하고, 비록 전시라도 중립국과 교전국 인민이 전시 금제품을 탑재한 선박 이외에는 모든 상업 및 상품의 운반을 허용하였을 뿐 아니라 그 하천에 부속된 운하와 철도에 대해서도 역시 같은 규칙을 적용한 사실이 있다. 니제르(Niger)강에 관해서도 영국과 프랑스는 각각 영유하는 부분에 대해서 관할권을 행하되, 여러 국가의 상선과 상인에 대해서 이 하천의 통항을 자유에 맡기기로 정한 경우가 있다. 니제르강의 본류, 지류, 분류 및 하류 일부분을 영유하여 주권 및 보호권을 행사하는 경우라도 이상의 규칙과 같게 시행하기로 약정했다.

제5관 호수, 운하와 선박

1. 호수

호수에 관한 국제적 문제, 즉 경계 문제는 위에서 영역의 경계를 논할 때 대략 설명한 바 있다. 다시금 여기에서 연구할 필요가 있는 것은 호수에 대해서 국가 주권을 행사하는 사항이다.

호수도 역시 하천과 같게 인류의 교통을 위하여 중요한 부분이 된다는 다시 의문을 가질

ᄒᆞᆯ바ㅣ아니라故로此湖水에關ᄒᆞ야도若其湖水가一國領土以內에在ᄒᆞᆫ時ᄂᆞᆫ其國家가絶對的으로自國의主權을行使ᄒᆞᆫ者ㅣ됨으로他國船舶에對ᄒᆞ야通航ᄋᆞᆯ許ᄒᆞ고不許ᄒᆞᆷ은ᄌᆞ히其國自由에屬ᄒᆞᆯ지오設令他國船舶에對ᄒᆞ야通航을許ᄒᆞᆫ境遇라도自國을爲ᄒᆞ야不利益되ᄂᆞᆫ事가有ᄒᆞᆫ時ᄂᆞᆫ其通航ᄋᆞᆯ禁止ᄒᆞᆷ이能ᄒᆞ고相當ᄒᆞᆫ規則에服從케ᄒᆞᆷ을得ᄒᆞᆫ事ᄂᆞᆫ以上河流에關ᄒᆞᆫ法則과同一ᄒᆞ며又二個以上國版圖에瀕在ᄒᆞᆫ時ᄂᆞᆫ各其國際境界의領有原則을依ᄒᆞ야領有ᄒᆞ고主權을行使ᄒᆞᆯ지니라然이나此에關ᄒᆞ야國際上例外의實例가有ᄒᆞ니即米國이自國의領有ᄒᆞᆫ미싱간湖를英國人民의게對ᄒᆞ야自由通航ᄋᆞᆯ許可ᄒᆞᆫ事가有ᄒᆞ니라

第二、運河

運河ᄂᆞᆫ即人工으로陸地를開堀ᄒᆞ야河流를作ᄒᆞᄂᆞᆫ者ㅣ니如此ᄒᆞᆫ運河로一國家版圖內에在ᄒᆞᆫ者ᄂᆞᆫᄌᆞ히其國家主權下에屬ᄒᆞ야其版圖의一部分을成ᄒᆞᄂᆞᆫ者ㅣ됨으로써領土內에在ᄒᆞᆫ河流及湖水와同一히他國의軍艦及商船의通航을許ᄒᆞ고不許ᄒᆞᆷ은其國家의任意的行爲니라然이나公海와公海를連絡ᄒᆞᆫ運

바가 아니다. 따라서 호수에 관해서도 만약 호수가 한 나라의 영토 내에 있는 때는 그 국가가 절대적으로 자국의 주권을 행사할 것이기에 타국의 선박에 대해서 통항을 허락하고 불허하는 것은 온전히 그 국가의 자유에 속한다. 설령 타국 선박에 대해서 통항을 허락한 경우라도 자국을 위하여 불리할 때는 그 통항을 금지할 수 있고, 적절한 규칙에 복종시킬 수 있는 것은 위에서 하천에 관한 법칙과 같다. 또한 2개국 이상의 영역에 연접할 때는 각국 경계의 영유 원칙에 의하여 영유하고 주권을 행시할 것이다. 그러나 이에 관해 국제적으로 예외가 되는 실례가 있다. 즉, 미국이 자국이 영유하는 미시간호를 영국 인민에게 자유 통항을 허가한 경우가 있다.

2. 운하

운하는 인공으로 육지를 파내어 하천을 만든 것이다. 이러한 운하로 한 국가의 영역 이내에 있는 것은 온전히 그 국가 주권에 속하여 그 영역의 일부가 되기에 영토 내에 있는 하천 및 호수와 같게 타국 군함과 상선의 통항을 허락하고 불허하는 것은 그 국가의 임의적 행위이다. 그러나 공해와 공해를 연결하는

河로一國或數國權力下에在ᄒᆞ야他國의船舶通航을禁止ᄒᆞᄂᆞᆫ時ᄂᆞᆫ平時及戰時ᄅᆞᆯ勿論ᄒᆞ고各國의不便이不尠ᄒᆞᆷ으로列國은條約으로써如此ᄒᆞᆫ運河ᄅᆞᆯ永久히中立케ᄒᆞᄂᆞᆫ特例가有ᄒᆞ니卽스에스運河가是라同運河ᄂᆞᆫ列國의條約을依ᄒᆞ야國際公法上特別地位에立ᄒᆞᆫ者ㅣ라然이나最初에ᄂᆞᆫ同運河地가埃及國領內에在ᄒᆞᆫ故로西曆千八百六十九年에法國이設立ᄒᆞᆫ會社로同地에在ᄒᆞ던「곰바니、뉘니비르설」이土耳其皇帝의게認可ᄅᆞᆯ得ᄒᆞ야開鑿ᄒᆞᆷ으로埃及王이其運河의開鑿權을同會社에認許ᄒᆞ야法國人이竣工ᄒᆞᆫ者ㅣ로대土耳其國은同千八百六十六年二月에勅令으로써諸國商船에對ᄒᆞ야同運河의自由通航ᄅᆞᆯ許可ᄒᆞ고同千八百七十三年에土耳其國首府공스당디노쁠에開會ᄒᆞᆫ列國會議ᄂᆞᆫ諸國의軍艦及運送船의通航을許可ᄒᆞ얏더니其後에英國은同運河會社의大股本主되ᄂᆞᆫ所以로同千八百八十三年에英國政府ᄂᆞᆫ同運河의船舶通航을永久히中立으로定ᄒᆞᆯ事ᄅᆞᆯ提議ᄒᆞᆷ으로歐洲의六大國及西班牙、和蘭、土耳其ᄂᆞᆫ此에贊成ᄒᆞ야同運河의地位ᄅᆞᆯ決定ᄒᆞᆫ以後로實際의必要ᄅᆞᆯ因ᄒᆞ야當時에加盟치아니ᄒᆞᆫ諸國도逐次遵行ᄒᆞᆷ에遂至ᄒᆞ야完全ᄒᆞᆫ國際公法上

운하로서 한 국가 혹은 수 개국의 권력 하에 있어서 타국의 선박 통항을 금지하는 때는 평시 및 전시를 막론하고 각국의 불편이 작지 않기에 여러 국가는 조약으로 이와 같은 운하를 영구 중립이 되도록 하는 특례가 있다. 즉, 수에즈운하가 이러하다. 이 운하는 여러 국가의 조약에 의하여 국제공법상 특별한 지위를 갖는다. 그러나 최초에는 이 운하지가 이집트 영역 내에 있었던 까닭에 1869년에 프랑스가 설립한 회사로 같은 토지에 있었던 '유니버설 컴퍼니(Compagnie universelle)'가 터키 황제의 인가를 얻어서 개척(開鑿)하자 이집드 왕이 운하 개척권을 위 회사에 인허하여 프랑스인이 준공한 것이다. 터키는 1866년 2월에 칙령으로써 여러 국가의 상선에 대해서 이 운하의 자유 통항을 허가하였고 1873년에 터키 수도 콘스탄티노플에서 열린 국제회의에서 여러 국가의 군함 및 운송선의 통항을 허가하였다. 그 후 영국은 이 운하회사의 대주주인 이유로 1883년에 영국 정부가 이 운하의 선박 통항을 영구 중립으로 정하자고 제의하여 유럽의 6대국과 스페인, 네덜란드, 터키가 이에 찬성하여 이 운하의 지위를 결정한 이후 실제 필요로 인해서 당시에 가입하지 않은 여러 국가도 점차 준수하게 되어 완전히 국제공법상의

의一法則을成ᄒᆞ니라今에其規定의大要ᄅᆞᆯ擧ᄒᆞᆯ진대(一)、同運河ᄂᆞᆫ平時及戰時ᄅᆞᆯ不問ᄒᆞ고各國의商船及軍艦을自由로通航케ᄒᆞ야決코封鎖ᄒᆞᆷ을不得ᄒᆞᆯ事(二)、如何ᄒᆞᆫ國家假令土耳其國과如ᄒᆞᆫ國이交戰國되ᄂᆞᆫ境遇라도戰爭行爲及其他通航에妨害되ᄂᆞᆫ行爲ᄅᆞᆯ同運河中及其海口三哩以內海上에서實行ᄒᆞᆷ을不得ᄒᆞᆯ事(三)、交戰國의軍艦은迅速히運河ᄅᆞᆯ通過ᄒᆞᆷ이可ᄒᆞ고ᄯᅩ도사이도及스에스兩港에서制强的原因이有ᄒᆞᆫ境遇外에二十四時間을碇泊ᄒᆞᆷ이不可ᄒᆞ며又同港에서交戰國一便의船舶은敵國의船舶이出港ᄒᆞᆫ後에二十四時間을經過치아니ᄒᆞ면出港ᄒᆞᆷ을不得ᄒᆞᆯ事(四)、交戰國은運河及其出入되ᄂᆞᆫ港灣內에서軍隊、戰鬪品의搭載及上陸을不許ᄒᆞᆯ事(五)、運河中에戰爭用船舶을不置ᄒᆞᆯ事(六)、諸國은ᄯᅩ도사이르及스에스兩港內에軍艦을碇泊호대其隻數ᄂᆞᆫ二隻을超過치못ᄒᆞᆷ但交戰國은此權利ᄅᆞᆯ行使ᄒᆞᆷ이不能ᄒᆞᆯ事(七)、土耳其及埃及兩國은運河의自由通航을保護ᄒᆞᆯ責任이有ᄒᆞ고其保護에關ᄒᆞ야ᄂᆞᆫ兵力을使用ᄒᆞᆷ이能호대運河沿岸에永久的城壘ᄅᆞᆯ建設치못ᄒᆞᆯ事等이是라此條約의實行은埃及國及同國에駐在ᄒᆞᆫ列國代表者가組織ᄒᆞᆫ會議

한가지 법칙이 되었다. 이제 그 규정의 대강을 거론하자면 ① 이 운하는 평시 및 전시를 불문하고 각국의 상선과 군함이 자유로이 통항하도록 했기에 결코 봉쇄할 수 없음 ② 어떠한 국가도 가령 터키와 같은 국가가 교전국이 되는 경우라도 전쟁 행위 및 그 밖의 통항에 방해되는 행위를 이 운하에서 그리고 바다 입구 3리 이내의 해상에서 실행할 수 없음 ③ 교전국의 군함은 신속히 운하를 통과해야 하고 포트사이드(Port Said)와 수에즈 양 항에서 강제적 원인이 있는 때 외에는 24시간을 정박할 수 없음. 또한 이들 항에서 교전국 일방의 선박은 적국의 선박이 출항 후 24시간을 지나지 않으면 출항할 수 없음* ④ 교전국이 운하 및 출입하는 항만 내에서 군대, 전투품 탑재 및 상륙하는 것을 불허함 ⑤ 운하에서는 전쟁용 선박을 둘 수 없음 ⑥ 여러 국가는 포트 사이드 및 수에즈 양 항 내에 군함을 정박하되 그 척수는 2척을 초과할 수 없음, 다만 교전국은 이러한 권리를 행사할 수 없음 ⑦ 터키 및 이집트 양국은 운하의 자유 통항을 보호할 책임이 있고, 그 보호에 관해서는 병력을 사용할 수 있지만, 운하 연안에 영구적인 성루를 건설할 수 없음 등이다. 이 조약의 실행은 이집트와 이 국가에 주재하는 여러 국가 대표자들이 조직한 회의에서

---

* 1888년 콘스탄티노플 협약 제4조의 관련 규정은 다음과 같다. "Their stay at Port Said and in the roadstead of Suez shall not exceed twenty-four hours, except in case if distress. In such case they shall be bound to leave as soon as possible. An interval of twenty-four hours shall always elapse between the sailing of a belligerent ship from one of the ports of access and the departure of a ship belonging to the hostile Power (⋯)."

에서監督홀事로定ᄒᆞ니라

現今國際公法上에特別地位를有ᄒᆞᆫ運河ᄂᆞᆫ스에스에止홀ᄲᅮᆫ이라西曆千八百九十三年에希臘國이開鑿ᄒᆞᆫ코린스運河ᄂᆞᆫ아크리아딕크海의商業과希臘海의商業을連絡홈에便益이有ᄒᆞᆫ者ㅣ로대此運河ᄂᆞᆫ全히同國이領有ᄒᆞ야其主權下에在ᄒᆞ고同千八百九十六年에德國이開鑿ᄒᆞᆫ기일運河ᄂᆞᆫ北海와빨딕크海의航路를連絡홈에有益ᄒᆞᆫ者ㅣ로대同運河ᄂᆞᆫ全히同國의軍用上目的으로위르헨스히펜及기일兩造兵廠間에交通을容易케ᄒᆞ고自國의艦船으로丁抹國의海岸을經由ᄒᆞ야回航ᄒᆞᄂᆞᆫ不便을避코져ᄒᆞ야開鑿ᄒᆞᆫ者ㅣ됨으로同運河에對ᄒᆞ야ᄂᆞᆫ德國의主權이完全히行홈은容疑홀바ㅣ아니오又其中央亞米加에在ᄒᆞᆫ파나마運河ᄂᆞᆫ英米兩國의國民이計劃ᄒᆞ야開鑿홈으로兩國은條約을締結ᄒᆞ야其開設을保助ᄒᆞᆫ事가有ᄒᆞ나然이나其後에又닝거라運河의設計가顯出홈으로브터彼此間事業의完成을競爭ᄒᆞᄂᆞᆫ現狀이有ᄒᆞ니라然而此兩運河中에何運河가完成될事ᄂᆞᆫ豫判ᄒᆞ기姑難ᄒᆞ도대同運河의開鑿事業이完成ᄒᆞᄂᆞᆫ時ᄂᆞᆫ太平洋及太西洋의航海를聯絡ᄒᆞ야其性質이스에스運河와大差가無

감독하기로 정하였다.

현재, 국제공법상 특별한 지위를 갖는 운하는 수에즈운하에 그칠 뿐이다. 1893년에 그리스가 개척한 코린스운하는 아드리아해의 상업과 그리스해의 상업을 연락하는 데에 편익이 있지만, 이 운하는 온전히 그리스가 영유하여 그 주권하에 있다. 1896년에 독일이 개척한 킬(kiel)운하는 북해와 발트해의 항로를 연결하는 데 유익하다. 이 운하는 온전히 독일의 군용 목적으로 빌헬름스하펜(Wilhelmshaven)과 킬의 병기 제조창 양쪽 사이의 교통을 쉽게 하고 자국 선박으로 덴마크 해인을 거쳐서 돌아가는 불편을 피하려고 개척한 것이다. 이 운하에 대해서는 독일의 주권이 완전히 행사되는 것을 의심할 바 아니다. 또한 중앙아메리카에 있는 파나마운하는 영국과 미국 양국의 국민이 계획하여 개척한 것이다. 양국은 조약을 체결하여 개발을 보조한 일이 있다. 그러나 그 후 니카라과운하의 설계가 나타나면서부터 이들 사업의 완성을 경쟁하는 현상이 있다. 그러나 이 양 운하 중 어느 운하가 완성될지는 예단하기 곤란하지만, 이들 운하의 개척 사업이 완성하는 때는 태평양과 대서양의 항해를 연결하여 그 성격이 수에즈운하와 큰 차이가

홀지라故로關係를有훈列國은條約으로써同運河에關훈法則을定홀必要가有홈은一般列國이豫先認知ᄒᆞᄂᆞᆫ바ㅣ로다

第三、船舶

艇船을國土의一部分으로看做ᄒᆞ야其艇船所在의土地ᄂᆞᆫ勿論ᄒᆞ고其船舶에對ᄒᆞ야ᄂᆞᆫ主權을可及홀者ㅣ라ᄒᆞ야船舶領土說이盛行ᄒᆞ얏더니其後에多數學者가此를反駁홈으로自然此說이勢力을失홈에至ᄒᆞ야今日은大概艇船을一國의領土로說明ᄒᆞᄂᆞᆫ者ㅣ殆無ᄒᆞ니라然이나但軍艦에關ᄒᆞ야ᄂᆞᆫ國際上에一國의領土로看做ᄒᆞ야自國主權外에ᄂᆞᆫ服從치아니홈이今日의通例니라此艇船卽商船、軍艦에關훈詳細훈說明은更히硏究홀處가有홈으로玆에省略ᄒᆞ노라

第三節　國家의主權

國家가國際公法上의一員으로成立코져ᄒᆞ면不可不國家에政治機關이有ᄒᆞ야써他國家에對ᄒᆞᄂᆞᆫ地位를始定홈은玆에容疑홀바ㅣ아니라然이나國內에在훈主權及政治의變動顚覆은他國의對훈自國의地位、權利、義務에變更을生ᄒᆞᄂᆞᆫ

없을 것이다. 따라서 관계된 여러 국가는 조약으로 이들 운하에 관한 법칙을 정할 필요가 있는 것은 일반적으로 여러 국가가 미리 알고 있는 바이다.

3. 선박

선박을 국토 일부분으로 간주하여 그 선박의 소재지는 물론이고 그 선박에 대해서 주권이 미친다고 하여 선박 영토 설이 성행하였다. 그 후에 다수 학자가 이를 반박하면서 자연히 이 설은 세력을 상실하게 되었다. 오늘날 대개 선박을 한 국가의 영토로 설명하는 경우는 거의 없다. 그러나 다만 군함에 관해서는 국제적으로 한 국가의 영토로 간주하여 자국의 주권 외에는 복종하지 않는 것이 오늘날의 통상적인 사례이다. 이러한 선박, 즉, 상선, 군함에 관한 상세한 설명은 다시금 연구할 경우가 있을 것이기에 여기에서는 생략하고자 한다.

제3절 국가의 주권

국가가 국제공법상 일원으로 성립하려면 반드시 국가에 정치기관이 있어야 타국에 대한 지위를 비로소 정할 수 있다는 점은 여기에서 의심할 바 아니다. 그러나 국내에서의 주권 및 정치의 변동과 전복이 타국에 대한 자국의 지위, 권리, 의무를 변경하는 경우는

事가甚尠ᄒᆞ니假令國家가如何ᄒᆞᆫ主權及政體를有ᄒᆞ고組織ᄒᆞᆯ지라도其國家가相當ᄒᆞᆫ文明程度에進達ᄒᆞ야國際團體에加入ᄒᆞᆷ을得ᄒᆞᆫ時ᄂᆞᆫ國際公法上의一員됨을得ᄒᆞᆯ者ㅣ되ᄂᆞᆫ故로各國이各其固有의必要를應ᄒᆞ야國內의組織을變更ᄒᆞ고政治에對ᄒᆞ야如何ᄒᆞᆫ急激의改革을行ᄒᆞ거나又如何ᄒᆞᆫ精神의刷新을行ᄒᆞᆯ지라도此ᄂᆞᆫ國際上에關ᄒᆞᆫ問題가아니오一國家內部에關ᄒᆞᆫ政治上問題를成ᄒᆞᆯᄲᅮᆫ이라然이나國際公法上으로觀察ᄒᆞᄂᆞᆫ時ᄂᆞᆫ其國民이其國家內部에對ᄒᆞᆫ關係의如何를不問ᄒᆞ고但國家의獨立的政治團體를有ᄒᆞ야存立ᄒᆞᄂᆞᆫ事만要ᄒᆞᆷ으로假令國家內部에ᄂᆞᆫ如何ᄒᆞᆫ變動이有ᄒᆞᆯ지라도國際團體의一員되ᄂᆞᆫ人格의性質을不變ᄒᆞ고繼續ᄒᆞ야保來ᄒᆞᄂᆞᆫ時ᄂᆞᆫ國際公法의主權되ᄂᆞᆫ性質을不失ᄒᆞ야新權利를得ᄒᆞ고失ᄒᆞ며新義務를負ᄒᆞ고脫ᄒᆞᆯ事가無ᄒᆞᆯ지니라白耳義國이和蘭國으로브터分離ᄒᆞᆫ時即西曆千八百三十一年에歐洲의五强國은英京倫敦에서議定書를定ᄒᆞ고以上에述ᄒᆞᆫ바原則에對ᄒᆞ야形式的保證을與ᄒᆞᆫ事가有ᄒᆞ니該議定書中에曰國家內部機關에如何ᄒᆞᆫ變更이有ᄒᆞᆯ지라도條約은効力을不失ᄒᆞᆷ이라規定ᄒᆞ얏슴니今에其理由를推究ᄒᆞᆫ진ᄃᆡ若國際間義務의拘束力으로ᄒᆞ여곰國家

매우 적다. 가령 국가가 어떠한 주권 및 정체를 갖고서 조직되더라도 그 국가의 문명이 상당한 수준으로 발달하여 국제기구에 가입할 수 있는 때 국제공법상의 일원이 될 수 있다. 따라서 각국이 각기 고유의 필요에 맞추어 국내 조직을 변경하고 정치에 대해서 얼마나 급격히 개혁하거나 어떠한 정신적 쇄신을 하여도 이는 국제적으로 관련된 문제가 아니고, 한 국가의 내부에 관한 정치적 문제가 될 뿐이다. 그러나 국제공법상 고찰하는 때는 그 국민이 그 국가 내부에 대한 관계가 어떠하든지를 불문하고 다만 국가의 독립적 정치단체를 가져서 존립하는 것만 필요하다. 가령 국가의 내부에 어떠한 변동이 있을지라도 국제기구의 일원이 되는 인격을 변함없이 유지하는 때는 국제공법상 주권인 성격을 잃지 않아서 새로운 권리를 획득하거나 상실하거나, 새로운 의무를 부담하거나 벗어나는 일이 없다. 벨기에가 네덜란드에서 분리한 때, 즉 1831년에 유럽의 5대 강국들은 영국의 수도 런던에서 의정서를 정하고 위에서 기술했던 원칙에 대해서 형식적 보증을 부여한 경우가 있다. 해당 의정서에서는 국가 내부 기관에 어떠한 변경이 있더라도 조약은 효력을 잃지 않는다고 규정하였다. 이제 그 이유를 규명해보면 만약 국제의무의 구속력이 국가의

의皇統及政體의變更이有홈을因ᄒᆞ야効力이無케ᄒᆞ면其義務의負擔을不便히思想ᄒᆞᄂᆞᆫ時ᄂᆞᆫ其國家가皇統을變更ᄒᆞ고政體ᄅᆞᆯ改革ᄒᆞ야써其義務의免脫을圖謀ᄒᆞᆯ弊端이生ᄒᆞᄂᆞᆫ同時에國際上秩序ᄅᆞᆯ保全ᄒᆞ기難ᄒᆞᆫ所以에不外ᄒᆞᆯ지로다假令西曆千六百四十九年英國第一革命時代及同千六百八十八年第二革命時代에英國의國民及그롬웰、윌늬암、윌늬암、오프、오렌지、도자루스第一世及스듀이르드家가外國과締結ᄒᆞᆫ條約의履行을拒絶ᄒᆞᆫ事實이無ᄒᆞ고同千七百九十年에法國의國民議會ᄂᆞᆫ自國의舊政府ᄅᆞᆯ根本的으로打破ᄒᆞ야世界歷史上에再見키難ᄒᆞᆫ大革命을勵行ᄒᆞ얏스나第三期國民議會에서死刑을宣告ᄒᆞᆫ루이王十六世及其前의諸王이締結ᄒᆞᆫ條約을免脫치못ᄒᆞ얏고日本이三十年前에德川幕府ᄅᆞᆯ打破ᄒᆞ고封建制度ᄅᆞᆯ改革ᄒᆞ야明治政府ᄅᆞᆯ建設ᄒᆞ얏스나德川幕府가外國과締結ᄒᆞᆫ條約을悉皆繼續ᄒᆞ야履行ᄒᆞ니라

或皇統及君主가在位ᄒᆞᆫ事로써國際義務의本體ᄅᆞᆯ作ᄒᆞᄂᆞᆫ時即締盟國이互相間에宣言을發布ᄒᆞ야國際義務의本體ᄅᆞᆯ定ᄒᆞᆫ時ᄂᆞᆫ以上에略述ᄒᆞᆫ原則의例外ᄅᆞᆯ成ᄒᆞ야皇統及皇位ᄅᆞᆯ失ᄒᆞᆯ時及君主가崩御ᄒᆞᆫ時ᄂᆞᆫ其効力을失홈에遂至ᄒᆞᆯ지로다

황통 및 정체의 변경을 원인으로 해서 효력이 없어지면 그 의무를 부담하는 것이 불편하다고 생각하는 때는 그 국가가 황통을 변경하고 정체를 개혁해서 그 의무에서 벗어나고자 도모하는 폐단이 생기는 동시에 국제질서를 보전하기 어려운 이유밖에 없다. 가령 1649년 영국의 제1 혁명 시대와 1688년 제2 혁명 시대에 영국의 국민과 크롬웰, 오렌지 공 윌리엄(William of Orange), 찰스 1세, 그리고 스튜어트 왕가가 외국과 체결한 조약의 이행을 거절한 사실이 없다. 1790년에 프랑스의 국민의회는 자국의 구 정부를 근본적으로 타파하여 세계 역사상 다시 보기 어려운 대혁명을 행했지만 제3기 국민의회에서 사형 선고받은 루이 왕 16세와 그 이전의 여러 왕이 체결한 조약에서 벗어나지 못하였다. 일본은 30년 전에 도쿠가와(德川) 막부를 타파하고 봉건제도를 개혁하여 메이지(明治) 정부를 건설하였지만 도쿠가와 막부가 외국과 체결한 조약을 모두 지속하여 이행했다.

황통과 군주가 재위하여 국제의무의 본체가 되는 때, 즉 체약국이 상호 간에 선언을 공포해서 국제의무의 본체를 정하는 때는 위에서 약술한 원칙의 예외가 된다. 황통과 황위를 상실할 때 그리고 군주가 사망할 때는 그 효력을 잃게 된다.

今에此例外의實例를舉ᄒᆞᆯ진딕西曆千五百三十五年에土耳其國皇帝와法國王間에降服條約을締結ᄒᆞ얏스나此條約은締約國의意思合致를依ᄒᆞ야署名ᄒᆞᆫ君主의生存ᄒᆞᆫ期限을限ᄒᆞ고効力을有ᄒᆞᆫ者ㅣ라定ᄒᆞᆫ事가有ᄒᆞ며又法國의루이十四世는英國스취아르드家점스第二世가英國의王位를回復ᄒᆞ기ᄭᆞ지는法國에셔出兵ᄒᆞ야英國臣民의게反對ᄒᆞᆯ事로條約을締結ᄒᆞᆫ事等이皆是例니라

以上에論述ᄒᆞᆫ바를依ᄒᆞ야觀察ᄒᆞᆯ진딕其國家의經過的政治卽在前政治가國家國際的地位에對ᄒᆞ야影響을及ᄒᆞᆷ은極히解得키客易ᄒᆞᆫ者ㅣ라恢復ᄒᆞᆫ皇統及變更ᄒᆞᆫ政府가在前皇統及政府의對內的關係는繼承치아니ᄒᆞᆷ이能ᄒᆞᆯ지로딕對外的關係卽國際上關係는承認치아니ᄒᆞᆷ을不得ᄒᆞᆯ지니假令簒奪者라도實際上權力이其國家를統御ᄒᆞᆫ者ㅣ되는時는國家의代表者로看做ᄒᆞᆷ을得ᄒᆞᆯ지오其行爲는國際上關係에其後政府를拘束ᄒᆞᆯ効力이十分自有ᄒᆞᆫ者ㅣ라謂ᄒᆞᆷ을得ᄒᆞᆯ지로다

第四節　國家의成立及承認

國家의成立은其起原이太古에遠在ᄒᆞᆫ者도有ᄒᆞ며大國이分製ᄒᆞ야數個의小國

이제 이러한 예외의 실례를 들어보면, 1535년에 터키 황제와 프랑스 왕 사이에 항복조약을 체결하였지만, 이 조약은 체약국의 의사 합치에 따라 서명한 군주의 생존 기간에만 효력을 갖는다고 정한 일이 있다. 또한 프랑스의 루이 14세는 영국 스튜어트 왕가의 제임스 2세가 영국 왕위를 회복하기까지는 프랑스가 출병하여 영국 신민들에게 반대하기로 조약을 체결한 것이 모두 이러한 예이다.

위에서 논술한 바에 의하여 고찰해 보면 그 국가의 과거 정치, 즉 왕년의 정치가 그 국가의 국제적 지위에 대해서 영향을 미치는 것은 매우 이해하기 쉽다. 회복된 황통 및 변경된 정부가 이전 황통 및 정부의 대내 관계를 계승하지 않을 수 있어도, 대외적 관계 즉 국제적인 관계를 인정하지 않을 수 없다. 가령 권력을 찬탈한 자라도 실제 권력으로서 그 국가를 통제하게 되는 때는 국가의 대표자로 간주할 수 있고, 그 행위는 국제관계에서 그 후 정부를 구속하는 효력이 자체적으로 충분하다고 할 수 있다.

제4절 국가의 성립과 승인

국가의 성립은 그 기원이 태고에 멀리 있을 수 있다. 대국이 분열하여 여러 개의 소국이을成ᄒᆞ고小國이合併ᄒᆞ야大國을成ᄒᆞᄂᆞᆫ事도有ᄒᆞ며殖民地가母國으로브터分離ᄒᆞ야一獨立國을成ᄒᆞᄂᆞᆫ事도有ᄒᆞ며何國家에不屬ᄒᆞᆫ土地가其基礎ᄅᆞᆯ堅固히ᄒᆞ야新國家ᄅᆞᆯ創設ᄒᆞᄂᆞᆫ事도有ᄒᆞ니라然이나國際公法上에在ᄒᆞ야ᄂᆞᆫ各國家團體起源에遡及ᄒᆞ야創立事由의如何ᄅᆞᆯ研究ᄒᆞᆯ必要가無ᄒᆞ고又平和的及强制的의手段을依ᄒᆞ야他國으로브터分裂ᄒᆞ거나或他國과合併ᄒᆞᆷ에至ᄒᆞᆫ者ㅣ라도其分裂及合併의原因如何ᄂᆞᆫ玆에問ᄒᆞᆯ바ㅣ아니며國家ᄂᆞᆫ如何ᄒᆞᆫ歷史ᄅᆞᆯ保來ᄒᆞ야現在의地位ᄅᆞᆯ得ᄒᆞᆷ에至ᄒᆞᆷ은總히關係ᄒᆞᆯ바ㅣ아님으로國家가國家로成立ᄒᆞ야文明이相當ᄒᆞᆫ程度에達ᄒᆞ고他國에對ᄒᆞ야權利義務의主體됨을可得ᄒᆞᆯ者ㅣ되ᄂᆞᆫ以上은悉皆國際公法上範圍以內에算入ᄒᆞ야可論ᄒᆞᆯ國家ㅣ라然이나國際公法上에國家란者ᄂᆞᆫ國法上에國家와相殊ᄒᆞ야土地、主權、人民의三要素가具備ᄒᆞᆯ지라도更히列國으로브터其團體ᄅᆞᆯ獨立國으로承認ᄒᆞᄂᆞᆫ事ᄅᆞᆯ要ᄒᆞᄂᆞᆫ故로此承認에關ᄒᆞᆫ事項을以下에說明코져ᄒᆞ노라

國家가國際社會의一員됨을可得ᄒᆞᆯ實際上資格은元來他國의承認有無ᄅᆞᆯ待ᄒᆞ야始生ᄒᆞᆯ者ㅣ아니오國家의組織上以上의三要素ᄅᆞᆯ完全히有ᄒᆞᆷ과不有ᄒᆞᆷ에在

되고 소국들이 합병하여 대국이 되는 일도 있다. 식민지가 모국으로부터 분리하여 하나의 독립국이 되는 것도 있다. 어느 국가에도 속하지 않은 토지가 그 기초를 견고히 해서 새로운 국가를 창설하는 일도 있다. 그러나 국제공법상으로는 각국이 단체로서 시작한 것에 소급해서 창립 사유가 어떠한지를 연구할 필요가 없다. 또한 평화적 및 강제적 수단에 의하여 타국에서 분열되거나 혹은 타국과 합병하게 된 경우라도 그 분열 및 합병의 원인이 어떠한지는 여기에서 물을 바 아니다. 국가가 어떠한 역사를 보유해 와서 현재의 지위를 얻게 되었는지는 전부 관계할 것이 아니기에 국가가 국가로 성립하여 문명이 상당한 정도에 달하고 타국에 대해서 권리와 의무의 주체가 될 수 있는 이상 모두 국제공법의 범위 이내에 포함해 논의할 수 있는 국가이다. 그러나 국제공법상 국가란 국내법상 국가와 서로 달라서 토지, 주권, 인민의 3요소가 갖춰진 경우라도 다시금 여러 국가가 그 단체를 독립국으로 승인하는 것이 필요하다. 따라서 이러한 승인에 관한 사항을 아래에서 설명하고자 한다.

국가가 국제사회의 일원이 될 수 있는 실제적인 자격은 원래 타국의 승인 여부를 기다려 비로소 생기는 것이 아니다. 국가의 조직상 위의 3가지 요소를 완전히 보유하거나 보유하지 않는 데에

ᄒᆞᆫ者ㅣ라然이나其國家가列國에對ᄒᆞ야國際의關係를生ᄒᆞ고國際公法上의權利를享有ᄒᆞ며義務를負擔ᄒᆞᆷ에關ᄒᆞ야ᄂᆞᆫ他國으로브터文明國社會의國家로看做ᄒᆞᄂᆞᆫ事가有ᄒᆞᆷ을要ᄒᆞᄂᆞ니假令國家의成立이其國家自體上으로觀察ᄒᆞ면其起源이數千年에在ᄒᆞᆫ舊國이라도此承認은國際公法上의權利를享有ᄒᆞ고義務를負擔ᄒᆞᆷ에至ᄒᆞᄂᆞᆫ必要의條件을成ᄒᆞᆯ지로다然而國家의承認은列國의公會、會議의決議及列國各自의宣言을依ᄒᆞ야明示ᄒᆞᄂᆞᆫ事도有ᄒᆞ며又或은諸國이公使를派遣ᄒᆞ고條約을締結ᄒᆞ야國際의關係를生ᄒᆞᄂᆞᆫ事도有ᄒᆞ야其承認의格式이一定ᄒᆞᆫ標準은無ᄒᆞ나要컨ᄃᆡ明示或默示의行爲로其團體를國家로看做ᄒᆞᄂᆞᆫ意思를表示ᄒᆞᆷ을要ᄒᆞᄂᆞ니라

既存國家가承認ᄒᆞᄂᆞᆫ方法에關ᄒᆞ야ᄂᆞᆫ西曆千八百八十四年에英國이공고國을承認ᄒᆞᆷ과如히他國團體의單獨獨立을承認ᄒᆞᆷ에特別히宣言ᄒᆞᆷ으로써行ᄒᆞᄂᆞᆫ事도有ᄒᆞ며又同年에德國이同國의獨立을承認ᄒᆞᆷ과如히其獨立의承認을條約文中에規定ᄒᆞ야承認ᄒᆞᄂᆞᆫ事도有ᄒᆞ며又同千八百三十年三月三日의希臘國의獨立承認을英、法、露三國이倫敦議定書中에明言ᄒᆞᆷ과如히承認ᄒᆞᄂᆞᆫ事ᄂᆞᆫ諸國家

있다. 그러나 그 국가가 여러 국가에 대해서 국제관계를 갖고 국제공법상 권리를 누리며 의무를 부담하는 것에 관해서는 타국으로부터 문명국 사회의 국가로 간주하여야 할 필요가 있다. 가령 국가의 성립이 그 국가 자체적으로 보자면 그 기원이 수천 년인 오래된 국가라도 이러한 승인은 국제공법상의 권리를 향유하고 의무를 부담하게 되는데 필요한 조건이 된다. 그러나 국가 승인은 여러 국가의 회의 결의 및 여러 국가 각자의 선언에 따라 명시하는 때도 있다. 또한 어떤 때는 여러 국가가 공사를 파견하고 조약을 체결하여 국제관계가 발생하는 때도 있어서 그 승인의 격식에 일정한 표준은 없다. 요컨대 명시 혹은 묵시적인 행위로 그 단체를 국가로 간주하는 의사를 표시하는 것은 필요하다.

기존 국가가 승인하는 방법에 관해서는 1884년에 영국이 콩고를 국가로 승인했던 것과 같이 타국 단체의 단독 독립을 승인할 때 특별히 선언하는 일도 있다. 또한 같은 해에 독일이 콩고국의 독립을 승인하는 것과 같이 독립 승인을 조약문에서 규정하여 승인하는 때도 있다. 또한 1830년 3월 3일에 그리스의 독립 승인을 영국, 프랑스, 러시아 3국이 런던의정서에서 명시적으로 선언하는 것과 같이 여러 국가가가共同ᄒᆞ야明言ᄒᆞᄂᆞᆫ事도有ᄒᆞ니라然이나凡承認은其國家ᄅᆞᆯ獨立의國家로認識ᄒᆞᄂᆞᆫ意思의表示가有ᄒᆞ면足ᄒᆞᆫ者ㅣ되ᄂᆞᆫ故로必其明言의有ᄒᆞᆷ을要치아니ᄒᆞ고又或其團體에對ᄒᆞ야國家間의關係로可히看做ᄒᆞᆯ行爲가有ᄒᆞᆫ時라도亦此ᄅᆞᆯ一種의承認이라謂ᄒᆞᆷ을可得ᄒᆞᆯ지니假令條約의締結、外交官의派遣或接受、及領事官에對ᄒᆞᆫ認可狀의交付等事項으로써國家ᄅᆞᆯ承認ᄒᆞᄂᆞᆫ方法으로看做ᄒᆞᆷ을得ᄒᆞᆯ지로ᄃᆡ但領事官은國交ᄅᆞᆯ行ᄒᆞᄂᆞᆫ官吏의性質이無ᄒᆞᆷ으로써如此ᄒᆞᆫ官吏의任命은其團體ᄅᆞᆯ國家로承認ᄒᆞᄂᆞᆫ者ㅣ라謂ᄒᆞᆷ을不得ᄒᆞᆯ지로다又某學者ᄂᆞᆫ新立ᄒᆞᄂᆞᆫ國家에向ᄒᆞ야他文明國의犯罪人拏交行爲ᄅᆞᆯ一國家의承認으로不認ᄒᆞᄂᆞᆫ者ㅣ有ᄒᆞ니今에其理由ᄅᆞᆯ據ᄒᆞᆫ건ᄃᆡ犯罪人의拏交行爲ᄂᆞᆫ元來政治上及社會上의便宜ᄅᆞᆯ依ᄒᆞ야此ᄅᆞᆯ授受ᄒᆞᄂᆞᆫ바ㅣ오決코其新立ᄒᆞᄂᆞᆫ國家ᄅᆞᆯ裁判所의設備가有ᄒᆞ고兼ᄒᆞ야一定ᄒᆞᆫ政治의機關即政府가有ᄒᆞᆫ者로承認ᄒᆞᄂᆞᆫ者ᄂᆞᆫ아니라論ᄒᆞᆷ에在ᄒᆞᆫ도다然이나逃亡犯罪人의拏交行爲ᄂᆞᆫ其性質이國家間行爲의性質이有ᄒᆞ야國家가他國家에對ᄒᆞᆫ友誼上으로出來ᄒᆞᄂᆞᆫ者ㅣ됨으로如此ᄒᆞᆫ行爲ᄅᆞᆯ行ᄒᆞᆫ事實이有ᄒᆞᆫ時ᄂᆞᆫ他國家가其新立코저ᄒᆞᄂᆞᆫ團體ᄅᆞᆯ國家로承認ᄒᆞᆫ者ㅣ라看做ᄒᆞᆷ

공동으로 승인을 명시적으로 선언하는 때도 있다. 그러나 대체로 승인은 그 국가를 독립 국가로 인식하는 의사의 표시가 있으면 족한 것이기 때문에 반드시 명시적 선언이 필요한 것은 아니다. 또한 어떤 때는 그 단체에 대해서 국가 간 관계로 간주할 만한 행위가 있는 때는 이 역시 일종의 승인이라고 할 수 있다. 가령, 조약체결, 외교관의 파견 및 접수, 그리고 영사관에 대한 인가장 교부 등의 사항이 국가를 승인하는 방법으로 간주할 수 있다. 다만 영사관은 국교를 수행하는 관리의 성격이 없기에 이러한 관리의 임명은 그 단체를 국가로 승인하는 것이라고 할 수 없다. 또한 어떤 학자는 새로 수립한 국가에 대해서 다른 문명국의 범죄인 체포와 인도 행위를 한 국가의 승인으로 인정하지 않는 경우가 있다. 여기에서 그 이유를 제시해보면 범죄인 체포와 인도는 원래 정치적 그리고 사회적인 편의에 따라 하는 것이지, 결코 새로 수립된 국가가 재판소 설비를 보유하고 이와 함께 일정한 정치기관 즉 정부를 보유한 것으로 승인하는 것은 아니라고 논하는 데 있다. 그러나 도망 범죄인의 체포와 인도 행위는 그 성격이 국가 간 행위의 성격을 가져서 국가가 타국에 대한 우의에서 나오는 것이기에 이러한 행위를 행한 사실이 있는 때는 다른 국가가 새로 수립하고자 하는 단체를 국가로 승인한 것으로 간주할 수

을可得ᄒᆞᆯ지니라

今日에現存ᄒᆞᆫ歐洲諸國의多數ᄂᆞᆫ國際公法發生以前에成立ᄒᆞ야其國家間에發生ᄒᆞᆫ行爲及慣習이斯法을成ᄒᆞᆫ者ㅣ되ᄂᆞᆫ故로如此ᄒᆞᆫ國家間의承認은今此世界에斯法이行ᄒᆞᄂᆞᆫ淵源을成ᄒᆞᆫ同時에業已承認이有ᄒᆞᆫ者ㅣ라看做ᄒᆞᆯ外에他道理가無ᄒᆞ고又土耳其、波斯、淸國、日本及我韓은國雖舊邦이로ᄃᆡ文明의程度가歐洲列邦에未及ᄒᆞᆫ点이有ᄒᆞᆷ으로承認을得ᄒᆞ야國際公法上에一員됨을始得ᄒᆞ니라然이나或新國家가如何ᄒᆞᆫ文明國에도不屬ᄒᆞᆫ土地에셔勃興ᄒᆞ고野蠻國이相當ᄒᆞᆫ文明程度에進達ᄒᆞ야國際社會에入ᄒᆞᄂᆞᆫ事가有ᄒᆞ니假令리베리아共和國은元來北米合衆國의殖民協會가自國이解放ᄒᆞᆫ奴隷를亞非利加海岸에移送ᄒᆞᆫ바ㅣ러니西曆千八百二十一年에其人種이土人酋長으로브터一定ᄒᆞᆫ土地를收得ᄒᆞ고又殖民協會의資金을運入ᄒᆞ야移住人이事業을熱心經營ᄒᆞᆫ結果로同千八百四十七年에至ᄒᆞ야共和國을創立ᄒᆞ얏더니其翌年에英國及其他諸國이同共和國과條約을締結ᄒᆞ야國家의團體됨을承認ᄒᆞ얏고드란스말國은西曆千八百三十六年에和蘭의農民團体가喜望峰殖民地로브터亞非利加內地에移入

있을 것이다.

오늘날 현존하는 여러 유럽 국가들의 다수는 국제공법 발생 이전에 성립되어서 그 국가 간에 발생한 행위 및 관습으로 이 법이 되었다. 따라서 이와 같은 국가들 사이의 승인은 오늘 이 세계에서 이 법을 행하는 연원이 되는 동시에 이미 승인받은 것으로 간주하는 것 이외에 달리 도리가 없다. 또한 터키, 페르시아, 청국, 일본 및 우리나라 한국은 비록 오래된 국가이지만 문명 수준이 유럽 각국에 이르지 못한 점이 있어서 승인을 얻어야 비로소 국제공법상 일원이 될 수 있다. 그러나 혹은 새로운 국가가 어떠한 문명국에도 속하지 않는 토지에서 갑자기 흥하고 야만국이 상당한 정도의 문명에 도달하여 국제사회에서 들어오는 경우가 있다. 가령 라이베리아(Liberia) 공화국은 원래 북미합중국의 식민협회가 자국에서 해방된 노예를 아프리카 해안에 이송한 것이었다. 1821년에 그들이 원주민 추장에게서 일정한 토지를 취득하고 또한 식민협회의 자금을 반입하여 이주민이 사업을 열심히 경영한 결과로 1847년에 이르러 공화국을 창립하였다가 그다음 해에 영국과 그 밖의 여러 국가가 이 공화국과 조약을 체결하여 국가 단체가 된 것을 승인하였다. 트란스발(Transvaal)국은 1836년에 네덜란드의 농민단체가 희망봉 식민지에서 아프리카 내륙에 이주해서

ᄒᆞ야國家를組成ᄒᆞ얏더니同千八百五十二年에英國으로브터獨立國의認承을受ᄒᆞ고又其他의諸國도漸次로其國家를承認ᄒᆞᆷ으로國際公法上의國家됨을始得ᄒᆞ얏고공고自由國은西曆千八百七十九年에공고殖民協會가亞非利加공고河畔의土地를開鑿ᄒᆞ고國家를建設ᄒᆞ얏더니同千八百八十四年에米德兩國及其他의諸國이同國을承認ᄒᆞᆷ으로브터國家의資格을始得ᄒᆞᆫ後에伯林會議에結果로永世의局外中立國을成ᄒᆞᆫ事實이皆是例니라然이나近世에至ᄒᆞ야ᄂᆞᆫ如此ᄒᆞᆫ實例ᄂᆞᆫ甚尠ᄒᆞ고一國版圖內에屬ᄒᆞᆫ領土가母國으로브터分離ᄒᆞ야獨立의國家를成ᄒᆞᄂᆞᆫ事實은有ᄒᆞ니假令西曆千七百七十六年에北米合衆國이英國으로브터分離ᄒᆞ야獨立ᄒᆞ고同千八百十年以後에智利國秘魯國及墨西哥國以外中央亞米利加、南亞米利加의諸共和國이西班牙國及葡萄牙國으로브터分離ᄒᆞ야獨立ᄒᆞ고同千八百三十年에白耳義國이和蘭國으로브터分離ᄒᆞ야獨立ᄒᆞ고同千八百二十七年에希臘國이土耳其國으로브터分離ᄒᆞ야獨立ᄒᆞ고同千八百七十八年에루마니아國及쇠루비아國이土耳其國으로브터分離ᄒᆞ야獨立ᄒᆞᆷ과如ᄒᆞᆫ者ㅣ皆是例니라然而如此ᄒᆞᆫ分立國에對ᄒᆞ야母國及第三國이國家의承認

국가를 조직하였다가 1852년에 영국으로부터 독립국의 승인을 받았다. 또한 그 밖의 여러 국가도 점차 그 국가를 승인하면서 비로소 국제공법상의 국가가 되었다. 콩고 자유국은 1879년에 콩고 식민협회가 아프리카 콩고강 기슭의 토지를 개척하고 국가를 건설하였다. 1884년에 미국과 독일 양국 그리고 그 밖의 여러 국가가 이 나라를 승인하면서 비로소 국가의 자격을 얻은 후에 베를린회의의 결과로서 영세국외 중립국이 된 사실이 모두 이러한 예이다. 그러나 근세에는 이와 같은 실례가 매우 적고 한 국가의 영역 내에 속한 영토가 모국으로부터 분리되어 독립 국가가 되는 경우가 있다. 가령 1776년에 북미합중국이 영국으로부터 분리독립하였고, 1810년 이후에 칠레, 페루 및 멕시코 이외의 중앙아메리카, 남아메리카의 여러 공화국이 스페인과 포르투갈에서 분리독립하였다. 1830년에 벨기에가 네덜란드에서 분리독립하였고, 1827년에 그리스가 터키로부터 분리독립하였다. 1878년에 루마니아와 세르비아가 터키로부터 분리독립한 것과 같은 것이 모두 이러한 예이다. 그러나 이와 같은 분리독립국에 대해 모국 및 제삼국이 국가 승인을

을行ᄒᆞ고不行ᄒᆞᆷ은全히各國의自由를因ᄒᆞ야行ᄒᆞᆯ者ㅣ오必其母國이分立國에對ᄒᆞ야承認을先行치아니ᄒᆞ면第三國이承認ᄒᆞᆷ을不得ᄒᆞᆯ理由가無ᄒᆞᆫ同時에其分立國이第三國으로브터國家의承認을受ᄒᆞᆫ境遇라도母國은尙且其國家를叛亂者로看做ᄒᆞ야鎭壓에從事ᄒᆞᆷ이能ᄒᆞᆯ지오又其分立國이母國과戰爭을繼續ᄒᆞᄂᆞᆫ境遇라도第三國은其戰爭團體를國家로承認ᄒᆞᄂᆞᆫ事가不無ᄒᆞ니假令北米의合衆國이獨立ᄒᆞᆯ時에英國이其國家를承認ᄒᆞᆷ은西曆千七百八十三年의뵈르사유條約을依ᄒᆞ야承認ᄒᆞ얏스나法國은同千七百七十八年二月六日의巴里條約으로써其獨立을承認ᄒᆞ얏고同千八百十年以後에南米의諸國이西班牙國에對ᄒᆞ야獨立의戰爭을繼續ᄒᆞᆯ時에米國은千八百二十三年에承認을行ᄒᆞ고英國은同千八百二十五年에承認을始行ᄒᆞ얏고同千八百三十年에白耳義國이和蘭國으로브터分立코져ᄒᆞᆯ際에和蘭國이其國家를承認ᄒᆞᆷ은千八百三十九年이오歐州의五大國이承認ᄒᆞᆷ은千八百三十一年이니라

第三國이叛亂團體에對ᄒᆞ야母國보다率先承認ᄒᆞᆷ은國際의關係上으로其承認을行ᄒᆞᄂᆞᆫ國家가甚히愼重ᄒᆞᆫ態度를取ᄒᆞᆷ이可ᄒᆞ니何故오若承認의時期가過히

할지 하지 않을지는 온전히 각국이 자유로이 할 것이고 반드시 모국이 분리독립국에 대해 승인을 먼저 하지 않으면 제삼국이 승인할 수 없다는 것은 이유가 없다. 동시에 그 분리독립국이 제삼국으로부터 국가 승인을 받은 경우라도 모국은 여전히 그 국가를 반란자로 간주하여 진압할 수도 있다. 또한 그 분리독립국이 모국과 전쟁을 계속하는 경우라도 제삼국은 그 전쟁 단체를 국가로 승인하는 일이 없지 않다. 가령 북미의 합중국이 독립할 때 영국이 그 국가를 승인한 것은 1783년의 베르사유조약에 의하여 승인하였으니 프랑스는 1778년 2월 6일 파리조약으로 그 독립을 승인하였다. 1810년 이후 남미의 여러 국가가 스페인에 대해서 독립 전쟁을 계속할 때 미국은 1823년에 승인하였고, 영국은 1825년에 비로소 승인했다. 1830년에 벨기에가 네덜란드로부터 분리독립하려고 할 때 네덜란드가 그 국가를 승인한 것은 1839년이었고 유럽의 5대국이 승인한 것은 1831년이었다.

제삼국이 반란단체에 대해 모국보다 솔선해서 승인하는 것은 국제관계상 승인하는 국가가 매우 신중한 태도를 보여야 할 것인데, 왜냐하면 만약 승인 시기가 과도하게

尙早ᄒᆞᆫ時ᄂᆞᆫ他國의內政을關涉ᄒᆞ고判亂者ᄅᆞᆯ援助ᄒᆞᄂᆞᆫ不法行爲의結果ᄅᆞᆯ生ᄒᆞ야母國의怨望을招ᄒᆞ고葛藤을生ᄒᆞᄂᆞᆫ事가交戰團體ᄅᆞᆯ國家로承認ᄒᆞᆫ境遇보다一層甚ᄒᆞᆫ者ㅣ되ᄂᆞᆫ所以니라是以로西曆千七百七十八年에法國이北米合衆國의獨立을承認ᄒᆞᆷ에當ᄒᆞ야英國은此ᄅᆞᆯ不法의甚ᄒᆞᆫ者로主張ᄒᆞ야激烈ᄒᆞᆫ抗議ᄅᆞᆯ行ᄒᆞᆷ으로英法間에戰爭을遂成ᄒᆞᆫ事實이有ᄒᆞ고同千八百二十五年에英國이南亞米利加諸國의獨立을承認ᄒᆞᆷ에當ᄒᆞ야西班牙國의抗議ᄅᆞᆯ招ᄒᆞᆫ事實이有ᄒᆞ고同千八百三十七年에米國이데기사스洲의獨立을承認ᄒᆞᆷ을因ᄒᆞ야墨西哥國과戰爭을開始ᄒᆞᆫ事實과如히母國보다先行ᄒᆞᆫ第三國의承認은國際間에重大ᄒᆞᆫ紛爭을惹起ᄒᆞᆫ事가不尠ᄒᆞ되母國은自國의利害關係上으로叛亂者에關ᄒᆞᆫ獨立의承認을遲延히ᄒᆞ야不得已ᄒᆞᆫ境遇에至ᄒᆞ기ᄭᆞ지ᄂᆞᆫ決코承認을不行ᄒᆞᄂᆞᆫ傾向이有ᄒᆞᆫ同時에第三國도亦自國의利害關係上으로其叛亂者의獨立을承認ᄒᆞ야國際의關係ᄅᆞᆯ生케ᄒᆞᆯ必要가有ᄒᆞᆷ으로브터往往히母國에率先ᄒᆞ야承認ᄒᆞᄂᆞᆫ事가有ᄒᆞ니라然則如何ᄒᆞᆫ境遇에第三國이母國보다率先ᄒᆞ야承認ᄒᆞᆷ을得ᄒᆞᆯ者歟아

元來承認이란者ᄂᆞᆫ母國의承認及第三國의承認을不問ᄒᆞ고皆其叛亂者의團體

이른 때는 타국의 내정을 간섭하고 반란자를 지원하는 불법행위의 결과가 생겨서 모국의 원망을 초래하고 갈등이 발생하는 경우가 교전단체를 국가로 승인하는 경우보다 한층 더 심한 경우가 되기 때문이다. 이러한 이유로 1778년에 프랑스가 북미합중국의 독립을 승인할 때 영국은 이를 심각한 불법이라고 주장하여 격렬히 항의하여 영국과 프랑스 사이에 전쟁이 발생한 사실이 있다. 1825년에 영국이 남아메리카 여러 국가의 독립을 승인할 때 스페인의 항의를 초래한 사실이 있고, 1837년에 미국이 텍사스주의 독립을 승인한 것을 원인으로 멕시코와 전쟁을 시작한 경우와 같이 모국보다 선행해서 제삼국이 승인하는 것은 국제적으로 중대한 분쟁을 일으킨 경우가 적지 않다. 모국은 자국의 이해 관계상 반란자에 관한 독립 승인을 지연해서 어쩔 수 없는 경우에 이르기까지 절대 승인하지 않는 경향이 있다. 이와 동시에 제삼국도 역시 자국의 이해 관계상 그 반란자의 독립을 승인하여 국제관계를 만들 필요가 있어서 종종 모국보다 솔선해서 승인하는 경우가 있다. 이렇다면 이러한 경우에 제삼국이 모국보다 솔선해서 승인할 수 있는 것인가? 원래 승인이란 모국의 승인 및 제삼국의 승인을 불문하고 모두 그 반란자 단체들을로ᄒᆞ야곰獨立케ᄒᆞᆷ을得ᄒᆞᄂᆞᆫ者ㅣ아니니換言ᄒᆞ면此承認은獨立을與ᄒᆞᄂᆞᆫ者ㅣ아니오分離코져ᄒᆞᄂᆞᆫ團體가業已事實上에獨立ᄒᆞᆫ者를其團體에對ᄒᆞ야其獨立을認ᄒᆞᆷ에止ᄒᆞᆯ뿐이라故로叛亂의團體가確實ᄒᆞᆫ政治上의組織을有ᄒᆞ야實際上에獨立國으로正當히認得ᄒᆞᆯ者ㅣ되ᄂᆞᆫ時期에不達ᄒᆞ면此를濫行ᄒᆞᆷ이不可ᄒᆞ니라然而其時期의如何ᄂᆞᆫ左記의法則을依ᄒᆞ야識別ᄒᆞᆷ을可得ᄒᆞᆯ지니라

(一)、母國이叛亂者의게對ᄒᆞ야權力을回復ᄒᆞᆯ目的으로重大ᄒᆞᆫ戰爭을繼續ᄒᆞᄂᆞᆫ其間은其團體를確實ᄒᆞᆫ獨立國으로看做ᄒᆞᆷ이不能ᄒᆞᆯ지니是以로如此ᄒᆞᆫ團體에對ᄒᆞ야承認을行ᄒᆞᆷ은不法의行爲라謂ᄒᆞᆷ을可得ᄒᆞᆯ지오

(二)、母國이單純ᄒᆞᆫ主權만主張ᄒᆞ고又到底히成功을豫想키難ᄒᆞᆫ不完全의戰爭을繼續ᄒᆞ야써自國의權利를存續키不能ᄒᆞᆫ境遇에第三國이叛亂의團體를國家로承認ᄒᆞᆷ은其國家自由權內에在ᄒᆞ니라

國家의承認을行ᄒᆞ고不行ᄒᆞᆷ은旣存國家의任意니國家가承認을行코져ᄒᆞᆷ에當ᄒᆞ야承認을行ᄒᆞᄂᆞᆫ國家와承認을受ᄒᆞᄂᆞᆫ團體間에關係의有無와同情의厚薄을因ᄒᆞ야遲速의關係ᄂᆞᆫ有ᄒᆞᆯ지로ᄃᆡ大槪以上의二法則을依ᄒᆞ야第三國承認當의

독립시킬 수 있는 것이 아니다. 바꾸어 말하자면 이러한 승인으로 독립이 부여되는 것이 아니다. 분리하고자 하는 단체가 이미 사실상 독립한 자를 그 단체에 대해서 그 독립을 인정하는 데 그칠 뿐이다. 따라서 반란단체가 확실히 정치적 조직을 가져서 실제로 독립국으로서 정당하게 인정받는 시기에 도달하지 못하면 이를 남용하는 것이어서 적절하지 않다. 그러나 이 시기가 어떠한지는 아래에서 기술한 법칙에 따라 식별할 수 있다.

(1) 모국이 반란자에 대해서 권력을 회복할 목적으로 중대한 전쟁을 계속하는 기간은 그 단체를 확실한 독립국으로 간주할 수 없다. 이러한 까닭으로 이와 같은 단체에 대해서 승인하는 것은 불법행위라고 할 수 있다.

(2) 모국이 단순히 주권만 주장하고 도저히 성공하리라고 예상하기 곤란한 불완전한 상태에서 전쟁을 계속해서 자국의 권리를 존속시킬 수 없는 경우에 제삼국이 반란단체를 국가로 승인하는 것은 그 국가의 자유권에 속한다.

국가 승인을 행하고 행하지 않는 것은 기존 국가의 임의 사항이다. 국가가 승인하고자 할 때 승인하는 국가와 승인을 받는 단체 사이에 관계가 있는지 없는지, 그리고 동정이 후한지 아니면 박한지를 원인으로 관계가 빠르고 느린 점이 있다. 대개 위의 두 가지 법칙에 따라 제삼국의 승인이

否ᄂᆞᆫ識別ᄒᆞᆷ을可得ᄒᆞᆯ지라假令西曆千七百七十八年에法國이北米의合衆國을承認ᄒᆞᆷ과如ᄒᆞᆫ事實은英國과殖民地間에戰爭이其勝敗ᄅᆞᆯ未決ᄒᆞ야重要ᄒᆞᆫ戰爭이行ᄒᆞᄂᆞᆫ當時에承認ᄒᆞᆫ者ㅣ되ᄂᆞᆫ故로英國은不法의行爲라主張ᄒᆞ야敵意의有ᄒᆞᆫ者로看做ᄒᆞᆷ으로其結果가英法兩國間에戰爭을惹起ᄒᆞᆷ에遂至ᄒᆞ대法國은承認을行ᄒᆞᆯ時에戰爭을豫期ᄒᆞᆫ바ㅣ되ᄂᆞᆫ故로如此ᄒᆞᆫ承認은國際公法上에他國에對ᄒᆞᆫ關涉의行爲오敵意가有ᄒᆞᆫ行爲라推測ᄒᆞᆷ을可得ᄒᆞᆯ지며又西曆千八百二十七年에希臘國의獨立及同千八百三十一年에白耳義國의獨立을歐洲의五大國이承認ᄒᆞᆷ과如ᄒᆞᆷ은皆其戰爭이아즉勝敗를未決ᄒᆞ야叛亂의團體ᄅᆞᆯ正當ᄒᆞᆫ國家로看做ᄒᆞᆷ이不能ᄒᆞᆫ境遇에第三國이關涉ᄒᆞ야其獨立을認ᄒᆞᆫ者ㅣ됨으로亦正當ᄒᆞᆫ承認이라謂ᄒᆞᆷ을不得ᄒᆞᆯ지며特히西曆千八百四十九年匈牙利國叛亂時에北米合衆國이其獨立을承認ᄒᆞᆷ과如ᄒᆞᆫ者ᄂᆞᆫ不法의甚ᄒᆞᆫ者ㅣ로다是와相反ᄒᆞ야同千八百二十三年에南米에在ᄒᆞᆫ콜놈비아、智利、뻬노스알스等諸共和國의獨立을承認ᄒᆞᆷ과如ᄒᆞᆫ者及同千八百二十五年에英國이此等國에對ᄒᆞ야承認ᄒᆞᆷ과如ᄒᆞᆫ者ᄂᆞᆫ國際公法上에批難ᄒᆞᆯ處가毫無ᄒᆞ니此等諸國은同千八百十年以後에西

합당한지 부당한지 식별할 수 있다. 가령 1778년에 프랑스가 북미의 합중국을 승인하는 것과 같은 사실은 영국과 식민지 사이에 전쟁의 승부가 결정되지 않아서 중요한 전쟁이 당시 진행되던 때에 승인한 것이었기 때문에 영국은 불법행위라고 주장하여 적의를 가진 것으로 간주하였다. 그 결과 영국과 프랑스 양국 사이의 전쟁이 발생하게 되었다. 프랑스는 승인할 때 전쟁을 예상하였기 때문에 이러한 승인은 국제공법상 타국에 대한 간섭 행위였고, 적의 있는 행위였다고 추측할 수 있나. 또한 1827년에 그리스의 독립과 1831년에 벨기에의 독립을 유럽의 5대국들이 승인했던 것과 같은 것은 모두 그 전쟁의 승패가 아직 결정되지 않아서 반란단체를 정당한 국가로 간주할 수 없는 경우에 제삼국이 간섭해서 그 독립을 인정한 것이었기에 이 역시 정당한 승인이라고 할 수 없다. 특히 1849년 헝가리 반란 시에 북미합중국이 그 독립을 승인했던 것과 같은 것은 불법이 심했다. 이와 반대로 1823년에 남미에 있는 콜롬비아, 칠레, 부에노스아이레스 등 여러 공화국의 독립을 승인했던 것과 1825년에 영국이 이들 국가에 대해서 승인한 것과 같은 것은 국제공법상 비난할 것이 전혀 없다. 이들 여러 국가는 1810년 이후

班牙國을反抗ᄒᆞ야獨立을宣言ᄒᆞ고十餘年間의戰爭을繼續ᄒᆞ야當時의西班牙國은單히墨西哥國及뻬류國兩地方에不完全ᄒᆞᆫ軍隊를留ᄒᆞᆫ外에ᄂᆞᆫ南米大陸에何等의兵力이無ᄒᆞᆷ으로反亂諸國은自意로政府를組織ᄒᆞ야事實上에獨立國家를成ᄒᆞᆫ故로英米兩國은此等國에對ᄒᆞ야承認을行ᄒᆞᆷ에不外ᄒᆞ며又同千八百三十七年에北米合衆國이데기사스州의獨立을承認ᄒᆞᆷ도亦正當의承認이니同州와墨國間의重要ᄒᆞᆫ戰爭은其前年初에終了ᄒᆞ야墨國은同州에對ᄒᆞᆫ主權을回復ᄒᆞᆯ勢力이無ᄒᆞ고又何等의準備도不爲ᄒᆞ야同州ᄂᆞᆫ事實上에獨立을成ᄒᆞᆷ으로承認을行ᄒᆞᆷ에至ᄒᆞᆫ者ㅣ니라

此承認에關ᄒᆞ야又一問題를成ᄒᆞᆯ者ㅣ有ᄒᆞ니即國際社會에加入코져ᄒᆞᄂᆞᆫ團體가自進ᄒᆞ야他國에對ᄒᆞ야國家의承認을行케ᄒᆞᆯ權利가有ᄒᆞᆫ者歟아云ᄒᆞᄂᆞᆫ問題가是라뿌룬듀리氏와如ᄒᆞᆫ學者ᄂᆞᆫ此權利의有ᄒᆞᆯ事를主張ᄒᆞ고新立國의境遇라도第三國이正當ᄒᆞᆫ承認을行ᄒᆞᆯ時期에進達ᄒᆞᆫ時ᄂᆞᆫ其團體도亦第三國에對ᄒᆞ야其承認을自請ᄒᆞᆯ權利가有ᄒᆞᆫ者ㅣ라唱道ᄒᆞ고마르덴스氏와如ᄒᆞᆫ學者ᄂᆞᆫ更一層進步ᄒᆞ야反亂의團體라도自國의獨立을宣言ᄒᆞᆫ時ᄂᆞᆫ第三國이局外中立을嚴守

스페인에 반항하여 독립을 선언하였고 10여 년간의 전쟁을 계속해서 당시의 스페인은 단순히 멕시코 및 페루 양 지방에 군대를 불완전하게 주둔시키는 것 이외에는 남미대륙에 아무런 병력도 없어서 여러 반란 국가들은 스스로 정부를 조직하여 사실상 독립 국가가 되었기 때문에 영국과 미국 양국은 이들 국가에 대해서 승인했던 것에 불과하다. 또한 1837년에 북미합중국이 텍사스주의 독립을 승인한 것도 역시 정당한 승인이었다. 이 주와 멕시코 사이의 중요한 전쟁이 그 전년도 초에 종료되어서 멕시코는 텍사스주에 대해 주권을 회복할 세력이 없었고, 또한 아무런 준비도 하지 않아서 텍사스주는 사실상 독립했던 것이어서 승인하게 된 것이었다.

이러한 승인에 관해 또한 한 가지 문제가 되는 것이 있다. 즉, 국제사회에 가입하고자 하는 단체가 자발적으로 타국에 대해서 국가 승인을 시킬 권리가 있는지에 관한 문제이다. 블룬칠리와 같은 학자는 이러한 권리가 있다고 주장하며 신생독립국의 경우라도 제삼국이 정당한 승인하는 시기에 도달하였을 때는 그 단체도 역시 제삼국에 대해 승인하도록 스스로 요청할 권리를 갖는다고 주도하였다. 마르텐스와 같은 학자는 더 나아가 반란단체라도 자국의 독립을 선언하였을 때는 제삼국이 국외중립을 엄수할

ᄒᆞᆫ義務가有ᄒᆞᆫ者ㅣ라論定ᄒᆞ고此에敷衍ᄒᆞ야說明호대實際上에如此ᄒᆞᆫ團體로鞏固ᄒᆞᆫ國家의組織을保有ᄒᆞᆫ者에對ᄒᆞ야既存國家가承認을拒絶ᄒᆞᄂᆞᆫ時ᄂᆞᆫ其國에對ᄒᆞ야永遠ᄒᆞᆫ不好感情을招ᄒᆞ야自國利益上에害되ᄂᆞᆫ事가不尠ᄒᆞᆯ뿐아니라若新立國의勢力이强大ᄒᆞᆫ時ᄂᆞᆫ是로因ᄒᆞ야意外의紛爭을惹起ᄒᆞᆷ에至ᄒᆞᄂᆞᆫ事가有ᄒᆞᆷ으로써容易히其承認을拒絶ᄒᆞᆷ이不能ᄒᆞ다說明ᄒᆞ니라然이나國家ᄂᆞᆫ列國의承認을依ᄒᆞ야國際公法社會에加入ᄒᆞ야權利義務를取得ᄒᆞᄂᆞᆫ者ㅣ되ᄂᆞᆫ故로承認이無ᄒᆞᆫ以前의關係ᄂᆞᆫ全히德義上關係에不過ᄒᆞᄂᆞᆫ關係라謂ᄒᆞᆯ지오又其團體가雖獨立의宣言을發布ᄒᆞᆫ事가有ᄒᆞᆯ지라도母國及第三國이此團體를國家로承認ᄒᆞ고不承認ᄒᆞᆷ은既存國家의任意的行爲니마르텐스氏의學說과如히獨立의宣言이有ᄒᆞᆫ時ᄂᆞᆫ第三國이局外中立을嚴守ᄒᆞᆯ義務가有ᄒᆞᆷ이라論定ᄒᆞᆷ은正當ᄒᆞᆫ議論이라謂ᄒᆞᆷ을不得ᄒᆞᆯ지로다

承認은元來條件을不附ᄒᆞᆫ承認이完全ᄒᆞᆫ者ㅣ니何故오若承認에條件을附ᄒᆞᄂᆞᆫ時ᄂᆞᆫ完全ᄒᆞᆫ獨立國의資格을不與ᄒᆞᄂᆞᆫ者ㅣ되ᄂᆞᆫ所以니라然이나承認을與ᄒᆞ고不與ᄒᆞᆷ은全히承認을與ᄒᆞᄂᆞᆫ國家의任意的行爲를成ᄒᆞᄂᆞᆫ故로特히既存國家가

의무를 갖는다고 논하면서 이에 부연 설명하기를 실제로 이와 같은 단체로서 공고한 국가 조직을 보유한 것에 대해 기존 국가가 승인을 거절하는 때는 그 국가에 대해서 좋지 못한 감정을 영원히 갖도록 해서 자국 이익에 해가 되는 경우가 적지 않을 뿐 아니라 만약 신생 독립국의 세력이 강대하였을 때는 이로 인해서 의외의 분쟁을 일으키게 되는 경우가 있기에 쉽사리 그 승인을 거절할 수 없다고 설명하였다. 그러나 국가는 여러 국가의 승인에 따라 국제공법사회에 가입하여 권리와 의무를 취득하는 것이기 때문에 승인이 없었던 이전 관계는 온전히 도덕 예의상 관계에 불과하다고 할 것이다. 또한 그 단체가 비록 독립선언을 공포한 경우가 있다고 해도 모국과 제삼국이 이 단체를 국가로 승인하고 승인하지 않는 것은 기존 국가의 임의적 행위이니 마르텐스의 학설과 같이 독립선언이 있는 때는 제삼국이 국외중립을 엄수할 의무를 갖는다고 논하는 것은 정당한 주장이라고 말할 수 없다.

승인은 원래 조건을 붙이지 않고 완전히 하는 것이다. 왜냐하면 만약 승인에 조건을 붙이는 때는 완전한 독립국의 자격을 부여하지 않게 되기 때문이다. 그러나 승인을 부여하고 부여하지 않는 것은 온전히 승인을 부여하는 국가의 임의적 행위가 되기 때문에 특히 기존 국가가

條件을不附ᄒᆞ면承認을不與ᄒᆞᄂᆞᆫ事가有ᄒᆞ야條件을附ᄒᆞ고承認을與ᄒᆞᄂᆞᆫ實例가不無ᄒᆞ니假令西曆千八百七十八年七月十三日에議定ᄒᆞᆫ伯林條約第四十三條에歐洲의諸國은二個의條件을附ᄒᆞ고루마니아國의獨立을承認ᄒᆞᆫ事가有ᄒᆞ니即第一、宗教의差異를依ᄒᆞ야人民의民事上及政治上의權利를不奪ᄒᆞᆯ事와第二、西曆千八百五十五年의巴里條約을依ᄒᆞ야露國으로브터同國에割讓ᄒᆞᆫ領土뻿사리비아州를露國에返還ᄒᆞᆯ事를附ᄒᆞᆷ이是오又同條約第三十四條及第三十五條의信教自由를條件으로定ᄒᆞ고몬데넹그로國의獨立을承認ᄒᆞᆷ과如ᄒᆞᆫ者ㅣ皆是例니라然이나既存國家로브터承認을與ᄒᆞᆷ은其國家를獨立케ᄒᆞᄂᆞᆫ者ㅣ아니오元來獨立의資格이有ᄒᆞᆫ者를認識ᄒᆞᆷ에止ᄒᆞᄂᆞᆫ故로承認에條件을附ᄒᆞᆷ은承認性質에違反됨을難免ᄒᆞᆯ者ㅣ어ᄂᆞᆯ빠르간半島에在ᄒᆞᆫ루마니아國及其他의諸國은耶蘇教徒와回回教徒間에宗教上擾亂이連ᄒᆞ야不絕ᄒᆞᆷ으로信教의自由를列國이保障치아니ᄒᆞᄂᆞᆫ時ᄂᆞᆫ歐洲東方의平和를維持키不能ᄒᆞᆷ을因ᄒᆞ야伯林條約에條件을附ᄒᆞ고獨立을承認ᄒᆞᆷ에至ᄒᆞ니라然而玆에所謂附條件承認이라云ᄒᆞᆷ은其裏面을觀察ᄒᆞ면實은異宗教土地에對ᄒᆞ야新立國의信教自由를條

조건을 붙이지 않으면 승인을 부여하지 않는 경우가 있어서 조건을 붙이고 승인을 부여하는 실제 사례가 없지 않다. 가령 1878년 7월 13일에 의논해서 결정한 베를린조약 제43조에서 여러 유럽 국가들은 2개의 조건을 붙이고 루마니아의 독립을 승인한 일이 있다. 즉, 첫째, 종교의 차이에 의하여 인민의 민사적 및 정치적 권리를 빼앗지 않을 것과 둘째, 1855년의 파리조약에 의하여 러시아로부터 루마니아에 할양한 영토인 베사라비아주를 러시아에 반환할 것을 붙였다. 또한 이 조약 제34조와 제35조에서 신앙과 종교의 자유를 조건으로 정하고 몬테네그로의 독립을 승인했던 것과 같은 것이 모두 이러한 예이다. 그러나 기존 국가들이 승인을 부여하는 것은 그 국가를 독립시키는 것이 아니다. 원래 독립할 자격이 있다는 것을 인식하는 것에 그치는 것이다. 따라서 승인에 조건을 붙이는 것은 승인의 성격을 위반하는 것을 피하기 어렵다. 발칸반도에 있는 루마니아와 그 밖의 여러 국가는 예수교도와 회교도들 사이에 종교적으로 연속해서 끊임없이 소란하였기 때문에 신앙과 종교의 자유를 여러 국가가 보장하지 않는 때는 동유럽의 평화를 유지할 수 없었던 이유로 베를린조약에 조건을 붙이고 독립을 승인하게 되었다. 그러나, 여기에서 소위 조건부 승인이라고 하는 것은 그 내면을 고찰해 보면 실제로는 다른 종교 지역에 대해서 신생 독립국의 신앙과 종교의 자유를

件으로定ᄒᆞ야其獨立을保障ᄒᆞ고列國에關ᄒᆞᆫ紛爭을避코져ᄒᆞᆷ으로브터出來ᄒᆞᆫ者로信ᄒᆞ노라

斯法學者의多數ᄂᆞᆫ承認에關ᄒᆞ야國際公法社會에加入ᄒᆞᄂᆞᆫ承認과單히國家의資格을認識ᄒᆞᄂᆞᆫ承認의二種으로區別ᄒᆞ고國際公法社會에加入ᄒᆞᄂᆞᆫ承認을說明ᄒᆞ야曰西曆千八百五十六年三月三十日의巴里條約은第七條의明文으로ᄡᅥ歐洲의五大國이土耳其國을國際公法社會에加入케ᄒᆞᆷ과如히單其國家의資格을承認ᄒᆞᄂᆞᆫ外에又特히國際公法社會의一員되ᄂᆞᆫ承認을要ᄒᆞᄂᆞᆫ者ㅣ라ᄒᆞ야諸國과條約을締結ᄒᆞ고公使ᄅᆞᆯ派遣ᄒᆞᆷ과如ᄒᆞᆫ事實ᄲᅮᆫ으로ᄂᆞᆫ其國家가國際公法社會에加入ᄒᆞᆫ者ㅣ라謂ᄒᆞᆷ을不得ᄒᆞᆯ지라說明ᄒᆞᄂᆞᆫ者ㅣ不少ᄒᆞ나此說에對ᄒᆞ야ᄂᆞᆫ容易히服從키不能ᄒᆞ도다何故오第十九世紀中葉以前의列國間交通은今日에比ᄒᆞᆯ진대發達의程度가甚히懸隔ᄒᆞ야國際의關係도世界一般에不及ᄒᆞᆷ으로國際公法의適用範圍가狹隘ᄒᆞ야單히歐洲의諸國及北米合衆國에止ᄒᆞᆯᄲᅮᆫ이러니爾後로國際社會의區域은交通及通商의發達을伴ᄒᆞ야不得已擴張ᄒᆞᆯ必要가有ᄒᆞᆷ에至ᄒᆞᆫ事ᄂᆞᆫ玆에容疑ᄒᆞᆯ바ㅣ아니오或巴里의條約上明文으로ᄡᅥ土耳其國으

조건으로 정하여 그 독립을 보장하고 여러 국가와 관련된 분쟁을 피하기 위한 것에서 나왔던 것으로 믿는다.

다수의 국제법학자는 승인에 관해 국제공법사회에 가입하는 승인과 단순히 국가의 자격을 인식하는 승인의 두 가지 종류로 구별하고 국제공법사회에 가입하는 승인을 설명하기를 1856년 3월 30일의 파리조약은 제7조에서 명문으로 유럽의 5대국이 터키를 국제공법사회에 가입시키는 것과 같이 단순히 그 국가의 자격을 승인하는 것 이외에 또한 특히 국제공법사회의 일원이 되는 승인이 필요하다고 하여 여러 국가와 조약을 체결하고 공사를 파견하는 것과 같은 사실만으로는 그 국가가 국제공법사회에 가입하는 것이라고 할 수 없다고 설명하는 경우가 적지 않지만, 이러한 주장에 대해서는 쉽게 수긍할 수 없다. 왜냐하면 19세기 중엽 이전에 여러 국가 사이의 교통은 오늘날에 비해서 발달 수준의 차이가 매우 커서 국제관계도 세계 일반에 미치지 않았다. 국제공업의 적용 범위가 좁아서 단순히 유럽의 여러 국가와 북미합중국에 그칠 뿐이었다. 이후 국제사회의 구역은 교통과 통상의 발달에 맞추어 부득이하게 확장해야 할 필요가 있게 된 점은 여기에서 의심할 바가 아니고, 어떤 경우에는 파리조약상 명문으로 터키가로ᄒᆞ야곰斯法上의利益을享受케ᄒᆞᆫ事實이顯着ᄒᆞᆯ지라도其後에至ᄒᆞ야ᄂᆞᆫ如此ᄒᆞᆫ實例가全無ᄒᆞᆯᄲᅮᆫ더러兼ᄒᆞ야承認을區分ᄒᆞ야國家의資格을認識ᄒᆞᄂᆞᆫ承認外에又國際公法社會에加入ᄒᆞᄂᆞᆫ承認이有ᄒᆞᆷ으로主張ᄒᆞᄂᆞᆫ學者라도皆其承認의効力을說明ᄒᆞᆷ에當ᄒᆞ야ᄂᆞᆫ畢竟承認으로ᄒᆞ여곰被承認國과承認國間에國際公法上權利義務의關係ᄅᆞᆯ生케ᄒᆞᄂᆞᆫ者ㅣ라不謂ᄒᆞᄂᆞᆫ者ㅣ無ᄒᆞ니然則單히國家間의承認으로ᄒᆞ야곰承認國과被承認國間에關係를生케ᄒᆞ야國際公法上의權利義務를享有ᄒᆞ고負擔ᄒᆞᄂᆞᆫ効力이有ᄒᆞᆷ이라論ᄒᆞᆫ以上은被承認國이業已國際社會에加入ᄒᆞᆫ者ㅣ라謂ᄒᆞᆷ을可得ᄒᆞᆯ者ㅣ어ᄂᆞᆯ何故로又國際公法社會에加入ᄒᆞᄂᆞᆫ承認을要ᄒᆞᆯ者歟아前後의議論이貫一치못ᄒᆞᆷ을難免ᄒᆞᆯ지로다故로要ᄒᆞ건대國家의承認을得ᄒᆞᆫ被承認國은承認國에對ᄒᆞ야獨立國의權利義務ᄅᆞᆯ享有ᄒᆞ고負擔ᄒᆞ야國際公法의法則上으로行動ᄒᆞᆯ지며承認國도亦此等의國家ᄅᆞᆯ國際公法下에在ᄒᆞᆫ者로待遇ᄒᆞᄂᆞᆫ時ᄂᆞᆫ其國家가業已國際公法社會의一員됨을得ᄒᆞᆫ者ㅣ라謂ᄒᆞᆷ이適當ᄒᆞᆯ지니假令亞細亞列邦中에도特히我韓、淸國及日本과如ᄒᆞᆫ國家ᄂᆞᆫ世界의一般國家와條約을締結ᄒᆞ고公使의授受가有ᄒᆞᆷ을因ᄒᆞ야國際公法

국제공법의 이익을 누릴 수 있도록 한 점이 현저해도 그 후에 이르러서는 이러한 실제 사례가 전혀 없을 뿐만 아니라 이에 겸해서 승인을 구분하여 국가의 자격을 인식하는 승인 이외에 또한 국제공법사회에 가입하는 승인이 있는 것으로 주장하는 학자라도 모두 그 승인의 효력을 설명할 때는 필경 승인으로써 승인받는 국가와 승인하는 국가 사이에 국제공법상 권리와 의무의 관계가 생기도록 하는 것이라고 하지 않는 경우가 없다. 그래서 단순히 국가 간 승인으로써 승인국과 승인받는 국가 사이의 관계가 생겨서 국제공법상 권리와 의무를 향유하고 부담하는 효력이 있는 것으로 논한 이상 승인받는 국가가 이미 국제사회에 가입한 것이라고 할 수 있을 것인데, 무슨 까닭으로 또한 국제공법사회에 가입하는 승인이 필요하다고 할 것인가? 이렇게 되면 앞뒤의 논의가 일관되지 못하는 것을 피할 수 없다. 따라서 요컨대 국가의 승인을 얻은 승인 받은 국가는 승인한 국가에 대해서 독립국의 권리와 의무를 향유하고 부담하여 국제공법의 법칙상 행동할 것이다. 승인국도 역시 이들 국가를 국제공법하에 있는 것으로 대우하는 때는 그 국가가 이미 국제공법사회의 일원이 되었다고 하는 것이 적당할 것이다. 가령 아시아의 여러 국가 중에서도 특히, 우리나라 한국, 청국, 그리고 일본과 같은 국가는 세계의 일반 국가와 조약을 체결하고 공사를 파견하고 접수하고 있었던 점으로 인해서 국제공법

社會의一員됨을得ᄒᆞᆫ者ㅣ오別로此外에國際公法社會에加入ᄒᆞᄂᆞᆫ形式上承認이有ᄒᆞᆫ以後에斯法社會에加入ᄒᆞᆷ을始得ᄒᆞᆫ者ㅣ아니라

又學者中에新國이母國으로브터分立ᄒᆞᆷ에當ᄒᆞ야母國이新國에對ᄒᆞ야與ᄒᆞᆫ承認은第三國이新國에對ᄒᆞ야與ᄒᆞᆫ承認보다一層確實ᄒᆞᆫ効力이有ᄒᆞᆫ者ㅣ라論ᄒᆞᄂᆞᆫ者ㅣ不無ᄒᆞ니今에其理由를據ᄒᆞᆫ진대第三國이承認을與ᄒᆞᆫ境遇에ᄂᆞᆫ其承認當否에關ᄒᆞ야母國政府와承認國間에葛藤을惹起ᄒᆞᄂᆞᆫ事가有ᄒᆞᆫ대母國이承認을與ᄒᆞᆫ境遇에ᄂᆞᆫ其獨立에關ᄒᆞ야列國間의紛爭을惹起ᄒᆞᆯ事가無ᄒᆞᆫ所以라云ᄒᆞᆷ에在ᄒᆞ도다然이나如此ᄒᆞᆫ理由로써母國의承認과第三國承認間에差異가有ᄒᆞ다云ᄒᆞᆷ은正當ᄒᆞᆫ者ㅣ라贊成ᄒᆞᆷ을不得ᄒᆞᆯ지라何故오凡承認은如何ᄒᆞᆫ境遇라도一般國際의社會를代表ᄒᆞ야與ᄒᆞᄂᆞᆫ者ㅣ아니오但其承認國이被承認國을一國家로看做ᄒᆞ고被承認國도亦其承認國에對ᄒᆞ야만國際公法上의權利義務를取得ᄒᆞ고負擔ᄒᆞᆷ에不過ᄒᆞ며又母國이承認ᄒᆞᆫ時ᄂᆞᆫ第三國이承認을與ᄒᆞᆫ時와特殊ᄒᆞ야母國과第三國間에紛爭을惹起ᄒᆞᆯ餘地가無ᄒᆞ다ᄒᆞᄃᆡ其紛爭의有無ᄂᆞᆫ全히母國과第三國間關係에止ᄒᆞᆷ으로써如此ᄒᆞᆫ理由로承認自體에關ᄒᆞᆫ問題를左右

사회의 일원이 된 것이고, 별도로 이외에 국제공법사회에 가입하는 형식상 승인이 있고 난 뒤에 비로소 국제공법사회에 가입할 수 있게 되는 것이 아니다.

또한, 학자 중에는 새로운 국가가 모국으로부터 분리독립할 때 모국이 새로운 국가에 대해서 부여하는 승인은 제삼국이 새로운 국가에 대해서 부여하는 승인보다 더 확실한 효력을 갖는다고 논하는 사람이 없지 않다. 이제 그 이유를 제시해 보면, 제삼국이 승인을 부여할 때 그 승인의 당부에 관해 모국 정부와 승인국 사이에 갈등을 일으키는 일이 있지만, 모국이 승인을 부여할 때는 그 독립에 관해서 여러 국가 사이에 분쟁을 일으킬 일이 없기 때문이라고 하는 데 있다. 그러나 이러한 이유로 모국의 승인과 제삼국의 승인 사이에 차이가 있다고 하는 것은 정당한 것으로 찬성할 수 없다. 왜냐하면 대개 승인은 어떠한 경우라도 일반 국제사회를 대표해서 부여하는 것이 아니고, 다만 그 승인국이 피승인국을 한 국가로 간주하고 피승인국도 역시 그 승인국에 대해서만 국제공법상의 권리와 의무를 취득하고 부담하는 데 불과하며, 또한, 모국이 승인하였을 때는 제삼국이 승인을 부여하는 때와 특별히 달라서 모국과 제삼국 사이에 분쟁을 일으킬 여지가 없다고 하지만 그 분쟁의 여부는 온전히 모국과 제삼국 간의 관계에 그침으로써 이러한 이유로 승인 자체에 관한 문제를 좌우할

ᄒᆞᆯ效力이無ᄒᆞ야第三國이承認을與ᄒᆞᆫ境遇라도母國은承認을不與ᄒᆞᆷ이能ᄒᆞ고母國이承認을與ᄒᆞᆫ境遇라도第三國은承認을不與ᄒᆞᆷ이能ᄒᆞᆫ故로母國及第三國의承認을不問ᄒᆞ고其效力은承認國及被承認國間에國際公法上關係를生ᄒᆞᆷ에止ᄒᆞᆯ뿐이로다然則國家承認의效力은如左ᄒᆞᆫ結果를生ᄒᆞᄂᆞᆫ者ㅣ라謂ᄒᆞᆷ을得ᄒᆞᆯ지니라

第一、承認國被承認國間에國際公法上의權利義務關係를生ᄒᆞᄂᆞᆫ事

第二、國家의承認은撤消ᄒᆞᆷ을不得ᄒᆞᆯ事

第三、國家의承認은遡及力을保有ᄒᆞᄂᆞᆫ事

等結果가是라然而就中第一結果에關ᄒᆞ야ᄂᆞᆫ前述ᄒᆞᆷ과如ᄒᆞ거니와第二結果에關ᄒᆞ야ᄂᆞᆫ既存國家가承認을行ᄒᆞᆷ에遲速의差異가有ᄒᆞ니假令南米의諸國이獨立ᄒᆞᆯ際에英國은西曆千八百二十二年뵈로나列國公會에셔列國이共同ᄒᆞ야承認ᄒᆞᆯ事를提議ᄒᆞ야曰南米大陸에對ᄒᆞ야西班牙國의權力이不行ᄒᆞᆷ에至ᄒᆞᆷ으로無數ᄒᆞᆫ海賊及投機業者가層生ᄒᆞ야一般通商及交通에非常ᄒᆞᆫ障碍를及ᄒᆞᄂᆞᆫ事實이有ᄒᆞᆷ으로써此等國의獨立을認ᄒᆞ고列邦의協力을不得ᄒᆞ면到底히南米海

효력이 없어서 제삼국이 승인을 부여하는 경우라도 모국은 승인을 부여하지 않을 수 있고, 모국이 승인을 부여한 경우라도 제삼국은 승인을 부여하지 않을 수 있어서 모국과 제삼국의 승인을 불문하고 그 효력은 승인국과 피승인국 사이에 국제공법상 관계를 발생시키는 데 그칠 뿐이다. 이렇다면 국가 승인의 효력은 아래와 같은 결과를 발생시키는 것이라고 할 수 있다.

첫째, 승인국과 피승인국 간에 국제공법상의 권리와 의무 관계가 발생함
둘째, 국가 승인은 취소할 수 없음
셋째, 국가 승인은 소급효를 보유함

등의 결과가 이러하다. 그러나, 특히 첫 번째 결과에 관하여서는 전술한 것과 같지만, 두 번째 결과에 관해서는 기존 국가가 승인할 때 속도 차이가 있다. 가령 남미의 여러 국가가 독립할 때 영국은 1822년 베로나(Verona) 국제회의에서 여러 국가가 공동으로 승인할 것을 제안하면서 말하기를 남미대륙에 대해서 스페인의 권력이 행사되지 않게 되면서 무수한 해적과 투기꾼들이 증가하여 일반 통상과 교통에 예사롭지 않은 장애를 일으킨 사실이 있어서 이들 국가의 독립을 인정하고 여러 국가의 협력을 얻지 못하면 도저히 남미 해상

上의障碍物을除ᄒᆞ기不能ᄒᆞᆫ事를提議ᄒᆞ얏더니普、露、法、墺의四大國은南米大陸에對ᄒᆞ야利害의關係가稍少ᄒᆞᆷ으로其提議에不應ᄒᆞ니라是以로英國은同千八百二十五年에單獨으로此等國에對ᄒᆞ야承認을與ᄒᆞᆫ事實이有ᄒᆞ니凡國家의承認을與ᄒᆞ고不與ᄒᆞᆷ은全히列邦의任意的行爲를成ᄒᆞᄂᆞᆫ故로或境遇와事情을隨ᄒᆞ야第三國이母國에對ᄒᆞᆫ敵意上으로承認을行ᄒᆞᄂᆞᆫ境遇도有ᄒᆞ며又或正當히承認을與ᄒᆞᆯ境遇라도其國에對ᄒᆞᆫ利害關係及同情의厚薄을依ᄒᆞ야承認을與ᄒᆞᆷ이早晩의差異ᄂᆞᆫ有ᄒᆞᆯ지로ᄃᆡ一次其承認을與ᄒᆞᆫ以上은設令其後에承認을與ᄒᆞ던當時의事情과相殊ᄒᆞ야承認國과被承認國間에利害關係가衝突ᄒᆞᄂᆞᆫ境遇에至ᄒᆞᆯ지라도決코其承認을撤消ᄒᆞᆷ을不得ᄒᆞᆯ지니라何故오前述과如히其承認은母國이與ᄒᆞᆫ境遇라도決코新國의獨立을許與ᄒᆞᆫ者ㅣ아니오其國이業已事實上에獨立됨을得ᄒᆞᆯ資格이有ᄒᆞᆫ事를認識ᄒᆞᆷ에不過ᄒᆞᆫ所以니라是以로承認國과被承認國間에戰爭을惹起ᄒᆞᄂᆞᆫ事가有ᄒᆞᆯ지라도交戰國間에諸種條約은其性質을隨ᄒᆞ야消滅ᄒᆞᆯ者ᄂᆞᆫ消滅ᄒᆞ고中止ᄒᆞᆯ者ᄂᆞᆫ中止호ᄃᆡ此國家承認의條約及規定과如ᄒᆞᆫ者ᄂᆞᆫ決코消滅ᄒᆞᆯ者ㅣ아니니라此問題ᄂᆞᆫ西曆千八百十四年으로乃至

의 장애물을 제거할 수 없다는 점을 제의하였더니 프로이센, 러시아, 프랑스, 오스트리아 4대국은 남미대륙에 대해 이해관계가 적어서 그러한 제의에 응하지 않았다. 이러한 이유로 영국은 1825년에 단독으로 이들 국가에 대해서 승인을 부여한 사실이 있다. 대개 국가가 승인을 부여하거나 부여하지 않는 것은 온전히 여러 국가의 임의적 행위이기 때문에 어떤 때는 경우와 사정에 따라 제삼국이 모국에 대한 적의에서 승인하는 때도 있다. 또한, 어떤 때는 정당하게 승인을 부여한 경우라도 그 국가에 대한 이해관계 및 공감도의 많고 적음에 의하여 승인을 부여하는 것이 이르거나 늦는 차이가 있겠지만, 일차적으로 승인을 부여한 이상 설령 그 후에 승인을 부여하던 당시 사정과 서로 달라서 승인국과 피승인국 사이에 이해관계가 충돌할 때 이르더라도 결코 그 승인을 취소할 수 없다. 왜냐하면 앞서 기술했듯이 그 승인은 모국이 부여한 경우라도 결코 새로운 국가의 독립을 허락하는 것이 아니고 그 국가가 이미 사실상 독립할 수 있는 자격이 있는 것을 인식하는 것에 불과하기 때문이다. 이러한 이유로 승인국과 피승인국 사이에 전쟁을 일으키는 일이 있을지라도 교전국 사이에 여러 종류의 조약은 그 성격에 따라서 소멸할 것은 소멸하고 중지할 것은 중지하지만, 이러한 국가 승인 조약 및 규정과 같은 것은 결코 소멸할 것이 아니다. 이러한 문제로 1814년에서

十六年間에노비스코디아、라브라돌漁業問題에關ᄒᆞ야非常ᄒᆞᆫ討論이有ᄒᆞ던바ㅣ라英國은同千八百十二年의英米戰爭을因ᄒᆞ야從來로英米兩國間에存在ᄒᆞᆫ一切條約은悉皆消滅ᄒᆞᆫ者로主張ᄒᆞ얏스나米國政府ᄂᆞᆫ此에反對ᄒᆞ야曰同千七百八十三年뷜시유의條約을依ᄒᆞ야英國이米國의獨立을承認ᄒᆞ고國境을確定ᄒᆞᆫ規定으로ᄒᆞ여곰若十二年의戰爭을依ᄒᆞ야悉皆無効에歸케ᄒᆞ면十二年戰爭은米國이再次建國以前地位에退立ᄒᆞ야獨立戰爭及革命戰爭을英國과再開ᄒᆞᆫ者ㅣ라云ᄒᆞᆯ前後矛盾의結論이生ᄒᆞᆯ지라抗議ᄒᆞᆫ事가有ᄒᆞ니라

今에又第三의結果를說明ᄒᆞᆯ진ᄃᆡ國家의承認은遡及ᄒᆞ야其効力을生ᄒᆞᄂᆞ니換言ᄒᆞ면即其建國當時에遡及ᄒᆞ야國家되ᄂᆞᆫ基礎를立ᄒᆞᄂᆞᆫ者ㅣ됨으로新立國이他國으로브터獨立의承認을得ᄒᆞᆫ時ᄂᆞᆫ其獨立을宣言ᄒᆞᆫ時로브터承認을得ᄒᆞᆫ時에至ᄒᆞ기ᄭᆞ지其間行爲에關ᄒᆞ야도亦國際公法上의責任이有ᄒᆞᆫ者ㅣ니何故오若承認으로ᄒᆞ야곰遡及ᄒᆞ야効力이不生케ᄒᆞ면新立ᄒᆞᄂᆞᆫ國家ᄂᆞᆫ其承認을不受ᄒᆞᆫ以前行爲에關ᄒᆞ야當時에ᄂᆞᆫ國家의資格을不得ᄒᆞᆫ者ㅣ라ᄒᆞᄂᆞᆫ理由로써責任을拒絶ᄒᆞ고他國에對ᄒᆞᆫ債務及其他義務를得免ᄒᆞᆯ不條理의結果가生ᄒᆞᆯ지며又

60년 사이에 노바스코샤(Nova Scotia), 래브라도(Labrador) 어업 문제에 관해 비상한 토론이 있었다. 영국은 1812년 영미 전쟁으로 인하여 종래 영미 양국 간에 있었던 모든 조약이 모두 소멸하였다고 주장하였지만, 미국 정부는 이에 반대하여 1783년 베르사유조약에 의하여 영국이 미국의 독립을 승인하고 국경을 확정한 규정들이 만약 1812년의 전쟁에 따라 모두 무효로 돌아가게 되면 1812년 전쟁으로 인해 미국이 다시금 건국 이전의 지위로 물러나게 되어 독립 전쟁 및 혁명전쟁을 영국과 재개하는 것이라고 하여 전후 모순인 결론이 생겨난다고 항의한 경우가 있었다.

이제 또한 제3의 결과를 설명하자면 국가 승인은 소급해서 그 효력이 발생한다. 바꾸어 말하자면 즉 그 건국 당시로 소급하여 국가가 되는 기초를 세우는 것이 되어서 신생 독립국이 타국으로부터 독립 승인을 얻었을 때는 그 독립을 선언한 때로부터 승인을 얻는 때에 이르기까지 그동안의 행위에 관해서도 역시 국제공법상 책임을 갖는다. 왜냐하면 만약 승인이 소급해서 효력을 발생하지 않게 되면 새로이 수립된 국가는 그 승인을 받지 못했던 이전 행위에 관해 당시에는 국가의 자격을 얻지 못했다는 이유로 책임을 거절하고 타국에 대한 채무 및 그 밖의 의무를 면하게 되는 부조리한 결과가 발생할 것이며, 또한

理論上으로論홀지라도新立國은他國의承認을依ᄒᆞ야國家됨을始得ᄒᆞᆫ者ㅣ아니오業已獨立의事實이確實홈으로他國은其事實을認識홈에不過홈이라ᄒᆞᄂᆞᆫ原則을貫徹ᄒᆞ기不能ᄒᆞᆫ所以니라此點에關ᄒᆞ야問題를成ᄒᆞᆫ者ᄂᆞᆫ西曆千八百二十七年의英米兩國間메인州境界問題가是니同問題ᄂᆞᆫ同千七百八十三年에英國이米國의獨立을承認홀時에條約上境界線이判然치못홈으로國境에橫在ᄒᆞᆫ右地方領有權에關ᄒᆞ야紛爭이生ᄒᆞᆫ者ㅣ라當時英國政府의主張을據홀진ᄃᆡ元來米國의全體ᄂᆞᆫ英國의殖民地一部分이라故로特히條約上에分明히讓與ᄒᆞᆫ者ㅣ아니면悉皆英國에可屬홀者ㅣ라主張ᄒᆞ얏더니米國은此에對ᄒᆞ야反對ᄒᆞ야曰뷜시유條約에記載ᄒᆞᆫ米國의領土ᄂᆞᆫ條約으로써英國이米國에讓與ᄒᆞᆫ者ㅣ아니오元來米國의領土되ᄂᆞᆫ事實을英國이認識홈에不過ᄒᆞ니然則係爭地方에關ᄒᆞᆫ領土權은英國이主張홈과如ᄒᆞᆫ單純ᄒᆞᆫ議論으로ᄂᆞᆫ此問題를解決ᄒᆞ기不能ᄒᆞᆫ者ㅣ오畢竟同地方은西曆千七百七十六年以來로北米合衆國이獨立ᄒᆞ던其事實을依ᄒᆞ야可決홀者ㅣ라反駁ᄒᆞᆫ論旨ᄂᆞᆫ今日國際公法上에一般國家가正當ᄒᆞᆫ議論으로認ᄒᆞᄂᆞᆫ바ㅣ니라

이론상으로 논하더라도 신생 독립국은 타국의 승인에 따라 비로소 국가가 될 수 있는 것이 아니고, 이미 독립한 사실이 확실하기에 타국은 그 사실을 인식하는 것에 불과하다는 원칙을 관철할 수 없기 때문이다. 이러한 점에 관해 문제 되는 것은 1827년 영미 양국 사이에 메인주 경계 문제였다. 이 문제는 1783년에 영국이 미국의 독립을 승인할 때 조약상 경계선이 명백하지 못하여 국경에 가로 놓인 위 지방의 영유권에 관해 분쟁이 생겼다. 당시 영국 정부의 주장을 거론해 보면 원래 미국 선제는 영국 식민시의 일부였기 때문에 특히 조약에서 분명히 넘겨준 것이 아니면 모두 영국에 속해야 한다고 주장하였다. 미국은 이에 반대해서 베르사유조약에 기재된 미국의 영토는 조약으로 영국이 미국에 넘겨준 것이 아니고 원래 미국의 영토인 사실을 영국이 인식한 것에 불과하여, 이러하다면 분쟁지방에 관한 영토권은 영국 주장과 같이 단순히 주장하는 것만으로는 이 문제를 해결할 수 없었다. 필경 이 지방은 1776년 이래로 북미합중국이 독립한 사실에 의하여 결정해야 한다고 반박한 주장의 취지는 오늘날 국제공법상 일반적으로 국가들이 정당한 주장으로 인정하는 것이다.

第四章　國家의滅亡及變更

第一節　國家의滅亡

凡國家ᄂᆞᆫ土地人民及主權三要素中에其一이라도欠缺이有ᄒᆞᆫ時ᄂᆞᆫ滅亡ᄒᆞᆷ을難免ᄒᆞᆯ지라然이나內亂及外患을依ᄒᆞ야一時的으로國內의秩序가紊亂ᄒᆞ고主權의所在處가不分明ᄒᆞ거나或은不確定ᄒᆞᆫ境遇에ᄂᆞᆫ其國家가滅亡ᄒᆞᆫ者ㅣ라謂ᄒᆞᆷ을不得ᄒᆞᆯ지니如此ᄒᆞᆫ境遇에其國家가秩序ᄅᆞᆯ回復ᄒᆞᄂᆞᆫ其間ᄂᆞᆫ生存에影響을及ᄒᆞᆯ事가無ᄒᆞ고又領土의變更及人口의增減이有ᄒᆞᆯ지라도其成立에影響이無ᄒᆞᆯ지며更히國體及政體ᄅᆞᆯ革命ᄒᆞ고改革ᄒᆞᆯ지라도此等의事項은全히其國家自由行爲에屬ᄒᆞᆷ으로他國에對ᄒᆞᆫ權利義務에關ᄒᆞ야前政府의締結ᄒᆞᆫ條約、國債及其他外國間의權利義務關係ᄅᆞᆯ一切繼承ᄒᆞ야享有ᄒᆞ고履行ᄒᆞᆷ을要ᄒᆞᄂᆞ니라然則國家가其要素을具備치못ᄒᆞᆷ에至ᄒᆞ야滅亡ᄒᆞᄂᆞᆫ境遇ᄂᆞᆫ何오即左의五種으로區分ᄒᆞ야說明ᄒᆞᆷ이可ᄒᆞᆯ지로다

第一、國家의全體가他國에合倂ᄒᆞ야其國의版圖ᄅᆞᆯ成ᄒᆞᆫ境遇

國家가他國에合倂ᄒᆞ야其國의版圖ᄅᆞᆯ成ᄒᆞᆷ은强制的으로合倂ᄒᆞᄂᆞᆫ事도有ᄒᆞ

제4장 국가의 멸망과 변경

제1절 국가의 멸망

대개 국가는 토지, 인민, 그리고 주권의 3가지 요소 중에 하나라도 흠결이 있는 때는 멸망하게 되는 것을 피하기 어렵다. 그러나 내란 및 외환에 의하여 일시적으로 국내 질서가 혼란해지고 주권의 소재가 분명하지 않거나 혹은 확정되지 않았을 때 그 국가가 멸망한 것이라고 할 수 없다. 이러한 경우에 그 국가가 질서를 회복하는 동안 생존에 영향을 미치는 일은 없다. 또한 영토의 변경 및 인구의 증감이 있어도 그 성립에 영향이 없다. 다시금 국체의 혁명 및 정체의 개혁이 있어도 이들 사항은 온전히 그 국가의 자유 행위에 속하기에 타국에 대한 권리와 의무에 관해 이전 정부가 체결한 조약, 국채 및 그 밖의 외국과의 권리의무 관계를 일체 계승하여 향유하고 이행해야 한다. 그래서 국가가 그 요소를 갖추지 못하게 되어서 멸망하는 경우는 무엇이냐면, 즉, 아래의 5가지 종류로 구분하여 설명할 수 있다.

1. 국가 전체가 타국과 합병하여 그 국가의 영역이 되는 경우

국가가 타국과 합병하여 그 국가의 영역이 되는 것은 강제적으로 합병하는 때도 있고

고平和的으로合倂ᄒᆞᄂᆞᆫ事도有ᄒᆞ니强制的으로合倂ᄒᆞᆫ實例ᄂᆞᆫ假令第十八世紀에英國이印度ᄅᆞᆯ征服ᄒᆞᆷ과露國이波蘭을合倂ᄒᆞᆷ과又西曆千八百四十六年에墺地利國이그라코ㅣᄅᆞᆯ合倂ᄒᆞᆷ과同千八百六十年에伊太利國이셸도、다스가니아及其他諸侯國을合倂ᄒᆞᆷ과同千八百六十六年에普魯西國이하노바헷센、낫소及ᄲᅳ랑크포르드、안、마인 等諸國을合倂ᄒᆞᆷ과同千八百九十七年에法國이마당가스갈島ᄅᆞᆯ合倂ᄒᆞᆷ과如ᄒᆞᆫ者ㅣ是ㅣ오平和的으로合倂ᄒᆞᆫ實例ᄂᆞᆫ假令西曆千八百九十八年에布哇國이條約으로ᄡᅥ北米合衆國에合倂ᄒᆞᆷ과如ᄒᆞᆫ者ㅣ是라然이나要ᄒᆞ건ᄃᆡ國家의全體가他國의版圖ᄅᆞᆯ成ᄒᆞᆫ時ᄂᆞᆫ舊國의主權은消滅ᄒᆞ고同時에其土地及人民은其國을合倂ᄒᆞᆫ國家의領土及國民을成ᄒᆞᆯ지니라

第二、一國이二個以上의國家로分裂ᄒᆞ야其兩國을皆舊國의相續者로看做ᄒᆞᆷ을不得ᄒᆞᆯ境遇

一國이二個以上의國家로分裂ᄒᆞ야其兩國을皆舊國의相續者로認ᄒᆞ기難ᄒᆞᆫ時ᄂᆞᆫ其一國即舊國은滅亡ᄒᆞᆫ者라云ᄒᆞᄂᆞ니假令中世의살네만帝國이滅亡ᄒᆞᆫ

평화적으로 합병하는 때도 있다. 강제적으로 합병한 실례는 가령 18세기에 영국이 인도를 정복한 것과 러시아가 폴란드를 합병한 것, 또한 1846년에 오스트리아가 크라쿠프(Kraków)를 합병한 것과 1860년에 이탈리아가 팔레르모(Palermo), 투스카니(Tuscany) 및 그 밖의 제후국들을 합병한 것과 1866년에 프로이센이 하노버, 헤센, 나소 및 프랑크푸르트암마인(Frankfurt am Main) 등의 제후국을 합병한 것 1897년에 프랑스가 마다가스카르섬을 합병한 것과 같은 것이다. 평화적으로 합병한 실제 실례는 가령 1898년에 하와이가 조약으로 북미합중국에 합병된 것과 같은 것이다. 그러나 요컨대 국가 전체가 타국의 영역이 될 때는 이전 국가의 주권은 소멸하고 동시에 그 토지 및 인민은 그 국가를 합병한 국가의 영토 및 국민이 될 것이다.

2. 한 국가가 두 개 이상의 국가로 분열하여 그 양국을 모두 이전 국가의 상속자로 간주할 수 없는 경우

한 국가가 두 개 이상의 국가로 분열되어 그 양국을 모두 이전 국가의 상속 국가로 인정하기 어려울 때는 그 한 국가 즉 이전 국가는 멸망한 것이라고 한다. 가령, 중세의 카롤루스 제국(Carolingian Empire)이 멸망한

後에其國家의相續者를失홈과西曆千八百三十一年에네사란드王國이分裂ᄒᆞ야白耳義國及和蘭國을成홈은歐羅巴事實上에適當ᄒᆞᆫ實例오又東洋의歷史上으로도戰國時代에晋國이分裂ᄒᆞ야韓魏趙三國을成홈과如ᄒᆞᆫ者ㅣ皆是例니라如此ᄒᆞᆫ關係로其國이形跡을失ᄒᆞ야滅亡ᄒᆞᆫ境遇에ᄂᆞᆫ舊國의土地及人民이新立國에分屬ᄒᆞ야舊國의主權을繼續ᄒᆞᆫ者가無홈으로勢不得已滅亡홈에至홀지니라

第三、國家가二個以上되ᄂᆞᆫ他國家의게分割을當ᄒᆞ야其國家의版圖를成ᄒᆞᆫ境遇

一國이二個以上되ᄂᆞᆫ他國家의게分割을當ᄒᆞ야滅亡ᄒᆞᆫ者ᄂᆞᆫ西曆千七百七十二年乃至同千七百九十五年間에波蘭國이普、墺、露、三個國의게分割을當ᄒᆞ야滅亡홈과如히其土地及人民은各々其分割國의一部를成ᄒᆞ야主權이消滅홈으로因ᄒᆞ야國家도滅亡홈에遂至ᄒᆞ니라

第四、二個以上의國家가同等의國權이有홈을不拘ᄒᆞ고合倂ᄒᆞ야一國을組成ᄒᆞᆫ境遇

후에 그 국가의 상속자가 소멸한 것과 1831년에 네덜란드 왕국이 분열하여 벨기에와 네덜란드가 된 것은 유럽 사례로 적당하다. 또한 동양 역사에서도 전국시대에 진(晉)이 분열하여 한(韓) 위(魏) 조(趙) 3국이 되었던 것이 모두 이러한 예이다. 이러한 관계로 그 국가의 흔적이 없어져서 멸망하였을 때 이전 국가의 토지 및 인민이 신생 독립국에 나뉘어 속하고 이전 국가의 주권을 계속하는 국가가 없어서 부득이하게 멸망하게 된다.

3. 국가가 두 개 이상인 타국에 분할되어 그 국가의 영역이 되는 경우

한 국가가 두 개 이상인 다른 국가에 분열되어 멸망한 경우는 1772년에서 1795년 사이에 폴란드가 프로이센, 오스트리아, 러시아 3개국에 분할되어 멸망한 것과 같이 그 토지 및 인민이 각각 그 분할국가의 일부가 되어서 주권이 소멸하여 국가도 결국 멸망하게 된다.

4. 2개국 이상의 국가가 동등한 국가의 권리를 보유하는데도 불구하고 합병하여서 한 국가를 조성한 경우

二個以上의國家가互相間에同等權利가有ᄒᆞᆷ을不拘ᄒᆞ고其國家ᄅᆞᆯ合併ᄒᆞ야一國家ᄅᆞᆯ組成ᄒᆞᄂᆞᆫ時ᄂᆞᆫ新國을組織ᄒᆞᆫ各國은各各別個의國家가아니오即合併ᄒᆞᆫ新國家의一部分으로可見ᄒᆞᆯ지라如此ᄒᆞᆫ實例ᄂᆞᆫ西曆千八百七十一年에日耳曼諸國을合併ᄒᆞ야德帝國을成立ᄒᆞ며同千八百十五年에瑞典과諸威가合併ᄒᆞ야一王國을成立ᄒᆞ며又同千八百六十七年以後에墺地利와匈牙利兩國이合併ᄒᆞ야一國을成ᄒᆞᆷ과如ᄒᆞᆫ者ㅣ皆是니라

第五、國家가國內의事情을因ᄒᆞ야自立ᄒᆞ기不能ᄒᆞᆷ에至ᄒᆞᆫ境遇

國家滅亡에關ᄒᆞ야前述ᄒᆞᆫ바ᄂᆞᆫ大概對外主權의關係上으로獨立國의資格을不有ᄒᆞᆫ者ㅣ라然이나更히國內의事情을因ᄒᆞ야滅亡ᄒᆞᄂᆞᆫ境遇가不無ᄒᆞ니假令天災地變及疾病等의天然的事項을依ᄒᆞ야其國家의領土及人民을喪失ᄒᆞ거나蠻民의襲擊을受ᄒᆞ야滅亡ᄒᆞ거나又ᄂᆞᆫ永久히無政府의情形이有ᄒᆞ야天然或人爲的의關係上으로國家ᄅᆞᆯ成立ᄒᆞᄂᆞᆫ要素에欠缺이生ᄒᆞ야國家의資格을維持ᄒᆞ기不能ᄒᆞᆫ境遇에至ᄒᆞᆫ時ᄂᆞᆫ其國이비록滅亡치아니코져ᄒᆞ나滅亡치아니ᄒᆞᆷ을不得ᄒᆞᆯ지로다

2개국 이상의 국가가 상호 간에 동등한 권리가 있는데도 불구하고 그 국가들이 합병하여서 한 국가를 조성할 때는 새로운 국가를 조직할 각 국가는 각각 별개의 국가가 아니다. 즉, 합병한 새로운 국가 일부분으로 보아야 한다. 이와 같은 실례는 1871년에 여러 게르만 국가들을 합병하여 독일 제국이 성립한 경우, 1815년에 스웨덴과 노르웨이가 합병하여 하나의 왕국을 수립했던 경우, 또한 1867년 이후 오스트리아와 헝가리 양국이 합병하여서 한 국가가 된 것과 같은 것이 모두 이러하다.

5. 국가가 국내 사정으로 인해서 자립할 수 없게 된 경우

국가 멸망에 관해 앞에서 기술한 바는 대개 대외주권의 관계상 독립국의 자격을 보유하지 않은 것이다. 그러나 다시금 국내 사정으로 인하여 멸망하는 경우가 없지 않다. 가령 천재지변 및 질병 등의 천연적인 사정에 따라 그 국가의 영토 및 인민을 상실하거나 야만인들의 습격을 받아서 멸망하거나 영구적으로 무정부 상태가 있어서 천연적 혹은 인위적인 관계로도 국가 성립 요소에 흠결이 생겨서 국가의 자격을 유지할 수 없는 경우가 될 때는 그 국가가 비록 멸망하지 않으려고 해도 멸망하지 않을 수 없다.

第二節　國家의變更

前述과如히國家成立에關ᄒᆞ야ᄂᆞᆫ一國家의一部分이分立ᄒᆞ야新國家를成立ᄒᆞᄂᆞᆫ事도有ᄒᆞ며一國이數國으로分裂ᄒᆞ거나又ᄂᆞᆫ二個以上의國家가合併ᄒᆞ야一個新國家를成立ᄒᆞᄂᆞᆫ事도有ᄒᆞ며又或은一國이他國에게合併或分割을當ᄒᆞ야其國의版圖를成ᄒᆞᄂᆞᆫ事도有ᄒᆞ니此等國家의成立及滅亡境遇와一國이他國領土의一部分을取得ᄒᆞᆫ境遇에舊國이第三國과締結ᄒᆞᆫ條約及其他國際上關係에其國이享有ᄒᆞ고負擔ᄒᆞ얏던權利義務ᄂᆞᆫ新國家及其土地와人民을合併ᄒᆞᆫ國家에서舊國으로브터繼承ᄒᆞᄂᆞᆫ事도有ᄒᆞ며繼承치아니ᄒᆞᄂᆞᆫ事도有ᄒᆞ니其繼承與否ᄂᆞᆫ全히其權利義務의性質을從ᄒᆞ야各々異同이有ᄒᆞᆷ을見ᄒᆞᆯ지로다

權利義務를繼承ᄒᆞᆷ에關ᄒᆞ야ᄂᆞᆫ古來의多數學說이君主、王統及政府의改革更迭과如ᄒᆞᆫ國內의組織變更과國家가他國家의게合併을當ᄒᆞ거나新國이他國으로브터分立ᄒᆞᆷ과如ᄒᆞᆫ國家人格上의變更을混同ᄒᆞ야其結果를論ᄒᆞᄂᆞᆫ者가不無ᄒᆞᄃᆡ大抵國內의組織變更及一部主權國이獨立國을成ᄒᆞᆷ과如ᄒᆞᆫ政治的團體上에何等變化가無ᄒᆞᆫ以上은同國이外國에對ᄒᆞ야締結ᄒᆞᆫ바條約、國債及其他一

제2절 국가의 변경

앞서 기술한 바와 같이 국가 성립에 관해서는 한 국가의 일부가 분리독립해서 새로운 국가를 수립하는 때도 있으며, 한 국가가 여러 국가로 분열하거나 2개 이상의 국가들이 합병해서 1개의 새로운 국가가 성립하는 때도 있다. 또는 어떤 때는 한 국가가 타국에 합병 혹은 분할되어서 그 국가의 영역이 되는 때도 있다. 이들 국가의 성립과 멸망의 경우와 한 국가가 타국 영도의 일부를 획득하였을 때 이진 국가가 제삼국과 체결한 조약 및 그 밖의 국제관계에서 이전 국가로부터 승계하는 것도 있으며, 승계하지 않는 때도 있다. 그 승계 여부는 온전히 그 권리와 의무 성격에 따라서 각각 같거나 다른 경우를 볼 수 있다.

권리와 의무를 승계하는 것에 관해서는 옛날부터 다수의 학설이 군주, 왕통 및 정부의 개혁교체와 같은 국내 조직의 변경과 국가가 타국에 합병당하거나 새로운 국가가 타국에서 분리독립하는 것과 같은 국가 인격의 변경과 혼동해서 그 결과를 논하는 자가 없지 않지만 대체로 국내 조직의 변경 및 주권국 일부가 독립국이 되는 것과 같이 정치적 단체상 전혀 변화가 없는 이상 같은 국가가 외국에 대해서 체결한 조약, 국채 및 그 밖의

切의權利義務關係는別로變更을受홀理由가無ᄒᆞ고特히條約에關ᄒᆞ야는西歷千八百三十一年二月十九日倫敦會議의議定書第十九號에도人民의內國組織에關ᄒᆞᆫ變更如何는不拘ᄒᆞ고諸條約은其効力을不失홈이最高의原則이라明言ᄒᆞᆫ事가有ᄒᆞ며빠ㅣ델、마르덴스氏等의主張ᄒᆞ는바와如히所謂屬人的條約即主權者個人、一王統、一政府를維持ᄒᆞ기爲ᄒᆞ야其時에當局者가締結홈과如ᄒᆞᆫ條約을除ᄒᆞᆫ外에는外國과締結ᄒᆞᆫ一切의條約即物質的條約은締約國의國內組織變更을依ᄒᆞ야影響을受홀事가無홀지로다然而如此ᄒᆞᆫ屬人的條約은外國으로ᄒᆞ야곰自國의內治를干涉케ᄒᆞ는者ㅣ됨으로써第十九世紀以後에至ᄒᆞ야는如此ᄒᆞᆫ性質을有ᄒᆞᆫ條約이甚尠ᄒᆞ니라然이나若國際上에如此ᄒᆞᆫ條約이有홀진대是는主權者個人間契約에不外홀지오現今에行ᄒᆞ는條約은悉皆物質的條約으로國家의全體를拘束홀効力이有ᄒᆞᆫ故로領土又人民에關ᄒᆞ야國家人格上에變更이無ᄒᆞᆫ以上은性質上에影響을受홀事가無홀지라是以로玆에所謂國家變更上에相伴ᄒᆞ는結果는國家人格上의變更이오外國關係上의領土及人民에關ᄒᆞᆫ變更을依ᄒᆞ야新舊國間權利義務의繼承關係를意味홈이라其繼承如何에

모든 권리와 의무 관계는 별도로 변경될 이유가 없고 특히 조약에 관해서는 1831년 2월 19일 런던회의의 의정서 제19호에도 인민의 국내 조직에 관한 변경 여부에도 불구하고 여러 조약은 그 효력을 잃지 않는 것이 최고의 원칙이라고 명확히 선언한 일이 있다. 바텔, 마르텐스 등이 주장하는 바와 같이 소위 속인적 조약, 즉, 주권자 개인, 하나의 왕통, 하나의 정부를 유지하기 위하여 그때 당국자가 체결한 것과 같은 조약을 제외하고, 그 이외는 외국과 체결한 모든 조약, 즉 물질적 조약은 체약국의 국내 조직 변경에 따라 영향을 받을 일이 없다. 그러나, 이와 같은 속인적 조약은 자국의 내치를 간섭받게 되면서 19세기 이후에 이르러서는 이와 같은 성격을 갖는 조약이 매우 적어졌다. 그러나 만약 국제적으로 이와 같은 조약이 있다면 이는 주권자 개인 간 계약에 지나지 않을 것이다. 현재에 적용되는 조약은 모두 물질적 조약으로 국가 전체를 구속하는 효력이 있어서 영토 및 인민에 관하여 국가 인격상 변경이 없는 이상 성격이 영향을 받는 일이 없다. 이러한 이유로 여기에서 소위 국가 변경에 수반하는 결과는 국가 인격의 변경이고 외국과의 관계에서 영토 및 인민 관련 변경에 따라 새로운 국가와 이전 국가 사이의 권리의무의 승계 관계를 의미한다. 그 승계 여하에

關ᄒᆞ야ᄂᆞᆫ更히左에境遇를分ᄒᆞ야說明코져ᄒᆞ노라

第一、舊國이存續ᄒᆞᆫ境遇

國家의一部가分立ᄒᆞ야新國을成ᄒᆞᆫ境遇에舊國이他國에對ᄒᆞ야有ᄒᆞ얏던바權利義務를新國이分擔ᄒᆞ고分擔치아니ᄒᆞᄂᆞᆫ問題를決코져ᄒᆞᆯ진대其權利義務의性質이果然舊國의國家性格과可히分離치못ᄒᆞᆯ關係의有與無와又其新立國이分立ᄒᆞᆷ을因ᄒᆞ야領有ᄒᆞᆷ에至ᄒᆞᆫ바土地及人民에對ᄒᆞ야密接ᄒᆞᆫ關係의有與無를詳細히說明치아니ᄒᆞᆷ을不得ᄒᆞᆯ지라何故오若其權利義務로舊國의國家性格과可히分離치못ᄒᆞᆯ者ㅣ되ᄂᆞᆫ時ᄂᆞᆫ新國은分立後에至ᄒᆞ야도舊國이存續ᄒᆞᆫ以上은此에對ᄒᆞ야關係를有ᄒᆞᆯ者ㅣ니是오其權利義務를負擔ᄒᆞᆯ者ᄂᆞᆫ但舊國에限ᄒᆞᆯ者ㅣ되ᄂᆞᆫ所以니라是야以舊國의同盟條約保證條約、通商條約、修交條約上의權利義務와如ᄒᆞᆫ者ᄂᆞᆫ新立國이繼承치아니ᄒᆞ대新國의國土를成ᄒᆞᆫ地方에關ᄒᆞᆫ境界條約、河海通航權及地役에關ᄒᆞᆫ約定、其地方에在ᄒᆞᆫ財産에關係가有ᄒᆞᆫ者及其地方을爲ᄒᆞᄂᆞᆫ目的으로其收入을抵當ᄒᆞᆫ債務와如ᄒᆞᆫ者ᄂᆞᆫ新國의國土와人民에密接ᄒᆞᆫ關係가

관해서는 다시금 아래에서 경우를 나누어 설명하고자 한다.

1. 이전 국가가 존속하는 경우

국가 일부가 분리독립하여 새로운 국가가 될 때 이전 국가가 타국에 대해서 갖고 있었던 권리 의무를 새로운 국가가 분담하거나 분담하지 않는 문제를 결정하려고 하는 경우 그 권리 의무의 성격이 과연 이전 국가의 국가적 성격과 분리될 수 없는 관계의 여부와 또한 그 신생 독립국이 분리독립함으로 인해서 영유하게 되는 토지 및 인민에 대해서 밀접한 관계의 여부를 상세히 설명하지 않을 수 없다. 왜냐하면 만약 그 권리 의무가 이전 국가의 국가적 성격과 분리될 수 없는 때 새로운 국가는 분리독립 후에도 이전 국가가 존속하는 이상 이에 대해서 관계가 없고, 그 권리 의무를 부담하는 경우는 다만 이전 국가에 한정되기 때문이다. 이러한 이유로 이전 국가의 동맹조약, 보증조약, 통상조약, 수교 조약상 권리 의무와 같은 것은 신생 독립국이 승계하지 않는다. 새로운 국가의 국토를 이루는 지방에 관한 경계 조약, 하천과 바다의 통항권 및 토지이용에 관한 약정, 그 지방에 있는 재산에 관계를 갖는 자와 그 지방을 위한 목적에서 수입을 저당 잡힌 채무와 같은 것은 새로운 국가의 국토와 인민에 밀접한 관계가

有ᄒᆞᆷ으로新立國이繼承치아니ᄒᆞᆷ을不得ᄒᆞᆯ지니라然而此點에關ᄒᆞᆫ古來의學說을參考ᄒᆞᆯ진대그로쉬스氏ᄂᆞᆫ國家全體上에共有ᄒᆞ얏던者ᄂᆞᆫ各其分離ᄒᆞᆫ部分에共通的으로處理ᄒᆞ거나或은比例的으로分有ᄒᆞᆷ이可ᄒᆞ다ᄒᆞ며겐드氏ᄂᆞᆫ國家가若其領土ᄅᆞᆯ分割ᄒᆞᆫ時ᄂᆞᆫ其國權利義務에別로差異ᄅᆞᆯ生ᄒᆞᆯ事가無ᄒᆞᆯ지오特別히條約을締結ᄒᆞ야此ᄅᆞᆯ分排치아니ᄒᆞ면其權利義務ᄂᆞᆫ當然히分割된各部에共有ᄒᆞᆯ者ㅣ라ᄒᆞ며필니몰氏ᄂᆞᆫ更히겐드氏說에敷衍ᄒᆞ야說明ᄒᆞ야曰若一國民이數個의各別團體로分離ᄒᆞᄂᆞᆫ時ᄂᆞᆫ分離ᄒᆞ기以前에國民全體가負擔ᄒᆞᆫ義務ᄅᆞᆯ特別ᄒᆞᆫ條約이無ᄒᆞᆫ以上은各部分이比例的으로負擔ᄒᆞᆯ者ㅣ라ᄒᆞ나此等의學說은果然新立國이成立ᄒᆞᆷ에當ᄒᆞ야舊國이相續者ᄅᆞᆯ失ᄒᆞᆫ境遇ᄅᆞᆯ指ᄒᆞᄂᆞᆫ者歟아又ᄂᆞᆫ舊國이存續ᄒᆞᆫ境遇ᄅᆞᆯ指ᄒᆞᄂᆞᆫ者歟아其意義에模糊ᄒᆞᆷ을未免ᄒᆞᆯ지로다此等의學說은舊國이存續치아니ᄒᆞᆫ境遇ᄅᆞᆯ指ᄒᆞᆷ에ᄂᆞᆫ正當ᄒᆞᆫ學說이라謂ᄒᆞᆷ을得ᄒᆞᆯ지로대舊國이其成立을不失ᄒᆞᆫ境遇에至ᄒᆞ야ᄂᆞᆫ如此ᄒᆞᆫ學說이正當ᄒᆞᆫ者ㅣ라謂ᄒᆞᆷ을不得ᄒᆞᆯ지오更히舊國이其成立을不失ᄒᆞᆫ境遇라도一般의負債ᄂᆞᆫ新舊兩國間의人口、面積及租

있기에 신생 독립국이 승계하지 않을 수 없을 것이다. 그러나 이 점에 관한 옛날의 학설을 참고해 보면 그로티우스는 국가 전체적으로 공유하였던 것은 각각 분리한 부분에 공통으로 처리하거나 혹은 비례적으로 나누어 소유해야 한다고 하였으며, 켄트(J. Kent)는 국가가 만약 그 영토를 나눌 때는 그 국가의 권리 의무에 별로 차이가 발생하는 경우가 없고 특별히 조약을 체결하여 이를 분배하지 않았다면 그 권리 의무는 당연히 분할된 각 부분에서 공유한다고 하였다. 필리모어는 다시금 켄트의 주장에 부연 설명해서 만약 한 국가의 국민이 여러 개의 각기 다른 단체로 분리되는 때는 분리하기 이전에 국민 전체가 부담하는 의무를 특별히 규정한 조약이 없는 이상 각 부분이 비례적으로 부담한다고 말하였다. 그러나 이러한 학설들이 과연 신생 독립국이 성립할 때 이전 국가가 상속자가 소멸한 경우를 가리키는 것인지 또는 이전 국가가 존속할 경우를 가리키는 것인지 그 의미가 모호한 것을 면할 수 없다. 이들 학설은 이전 국가가 존속하지 않는 경우를 가리키는 학설로서 정당하다고 말할 수 있겠지만, 이전 국가가 존속하는 것을 상실하지 않을 때 이르러서는 이와 같은 학설이 정당한 것이라고 말할 수 없다. 다시금 이전 국가가 존속하는 것을 상실하지 않은 경우라도 일반적인 부채는 새로운 국가와 이전 국가 양국 사이의 인구, 면적, 및

稅等에比例ᄒᆞ야新國이其一部를負擔홈이可ᄒᆞᆫ者ㅣ라論ᄒᆞᄂᆞᆫ學說훈不無ᄒᆞᆫ대此說도亦國際公法의法則을成ᄒᆞᆫ者ᄂᆞᆫ아니오新國에至ᄒᆞ야ᄂᆞᆫ此等의負債를負擔치아니홈이通則이니라但西曆千八百十四年에諾威國이丁抹國으로브터分立홀時에丁抹國의負債를兩分ᄒᆞ야其一部를負擔ᄒᆞᆫ事實이有ᄒᆞ며同千八百七十八年에伯林條約을依ᄒᆞ야셀가리아、쇠르비아及대네그로等國이土耳其國의負債一部分을分擔ᄒᆞᆫ事實이有ᄒᆞᆫ대是ᄂᆞᆫ全혀新舊兩國間에公平ᄒᆞ고便宜ᄒᆞᆫ方法을依ᄒᆞ야分離홀目的으로兩國의協議及歐洲大强國의指揮를從ᄒᆞ야行ᄒᆞᆫ者ㅣ라故로此ᄂᆞᆫ國際公法上의通則이아니오例外라謂홈이適當홀지로다輓近에至ᄒᆞ야北米의合衆國이英國으로브터分立홀時에도英國의負債及一切의義務를分擔ᄒᆞᆫ事實이無ᄒᆞ고領土를割讓ᄒᆞᄂᆞᆫ境遇에至ᄒᆞ야도西曆千八百七十一年에德國이法國으로브터알사스、로ㅣ렌二州를取得ᄒᆞ고日淸戰爭의結果로日本이淸國으로브터臺灣島의割讓을受ᄒᆞᆫ事가有ᄒᆞ야도割讓國의權利義務ᄂᆞᆫ悉皆分擔치아니ᄒᆞ니라然이나舊國의權利義務로其性質이新國의領土及人民에對ᄒᆞ야

조세 등에 비례해서 새로운 국가가 그 일부를 부담해야 한다고 주장하는 학설이 없지 않지만, 이러한 주장도 역시 국제공법의 법칙인 것은 아니고 새로운 국가에 대해서는 이들 부채를 부담하지 않는 것이 일반적인 법칙이다. 다만 1814년에 노르웨이가 덴마크에서 분리독립할 때 덴마크의 부채를 양분해서 그 일부를 부담한 사실이 있다. 1878년에 베를린조약에 의하여 불가리아, 세르비아 및 몬테네그로 등의 국가들이 터키의 부채 일부분을 분담한 사실이 있다. 이는 온전히 신구 양국 간에 공평하고 편리한 방법에 따라 분리 목적으로 양국의 협의 및 유럽 강대국의 지휘에 따라 행한 것이다. 따라서 이는 국제공법상 일반적인 법칙이 아니고 예외라고 하는 것이 적당할 것이다. 근래에 이르러 북미합중국이 영국으로부터 분리독립할 때도 영국의 부채 및 모든 의무를 분담한 사실이 없고 영토를 할양할 때도 1871년에 독일이 프랑스로부터 알자스, 로렌 2개 주를 취득하고 청일 전쟁의 결과로 일본이 청으로부터 대만섬을 할양받는 일이 있어도 할양 국가의 권리 의무는 모두 분담하지 않았다. 그러나 이전 국가의 권리 의무가 그 성격상 새로운 국가의 영토 및 인민에 대해서

接ᄒᆞᆫ關係가有ᄒᆞᆫ者ᄂᆞᆫ其全部或一部ᄅᆞᆯ性質에應ᄒᆞ야負擔치아니ᄒᆞᆷ을不得ᄒᆞᆯ지로다何故오新國은其領土及人民을所有ᄒᆞ야是로因ᄒᆞ야利益을享受ᄒᆞᄂᆞᆫ故로其領有ᄒᆞᆫ土地及人民에付屬ᄒᆞᆫ義務ᄅᆞᆯ得免키不能ᄒᆞᆷ으로權利ᄅᆞᆯ取得ᄒᆞᄂᆞᆫ同時에其義務도繼承치아니ᄒᆞᆷ은不得ᄒᆞᆯ所以니라假令新國이分立ᄒᆞ기以前에舊國이其領土에關ᄒᆞ야取得ᄒᆞ던國稅、關稅及其他의特定稅源을特別히指定ᄒᆞ야是ᄅᆞᆯ擔保ᄒᆞ고取得ᄒᆞᆫ負債와如ᄒᆞᆫ者ᄂᆞᆫ新國이是ᄅᆞᆯ比例的으로分擔ᄒᆞᆷ이至當ᄒᆞ도다是以로西曆千七百四十二年에普魯西國王프레데릭二世가日耳蔓帝國으로브터신샤州ᄅᆞᆯ取得ᄒᆞᆯ時에日耳蔓皇帝쟈레스六世가同千七百三十五年에同州의收入을擔保ᄒᆞ고倫敦商人으로브터借入ᄒᆞᆫ三百萬法의負債ᄅᆞᆯ負擔ᄒᆞᆫ事가有ᄒᆞ니라

國家가分立ᄒᆞᆫ結果로新立國에付屬ᄒᆞᆯ國有財産은卽其獨立ᄒᆞᆫ團體에屬ᄒᆞ얏던土地及其領土內에在ᄒᆞ얏던公有及官有의動産及不動産이是라此等의財産은當然히新立國所有에歸ᄒᆞᆯ지로ᄃᆡ新立國이分立以前에舊國一部分으로在ᄒᆞᆯ時에共同히享來ᄒᆞ얏던權利卽分立後自國境界以外에在ᄒᆞᆫ者

직접 관계가 있는 경우는 전부 혹은 일부를 성격에 따라서 부담하지 않을 수 없을 것이다. 왜냐하면 새로운 국가는 그 영토 및 인민을 소유하여 이로 인해서 이익을 누리기 때문에 그가 영유한 토지 및 인민에 부속한 의무를 면할 수 없기에 권리를 취득하면서 동시에 그 의무도 승계하지 않을 수 없기 때문이다. 가령 새로운 국가가 분리독립하기 이전에 이전 국가가 그 영토에 관해서 취득하던 국세, 관세 및 그 밖의 특정한 세수원을 특별히 지정해서 이를 담보로 취득한 부채와 같은 것은 새로운 국가가 이를 비례적으로 분담하는 것이 지당하다. 이러한 이유로 1742년에 프로이센 국왕 프레데릭 2세(Frederick II)가 게르만 제국으로부터 실레시아(Silesia)주를 취득할 때 게르만 황제 찰스 6세(Charles VI)가 1735년에 이 주의 수입을 담보로 런던 상인에게서 차입한 300만 파운드의 부채를 부담한 일이 있었다.

국가가 분리독립한 결과 신생 독립국에 부속하게 된 국유재산은 그 독립한 단체에 속하였던 토지 및 그 영토 내에 있었던 공유 및 관용 동산 및 부동산이다. 이들 재산은 당연히 신생 독립국 소유로 돌아가겠지만, 신생 독립국이 분리독립하기 이전에 이전 국가의 일부였던 때에 공동으로 누려왔던 권리 즉 분리독립 후 자국 경계 이외에 있는 것은

ᄂᆞᆫ其分離를因ᄒᆞ야是를失ᄒᆞᆯ지오但其代償을得受ᄒᆞᆷ에不過ᄒᆞᆯ지로다此問題에關ᄒᆞ야最有名ᄒᆞᆫ者ᄂᆞᆫ뉴프란드란드漁業問題가是니西曆千七百八十三年英米條約에英領加拿多의뉴프란드란드、노바스고녀아及라부라돌海岸에在ᄒᆞᆫ漁業權은米國의人民도享有ᄒᆞᆯ事를規定ᄒᆞᆫ事實이是라然而同千八百十二年戰爭以後에此條項에關ᄒᆞ야兩國間에紛爭을惹起ᄒᆞᆫ事가有ᄒᆞ니若米國人民의漁業權을英國이뵈르사유條約을依ᄒᆞ야許與ᄒᆞᆫ者ㅣ라ᄒᆞ면戰爭과同時에條約은消滅ᄒᆞᆯ者ㅣ라故로其權利ᄂᆞᆫ保存ᄒᆞᆷ을不得ᄒᆞᆯ者ㅣ어ᄂᆞᆯ米國政府ᄂᆞᆫ其漁業權이獨立以前에ᄂᆞᆫ英國領土에在ᄒᆞᆫ人民一般의게付屬ᄒᆞᆫ權利라ᄒᆞ야雖領土가分離ᄒᆞ야新米國을創立ᄒᆞᆫ以後에至ᄒᆞᆯ지라도是로因ᄒᆞ야從來로同一人民의게屬ᄒᆞᆫ固有의權利를失ᄒᆞᆯ者아니라主張ᄒᆞ얏스니英國政府ᄂᆞᆫ此에對ᄒᆞ야辯明호대大凡他國의人民이自由로自國版圖를使用ᄒᆞᄂᆞᆫ特權은其性質이條約의規定을不依ᄒᆞ면是를行使ᄒᆞ기不能ᄒᆞᆫ者ㅣ라英國領七海岸에在ᄒᆞᆫ米國人民이漁業을行ᄒᆞᆷ은其權利의性質이條約的性質을包含ᄒᆞᆫ者ㅣ라論ᄒᆞ야同千八百十八年에兩國이新條約을

그 분리로 인해 이를 상실할 것이고, 다만 그에 대한 보상을 받는 것에 불과할 것이다. 이러한 문제에 관해 가장 유명한 것은 뉴펀들랜드 어업 문제이다. 1783년 영미조약에서 영국령 캐나다의 뉴펀들랜드, 노바스코샤, 및 래브라도 해안의 어업권은 미국의 인민도 누리도록 규정한 경우가 있다. 그러나 1812년 전쟁 이후에 이 조항에 관해 양국 간에 분쟁이 야기되었다. 만약 미국 인민의 어업권을 영국이 베르사유조약에 의하여 허용했다면 전쟁과 동시에 조약이 소멸했을 것이다. 따라서 그 권리를 보존할 수 없게 되었지만, 미국 정부는 그 어업권이 독립 이전에는 영국 영토에 있는 일반 인민들에게 속한 권리라고 하여 비록 영토가 분리되어 신생 미국이 창립한 이후가 되었어도 이로 인해서 종래 같은 인민에게 속했던 고유의 권리를 상실할 것은 아니라고 주장하였다. 영국 정부는 이에 관해서 주장하기를 대개 타국의 인민이 자유로이 자국 영역을 사용하는 특권의 성격은 조약 규정에 따르지 않으면 이를 행사할 수 없어서 영국 영토 해안에 있는 미국 인민이 어업을 수행하는 것은 그 권리의 성격이 조약적 성격을 포함하는 것이라고 주장했다. 1880년에 양국이 새로운 조약으로써

로써此問題를終了ᄒᆞ니라然이나米國政府의此議論은一般學者의認否ᄒᆞᄂᆞᆫ바ㅣ니分立前에新立國人民의게屬ᄒᆞ얏던權利로分立後에至ᄒᆞ야其國版圖以外에在ᄒᆞᆫ者ᄂᆞᆫ其權利를失ᄒᆞᆷ이原則이니라

以上은新國이舊國으로브터分立ᄒᆞᆫ境遇에權利義務를繼承ᄒᆞᄂᆞᆫ方法을說明ᄒᆞᆫ者ㅣ라然이나一國이分裂ᄒᆞ야數國을成ᄒᆞᆯ際에就中其國이舊國을相續ᄒᆞᆫ境遇、二個以上國의領土一部分이本國으로브터分離ᄒᆞ야一個國을合成ᄒᆞᆫ境遇及一國이他國領土의部分을征服ᄒᆞ거나或은割讓을受ᄒᆞ야領土를成ᄒᆞᆫ境遇에至ᄒᆞ야도新國이分立ᄒᆞᆫ境遇와同一히其領土와人民의게密接ᄒᆞᆫ關係가有ᄒᆞᆫ舊國의權利義務ᄂᆞᆫ新立國及其土地를合併ᄒᆞᆫ國家에셔悉皆繼承ᄒᆞᆷ을要ᄒᆞᄂᆞ니라然이나假令舊國이存續ᄒᆞᆫ境遇에도新立國或合併國과舊國間에條約으로써其權利義務의繼承을特別히締約ᄒᆞᆫ時ᄂᆞᆫ元來其約定을從ᄒᆞᆷ은無論이로대若當事國間에如此ᄒᆞᆫ約定이無ᄒᆞᆫ時ᄂᆞᆫ以上의法則을從ᄒᆞ야解決ᄒᆞᆷ을要ᄒᆞᄂᆞ니라

第二、舊國이滅亡ᄒᆞᆫ境遇

이 문제를 종료하였다. 그러나 미국 정부의 이러한 주장을 일반 학자들은 부인하였다. 분리독립 이전에 신생 독립국 인민에게 속했던 권리로서 분리독립 후에 대해서는 그 국가의 영역 바깥에 있는 것은 그 권리를 상실하는 것이 원칙이다.

이상은 새로운 국가가 이전 국가로부터 분리독립하였을 때 권리 의무를 승계하는 방법을 설명한 것이다. 그러나 한 국가가 분열하여 수 개국이 될 때 특히 그 국가가 이전 국가를 상속하였을 때 2개 이상 국가들의 영토 일부분이 본국에서 분리되어 합쳐서 한 국가를 형성하는 경우 그리고 한 국가가 타국 영토 부분을 정복하거나 혹은 할양받아서 영토를 이룬 경우에도 새로운 국가가 분리독립한 경우와 같이 그 영토와 인민에게 밀접한 관계가 있는 이전 국가의 권리 의무는 신생 독립국 및 그 토지를 합병한 국가에서 모두 승계하는 것을 요건으로 한다. 그러나 가령 이전 국가가 존속할 때도 신생 독립국 혹은 합병국과 이전 국가 사이에 조약으로써 그 권리 의무의 승계를 특별히 체약하였을 때는 원래 그 약정에 따라야 하는 것은 물론이다. 만약 당사국 사이에 이러한 약정이 없는 때는 이상의 법칙에 따라 해결하는 것이 필요하다.

2. 이전 국가가 멸망한 경우

國家가滅亡홈에當ᄒᆞ야領土及人民이苟其天然的災害를依ᄒᆞ야消失치아니ᄒᆞᄂᆞᆫ以上은其土地及人民의全體가他國에合倂ᄒᆞ거나或은二個國以上으로分割ᄒᆞ거나二個國以上이合倂ᄒᆞ야一個의新國을成홈이通例니라如此ᄒᆞᆫ境遇에亡國은領土及人民을取得ᄒᆞᆫ國家ᄂᆞᆫ他國에對ᄒᆞ야其土地及人民에附着ᄒᆞᆫ舊國의權利義務를繼承치아니치못ᄒᆞᆯ지라然이나亡國의權利義務ᄂᆞᆫ悉皆繼承홈을要ᄒᆞᄂᆞᆫ者ㅣ아니오其國家가獨立國되ᄂᆞᆫ資格과暫時라도可히分離홈을不得ᄒᆞᆯ性質이有ᄒᆞᆫ者ᄂᆞᆫ其國家의滅亡과同時에消滅ᄒᆞᄂᆞᆫ故로是ᄂᆞᆫ繼承치아니ᄒᆞᄂᆞ니라然則玆에繼承ᄒᆞᆯ性質이有ᄒᆞᆫ者ᄂᆞᆫ其土地及人民이負擔ᄒᆞᆫ義務及享有ᄒᆞᆫ權利即其土地及人民에密接ᄒᆞᆫ關係가有ᄒᆞᆫ者ᄂᆞᆫ是를合倂ᄒᆞᆫ國家가能히繼承ᄒᆞᆯ性質이有ᄒᆞᆫ者ㅣ되ᄂᆞᆫ故로如此ᄒᆞᆫ性質이有ᄒᆞᆫ權利及義務에就ᄒᆞ야ᄂᆞᆫ繼承홈을要ᄒᆞᄂᆞ니라假令舊國의條約上으로論ᄒᆞᆯ진대條約은元來國家와國家間의約束이라故로締約國의一便이滅亡ᄒᆞᄂᆞᆫ時ᄂᆞᆫ其權利義務가當然히消滅홈이原則이로대其土地及人民은依然히存在ᄒᆞ야他國의版圖로移轉홈에不過홈으로써如此ᄒᆞᆫ境遇에至ᄒᆞ야

국가가 멸망하게 되면 영토 및 인민은 비록 그것이 천연적 재해에 의하여 소멸하지 않는 이상 그 토지 및 인민 전체가 타국에 합병하거나 혹은 2개 이상의 국가로 분할되거나 2개 이상의 국가들이 합병하여 1개의 새로운 국가가 되는 것이 통례이다. 이러한 경우에 멸망한 국가의 영토 및 인민을 취득하는 국가는 타국에 대해서 그 토지 및 인민에 부속한 이전 국가의 권리 의무를 승계하지 않을 수 없다. 그러나 멸망한 국가의 권리 의무는 모두 승계해야 하는 것은 아니고, 그 국가가 독립국이 되는 자격과 잠시라도 분리될 수 없는 성질이 있는 것은 그 국가의 멸망과 동시에 소멸하기 때문에 이는 승계하지 않는다. 이렇다면 여기에서 승계할 성격을 갖는 것은 그 토지 및 인민이 부담하는 의무와 누리는 권리, 즉 그 토지 및 인민과 밀접한 관계를 맺은 것은 이를 합병한 국가가 승계할 수 있는 성질을 갖기 때문에 이러한 성질을 갖는 권리 및 의무에 대해서는 승계하는 것을 요건으로 한다. 가령 이전 국가의 조약으로 논한다면 조약은 원래 국가와 국가 사이의 약속이기 때문에 체약국의 일방이 멸망하는 때는 그 권리 의무가 당연히 소멸하는 것이 원칙이지만, 그 토지 및 인민은 여전히 존재하여 타국의 영역으로 이전하는 것에 불과하기에 이러한 경우에 이르러

其亡國의條約及約定의條項은一切消滅홈이라ᄒᆞ고合併國은此에關ᄒᆞᆫ權利義務에何等의關係도無홈이라謂홈을不得홀지로다或者ᄂᆞᆫ此에關ᄒᆞ야通商條約等의權利義務ᄂᆞᆫ總히合併國에移轉ᄒᆞᄂᆞᆫ者ㅣ라說明ᄒᆞ며又或者ᄂᆞᆫ舊國의國家性格上에特히其國家의生存과分離치못홀同盟條約、保證條約等은繼承치아니호대其他의條約은悉皆繼承홀者ㅣ라說明ᄒᆞ니如此ᄒᆞᆫ學說이决코失當ᄒᆞᆫ者ㅣ라論駁홈은아니로대大凡各種條約規定中에ᄂᆞᆫ諸般의事項이含在홈으로써以上의區別이一切의條約을槪括的으로可히分類홀適當ᄒᆞᆫ標準이라謂홈은不得홀ᄲᅮᆫ아니라通商條約等을指ᄒᆞ야悉皆其土地와人民을併有ᄒᆞᆫ國家에移轉ᄒᆞᄂᆞᆫ者ㅣ라홈은元來其條約이國家와國家間의約定되ᄂᆞᆫ性質上에違反됨이有ᄒᆞᆫ者ㅣ라故로亡國條約上의權利義務로合併國及新立國이繼承ᄒᆞ고繼承치아니홈은其諸般條約中에規定ᄒᆞᆫ事項이果然領土及人民에對ᄒᆞ야密接ᄒᆞᆫ關係가有ᄒᆞ고無홈을依ᄒᆞ야區別홀外에他道理가無홀지오又假令其條約의性質이土地及人民에對ᄒᆞ야密接ᄒᆞᆫ關係가有ᄒᆞᆫ者ㅣ라도自國의憲法及獨立權에抵觸되ᄂᆞᆫ者ᄂᆞᆫ元來繼

그 멸망한 국가의 조약 및 약정의 조항은 일체 소멸하는 것이다. 합병국은 이에 관한 권리 의무와 전혀 관계가 없다고 말할 수 없다. 어떤 사람은 이에 관해서 통상조약 등의 권리 의무는 전부 합병국에 이전하는 것이라고 설명하였다. 또한 다른 사람은 이전 국가의 국가 성격상 특히 그 국가의 생존과 분리될 수 없는 동맹조약, 보증조약 등은 승계하지 않지만, 그 밖의 조약은 모두 승계한다고 설명한다. 이러한 학설이 부당하다고 논박하는 것은 결코 아니지만, 대체로 각종 조약 규정 중에는 여러 가지 사항이 포함되어 있기에 이상의 구별은 모든 조약을 개괄적으로 분류하기에 적당한 표준이라고 할 수는 없을 뿐 아니라 통상조약 등을 가리켜서 모두 그 토지와 인민을 함께 보유한 국가에 이전하는 것이라고 하는 것은 원래 그 조약이 국가와 국가 사이에 약정되는 성격에 위반되는 점이 있다. 따라서 멸망한 국가의 조약상 권리 의무를 합병국과 신생 독립국이 승계하는지는 그러한 제반 조약 중에 규정된 사항이 과연 영토 및 인민과 밀접한 관계를 갖는지 아닌지에 의하여 구별하는 것 외에는 달리 방법이 없을 것이다. 또한, 가령 그 조약의 성격이 토지 및 인민과 밀접한 관계를 갖는 것이라고 해도 자국의 헌법 및 독립권에 저촉되는 것은 원래

承키不能ᄒᆞᆫ者ㅣ라是以로如此ᄒᆞᆫ境遇에至ᄒᆞ야其事項이他國의旣得權을成ᄒᆞᆫ者ᄂᆞᆫ其國과外交의談判으로是를協定ᄒᆞᆷ이可ᄒᆞ니라

又條約以外의權利에關ᄒᆞ야도同一의性質이有ᄒᆞ야一國이他國의全體를倂有ᄒᆞᆫ時ᄂᆞᆫ舊國의國債及其他의權利義務ᄂᆞᆫ其領土及人民을倂有ᄒᆞᆫ國家가是를繼承ᄒᆞᆯ者ㅣ라假令西曆千八百三十九年에네사란드國이和蘭國及白耳義國으로分裂ᄒᆞᆯ時에兩國은條約으로써네사란드國의義務를分擔ᄒᆞᆫ事實이有ᄒᆞ며同千八百六十一年에伊太利國이싸루마、모데나、다스가及其他의諸侯國과法王領을合倂ᄒᆞᆫ時에도此等亡國의權利를繼承ᄒᆞᆫ同時에其條約上及國債上의義務를他國에對ᄒᆞ야履行ᄒᆞᆫ事實이有ᄒᆞ며又同千八百六十六年에普魯西國이하노바、헷센、낫소等國及프랑크포르드를合倂ᄒᆞᆫ時에도國債及其他의義務를負擔ᄒᆞᆫ事實이有ᄒᆞᆷ으로亡國을倂有ᄒᆞᆷ에當ᄒᆞ야舊國의滅亡과同時에當然히消滅ᄒᆞᆯ性質이有ᄒᆞᆫ者를除ᄒᆞᆫ外에ᄂᆞᆫ其土地及人民을合倂ᄒᆞᆫ國家가亡國의權判義務를悉皆負擔치아니치못ᄒᆞᆯ지니라上述ᄒᆞᆫ境遇의理由와同一히二個國以上이合倂ᄒᆞᄂᆞᆫ時ᄂᆞᆫ各舊國의

승계할 수 없는 것이다. 이러한 이유로 이러한 경우에 이르러서 그 사항이 타국의 기득권을 이루는 것은 그 국가와 외교적 협상으로 이를 협의하여 결정해야 한다.

또한 조약 이외의 권리에 관해서도 같은 성격이 있어서 한 국가가 타국 전체를 모두 가질 때는 이전 국가의 국채 및 그 밖의 권리 의무는 그 영토 및 인민을 모두 갖는 국가가 이를 승계할 것이다. 가령 1839년에 네덜란드가 네덜란드와 벨기에로 분열된 때 양국은 조약으로 네덜란드의 의무를 분담한 사실이 있다. 1861년에 이달리아가 파르마(Parma), 모데나(Modena), 투스카니, 및 그 밖의 제후국과 교황령을 합병할 때도 이들 멸망한 국가들의 권리를 승계하는 것과 동시에 그 조약 및 국채 관련 의무를 타국에 대해서 이행한 사실이 있다. 또한 1866년에 프로이센이 하노버, 헤센, 나소 등의 국가 및 프랑크푸르트를 합병할 때도 국채 및 그 밖의 의무를 부담한 사실이 있기에 멸망한 국가를 모두 가질 때는 이전 국가의 멸망과 동시에 당연히 소멸하는 성질이 있는 것을 제외하고 그 토지 및 인민을 합병한 국가가 멸망한 국가의 권리와 의무를 모두 부담하지 않는 것은 아니다. 위에서 기술한 경우의 이유와 같이 2개 이상의 국가들이 합병하는 때는 이전 국가 각각의

權利義務로性質上에新國이繼承ᄒᆞᆯ者ㅣ되ᄂᆞᆫ以上은是를繼承ᄒᆞᆷ이可ᄒᆞ고又一國이二個以上國으로分裂ᄒᆞ야舊國의相續者를失ᄒᆞᆫ時ᄂᆞᆫ其權利義務를比例的으로新立國等이分擔ᄒᆞᆷ이可ᄒᆞ니라然而其分擔의標準은元來條約의規定을依ᄒᆞ야解決ᄒᆞᆷ이可ᄒᆞᆯ지로대學理上으로是를如何히處置ᄒᆞᄂᆞᆫ問題에關ᄒᆞ야ᄂᆞᆫ學者間에多少間議論이有ᄒᆞᆫ바ㅣ라然이나就中쓰른쥬리氏의說이最適當ᄒᆞᆫ者로信ᄒᆞ노니卽領土及人民에對ᄒᆞᆫ稅額으로比例ᄒᆞ야定ᄒᆞᆷ이可ᄒᆞᆷ으로論ᄒᆞ니라要컨대國家의權利義務繼承에關ᄒᆞ야舊國이存續ᄒᆞᆫ境遇에ᄂᆞᆫ其土地及人民을合併ᄒᆞᆫ國家에셔其土地及人民에對ᄒᆞ야密接ᄒᆞᆫ關係가有ᄒᆞᆫ者를除ᄒᆞᆫ外에ᄂᆞᆫ一切繼承치아니ᄒᆞᆷ이通則이오又其土地及人民이移轉ᄒᆞᆫ所以로舊國이滅亡ᄒᆞᆫ境遇에ᄂᆞᆫ其權利義務가舊國이國家의人格上으로由來ᄒᆞᆫ者卽滅亡을因ᄒᆞ야到底히繼承키不能ᄒᆞᆫ性質이有ᄒᆞᆫ者外에ᄂᆞᆫ一切其土地及人民을併有ᄒᆞᆫ國家에셔繼承ᄒᆞᆷ이可ᄒᆞ고又數國이分有ᄒᆞᆫ時ᄂᆞᆫ其領有의部分을應ᄒᆞ야亡國의權利義務를分擔ᄒᆞᆷ이可ᄒᆞ니라

권리 의무를 성격상 새로운 국가가 승계하는 이상은 이를 승계하는 것이 마땅하다. 또한 한 국가가 2개 이상의 국가로 분열하여 이전 국가의 상속자가 소멸하였을 때는 그 권리 의무를 신생 독립국이 비례적으로 분담해야 한다. 그러나 그 분담 표준은 원래 조약 규정에 따라 해결해야 할 것이지만 학술적으로는 이를 어떻게 처리할 것인지의 문제에 관해서 학자 간에 다소 논란이 있다. 그러나 특히 블룬칠리의 학설이 가장 적당한 것으로 믿는다. 즉, 영토 및 인민에 대한 세액에 비례해서 정해야 한다고 논하였다. 요컨대 국가의 권리 의무를 승계하는 것에 관해서 이전 국가가 존속하였을 때 그 토지 및 인민을 합병한 국가에서 그 토지 및 인민과 밀접한 관계가 있는 경우를 제외하고 일절 승계하지 않는 것이 통상적인 법칙이다. 또한 그 토지 및 인민이 이전된 이유로 이전 국가가 멸망하였을 때 이전 국가의 국가 인격에서 유래한 것, 즉, 멸망을 원인으로 도저히 승계할 수 없는 성격이 있는 것 이외에는 모든 토지 및 인민을 모두 보유한 국가에서 그 권리 의무를 승계해야 한다. 또한 여러 국가가 나눠서 보유하는 때에는 그 영유 부분에 상응해서 멸망한 국가의 권리 의무를 분담해야 한다.

土地及人民이移轉ᄒᆞᆷ에關ᄒᆞ야權利義務ᄅᆞᆯ繼承ᄒᆞᆫ最近의實例ᄂᆞᆫ西曆千八百九十六年에布哇國이北米合衆國에合併ᄒᆞᆫ事實이是니當時에米國上院을通過ᄒᆞᆫ合併案을依ᄒᆞᆯ진대米國은布哇國의公有及官有의財產을取得ᄒᆞ고布哇國과諸外國間의條約은一切消滅ᄒᆞᄂᆞᆫ同時에米國은四百萬弗을爲限ᄒᆞ고布哇國의國債ᄅᆞᆯ負擔ᄒᆞᆯ案件이是라以上의合併案을依ᄒᆞ야觀察ᄒᆞᆯ진대布哇國은米國에合併ᄒᆞᄂᆞᆫ同時에其國家ᄂᆞᆫ滅亡ᄒᆞᄂᆞᆫ故로諸外國과締結ᄒᆞᆫ條約은其亡國과同一히成立을失ᄒᆞᆯ者ㅣ라然이나其條約中에ᄂᆞᆫ日布兩國間移民契約外에諸外國이布哇國에對ᄒᆞ야既得權을有ᄒᆞᆫ者ㅣ不尠ᄒᆞ거ᄂᆞᆯ米國은法律로契約移民의上陸을禁ᄒᆞᆫ故로日本國은布哇國에對ᄒᆞ야移民契約에關ᄒᆞᆫ既得權을布哇國이米國에合併ᄒᆞᆫ所以로他條約과同一히其効力을可失ᄒᆞᆯ者歟아又他諸國이布哇國에對ᄒᆞ야有ᄒᆞᆫ바既得權은總히消滅ᄒᆞᆷ을未免ᄒᆞᆯ者歟아云ᄒᆞᄂᆞᆫ問題에關ᄒᆞ야ᄂᆞᆫ上述ᄒᆞᆫ法則을依ᄒᆞ야容易히解得ᄒᆞᆯ者ㅣ라米國은其土地及人民을合併ᄒᆞᆫ事實을依ᄒᆞ야布哇國이他國에對ᄒᆞᆫ바權利義務도米國憲法上에到底히繼承ᄒᆞ기不能ᄒᆞᆫ者ᄅᆞᆯ除ᄒᆞᆫ外

토지 및 인민이 이전되는 것과 관련해서 권리 의무를 승계한 최근의 실례로는 1896년에 북미합중국이 하와이를 합병한 사실이 있다. 당시 미국 상원을 통과한 합병안에 의하면 미국은 하와이의 공유 및 관유 재산을 취득하고 하와이와 여러 외국 사이의 조약은 일체 소멸한 것과 동시에 미국은 400만 달러에 한정해서 하와이의 국채를 부담하는 안건이었다. 이상의 합병안에서 보자면 하와이는 미국에 합병되는 동시에 그 국가는 멸망하기 때문에 여러 외국과 체결한 조약은 그 멸망한 국가와 같이 존재를 상실하는 것이다. 그러나 그 조약에는 일본과 하와이 양국 사이의 이민 계약 이외에 여러 외국이 하와이에 대해서 기득권을 갖는 것도 적지 않았다. 미국은 법률로 계약 이민의 상륙을 금지했기 때문에 일본은 하와이에 대해서 이민 계약에 관한 기득권을 하와이가 미국에 합병된 이유로 다른 조약과 같이 그 효력을 잃을지 아니면 다른 여러 국가가 하와이에 대해서 갖는 기득권은 전부 소멸하지 않는지의 문제에 관해서는 위에서 기술한 법칙에 따라 쉽게 해결할 수 있을 것이다. 미국은 그 토지 및 인민을 합병한 사실에 의하여 하와이가 타국에 대한 권리 의무도 미국 헌법상 도저히 승계할 수 없는 것을 제외하고는에ᄂᆞᆫ總히是ᄅᆞᆯ繼承ᄒᆞᆯ者ㅣ오若其繼承에關ᄒᆞᆫ布哇國의權利義務ᄅᆞᆯ變更ᄒᆞ고廢止코저ᄒᆞᆯ진ᄃᆡ更히關係諸外國과外交의談判을開始ᄒᆞ야處決ᄒᆞᆷ을要ᄒᆞᄂᆞᆫ故로右合併案中에至ᄒᆞ야도布哇國과諸外國間의條約은廢止ᄒᆞᄂᆞᆫ同時에北米合衆國과諸外國間에存在ᄒᆞᆫ條約或將來에締結ᄒᆞᆫ條約으로써代替ᄒᆞᆯ事ᄅᆞᆯ明言ᄒᆞᆫ事實이有ᄒᆞ니라要컨ᄃᆡ布哇國에對ᄒᆞ야諸外國이條約及其他에基因ᄒᆞ야有ᄒᆞᆫ바既得權은米國이此等諸國과更히新條約을締結ᄒᆞᆷ에不在ᄒᆞ면合併을依ᄒᆞ야消滅치아니ᄒᆞᆯ事ᄂᆞᆫ其後에日本國이布哇國에對ᄒᆞ야契約移民을續送ᄒᆞᆷ을見ᄒᆞ야도可知ᄒᆞᆯ지로다又米國이布哇國의國債四百萬弗을爲限ᄒᆞ고負擔ᄒᆞᆫ事에關ᄒᆞ야도合併當時의布哇國國債가該金額以內에在ᄒᆞᆫ時ᄂᆞᆫ事實上에別로難問題ᄅᆞᆯ成ᄒᆞᆯ事가無ᄒᆞᆯ지로ᄃᆡ若該金額에超過ᄒᆞᄂᆞᆫ時ᄂᆞᆫ米國이他國에對ᄒᆞ야其辨償을拒絕키不能ᄒᆞᆷ은上述ᄒᆞᆫ理由ᄅᆞᆯ依ᄒᆞ야分明ᄒᆞᆫ者ㅣ라謂ᄒᆞᆷ을得ᄒᆞᆯ지로다

第三編　國家의權利

第一章　槪論

전부 승계할 것이고, 만약 그 승계 대상인 하와이의 권리 의무를 변경하고 폐지하고자 한다면 다시금 관련된 여러 외국과 외교적 협상을 개시해서 처리 결정해야 하므로 위의 합병안에 대해서도 하와이와 여러 외국 사이의 조약은 폐지되는 동시에 북미합중국과 여러 외국 사이에 존재하는 조약 혹은 장래에 체결하는 조약으로써 대체할 것을 분명히 선언한 사실이 있다. 요컨대 하와이에 대해서 여러 외국이 조약 및 그 밖의 사항에 근거해서 갖는 기득권은 미국이 이들 여러 국가와 다시금 새로운 조약을 체결해서 계약 이민을 이어 보내는 것을 보더라도 알 수 있다. 또한 미국이 하와이의 국채 400만 달러를 한도로 해서 부담한 것에 관해서도 합병 당시 하와이의 국채가 해당 금액 이내에 있는 때는 사실상 별로 어려운 문제가 되지 않았지만, 만약 해당 금액을 초과하는 때는 미국이 타국에 대해서 변상을 거절할 수 없는 것은 위에서 기술한 이유에 의하여 분명한 것이라고 말할 수 있다.

제3편 국가의 권리

제1장 개론

國際公法上에在ᄒᆞᆫ國家는當然히斯法上의權利義務를享有ᄒᆞ고負擔ᄒᆞᆷ은以上에도屢屢히陳述ᄒᆞᆫ바ㅣ라然而古來의學者는國家의諸權을分類ᄒᆞ야各種의名稱을付與ᄒᆞ니卽完全權、不完全權、原權、第二權、基本權、獲得權、或固有權、獲得權等으로分類ᄒᆞ야說明ᄒᆞ나然이나其權利의內容을觀察ᄒᆞᆯ진ᄃᆡ同一權利에相殊ᄒᆞᆫ名稱을付與ᄒᆞᆷ에不過ᄒᆞ도다然이나國際公法上權利義務에關ᄒᆞᆫ法則은其區別의如何를不問ᄒᆞ고國際의承諾이不有ᄒᆞᆫ者는斯法의法則을成ᄒᆞ기不能ᄒᆞᆷ으로特히如此ᄒᆞᆫ分類를待ᄒᆞ야其權利義務의性質이始明ᄒᆞᆯ者ㅣ아니오强히繁雜ᄒᆞᆫ區別을立ᄒᆞᆷ은要컨ᄃᆡ國際上에列國을拘束ᄒᆞ는現行法을說明ᄒᆞ는性質을失ᄒᆞ고反히列國에對ᄒᆞ야其行爲를指導ᄒᆞ는論理上의學說及一學者의私言으로實際의法則을操縱ᄒᆞ는嫌疑가有ᄒᆞᆫ故로此編에는權利의性質如何는分類치아니ᄒᆞ고單히權利種類에關ᄒᆞ야國家가平時에友誼的으로有ᄒᆞᆫ바權利와戰時에交戰國及中立國으로有ᄒᆞᆫ바權利에關ᄒᆞ야是를分類ᄒᆞ는外에는何等의區別도不設ᄒᆞᆷ이오히려穩當ᄒᆞᆷ으로信ᄒᆞ노라

獨立의國家는平時에在ᄒᆞ야他國과友誼的의權利義務를有ᄒᆞ고戰時에在ᄒᆞ야

국제공법상 국가는 당연히 이 법의 권리 의무를 향유하고 부담한다는 것은 위에서도 여러 차례 언급하였다. 그러나 예전부터 학자들은 국가의 여러 가지 권리를 분류하여 각종 명칭을 부여하였다. 즉, 완전권, 불완전권, 원권, 제2권, 기본권, 획득권으로 분류하거나 혹은 고유권, 획득권 등으로 분류하여 설명하였다. 하지만 그 권리의 내용을 보면 같은 권리에 서로 다른 명칭을 부여하는 것에 불과하다. 그러나 국제공법상 권리 의무에 관한 법칙은 그 구별을 어찌하는지를 불문하고 국제적으로 승낙을 얻지 못하는 것은 이 법의 법칙이 될 수 없다. 특히 이러한 분류가 있어야 그 권리 의무의 성격이 비로소 명확해지는 것이 아니다. 무리해서 번잡하게 구별하는 것은 요컨대 국제적으로 여러 국가를 구속하는 현행법을 설명하는 성격을 상실하고 반대로 여러 국가에 대해서 그 행위를 지도하는 논리적인 학설과 일개 학자의 개인적 의견으로 실제 법칙을 조종하려는 의도가 있어서 이편에서는 권리의 성격에 따라서 분류하지 않고 단순히 권리의 종류에 관해서 국가가 평시에 우호적으로 갖는 권리와 전시에 교전국 및 중립국으로서 갖는 권리로 분류하는 것 이외에는 어떠한 구별도 하지 않는 것이 오히려 온당하다고 믿는다.

독립 국가는 평시에 타국과 우호적인 권리 의무를 갖고 전시에는

交戰國及中立國으로國際上의權利義務를有ᄒᆞᄂᆞᆫ者ㅣ라然而學者中에此國家의權利種類를區別ᄒᆞ야通常權及非常權이라名稱ᄒᆞ고平時에關ᄒᆞᆫ權利를通常權이라稱ᄒᆞ며戰時에關ᄒᆞᆫ權利를非常權이라稱ᄒᆞᄂᆞᆫ者도有ᄒᆞ며又或者ᄂᆞᆫ同一의權利를固有의權利及附條件權利로區分ᄒᆞ야說明ᄒᆞᄂᆞᆫ者도有ᄒᆞ니라然이나現今에國家의權利를平時及戰時의二種으로大別ᄒᆞᆷ은一般學者의共認ᄒᆞᄂᆞᆫ바ㅣ라然而此編에論述ᄒᆞᄂᆞᆫ바權利ᄂᆞᆫ國家가國際公法上의主體로平時에在ᄒᆞ야當然히有ᄒᆞᆯ權利即國家의固有權이오非常ᄒᆞᆫ境遇即戰時에有ᄒᆞᄂᆞᆫ權利를指ᄒᆞᆷ이아니라何故오如此ᄒᆞᆫ權利義務ᄂᆞᆫ國家가通常境遇에有ᄒᆞᄂᆞᆫ者ㅣ아니오非常ᄒᆞᆫ境遇即戰爭이有ᄒᆞᆫ境遇에始有ᄒᆞᄂᆞᆫ者ㅣ되ᄂᆞᆫ故로此等權利에關ᄒᆞᆫ說明은戰時國際公法說明에一任ᄒᆞᆯ者ㅣ되ᄂᆞᆫ所以니라玆에一個의注意를要ᄒᆞᆯ者ㅣ有ᄒᆞ니即本編에至ᄒᆞ야國家의權利만講述ᄒᆞᆷ은無他ㅣ라權利를講述ᄒᆞᄂᆞᆫ同時에ᄂᆞᆫ其反面으로觀察ᄒᆞ야國家의義務되ᄂᆞᆫ事項을可히解得ᄒᆞᆯ道理가有ᄒᆞᆫ所以로省畧ᄒᆞ노라

此國家의權利를說明ᄒᆞᆷ에當ᄒᆞ야或學者를從ᄒᆞ야固有權及獲得權으로分類ᄒᆞ

교전국 및 중립국으로서 국제적으로 권리 의무를 갖는다. 그러나 학자 중에 이러한 국가의 권리를 종류별로 구별하여 통상적인 권리와 비상적인 권리라고 칭하고 평시에 관한 권리를 통상적인 권리라고 칭하며 전시에 관한 권리를 비상적인 권리라고 칭하는 것도 있다. 또한 어떠한 사람은 같은 권리를 고유의 권리와 조건부 권리로 구분하여 설명하는 때도 있다. 그러나 현재 국가의 권리를 평시 및 전시의 두 가지 종류로 크게 구별하는 것은 일반 학자들이 공통으로 인식하고 있다. 그러나 이편에서 논술히듯이 권리는 국가가 국제공법상 주체로 평시에 있어서 당연히 보유하는 권리, 즉, 국가의 고유권이고 비상적일 때 즉 전시에 보유하는 권리를 가리키는 것이 아니다. 왜냐하면 이러한 권리 의무는 국가가 통상적일 때 보유하는 것이 아니고 비상적인 경우, 즉 전쟁이 있는 경우에 비로소 보유하는 것이기 때문에 이들 권리에 관한 설명은 전시 국제공법의 설명에 맡겨야 하기 때문이다. 여기에서 한가지 주의가 필요한 것이 있다. 즉, 이편에서는 국가의 권리만 기술하는데, 권리를 기술하면 동시에 그 반대로 보면 국가의 의무 되는 사항을 이해할 수 있어서 생략하고자 한다.

이러한 국가의 권리를 설명할 때 어떤 학자를 좇아서 고유권과 획득권으로 분류하고고說明호ᄃᆡ固有權은國家가元來國際公法上에一員을成ᄒᆞᄂᆞᆫ同時에有ᄒᆞᆫ者ㅣ라ᄒᆞ며獲得權은固有權에基因ᄒᆞ야特別히取得ᄒᆞᆫ權利라ᄒᆞ야兩者를區分ᄒᆞ야說明ᄒᆞᄂᆞᆫ學者가不無ᄒᆞ니라然이나其權利의根本을追究ᄒᆞᆯ진ᄃᆡ獲得權은國家에固有權이有ᄒᆞᆫ以上에도有ᄒᆞᆯ者ㅣ오決코固有權이無ᄒᆞᆫ國家ᄂᆞᆫ是를有ᄒᆞ기不能ᄒᆞᆫ者ㅣ라然則是를特히區別ᄒᆞᆯ必要가無ᄒᆞᆷ으로其權利의性質이固有獲得을不關ᄒᆞ고互相間에關係가有ᄒᆞᆫ者ᄂᆞᆫ皆合併ᄒᆞ야講述코져ᄒᆞ노라

次에一言을要ᄒᆞᆯ者ᄂᆞᆫ國家의權利種類를區別ᄒᆞᄂᆞᆫ方法이니此區別도亦學者를從ᄒᆞ야相殊ᄒᆞ니라或은獨立權、平等權、司法權、交通權、等으로分類ᄒᆞ며或은自存權、領土權、獨立權、名譽權、交通權等으로分類ᄒᆞ며或은維持權獨立權、財產權、施政權、外交權、等으로分類ᄒᆞ면又或은生存權、獨立權平等權等으로分類호ᄃᆡ其內容에至ᄒᆞ야ᄂᆞᆫ互相間의區別이大同小異ᄒᆞᆯ뿐아니라或重疊의弊害가不無ᄒᆞ니라是以로述者ᄂᆞᆫ極히簡易ᄒᆞ고明瞭ᄒᆞᆫ區別을從ᄒᆞ야說明코져ᄒᆞ노라

近世國際公法의基礎ᄂᆞᆫ領土主權의觀念이主點이니此領土主權의觀念上으로

설명하면서 고유권은 국가가 원래 국제공법상 일원이 되면서 동시에 보유하는 것이고, 획득권은 고유권에서 근거하여 특별히 취득하는 권리라고 하여 양자를 구분하여 설명하는 학자가 없지 않다. 그러나 그 권리의 근본을 연구해 보면 획득권은 국가에 고유권이 있어야 있는 것이고 고유권이 없는 국가는 이를 결코 보유할 수 없다. 그렇다면 이를 특히 구별할 필요가 없기에 그 권리의 성격이 고유권인지 획득권인지와 상관없이 상호 간에 관계가 있는 것은 모두 합쳐서 기술하고자 한다.

다음 한마디 필요한 것은 국가의 권리를 종류별로 구별하는 방법이다. 이러한 구별도 역시 학자에 따라서 서로 다르다. 어떤 이는 독립권, 평등권, 사법권, 교통권 등으로 분류하고, 어떤 이는 자존권, 영토권, 독립권, 명예권, 교통권 등으로 분류하며, 어떤 이는 유지권, 독립권, 재산권, 시정권, 외교권, 등으로 분류하며, 어떤 이는 생존권, 독립권, 평등권 등으로 분류하지만, 그 내용에 이르러서는 상호 간에 구별이 비슷할 뿐 아니라 어떤 경우에는 중첩되는 폐단이 없지 않다. 이러한 이유로 저자는 매우 간단하고 명료하게 구별하여 설명하고자 한다.

근세 국제공법의 기초는 영토 주권 개념이 핵심이다. 이러한 영토 주권의 개념에

브터國際法에四大原則이有ᄒᆞ니라即(一)、各國은形式上에平等이라云ᄒᆞᄂᆞᆫ事(二)、如何ᄒᆞᆫ國家라도法理上他國의內政을關涉치못ᄒᆞᄂᆞᆫ事(三)、各國의領土와管轄은其範圍ᄅᆞᆯ同一히ᄒᆞᆯ事(四)、國家ᄂᆞᆫ國上際團體의一員으로互相交通ᄒᆞᆯ事가是라然則第一의原則은國家의平等權을生ᄒᆞ고第二의原則은國家의獨立權及自衛權을生ᄒᆞ고第三의原則은獨立權의內容範圍ᄅᆞᆯ定ᄒᆞ고第四의原則은國家의交通權을生ᄒᆞᄂᆞ니라此四大原則의權利ᄅᆞᆯ基因ᄒᆞ야國家ᄂᆞᆫ或特種의權利ᄅᆞᆯ獲得ᄒᆞᄂᆞᆫ事가有ᄒᆞ되是ᄂᆞᆫ亦其國家의固有ᄒᆞᆫ權利ᄅᆞᆯ基因ᄒᆞ야生ᄒᆞᄂᆞᆫ者ㅣ되ᄂᆞᆫ故로其性質이殆同ᄒᆞᆫ者ᄂᆞᆫ國家의固有ᄒᆞᆫ權利ᄅᆞᆯ說明ᄒᆞᆯ時에合ᄒᆞ야說明코져ᄒᆞ노라

第二章　國家의平等權

第一節　總論

國際公法上의國家ᄂᆞᆫ互相間에同一ᄒᆞᆫ權利義務ᄅᆞᆯ有ᄒᆞᆯ者ㅣ오國家의新舊大小強弱等을依ᄒᆞ야 其權利義務에差異ᄅᆞᆯ生ᄒᆞᆯ者ㅣ아니니 其事項의某種을勿論ᄒᆞ고苟能此一國에在ᄒᆞ야適法되ᄂᆞᆫ事項은他一國에在ᄒᆞ야도適法의事項을成

국제법의 4대 원칙이 있다. 즉, ① 각국은 형식상 평등이라고 하는 것, ② 어떠한 국가라도 법리적으로 타국의 내정을 간섭할 수 없다는 것, ③ 각국의 영토와 관할은 그 범위가 같다는 것, ④ 국가는 국제적 단체의 일원으로 상호 교통할 것이다. 이렇다면 첫 번째 원칙에서 국가의 평등권이 생기고, 두 번째 원칙에서 국가의 독립권 및 자위권이 생기고, 세 번째 원칙에서 독립권의 내용과 범위를 정하고, 네 번째 원칙에서 국가의 교통권이 생긴다. 이들 4대 원칙의 권리를 기반으로 해서 국가는 어떤 경우에는 특정한 권리를 획득하는 경우가 있는데 이 역시 그 국가의 고유한 권리를 기반으로 해서 생기는 것이기 때문에 그 성격이 거의 같은 것은 국가의 고유한 권리를 설명할 때 합쳐서 설명하고자 한다.

제2장 국가의 평등권

제1절 총론

국제공법상 국가는 상호 간에 같은 권리 의무를 보유한다. 국가가 신생국인지 아니면 오래된 국가인지, 영토가 넓은 국가인지, 아니면 좁은 국가인지, 힘이 강한지 아니면 약한지 등에 의하여 권리 의무의 차이가 생기지 않는다. 그 사항이 어떠한 종류인지를 막론하고 만약 한 국가에 적법한 사항은 다른 국가에도 적법할

홀지오不法의行爲ᄂᆞᆫ何國을勿論ᄒᆞ고亦不法의行爲됨을未免홀지로다玆에所謂國家의平等이란者ᄂᆞᆫ其國力及勢力의平等을謂ᄒᆞᄂᆞᆫ者ㅣ아니오國際公法上權利義務에關ᄒᆞ야平等의地位를有홈이라云ᄒᆞᄂᆞᆫ者ㅣ라然이나今世紀에在ᄒᆞᆫ歐洲列邦의情形을觀홀진ᄃᆡ 以上三一九頁以下 에詳論홈과如히國際上의重大ᄒᆞᆫ問題ᄂᆞᆫ殆히歐洲의協調을依ᄒᆞ야解決됨을始見ᄒᆞ고某地의諸等國은單히此에贊同ᄒᆞ야其議決을履行홈에不過ᄒᆞᄂᆞᆫ觀이有홈으로或此國家平等權에關ᄒᆞ야說明ᄒᆞᄃᆡ國家의平等法則은近世에到底히圓滿히實行ᄒᆞ기不能홈에至ᄒᆞ얏도다何故오今世의國家ᄂᆞᆫ大國이小國을壓制홈으로小國은勢力上에勢不得已大强國에對ᄒᆞ야附從치아니홈을不得ᄒᆞ야昔時의國家平等法則은今世에至ᄒᆞ야實로有名無實에歸ᄒᆞᆫ所以라云ᄒᆞᄂᆞᆫ者ㅣ有ᄒᆞ나然이나述者의所見으로說明홀진ᄃᆡ國家의平等不平等이란者ᄂᆞᆫ其觀察의方面을從ᄒᆞ야相殊ᄒᆞᆫ點이有홀者로信ᄒᆞ노라詳言ᄒᆞ면即國家ᄂᆞᆫ政治的으로觀察ᄒᆞᄂᆞᆫ時ᄂᆞᆫ皆平等地位에不在ᄒᆞᄃᆡ國際公法上으로國際法의適用을受ᄒᆞᄂᆞᆫ點에至ᄒᆞ야ᄂᆞᆫ國의新舊、大小及强弱을因ᄒᆞ야差異를生홀理由가無홀지니是以로此國家의權利ᄂᆞᆫ要컨ᄃᆡ國家의

것이고, 불법인 행위는 어느 국가를 막론하고 역시 불법행위가 되는 것을 면할 수 없다. 여기에서 소위 국가의 평등이란 그 국력 및 세력의 평등을 말하는 것이 아니고, 국제공법상 권리 의무에 관해서 평등한 지위를 갖는 것을 말한다. 그러나 금세기 여러 유럽 국가들의 형세로 보건대 위의 39쪽 이하에서 상세히 논한 바와 같이 국제적으로 중대한 문제는 거의 유럽의 협조에 따라 해결된 것을 볼 수 있고, 어느 지역 내 여러 국가는 단순히 이에 찬성하여 그 결의를 이행한 것에 불과하다는 관점이 있다. 어떤 이는 이러한 국가평등권에 관해서 설명하면서 국가평등에 관한 법칙은 근세에 도저히 원활히 실행될 수 없는 상황에 이르렀다고 한다. 왜냐하면 지금 국가들은 대국이 소국을 압제하여 소국은 세력 면에서 강대국에 복종하지 않을 수 없어서 예전의 국가평등에 관한 법칙은 지금에는 사실상 유명무실하게 되었기 때문이라고 한다. 그러나 저자의 소견으로 설명해보면 국가의 평등이나 불평등이라는 것은 관찰하는 처지에 따라서 서로 다를 수 있다고 믿는다. 이를 상세히 말하면 즉 국가는 정치적으로 관찰하는 때는 모두 평등한 지위에 있지 않지만, 국제공법상 국제법의 적용을 받는 점에서는 국가가 신생국이든 오래된 국가이든, 영토가 넓든 좁든, 대국이든 소국이든, 그리고 강국이든 약국이든 이로 인해서 차이가 생길 이유가 없다. 이러한 이유로 이러한 국가의 권리는 요컨대 국가 세력의

勢力輕重과混同치아니홈을注意홀지로다假令國際公法上에國家의平等權이無ᄒᆞ다ᄒᆞ면各國家ᄂᆞᆫ其國力의大小와强弱을依ᄒᆞ야其權利와義務를有ᄒᆞᄂᆞᆫ時에相殊ᄒᆞᆫ結果를生ᄒᆞ야結局은國際公法其物의存在를認ᄒᆞ기不能ᄒᆞᆫ境遇에可至ᄒᆞ고乃已홀지니라

第二節 國際上의禮儀

平等權의原則은國家의權利及義務全體를通ᄒᆞ야可히適用홀者ㅣ되ᄂᆞᆫ故로玆에特히說明을不要홀지라도國家間에在ᄒᆞᆫ禮式上形式的慣習에關ᄒᆞ야ᄂᆞᆫ不可不其禮式에關ᄒᆞᆫ國際上의慣例를講述홀必要가有ᄒᆞ니라如此ᄒᆞᆫ慣例ᄂᆞᆫ國家間에標準홀條約이無ᄒᆞᆫ以上은國際法上에强制的으로是를行케ᄒᆞᄂᆞᆫ權利ᄂᆞᆫ無ᄒᆞ되列國은互相間의友誼的思想으로是를實行홈을要ᄒᆞᄂᆞ니라或學者中에國際禮儀를說明ᄒᆞᄂᆞᆫ者ㅣ有ᄒᆞ야曰國家ᄂᆞᆫ互相間에其名譽及威嚴을他國으로브터認得코져ᄒᆞᄂᆞᆫ希望이有홀뿐아니라又他國으로브터尊敬을受ᄒᆞᄂᆞᆫ事에關ᄒᆞ야ᄂᆞᆫ行爲上의表示를請求홀權利가有홈과如히論ᄒᆞᄂᆞᆫ者ㅣ不無ᄒᆞ되禮儀에關ᄒᆞᆫ慣例로써即時法律上에効力이有ᄒᆞᆫ者ㅣ라謂홈은不得홀지로다禮儀上에關ᄒᆞ

경중과 혼동하지 않도록 주의해야 한다. 가령 국제공법상 국가의 평등권이 없다고 하면 각 국가는 그 국력의 대소와 강약에 의하여 그 권리와 의무를 갖는 때에 서로 다른 결과가 발생하여 결국은 국제공법상 존재로 인식할 수 없는 경우에 이르게 될 것이다.

제2절 국제 예의

평등권 원칙은 국가의 권리와 의무 전체에 적용될 수 있는 것이기 때문에 여기에서 특별히 설명할 필요가 없을지라도 국가 간에 있는 예식상 형식적 관습에 관해서는 부득이 그 예식에 관한 국제적인 관례를 기술할 필요가 있다. 이러한 관례는 국가 간에 표준이 되는 조약이 없는 이상 국제법상 강제적으로 이를 실행하도록 할 권리는 없다. 각국은 상호 간의 우의를 생각해서 이를 실행해야 한다. 어떤 학자는 국제 예의를 설명하면서 국가는 상호 간에 명예 및 위엄을 타국에서 인정받기를 희망할 뿐 아니라 또한 타국에서 존경받는 것에 관해서 행위로 표시하도록 요구할 권리가 있다는 것처럼 논하는 경우가 없지 않지만, 예의에 관한 관례로서 즉시 법률상 효력을 갖는다고 말할 수는 없다. 예의에 관해서야故意의欠禮ᄂᆞᆫ國家間에存在ᄒᆞᆫ友誼的思想에違反됨은無論이로ᄃᆡ卽時强力上으로容喙ᄒᆞᆯ權이有ᄒᆞᆫ者ᄂᆞᆫ아니오單히其欠禮에對ᄒᆞ야是ᄅᆞᆯ責問ᄒᆞᆷ은可得ᄒᆞᆯ지니라是以로若他國이自國에對ᄒᆞ야欠禮의行爲가有ᄒᆞᆫ時ᄂᆞᆫ自國도亦其他國에對ᄒᆞ야其欠禮와相同ᄒᆞᆫ欠禮의行爲ᄅᆞᆯ行ᄒᆞᆯ外에ᄂᆞᆫ何等의權利가新히發生ᄒᆞᄂᆞᆫ者ᄂᆞᆫ아니니라然이나國家間의禮儀ᄂᆞᆫ國交ᄅᆞᆯ圓滿히維持코져ᄒᆞᆷ에非常ᄒᆞᆫ關係가有ᄒᆞ야國家間의感情衝突이往往此에基因ᄒᆞ야平和ᄅᆞᆯ破裂ᄒᆞ고戰爭을遂開ᄒᆞᆷ에乃至ᄒᆞᄂᆞᆫ境遇가不尠ᄒᆞᆷ으로써此國際上의禮儀ᄂᆞᆫ國家가利益上으로不可不遵行치아니ᄒᆞᆷ을不得ᄒᆞᆯ지니라玆에更히方便을隨ᄒᆞ야國際上禮儀에關ᄒᆞᆫ慣習을左의四款으로分說코져ᄒᆞ노라

第一款　國家、君主의稱號及階級

各獨立國은帝國、王國等의國號及皇帝、國王等의主權者稱號ᄅᆞᆯ自國이選擇ᄒᆞ야任意로名稱ᄒᆞᆷ을可得ᄒᆞᆯ者ㅣ오其國民은主權者의命令을依ᄒᆞ야其稱號及其稱號에對ᄒᆞᆫ尊敬을遵守ᄒᆞᆯ者ㅣ로ᄃᆡ他國은決코其稱號ᄅᆞᆯ稱ᄒᆞᆯ義務가無ᄒᆞᆫ同時에其稱號ᄅᆞᆯ拒絶ᄒᆞ고舊來의稱號ᄅᆞᆯ使用ᄒᆞᆷ이能ᄒᆞᆯ지오又ᄂᆞᆫ新稱號ᄅᆞᆯ使用ᄒᆞᆷ

고의로 결례하는 것은 국가 간에 존재하는 우호적 생각에 반하는 것은 물론이지만 즉시 강력하게 간섭할 권리는 없고 간단히 그 결례에 대해서 문책할 수는 있다. 이러한 이유로 만약 타국이 자국에 대해서 결례된 행위를 하는 때는 자국도 역시 그 타국에 대해서 그러한 결례와 서로 같은 행위를 행하는 것 이외에는 어떠한 권리도 새롭게 발생하지 않는다. 그러나 국가 간 예의는 국교를 원만하게 유지하려는 것과 비상한 관계가 있어서 종종 국가 간 감정충돌로 인해서 평화를 깨뜨리고 전쟁을 개시하는 경우가 적지 않다. 이러한 국제적 예의는 국가 이익 면에서, 부득이 준수하여 이행하지 않을 수 없을 것이다. 여기에서는 다시금 편의상 국제 예의에 관한 관습을 아래의 4가지로 분리하여 설명하고자 한다.

제1관 국가, 군주의 호칭과 계급

각 독립국은 제국, 왕국 등의 국호, 그리고 황제, 국왕 등의 주권자 호칭을 스스로 선택하여 임의로 칭할 수 있다. 그 국민은 왕권을 가진 자의 명령에 따라 그 호칭 및 그 호칭에 대한 존경을 준수해야 할 것이다. 타국은 결코 그 호칭을 호칭대로 칭할 의무가 없으며, 동시에 그 호칭을 거절하고 이전의 호칭을 사용할 수 있고 또는 새로운 호칭을 사용하는 것에에關ᄒᆞ야條件을附ᄒᆞᆷ도能ᄒᆞᆯ지니라特히新稱號가舊稱號에比ᄒᆞ야一層重視ᄒᆞᆯ者ㅣ되ᄂᆞᆫ時ᄂᆞᆫ往往히國家間에問題를成ᄒᆞᆫ事實이有ᄒᆞ니假令西曆千七百一年에普魯西國의프레데릭一世ᄂᆞᆫ王號를自稱ᄒᆞ되同千七百八十六年ᄭᆞ지ᄂᆞᆫ羅馬法王이是를不認ᄒᆞᆫ事實이有ᄒᆞ며同千七百二十一年에露國의피ㅣ다大帝ᄂᆞᆫ「싸아ㅣ」의名稱을改ᄒᆞ고全露西亞皇帝의名稱을用ᄒᆞ얏스나他國은卽時其名稱의使用을拒絶ᄒᆞ얏다가普魯西國及瑞典國은千七百二十三年、丁抹國은千七百三十二年、英國은千七百四十二年、西班牙國은千七百五十九年、和蘭國은千七百六十四年에是를認是ᄒᆞ고法國은千七百四十五年에至ᄒᆞ야露國皇帝의名稱을始用ᄒᆞ얏스나法國은此를使用ᄒᆞᆷ에舊來의禮儀를變更치아니ᄒᆞᆯ條件을附ᄒᆞ고承諾ᄒᆞᆫ事實이有ᄒᆞ니라

羅馬共和時代에在ᄒᆞ야ᄂᆞᆫ歐洲의王國이同共和政府에對ᄒᆞ야下位에在ᄒᆞᆷ이通常이러니中央歐洲의諸王國이勃興ᄒᆞᆯ時代에至ᄒᆞ야뵈니스와如히強大ᄒᆞᆫ共和國을除ᄒᆞᆫ外에ᄂᆞᆫ共和國이王國下位에在ᄒᆞᆫ者ㅣ라謂ᄒᆞᆷ을可得ᄒᆞᆯ지로되第十八世紀에至ᄒᆞ야ᄂᆞᆫ君主의名稱及政體의差異를依ᄒᆞ야國家品位에高低를生ᄒᆞ야

관해 조건을 붙일 수도 있다. 특히 새로운 호칭이 이전 호칭에 비해서 한층 높인 것이 될 때 종종 국가 간 문제가 되는 경우가 있다. 가령 1701년에 프로이센의 프레데릭 1세(Frederick I) 스스로 왕으로 호칭하였지만 1786년까지 로마 교황이 이를 부인하였다. 1721년에 러시아의 표트르 대제는 '차르(Tsar)' 명칭을 고쳐서 전 러시아 황제의 이름으로 사용하였으나 타국은 즉시 이 명칭의 사용을 거절했다가 프로이센 및 스웨덴이 1723년, 덴마크가 1732년, 영국이 1742년, 스페인이 1759년, 네덜란드가 1764년에 이를 인정하였고 프랑스는 1745년에 이르러 러시아 황제의 이름으로 사용하기 시작하였으나 프랑스는 이를 사용할 때 이전의 예식을 바꾸지 않기로 조건을 붙여서 승낙한 사실이 있다.

로마 공화 시대에는 유럽의 왕국이 이 공화정부에 대해서 하위에 있던 것이 통상적이었다가 유럽 중앙의 여러 왕국이 발흥하는 시대에 이르러 베네치아와 같이 강대한 공화국을 제외하고는 공화국이 왕국 아래에 있었다고 할 수 있다. 18세기에 이르러서는 군주의 명칭 및 정체의 차이에 의하여 국가 품위의 고저가 생겨서

帝國은王國上에位ᄒᆞ고共和國은王國下에立ᄒᆞᄂᆞᆫ慣例가有ᄒᆞᆷ으로國家及主權者稱號에關ᄒᆞ야國際的問題를成ᄒᆞᆫ者ㅣ甚尠ᄒᆞ니라然이나英國은共和政體를建設ᄒᆞᆯ當時에從來의王國과同一地位에立ᄒᆞᆯ事를主張ᄒᆞ며西曆千七百八十九年의法國政府도他諸國間條約、階級及禮儀에關ᄒᆞ야革命前과同一待遇를受ᄒᆞᆯ事로約定ᄒᆞᆷ과如히列國間에議論이頻生ᄒᆞᆷ으로써同千八百十四年維也納列國公會에서歐洲諸國間의階級을一定ᄒᆞ기爲ᄒᆞ야調査委員을選定ᄒᆞᆫ事가有ᄒᆞ니라其時에同委員은列國에階級을三等으로區別ᄒᆞ얏스나同十五年二月에列國이討論ᄒᆞᆫ結果를依ᄒᆞ야共和國地位에關ᄒᆞᆫ問題가不決ᄒᆞᆷ으로列國間의階級問題ᄂᆞᆫ永遠히中止ᄒᆞᆷ에至ᄒᆞ니라是以로今日에至ᄒᆞ야ᄂᆞᆫ完全ᄒᆞᆫ獨立國은其政體의如何를不問ᄒᆞ고總히同等地位를有ᄒᆞᄂᆞᆫ同時에一部主權國及屬國上에位ᄒᆞ고其主權者의稱號ᄂᆞᆫ皇帝及國王의區別이不有ᄒᆞ야完全히同一地位에立ᄒᆞ며又帝王位에在ᄒᆞᆫ者ᄂᆞᆫ大公國君主上에位ᄒᆞ며法國及米國과如ᄒᆞᆫ共和國은帝王國과同一地位에立ᄒᆞᄂᆞᆫ故로其國의大統領도皇帝及國王과國際待遇上에區別이無ᄒᆞ니라普魯西國은西曆千八百七十一年一月十八日에勅令으로써六

제국은 왕국의 상위에 위치하고 공화국은 왕국의 하위에 위치하는 관례가 있어서 국가 및 주권자 호칭에 관해서 국제문제가 되는 경우가 매우 적었다. 그러나 영국은 공화정체를 건설할 당시에 종래의 왕국과 같은 지위에 있다고 주장하였고 1789년의 프랑스 정부도 다른 여러 국가와의 조약, 계급, 및 예의에 관하여 혁명 전과 같은 대우를 받기로 약정한 것과 같이 여러 국가 간에 많은 논의가 생기자, 1814년 빈 국제회의에서 여러 유럽 국가들 사이의 계급을 정하기 위하여 조사위원을 선정한 일이 있다. 그때 이 위원들은 각국의 계급을 3등급으로 구별하였으나 1815년 2월에 국가들이 토론한 결과에 따라 공화국의 지위에 관한 문제가 결정되지 않아서 여러 국가 사이의 계급 문제는 영원히 중지되었다. 이러한 이유로 오늘날에는 완전한 독립국은 그 국가의 정체가 어떠한지를 불문하고 전부 동등한 지위를 갖는 동시에 일부주권국 및 속국의 지위에 위치하고 그 주권자의 칭호는 황제와 국왕의 구별이 없어서 완전히 같은 지위에 있다. 또한 제왕의 지위에 있는 자는 대공국 군주의 상위에 위치하며 프랑스 및 미국과 같은 공화국은 제왕국과 같은 지위에 있어서 그 국가의 대통령도 황제 및 국왕과 국제적 대우 면에서 구별이 없다. 프로이센은 1871년 1월 18일에 칙령으로써

十一年間中絕ᄒᆞ얏던日耳蔓帝國의相續者로皇帝의稱號를稱ᄒᆞᆫ事實이有ᄒᆞ며英國은同千八百七十六年에法律로써印度皇帝의稱號를君主稱號上에加ᄒᆞᆫ事가有ᄒᆞ나此等稱號變更에關ᄒᆞ야ᄂᆞᆫ列國이異議를主張ᄒᆞᆫ事實이無ᄒᆞ며特히日本과如ᄒᆞᆫ國은外交上文例에共和國을除ᄒᆞᆫ外의獨立國君主ᄂᆞᆫ總히皇帝의稱號를用ᄒᆞᄂᆞ니라

第二欵　主權者及國家代表者의席次

主權國의君主及其他의統治者ᄂᆞᆫ國際公法上其身體에自國主權의威信을代表ᄒᆞᄂᆞᆫ者로看做ᄒᆞ야君主와大統領間에區別이無ᄒᆞ니라如此ᄒᆞᆫ主權者會合에關ᄒᆞ야ᄂᆞᆫ上述과如히其統治下에在ᄒᆞᆫ國家의資格을依ᄒᆞ야其席次를可定ᄒᆞᆯ事ᄂᆞᆫ無論이로ᄃᆡ歐洲에在ᄒᆞ야君主及其他의統治者가多數히會合ᄒᆞᆫ事ᄂᆞᆫ甚尠ᄒᆞᆯᄲᅮᆫ아니라第十九世紀에至ᄒᆞ야도西曆千八百十五年維也納會議、同千八百十八年엑스라샤벨會議、同千八百二十年堅로보及뵈로나公會及同千八百二十一年레섀크公會의實例가有ᄒᆞᆯᄲᅮᆫ이라然이나如此히諸國에主權者가會合ᄒᆞᄂᆞᆫ境遇에ᄂᆞᆫ各國의政府가其主權者의席次를豫先協議ᄒᆞ고會合ᄒᆞᄂᆞᆫ故로其席次

61년간 중단되었던 게르만 제국의 상속자를 황제로 칭한 사실이 있다. 영국은 1876년에 법률로써 인도 황제의 호칭을 군주 호칭에 추가한 일이 있으나 이들 호칭의 변경에 관해서는 여러 국가가 이의를 주장한 사실이 없다. 특히 일본과 같은 국가는 외교 문서 작성 시 공화국을 제외한 독립국 군주는 전부 황제의 호칭을 사용하였다.

제2관 주권자 및 국가 대표자의 서열

주권국의 군주와 그 밖의 통치자는 국제공법상 그 신체에 자국 주권의 위신을 대표하는 자로 간주하여 군주와 대통령 사이에 구별이 없다. 이러한 주권자들의 모임에서는 상술한 바와 같이 그의 통치 아래에 있는 국가의 자격에 의하여 서열을 정할 수 있는 것은 물론이다. 유럽에서 군주와 그 밖의 통치자가 다수 회합한 경우는 매우 적을 뿐 아니라 19세기에도 1815년 빈회의, 1818년 엑스라샤펠회의, 1820년 트로포(Troppau)와 베로나회의, 그리고 1821년 라이바흐(Laibach)회의의 실제 사례가 있을 뿐이다. 그러나 이같이 여러 국가의 주권자가 만날 때에는 각국 정부가 그 주권자의 서열을 미리 협의하고 만나기 때문에 그 서열에에關ᄒᆞ야別로爭議를惹起ᄒᆞᆫ事가無ᄒᆞ니라羅馬의法王은歐洲古來의慣習上으로耶蘇舊敎國에對ᄒᆞ야特別히首席를許與ᄒᆞᆫ事實이有ᄒᆞ나然이나露國、土國及其他의新敎國은此를不認ᄒᆞ얏더니西曆千八百七十年九月以後에法王은諸寺院及其所屬地를失ᄒᆞᆷ으로因ᄒᆞ야獨立國 主權者에 資格을喪失ᄒᆞ고 其後에更히伊國은法律을發布ᄒᆞ야法王의君主權利及特權을保証ᄒᆞ얏스나法王은其伊國의保證을承認치아니ᄒᆞ니라然이나伊國政府ᄂᆞᆫ法王의諾不諾을不關ᄒᆞ고其法律을依ᄒᆞ야法王의게特待를行ᄒᆞᆫ事實이有ᄒᆞ되此法律은法王에게對ᄒᆞ야國際公法上에何等資格을與ᄒᆞ기不能ᄒᆞᆷ은多言을不待ᄒᆞ고可知ᄒᆞᆯ者ㅣ로다然則今日의羅馬法王은其寺院及領土를喪失ᄒᆞᆷ에不拘ᄒᆞ고舊敎國에對ᄒᆞ야外交上의關係를保維ᄒᆞᆯ뿐이오舊敎國은其敎의關係上으로同法王에對ᄒᆞ야主權者와同一ᄒᆞᆫ待遇를與ᄒᆞᆷ에不過ᄒᆞᄂᆞ니라

以上은主權者에席次를說明ᄒᆞᆫ者ㅣ라然이나大使公使等本國의主權을代表ᄒᆞᆫ者間에至ᄒᆞ야ᄂᆞᆫ席次及其他事項에關ᄒᆞ야紛議를生ᄒᆞᆫ事가頗多ᄒᆞ니라此等外交官은其資格이本國을代表ᄒᆞᄂᆞᆫ者ㅣ되ᄂᆞᆫ性質이有ᄒᆞᆷ으로써主權에對ᄒᆞᆫ名義

관해 별로 분쟁을 일으킬 일이 없다. 로마 교황은 예전부터 이어 온 유럽의 관습상 가톨릭 국가들에 대해서 특별히 가장 상석을 허락받았다. 그러나 러시아, 터키, 및 그 밖의 개신교국은 이를 인정하지 않더니, 1870년 9월 이후에 교황은 여러 성당과 그에 속한 토지를 상실하게 되면서 독립국 주권자의 자격을 잃고 그 후 다시 이탈리아가 법률을 공포하여 교황의 군주 권리와 특권을 보증하였지만, 교황은 그러한 이탈리아의 보증을 승인하지 않았다. 그러나 이탈리아 정부는 교황의 승낙 여부와 상관없이 그 법률에 따라 교황을 특별히 대우한 사실이 있다. 이러한 법률은 교황에 대해서 국제공법상 어떠한 자격도 부여할 수 없는 것은 여러 말이 없어도 알 수 있는 것이다. 그래서 오늘날 로마 교황은 성당과 영토를 상실했는데도 불구하고 가톨릭 국가들에 대해서 외교적 관계를 보유할 뿐이고 가톨릭 국가들은 종교 관계상, 이 교황에 대해서 주권자와 같은 대우를 부여하는 것에 불과하다.

위에서는 주권자의 서열을 설명했다. 그러나 대사, 공사 등 본국의 주권을 대표하는 자 간에는 서열 및 그 밖의 사항에 관해 논란이 생긴 경우가 많다. 이들 외교관은 그 자격이 본국을 대표하는 것인 성격을 갖기에 주권 명분을

ᄅᆞᆯ完全히維持코져ᄒᆞ야或他國의拒絶ᄒᆞᄂᆞᆫ바ᄅᆞᆯ請求ᄒᆞᄂᆞᆫ故로因ᄒᆞ야國家間에爭議ᄅᆞᆯ釀成ᄒᆞᆫ實例가不無ᄒᆞ니假令西曆千六百六十一年에瑞典國大使가英京倫敦에入ᄒᆞᆯ時에法國公使와西班牙公使가其席次ᄅᆞᆯ相爭ᄒᆞ야部下에殺傷이生ᄒᆞᆷ으로畢竟兩國間에爭議ᄅᆞᆯ成ᄒᆞ야法國主權者路易十四世ᄂᆞᆫ西班牙國에對ᄒᆞ야戰端을開始코져ᄒᆞ얏더니西班牙國政府ᄂᆞᆫ將來에兩國公使間에爭議가有ᄒᆞᆯ時ᄂᆞᆫ自國의公使ᄂᆞᆫ出席치아니ᄒᆞᆯ事ᄅᆞᆯ約束ᄒᆞ고其局을結ᄒᆞᆷ에至ᄒᆞᆫ事實이有ᄒᆞ며又條約調印等에關ᄒᆞ야도其條約文中에記載ᄒᆞᆯ國家順次에關ᄒᆞ야爭議의不絶ᄒᆞᆷ으로써西曆千八百十五年維也納會議及同十八年엑스라샤벨會議時에歐洲列國은大使及公使의階級을一定ᄒᆞ고同資格大使及公使間에在ᄒᆞ야ᄂᆞᆫ其國에駐劄ᄒᆞᆫ年月의長短을依ᄒᆞ야其順序ᄅᆞᆯ定케ᄒᆞ고條約及其他의事項으로二個以上國의調印을要ᄒᆞᆯ書類에ᄂᆞᆫ「알데르나」라稱ᄒᆞᄂᆞᆫ交換法의慣例ᄅᆞᆯ生ᄒᆞ야列國及代表者에順序ᄅᆞᆯ抽籤으로써定ᄒᆞ거나或은一定의規定이有ᄒᆞᆫ方法으로써ᄅᆞᆯ定ᄒᆞᄂᆞ니라然而條約、約定、議定書等은各締約國間에二件을作成ᄒᆞ야各其一件을保有ᄒᆞᆷ을要ᄒᆞᄂᆞᆫ故로其本文及署名에關ᄒᆞ야互相間各其自國書類에

완전히 유지하기 위하여 혹은 타국이 거절하는 사항을 요구하기 때문에 국가 간에 분쟁을 만든 실례가 없지 않다. 가령 1661년에 스웨덴 대사가 영국의 수도 런던에 들어갔을 때 프랑스 공사와 스페인 공사가 그 서열에 대해서 서로 다투어 부하가 살상되고 결국 양국 사이에 분쟁이 되어서 프랑스 주권자인 루이 14세가 스페인에 대해서 전쟁을 개시하려고 하자 스페인 정부가 장차 양국 공사 간 분쟁이 있는 때는 자국 공사가 참석하지 않기로 약속하고 그 상황을 종결한 경우가 있다. 또한 조약 서명에 관해서도 그 조약문에 기재할 국가의 순서에 관해 분쟁이 끊이지 않아서 1815년 빈회의와 1818년 엑스라샤펠회의 때에 여러 유럽 국가들은 대사와 공사의 계급을 정하고 같은 자격의 대사와 공사 간에는 그 국가에 주재한 기간의 장단에 의하여 순서를 정하도록 했다. 조약 및 그 밖의 사정으로 2개 이상의 국가들이 서명해야 할 서류에는 '알테르나(Alternat)'라는 외교관계 법의 관례가 생겨서 여러 국가 및 대표자들의 순서를 제비뽑기로 정하거나 혹은 일정한 규정에 있는 방법으로 정하였다.* 그래서, 조약, 약정, 의정서 등은 각 체약국 간에 2건을 작성하여 각자 한 건을 보유하기 때문에 그 본문 및 서명에 관해서 상호 간에 각자 자국의 서류에

* "Article 7. In acts or treaties between several Powers which admit the alternat, the order in which the ministers shall sign shall be decided by lot."; "Revision of the Classification of Diplomatic Agents," *The American Journal of International Law*, Vol. 22, No. 1, Supplement: Codification of International Law (Jan., 1928), p. 112.

至ᄒᆞ야ᄂᆞᆫ自國의國名及自國에代表者의氏名을先書ᄒᆞᄂᆞ니此方法은西曆千七百十八年에英、法、蘭、墺、四個國이締結ᄒᆞᆫ同盟條約、及同千七百四十八年엑스라샤벨媾和條約以來에採用ᄒᆞᆫ者오現今에普通으로行ᄒᆞᄂᆞᆫ바ㅣ라又此交換法以外에數國間條約書에關ᄒᆞᆫ國名或全權委員의順序及多數의國家代表者가同時에會合ᄒᆞᆫ境遇에關ᄒᆞᆫ席次等은各國의國名首字에關ᄒᆞᆫ「알ᄲᅡ베트」順次를依ᄒᆞ야定ᄒᆞᄂᆞ니其國名의文字ᄂᆞᆫ普通으로法國文의國名을依ᄒᆞᄂᆞ니라

第三欵　外交上의用語

條約及其他國際上에關ᄒᆞ야採用ᄒᆞᄂᆞᆫ言語ᄂᆞᆫ各獨立國이選擇ᄒᆞᆫ바의國語를採用ᄒᆞᄂᆞᆫ權利가有ᄒᆞᆷ으로他國에對ᄒᆞ야不欲ᄒᆞᄂᆞᆫ國語로써條約及談判을行ᄒᆞᆯ事를强制ᄒᆞᆷ이不能ᄒᆞᆯ지로다然이나一般의便宜上으로古來列國間에外交上用語를一國의國語로採用ᄒᆞᄂᆞᆫ慣例가行ᄒᆞ니라歐洲古代에在ᄒᆞ야ᄂᆞᆫ羅馬語를用ᄒᆞ고第十五世紀末葉에至ᄒᆞ야西班牙國이强大ᄒᆞ던時代에ᄂᆞᆫ列國이西班牙語를用ᄒᆞ얏더니其後路易十四世以後에至ᄒᆞ야ᄂᆞᆫ法國語로써國際上에普通語를成ᄒᆞᆷ에至ᄒᆞ니라然이나今日에至ᄒᆞ야ᄂᆞᆫ各國이漸次로自國語를國際上의用語로

대해서는 자국 국명 및 자국 대표자의 성명을 먼저 쓴다. 이 방법은 1718년에 영국, 프랑스, 네덜란드, 오스트리아, 4개국이 체결한 동맹조약, 그리고 1748년 엑스라샤펠 강화조약 이래 채용되었고, 현재 보통 행하고 있다. 또한 이러한 외교관계법 이외에 여러 국가 사이의 조약문 관련 국명 혹은 전권위원의 순서와 다수 국가 대표가 동시에 모일 때 서열 등은 각국 국명의 첫 글자 '알파벳' 순서에 의하여 정한다. 국명의 문자는 보통 불어로 된 국명에 의한다.

제3관 외교상 용어

조약 및 그 밖의 국제관계에서 채용하는 언어는 각 독립국이 선택한 국어를 활용하는 권리를 갖기에 타국에 대해 원하지 않는 국어로 조약 및 협상하도록 강제할 수 없다. 그러나 일반적으로 편의상 옛날부터 여러 국가 간에 외교 용어를 한 국가의 국어를 활용하는 관례가 있다. 유럽에서 고대에는 로마어를 활용하였고, 15세기 말 스페인이 강대했던 시대에는 여러 국가가 스페인어를 활용하더니, 그 후 루이 14세 이후에는 프랑스어가 국제적으로 공용어가 되었다. 그러나 오늘날에는 각국이 점차 자국어를 국제적 용어로

採用ᄒᆞᄂᆞᆫ國이增加ᄒᆞᆷ에至ᄒᆞᆯᄲᅮᆫ아니라又條約書等에關ᄒᆞ야도締盟國은各其自國의言語를採用ᄒᆞ야써條約書二件을作成ᄒᆞ고此에第三國를添加ᄒᆞ야兩國語文意에疑點이有ᄒᆞᆫ時ᄂᆞᆫ其第三國語의文意를從ᄒᆞ야解決ᄒᆞᆷ이通例니라然이나此條約書等에關ᄒᆞᆫ其用語의如何ᄂᆞᆫ當事者의協議를依ᄒᆞ야何國의言語를採用ᄒᆞᆯ지라도是ᄂᆞᆫ即其當事者自由範圍에屬ᄒᆞᆯ者오決코반다시法國語를不用ᄒᆞ면國際公法上에其條約等이效力을不生ᄒᆞᆷ과如ᄒᆞᆫ慣例ᄂᆞᆫ業已舊例에可屬ᄒᆞᆯ者오國際公法上에法則이라謂ᄒᆞᆷ은不得ᄒᆞᆯ지로다是以로同一의國語를有ᄒᆞᆫ英米兩國、德墺兩國及伊太利諸國間에ᄂᆞᆫ其共通語를用ᄒᆞᆷ이今日의通例니라

第四欵　海上敬禮

列國慣例上에陸軍及海軍에關ᄒᆞᆫ國家間의敬禮가有ᄒᆞ야海洋及港內에在ᄒᆞᆫ船船과艀船間及船舶과砲臺間에禮砲或下帆下旗等의敬禮를依ᄒᆞ야互相間에敬意를表示ᄒᆞᄂᆞᆫ事가有ᄒᆞ고又陸上에在ᄒᆞ야ᄂᆞᆫ軍隊及堡塞間或陸海軍士官及高等文官에對ᄒᆞ야敬禮를行ᄒᆞᄂᆞᆫ慣習이有ᄒᆞ니라然이나海上에在ᄒᆞᆫ敬禮에關ᄒᆞ야ᄂᆞᆫ獨立國이元來其主權上으로法律을發布ᄒᆞ야自國船舶及砲臺에關ᄒᆞᆫ此等

활용하는 국가가 증가하게 되었다. 또한 조약문 등에 관해서도 체약국은 각자 자국의 언어를 활용해서 조약문 2건을 작성하고 이에 제삼국을 추가하여 양국의 언어로 된 문장의 뜻에 의문점이 있는 때는 제삼국의 언어로 된 문장의 의미를 좇아 해결하는 것이 통례이다. 그러나 이러한 조약문 등에 관한 용어가 어떠할 것인지는 당사국의 협의에 따라 어느 국가의 언어를 활용해도 이는 그 당사국의 자유로운 범위에 속하고 반드시 프랑스어를 사용하지 않으면 국제공법상 그 조약 등의 효력이 생기지 않는 것과 같은 관례는 이미 옛날 관례에 속해서 국제공법상 법칙이라고 할 수 없다. 이러한 이유로 국어가 같은 영국과 미국 양국, 독일과 오스트리아 양국, 그리고 이탈리아 여러 국가 간에는 공용어를 활용하는 것이 오늘날의 통례이다.

제4관 해상 경례

여러 국가의 관례상 육군과 해군 관련 국가 간 경례가 있다. 해양과 항 내에 있는 선박과 선박 간 그리고 선박과 포대 간에 예포 혹은 돛이나 깃발을 내리기 등의 경례에 따라 상호 간 경의를 표시하는 일이 있다. 또한 육상에 있는 군대와 요새 간, 혹은 육·해군 사관생도와 고등문관에 대해 경례를 하는 관습이 있다. 그러나 해상에서 하는 경례에 관해서는 독립국이 원래 주권에 따라서 법률을 공포하여 자국 선박 및 포대와 관련해서 이들

禮式을規定호ᄃᆡ其禮式은列國互相間에不可不均一홀者ㅣ되ᄂᆞᆫ故로列國은約定或一般의慣例를依ᄒᆞ야一定ᄒᆞᆫ禮式을行ᄒᆞᄂᆞ니라往昔歐洲의列國이自國領海以外의海上을領有ᄒᆞ던時代에在ᄒᆞ야ᄂᆞᆫ其海上을通航ᄒᆞᄂᆞᆫ船舶이其國에對ᄒᆞ야敬禮를行홈은其海上을領有ᄒᆞᆫ國家主權에服從을表示ᄒᆞᄂᆞᆫ行爲로看做ᄒᆞ야丁抹國은巴羅的海口에對ᄒᆞ야他國의船舶으로ᄒᆞ여곰強制의敬禮를行ᄒᆞᆫ事가有ᄒᆞ며뵈니스國은아드리아딕크海上에셔他國船舶의敬禮를強制ᄒᆞᆫ事가有ᄒᆞ며英吉利와如ᄒᆞᆫ國은自國이領有를主張ᄒᆞᄂᆞᆫ海上에在ᄒᆞ야他國의船舶이敬禮를不行ᄒᆞᄂᆞᆫ者를捕獲沒收ᄒᆞᆫ事가有ᄒᆞ니라如此히敬禮에關ᄒᆞ야ᄂᆞᆫ列國間에恒常紛爭을惹起ᄒᆞᆫ事가不尠홈으로西班牙國王피릿브二世ᄂᆞᆫ自國의船舶이他國의都市及砲臺를通過홀時에敬禮를行ᄒᆞᄂᆞᆫ事를禁ᄒᆞᆫ例가有ᄒᆞ며法露兩國은紛議를避ᄒᆞ기爲ᄒᆞ야西曆千七百八十七年에條約으로써兩國船舶及砲臺間에關ᄒᆞ야敬禮를不行홀事로規定ᄒᆞᆫ事가有ᄒᆞ며同千八百二十九年에露國과丁抹國은條約으로써軍艦及砲臺間에關ᄒᆞ야ᄂᆞᆫ禮砲를繼續호ᄃᆡ海軍將官이領率ᄒᆞᆫ軍艦에在ᄒᆞ야ᄂᆞᆫ是를不行홀事로約定ᄒᆞᆫ事가有ᄒᆞ니라然이나同千七百二十一

예식을 규정하지만, 그 예식은 여러 국가 상호 간에 부득이하게 균일한 것이 되어야 하므로 여러 국가는 약정 혹은 일반적인 관례에 의하여 일정한 예식을 행한다. 옛날 여러 유럽 국가들이 자국의 영해 바깥의 해상을 영유하던 시대에는 그 해상을 통항하는 선박이 그 국가에 대해서 경례했던 것은 그 해상을 영유하는 국가의 주권에 대한 복종을 표시하는 행위로 간주하여 덴마크는 발트해 입구에 대해 타국의 선박이 경례하도록 강제한 경우가 있었으며, 베네치아는 아드리아 해상에서 타국 선박이 경례하도록 강제한 적이 있었다. 잉글랜드와 같은 국가는 자국이 영유를 주장하는 해상에서 타국의 선박이 경례하지 않는 경우 이를 나포하고 몰수하였다. 이같이 경례에 관해서는 여러 국가 간에 항상 분쟁을 일으키는 경우가 적지 않아서 스페인 국왕 펠리페 2세는 자국의 선박이 타국의 도시와 포대를 통과할 때 경례하는 것을 금지한 사례가 있다. 프랑스와 러시아 양국은 분쟁을 피하려고 1787년에 조약으로 양국의 선박과 포대 간에 경례하지 않도록 규정한 일이 있다. 1829년에 러시아와 덴마크는 조약으로 군함과 포대 간에 예포 발사를 지속하되 해군 장관이 통솔하는 군함에는 이를 행하지 않기로 약정한 일이 있다. 그러나 1721년에

年에締結ᄒᆞᆫ條約의當事國即露國及瑞典國外其他의諸國은海上의敬禮ᄅᆞᆯ互相間에行ᄒᆞᆯ事로規定ᄒᆞᆫ條約이漸次로增加ᄒᆞ야近世에至ᄒᆞ야ᄂᆞᆫ其海上의敬禮ᄅᆞᆯ往昔과同一히權利關係의問題로認ᄒᆞᄂᆞᆫ事ᄂᆞᆫ稍少ᄒᆞ나國際의交誼上으로ᄂᆞᆫ互相間에可히欠缺치못ᄒᆞᆯ者로ᄂᆞᆫ一般히認ᄒᆞᄂᆞᆫ바ㅣ오又海上諸國은自國의國內法으로其敬禮의方式을均一히ᄒᆞ야西曆千八百七十七年七月一日로爲始ᄒᆞ야一般이實行ᄒᆞᆫ바니라

現今에實行ᄒᆞᄂᆞᆫ海上敬禮中에軍艦이發射ᄒᆞᆫ禮砲에對ᄒᆞ야答禮砲ᄅᆞᆯ不要ᄒᆞᄂᆞᆫ者ᄂᆞᆫ(一)、帝王、大統領及皇族의港內出入及軍艦訪問時(二)、外交官、海陸軍高官、領事官、地方長官及政府高官의港內出入及軍艦訪問時(三)高貴外國人의軍艦訪問時(四)、國家의大祭日及紀念日等에關ᄒᆞᆫ禮砲가是라然이나是와相反ᄒᆞ야軍艦으로브터發射ᄒᆞᆫ禮砲에對ᄒᆞ야禮砲ᄅᆞᆯ要ᄒᆞᆯ者ᄂᆞᆫ(一)、外國港口에到着ᄒᆞ야其國國旗에對ᄒᆞᆫ時(二)、海上及港內에在ᄒᆞ야軍艦間의禮砲로司令官에對ᄒᆞᆫ時(三)、甲國의軍艦이乙國의國旗及皇族其他身分에對ᄒᆞ야禮砲ᄅᆞᆯ發射ᄒᆞᄂᆞᆫ時에乙國의軍艦도同一事情이有ᄒᆞᆫ時ᄂᆞᆫ甲國의國旗及皇族其他身

체결한 조약의 당사국, 즉 러시아와 스웨덴 이외 그 밖의 여러 국가는 상호 간에 해상 경례를 수행하는 일을 규정한 조약이 점차 증가하여 근세에 이르러서는 해상 경례를 옛날과 같이 권리관계의 문제로 인식하는 일이 줄었으나 국제적으로 우의를 나누는데 상호 간에 뺄 수 없다는 것은 일반적으로 인식했고, 또한 여러 해상 국가들은 자국의 국내법으로 그러한 경례 방식을 균일하게 하여 1877년 7월 1일부터 시작해서 일반적으로 실행하였다.

현재 실행하는 해상 경례 중에 군함이 발사하는 예포에 대해 답례 포가 필요 없는 경우는 ① 제왕, 대통령과 황족의 항 내 출입 및 군함 방문 시, ② 외교관, 해군·육군 고위 관리, 영사관, 현지 장관과 정부 고위 관리의 항 내 출입 및 군함 방문 시, ③ 고귀한 외국인의 군함 방문 시, ④ 국가의 기일 및 기념일 등에 관한 예포가 이것이다.

그러나 이와 반대로 군함에서 발사한 예포에 대해 예포가 필요한 경우는 ① 외국의 항구에 도착하여 그 국가의 국기를 대상으로 한 때, ② 해상 및 항 내에서 군함 간 예포로 사령관을 대상으로 한 때, ③ 갑국의 군함이 을국의 국기와 황족, 그 밖의 신분자를 대상으로 예포를 발사하는 때에 을국의 군함도 같은 사정이 있는 때는 갑국의 국기와 황족, 그 밖의

分에對ᄒᆞ야答禮砲를發射치아니치못ᄒᆞᆯ지니라

國旗에對ᄒᆞᆫ禮砲에關ᄒᆞ야軍艦及砲臺間에行ᄒᆞᄂᆞᆫ慣例를說明ᄒᆞᆯ진ᄃᆡ

第一、軍艦이他國港內에入ᄒᆞ거나或은砲臺를通過ᄒᆞᆯ時ᄂᆞᆫ軍艦으로브터其國國旗에對ᄒᆞ야禮砲를先放ᄒᆞᆷ이可ᄒᆞ고若其艦內에主權者及皇族이乘在ᄒᆞᆫ時ᄂᆞᆫ砲臺及其國의軍艦으로브터禮砲를先放ᄒᆞᆷ이可ᄒᆞ니라然이나如此ᄒᆞᆫ境遇의禮砲ᄂᆞᆫ其身分에對ᄒᆞᆫ禮砲오軍艦에對ᄒᆞᆫ者ㅣ아님으로此에對ᄒᆞ야答禮를不要ᄒᆞᄃᆡ但其軍艦이外國의軍艦되ᄂᆞᆫ時ᄂᆞᆫ其後에同軍艦으로브터國際의禮砲를發射ᄒᆞ야答禮를要ᄒᆞᄂᆞ니라

第二、一國의軍艦及艦隊가他國의軍艦及艦隊와邂逅ᄒᆞᄂᆞᆫ時ᄂᆞᆫ其軍艦의艦長及艦隊司令官의地位가下級되ᄂᆞᆫ者로브터禮砲를先放ᄒᆞ고外國港內에在ᄒᆞ야二個國軍艦이禮砲를行ᄒᆞᆯ時ᄂᆞᆫ後入ᄒᆞᆫ者로브터禮砲를發射ᄒᆞᆷ이可ᄒᆞ니라然而敬禮ᄂᆞᆫ大槪互相間의行爲라故로一便으로브터發砲ᄒᆞᄂᆞᆫ時ᄂᆞᆫ同時에一便도答禮를發射ᄒᆞ야兩便의砲聲이一時에相交ᄒᆞᆷ을要ᄒᆞᄂᆞ니라

軍艦은本國及碇泊國港內에在ᄒᆞ야紀念及大祭日等에艦隊를盛裝ᄒᆞᆷ이普通이

신분자에 대해서 답례 포를 발사해야 할 것이다.

국기에 대한 예포에 관하여 군함과 포대 간에 행하는 관례를 설명하자면,

첫째, 군함이 타국 항 내에 진입하거나 혹은 포대를 통과할 때는 군함에서 그 국가의 국기에 대해 예포를 먼저 발사해야 한다. 만약 그 함선 내에 주권자와 황족이 승선하였을 때는 포대와 그 국가의 군함에서 예포를 먼저 발사해야 한다. 그러나 이러한 경우의 예포는 그 신분자에 대한 예포이고, 군함에 대한 것이 아니기에 이에 대해 답례는 필요하지 않다. 다만 그 군함이 외국 군함일 때는 그 후에 같은 군함에서 국가 사이의 예포를 발사해야 답례가 필요하다.

둘째, 한 국가의 군함과 함대가 타국의 군함 및 함대와 예고 없이 만난 때는 그 군함의 함장 및 함대사령관의 지위가 낮은 자가 예포를 먼저 발사하고 외국 항 내에서 2개국 군함이 예포를 발사할 때는 후에 입항한 자가 예포를 발사해야 한다. 그러나 경례는 대개 상호 행위이기 때문에 일방이 발포하는 때는 동시에 다른 일방도 답례 포를 발사해서 쌍방의 포성이 동시에 서로 교환되어야 한다.

군함은 본국 및 정박국 항 내에서 기념 및 기일 등에 함대를 꾸미는 것이 보통이다.

니라然이나其國이戰爭에敗北ᄒᆞᆫ境遇에勝戰을行ᄒᆞᆷ과如ᄒᆞᆫ行爲即其碇泊國에對ᄒᆞ야惡感情을惹起ᄒᆞᆯ行爲ᄂᆞᆫ是ᄅᆞᆯ避ᄒᆞ야不行ᄒᆞᆷ이可ᄒᆞ고又軍艦及砲臺로브터發射ᄒᆞᄂᆞᆫ禮砲數에至ᄒᆞ야ᄂᆞᆫ各國이大概法令으로써規定ᄒᆞᄂᆞ니此規定은自國軍艦間에對ᄒᆞ야施行ᄒᆞᆯ뿐아니라諸外國에對ᄒᆞ야도緊重ᄒᆞᆫ關係가有ᄒᆞᆷ으로列國의法令은大概同一치아니ᄒᆞᆷ을不得ᄒᆞᆯ지니라現今各國에實行ᄒᆞᄂᆞᆫ禮砲의關ᄒᆞᆫ法令을觀ᄒᆞᆯ진ᄃᆡ內外國皇帝、皇族、大統領의게對ᄒᆞ야ᄂᆞᆫ二十一發、全權辦理大臣의게對ᄒᆞ야ᄂᆞᆫ十九發、全權公使의게對ᄒᆞ야ᄂᆞᆫ十五發、總領事의게對ᄒᆞ야ᄂᆞᆫ九發、領事의게對ᄒᆞ야ᄂᆞᆫ七發等으로規定ᄒᆞᄂᆞ니라然ᄒᆞ나如何ᄒᆞᆫ境遇에至ᄒᆞ야도國家間의敬禮砲ᄂᆞᆫ二十一發을超過치아니ᄒᆞᆷ이一般의慣例오又港內에軍艦이入來ᄒᆞᆫ時ᄂᆞᆫ其地方의行政長官과軍艦間及軍艦과軍艦間에訪問ᄒᆞᄂᆞᆫ艦式이有ᄒᆞ니即軍艦과地方長官間에在ᄒᆞ야ᄂᆞᆫ軍艦으로브터地方長官을先訪ᄒᆞ고軍艦及軍艦間에在ᄒᆞ야ᄂᆞᆫ其艦長의階級如何ᄅᆞᆯ依ᄒᆞ야禮式의先後ᄅᆞᆯ定ᄒᆞᄂᆞ니라艦長의階級이同一되ᄂᆞᆫ時ᄂᆞᆫ在港ᄒᆞᆫ軍艦으로브터先訪ᄒᆞ고艦長의階級이相殊ᄒᆞᆫ時ᄂᆞᆫ下級되ᄂᆞᆫ艦長으로브터訪問을先行ᄒᆞᆷ이一般의通例니라

그러나 그 국가가 전쟁에서 패배하였을 때 승전식을 행하는 것과 같은 행위, 즉 정박 국에 대해 악감정을 초래할 행위는 피하여 행하지 않아야 한다. 또한 군함과 포대에서 발사하는 예포 수에 대해서는 각국이 대개 법령으로 규정한다. 이러한 규정은 자국 군함 간에 시행할 뿐 아니라 여러 외국에 대해서도 필요하고 중요한 관계가 있기에 여러 국가의 법령은 대개 같지 않을 수 없다. 현재 각국이 실행하는 예포에 관한 법령을 보건대 내외국 황제, 황족, 대통령에 대해서는 21발, 전권판리대신에 대해서는 19발, 전권공사에 대해서는 15발, 총영사에 대해서는 9발, 영사에 대해서는 7발 등으로 규정하였다. 그러나 어떤 상황에서도 국가 간 경례 포는 21발을 초과하지 않는 것이 일반적인 관례이다. 또한 항 내에 군함이 출입하는 때는 그 지방의 행정장관과 군함 간 그리고 군함과 군함 간에 방문하는 예식이 있다. 즉, 군함과 현지 장관 간에는 군함에서 현지 장관을 먼저 예방하고 군함과 군함 간에는 그 함장의 계급 여하에 의하여 예식의 선후를 정한다. 함장의 계급이 같을 때는 항구 정박한 군함이 먼저 방문하고 함장의 계급이 서로 다른 때는 하급자인 함장이 먼저 방문하는 것이 일반적인 통례이다.

商船이軍艦에對ᄒᆞᆫ敬禮ᄂᆞᆫ或是를行ᄒᆞᄂᆞᆫ國도有ᄒᆞ며或是를不行ᄒᆞᄂᆞᆫ國도有ᄒᆞ니라然이나大槪其敬禮를表示ᄒᆞᄂᆞᆫ方法을簡單히說明ᄒᆞᆯ진ᄃᆡ船內에大砲가有ᄒᆞᆫ時ᄂᆞᆫ發砲ᄒᆞ야敬禮를行ᄒᆞᆷ이能ᄒᆞᆯ지로ᄃᆡ艦內에大砲가無ᄒᆞᆫ時ᄂᆞᆫ最高帆을下ᄒᆞ야敬禮를表ᄒᆞ고又或은國旗를下ᄒᆞᄂᆞᆫ事도有ᄒᆞᄃᆡ如此히國旗를下ᄒᆞᆷ은國家威信을墮損ᄒᆞᆯ嫌疑가有ᄒᆞᆫ者ㅣ라ᄒᆞ야第十八世紀中葉以後에至ᄒᆞ야ᄂᆞᆫ列國이如此ᄒᆞᆫ敬禮ᄂᆞᆫ行치아니ᄒᆞ니라然則今日海上에關ᄒᆞᆫ敬禮ᄂᆞᆫ發砲에限ᄒᆞᆯ者로看做ᄒᆞ야도不可ᄒᆞᆷ이無ᄒᆞᆯ지로다

第三章 國家의獨立權

第一節 槪論

獨立權이란者ᄂᆞᆫ國家가內政及外交를處理ᄒᆞᄂᆞᆫ權利니他獨立國의有ᄒᆞᆫ바同一權利를侵害치아니ᄒᆞᄂᆞᆫ範圍內에在ᄒᆞ야是를行ᄒᆞᆷ을可得ᄒᆞᄂᆞᆫ者ㅣ라大凡個人이社會에生活코져ᄒᆞᆷ에當ᄒᆞ야他人의權利를侵害치아니ᄒᆞᄂᆞᆫ範圍內에自由로行動ᄒᆞᆷ을可復ᄒᆞᆷ과如히國家도亦他國으로브터牽制를不受ᄒᆞ고內政及外交에關ᄒᆞ야自由의意思를貫行ᄒᆞ며他國이此에對ᄒᆞ야容喙ᄒᆞᆷ을不得케ᄒᆞᆯ權利가有

상선이 군함에 대해 하는 경례는 어떤 경우에는 이를 행하는 국가가 있으며, 어떤 경우에는 이를 행하지 않는 국가도 있다. 그러나 대개 그 경례를 표시하는 방법을 간단히 설명하자면 선내에 대포를 보유할 때는 발포해서 경례를 할 수 있겠지만, 선내에 대포가 없는 때는 가장 높은 돛을 아래로 내려 경례를 표한다. 또한, 어떤 때는 국기를 내리는 때도 있지만 이같이 국기를 내리는 것은 국가의 위신을 떨어뜨려 훼손한다는 의심이 있어서, 18세기 중엽 이후에는 여러 국가가 이러한 경례를 하지 않는다. 그래서, 오늘날 해상 관련 경례는 발포에 한정되는 것으로 간주해도 무방하다.

제3장 국가의 독립권

제1절 개론

독립권이란 국가가 내정과 외교를 처리하는 권리이다. 다른 독립국이 보유하는 같은 권리를 침해하지 않는 범위 내에서 이를 행할 수 있다. 대체로 개인이 사회에서 생활하고자 할 때 타인의 권리를 침해하지 않는 범위 내에서 자유로이 행동할 수 있는 것과 같이 국가도 역시 타국의 견제를 받지 않고 내정과 외교에 관해 자유의사를 실행하고 타국이 이에 대해서 관여할 수 없는 권리를

ᄒᆞ니換言ᄒᆞ면即獨立權이란者ᄂᆞᆫ內外에對ᄒᆞᆫ國家主權의行動을謂ᄒᆞᆷ에不過ᄒᆞ도다是以로外國에對ᄒᆞ야國際公法에違反치아니ᄒᆞᄂᆞᆫ以上은何等의程度及種類의交際ᄅᆞᆯ締結ᄒᆞᆯ지라도決코拘碍될事가無ᄒᆞᆷ으로써單히通商航海等條約을締結ᄒᆞ기能ᄒᆞᆯᄲᅮᆫ아니라自國의政略上으로國交ᄅᆞᆯ操縱ᄒᆞ야或은他國과攻守同盟及其他의特別友誼ᄅᆞᆯ約定ᄒᆞᆷ도能ᄒᆞ며或은他國의不法行爲에對ᄒᆞ야反抗ᄒᆞ고賠償을强請ᄒᆞ고戰爭을開始ᄒᆞᆷ도能ᄒᆞ며又或은平和ᄅᆞᆯ媾得ᄒᆞᆷ도能ᄒᆞᆯ지라然而內部에對ᄒᆞᆫ獨立權이란者ᄂᆞᆫ其國內에在ᄒᆞ야ᄂᆞᆫ最高의主權을指ᄒᆞᆷ이니即國家의立法、行政及司法의三權을自由로行使ᄒᆞ야政體의變更과政府機關의組織等々지라도其國이全이行使ᄒᆞᄂᆞᆫ權이有ᄒᆞᆷ을指ᄒᆞᆷ에不外ᄒᆞᆯ지로다

版圖內에對ᄒᆞᆫ主權의行動은自國人民에限ᄒᆞᆯ者ㅣ아니오他國의人民及財產이라도其國家版圖內에在ᄒᆞᆫ時ᄂᆞᆫ其國의統治ᄅᆞᆯ可受ᄒᆞᆯ者오又自國의人民은國家에對ᄒᆞ야服從의關係가有ᄒᆞᆫ所以로假令版圖以外에在ᄒᆞᆫ時라도本國主權에對ᄒᆞ야服從ᄒᆞᆷ을要ᄒᆞᄂᆞ니라然이나法令及條約을依ᄒᆞ야外國人이自國版圖內에在ᄒᆞ야享有ᄒᆞᆯ權利에關ᄒᆞ야ᄂᆞᆫ制限을設ᄒᆞ야自國의人民과同一ᄒᆞᆫ待遇ᄅᆞᆯ不與

갖는다. 바꿔 말하면 즉 독립권은 내외에 대한 국가 주권의 행동을 말하는 것에 불과하다. 이러한 이유로 외국에 대해서 국제공법을 위반하지 않는 이상 어떠한 정도가 되든지 그리고 어떠한 종류의 교제를 맺어도 결코 거리낄 것이 없기에 간단히 통상항해 등 조약을 체결할 수 있을 뿐만 아니라 자국의 정책상 국교를 조절해서 혹은 타국과 공수동맹 및 그 밖의 특별한 우의를 약정할 수도 있다. 혹은 타국의 불법행위에 대해서 항의하고 배상을 요구하며 전쟁을 개시할 수도 있으며, 또한 어떤 때는 평화를 모색할 수도 있다. 그래서, 내부에 대한 독립권은 그 국내에서 최고의 주권을 가리키는 것이다. 즉, 국가의 입법, 행정 및 사법의 3권을 자유로이 행사하여 정체의 변경과 정부 기관의 조직 등까지도 그 국가가 온전히 행사하는 권한을 갖는다는 점을 가리키는 것에 지나지 않는다.

영역 내에 대한 주권의 행동은 자국 인민에 한정되지 않고, 타국 인민과 재산이라도 그 국가의 영역 내에 있는 때는 그 국가의 통치를 받을 수 있고, 또한 자국의 인민은 국가에 대해서 복종하는 관계가 있어서 가령 영역 이외에 있는 때라도 본국의 주권에 대해서 복종해야 한다. 그러나 법령 및 조약에 의하여 외국인이 자국 영역 내에서 누리는 권리에 관해서는 제한을 두어서 자국의 인민과 같은 대우를 부여하지

ᄒᆞᆯ뿐아니라特히公權에至ᄒᆞ야ᄂᆞᆫ外國人의享有ᄅᆞᆯ不許ᄒᆞᆷ이通例니라是卽國家ᄂᆞᆫ各其本國人民에對ᄒᆞ야有ᄒᆞᆫ바國權ᄅᆞᆯ尊重ᄒᆞᄂᆞᆫ同時에自國의利害關係ᄅᆞᆯ依ᄒᆞ야外國人의게自國人民과同一權利ᄅᆞᆯ與ᄒᆞᄂᆞᆫ事ᄅᆞᆯ不肯ᄒᆞᄂᆞᆫ意思에基因ᄒᆞ야他國의人民으로全히自國에對ᄒᆞ야歸化치아니ᄒᆞᆫ以上은自國의人民과待遇ᄅᆞᆯ區別ᄒᆞᄂᆞᆫ所以니라然이나國家ᄂᆞᆫ自國人民資格上에在ᄒᆞᆫ權利의幾分을外國人에許與치아니ᄒᆞ면其權利에對ᄒᆞᆫ義務도不負ᄒᆞᆷ이列國의通例오又外國人으로ᄒᆞ여곰私權을享有케ᄒᆞᆷ에當ᄒᆞ야도各國의法例ᄅᆞᆯ依ᄒᆞ야各種의規定이有ᄒᆞᆷ과如히其人民의純然ᄒᆞᆫ個人的關係에關ᄒᆞ야自國의主權을絶對的으로强行ᄒᆞᆷ은反히自他兩國間에不便이有ᄒᆞᆷ으로써如此ᄒᆞᆫ當事者의事實上關係에至ᄒᆞ야ᄂᆞᆫ便宜上으로其外國人은本國의法令을遵據ᄒᆞ야是ᄅᆞᆯ決ᄒᆞᆷ이甚히便宜ᄒᆞᆫ所以로列國은外國人의게對ᄒᆞ야主權强行에對ᄒᆞᆫ寬典의例外ᄅᆞᆯ設ᄒᆞᄂᆞ니如此ᄒᆞᆫ例外가列國의慣習을遂成ᄒᆞ야國際에所謂國際私法이라云ᄒᆞᄂᆞᆫ法則을生ᄒᆞᆷ에至ᄒᆞ니라然이나此等의慣例ᄂᆞᆫ決코國際公法의一部ᄅᆞᆯ組成치못ᄒᆞᄂᆞ니何故오國際公法의法則되ᄂᆞᆫ慣例ᄂᆞᆫ外國人을必其本國의一員으로看做ᄒᆞᄂᆞᆫ關係上으로其

않을 뿐 아니라, 특히 공적 권리에 대해서는 외국인이 누리는 것을 허용하지 않는 것이 통례이다. 즉 국가는 각자 자신의 본국 인민에 대해 보유하는 국권을 존중하는 동시에 자국의 이해관계에 의하여 외국인에게 자국 인민과 같은 권리를 부여하는 것을 긍정하지 않는 의사에 근거하여 타국 인민이 온전히 자국에 귀화하지 않은 이상 자국의 인민과 대우를 구별하기 때문이다. 그러나 국가는 자국 인민의 자격에서 누리는 권리의 속성을 외국인에게 허용하지 않으면 그 권리에 대한 의무도 부담하지 않는 것이 여러 국가의 통례이고, 또한 외국인들이 사적 권리를 누리도록 할 때도 각국의 법례에 의하여 각종 규정이 있는 것과 같이 그 인민의 순수한 개인적 관계에 관해 자국의 주권을 절대적으로 강행하는 것은 오히려 자국과 타국 양국 사이가 불편해져서 이러한 당사자의 사실상 관계에 대해서는 편의상 그 외국인은 본국의 법령을 준거해서 이를 결정하는 것이 매우 편리하여서 여러 국가는 외국인에게 주권을 강행하는 것에 대해서 예외를 관대하게 둔다. 이러한 예외가 여러 국가의 관습이 되어 국제적으로 소위 국제사법이라고 하는 법칙이 생기게 되었다. 그러나 이들 관례는 결코 국제공법 일부가 되지 못한다. 왜냐하면 국제공법의 법칙인 관례는 외국인을 반드시 그 본국의 일원으로 간주하는 관계로

行爲及權利에關ᄒᆞ야國家互相間의關係가有ᄒᆞᄃᆡ國際私法上에法則되ᄂᆞᆫ慣例ᄂᆞᆫ一弘人의資格上으로觀察ᄒᆞᄂᆞᆫ結果로其行爲及權利에關ᄒᆞ야國家互相間에直接關係ᄂᆞᆫ不生ᄒᆞᄂᆞ니라

最終에注意ᄅᆞᆯ要ᄒᆞᆯ者ᄂᆞᆫ獨立權內部에對ᄒᆞᆫ行使에制限이有ᄒᆞᆫ境遇가是라國際公法은元來文明國社會에存在ᄒᆞᆫ慣例라故로其法則의必要條件으로列國은文時思想에基因ᄒᆞᆫ國法이存在ᄒᆞ야自他人民間에公平히民事及刑事의裁判制度ᄅᆞᆯ實行ᄒᆞᆷ을要ᄒᆞᄂᆞ니是以로日本이自國의主權을完全히自國版圖內에實施코져ᄒᆞ야新條約을締結ᄒᆞᆯ時에ᄃᆞ新民法의發布ᄅᆞᆯ條件으로定ᄒᆞᆫ事가有ᄒᆞ니라然則國家에如此ᄒᆞᆫ法律이具備치아니ᄒᆞ거나又或은法律이具備ᄒᆞ야存在ᄒᆞᆯ지라ᄃᆞ一般文明國에行ᄒᆞᄂᆞᆫ法律과性質에大差가有ᄒᆞᆫ時ᄂᆞᆫ列國이自國의人民及財產을完全히保護ᄒᆞᆯ目的으로條約을設定ᄒᆞ야特別의方法을締結ᄒᆞ고其方法을依ᄒᆞ야國交ᄅᆞᆯ行ᄒᆞᄂᆞ니假令西曆千八百五十六年에土耳其國은巴里의條約을依ᄒᆞ야國際公法社會에一員되ᄂᆞᆫ事ᄅᆞᆯ歐洲의列國으로브터認得ᄒᆞ얏스나其國의國法의一般文明國에行ᄒᆞᄂᆞᆫ法律과性質에大差가有ᄒᆞᆷ으로써領事裁判의制

그 행위 및 권리에 관해 국가 상호 간의 관계가 있지만, 국제사법상 법칙인 관례는 한 개인의 자격에서 보는 결과로서 그 행위 및 권리에 관해 국가 상호 간에 직접적인 관계는 발생하지 않는다.

마지막으로 주의를 필요로 하는 것은 독립국을 내부에 대해서 행사할 때 제한이 있는 경우이다. 국제공법은 원래 문명국으로 된 사회에 존재하는 관례였다. 따라서 그 법칙의 필요조건으로서 여러 국가는 문명 사상에 기반한 국내법이 존재해서 자국 인민과 타국 인민 간에 공평하게 민사 및 형사 재판 제도를 실행해야 한다. 이러한 이유로 일본이 자국의 주권을 자국 영역 내에 완전히 실시하기 위하여 새로운 조약을 체결할 때도 새로운 민법의 공포를 조건으로 정했던 경우가 있다. 이렇다면 국가에 이와 같은 법률이 갖춰지지 않았거나 어떤 때는 법률이 갖춰져 있어도 일반 문명국에서 행하는 법률과 성격상 큰 차이가 있는 때는 여러 국가가 자국 인민과 재산을 온전히 보호할 목적으로 조약으로 특별한 방법을 체결하고 그 방법에 따라 국교를 행한다. 가령 1856년에 터키는 파리조약에 의하여 국제공법사회의 일원이 되는 것을 여러 유럽 국가들로부터 인정받았으나 그 국가의 국내법이 일반 문명국에서 행하는 법률과 성격상 큰 차이가 있어서 영사재판 제도를

度를設置ᄒᆞ고同國에在留ᄒᆞᄂᆞᆫ諸外國人民에對ᄒᆞ야主權의行使를制限ᄒᆞᆫ事實이有ᄒᆞ며루마니아及쇠르비아兩國도伯林의條約을依ᄒᆞ야獨立의國家를成ᄒᆞ고法律도亦拿破崙法典에基因ᄒᆞ야新法典을發布ᄒᆞᆫ事가有ᄒᆞ나從來의惡慣習은依然히存在ᄒᆞ야其國의司法制度를信據ᄒᆞ기不能ᄒᆞᆷ으로此兩國에對ᄒᆞ야ᄂᆞᆫ列國이裁判上의特權을實行ᄒᆞᄂᆞᆫ事가有ᄒᆞ며又淸國、暹羅及其他諸國에至ᄒᆞ야도國家의文明程度가尙且未達ᄒᆞᆫ所以로文明列國은此等國에對ᄒᆞ야亦裁判上의特權으로領事裁判權制度를規定ᄒᆞ야現行ᄒᆞᄂᆞ니라

第二節　版圖內에對ᄒᆞᆫ獨立權

國家ᄂᆞᆫ他國의牽制를不受ᄒᆞ고內政을自由로行得ᄒᆞᆯ者ㅣ되ᄂᆞᆫ故로政體를如何히變更ᄒᆞᆯ지라도拘碍될事가無ᄒᆞ고又憲法、行政法、民刑法及其他一切의法律規則을制定ᄒᆞ야써版圖內에在ᄒᆞᆫ自國人民、外國人民及其財產에對ᄒᆞ야是를執行ᄒᆞᆯ事ᄂᆞᆫ前述과如ᄒᆞ거니와就中自國人民에對ᄒᆞᆫ主權의行使ᄂᆞᆫᄉᆞᆫ히國法의規定을依ᄒᆞ야施行ᄒᆞᆯ者ㅣ로ᄃᆡ外國人及其財產에對ᄒᆞ야ᄂᆞᆫ不可不是를詳論ᄒᆞᆯ必要가有ᄒᆞᆷ으로써左에款項을區別ᄒᆞ야說明코져ᄒᆞ노라

마련하고 터기에 체류하는 여러 외국 인민에 대해 주권 행사를 제한한 사실이 있다. 루마니아와 세르비아 양국도 베를린 조약에 의하여 독립 국가가 되고 법률도 역시 나폴레옹 법전에 기반해서 새로운 법전을 공포한 일이 있으나 종래의 나쁜 관습이 여전히 존재해서 그 국가의 사법제도를 신뢰할 수 없었기에 이 양국에 대해서는 여러 국가가 재판상 특권을 실행하는 경우가 있었다. 또한 청국, 시암 및 그 밖의 여러 국가에 대해서도 국가의 문명 수준이 아직 발달하지 않은 이유로 여러 문명국가는 이들 국가에 대해서도 재판상 특권으로 영사재판권 제도를 규정하여 현재 시행하고 있다.

제2절 영역 내에 대한 독립권

국가는 타국의 견제를 받지 않고 내정을 자유로이 행할 수 있어서 정체를 어떻게 변경하더라도 거리낄 것이 없다. 또한 헌법, 행정법, 민·형법, 그리고 그 밖의 법률 규칙 일체를 제정해서 영역 내에 있는 자국 인민, 외국 인민 그리고 그 재산에 대해서 집행하는 것은 앞서 기술한 것과 같다. 특히 자국 인민에 대한 주권 행사는 온전히 국내법 규정에 따라 시행할 것이지만 외국 인민 그리고 이들의 재산에 대해서는 부득이 이를 상세히 논해야 할 필요가 있기에 아래에서는 관과 항으로 구별해서 설명하고자 한다.

第一款 外國人民

內國人과外國人의區別은各國의法律을依ᄒᆞ야可決ᄒᆞᆯ者니外國人은內國에入來ᄒᆞᆯ지라도其國家에對ᄒᆞ야絕對的으로服從ᄒᆞᆯ義務가無ᄒᆞ며又其國家도此等外國人에對ᄒᆞ야主權을强行ᄒᆞᆯ時期는其人民이其版圖內에在ᄒᆞᆫ其間에限ᄒᆞᆯ者오自國版圖以外에在ᄒᆞᆫ時는此에對ᄒᆞ야主權을强行치못ᄒᆞᆷ이原則이로ᄃᆡ此原則에對ᄒᆞ야例外로認ᄒᆞᆯ者는但外國人을拿捕코져ᄒᆞ야自國領海以內로붓터追跡ᄒᆞ야領海附近公海에以及ᄒᆞᆫ境遇가是라然이나自國領內에在ᄒᆞ야는外國人이居住交通의利益을享有ᄒᆞ는條件으로其國의法律規則을遵守ᄒᆞ며行政上及司法上權力에對ᄒᆞ야到底히服從ᄒᆞᆷ을要ᄒᆞ고國家도亦此等人民에對ᄒᆞ야는自國의人民과同一히保護ᄒᆞ야諸種의權利를享有케ᄒᆞᆷ을要ᄒᆞᄃᆡ自國政略上에對ᄒᆞ야不利益이有ᄒᆞᆫ時는內外國人의享有ᄒᆞ는權利를區別ᄒᆞ야其地位上에差異를設ᄒᆞᆷ이列國이慣例를成ᄒᆞ야權利를不與ᄒᆞ는同時에義務도免除ᄒᆞᆷ이通例니라然則外國人의게對ᄒᆞ야享有를不許ᄒᆞᆯ權利와負擔을免除ᄒᆞᆯ義務는果然何種의權利義務를指ᄒᆞ는者歟아是는全히各國의國法規定을依ᄒᆞ야可決ᄒᆞᆯ者ㅣ로

제1관 외국 인민

내국인과 외국인의 구별은 각국의 법률에 따라 결정해야 할 것이다. 외국인은 내국에 입국해도 그 국가에 대해서 절대적으로 복종할 의무가 없다. 또한 그 국가도 이들 외국인에 대해서 주권을 강제적으로 행사할 시기는 그 인민이 그 영역 내에 있는 기간에 한정될 것이고 자국 영역 이외에 있는 때는 이에 대해서 주권을 강행할 수 없는 것이 원칙이다. 이러한 원칙에 대해서 예외로 인정되는 것은 다만 외국인을 체포하기 위해 자국 영해 이내에서부터 추적해서 영해 부근 공해에 이르는 경우가 있다. 그러나 자국령 내에서는 외국인이 거주 이동의 이익을 누리는 조건으로 그 국가의 법률 규칙을 준수하며 행정적 그리고 사법적 권력에 대해 완전히 복종해야 하고 국가도 역시 이들 인민에 대해서는 자국 인민과 같게 보호하여 여러 가지 종류의 권리를 누리도록 해야 하지만, 자국의 정책상 불이익이 있는 때는 내외국인이 누리는 권리를 구별해서 그 지위에 차이를 두는 것이 여러 국가의 관례가 되어 권리를 부여하지 않으면 동시에 의무도 면제하는 것이 통례이다. 그렇다면 외국인들이 누리도록 허용하지 않을 권리와 부담을 면하는 의무는 과연 어떠한 종류의 권리와 의무를 가리키는 것인지는 온전히 각국의 국내법 규정에 따라 결정할 것이지만

대一般列國의慣例上으로論ᄒᆞᆯ진대卽政治上에關係가有ᄒᆞᆫ事項을依ᄒᆞ야享有ᄒᆞᆯ權利及負擔ᄒᆞᆯ義務가是라北米의合衆國이南北戰爭時에自國에在留ᄒᆞᆫ英國의人民을軍隊에編入ᄒᆞᆫ所以로英國政府는此에對抗ᄒᆞ야其戰爭의結果로從ᄒᆞ야出來ᄒᆞ는危險外에更히英國이交戰國의一便되는危險을英國人民에對ᄒᆞ야與ᄒᆞᆫ事ᄅᆞᆯ論駁ᄒᆞᆷ이卽此에對ᄒᆞᆫ一例니라然이나同抗議中에英國은自國의人民으로他國에在留ᄒᆞ는者가其國內의秩序ᄅᆞᆯ維持ᄒᆞ기爲ᄒᆞ야身體上의助力을行ᄒᆞ고又는外國으로브터危難이有ᄒᆞᆫ境遇에是ᄅᆞᆯ防禦ᄒᆞ기爲ᄒᆞ야助力을行ᄒᆞᆯ必要가有ᄒᆞᆫ非常境遇에在留國의民兵、國民軍及地方警察에使用ᄒᆞᆷ은認ᄒᆞᆷ이라云ᄒᆞ얏스나如此ᄒᆞᆫ議論은今日에至ᄒᆞ야國際公法上에採用ᄒᆞᆯ價値가無ᄒᆞ니何故오如此ᄒᆞᆫ議論을國際公法上에採用ᄒᆞ는時는在留國의戰爭을爲ᄒᆞ야他國人의生命을犧牲에不供ᄒᆞᆯ保證이國際에施行될理가無ᄒᆞ고又는其人民의게對ᄒᆞ야本國政府에不利益되는行爲及反對의行爲라도强行케ᄒᆞᆷ을可得ᄒᆞᆷ에遂至ᄒᆞᆯ所以니라

國家는任意로外國人을兵役에使用ᄒᆞᆷ이不能ᄒᆞᆫ同時에又其兵役에可代ᄒᆞᆯ義務

여러 국가의 일반적인 관례로 논하자면 즉 정치적 관계가 있는 사항에 의하여 누릴 권리와 부담할 의무가 있다. 북미합중국이 남북전쟁 때 자국에 체류하는 영국 인민을 군대에 편입시킨 까닭으로 영국 정부는 이에 항의하여 그 전쟁 때문에 발생하는 위험 이외에 다시금 영국이 교전국의 일방이 되는 위험을 영국 인민에게 준 것을 논박한 것이 바로 이에 대한 사례 중의 한 가지다. 그러나 이 항의에서 영국은 자국 인민으로서 타국에 체류하는 자가 그 국내의 질서를 유지하기 위하여 신체적으로 조력하거나 외국으로부터 위난이 있는 경우에 이를 방어하기 위하여 조력할 필요가 있는 비상 상황에 체류국의 민병, 국민군 및 지방경찰로 활용하는 것을 인정한다고 하였지만 이러한 논의는 오늘날에는 국제공법상 활용할 가치가 없다. 왜냐하면 이러한 논의를 국제공법상 활용하는 때는 체류국의 전쟁을 위하여 타국 인민의 생명을 희생시키지 않도록 하기 위한 보증이 국제적으로 시행될 이유가 없고 또는 그 인민에 대해서 본국 정부에 불리한 행위 및 반대되는 행위라도 강제로 시킬 수 있게 되기 때문이다.

국가는 임의로 외국인을 병역에 사용할 수 없고, 동시에 또한 그 병역을 대신할 의무를

를強制치못ᄒᆞᆷ이通例니라是以로各國의條約은大槪兩締盟國一便의臣民으로他一便國版圖內에居住ᄒᆞᄂᆞᆫ者ᄂᆞᆫ陸海軍及其他의民兵을不問ᄒᆞ고其國에對ᄒᆞᆫ兵役을得免ᄒᆞ며且其兵役에伴行ᄒᆞᄂᆞᆫ納金、強募公債、軍事上賦歛及其他一切의納金義務ᄂᆞᆫ負擔치아니ᄒᆞᆯ趣旨를規定ᄒᆞᄂᆞ니라然이나如何ᄒᆞᆫ境遇에至ᄒᆞ야도外國人의게對ᄒᆞ야ᄂᆞᆫ國防及其他의軍務上으로使役을命ᄒᆞᆷ이不能ᄒᆞᆷ은아니니(一)外國人民이任意로在留國兵役에使用ᄒᆞᆯ事를承諾ᄒᆞᆫ時(二)戰爭의性質이政治的에不在ᄒᆞ고單히地方의警察을維持코져ᄒᆞᆷ에在ᄒᆞᆫ時(三)外患이國際事項에關係가無ᄒᆞ고單히社會의秩序及居住地方의人民을爲ᄒᆞ야生存에直接危險이有ᄒᆞᆫ時卽海賊及野蠻人의襲擊이有ᄒᆞᆫ時等에至ᄒᆞ야ᄂᆞᆫ是를防禦ᄒᆞᆷ에關ᄒᆞ야外國人의게對ᄒᆞ야도內國人과同一히防禦에從事케ᄒᆞᆷ을可得ᄒᆞᄂᆞ니라

法、德、墺及其他歐洲諸國에在ᄒᆞ야ᄂᆞᆫ往往히外國版圖內에在ᄒᆞᆫ自國及自國人民에對ᄒᆞᆫ外國人의犯罪를罰ᄒᆞᄂᆞᆫ法律이有ᄒᆞ니假令法國及白耳義國에在ᄒᆞ야ᄂᆞᆫ外國人이外國에在ᄒᆞ야自國의安寧을害ᄒᆞᄂᆞᆫ罪、國璽、貨幣及紙幣를贋造ᄒᆞᄂᆞᆫ罪를罰ᄒᆞᄂᆞᆫ法律이有ᄒᆞ며德國에在ᄒᆞ야ᄂᆞᆫ謀反罪、鑄錢罪、銀行紙幣其他國

강제할 수 없는 것이 통례이다. 이러한 이유로 각국의 조약은 대개 양 당사국 중 일방의 신민으로 상대방 국가의 영역 내에 거주하는 자는 육군, 해군, 그리고 그 밖의 민병을 불문하고 그 국가에 대해 병역을 면한다. 또한 그 병역에 수반되어 행하는 납입금, 공채모집 강제, 군사적 징세 및 그 밖의 금전 납입 의무 일체는 부담하지 않는다는 취지를 규정한다. 그러나 어떤 상황에서도 외국인에 대해서 국방 및 그 밖의 군사 업무를 하도록 명령할 수 없는 것은 아니다. ① 외국 인민이 임의로 체류국의 병역에 활용되는 것을 승낙한 때, ② 전쟁의 성격이 정치적이지 않고 단순히 지방의 경찰을 유지하기 위한 때, ③ 외환이 국제적인 사항과 무관하고 단순히 사회질서 및 거주지방의 인민을 위하여 생존에 직접적으로 위험이 있는 때, 즉 해적과 야만인의 습격이 있는 때에 이를 방어하는 일을 하는 것과 관련해서, 외국인에게도 내국인과 같게 방어에 참여시킬 수 있다.

프랑스, 독일, 오스트리아, 그리고 그 밖의 여러 유럽 국가에서는 종종 외국의 영역 내에 있는 자국 및 자국 인민에 대해 외국인이 범하는 죄를 벌하는 법률이 있다. 가령 프랑스와 벨기에는 외국인이 외국에서 자국의 안녕을 해치는 죄, 국새, 화폐, 및 지폐를 위조하는 죄를 벌하는 법률이 있다. 독일에서는 모반죄, 주전죄, 은행지폐, 그 밖의

家的義務의性質이有ᄒᆞᆫ證劵의僞造罪及傷遺의證劵을使用ᄒᆞᄂᆞᆫ罪等을罰ᄒᆞᄂᆞᆫ法律이有ᄒᆞ며墺國에在ᄒᆞ야ᄂᆞᆫ法國의法律과同一法律이有ᄒᆞ니라然而如此ᄒᆞᆫ犯罪가有ᄒᆞᆫ時ᄂᆞᆫ如右ᄒᆞᆫ法律을實行ᄒᆞᄂᆞᆫ國의政府가犯罪地國政府에罪人拿交ᄅᆞᆯ請求ᄒᆞ야是ᄅᆞᆯ拒絕ᄒᆞᄂᆞᆫ境遇에其罪人을罰ᄒᆞᆯ事로規定ᄒᆞ며露國及伊國에在ᄒᆞ야ᄂᆞᆫ外國에在ᄒᆞᆫ外國人이自國人에對ᄒᆞᆫ殺人、放火及證書僞造罪ᄅᆞᆯ罰ᄒᆞᄂᆞᆫ法律이有ᄒᆞ며日本國新刑法草案第五條에在ᄒᆞ야도外國人이自國에對ᄒᆞᆫ罪의規定이有ᄒᆞ니라此等外國人이他國에在ᄒᆞ야行ᄒᆞᆫ犯罪ᄅᆞᆯ罰ᄒᆞᄂᆞᆫ法律規定의可否ᄂᆞᆫ玆에評論치아니ᄒᆞ나其規定을實行ᄒᆞᆷ에當ᄒᆞ야ᄂᆞᆫ元來他國版圖內에對ᄒᆞ야自國의主權을行及ᄒᆞᆷ이不能ᄒᆞᆷ으로써其犯罪者ᄅᆞᆯ自國에引致ᄒᆞ거나或은其犯罪人이自現치아니ᄒᆞ면處罰ᄒᆞ기不能ᄒᆞᆯ뿐아니라國家ᄂᆞᆫ其版圖內에在留ᄒᆞᄂᆞᆫ人民으로他國의安寧을害코져ᄒᆞᄂᆞᆫ行爲ᄅᆞᆯ防禦ᄒᆞᆷ을國際互相間에義務ᄅᆞᆯ成ᄒᆞᄂᆞᆫ故로如此ᄒᆞᆫ行爲가有ᄒᆞᆫ境遇에至ᄒᆞ야ᄂᆞᆫ受害國이公然的으로其國政府에向ᄒᆞ야其罪人을相當히處罰ᄒᆞᆯ事로强請ᄒᆞᆯ權利가有ᄒᆞᆷ은無論이로ᄃᆡ若其請求ᄅᆞᆯ受ᄒᆞᆫ政府가是ᄅᆞᆯ拒絕ᄒᆞᄂᆞᆫ境過에至ᄒᆞ야ᄂᆞᆫ國家의自衛上으로必要ᄒᆞᆫ行爲ᄅᆞᆯ

국가 의무의 성격이 있는 증권 위조죄 및 변조된 증권을 사용하는 죄 등을 벌하는 법률이 있다. 오스트리아에서는 프랑스의 법률과 같은 법률이 있다. 그러나 이러한 범죄가 있는 때는 위와 같은 법률을 실행하는 국가의 정부가 범죄지 국가의 정부에서 죄인을 체포하여 인도하도록 요구했으나 이를 거절하였을 때 범죄지 국가의 정부가 그 죄인을 벌하도록 규정한다. 러시아와 이탈리아에서는 외국에 있는 외국인이 자국인에 대해서 살인, 방화, 및 증서위조의 죄를 벌하는 법률이 있다. 일본의 신형법 초안 제5조에서도 외국인이 자국을 상대로 범한 죄의 규정이 있다. 이들 외국인이 타국에서 행한 범죄를 벌하는 법률 규정의 옳고 그름은 여기에서 논하지 않지만, 그 규정을 실행할 때는 원래 타국의 영역 내에 대해서 자국의 주권을 행사할 수 없기에 그 범죄자를 자국에 끌어오거나 혹은 그 범죄인이 스스로 출두하지 않으면 처벌할 수 없을 뿐만 아니라 국가는 그 영역 내에 체류하는 인민들이 타국의 안녕을 해하려는 행위를 막는 것을 국가들 사이에서 상호 의무이기 때문에 이러한 행위가 있는 경우에는 피해를 본 국가가 공공연히 그 국가의 정부에 대해서 그 죄인을 적절히 처벌하도록 요구할 권리가 있는 것은 물론이지만, 만약 그 요구를 받은 정부가 이를 거절할 때는 국가의 자위상 필요한 행위를

行得홀範圍以內에在ᄒᆞ야此等犯罪를罰홀法律을制定홈은國家의自由行爲니라然이나國家가如此ᄒᆞᆫ規定을設ᄒᆞᄂᆞᆫ境遇에至ᄒᆞ야도他國犯罪의不大ᄒᆞᆫ者를刑罰에濫處ᄒᆞᄂᆞᆫ時ᄂᆞᆫ犯罪人本國政府의抗議를未免홀지로다此點에關ᄒᆞᆫ近世의實例를擧홀진ᄃᆡ西曆千八百八十五年에米國人갓징그가米國데기사스州에在ᄒᆞ야新聞紙로써墨西哥國人民을非常히讒謗ᄒᆞᄃᆡ米國의法律은此를犯罪로不認ᄒᆞ나墨西哥國法律에在ᄒᆞ야ᄂᆞᆫ外國人民이外國에在ᄒᆞ야自國人民에對ᄒᆞᆫ犯罪를罰ᄒᆞᄂᆞᆫ規定이有홈으로墨西哥國이갓징그를告訴ᄒᆞ얏더니其時에米國政府ᄂᆞᆫ墨國政府에抗議ᄒᆞ야曰大凡犯罪ᄂᆞᆫ領土的의性質이有홈으로犯罪行爲地의國家ᄂᆞᆫ其安寧秩序에有害ᄒᆞᆫ者를豫防ᄒᆞ고鎭壓ᄒᆞᄂᆞᆫ權이有ᄒᆞᆫ者ㅣ라是以로自國의人民이自國에在ᄒᆞ야行ᄒᆞᆫ行爲를他國이刑罰홀理由가無ᄒᆞ다ᄒᆞ야其人民의解放을要求홈으로墨國政府ᄂᆞᆫ此米國政府의要求를應ᄒᆞ야其人民을解放ᄒᆞᆫ事實이有ᄒᆞ니라但此境遇에關ᄒᆞᆫ米國政府의抗議ᄒᆞᆫ理由에至ᄒᆞ야ᄂᆞᆫ一般文明國의見解ᄒᆞᄂᆞᆫ點이相殊ᄒᆞ나所謂犯罪行爲地에在ᄒᆞ야犯罪로看做홀程度에不至ᄒᆞᆫ些小行爲를他國이犯罪로認定ᄒᆞ야嚴酷히處刑ᄒᆞᄂᆞᆫ時ᄂᆞᆫ其人民의本

행사할 수 있는 범위 내에서 이들 범죄를 벌할 법률을 제정하는 것은 국가의 자유 행위이다. 그러나 국가가 이러한 규정을 마련할 때도 타국 내 범죄가 크지 않는 것을 형벌로 과도하게 처벌하는 때는 범죄인 본국 정부의 항의를 면할 수 없을 것이다. 이 점에 관한 최근의 실례를 들어보면 1885년에 미국인 커팅(Cutting)이 미국 텍사스주에서 신문보도로 멕시코인을 심각히 비방하자 미국 법률은 이를 범죄로 인정하지 않았지만 멕시코의 법률에서는 외국인이 외국에서 자국인에 대해 저지른 범죄를 벌하는 규정이 있어서 멕시코가 커팅을 고소하였다. 그때 미국 정부는 멕시코 정부에 항의하여 주장하기를 대개 범죄는 영토적 성격이 있기에 범죄행위지의 국가는 자신의 안녕질서에 해로운 자를 예방하고 진압하는 권한이 있다고 하였다. 이러한 이유로 자국 인민이 자국에서 행한 행위를 타국이 형벌할 이유가 없다고 하면서 그 인민의 석방을 요구하자 멕시코 정부는 이러한 미국 정부의 요구에 응하여 그 인민을 석방한 경우가 있다. 다만 이 경우에 관한 미국 정부의 항의 이유에 대해서는 일반 문명국의 견해와 서로 다른 점이 있다. 소위 범죄행위지에서 범죄로 간주할 수준에 이르지 않은 사소한 행위를 타국이 범죄로 인정하여 엄격히 처벌하는 때는 그 인민의

國政府가其國民을保護ᄒᆞ기爲ᄒᆞ야抗議ᄒᆞᆷ이能ᄒᆞᆯ事ᄂᆞᆫ國際上에異議가別無ᄒᆞᆷ과如ᄒᆞ도다

國家ᄂᆞᆫ自國의安寧秩序ᄅᆞᆯ維持ᄒᆞᆷ에必要ᄒᆞ거나又ᄂᆞᆫ外國關係上에必要로認ᄒᆞᄂᆞᆫ時ᄂᆞᆫ自國에入來ᄒᆞᄂᆞᆫ外國人民에對ᄒᆞ야上陸을禁止ᄒᆞ고國內에在留ᄒᆞᄂᆞᆫ者ᄅᆞᆯ國外에放逐ᄒᆞ며或은他國에在ᄒᆞᆫ犯罪者ᄅᆞᆯ其國의請求ᄅᆞᆯ依ᄒᆞ야拿交ᄒᆞᆷ을要ᄒᆞᄂᆞᆫ故로此等의事項을左에區別ᄒᆞ야說明코져ᄒᆞ노라

第一項　外國人放逐

領土主權의理論上으로推究ᄒᆞᆯ진ᄃᆡ外國의人民이自國內에入來ᄒᆞᆷ을當ᄒᆞ야上陸을禁ᄒᆞ며又ᄂᆞᆫ自國內에居住ᄒᆞᄂᆞᆫ外國人을國外에放逐ᄒᆞᆷ은國家의權利라然이나文明國間法則上에如此ᄒᆞᆫ行爲ᄅᆞᆯ無故히濫行ᄒᆞᆷ은不得ᄒᆞᆯ지로다個人이無害ᄒᆞᆫ旅行、商業及其他平和의目的으로他國에往來居住ᄒᆞᆷ을可得ᄒᆞᆯ事ᄂᆞᆫ國際上에均一히承認ᄒᆞᄂᆞᆫ바ㅣ오他國에永住ᄒᆞᆯ目的으로ᄡᅥ移住ᄒᆞᄂᆞᆫ自由에至ᄒᆞ기ᄭᆞ지라도클노튀스以來諸學者의共認ᄒᆞᄂᆞᆫ바ㅣ며國際의實際上으로論ᄒᆞᆯ지라도外國人의歸化ᄅᆞᆯ不許ᄒᆞᄂᆞᆫ國家ᄂᆞᆫ殆無ᄒᆞ니라是以로假令國家ᄂᆞᆫ無條約國人

본국 정부가 그 국민을 보호하기 위하여 항의할 수 있는 경우는 국제적으로 별로 의의가 없는 것과 같다.

국가는 자국의 안녕질서를 유지하는 데 필요하거나 외국과의 관계에서 필요하다고 인정하는 때는 자국에 들어오는 외국인민에 대해서 상륙을 금지하고 국내에 체류하는 자를 국외로 추방하거나 혹은 타국에 있는 범죄자를 그 나라의 요청에 따라 체포하여 인도하도록 하므로 이러한 사항을 아래에서 구별하여 설명하고자 한다.

제1항 외국인 추방

영토 주권 이론에서 연구해 보면 외국의 인민이 자국 내에 들어올 때 상륙을 금지하거나 자국 내에 거주하는 외국인을 국외로 추방하는 것은 국가의 권리이다. 그러나 문명국간 법칙에서 이러한 행위를 아무 이유 없이 과도하게 행할 수 없다. 개인이 해를 끼치지 않는 여행, 상업 및 그 밖에 평화적 목적에서 타국을 왕래하고 거주할 수 있는 것은 국제적으로 균일하게 인정된다. 타국에 영구 거주할 목적으로 이주하는 자유에 대해서까지도 그로티우스 이래 여러 학자가 다 같이 인정하는 바이며 국제 실행으로 논해도 외국인의 귀화를 불허하는 국가는 거의 없다. 이러한 이유로 가령 국가가 조약이 없는 국가의 인민에

民에對ᄒᆞ야도自國의安寧秩序를紊亂ᄒᆞᄂᆞᆫ行爲가無ᄒᆞᆫ時ᄂᆞᆫ內國에入來ᄒᆞᆷ을拒絶치못ᄒᆞᆯ지며無國籍人民에對ᄒᆞ야도亦然ᄒᆞ거던而況條約國의人民이自國版圖內에入來ᄒᆞ야上陸居住ᄒᆞ며平和의生活을經營ᄒᆞᆷ은絶對的으로是를拒絶치못ᄒᆞᄂᆞ니라然이나國家ᄂᆞᆫ自國版圖內에入來ᄒᆞ야居住ᄒᆞᄂᆞᆫ外國人民의게對ᄒᆞ야自國의政治上及經濟上의理由를依ᄒᆞ야一定ᄒᆞᆫ條件을加ᄒᆞᆷ이不能ᄒᆞᆷ은아니니假令外國으로브터移來ᄒᆞᄂᆞᆫ人民이自國에負擔될者、社會健全上에危險을可及ᄒᆞᆯ者及公安秩序에對ᄒᆞ야危害를釀生ᄒᆞᆯ者ᄂᆞᆫ入國을拒絶ᄒᆞᆷ이能ᄒᆞᆯ지며又ᄂᆞᆫ特定ᄒᆞᆫ外國의人民으로自國에在留ᄒᆞᄂᆞᆫ時ᄂᆞᆫ一般人民의激昂을喚起ᄒᆞ야同人民의本國及他國、他國及自國、自國及同人民本國間에國交를損傷ᄒᆞᆯ念慮가有ᄒᆞᆫ者ᄂᆞᆫ自國에入來ᄒᆞᆷ을拒絶ᄒᆞ거나或은退去를命ᄒᆞᆷ이能ᄒᆞᆯ지니라英國에在ᄒᆞ야ᄂᆞᆫ外國人을放逐ᄒᆞᄂᆞᆫ法律도無ᄒᆞ고行政上에實行ᄒᆞᆫ前例도並無ᄒᆞ되米、德、法、伊等諸國에在ᄒᆞ야ᄂᆞᆫ條約及國法等으로써規定을設置ᄒᆞᄂᆞᆫ事實이有ᄒᆞ니라

上述ᄒᆞᆷ과如히人民移住에關ᄒᆞ야ᄂᆞᆫ國際上에自由로써原則을作ᄒᆞ되國家ᄂᆞᆫ政

대해서도 자국의 안녕질서를 어지럽게 하는 행위가 없는 때는 국내 입국을 거절하지 못할 것이며 무국적자에 대해서도 역시 그러한데, 하물며 조약국의 인민이 자국 영역 내에 들어와서 상류하거나 거주하며 평화로운 생활을 영위하는 것을 절대적으로 거절할 수 없다. 그러나 국가는 자국 영역 내에 들어와서 거주하는 외국 인민에 대해서 자국의 정치적 및 경제적 이유에 의하여 일정한 조건을 부가하지 못하는 것은 아니다. 가령 외국에서 이주해 온 인민이 자국에 부담이 되거나 사회의 건선성에 위험을 끼칠 수 있는 경우 그리고 공공질시에 대해서 위해를 만들 수 있는 경우는 입국을 거절할 수 있다. 또한 특정한 외국의 인민이 자국에 체류하는 때는 일반 인민이 격앙되어 이들 인민의 본국과 타국, 타국과 자국, 자국과 이들 인민의 본국 간에 국교를 손상할 염려가 있는 경우는 자국에 들어오는 것을 거절하거나 혹은 퇴거를 명령할 수 있다. 영국에서는 외국인을 추방하는 법률도 없고 행정상 실행하는 전례도 또한 없지만, 미국, 독일, 프랑스, 이탈리아 등 여러 국가에서는 조약과 국내법 등으로 규정할 마련한 사실이 있다.

위에서 기술한 바와 같이 인민의 이주에 관해서는 국제적으로 자유로이 원칙을 만들되 국가는 정책상

略上、經濟上及健康上의理由로써外國人民의浮浪者、丐乞者、犯罪者及其他自國에取ᄒᆞ야一般히負擔될者、有害로看做ᄒᆞᆷ을可得ᄒᆞᆯ者의게對ᄒᆞ야ᄂᆞᆫ自國에入來ᄒᆞᆷ을拒絶ᄒᆞᄂᆞᆫ權利가有ᄒᆞᆫ故로米國은西曆千七百九十八年에英國內閣이愛蘭叛亂者의게對ᄒᆞ야國外에放逐ᄒᆞᄂᆞᆫ條件으로써刑罰을不施ᄒᆞᆫ結果로米國에移住ᄒᆞᄂᆞᆫ人民이甚多ᄒᆞᆫ故로絶對的으로其人民의上陸을禁止ᄒᆞᆫ事實이有ᄒᆞ며同千八百六十八年에淸國과條約을締結ᄒᆞ야淸國人의移住를許與ᄒᆞ얏스나移住人民의數爻가猖獗ᄒᆞ야淸國人의勞働者가米國人의勞働者를壓倒ᄒᆞᄂᆞᆫ傾向이有ᄒᆞᆫ故로其後에更히條約을締結ᄒᆞ야其人民의移住를制限ᄒᆞ고歸國ᄒᆞᆫ者의게對ᄒᆞ야ᄂᆞᆫ再渡ᄒᆞᆷ을不許ᄒᆞᆫ事實이有ᄒᆞ며同千八百八十二年及千八百八十七年에至ᄒᆞ야ᄂᆞᆫ國會에셔法律로써外國人民의犯罪者、瘋癲、白痴及其他公共의保護를不依ᄒᆞ고ᄂᆞᆫ自立ᄒᆞᆷ을不得ᄒᆞᆯ者ᄂᆞᆫ米國諸港에上陸ᄒᆞᆷ을不許ᄒᆞ고契約勞働者를米國에運搬ᄒᆞ야移住를奬勵ᄒᆞᆷ은不法이라唱道ᄒᆞ야同千八百九十一年의法律로써三十弗以上의金額을携帶치아니ᄒᆞᆫ外國人勞働者의上陸을不許ᄒᆞᆫ事實이有ᄒᆞ며濠洲中빅도리아에在ᄒᆞ야도同千八百八十一年及千八百八十

경제적 그리고 건강상 이유로 외국 인민으로서 부랑자, 걸식자, 범죄자와 그 밖에 자국에 대해서 일반적으로 부담이 될 자, 해롭다고 간주할 수 있는 자에 대해서는 자국에 들어오는 것을 거절할 권리가 있다. 따라서 미국은 1798년에 영국 내각이 아일랜드 반란자를 국외로 추방하는 조건으로 형벌을 시행하지 않은 결과 미국에 이주하는 인민이 너무 많아져서 그들 인민의 상륙을 전면 금지한 사실이 있으며, 1868년에 청국과 조약을 체결하여 청국인의 이주를 허용하였으나 이주민의 수효가 창궐하여 청국인 노동자가 미국인 노동자를 압도하는 경향이 있었기 때문에 그 후 다시 조약을 체결하여 그들의 이주를 제한하고 귀국한 자의 경우 재입국을 허용하지 않은 사실이 있다. 1882년과 1887년에는 의회에서 법률로 외국인 범죄자, 정신병자, 백치, 및 그 밖에 공적 보호에 의하지 않고는 자립할 수 없는 자는 미국의 여러 항구에 상륙하는 것을 허용하지 않았고 계약 노동자를 미국에 운송하여 이주를 장려하는 것은 불법이라고 주도하여 1891년 법률에서 30달러 이상의 금액을 휴대하지 않은 외국인 노동자의 상륙을 허용하지 않은 사실이 있다. 호주 빅토리아에서도 1881년과 1888년에

八年에淸國人民의移住監督規則을法律로써發布ᄒᆞᆫ事實이有ᄒᆞ며同年에濠洲諸地方의代表者ᄂᆞᆫ시도니府에會合ᄒᆞ야淸國人民의移住를抑壓코져ᄒᆞ야決議ᄒᆞᆫ事實이有ᄒᆞ며南米의의키아돌國도淸國人民의移住를禁止ᄒᆞ고業已在留ᄒᆞᆫ者ᄂᆞᆫ政府에서放逐ᄒᆞᄂᆞᆫ權利를保留ᄒᆞᆷ과如ᄒᆞᆫ者의事實이皆是例니라以上의實例를依ᄒᆞ야觀察ᄒᆞᄂᆞᆫ時ᄂᆞᆫ要컨ᄃᆡ國家ᄂᆞᆫ外國人民의上陸을禁止ᄒᆞ고或은國外에放逐ᄒᆞᄂᆞᆫ權利가有ᄒᆞᆫ事ᄂᆞᆫ玆에容疑ᄒᆞᆯ바ㅣ아니니라然이나此等의權利ᄂᆞᆫ決코濫行ᄒᆞᆯ者ㅣ아니오是를行코져ᄒᆞᄂᆞᆫ時ᄂᆞᆫ恒常正當ᄒᆞᆫ理由의存在ᄒᆞᆷ을要ᄒᆞᄂᆞ니何故오若在留國이不正確ᄒᆞᆫ理由로써外國의人民을放逐ᄒᆞᄂᆞᆫ時ᄂᆞᆫ其人民은他國에在ᄒᆞ야身體의自由及財産의保護를維持ᄒᆞ기不能ᄒᆞᆯ뿐아니라不時의非常ᄒᆞᆫ損害를難免ᄒᆞᆯ所以니라是以로相當ᄒᆞᆫ理由가存在치아니ᄒᆞᆫ境遇에放逐을受ᄒᆞᆫ時ᄂᆞᆫ其外國人民의本國政府ᄂᆞᆫ其人民을放逐ᄒᆞᆫ國家에對ᄒᆞ야抗議ᄒᆞ야損害의賠償을請求ᄒᆞᆷ을可得ᄒᆞᆯ지니라

第二項　犯罪人拿交

國家ᄂᆞᆫ自國의犯罪者及犯罪의告發이有ᄒᆞᆫ者의게對ᄒᆞ야主權의行使가可及ᄒᆞᆯ

청국 인민의 이주 감독 규칙을 법률로 공포한 사실이 있으며 같은 해에 호주의 여러 지방의 대표자들은 시드니시에 모여서 청국 인민의 이주를 억제하고자 결의한 사실이 있다. 남미의 에콰도르도 청국 인민의 이주를 금지하고 이미 체류한 자는 정부에서 추방할 권리를 보유하는 것과 같은 사실이 모두 다 이러한 예이다. 이상의 관례에 의하여 볼 때는 요컨대 국가는 외국 인민의 상륙을 금지하거나 혹은 국외에 추방하는 권리가 있다는 것은 여기에서 의심할 바가 아니다. 그러나 이들 권리는 결고 남용해서 행시되지 않이야 하고 이를 행하고자 할 때는 항상 정당한 이유가 있어야 한다. 왜냐하면 만약 체류국이 부정확한 이유로 외국 인민을 추방하는 때, 그 인민은 타국에서 신체의 자유 및 재산의 보호를 유지할 수 없을 뿐 아니라 뜻하지 않게 심각한 손해를 피하기 어렵기 때문이다. 이러한 이유로 타당한 이유가 존재하지 않을 때 추방당한 때 그 외국 인민의 본국 정부는 그 인민을 추방한 국가에 대해서 항의하여 손해배상을 청구할 수 있다.

제2항 범죄인 인도

국가가 자국의 범죄자 및 범죄 고발이 된 자에 대해 주권을 행사할 수 있는

範圍는其國家의版圖內及公海에在ᄒᆞᆫ自國船舶內에止ᄒᆞ는故로他國管轄內에在ᄒᆞᆫ犯罪者는其國家로브터拿交ᄒᆞᆷ을不待ᄒᆞ면是ᄅᆞᆯ審理ᄒᆞ야裁判ᄒᆞᆷ은到底히不能ᄒᆞᆫ事實이라是以로如此ᄒᆞᆫ犯罪者ᄅᆞᆯ處罰ᄒᆞ기爲ᄒᆞ야國과國間에犯罪人을互相拿交ᄒᆞ야處罰ᄒᆞᆯ必要가生ᄒᆞᄂᆞ니此ㅣ卽國際間의犯罪人拿交라云ᄒᆞ는者ㅣ니라

犯罪人拿交란者는國家가他國管轄內에在ᄒᆞᆫ犯罪의行爲者ᄅᆞᆯ其國의請求ᄅᆞᆯ依ᄒᆞ야逮捕ᄒᆞ야交付ᄒᆞ는行爲ᄅᆞᆯ謂ᄒᆞᆷ이니恒常條約에規定ᄒᆞᆫ바ᄅᆞᆯ依ᄒᆞ야行ᄒᆞ는者ㅣ나犯罪人拿交의條約이締結치아니ᄒᆞᆫ境遇라도是ᄅᆞᆯ行ᄒᆞᆷ이國際公法上에違反되는行爲는아니니라國家間에犯罪人拿人條約이締結된嚆矢는紀元前三百年頃에埃及國이實行ᄒᆞᆫ實例가有ᄒᆞ다云ᄒᆞᄃᆡ其實은十八世紀中葉에至ᄒᆞ야盛行ᄒᆞ얏고近世에至ᄒᆞ야는海陸의交通이極便ᄒᆞ야犯罪者ᄅᆞᆯ逮捕ᄒᆞ는事도甚히困難ᄒᆞᆷ으로社會一般의幸福을爲ᄒᆞ야大犯罪人되는者가他國境에逃躱ᄒᆞ야刑罰을得免ᄒᆞᆷ에可至ᄒᆞᆯ事ᄅᆞᆯ防禦ᄒᆞᆯ理由及犯罪는其行爲地國家에對ᄒᆞ야成罪ᄒᆞ는者ㅣ라謂ᄒᆞ는理由ᄅᆞᆯ依ᄒᆞ야犯罪는犯罪地本國에對ᄒᆞ야拿交ᄒᆞ는慣習이

범위는 그 국가의 영역 내 그리고 공해에 있는 자국 선박 내에 그치기 때문에 타국 관할권 내에 있는 범죄자는 그 국가가 체포하여 인도하기를 기다리지 않으면 심리하여 재판하는 것은 도저히 불가능하다. 이러한 이유로 이러한 범죄자를 처벌하기 위하여 국가와 국가 사이에 범죄인을 상호 인도하여 처벌할 필요가 생긴다. 이를 즉 국가와 국가 사이의 제적으로 범죄인 인도라고 한다.

범죄인 인도는 국가가 타국 관할권 내에 있는 범죄 행위자를 그 국가의 청구에 따라 체포하여 내주는 행위를 말한다. 항상 조약 규정한 바에 의하여 행하는 것이나 범죄인 인도조약이 체결되지 않은 경우라도 이를 행하는 것이 국제공법상 위반 행위가 아니다. 국가 간에 범죄인 인도조약이 처음 체결되었을 때는 기원전 300년경에 이집트가 실행한 실례가 있다고 하지만, 사실은 18세기 중엽에 이르러 성행하였고 근세에는 해양과 육지의 교통이 매우 편해지면서 범죄자를 체포하는 일이 상당히 어렵게 되면서 사회 일반의 행복을 위하여 큰 범죄를 저지른 자가 타국으로 도피하여 형벌을 면하게 되는 것을 막기 위한 이유 그리고 범죄는 그 행위지 국가에 대해 죄가 성립되는 것이라고 하는 이유에 의하여 범죄는 범죄지 본국에 대해 인도하는 관습이

行ᄒᆞ니라然이나國家ᄂᆞᆫ他國에對ᄒᆞ야其犯罪者ᄅᆞᆯ拿交ᄒᆞᆯ義務有無에關ᄒᆞ야ᄂᆞᆫ未嘗不議論이岐貳ᄒᆞ야斯法硏究에從事ᄒᆞᄂᆞᆫ學者의大多數ᄂᆞᆫ皆曰犯罪ᄂᆞᆫ單히行爲地國家에對ᄒᆞ야加害ᄒᆞᆷ에止ᄒᆞᆯ뿐아니라一般人類社會에對ᄒᆞ야도害毒을流及ᄒᆞᄂᆞᆫ故로各國家ᄂᆞᆫ互相間의便宜及幸福을維持ᄒᆞ기爲ᄒᆞ야此ᄅᆞᆯ處罰ᄒᆞᆷ에盡力치아니ᄒᆞᆷ을不得ᄒᆞᆯ者ㅣ어ᄂᆞᆯ犯罪者가一次他國管轄內에逃躲ᄒᆞᆫ所以로全然히刑罰을得免케ᄒᆞ면一般社會의犯罪ᄅᆞᆯ防禦ᄒᆞᆷ에不便ᄒᆞᆯ뿐아니라犯罪地以外國에在ᄒᆞ야ᄂᆞᆫ犯罪의証據ᄅᆞᆯ蒐集ᄒᆞᆷ에困難ᄒᆞᆷ으로써他國으로브터正當ᄒᆞᆫ理由가有ᄒᆞ야其犯罪者의拿交ᄅᆞᆯ請求ᄒᆞᄂᆞᆫ時ᄂᆞᆫ如此ᄒᆞᆫ請求에對ᄒᆞ야必應ᄒᆞᆯ義務가有ᄒᆞᆫ者ㅣ라論ᄒᆞᄂᆞᆫ者ㅣ甚多호되元來國家가犯罪ᄅᆞᆯ罰ᄒᆞᆷ은其國의安寧秩序ᄅᆞᆯ維持ᄒᆞᆷ에必要ᄒᆞᆫ罪科ᄅᆞᆯ罰ᄒᆞᆷ에不過ᄒᆞᆷ으로他國에在ᄒᆞᆫ犯罪者ᄅᆞᆯ自國에셔犯罪도認ᄒᆞ기不能ᄒᆞᆫ同時에他國에셔無罪로認定ᄒᆞᆫ者ㅣ라도自國은有罪로認定ᄒᆞ야處罰ᄒᆞᆷ을可得ᄒᆞ거던而況國際公法은立法論上으로立法ᄒᆞᆫ者ㅣ아니오實際國際間에行ᄒᆞᄂᆞᆫ法則에不過ᄒᆞᄂᆞᆫ故로國家ᄂᆞᆫ其版圖內에在ᄒᆞ야ᄂᆞᆫ完全ᄒᆞᆫ主權을享有ᄒᆞ야國際法上의特別規則이無ᄒᆞᆫ以上은外國人을他國에對ᄒᆞ야拿交

행해졌다. 그러나 국가가 타국에 대해 그 범죄자를 인도할 의무를 갖는지 아닌지 관련해서는 논의가 여러 갈래로 나뉘지 않은 적이 없었다. 이 법 연구에 종사하는 학자의 대다수는 대개 범죄는 단순히 행위지 국가에 대해서 해를 가하는 것에 그치지 않고 일반 인류사회에 대해서도 해로움이 파급되기 때문에 각 국가는 상호 편의와 행복을 유지하기 위하여 이를 처벌하는 데 진력하지 않을 수 없다고 하였다. 범죄자가 일차로 타국의 관할권 내에 도피했다는 까닭으로 완전히 형벌을 면하게 되면 사회 일반의 범죄를 막기 불편할 뿐 아니라 범죄지 이외의 외국에서는 범죄의 증거를 수집하는 것이 어려워서 타국이 정당한 이유가 있어 그 범죄자의 인도를 청구하는 때는 이러한 청구에 대해서 반드시 응할 의무가 있다고 논하는 자가 매우 많다. 원래 국가가 범죄를 벌하는 것은 그 국가의 안녕질서를 유지하는 데 필요하여 범죄를 벌하는 것에 불과하다. 타국에 있는 범죄자를 자국에서 범죄자로 인정할 수 없고, 동시에 타국에서 무죄로 인정해도 자국은 유죄로 인정하여 처벌할 수 있다. 하물며 국제공법은 입법론으로 입법하는 것이 아니고, 실제 국제적으로 행하는 법칙에 불과하다. 따라서 국가는 그 영역 내에서 완전한 주권을 누려 국제법상 특별한 규칙이 없는 이상 외국인을 타국에 대해서 인도할

ᄒᆞᆯ義務가有ᄒᆞᆫ者ㅣ라謂ᄒᆞᆷ은不得ᄒᆞᆯ지로다現今國際公法上에在ᄒᆞ야ᄂᆞᆫ如此ᄒᆞᆫ規則의存在ᄒᆞᆷ을不見ᄒᆞᆯ뿐아니라一般國際上에認是ᄒᆞᄂᆞᆫ바ᄅᆞᆯ依ᄒᆞᆯ진ᄃᆡ犯罪人拿交ᄂᆞᆫ國家의義務ᄅᆞᆯ成ᄒᆞᄂᆞᆫ者ㅣ아니오條約의締結이不有ᄒᆞ면他國으로拿交의請求가有ᄒᆞᆯ지라도此에對ᄒᆞ야應ᄒᆞ고不應ᄒᆞᆷ은全히自國의任意오若其請求ᄅᆞᆯ從ᄒᆞ야拿交ᄅᆞᆯ行ᄒᆞᄂᆞᆫ事實이有ᄒᆞᆯ지라도是ᄂᆞᆫ全히國際上의好意로從ᄒᆞ야出來ᄒᆞᄂᆞᆫ行爲니라

國家가他國으로브터犯罪人拿交의請求ᄅᆞᆯ受ᄒᆞᆫ境遇에政府ᄂᆞᆫ權限內에在ᄒᆞ야應ᄒᆞ고不應ᄒᆞᆷ은元來各國의憲法規定을依ᄒᆞ야解決ᄒᆞᆯ者ㅣ니라然而此點에關ᄒᆞ야特히異論이有ᄒᆞᆫ國은英米의兩國이니英國의普通法廷은拿交에對ᄒᆞ야反對의意見을固執ᄒᆞ야皇帝ᄂᆞᆫ他國과犯罪人拿交條約을締結ᄒᆞᄂᆞᆫ權이有호ᄃᆡ國會에서其條約을法律로發布치아니ᄒᆞ면法廷을拘束ᄒᆞᆯ効力이不生ᄒᆞᄂᆞᆫ者ㅣ라ᄒᆞ얏더니西曆千八百七十年에至ᄒᆞ야犯罪人拿交法은皇帝가外國과條約을締結ᄒᆞ야實行ᄒᆞᄂᆞᆫ權限이有ᄒᆞᆫ者ㅣ라ᄒᆞ야實踐ᄒᆞᆫ事가有ᄒᆞ며米國은同千八百四十八年及千八百六十年의法律로써法廷은犯罪人拿交條約을實行ᄒᆞᆫ事가有

의무가 있다고 할 수 없다. 현재 국제공법상에서 이러한 규칙이 존재하는 것으로 보이지 않을 뿐 아니라 일반적으로 국제관계에서 인정하는 바에 의할 때 범죄인 인도는 국가의 의무가 되지 않고 조약체결이 없으면 타국의 인도 청구가 있어도 이에 대해서 응할지는 온전히 자국의 임의이다. 만약 그러한 청구를 좇아서 인도한 사실이 있을지라도 이는 온전히 국가와 국가 사이의 호의에 따라서 하는 행위이다.

국가가 타국의 범죄인 인도 청구를 받았을 때 정부는 권한 내에서 응할지는 원래 각국의 헌법 규정에 따라 해결할 사항이다. 그러나 이 점에 관해 특히 이견이 있는 국가는 영국과 미국 양국이다. 영국의 보통법 법원은 인도에 대해서 반대의 의견을 고집하여 황제는 타국과 범죄인 인도조약을 체결할 권리를 갖지만, 의회에서 그 조약을 법률로 공포하지 않으면 법원을 구속하는 효력이 발생하지 않는다고 하였기에, 1870년 범죄인 인도법은 황제가 외국과 조약을 체결하여 실행하는 권한을 갖는다고 하여 실천한 일이 있다. 미국은 1848년과 1860년의 법률로 법원은 범죄인 인도조약을 실행한 일이

ᄒᆞ며白耳義國은同千八百三十三年及千八百七十四年의法律을依ᄒᆞ야政府에셔實行ᄒᆞᆫ事가有ᄒᆞ며和蘭國은同千八百七十五年의法律로써犯罪人의拿交ᄂᆞᆫ政府에셔實行ᄒᆞᆫ事實이有ᄒᆞᄃᆡ是와相反ᄒᆞ야法國은政府가相當히認ᄒᆞᄂᆞᆫ時ᄂᆞᆫ犯罪人의逃亡者ᄅᆞᆯ外國에對ᄒᆞ야拿交ᄒᆞᄂᆞᆫ權能이有ᄒᆞ다云ᄒᆞᄂᆞᆫ主義가盛行ᄒᆞ야多數의文明國도亦此主義ᄅᆞᆯ採用ᄒᆞᄂᆞᆫ國家가頗多ᄒᆞᆷ에遂至ᄒᆞ니라是以로今日國際公法上에在ᄒᆞ야ᄂᆞᆫ國家가他國에對ᄒᆞ야條約의有無ᄂᆞᆫ不問ᄒᆞ고其國의政府ᄂᆞᆫ逃亡犯罪人의拿交ᄅᆞᆯ行ᄒᆞᆯ權能이有ᄒᆞᆫ者로看做ᄒᆞ고其版圖內에在ᄒᆞᆫ自國犯罪者의拿交ᄅᆞᆯ請求ᄒᆞᆯ지라도決코國際上의違法行爲ᄂᆞᆫ不成ᄒᆞᄂᆞ니라

國家ᄂᆞᆫ他國으로브터犯罪人拿交의請求가有ᄒᆞᆯ지라도此에對ᄒᆞ야絕對的으로義務ᄅᆞᆯ負擔ᄒᆞᆷ은아니니假令重大ᄒᆞᆫ犯罪者라도拿交ᄅᆞᆯ拒絕ᄒᆞᆷ이能ᄒᆞᆫ故로國과國은互相間의便宜ᄅᆞᆯ爲ᄒᆞ야犯罪人拿交의條約을締結ᄒᆞ고其規定에記載ᄒᆞᆫ犯罪者ᄅᆞᆯ互相間에拿交ᄒᆞᄂᆞᆫ慣習이現行ᄒᆞᄂᆞ니라然而其條約은元來互相的으로拿交ᄒᆞᆯ犯罪의種類ᄅᆞᆯ約定ᄒᆞᄂᆞᆫ者ㅣ로ᄃᆡ其種類ᄂᆞᆫ重大ᄒᆞᆫ犯罪에關ᄒᆞ야만規定ᄒᆞ고犯罪의性質이輕小ᄒᆞᆫ者ᄂᆞᆫ特히規定치아니ᄒᆞ며條約이無ᄒᆞᆫ境遇에至ᄒᆞ야

있다. 벨기에는 1833년과 1874년의 법률에 따라 정부에서 실행한 일이 있다. 네덜란드는 1875년의 법률로 정부가 범죄인 인도를 실행한 사실이 있다. 이와 반대로 프랑스는 정부가 적절하다고 인정하는 때는 범죄인으로서 도망한 자를 외국에 대해 인도하는 권능이 있다고 하는 주의가 성행하여 다수의 문명국도 역시 이러한 주의를 채택한 국가가 아주 많게 되었다. 이러한 이유로 오늘날 국제공법상 국가가 타국에 대해 조약의 유무를 불문하고 그 국가의 정부는 도망한 범죄인의 인도할 권능이 있는 것으로 간주하고 그 영역 내에 있는 자국 범죄자의 인도를 청구하여도 결코 국제적으로 위법행위가 되지 않는다.

국가는 타국의 범죄인 인도 청구가 있다고 해도 이에 대해 반드시 의무를 부담하지 않는다. 가령 중대한 범죄자라도 인도를 거절할 수 있어서 국가와 국가는 상호 간의 편의를 위하여 범죄인 인도조약을 체결하고 그 규정에 기재된 범죄자를 상호 간에 내주는 관습이 현재 행해지고 있다. 그러나 그 조약은 원래 서로 인도할 범죄의 종류를 약정하는 것이다. 그 종류는 중대한 범죄에 관해서만 규정하고 범죄의 성격이 가벼운 것은 특별히 규정하지 않는다. 조약이 없는 경우에는此等小犯罪者의拿交는請求치아니ᄒᆞ고但陸海軍兵士脫走者에關ᄒᆞ야도海軍의水兵及商船海員의脫走者에關ᄒᆞ야만是를拿交ᄒᆞᆯ事로條約中에規定ᄒᆞ야外國港內에在ᄒᆞᆫ軍艦及商船의水夫가逃走ᄒᆞᆫ者ㅣ有ᄒᆞᆫ時는其地에駐剳ᄒᆞᆫ本國의領事로브터逃走者의逮捕를該地方官廳에依賴ᄒᆞ야拿交를行ᄒᆞᆷ이通例니라以上의差別은畢竟軍艦及商船에關ᄒᆞ야一般航海上의便益을諸國이互相保護코져ᄒᆞᆷ에不外ᄒᆞᆷ이오小犯罪者의拿交를不行ᄒᆞ는通則의例外라謂ᄒᆞᆷ을可得ᄒᆞᆯ지니此例外를除ᄒᆞᆫ外에는總히拿交를要ᄒᆞ는犯罪는重大ᄒᆞᆫ者를指ᄒᆞᆷ이라是以로日米兩國間에締結ᄒᆞᆫ犯罪人拿交條約에도殺人罪、貨幣及公衆信用에關ᄒᆞᆫ證券及文書의僞造罪、强盜罪、五十弗以上의竊盜罪、放火罪、强姦罪、僞證罪와如ᄒᆞᆫ等罪凡十四種의重犯罪者를列記ᄒᆞ야拿交ᄒᆞᆯ事를規定ᄒᆞ니라蓋此近世에至ᄒᆞ야는文化의程度가普及ᄒᆞ야列國은互相的으로他國의司法制度를信用ᄒᆞ는同時에逃躱ᄒᆞᆫ犯罪者를罰ᄒᆞ기不能ᄒᆞᆷ으로브터出來ᄒᆞ는社會의害毒을防禦코저ᄒᆞ는熱心上으로國과國間에拿交條約을締結ᄒᆞ는事實이增加ᄒᆞᆯ뿐아니라拿交의犯罪種類도年年히增加ᄒᆞ야英米兩國間에成立ᄒᆞᆫ西曆千七百九十四

이들 경범죄 범죄자의 인도는 청구하지 않는다. 다만 육군, 해군 병사로서 탈영자에 관해서도 해군의 수병과 상선 선원의 탈주자에 관해서만 인도할 사항으로 조약에서 규정하여 외국항 내에 있는 군함과 상선의 선원이 도주하였을 때는 그 육지에 주재하는 본국의 영사가 도주자의 체포를 현지 관청에 의뢰해서 인도하는 것이 통례이다. 위의 차이는 필경 군함과 상선에 관해 일반 항해상 편익을 여러 국가가 상호 보호하려는 것에 지나지 않고, 경범죄 범죄자를 인도하지 않는 통례의 예외라고 할 수 있다. 이러한 예외를 제외하고는 인도가 필요한 범죄는 전부 중대한 범죄를 가리킨다. 이러한 이유로 일본과 미국 양국 간에 체결된 범죄인 인도조약에도 살인죄, 화폐와 공중의 신용에 관한 증권 및 문서의 위조죄, 강도죄, 50달러 이상의 절도죄, 방화죄, 강간죄, 위증죄와 같은 범죄, 대체로 14종류의 중범죄를 열거하여 인도하도록 규정하였다. 대개 최근에는 문화가 보급되어 여러 국가는 서로 타국의 사법제도를 신뢰하는 동시에 도피한 범죄자를 벌할 수 없어서 발생하는 사회의 해독을 열심히 막기 위하여 국가와 국가들 사이에 인도조약을 체결한 경우가 증가할 뿐 아니라 인도 범죄의 종류도 해마다 증가하여 영미 양국 간에 체결한 1794년

年條約上에는文書僞造罪及殺人罪兩種에關ᄒᆞ야만規定ᄒᆞ얏더니同千八百四十二年에締結ᄒᆞᆫ條約上에는放火、强盜等諸罪를增加ᄒᆞ야七種類로規定ᄒᆞ얏다가更히同千八百九十年條約에至ᄒᆞ야는凡二十種類의犯罪를規定ᄒᆞᆷ에遂至ᄒᆞ니라然이나締盟國은如何ᄒᆞᆫ境遇라도自國이犯罪로不認ᄒᆞ는者는他國의請求를依ᄒᆞ야犯罪人으로拿交ᄒᆞᆷ은國家의威信을損傷ᄒᆞᆯ嫌疑가有ᄒᆞᆷ으로此等의犯罪者는拿交치아니ᄒᆞ며且拿交條約의規定은互相的의性質이有ᄒᆞᆫ故로條約中에記載ᄒᆞᆫ犯罪의種類라도兩國國內法上에共히大犯罪로看做ᄒᆞ는者에限ᄒᆞᆯ지며其條約中에는拿交의請求及請求에應ᄒᆞ는格式々지라도規定ᄒᆞᆯ必要가有ᄒᆞ니何故오締約國이相對國으로브터單히犯罪者라論ᄒᆞ는單純ᄒᆞᆫ主張에應ᄒᆞ야拿交를行ᄒᆞ는時는事實上에甚히不正ᄒᆞᆫ結果를生ᄒᆞᆯ지라故로請求國法律에必照ᄒᆞ야逮捕審判ᄒᆞᆯ刑事上의犯罪證據가充分ᄒᆞᆫ境遇에限ᄒᆞ야其請求에應ᄒᆞᆯ者ㅣ되는所以니라故로日米兩國間犯罪人拿交條約第五條에도有罪의宣告를受ᄒᆞᆫ逃亡人의拿交를請求ᄒᆞ는時는其宣告를行ᄒᆞᆫ裁判所의證印이有ᄒᆞᆫ宣告文의謄本及其裁判官職權에關ᄒᆞ야는相當行政官의證明書、其行政官職權에關

조약에서는 문서위조 및 살인죄 두 종류에 관해서만 규정하였다가 1842년에 체결된 조약에서는 방화, 강도 등 여러 죄를 7종류로 증가하여 규정하였고, 다시 1890년 조약에서는 대략 20종의 범죄를 규정하게 되었다. 그러나 당사국들은 어떠한 경우라도 자국이 범죄로 인정하지 않는데 타국의 청구에 따라 범죄인으로 인도하는 것은 국가의 위신을 훼손할 염려가 있다고 해서 이들 범죄자는 인도하지 않는다. 또한 인도조약의 규정은 상호의 성격이 있어서 조약에 기재된 범죄의 종류라도 양국 국내법에서 공동으로 중범죄로 간주하는 것에 한정하며, 그 조약에서 인도 청구 및 청구에 응하는 절차까지도 규정할 필요가 있다. 왜냐하면 체약국이 상대국의 단순한 범죄 주장에 응하여 범죄자로 인도하는 때는 사실상 매우 부정한 결과가 발생할 것이다. 따라서 청구국의 법률을 반드시 참조해서 체포하여 심판할 형사상 범죄의 증거가 충분한 경우에 한정해서 그 청구에 응하는 것이어야 하기 때문이다. 따라서 일본과 미국 양국 간 범죄인 인도조약 제5조에도 유죄 선고를 받은 도망자의 인도를 청구하는 때는 그 선고한 재판소의 증인이 있는 선고문 등본 및 그 재판관의 직권에 관해서는 적절한 행정관의 증명서, 그 행정관의 직권에

ᄒᆞ야는日本國或米國의公使或領事의證明書를添付ᄒᆞᆯ事로規定ᄒᆞ고如若其逃亡人이告訴、告發을受ᄒᆞᆷ에止ᄒᆞᆫ境遇에는請求書에裁判所로브터發ᄒᆞᆫ逮捕狀의謄本及逮捕狀을發ᄒᆞᆷ에根據되는證據書類의謄本을添付ᄒᆞᆯ事로規定ᄒᆞ니라然이나大凡犯罪人拿交行爲는國家間의行爲라故로其請求는如何ᄒᆞᆫ境遇라도締約國兩便의外交機關을經由ᄒᆞ야行ᄒᆞᆷ이可ᄒᆞ고若外交官이不在ᄒᆞᆫ時는領事館을經由ᄒᆞ야行ᄒᆞᆷ이可ᄒᆞ니라

犯罪人拿交條約에記載ᄒᆞᆫ罪名에關ᄒᆞ야締約國間에刑法規定이相殊ᄒᆞ야犯罪의行爲가果然拿交를請求ᄒᆞᆯ範圍內에在ᄒᆞ고不在ᄒᆞᆷ에關ᄒᆞ야意見이相殊ᄒᆞᆫ時는總히請求國의刑法規定을依ᄒᆞ야該問題를解決ᄒᆞᄂᆞ니라何故오同條約의趣旨는締約國이各其自國法律上의犯罪者를拿交코져ᄒᆞᆷ에在ᄒᆞᆫ故로其罪名은犯罪行爲地의刑法을依ᄒᆞ야決ᄒᆞᆯ者ㅣ되는所以니라又犯罪人拿交條約을實行ᄒᆞᆷ에至ᄒᆞ야는拿交ᄒᆞᆯ犯罪者를其拿交에關ᄒᆞᆫ犯罪以外罪科에就ᄒᆞ야審判ᄒᆞᆷ을不得ᄒᆞᆷ이通則이오拿交의請求를受ᄒᆞᆫ犯罪人으로拿交를請求ᄒᆞᆫ理由에關ᄒᆞᆫ犯罪以外의犯罪가有ᄒᆞᆫ時는審判을不行ᄒᆞ고解放ᄒᆞᆷ을可得ᄒᆞᆯ지오同犯罪者가其國

관해서는 일본국 혹은 미국의 공사 또는 영사의 증명서를 첨부하도록 규정하고 만약 그 도망자가 고소, 고발당하는 데 그친 경우에는 청구서에 재판소에서 발급한 체포영장의 등본 및 체포영장을 발부할 때 근거가 되는 증거서류의 등본을 첨부하도록 규정하였다. 그러나 대체로 범죄인 인도 행위는 국가 간의 행위이기 때문에 그 청구는 어떠한 경우라도 체약국 양쪽의 외교 기관을 경유해서 행해야 하고, 만약 외교관이 없는 때는 영사관을 거쳐 행해야 한다.

범죄인 인도조약에 기재된 죄명에 관해 체약국 간의 형법 규정이 서로 달라서 범죄 행위가 과연 인도를 청구하는 범위 내에 있는지에 관해 의견이 서로 다를 때는 전부 청구국의 형법 규정에 따라 해당 문제를 해결한다. 왜냐하면 이 조약의 취지는 체약국이 각각 자국의 법률상 범죄자를 인도받으려는 데 있어서 그 죄명은 범죄 행위지의 형법에 따라 결정할 사항이 되기 때문이다. 또한 범죄인 인도조약을 실행할 때는 인도할 범죄자를 그 인도에 관한 범죄 이외의 죄과에 대해서 심판할 수 없는 것이 일반적인 법칙이다. 인도 청구를 받은 범죄인의 인도 청구 이유에 관한 범죄가 아닌 범죄가 있는 때는 심판하지 않고 석방할 수 있을 것이다. 같은 범죄자가 그 국가를

을退去ᄒᆞ야其拿交ᄅᆞᆯ請求ᄒᆞᆫ國에復歸ᄒᆞᆷ에相當ᄒᆞᆫ時間을與ᄒᆞᆫ後에不至ᄒᆞ면再次同人을逮捕ᄒᆞ야其罪科ᄅᆞᆯ審判치못ᄒᆞᄂᆞ니라何故오元來同犯罪者의拿交ᄅᆞᆯ行ᄒᆞᄂᆞᆫ國家에在ᄒᆞ야其拿交ᄅᆞᆯ承諾ᄒᆞᆷ은條約의規定을依ᄒᆞ야其條約의節次ᄅᆞᆯ經由ᄒᆞᆫ犯罪에關ᄒᆞ야만請求에應ᄒᆞᆯ者ㅣ오其條約의節次ᄅᆞᆯ經由치아니ᄒᆞᆫ犯罪에關ᄒᆞ야ᄂᆞᆫ自初로拿交ᄅᆞᆯ行ᄒᆞᆯ義務가無ᄒᆞᆫ同時에拿交의請求ᄅᆞᆯ受ᄒᆞᆫ國家로ᄒᆞ야곰他犯罪에關ᄒᆞ야도審判ᄒᆞᆷ을可得ᄒᆞᆯ時ᄂᆞᆫ請求國은如何ᄒᆞᆫ逃亡犯罪者ㅣ라도條約에記載ᄒᆞᆫ犯罪의名義ᄅᆞᆯ利用ᄒᆞ야拿交ᄅᆞᆯ請求ᄒᆞᄂᆞᆫ弊害가可生ᄒᆞᆯ者ㅣ되ᄂᆞᆫ所以니라是以로日米間犯罪人拿交條約第四條에至ᄒᆞ야도若請求에係在ᄒᆞᆫ人을政事上犯罪에關ᄒᆞ야審判ᄒᆞ고處刑코져ᄒᆞᄂᆞᆫ目的으로써拿交ᄅᆞᆯ請求ᄒᆞᄂᆞᆫ者로認ᄒᆞᄂᆞᆫ時ᄂᆞᆫ其拿交ᄅᆞᆯ不行ᄒᆞᆯ지며又拿交ᄅᆞᆯ已行ᄒᆞᆫ人은其拿交前에犯ᄒᆞᆫ政事上犯罪에關ᄒᆞ야審判ᄒᆞ고或은處刑치아니ᄒᆞᆯ事ᄅᆞᆯ規定ᄒᆞᆯᄲᅮᆫ이오拿交以外의犯罪ᄅᆞᆯ審判ᄒᆞ고或은處刑치못ᄒᆞᄂᆞᆫ境遇ᄅᆞᆯ單히政事上犯罪에限ᄒᆞᆫ者ㅣ됨으로써其以外犯罪에關ᄒᆞ야ᄂᆞᆫ拿交의罪名如何ᄅᆞᆯ不關ᄒᆞ고審判ᄒᆞᆷ을可得ᄒᆞᆯ者와如ᄒᆞᆫ대前陳ᄒᆞᆫ理由ᄅᆞᆯ依ᄒᆞ야條約에規定치아니ᄒᆞᆫ犯罪ᄂᆞᆫ審判ᄒᆞ고處罰ᄒᆞᆷ을不得

출국하여 인도를 청구한 국가에 복귀하는 데 적절한 시간을 부여한 후에 도착하지 않으면 재차 같은 사람을 체포하여 그 죄과를 심판하지 못한다. 왜냐하면 원래 같은 범죄자의 인도하는 국가에서 그 인도를 승낙한 것은 조약 규정에 따라 그 조약의 절차를 거친 범죄에 관해서만 청구에 응할 것이고 그 조약의 절차를 거치지 않은 범죄에 관해서는 처음부터 인도할 의무가 없고, 동시에 인도 청구를 받은 국가가 다른 범죄에 관해서도 심판할 수 있는 때 청구국은 어떠한 도망 범죄자라도 조약에서 기재된 범죄의 명의를 이용하여 인도를 청구하는 폐해가 생길 것이기 때문이다. 이러한 이유로 일본과 미국 사이의 범죄인 인도조약 제4조에서도 만약 청구와 관련된 사람을 정치적 범죄로 심판하고 형사 처벌하기 위하여 인도를 청구한 것으로 인정되었을 때는 그 인도하지 않아야 하며 또한 이미 인도된 사람은 그 인도 전에 저지른 정치적 범죄로 심판하거나 형사 처벌하지 않도록 규정할 뿐이고 인도 이외의 범죄를 심판하거나 형사 처벌하지 못하는 경우를 단순히 정치적 범죄에 한정함으로써 그 이외의 범죄에 관해서는 인도 대상 범죄의 명칭과 상관없이 심판할 수 있는 것과 같다. 앞서 기술한 이유에 의하여 조약에서 규정하지 않은 범죄는 심판하여 처벌할 수 없을 뿐

ᄒᆞᆯ뿐아니라拿交를請求ᄒᆞᆫ理由以外犯罪에關ᄒᆞ야假令條約中에規定이有ᄒᆞᆫ他罪名에該當ᄒᆞᆫ者ㅣ라도此를審判ᄒᆞ고處刑ᄒᆞᆷ은不得ᄒᆞᄂᆞᆫ故로若此等犯罪에對ᄒᆞ야審判及處刑을行ᄒᆞᆫ時ᄂᆞᆫ其相對國에對ᄒᆞ야責任을難免ᄒᆞᆯ지니라

犯罪人拿交ᄂᆞᆫ犯罪行爲地의政府로其請求를行ᄒᆞᆷ이通例니라然이나其犯罪者의本籍國政府도亦此請求를行得ᄒᆞᆯ지니何故오國家가國民에對ᄒᆞ야如何ᄒᆞᆫ土地에在留ᄒᆞᆷ을不問ᄒᆞ고其國民을保護ᄒᆞᄂᆞᆫ同時의刑罰도可及ᄒᆞᆯ者ㅣ되ᄂᆞᆫ所以니라然이나本國政府及犯罪地의政府로브터同時에一犯罪者의拿交를請求ᄒᆞᄂᆞᆫ境遇에ᄂᆞᆫ何國家에對ᄒᆞ야其犯罪者를拿交ᄒᆞᆷ이可乎아如此ᄒᆞᆫ境遇에關ᄒᆞ야其兩國에對ᄒᆞ야并히犯罪人拿交條約의締結이無ᄒᆞᆫ時ᄂᆞᆫ兩國에對ᄒᆞ야并히其拿交를拒絶ᄒᆞ거나又ᄂᆞᆫ兩國中一國에對ᄒᆞ야拿交ᄒᆞᆷ은全히國家의任意的行爲로대兩國에對ᄒᆞ야犯罪人拿交의條約이並히存在ᄒᆞᆫ時ᄂᆞᆫ何國에對ᄒᆞ야拿交를行ᄒᆞᆯ者歟아此問題에關ᄒᆞ야國際上의傾向을略述ᄒᆞᆯ진대露國은同千八百七十一年에伊太利國과締結ᄒᆞᆫ條約及同千八百七十七年에西班牙國과締結ᄒᆞᆫ條約으로其犯罪者本籍國에對ᄒᆞ야拿交를行ᄒᆞᆯ者로定ᄒᆞ얏스나此主義ᄂᆞᆫ到底히學

아니라 인도를 청구한 이유 이외의 범죄에 관해서는 가령 조약 규정에 있는 다른 죄명에 해당하는 것이라도 이를 심판하여 형사 처벌할 수 없어서 만약 이들 범죄에 대해서 심판 및 형사 처벌하였을 때는 그 상대국에 대해서 책임을 피하기 어렵다.

범죄인 인도는 범죄 행위지의 정부가 그 청구를 하는 것이 통례이다. 그러나 그 범죄자의 본적국 정부도 역시 이러한 청구를 할 수 있다. 왜냐하면 국가가 국민에 대해 어떠한 토지에 체류하든지 불문하고 그 국민을 보호하는 동시에 형벌도 내릴 수 있기 때문이다. 그러나 본국 정부 및 범죄지 정부가 동시에 한 범죄자의 인도를 청구할 때는 어느 국가에 그 범죄자를 인도할 수 있는가? 이러한 경우에 관해서 그 양국에 대해서 똑같이 범죄인 인도조약이 체결되지 않았을 때는 양국에 대해서 똑같이 그 인도를 거절하거나 양국 중 한 국가에 대해서 인도하는 것은 온전히 국가의 임의적 행위이지만 양국에 대해서 범죄인 인도조약이 똑같이 존재하는 때는 어느 국가에 대해서 인도할 것인가? 이 문제에 관해 국제적 경향을 약술하면 러시아는 1871년에 이탈리아와 체결한 조약 그리고 1877년에 스페인과 체결한 조약으로 그 범죄자의 본적국에 대해 인도하기로 정하였다. 이러한 주의는 도저히 학문적으로

理上에得當ᄒᆞᆫ主義라謂ᄒᆞᆷ은不得ᄒᆞᆯ지로다何故오元來犯罪ᄂᆞᆫ犯罪者의本籍國보다犯罪의行爲地國이安寧秩序에關ᄒᆞ야危害를實被ᄒᆞᆷ이比較的重大ᄒᆞᆫ者로看做ᄒᆞᆷ을可得ᄒᆞᆯ所以니라是以로西曆千八百八十年에開會ᄒᆞᆫ옥스포르드萬國國際法協會에在ᄒᆞ야ᄂᆞᆫ若同一行爲에關ᄒᆞ야數國이其犯罪者의拿交를請求ᄒᆞᄂᆞᆫ時ᄂᆞᆫ其犯罪의行爲地되ᄂᆞᆫ領土國에優先權을與ᄒᆞᆯ事로決議ᄒᆞᆫ事實이有ᄒᆞ니此主義ᄂᆞᆫ法理上에正確ᄒᆞᆫ者ㅣ라謂ᄒᆞᆷ을可得ᄒᆞᆯ지로다又國家가逃亡犯罪者를其犯罪行爲地國에拿交ᄒᆞᆷ에關ᄒᆞ야ᄂᆞᆫ自國의人民과外國의人民을區別ᄒᆞᆯ理由가無ᄒᆞ고外國人民에關ᄒᆞ야도其拿交를受ᄒᆞᆯ國家의人民與否ᄂᆞᆫ區別ᄒᆞᆯ者ㅣ아니로대一般犯罪人拿交條約에在ᄒᆞ야ᄂᆞᆫ自國의人民이他國에在留ᄒᆞ야行ᄒᆞᆫ犯罪ᄂᆞᆫ此를其國에拿交치아니ᄒᆞᆷ이普通이니其理由ᄂᆞᆫ(一)國家互相間에相隔ᄒᆞᆫ思想이有ᄒᆞ야自國의人民을他國이刑罰ᄒᆞᆷ은不好樣으로認ᄒᆞᄂᆞᆫ事와(二)自國의人民은自國法權에對ᄒᆞ야絕對的으로服從ᄒᆞᆯ關係가有ᄒᆞᆷ으로써他國에在ᄒᆞ야發生ᄒᆞᆫ犯罪라도自國이處刑ᄒᆞᆷ을可得ᄒᆞᆯ者ㅣ라云ᄒᆞᆷ에在ᄒᆞ도다然이나國家의管轄權은他國家版圖內에對ᄒᆞ야效力을不及ᄒᆞᆷ이原則이오刑法의主旨도亦

적절한 주의라고 할 수 없다. 왜냐하면 원래 범죄는 범죄자의 본적국보다 범죄 행위지국이 안녕질서에 관해 실제 위해를 당하는 것이 비교적 중대한 것으로 간주할 수 있기 때문이다. 이러한 이유로 1880년에 열린 옥스퍼드 국제법학회 회의에서는* 만약 같은 행위에 관해 수 개국이 그 범죄자의 인도를 청구하는 때는 그 범죄 행위지인 영토 국에 우선권을 부여하기로 결의한 사실이 있다. 이러한 주의는 법리적으로 정확하다고 할 수 있다. 또한 국가가 도망한 범죄자를 그 범죄 행위지국에 인도하는 것에 관해서 자국의 인민과 외국의 인민을 구별할 이유가 없고 외국 인민에 관해서도 그 인도를 받을 국가의 인민 여부를 구별할 것이 아니다. 일반적인 범죄인 인도조약에서 자국의 인민이 타국에 체류하여 행한 범죄는 이를 그 국가에 인도하지 않는 것이 보통이다. 그 이유는 ① 국가 상호 간에 사상적 격차가 커서 자국 인민을 타국이 형벌하는 것을 좋지 않게 인식하는 점과 ② 자국 인민은 자국법의 권한에 완전히 복종할 관계가 있기에 타국에서 발생한 범죄라도 자국이 형으로 처벌할 수 있다는 점에 있다. 그러나 국가의 관할권은 다른 국가의 영역 내에 대해서 효력이 미치지 않는 것이 원칙이고 형법의 취지도 역시

---

* 1880년 옥스퍼드에서 국제법학회(Institute of International Law)의 회의가 열렸다.

自國版圖內에在ᄒᆞᆫ犯罪를處置ᄒᆞᆷ에不外ᄒᆞ야列國의刑法도今日에至ᄒᆞ야ᄂᆞᆫ全히屬地主義를取ᄒᆞᄂᆞᆫ者ㅣ不尠ᄒᆞᆷ으로自國의人民이他國에在ᄒᆞ야犯ᄒᆞᆫ犯罪者를其國에拿交ᄒᆞ야刑罰ᄒᆞᆯ必要가有ᄒᆞᆯ뿐아니라國家互相間에司法權을信用ᄒᆞ야犯罪人拿交條約을締結ᄒᆞᆫ以上은自國人民의犯罪者라도犯罪行爲地政府에拿交ᄒᆞ야刑罰을受케ᄒᆞᆷ이犯罪의證據를蒐集ᄒᆞᆷ에關ᄒᆞ야도充分히蒐集ᄒᆞᆯ便宜가有ᄒᆞ고其犯罪者의利益上으로論ᄒᆞᆯ지라도正確ᄒᆞᆫ裁判을可受ᄒᆞᆯ道理가有ᄒᆞᆫ者ㅣ라不謂ᄒᆞᆷ을不得ᄒᆞᆯ지로다是以로西曆千八百九十年에締結ᄒᆞᆫ英米兩國間條約에ᄂᆞᆫ自國의人民이라도拿交ᄒᆞᆯ事를規定ᄒᆞᆫ事實이有ᄒᆞ며多數의學說도此條約과同一ᄒᆞᆫ傾向이有ᄒᆞ며日本國明治二十年勅令第四十二號의逃亡犯罪人拿交條例第一條에도同主旨의條項을規定ᄒᆞ니라然이나日米兩國間犯罪人拿交條約第七條에ᄂᆞᆫ互相間自國人民은拿交ᄒᆞᆯ義務가無ᄒᆞᆫ者로原則을定ᄒᆞ고但其拿交를正當히認ᄒᆞᆯ時ᄂᆞᆫ拿交ᄒᆞᆷ을可得ᄒᆞᆯ者로規定ᄒᆞᆷ에止ᄒᆞ니라

犯罪人拿交에關ᄒᆞᆫ重大問題ᄂᆞᆫ政事上犯罪者가是라往昔에在ᄒᆞ야ᄂᆞᆫ歐洲의列邦이政事上犯罪者를拿交ᄒᆞᆯ事로締結ᄒᆞᆫ條約이不尠ᄒᆞ되第十九世紀의中葉으

자국 영역 내에서 저지른 범죄를 처벌하는 것에 지나지 않아 여러 국가의 형법도 오늘날에는 온전히 속지주의를 취하는 것이 적지 않아서 자국 인민이 타국에서 범행한 범죄자를 그 국가에 인도하여 형벌을 내릴 필요가 있을 뿐 아니라 국가 상호 간에 사법권을 신뢰하여 범죄인 인도조약을 체결한 이상 자국 인민의 범죄자라도 범죄행위지 정부에게 인도하여 형벌을 받도록 하는 것이 범죄 증거를 수집하는 것에 관해서도 매우 편리하고 그 범죄자의 이익 면으로 논해도 정확한 재판을 받을 수 있는 이유가 있다고 말하지 않을 수 없다. 이러한 이유로 1890년에 체결한 영국과 미국 양국 간 조약에서는 자국 인민이라도 인도할 것을 규정한 사실이 있으며, 다수의 학설도 이 조약과 같은 경향이 있다. 일본국 메이지 20년 칙령 제42호의 도망 범죄인 인도 조례 제1조에서도 같은 취지의 조항을 규정하였다. 그러나 일본과 미국 양국 간 범죄인 인도조약 제7조에서는 상호 간 자국 인민은 인도할 의무가 없는 것을 원칙으로 정하고 다만 인도가 정당하다고 인정할 때는 인도할 수 있도록 규정하는 데 그쳤다.

범죄인 인도에 관한 중대한 문제는 정치적 범죄자였다. 옛날에는 여러 유럽 국가들이 정치적 범죄자를 인도할 일로 체결한 조약이 적지 않았다. 19세기 중엽부터

로브터列國은條約及國法으로써政事上犯罪人은拿交치아니ᄒᆞᄂᆞᆫ主義를採用ᄒᆞᆷ으로今日國際上에行ᄒᆞᄂᆞᆫ政事上犯罪人에關ᄒᆞᆫ慣例ᄂᆞᆫ一般國際上犯罪人拿交의例外라謂ᄒᆞᆷ을可得ᄒᆞᆯ지로다是以로日米兩國間犯罪人拿交條約第四條에도政事上犯罪者의拿交ᄂᆞᆫ不許ᄒᆞ고日本國逃亡犯罪人拿交條例第三條에도拿交請求에係在ᄒᆞᆫ者의所犯이政事上의犯罪를成ᄒᆞᄂᆞᆫ時及拿交의請求가實際에政事上犯罪者를審問ᄒᆞ고處刑ᄒᆞᆯ目的上으로出來ᄒᆞᆫ事를本人이證明ᄒᆞᄂᆞᆫ時ᄂᆞᆫ其犯罪者를拿交치아니ᄒᆞᆯ事로規定ᄒᆞ니라如此히現今列國間에在ᄒᆞ야條約의有無를不問ᄒᆞ고政事上의犯罪者를拿交치아니ᄒᆞᆷ에至ᄒᆞᆫ所以ᄂᆞᆫ無他ㅣ라大凡政事上의犯罪란者ᄂᆞᆫ其國의主權及政權에對ᄒᆞᆫ關係에不過ᄒᆞ고普通의犯罪와如히人類一般社會에對ᄒᆞᆫ惡行爲에不在ᄒᆞᆯ뿐아니라或境遇에在ᄒᆞ야ᄂᆞᆫ其國을爲ᄒᆞ야도有益ᄒᆞᆫ行爲를成ᄒᆞ야尊敬을可表ᄒᆞᆯ者ㅣ되ᄂᆞᆫ事도有ᄒᆞ며又他國은元來其國의內亂、主權政權의爭奪及政府改革에關ᄒᆞ야其是非를判定ᄒᆞᄂᆞᆫ地位에不在ᄒᆞᆷ으로써政事上에關ᄒᆞᆫ犯罪ᄂᆞᆫ一般普通의犯罪와同視ᄒᆞᆷ이不能ᄒᆞᆯ뿐아니라普通의犯罪와是를同視ᄒᆞ야一樣으로待遇ᄒᆞᄂᆞᆫ境遇에ᄂᆞᆫ犯罪者의本國一

여러 국가는 조약과 국내법으로 정치적 범죄인은 인도하지 않는 주의를 채택하였다. 오늘날 국제적으로 행하는 정치적 범죄인에 관한 관례는 일반적인 국제적 범죄인 인도의 예외라고 할 수 있다. 이러한 이유로 일본과 미국 양국 간 범죄인 인도 조약 제4조에서도 정치적 범죄자의 인도를 허용하지 않고 일본국의 도망 범죄인 인도 조례 제3조에서도 인도 청구된 자의 범행이 정치적 범죄가 되는 때 그리고 인도 청구가 실제로 정치적 범죄자를 심문하고 형사 처벌할 목적에서 나온 것을 본인이 증명하는 때는 그 범죄자를 인도하지 않는 것으로 규정하였다. 이같이 현재 여러 국가 사이에 조약의 유무를 불문하고 정치적 범죄자를 인도하지 않는 까닭은 달리 없다. 대개 정치적 범죄는 그 국가의 주권과 정권에 대한 관계에 불과하고 보통 범죄와 같이 인류의 일반사회에 대한 악행이 없을 뿐 아니라 어떤 때는 그 국가를 위해서도 유익한 행위여서 존경을 표해야 하는 일도 있다. 또한 다른 국가들은 원래 그 국가의 내란, 주권, 정권의 쟁탈 및 정부 개혁에 관해서 그 시비를 판정할 지위에 있지 않기에 정치에 관한 범죄는 일반 보통 범죄와 같게 볼 수 없을 뿐 아니라 보통의 범죄와 같게 보아서 같은 방식으로 대우할 때는 범죄자의 본국 내

部人士의怨望을喚起ᄒᆞ야反亂의黨類로勢力을得占홈에至ᄒᆞᄂᆞᆫ時ᄂᆞᆫ拿交를行ᄒᆞᆫ國家에非常ᄒᆞᆫ不利益을負擔ᄒᆞᆯ者ㅣ되ᄂᆞᆫ故로列國은自國의利害關係上으로其拿交를拒絶치아니홈을不得ᄒᆞᆯ理由가有ᄒᆞᆫ所以니라

條約의締結이無ᄒᆞᆫ犯罪人拿交의請求를拒絶홈에關ᄒᆞ야ᄂᆞᆫ國際間에問題를釀成ᄒᆞᆯ餘地가無ᄒᆞ되條約에基因ᄒᆞ야拿交를請求ᄒᆞᄂᆞᆫ境遇에至ᄒᆞ야君을弑ᄒᆞ거나政黨의首領을殺傷홈과如ᄒᆞᆫ者ᄂᆞᆫ政事犯과殺人罪가混同ᄒᆞᆫ者ㅣ오內亂을惹起ᄒᆞᆯ目的으로써兵器와米穀을掠奪ᄒᆞᆫ時ᄂᆞᆫ國事犯罪와強盜罪가混同ᄒᆞᆫ者ㅣ니要컨ᄃᆡ政事上의犯罪와常事上의犯罪를區別홈은甚히困難ᄒᆞᆫ問題를成ᄒᆞᆯᄲᅮᆫ아니라政事上의犯罪者를條約上明文에基因ᄒᆞ야殺人罪及強盜罪의名義로써拿交를請求ᄒᆞᄂᆞᆫ時ᄂᆞᆫ其請求를拒絶홈을可得ᄒᆞᆯ者歟아此點에關ᄒᆞ야ᄂᆞᆫ列國의慣例도一致치아니ᄒᆞ고學說에至ᄒᆞ야도一定ᄒᆞᆫ標準이不存ᄒᆞᆯᄲᅮᆫ아니라列國의刑法規定도亦一致홈을不得ᄒᆞ야或은犯罪者의意思如何로써此를區別ᄒᆞ야政事上의犯罪를行ᄒᆞᆯ意思上으로出來ᄒᆞᆫ時ᄂᆞᆫ暗殺者라도拿交홈을拒絶ᄒᆞ며又或은行爲의如何로써此를區別ᄒᆞ야其實은政事上의行動이無疑ᄒᆞᆫ境遇라도政事上

일부 인사의 원망을 불러일으켜 반란 도당들이 세력을 점하게 되는 때는 인도한 국가에 매우 불리하게 되기 때문에 여러 국가는 자국의 이해 관계상 그러한 인도를 거절하지 않을 수 없는 이유가 있기 때문이다.

조약으로 체결하지 않은 범죄인 인도의 청구를 거절하는 것에 관해서는 국가와 국가 사이에 문제가 될 여지가 없지만, 조약에 기반하여 인도를 청구하는 경우에야 군주를 살해하거나 정당의 당수를 살상하는 것과 같은 것은 정치범과 살인죄가 혼합된 것이고 내란을 초래할 목적으로 병기와 쌀을 약탈하였을 때는 국사 범죄와 강도죄가 혼합된 것이다. 요컨대 정치적 범죄와 일반 범죄를 구별하는 것은 매우 어려운 문제일 뿐만 아니라 정치적 범죄자를 조약의 명문에 기반해서 살인죄 및 강도죄의 명의로 인도를 청구하는 때는 그 청구를 거절할 수 있을까? 이 점에 관해서는 여러 국가의 관례도 일치하지 않고 학설에 따라서도 일정한 표준이 없을 뿐 아니라 여러 국가의 형법 규정도 역시 일치할 수 없고, 어떤 때는 범죄자의 의사 여하에 따라 이를 구별하여 정치적 범죄를 행할 의사에서 하였을 때는 암살자라도 인도를 거절하고, 또는 어떤 때는 행위 여하에 따라 이를 구별해서 실제로는 정치적 행동이 의심할 여지가 없는 경우라도 정치적으로의關係가無ᄒᆞᆫ暴行은常事犯으로看做ᄒᆞ는者도有ᄒᆞ야學理上에其當不當을解決ᄒᆞᆷ은甚히困難ᄒᆞᆫ問題라不謂ᄒᆞᆷ을不得ᄒᆞᆯ지로다何故오個人的怨仇와政事的憤慨를混合ᄒᆞ야一犯罪를行ᄒᆞ는事實이頗有ᄒᆞ야愛國的思想으로出來ᄒᆞᆫ企圖라도政治上權力者의게對ᄒᆞ야는暴戾慘酷ᄒᆞᆫ可憎行爲를行ᄒᆞ는事가有ᄒᆞᆫ所以니라是以로現今國際公法上에在ᄒᆞ야는政事犯과常事犯의區別이分明치아니ᄒᆞᆷ으로列國은政略上에適宜ᄒᆞᆫ바를從ᄒᆞ야處理ᄒᆞ는傾向이有ᄒᆞ니假令西曆千八百九十年에英國은瑞西人ᄭᅡ스티오니가同國內亂에參與ᄒᆞ야ᄲᅦ린소나公會堂을襲擊ᄒᆞᆯ際에人民을銃殺ᄒᆞᆫ行爲가有ᄒᆞᆫ故로殺人罪의名義로拿交를請求ᄒᆞᆷ에對ᄒᆞ야拒絶ᄒᆞᆫ事實이有ᄒᆞ며同千八百五十年에匈牙利國의叛亂首謀者루이、고수스가米國으로逃亡코져ᄒᆞᆯ際에法國은其領內에入來ᄒᆞᆷ을拒絶ᄒᆞᆷ에不拘ᄒᆞ고英國은此를歡迎ᄒᆞᆷ으로墺國政府는英國에對ᄒᆞ야拿交를請求ᄒᆞ대拿交를不行ᄒᆞ는故로英、墺兩國間의國交는是로因ᄒᆞ야破裂을生ᄒᆞᆯ境遇에殆至ᄒᆞ얏스나英國政府는斷然히其拿交를拒絶ᄒᆞᆷ과如ᄒᆞᆫ者ㅣ即是例니라로렌스氏는此等區別에關ᄒᆞ야說明ᄒᆞ야曰戰爭에關ᄒᆞ야同一히人을殺傷ᄒᆞᆯ지라도戰鬪員과

관계가 없는 폭행은 일반 범죄로 간주하는 때도 있다. 학문적으로 이러한 구분이 정당한지 아닌지를 선별하여 결정하는 것은 매우 어려운 문제라고 하지 않을 수 없다. 왜냐하면 개인적 원한과 정치적 분노를 혼합하여 한가지 범죄를 행한 경우가 빈번하게 있어서 애국적 사고에서 출발한 계획이라도 정치적 권력자에 대해서는 포악하고 참혹하며 가증스러운 행위를 행하는 경우가 있기 때문이다. 이러한 이유로 현재 국제공법에서는 정치범과 일반 범죄의 구별이 분명하지 않기에 여러 국가는 정책적으로 적절한 바를 좇아 처리하는 경향이 있다. 가령 1890년에 영국은 스위스인 카스티오니(Castioni)가 스위스 내란에 참여하여 벨린초나(Bellinzona) 시청사를 습격했을 때 사람을 총으로 살해한 행위 때문에 살인죄 명의로 스위스가 인도 청구한 것을 거절한 사실이 있다. 1850년에 헝가리의 반란 주모자 코슈트 러요시(Kossuth Lajos)가 미국으로 도망하려고 했을 때 프랑스는 자국 영역 내로 들어오는 것을 거절했음에도 불구하고 영국은 이를 환영하여 오스트리아 정부는 영국에 대해 인도를 청구하였지만, 인도하지 않았기 때문에 이로 인해서 영국, 오스트리아 양국 간의 국교가 거의 깨질 상태에 이르렀음에도 영국 정부가 단연코 인도를 거절했던 것과 같은 것이 이러한 예이다. 로렌스는 이러한 구별에 관해 설명하기를 전쟁에 관해 같게 사람을 살상했어도 전투원과

非戰鬪員의區別을依ᄒᆞ야適法、不適法의區別을生ᄒᆯ지며强制的으로財産을奪取ᄒᆯ지라도徵發과强盜의區別이生ᄒᆯ지니戰鬪員과非戰鬪員의身分差異는行爲의適法、不適法을區別ᄒᆞ는要點이라主張ᄒᆞ나然이나假令戰鬪員의身分이有ᄒᆞᆫ者라도暗殺毒害人民에對ᄒᆞᆫ虐待、掠奪及破毁를行ᄒᆞᆫ事는國際公法의禁ᄒᆞ는바ㅣ라故로政事上에關ᄒᆞᆫ犯罪라도暗殺及其他의危險的殺傷及破壞를行ᄒᆞᆷ과如ᄒᆞᆫ者는政事犯意思에基因ᄒᆞᆫ者라도此를正當히看做ᄒᆞᆷ은不可ᄒᆞ며特히露國皇帝亞歷山二世를爆烈彈으로慘弑ᄒᆞᆷ과如ᄒᆞᆫ行爲의犯罪는假令政事犯의意思로從ᄒᆞ야出來ᄒᆞᆫ者라도如此ᄒᆞᆫ犯罪는普通의犯罪名義로拿交를請求ᄒᆞ야處刑ᄒᆞᆷ이正當ᄒᆞ다主張ᄒᆞ야此點에關ᄒᆞᆫ國際公法上의慣例를一定코져ᄒᆞ는傾向이有ᄒᆞᆷ으로近世에至ᄒᆞ야는多數의學說이社會黨及無政府黨의所爲와如此ᄒᆞᆫ者는一國及一政府에對ᄒᆞᆫ犯罪의性質을不有ᄒᆞ고一般諸國에對ᄒᆞ야政府組織의根底를顚覆코져ᄒᆞ는犯罪는政事上에關ᄒᆞᆫ犯罪가아니라故로一般國際間에拿交ᄒᆞ야處刑ᄒᆞᆷ이通例니라

第二款 外國船舶

비전투원을 구별해서 적법, 부적법의 구별이 생기며 강제로 재산을 탈취해도 징발과 강도의 구별이 있기에 전투원과 비전투원의 신분 차이는 행위의 적법, 부적법을 구별하는 핵심이라고 주장하였다. 그러나 가령 전투원의 신분을 갖는 자라도 암살, 독살, 인민 학대, 약탈 및 파괴를 하는 것은 국제공법으로 금지한다. 따라서 정치 관련 범죄라도 암살 및 그 밖의 위험한 살상 및 파괴를 하는 것과 같은 것은 정치적 범죄 의사에 근거하는 것이라도 이를 정당한 것으로 간주하지 않아야 한다. 특히 러시아 황제 알렉산드르 2세를 폭탄으로 시해한 것과 같은 행위의 범죄는 가령 정치적 범죄 의사에 따라서 했어도 이러한 범죄는 보통의 범죄 명의로 인도를 청구하여 형사 처벌하는 것이 정당하다고 주장하여 이 점에 관한 국제공법상 관례를 정하려는 경향이 있다. 최근에는 다수의 학설이 사회당 및 무정부 당의 행위와 같은 것은 한 국가 및 한 정부에 대한 범죄의 성격을 갖지 않고 여러 국가 일반에 대해서 정부 조직의 근간을 전복시키려는 범죄는 정치와 관련된 범죄가 아니기 때문에 일반적인 국제관계에서 인도하여 형사 처벌하는 것이 통례이다.

제2관 외국 선박

大凡軍艦及官船以外의船舶은他國領內에在ᄒᆞ야는其國管轄에服從ᄒᆞᆷ을要ᄒᆞ며船舶內의乘組員도陸地에在ᄒᆞᆫ外國人과同一히其法律規則을遵守ᄒᆞᆯ者ㅣ니라是以로外國의船舶이自國港內에碇泊ᄒᆞ거나或은領海內에入來ᄒᆞ는時는此에對ᄒᆞᆫ本國의主權行使는領土의主權이行使되는所以로中止치아니ᄒᆞᆷ을不得ᄒᆞ고其乘組員及船中의財產은悉皆該地方의法律及裁判管轄에附屬ᄒᆞ야領海에對ᄒᆞᆫ主權은絶對的으로行事ᄒᆞᆷ을可得ᄒᆞᆯ事는國際公法上에一政ᄒᆞᆫ法則이니라然이나法國에在ᄒᆞ야는古來로自國의港灣及其他領海中에在ᄒᆞᆫ外國船舶內行爲에關ᄒᆞ야二種의區別을設ᄒᆞᄂᆞ니即乘組員互相間에關係가有ᄒᆞᆫ事件으로船舶以外에對ᄒᆞ야何等의影響이無ᄒᆞᆫ者는自國이管轄치아니ᄒᆞ고其船舶所屬國處置에一任ᄒᆞ대是와相反ᄒᆞ야乘組員以外의人民이其事件에關係가有ᄒᆞ거나或은乘組員間의事件이라도是로因ᄒᆞ야港內及陸上의安寧秩序를妨害ᄒᆞ는者는自國이管轄ᄒᆞ야民刑事事件으로第一、船舶內에生ᄒᆞᆫ時第二、其事件이單히船長以下同船乘組員間關係에止ᄒᆞᆯ뿐이오乘組員以外에對ᄒᆞ야는何等의關係가無ᄒᆞᆫ時第三、其事件은港內及陸上에對ᄒᆞ야何等의妨害가無ᄒᆞᆫ境遇에는

대체로 군함과 관선 이외의 선박은 타국 영내에서 그 국가의 관할권에 복종해야 한다. 선박 내의 승조원도 육지에 있는 외국인과 같게 그 법률 규칙을 준수해야 한다. 이러한 이유로 외국 선박이 자국 항 내에 정박하거나 혹은 영해 내에 들어온 때 이에 대한 본국의 주권 행사는 영토 주권이 행사되기 때문에 중지하지 않을 수 없고, 그 승조원과 선박 내 재산은 모두 현지 법률 및 재판관할에 속해서 영해에 대한 주권이 완전히 행사될 수 있는 것은 국제공법에서 일치된 법칙이다. 그러나 프랑스에서는 옛날부터 자국의 항만 및 그 밖의 영해에 있는 외국 선박 내 행위에 관해 2종류로 구별하였다. 즉, 승조원 상호 간에 관계되는 사건으로서 선박 이외에 대해서 하등의 영향이 없는 것은 자국이 관할하지 않고 그 선박 소속국이 처리하도록 일임하고 이와 반대로 승조원 이외의 인민이 그 사건에 관계되거나 혹은 승조원 간의 사건이라도 이로 인해서 항 내 및 육상의 안녕질서를 방해하는 경우는 자국이 관할하여 민 · 형사 사건으로 첫째, 선박 내에서 발생한 때, 둘째, 그 사건이 단순히 선장 이하 같은 선박의 승조원 간의 관계에 그칠 뿐이고, 승조원 이외에 대해서는 아무런 관계가 없는 때, 셋째, 그 사건이 항 내 및 육상에 대해서 하등의 방해가 없는 경우에는

其船舶內로브터該地方官衙에對ᄒᆞ야干涉을請求치아니ᄒᆞ면管轄權을自行ᄒᆞᆷ이無ᄒᆞ니라此主義ᄂᆞᆫ西曆千八百六年十月二十八日에法國國會의意見을依ᄒᆞ야決定ᄒᆞᆫ者ㅣ오同千八百五十六年六月二十四日에海軍部大臣과外部大臣間의協議上으로聲明ᄒᆞᆫ事實을依ᄒᆞᆯ지라도分明ᄒᆞᆯ지로다學者ᄂᆞᆫ或此主義를國際公法上의法則으로論ᄒᆞᄂᆞᆫ者ㅣ不無ᄒᆞ니今에其理由를據ᄒᆞ건ᄃᆡ大凡船舶은本國의領土一部分으로他處에雖在ᄒᆞᆯ지라도此ᄂᆞᆫ其領土를延長ᄒᆞᆷ이오繼續ᄒᆞᄂᆞᆫ者ㅣ됨으로써地方의公安을不害ᄒᆞᄂᆞᆫ以上은本國의法律로써其船舶內에効力을及케ᄒᆞᆷ이正當ᄒᆞ다謂ᄒᆞᆷ에在ᄒᆞ도다然이나此等學說은事理에違反ᄒᆞᄂᆞᆫ假成的言論으로誤解를釀成ᄒᆞᄂᆞᆫ危險이伴在ᄒᆞᆫ者ㅣ라不謂ᄒᆞᆷ을不得ᄒᆞᆯ지니何故오若其船舶으로海賊의行爲가有ᄒᆞ거나又ᄂᆞᆫ他國海關法에違反ᄒᆞ야沒收를當ᄒᆞ거나或은債權者의게執留를當ᄒᆞᆫ時ᄂᆞᆫ是로因ᄒᆞ야船舶本國의領土를取得ᄒᆞ며喪失ᄒᆞᄂᆞᆫ結論이生ᄒᆞᆯ지오領海中에在ᄒᆞᆫ時ᄂᆞᆫ姑捨ᄒᆞ고公海中에在ᄒᆞᆫ境遇라도本國領土의一部、延長或繼續으로看做ᄒᆞᆷ은不得ᄒᆞᆯ지라何故오若其船舶中에犯罪가有ᄒᆞ야領海로브터追跡ᄒᆞ야公海에서逮捕를當ᄒᆞᄂᆞᆫ境遇에ᄂᆞᆫ其行爲가

그 선박 내에서 현지 관청에 대해서 관여하도록 청구하지 않으면 관할권을 스스로 행하지 않는다. 이러한 주의는 1806년 10월 28일에 프랑스 국회의 의견에 따라 결정된 것이고 1856년 6월 24일에 해군부 대신과 외교부 대신 사이에 협의하여 성명을 낸 사실에 의해서도 분명하다. 어떠한 학자들은 이러한 주의를 국제공법상의 법칙으로 논하는 자가 없지 않다. 이제 그 이유를 들어보면 대개 선박은 본국 영토의 일부분으로 비록 다른 곳에 있어도 이는 그 영토가 연장하여 계속되는 것이기에 현지의 공인을 침해하지 않는 이상 본국의 법률이 그 선박 내에 효력을 미치는 것이 정당하다고 하는 데 있다. 그러나 이들 학설은 사리에 반하는 가설적 주장으로서 오해를 초래할 위험을 수반한다고 말하지 않을 수 없다. 왜냐하면 만약 그 선박으로 해적행위가 있거나 타국 관세법을 위반하여 몰수당하거나 혹은 채권자에게 압류당하였을 때는 이로 인하여 선박 본국의 영토를 취득하거나 상실하는 결론이 발생할 것이다. 영해에 있는 때는 고사하고 공해에 있는 경우라도 본국 영토의 일부, 연장 혹은 계속으로 간주할 수 없다. 왜냐하면 만약 그 선박에서 범죄가 발생하여 영해에서 추적하여 공해에서 나포당할 때에는 그 행위가

本國領土에對혼管轄權을打破ᄒᆞᄂᆞᆫ者ㅣ라不謂홈을不得홀結論을生홀지며又若戰爭境遇에中立國의船舶이交戰國軍艦의게臨檢搜索을當혼時에戰時禁制品을搭載ᄒᆞ거나又ᄂᆞᆫ封港을不守ᄒᆞ야中立義務에違反혼行爲가有혼時ᄂᆞᆫ沒收의制裁를未免홀지로대是ᄅᆞᆯ因ᄒᆞ야該船舶의本國은領土主權에對ᄒᆞ야他主權의侵害를受혼者ㅣ라謂홈은不得홀所以니라

然이나法國의此慣例ᄂᆞᆫ國際公法上法理에適合치아니ᄒᆞ며又ᄂᆞᆫ主權版圖原則을制限ᄒᆞᄂᆞᆫ不法의言論됨을不關ᄒᆞ고近世의列國은此主義를遵據ᄒᆞᄂᆞᆫ者ㅣ不尠ᄒᆞ니何故오此慣例ᄂᆞᆫ實際上에多大혼便益을與ᄒᆞ야國家가外國船舶에對혼管轄範圍를該地方安寧秩序程度에限定ᄒᆞ고自國人及自國에對ᄒᆞ야關係가無혼外國船舶中의事件을管轄홈은自國에對ᄒᆞ야ᄂᆞᆫ無益홀뿐아니라空然히管轄에繁雜을增加홈에不過홈으로써船舶內事件에至ᄒᆞ야ᄂᆞᆫ該船舶本國法律에一任홈이實際에便益이有ᄒᆞ고繁雜을省畧홀者ㅣ되ᄂᆞᆫ所以니라是以로近世에列國은自國의法律及條約을依ᄒᆞ야外國船舶內의事件으로地方의平和安寧을妨害치아니ᄒᆞᄂᆞᆫ者ᄂᆞᆫ管轄치아니ᄒᆞᄂᆞᆫ國이多數를占홈에至ᄒᆞ야米國은西曆千八

본국 영토에 대한 관할권을 깨뜨리는 것이라고 말하지 않을 수 없는 결론이 생긴다. 또한 만약 전쟁이 있는 경우 중립국 선박이 교전국 군함에 임검과 수색을 당한 때에 전시 금제품을 탑재했거나 항구 봉쇄를 지키지 않아서 중립의무를 위반하는 행위가 있는 때는 몰수당하는 제재를 면할 수 없을 것이다. 이로 인해서 해당 선박의 본국은 영토 주권에 대해서 타국 주권의 침해를 받는 것이라고 하지 않을 수 없기 때문이다.

그러나 프랑스의 이러한 관례는 국제공법상 법리에 적합하지 않거나 주권 영역 원칙을 제한하는 불법적인 주장인 것과 상관없이 최근 여러 국가는 이러한 주의를 존중하여 거론하는 경우가 적지 않다. 왜냐하면 이 관례는 실제로 매우 커다란 편익을 주어서 국가들이 외국 선박에 대해 관할 범위를 해당 지역의 안녕질서 수준에 한정하고 자국인 및 자국에 대해서 관계가 없는 외국 선박 내 사건을 관할하는 것은 자국에 대해서 무익할 뿐 아니라 공연히 관할권 행사를 더욱 번잡하게 만드는 데 불과하기에 선박 내 사건에 대해서는 해당 선박의 본국 법률에 일임하는 것이 실제로 편리하고 번잡한 점을 생략하기 때문이다. 이러한 이유로 최근에 여러 국가는 자국의 법률과 조약에 의하여 외국 선박 내의 사건이 현지의 평화와 안녕을 방해하지 않는 것은 관할하지 않는 국가들이 다수를 점하게 되었다. 미국은 1866년에

百六十六年에自國領海에在ᄒᆞᆫ英國商船船員의게對ᄒᆞ야船員되ᄂᆞᆫ義務를履行케ᄒᆞᄂᆞᆫ事에關ᄒᆞ야裁判權을行치아니ᄒᆞᆯ事로拒絶ᄒᆞ고同千八百七十年以後에墺國及德國과條約을締結ᄒᆞ야領事職務에關ᄒᆞᆫ事項을規定ᄒᆞᆫ事實이有ᄒᆞ며日本國도新條約을締結ᄒᆞᆯ時에德國及白耳義國과條約을締結ᄒᆞ야締盟國間에在留ᄒᆞᄂᆞᆫ領事、副領事及領事代理ᄂᆞᆫ自國船舶에關ᄒᆞᆫ事件만管理ᄒᆞᆯ事로規定ᄒᆞ니라然而如此ᄒᆞᆫ條件을實行ᄒᆞᆷ에關ᄒᆞ야國家의管轄權과本國이船舶에對ᄒᆞᆫ管轄權이牴觸ᄒᆞᄂᆞᆫ境遇에至ᄒᆞ야ᄂᆞᆫ上述ᄒᆞᆷ과如히領土의主權은絶對的의性質이有ᄒᆞᆷ으로써是를依ᄒᆞ야解決ᄒᆞᆯ外에他道理가無ᄒᆞᆯ지오牴觸이無ᄒᆞᆫ境遇에ᄂᆞᆫ法國의慣例를遵據ᄒᆞᄂᆞᆫ國家가最多ᄒᆞᆷ으로此慣例ᄂᆞᆫ不遠間에國際公法의法則을完成ᄒᆞᆯ傾向이有ᄒᆞ니라

玆에一個注意를要ᄒᆞᆯ者ㅣ有ᄒᆞ니即西曆千八百九十三年에法京巴里에開會ᄒᆞᆫ萬國國際法協會의決議가是라同決議中第六條에領海를通航ᄒᆞᄂᆞᆫ外國船舶中에서發生ᄒᆞᆫ重罪及輕罪로沿岸國의利益을侵害치아니ᄒᆞᆫ者ᄂᆞᆫ沿岸國裁判管轄以外에在호ᄃᆡ領海를通航ᄒᆞᄂᆞᆫ船舶은領海의利益을爲ᄒᆞ야沿岸國警察規則에

자국 영해에 있는 영국 상선의 선원에 대해서 선원의 의무를 이행하도록 하는 일에 관해 재판권 행사를 거절하였고 1870년 이후 오스트리아와 독일은 조약을 체결하여 영사 직무에 관한 시항을 규정한 사실이 있다. 일본국도 새로운 조약을 체결할 때 독일과 벨기에와 조약을 체결하여 체약국에 체류하는 영사, 부영사와 영사 대리는 자국 선박에 관한 사건만 관리하도록 규정하였다. 그러나 이러한 조건을 실행하는 것에 관해 국가의 관할권과 본국의 선박에 대한 관할권이 저촉할 때는 위에서 기술한 섯과 같이 영도 주권이 절대적인 성격을 갖기에 이에 의하여 해결하는 것 외에는 다른 도리가 없고 서로 저촉하지 않을 때는 프랑스의 관례를 존중하여 근거로 삼는 국가들이 가장 많기에 이 관례는 머지않아 국제공법의 법칙으로 완성될 경향이 있다.

여기에서 한가지 주의할 것이 있다. 즉 1894년에 프랑스의 수도 파리에서 열린 국제법학회 회의의 결의가 그것이다. 이 결의 제6조에서 영해를 통항하는 외국 선박 내에서 발생한 중범죄 및 경범죄로 연안국의 이익이 침해되지 않은 경우는 연안국 재판관할권 이외에 있지만, 영해를 통항하는 선박은 영해의 이익을 위하여 연안국 경찰 규칙에

服從ᄒᆞᆷ을要ᄒᆞᆷ이라ᄒᆞ며第七條에領海를航行ᄒᆞ거나碇泊ᄒᆞᄂᆞᆫ船舶은其地方裁判權에服從ᄒᆞᆷ이可ᄒᆞ고沿岸國은犯罪者를逮捕ᄒᆞ기爲ᄒᆞ야大洋에追跡ᄒᆞᄂᆞᆫ權利을有ᄒᆞᆷ이라然이나大洋에追跡ᄒᆞ야逮捕ᄒᆞᄂᆞᆫ時ᄂᆞᆫ其事實을犯罪人本國에對ᄒᆞ야通知ᄒᆞᆷ이可ᄒᆞᆷ으로規定ᄒᆞᆫ事實이有ᄒᆞ니라然이나此規定은아직國際公法의法則으로看做ᄒᆞᆷ은不得ᄒᆞᆯ지오就中第七條下端의規定과如ᄒᆞᆫ者ᄂᆞᆫ特히認許ᄒᆞᆷ을不得ᄒᆞᆯ지니何故오但自國版圖內에發生ᄒᆞᆫ犯罪의外國船舶及其船舶에搭載ᄒᆞᆫ犯罪人을領海로브터追跡ᄒᆞ야領海의附近及公海에셔逮捕ᄒᆞᆷ을可得ᄒᆞᆯ事ᄂᆞᆫ國際公法上에認是ᄒᆞᄂᆞᆫ바ㅣ로대如此ᄒᆞᆫ境遇에關ᄒᆞᆫ追跡은必其領海內로브터爲始ᄒᆞ야領海線을僅脫ᄒᆞᆫ境遇에限ᄒᆞᆫ者ㅣ오其領海線으로브터幾百哩幾千哩되ᄂᆞᆫ境遇를謂ᄒᆞᆷ은아니라是以로日本國軍艦八重山號가臺灣叛徒의首領劉永福을搭載ᄒᆞᆫ嫌疑로써英國商船「스에레스」號를公海中에셔臨檢을行ᄒᆞᆫ事가有ᄒᆞᆷ으로英國政府ᄂᆞᆫ日本國政府에對ᄒᆞ야强硬ᄒᆞᆫ抗議를行ᄒᆞᆫ事實이有ᄒᆞ며又第六條에關ᄒᆞ야도前述ᄒᆞᆷ과如히條約及國法으로써法國의慣例를實行ᄒᆞᄂᆞᆫ傾向이有ᄒᆞ니라

복종하도록 하였다. 제7조에 따라 영해를 항행하거나 정박 중인 선박은 그 지방의 재판권에 복종해야 하고 연안국은 범죄자를 체포하기 위하여 대양으로 추적하는 권리를 갖는다. 그러나 대양으로 추적하여 체포하는 때는 그 사실을 범죄인의 본국에 대해서 통지하도록 규정한 사실이 있다. 그러나 이 규정은 아직 국제공법의 법칙을 간주할 수 없고, 그중에서도 제7조 하단의 규정과 같은 것은 특히 인정받을 수 없을 것이다. 왜냐하면 자국 영역 내에서 발생한 범죄의 외국 선박과 그 선박에 탑승한 범죄인을 영해에서부터 추적해서 영해 부근 및 공해에서 체포할 수 있다는 것은 국제공법에서 인정하는 바이지만, 이러한 경우에 관한 추적은 반드시 그 영해 내로부터 시작해서 영해선을 겨우 벗어났을 때로 한정할 것이고, 그 영해선에서 수백 리 수천 리 되는 경우를 말하지 않는다. 이러한 이유로 일본국 군함 야에야마(八重山)호가 대만 반도의 수령 유영복(劉永福)이 탑승했다는 혐의로 영국 상선 '탈레스'호(SS Thales)를 공해에서 임검한 일로 영국 정부는 일본국 정부에 대해서 강경하게 항의한 사실이 있다. 또한 제6조에 관해서도 앞서 기술한 것과 같이 조약 및 국내법으로 프랑스의 관례를 실행하는 경향이 있다.

第三節　版圖外에對ᄒᆞᆫ獨立權

國家의主權을行使ᄒᆞᆷ에關ᄒᆞ야ᄂᆞᆫ二大原則이有ᄒᆞ니一은主權行使의可及ᄒᆞᆯ範圍ᄂᆞᆫ版圖內로限定ᄒᆞ야其版圖內에在ᄒᆞᆫ人民은外國의人民及自國의人民을勿論ᄒᆞ고其主權의行使ᄅᆞᆯ可受ᄒᆞᆯ者ㅣ라ᄒᆞᄂᆞᆫ原則이오一은國家가自國人民의게對ᄒᆞ야ᄂᆞᆫ版圖의何處ᄅᆞᆯ不問ᄒᆞ고主權을可及ᄒᆞᆯ者ㅣ라ᄒᆞᄂᆞᆫ原則이是라然이나此原則을適用ᄒᆞᆷ에關ᄒᆞ야一國家의主權行使와他國家의主權이並立키難ᄒᆞᆫ境遇에至ᄒᆞ야ᄂᆞᆫ第一의原則을依ᄒᆞ야版圖內에在ᄒᆞ야ᄂᆞᆫ其國家의主權이完全히行使ᄒᆞᆷ을可得ᄒᆞᆯ事ᄂᆞᆫ玆에容疑ᄒᆞᆯ者ㅣ아니로대自國의人民及財產으로設令版圖以外에在ᄒᆞᆯ지라도他國家版圖內에不在ᄒᆞᆫ時ᄂᆞᆫ此에對ᄒᆞ야本國의主權을完全히可及ᄒᆞᆯ지며又他國家版圖內에在ᄒᆞᆫ境遇라도國際의慣例上으로本國의主權을可及ᄒᆞᆯ例外가有ᄒᆞ니此等例外ᄅᆞᆯ左에區分ᄒᆞ야說明코져ᄒᆞ노라

第一欵　版圖外에在ᄒᆞᆫ自國人民

國民의資格은出生、選擇、歸化、婚姻等의事實을依ᄒᆞ야各國의國法規定으로써可定ᄒᆞᆯ者ㅣ로대各國의國法規定이互相不一ᄒᆞᆫ境遇에至ᄒᆞ야ᄂᆞᆫ一個人民을

제3절 영역 외에 대한 독립권

국가 주권을 행사하는 것과 관련해서 두 가지 큰 원칙이 있다. 하나는 주권 행사가 미칠 수 있는 범위는 영역 내로 한정되어 그 영역 내에 있는 인민은 외국 인민 그리고 자국 인민을 막론하고 그 주권의 행사를 받아야 하는 원칙이다. 또 하나는 국가가 자국 인민에 대해서는 영역이 어느 곳인지를 불문하고 주권이 미칠 수 있다는 원칙이다. 그러나 이 원칙을 적용하는 것과 관련해서 한 국가의 주권 행사와 다른 국가의 주권이 양립하기 어려운 경우에는 첫 번째 원칙에 의하여 영역 내에서는 그 국가의 주권이 완전히 행사될 수 있다는 점에는 여기에서 의심할 것이 아니다. 자국의 인민과 재산이 설령 영역 이외에 있어도 타국의 영역 내에 있지 않았을 때는 이에 대해서 본국의 주권이 완전히 미칠 수 있다. 또한 타국의 영역 내에 있는 경우라도 국제 관례상 본국의 주권이 미치지 않는 예외가 있다. 이들 예외를 아래에서 구분하여 설명하고자 한다.

제1관 영역 외에 있는 자국 인민

국민의 자격은 출생, 선택, 귀화, 혼인 등의 사실에 의하여 각국의 국내법 규정으로 정하겠지만, 각국의 국내법 규정이 상호 일치하지 않을 때는 한 개인을

二個以上國이同時에自國人民으로看做ᄒᆞ거나何國家國籍에도不屬ᄒᆞᄂᆞᆫ結果ᄅᆞᆯ做出ᄒᆞᄂᆞᆫ事實이有ᄒᆞᆯ지라然이나如此ᄒᆞᆫ結果의不便은全히諸國家의國法規定이不一ᄒᆞᆫ點으로브터出來ᄒᆞᆫ者ㅣ되ᄂᆞᆫ故로國際公法上에在ᄒᆞ야ᄂᆞᆫ此點에關ᄒᆞ야如何히ᄒᆞᆯ道理가無ᄒᆞ고國家ᄂᆞᆫ單히自國民으로不認ᄒᆞᄂᆞᆫ者에게對ᄒᆞ야ᄂᆞᆫ他國家의法律如何ᄅᆞᆯ不關ᄒᆞ고國民의待遇及責任을不與ᄒᆞᄂᆞᆫ同時에自國民으로認ᄒᆞᄂᆞᆫ者에게對ᄒᆞ야ᄂᆞᆫ國內에在ᄒᆞ고不在ᄒᆞᆷ을不問ᄒᆞ고國民으로保護ᄒᆞ며責任을負擔케ᄒᆞ야其版圖內에在ᄒᆞᆫ時ᄂᆞᆫ主權의行使ᄅᆞᆯ完수히可及ᄒᆞ고版圖外에在ᄒᆞᆫ時ᄂᆞᆫ在留國의主權을侵害치아니ᄒᆞᄂᆞᆫ範圍內에在ᄒᆞ야其人民에게對ᄒᆞ야自國의主權온行使ᄒᆞᆯ지며其國民도亦其國家에對ᄒᆞ야義務ᄅᆞᆯ負擔ᄒᆞᆯ者ㅣ니라何故오國民의分限은絶對的으로國家에對ᄒᆞ야服從ᄒᆞᆷ에在ᄒᆞᆫ故로國家版圖以外에雖在ᄒᆞᆯ지라로其分限을不失ᄒᆞᆫ以上은本國家主權에對ᄒᆞ야服從의義務ᄅᆞᆯ得免치못ᄒᆞᆯ所以니라

然이나國家ᄂᆞᆫ他國版圖內에在ᄒᆞᆫ自國人民의게對ᄒᆞ야其主權을行及ᄒᆞ기不能ᄒᆞᆫ境遇가有ᄒᆞ고又ᄂᆞᆫ自國의法令으로外國에在ᄒᆞᆫ自國人民의게對ᄒᆞ야適用키

두 개 이상의 국가들이 동시에 자국 인민으로 간주하거나 어느 국가의 국적에도 속하지 않는 결과가 되는 경우가 있다. 그러나 이러한 결과 때문에 불편한 점은 온전히 여러 국가의 국내법 규정이 일치하지 않는 점에서 나오게 되는 것이기 때문에 국제공법상에서는 이 점에 관하여 어찌할 도리가 없다. 국가는 단순히 자국민으로 인정하지 않는 자에 대해서는 다른 국가의 법률이 어떠한지 상관없이 국민의 대우와 책임을 부여하지 않고, 동시에 자국민으로 인정하는 자에 대해서는 국내에 있고 없고를 불문하고 국민으로 보호하며 책임을 부담하도록 해서 그 영역 내에 있는 때는 주권 행사가 완전히 미칠 수 있고 영역 외에 있는 때는 체류국의 주권을 침해하지 않는 범위 내에서 그 인민에 대해 자국의 주권을 행사할 것이며 그 국민도 역시 그 국가에 대해 의무를 부담할 것이다. 왜냐하면 국민의 지위는 절대적으로 국가에 대해서 복종하는 데 있어서 비록 국가의 영역 이외에 있더라도 그 지위를 상실하지 않는 이상 본국의 주권에 대해서 복종할 의무를 면할 수 없기 때문이다.

그러나 국가는 타국의 영역 내에 있는 자국 인민에 대해서 그 주권을 행사할 수 없는 때도 있다. 또는 자국의 법령으로 외국에 있는 자국 인민에게 적용할 수

不能ᄒᆞᆫ境遇가有ᄒᆞ나如此ᄒᆞᆫ境遇에至ᄒᆞ야ᄂᆞᆫ其國民이本國主權에對ᄒᆞ야服從ᄒᆞᄂᆞᆫ義務를免脫ᄒᆞᄂᆞᆫ者ㅣ아니오事實上으로本國의主權이行使ᄒᆞᆷ을不得ᄒᆞ야不及ᄒᆞᆷ에不過ᄒᆞᆷ이라是以로現今文明國間에在ᄒᆞ야ᄂᆞᆫ自國의人民이外國에在ᄒᆞ야自國에對ᄒᆞᆫ政治上의犯罪를罰ᄒᆞ고或은他國에關ᄒᆞᆫ重輕罪로所在國이不罰ᄒᆞᄂᆞᆫ時及其拿交를受ᄒᆞᆫ時ᄂᆞᆫ其國民의歸國ᄒᆞᆷ을待ᄒᆞ야處罰ᄒᆞᄂᆞᆫ事가有ᄒᆞ니라

第二欵　公海中의船舶

公海ᄂᆞᆫ何國家管轄에도不屬ᄒᆞᆷ으로此公海를通航ᄒᆞᄂᆞᆫ軍艦及其他의官船은姑捨ᄒᆞ고私有船舶에至ᄒᆞ기ᄭᆞ지라도全히本國管轄內에附屬ᄒᆞᆯ者ㅣ오戰爭中에交戰國軍艦及其他의官船은公海에在ᄒᆞ야他國의私有船舶을臨檢ᄒᆞ고搜索ᄒᆞᄂᆞᆫ權이有ᄒᆞᄃᆡ他國의軍艦及其他官船에對ᄒᆞ야ᄂᆞᆫ平時及戰時를勿論ᄒᆞ고主權을行及키不能ᄒᆞᆯ지며公海中에在ᄒᆞᆫ船舶의進行을妨害ᄒᆞᆷ은其船舶本國의主權을侵犯ᄒᆞᄂᆞᆫ行爲니라然이나是와相反ᄒᆞ야私有船舶은本國의管轄을受ᄒᆞᄂᆞ니平時에在ᄒᆞ야條約으로써規定치아니ᄒᆞ면他國의軍艦은如何ᄒᆞᆫ權利라도此에

없는 때도 있지만 이러한 경우에는 그 국민이 본국의 주권에 대해서 복종하는 의무를 벗어나는 것이 아니고 사실 본국의 주권이 행사될 수 없어서 미치지 못하는 것에 불과하다. 이러한 이유로 현재 문명국 간에는 자국의 인민이 외국에 있어서 자국에 대한 정치적 범죄를 처벌할 수 없거나 혹은 타국에 관한 중범죄나 경범죄로 소재국이 처벌하지 않는 때, 그리고 그러한 인도를 받는 때는 그 국민이 귀국하기를 기다려 처벌하는 일이 있다.

제2관 공해상 선박

공해는 어느 국가의 관할에도 속하지 않기에 이 공해를 통항하는 군함과 그 밖의 관선은 고사하고 사유 선박까지도 온전히 본국의 관할에 속한다. 전쟁 중에 교전국 군함과 그 밖의 관선은 공해에서 타국의 사유 선박을 임검하고 수색할 권한을 갖지만, 타국의 군함과 그 밖의 관선에 대해서는 평시 및 전시를 막론하고 주권을 행사할 수 없다. 공해상에서 선박의 진행을 방해하는 것은 그 선박 본국의 주권을 침해하는 행위이다. 그러나 이와 반대로 사유 선박은 본국의 관할을 받기에 평시에 조약으로 규정하지 않았으면 타국의 군함은 어떠한 권리라도 이에

對ᄒᆞ야行及ᄒᆞᆷ을不得ᄒᆞᆯ지며又戰時에在ᄒᆞ야交戰國은臨檢搜索等의權利가有ᄒᆞᆯ지라도其外事項에關ᄒᆞ야ᄂᆞᆫ其自國이管轄權을行ᄒᆞ야自國의商船其他私有船舶의船員及乘客은內外國人의區別이無ᄒᆞ고又其船中의財産은自國人의所有及外國人의所有를不問ᄒᆞ고此에對ᄒᆞ야ᄂᆞᆫ本國의主權이完全히行使ᄒᆞ야其行使의結果로他國人及其財産에不當ᄒᆞᆫ損害를生ᄒᆞᆫ時ᄂᆞᆫ國際上問題로此에對ᄒᆞ야責任을負擔ᄒᆞᆷ에不過ᄒᆞᆯ지로다此點에關ᄒᆞ야有名ᄒᆞᆫ問題를成ᄒᆞᆫ者ᄂᆞᆫ第十九世紀初葉에英法兩國이戰爭을繼續ᄒᆞᄂᆞᆫ中에英國軍艦은米國商船中에在ᄒᆞᆫ英國人水夫를公海中에서捕捉ᄒᆞ야自國軍艦에使用ᄒᆞ얏더니米國은此事件에對ᄒᆞ야抗議를提出ᄒᆞᆷ으로英國은此抗議에對ᄒᆞ야米船이英國近海에서逃亡ᄒᆞᆫ水夫를隱匿ᄒᆞᆷ을責ᄒᆞ고兼ᄒᆞ야英國人民은如何ᄒᆞᆫ土地에在ᄒᆞᆯ지라도英國主權에服從ᄒᆞᄂᆞᆫ關係가有ᄒᆞᆷ으로戰爭中에自國戰畧上으로必要가有ᄒᆞᆯ時ᄂᆞᆫ其人民을徵收ᄒᆞ야使用ᄒᆞᄂᆞᆫ權이有ᄒᆞ다ᄒᆞᄂᆞᆫ理由를主張ᄒᆞ얏스나今日公海中船舶에關ᄒᆞ야ᄂᆞᆫ本國管轄을受ᄒᆞᄂᆞᆫ外에ᄂᆞᆫ他의管轄을受ᄒᆞᄂᆞᆫ事實이無ᄒᆞᆷ으로써如此ᄒᆞᆫ英國의議論은國際法上에容認치아니ᄒᆞᄂᆞᆫ바ㅣ오又船舶中犯罪에關ᄒᆞ야도

대해서 행사할 수 없다. 또한 전시에 교전국은 임검이나 수색 등의 권리를 갖더라도 그 외의 사항에 관해서는 자국이 관할권을 행사하여 자국 상선이나 그 밖의 사유 선박의 선장과 승객은 내외국인의 구별이 없다. 또한 그 선박에 있는 재산은 자국인의 소유 및 외국인의 소유를 불문하고 이에 대해서는 본국의 주권이 완전히 행사되어 그 행사의 결과 타국인과 그 재산에 부당한 손해가 발생하였을 때는 국제적인 문제로서 이에 대해서 책임을 부담하는 것에 불과하다. 이 점에 관해서 유명한 문제가 되있던 것은 19세기 초에 영국과 프랑스 양국이 전쟁을 계속하는 중에 영국 군함이 미국 상선에 있는 영국인 선원을 공해상에서 체포해서 자국 군함에 활용하였다. 미국은 이 사건에 대해서 항의하였고, 영국은 이러한 항의에 대해서 미국 선박이 영국 근해에서 도망한 선원을 은닉했던 점을 비난하는 한편 영국 인민은 어떠한 토지에 있을지라도 영국의 주권과 복종하는 관계에 있기에 전쟁 중에 자국의 전략상 필요가 있을 때는 그 인민을 징발하여 활용할 권한이 있다는 이유를 주장하였다. 오늘날 공해상 선박에 관해서는 본국의 관할을 받는 것 이외에는 다른 관할권을 받는 일이 없기에 이러한 영국의 주장은 국제법상 용인되지 않고, 또한 선박에서 발생한 범죄에 관해서도

各國刑法上에雖公海中이라도法律은公海에在ᄒᆞᆫ自國船舶內犯罪及國際法上에海賊으로可認ᄒᆞᆯ犯罪에對ᄒᆞ야ᄂᆞᆫ自國의法律을適用ᄒᆞᆷ이라規定ᄒᆞᆷ과如히大凡船舶은本國의管轄을受ᄒᆞᄂᆞᆫ者ㅣ니라

玆에注意ᄅᆞᆯ要ᄒᆞᆯ者ᄂᆞᆫ國際上에所謂海賊이라稱ᄒᆞᄂᆞᆫ者ㅣ라海賊名義中에ᄂᆞᆫ諸種의行爲가包含ᄒᆞ고且各國國內法上의定義도一定치아니ᄒᆞ니라然이나各國國法上에名稱ᄒᆞᄂᆞᆫ海賊이란者ᄂᆞᆫ其國家管轄內에關ᄒᆞ야만是ᄅᆞᆯ海賊이라認ᄒᆞᆯ뿐이오國際法上에所謂海賊이라名稱ᄒᆞᄂᆞᆫ者와ᄂᆞᆫ關係가無ᄒᆞ니然則國際公法上에所謂海賊이란者ᄂᆞᆫ如何ᄒᆞᆫ者ᄅᆞᆯ指稱ᄒᆞᄂᆞᆫ者歟아凡公海或文明國版圖以外에셔强力을使用ᄒᆞ거나脅迫으로써掠奪을行ᄒᆞᄂᆞᆫ行爲ᄅᆞᆯ如何ᄒᆞᆫ國際公法上의主體라도其行爲에對ᄒᆞ야責任을負擔치아니ᄒᆞᄂᆞᆫ者ㅣ라假令國籍이不分明ᄒᆞᆫ人民團體가公海中에셔各國의船舶을掠奪ᄒᆞ거나强盜行爲ᄅᆞᆯ行ᄒᆞᄂᆞᆫ時에至ᄒᆞ야其海賊을處罰ᄒᆞᆯ必要上으로列國은皆比較的他國보다優等地位에居ᄒᆞ고又其船舶乘組員이船長을殺害ᄒᆞ고船舶을奪取ᄒᆞᄂᆞᆫ事가有ᄒᆞᆫ時ᄂᆞᆫ其船舶에對ᄒᆞᆫ本國의權力은不行ᄒᆞᄂᆞᆫ故로此等境遇에至ᄒᆞ야ᄂᆞᆫ各國은共히其海賊을處罰ᄒᆞᆯ

각국의 형법에서 비록 공해상이라도 법률은 공해에 있는 자국 선박 내 범죄 및 국제법상 해적으로 인정할 수 있는 범죄에 관해서는 자국의 법률을 적용한다고 규정한 것과 같이 대개 선박은 본국의 관할을 받는다.

여기에서 주의할 것은 국제적으로 소위 해적이라고 칭하는 것이다. 해적이라는 명칭에는 여러 종류의 행위가 포함되고 각국의 국내법상 정의도 일정하지 않다. 그러나 각국의 국내법에서 해적이라고 하는 명칭은 그 국가의 관할권 내에 관해서만 이를 해적이라고 인식할 뿐이고 국제법상 소위 해적이라고 명하는 것과는 관계가 없다. 그렇다면 국제공법상 소위 해적이란 어떠한 것을 지칭하는 것일까? 대개 공해 혹은 문명국의 영역 이외에서 무력을 사용하거나 협박해서 약탈하는 행위는 국제공법상 어떠한 주체라도 그 행위에 대해서 책임을 부담하지 않는다. 가령 국적이 분명하지 않은 인민 단체가 공해상에서 각국의 선박을 약탈하거나 강도 행위를 할 때 그 해적을 처벌할 필요가 있어서 여러 국가는 모두 비교적 타국보다 우월한 지위에 있고, 또한 그 선박의 승조원이 선장을 살해하고 선박을 탈취하는 일이 있는 때는 그 선박에 대한 본국의 권력이 행사되지 않기 때문에 이들 경우에 각국은 다 같이 그 해적을 처벌할

共通의利益이有ᄒᆞ다ᄒᆞ야學說及諸國裁判例가海賊으로써世界의公敵이라看做ᄒᆞ고是를拿捕ᄒᆞ야死刑에處ᄒᆞᆷ이普通이니라

海賊行爲ᄂᆞᆫ單히海上에限ᄒᆞᄂᆞᆫ者ㅣ아니오無所屬土地에上陸ᄒᆞ야其人民에게對ᄒᆞ야掠奪强盜의行爲를行ᄒᆞᄂᆞᆫ者도亦海賊이라然이나國家領土內에上陸ᄒᆞ야掠奪强盜의行爲를行ᄒᆞᄂᆞᆫ事ᄂᆞᆫ其國家의刑法으로써此를施罰ᄒᆞᆯ者ㅣ오他國의軍艦이其領海內에濫入ᄒᆞ야此를拿捕ᄒᆞᆷ은其國家의主權을侵犯ᄒᆞᄂᆞᆫ者ㅣ되ᄂᆞᆫ故로國際公法上에如此ᄒᆞᆫ犯罪者ᄂᆞᆫ海賊으로看做ᄒᆞᆷ을不得ᄒᆞᆯ지며又海賊은殘忍ᄒᆞᆫ强盜及殺人行爲를濫行ᄒᆞ야己慾을充ᄒᆞᄂᆞᆫ者ㅣ로대或은반다시盜賊의意思로出來치아니ᄒᆞᆫ行爲가有ᄒᆞ니假令亡國의人民團體가海上에서戰勝國의船舶及人民의게加害ᄒᆞᄂᆞᆫ境遇에ᄂᆞᆫ盜賊을行ᄒᆞᆯ意思가無ᄒᆞᆫ者ㅣ라도其行爲에關ᄒᆞ야ᄂᆞᆫ政治的團體되ᄂᆞᆫ國家가有ᄒᆞ야責任을負擔ᄒᆞᆯ者ㅣ無ᄒᆞᆫ故로是亦海賊으로看做ᄒᆞᄂᆞ니라今에一例를擧ᄒᆞᆯ진대西曆千八百七十七年秘魯國內亂時에甲鐵艦「퀴아스가」號ᄂᆞᆫ反乱者에게被奪ᄒᆞ야英國의石炭商船을拿捕ᄒᆞ야代價를不給ᄒᆞ고石炭을奪取ᄒᆞ며又一英船을停止ᄒᆞ고船員二名을捕捉ᄒᆞ야艦內에

공동의 이익을 갖는다고 하여 학설 및 여러 국가의 재판례에서 해적을 세계의 공적으로 간주하고 이를 나포해서 사형에 처하는 것이 보통이다.

해적행위는 단순히 해상에 한정하지 않는다. 무주지에 상륙해서 그 인민에 대해서 약탈이나 강도 행위를 행하는 자도 역시 해적이다. 그러나 국가 영토 내에 상륙해서 약탈하고 강도 행위를 하는 경우는 그 국가의 형법으로 이를 벌할 것이다. 타국의 군함이 그 영해 내에 난입하였을 때 이를 나포하는 것은 그 국가의 주권을 침범하는 것이 되기 때문에 국제공법상 이러한 범죄자는 해적으로 간주할 수 없다. 또한 해적은 잔인한 강도 및 살인 행위를 마구 행해서 자신의 욕구를 충족시키는 자이지만, 어떤 때는 반드시 도적 행위의 의사에서 나오지 않은 행위가 있다. 가령 멸망한 국가의 인민 단체가 해상에서 전승국의 선박과 인민에게 해를 가하는 경우 도적 행위의 의사가 없는 경우라도 그 행위에 관해서 정치적 단체인 국가가 있어 책임을 부담하는 경우가 없어서 이 역시 해적으로 간주한다. 이제 한 예를 들어보자면 1877년 페루 내란 시에 장갑함 '우아스카'호(The Huascar)를 반란자들이 탈취하여 영국의 증기 상선을 나포한 후 대가를 지급하지 않고 석탄을 탈취했고, 또한 영국 선박 한 척을 정지시키고 선원 2명을 잡아서 함정 내에서

使用ᄒᆞ얏더니英國太平洋艦隊司令官은海賊의行爲로看做ᄒᆞ야此ᄅᆞᆯ砲擊ᄒᆞ고英國政府도亦海賊의行爲로認ᄒᆞ야此ᄅᆞᆯ處罰ᄒᆞᆫ事가有ᄒᆞ니라要컨대海賊은國家로責任을負擔ᄒᆞᆯ者ㅣ無ᄒᆞᆫ公海中暴行이니假令交戰國及交戰團體에附屬ᄒᆞᆫ軍艦이他國船舶에對ᄒᆞ야權利에超過ᄒᆞᄂᆞᆫ暴行을行ᄒᆞᆷ과如ᄒᆞᆫ者ᄂᆞᆫ決코是ᄅᆞᆯ海賊의行爲로看做ᄒᆞᆷ을不得ᄒᆞᆯ지니라然이나假令交戰國軍艦으로本國이滅亡ᄒᆞᆫ後에海上에猶在ᄒᆞ야捕獲을行ᄒᆞᆷ과如ᄒᆞᆫ行爲ᄂᆞᆫ海賊行爲로看做ᄒᆞᆷ을可得ᄒᆞᆯ지니米國南北戰爭時에南軍의軍艦「사난드바」號ᄂᆞᆫ게푸온近海에셔北軍의商船攻擊을掌行ᄒᆞ얏스나西曆千八百六十五年春에至ᄒᆞ야南軍은全然히滅亡ᄒᆞᆷ을不知ᄒᆞ고同年八月二日々지海上捕獲을連行ᄒᆞᆫ後十一月에至ᄒᆞ야英國에寄港ᄒᆞ얏더니英國法廷은同艦에對ᄒᆞ야南軍滅亡의事實을不知ᄒᆞ고又ᄂᆞᆫ其事實을探得ᄒᆞᆯ便宜가無ᄒᆞ던事由ᄅᆞᆯ依ᄒᆞ야海賊으로ᄂᆞᆫ處罰치아니ᄒᆞ얏스나若南軍의滅亡ᄒᆞᆫ事實을同船舶이知得ᄒᆞ고도海上捕獲을猶行ᄒᆞᆫ時ᄂᆞᆫ海賊으로處罰ᄒᆞᆯ事ᄂᆞᆫ學者中에異論이無ᄒᆞᆫ바ㅣ라又國際公法上主體되ᄂᆞᆫ者에命令及責任이有ᄒᆞ야行ᄒᆞᆫ行爲ᄂᆞᆫ海賊으로看做ᄒᆞᆷ은不能ᄒᆞ대交戰國兩便으로브터命令을受ᄒᆞ고

활용하였더니, 영국의 태평양 함대 사령관은 해적행위로 간주하여 이를 포격하고 영국 정부 역시 해적행위로 인식하여 이를 처벌한 일이 있다. 요컨대 해적은 국가책임을 부담할 자가 없는 공해상 폭행이다. 가령 교전국 및 교전단체에 부속한 군함이 타국 선박에 대해 권리를 초과하여 폭행하는 것과 같은 것은 이를 해적행위로 결코 간주할 수 없다. 그러나 가령 교전국 군함이 본국 멸망 후에도 여전히 해상에서 포획하는 경우는 해적행위로 간주할 수 있다. 미국의 남북전쟁 시에 남군의 군함 '셰넌도어'호(The Shenandoah)는 길프(Gulf) 근해에서 주도적으로 북군의 상선을 공격했다. 1865년 봄이 되어서 남군이 완전히 멸망한 것을 알지 못한 채 같은 해 8월 2일까지 해상 포획을 연속해서 수행한 후, 11월이 되어서 영국에 기항하였다. 영국 법원은 이 함정에 대해서 남군 멸망 사실을 알지 못하였고, 또한 그 사실을 찾아볼 형편이 없었다는 사유에 의하여 해적으로 처벌하지 않았지만, 만약 남군이 멸망한 사실을 이 선박이 알면서도 해상 포획을 여전히 행했다면 그때는 해적으로 처벌되었을 것이라는 점에 대해서는 학자 중에 이론이 없다. 또한 국제공법상 주체인 자의 명령 및 책임이 있어서 행한 행위는 해적으로 간주할 수 없지만, 교전국 쌍방으로부터 명령을 받고

兩國船舶에對ᄒᆞ야妨害를加ᄒᆞᆷ과如ᄒᆞᆫ者ᄂᆞᆫ海賊의行爲됨을未免ᄒᆞᆯ지로다

奴隷貿易이란者ᄂᆞᆫ西曆千八百三十二年에米國政府가歐洲諸國에照會ᄒᆞ야此를海賊으로處置ᄒᆞᆯ事를主張ᄒᆞ얏스나其意를未遂ᄒᆞ고中止ᄒᆞᆫ事가有ᄒᆞ니라凡奴隷란者ᄂᆞᆫ古來로歐洲의列國이法律로써認來ᄒᆞᆫ制度라然이나耶蘇敎의傳播와世運이文明에進步ᄒᆞᆷ을伴ᄒᆞ야列國은法律로써此等制度를廢止ᄒᆞᆷ에漸至ᄒᆞ고列國의會議上으로論ᄒᆞᆯ진ᄃᆡ西曆千八百十五年維也納會議、同千八百十八年엑스라샤벨會議及同千八百二十二年쎄로나會議에會合ᄒᆞᆫ列國은此制度의廢止主義를主張ᄒᆞ야認ᄒᆞᆫ事實이有ᄒᆞ고英國은同千八百三十三年에殖民地의奴隷를禁止ᄒᆞ고又其奴隷의貿易으로ᄒᆞ야곰永久히廢止ᄒᆞᆷ을企圖ᄒᆞ야第十九世紀初葉으로브터列國과條約을締結ᄒᆞ고締盟國의軍艦은公海에셔奴隷船의嫌疑가有ᄒᆞᆫ者를臨檢ᄒᆞ고搜索ᄒᆞᆯ必要가有ᄒᆞᆫ時ᄂᆞᆫ法廷에引致ᄒᆞᄂᆞᆫ方針을採用ᄒᆞ얏더니平時에公海中에在ᄒᆞᆫ他國의船舶을臨檢ᄒᆞᆷ은航路의自由를妨害ᄒᆞ야不便이不尠ᄒᆞᆷ으로法國及米國은此에反對ᄒᆞ야米國은西曆千八百六十二年의英米條約으로써兩國의軍艦이臨檢을可行ᄒᆞᆯ亞弗利加沿岸의區域을的定ᄒᆞ고

양국 선박에 대해서 방해를 가하는 것과 같은 것은 해적행위가 되는 것을 면하지 못할 것이다.

노예무역은 1832년에 미국 정부가 여러 유럽 국가들의 의견을 조회해서 이를 해적으로 처리하자고 주장하였으나 그 뜻을 이루지 못하고 중지한 적이 있었다. 대개 노예란 옛날부터 여러 유럽 국가들이 법률로 인정해온 제도였다. 그러나 예수교 전파와 세상의 운수가 문명의 진보와 동반하면서 여러 국가는 법률로 이들 제도를 점차 폐지하기에 이르렀고 국제회의와 관련해서 논하자면 1815년 빈회의, 1818년 엑스라샤펠회의, 그리고 1822년 베로나회의에 모인 여러 국가는 이 제도의 폐지 원칙을 주장하여 인정한 사실이 있다. 영국은 1833년에 식민지 노예를 금지하였고, 또한 그 노예무역의 영구적 폐지를 기획하여 19세기 초부터 여러 국가와 조약을 체결하고 체약국 군함이 공해에서 노예선으로 의심받는 것을 임검하고 수색할 필요가 있는 때에는 법원에 끌어오는 방책을 채택했더니 평시에 공해상에 있는 타국 선박을 임검하는 것은 자유항행을 방해하여 꽤 불편하여 프랑스와 미국은 이에 반대하였다. 미국은 1862년의 영미조약으로 양국 군함이 임검할 수 있는 아프리카 연안의 구역을 정하였다.

法國은同千八百四十五年에臨檢에關한同千八百三十一年及三十三年의英法條約을勿施ᄒᆞ고單히兩國은亞弗利加沿岸에軍艦을派遣ᄒᆞ야各其自國人民中에奴隷貿易에從事ᄒᆞᄂᆞᆫ船舶을禁止홈에盡力ᄒᆞᆯ事로規定ᄒᆞ니라是以로同貿易에關ᄒᆞ야法國政府의奴隷貿易禁止方法이寬大홈으로法國의國旗를揭飜한船舶中에奴隷貿易이潛行홈에至ᄒᆞ얏더니同千八百六十五年에北米合衆國이奴隷를廢止홈으로브터南米의諸共和國及玖馬에在한奴隷를禁止ᄒᆞ야亞弗利加西岸의奴隷貿易은漸次衰頹홈으로永久히其跡을逐絶홈에至ᄒᆞ니라然이나土耳其、波斯等諸國에在ᄒᆞ야ᄂᆞᆫ尙今奴隷의制度를廢止치아니홈으로써亞弗利加東岸의奴隷貿易은依然히存在ᄒᆞ야現行ᄒᆞ고又國際公法上에奴隷를不法으로看做ᄒᆞ기不能홈은英米兩國法廷에至ᄒᆞ기ᄭᆞ지라도此를猶認ᄒᆞᄂᆞᆫ바ㅣ됨으로써此를禁止코져ᄒᆞᆯ진ᄃᆡ不可不條約에依ᄒᆞᆯ者ㅣ되ᄂᆞᆫ故로歐米諸國은西曆千八百九十年七月에ᄇᆞ릭셀府에會合ᄒᆞ야條約을締結한事가有ᄒᆞ니其規定을據ᄒᆞᆯ진ᄃᆡ亞弗利加洲海陸에奴隷貿易을禁止코져ᄒᆞ야同大陸에關係를有한諸國은其禁止事項에對ᄒᆞ야協力ᄒᆞᆯ事로的定ᄒᆞ고印度洋西部에在ᄒᆞ야ᄂᆞᆫ締盟國이

프랑스는 1845년에 임검에 관한 1831년과 1833년의 영불조약을 폐기하고 단순히 양국이 아프리카 연안에 군함을 파견하여 각각 자국 인민 중 노예무역을 하는 선박을 최선을 다해 금지하도록 규정하였다. 이러한 이유로 노예무역에 관해 프랑스 정부의 노예무역 금지 방법이 관대하였기에 프랑스 국기를 게양한 선박 중에서 노예무역이 은밀히 수행되었다. 1865년에 북미합중국이 노예를 폐지하면서부터 남미의 여러 공화국 및 쿠바에 있는 노예를 금지하여 아프리카 서해안의 노예무역은 점차 쇠퇴하여 영구적으로 그 자취가 끊어지게 되었다. 그러나 터키, 페르시아 등 여러 국가에서는 아직 노예제도를 폐지하지 않아서 아프리카 동해안의 노예무역은 전과 다름없이 존재하여 현재 행해지고 있다. 또한 국제공법상 노예를 불법으로 간주할 수 없는 것은 영미 양국 법원에 이르기까지도 이를 오히려 인정함으로써 이를 금지하려고 하면 부득이 조약에 의해야 할 것이다. 따라서 여러 구미 국가들은 1890년 7월에 브뤼셀시에서 모여 조약을 체결한 일이 있다. 그 규정을 들어보면 아프리카주 해안과 육지의 노예무역을 금지하기 위하여 이 대륙과 관련된 여러 국가는 그러한 금지사항에 대해서 협력하기로 약정하고 인도양 서부에서는 체약국들이

自國船舶과他國船舶을不問ᄒᆞ고此에對ᄒᆞ야臨檢을行ᄒᆞ며奴隷貿易에從事ᄒᆞᄂᆞᆫ者ㅣ有ᄒᆞᆫ時ᄂᆞᆫ自國法廷에서此ᄅᆞᆯ處罰ᄒᆞᆯ事로的定ᄒᆞ고更히산다싸ㅣ州에列國共同의事務所ᄅᆞᆯ設置ᄒᆞ고土人의出港을點檢ᄒᆞ며奴隷로締盟國船舶에逃來ᄒᆞᄂᆞᆫ者ᄂᆞᆫ自由人民으로看做ᄒᆞᆯ事等의規定을設ᄒᆞ니라

第三欵　治外法權

國際法上의慣例로國家의主權者、其代表者及軍艦、軍隊가他國版圖內에入來ᄒᆞᄂᆞᆫ時ᄂᆞᆫ在留國의法律規則을不遵ᄒᆞᄂᆞᆫ特權이有ᄒᆞ야本國法律外에ᄂᆞᆫ管轄을不受ᄒᆞᄂᆞ니如此ᄒᆞᆫ特權을名稱ᄒᆞ야治外法權이라謂ᄒᆞᄂᆞ니라然而國際上에如此ᄒᆞᆫ特權을認ᄒᆞᄂᆞᆫ所以ᄅᆞᆯ研究ᄒᆞᆯ진ᄃᆡ大凡主權者ᄂᆞᆫ資格上으로自國의君主와同一ᄒᆞᆫ身分이有ᄒᆞᆷ으로써此等主權者에對ᄒᆞᆫ禮儀上及國家互相間의便宜上으로自國의管轄을行及치아니ᄒᆞᆷ에不過ᄒᆞ고又外交官及軍艦、軍隊도本國의主權을代表ᄒᆞᄂᆞᆫ者됨으로써國際上에其本國主權에對ᄒᆞ야尊敬을表ᄒᆞᄂᆞ니若在留國主權의게行爲의自由ᄅᆞᆯ拘束ᄒᆞᄂᆞᆫ時ᄂᆞᆫ各自의職務ᄅᆞᆯ奉盡키不能ᄒᆞᆫ所以라左에更히分說코져ᄒᆞ노라

자국 선박과 타국 선박을 불문하고 이에 대해서 임검하며 노예무역을 하는 자가 있는 때는 자국 법원에서 이를 처벌하기로 약정하였고, 다시금 잔지바르주에 여러 국가가 공동 사무소를 설치하고 원주민의 출항을 점검하며 노예로서 체약국 선박에 도주하여 들어온 자는 자유 인민으로 간주하는 등의 규정을 마련하였다.

제3관 치외법권

국제법상 관례로 국가의 주권자, 그 대표자와 군함, 군대가 타국 영역 내에 들어오는 때는 체류국의 법률 규칙을 따르지 않을 특권을 가져서 본국 법률 외에는 관할을 받지 않는다. 이러한 특권을 이름하여 치외법권이라고 한다. 그러나 국제적으로 이러한 특권을 인정하는 까닭을 연구해 보면 대체로 주권자는 자격 면에서 자국의 군주와 같은 신분을 갖기에 이들 주권자에 대한 예의상 그리고 국가 상호 간 편의에서 자국의 관할을 행사하지 않는 것에 불과하다. 또한 외교관과 군함, 군대도 본국의 주권을 대표하는 것이기에 국제적으로 그 본국 주권에 대해서 존경을 표한다. 만약 체류국 주권에 행동의 자유를 구속당하는 때는 각자의 직무를 다할 수 없기 때문이다. 아래에서는 이를 다시 나누어 설명하고자 한다.

第一項 主權者

國家의君主、大統領의等主權者가他國領內에在留ᄒᆞ거나通過ᄒᆞᄂᆞᆫ時ᄂᆞᆫ其身體及財産은全히其地方의法律規則을不受ᄒᆞ고民刑事事件으로司法官衙에被訴ᄒᆞᄂᆞᆫ事가無ᄒᆞ며國稅及其他諸種稅의徵收ᄅᆞᆯ得免ᄒᆞ며警察及其他行政上의處分도此에行及ᄒᆞᆷ을不得ᄒᆞᆯᄲᅮᆫ아니라居住ᄒᆞᄂᆞᆫ處所도在留國의公吏가侵犯ᄒᆞᆷ을不得ᄒᆞ며其主權者의게隨從ᄒᆞᆫ者도亦其身體及財産에關ᄒᆞ야ᄂᆞᆫ治外法權이有ᄒᆞ니라然이나主權者로在留國의安寧秩序ᄅᆞᆯ紊亂ᄒᆞ거나或은從者로ᄒᆞ야곰在留國의安寧秩序ᄅᆞᆯ紊亂ᄒᆞᆫ事가有ᄒᆞᆫ時ᄂᆞᆫ在留國은此ᄅᆞᆯ國外에退去케ᄒᆞᆷ에必要ᄒᆞᆫ手段을採用ᄒᆞᆷ을得ᄒᆞᆯ지라然而此等主權者ᄅᆞᆯ國外에放逐ᄒᆞᄂᆞᆫ手段은取ᄒᆞᆯ지라도其身體에關ᄒᆞ야ᄂᆞᆫ相當ᄒᆞᆫ保護ᄅᆞᆯ行ᄒᆞᆷ이可ᄒᆞ고決코主權者及其從者ᄅᆞᆯ裁判ᄒᆞ거ᄂᆞ處罰ᄒᆞᆷ과如ᄒᆞᆫ自國의主權으로써此ᄅᆞᆯ壓迫ᄒᆞᆷ은不能ᄒᆞᆫ同時에主權者도在留國領土에對ᄒᆞᆫ絶對的主權에對抗ᄒᆞ야自己의主權을主張ᄒᆞᄂᆞᆫ權은不有ᄒᆞᆫ者ㅣ라是以로中世에在ᄒᆞ야英王리자ㅣ드一世가十字軍進行中에伊太利메시나에서自國人과外國人의區別을不分ᄒᆞ고盜賊을處罰ᄒᆞ며西曆千六百五

제1항 주권자

국가의 군주, 대통령 등 주권자가 타국 영역 내에 체류하거나 통과하는 때 그 신체 및 재산은 온전히 그 지방의 법률 규칙대로 처리하지 않고 민형사사건으로 사법관청에 피소되는 일이 없으며 국세 및 그 밖의 여러 종류의 세금 징수를 면하며 경찰과 그 밖의 행정 처분도 이들에게 행사할 수 없을 뿐만 아니라 거주하는 처소도 체류국의 공무원이 침범할 수 없다. 그 주권자의 시중을 드는 자도 역시 그 신체 및 재산에 관해서는 치외법권이 있다. 그러나 주권자도 체류국의 안녕질서를 어지럽히거나 혹은 시종들이 체류국의 안녕질서를 어지럽히는 때는 체류국이 이들을 국외로 출국시키는데 필요한 수단을 채택할 수 있다. 그러나 이들 주권자를 국외에 추방하는 수단을 취하여도 그 신체에 관해서는 적절히 보호해야 하고 결코 주권 및 그 시종들을 재판하거나 처벌하는 것과 같이 자국의 주권으로써 이들을 압박할 수 없고, 동시에 주권자도 체류국 영토의 절대적 주권에 대항하여 자신의 주권을 주장할 권한은 갖지 않는다. 이러한 이유로 중세에 영국 왕 리처드 1세가 십자군 원정을 수행하던 중 이탈리아 메시나에서 자국인과 외국인을 구분하지 않고 도적을 처벌하거나 1657년에

十七年에瑞西國女王그리스디아나가法都巴里旅寓에셔其從者모나데스기侯를殺戮ᄒᆞᆷ과如ᄒᆞᆫ行爲ᄂᆞᆫ今日國際法上에決코不許ᄒᆞᄂᆞᆫ바ㅣ오在留國에셔ᄂᆞᆫ自國人의從者라도處罰ᄒᆞᆷ을不得ᄒᆞ며又從者間에在ᄒᆞᆫ事件은主權者가裁判ᄒᆞᆷ을不得ᄒᆞᆷ은아니로ᄃᆡ在留國에셔其裁判을實行ᄒᆞᆷ은不得ᄒᆞ고一般從者의犯罪及從者間或은從者와他人間에係在ᄒᆞᆫ訴訟은歸國ᄒᆞᆫ後에本國法廷에셔是를審判케ᄒᆞᆷ이可ᄒᆞ며又他國在留中에大犯罪者가有ᄒᆞᆫ時ᄂᆞᆫ其從者를卽時本國에送付ᄒᆞᆷ이可ᄒᆞ며又主權者의處所ᄂᆞᆫ治外法權下에在ᄒᆞᄃᆡ從者以外의犯罪者及訴訟의被告人은自國人이라도隱匿庇護ᄒᆞᆷ을不得ᄒᆞᄂᆞ니若如此ᄒᆞᆫ行爲가有ᄒᆞᆫ時에ᄂᆞᆫ地方官은其犯人의交付를要求ᄒᆞᆯ지며若此를拒絶ᄒᆞᄂᆞᆫ時ᄂᆞᆫ主權者를退去케ᄒᆞ고隱匿者를逮捕ᄒᆞᄂᆞᆫ權이有ᄒᆞ니라然이나主權者의意思를依ᄒᆞ야從者에關ᄒᆞᆫ訴訟或犯罪를在留國法廷에셔裁判케ᄒᆞᆷ을得ᄒᆞᆷ은無論이니如此히任意로罪人을交付ᄒᆞᆫ時ᄂᆞᆫ其裁判의結果도豫先承認ᄒᆞᆫ者로認ᄒᆞᄂᆞ니라

主權者ᄂᆞᆫ或他國에微行ᄒᆞᄂᆞᆫ事가有ᄒᆞ니如此ᄒᆞᆫ境遇에至ᄒᆞ야ᄂᆞᆫ一私人의資格으로微行在留ᄒᆞᄂᆞᆫ者ㅣ되ᄂᆞᆫ故로普通人民과同一히其在留國의法律管轄을受

스웨덴 여왕 크리스티나(Christina)가 프랑스 수도 파리 여행지 숙소에서 시종이었던 모날데스키(Monaldeschi) 후작을 살육한 것과 같은 행위는 오늘날 국제법적으로 결코 허용될 수 없고 체류국에서는 자국인의 시종이라도 처벌할 수 없으며 또한 시종 간에 있는 사건은 주권자가 재판할 수 없는 것은 아니지만 체류국에서 그 재판을 실행할 수 없고 일반적인 시종의 범죄 및 시종 간 혹은 시종과 타인 간에 결부된 소송은 귀국한 후에 본국 법원에서 이를 심판하도록 해야 한다. 또한 타국에 체류 중 중범죄를 저질렀을 때는 그 시종을 즉시 본국으로 송환시켜야 하며 또한 주권자의 처소는 치외법권 하에 있지만 시종 이외의 범죄자 및 소송의 피고인은 자국인이라도 은닉하거나 비호할 수 없다. 만약 이러한 행위가 있는 때에 현지 관리는 그 범인의 인도를 요구하고, 만약 이를 거절하는 때는 주권자를 퇴거시키고 은닉자를 체포할 권한을 갖는다. 그러나 주권자의 의사에 의하여 시종에 대한 소송 혹은 범죄를 체류국 법원에서 재판하도록 할 수 있는 것을 물론이다. 이같이 임의로 죄인을 인도하는 때는 그 재판의 결과도 미리 승인한 것으로 인식한다.

주권자가 어떤 때에 타국에 몰래 다니는 일이 있다. 이때는 한 개인의 자격으로 미행하고 체류하는 것이 되기 때문에 보통 인민과 같게 그 체류국의 법률관할에 따라야

홀者ㅣ오治外法權이無ᄒᆞ니라然이나是ᄂᆞᆫ全히其主權者가一私人의資格으로微行을主張ᄒᆞᄂᆞᆫ期限內에止홀ᄲᅮᆫ이오其身體上에主權者되ᄂᆞᆫ身分은不失홈으로써微行中이라도任意로公然ᄒᆞᆫ主權者의資格으로改稱홈을可得홀지니라玆에所謂微行이란者ᄂᆞᆫ반다시主權者가秘密히他國에旅行ᄒᆞ야在留ᄒᆞᄂᆞᆫ際에在留國에서他國의主權者與否ᄅᆞᆯ不知ᄒᆞᄂᆞᆫ境遇ᄅᆞᆯ謂ᄒᆞᄂᆞᆫ者ㅣ아니라恒常主權者가他國에至홈은其身分에關ᄒᆞ야不知ᄒᆞᄂᆞᆫ事가無ᄒᆞ며又ᄂᆞᆫ假令相知홀지라도微行됨에無妨홀ᄲᅮᆫ아니라一國의主權者가他國에至홈에ᄂᆞᆫ兩國政府間에互相通牒ᄒᆞ야到着홈을豫知케ᄒᆞᄂᆞ니라然而其旅行을微行으로通知ᄒᆞᆫ時ᄂᆞᆫ私人의資格으로待遇ᄅᆞᆯ受홀者ㅣ오治外法權은不有ᄒᆞᄂᆞ니라是以로主權者가公然ᄒᆞᆫ資格上으로他國에在留ᄒᆞᆫ中에ᄂᆞᆫ其所有品에至ᄒᆞ기ᄭᆞ지라도其在留國의法律規則이不及ᄒᆞᄃᆡ一國의主權者가他國內에私人資格으로財產을所有ᄒᆞᆫ時ᄂᆞᆫ是ᄂᆞᆫ一私人의所有財產과同一히看做홀者ㅣ오此에對ᄒᆞ야ᄂᆞᆫ元來治外法權이成立홀理由가無ᄒᆞ니라

第二項　外交官

할 것이고, 치외법권이 없다. 그러나 이는 온전히 그 주권자가 한 개인의 자격으로 미행한다고 주장하는 기한 내에 그칠 뿐이고 그 신체적으로 주권자 되는 신분은 상실하지 않기에 미행 중이라도 임의로 주권자의 자격을 드러내 놓을 수 있다. 여기에서 소위 미행이라는 것은 반드시 주권자가 비밀리에 타국을 여행해서 체류할 적에 체류국에서 타국의 주권자인지 아닌지를 알지 못하는 경우를 말하는 것이 아니다. 항상 주권자가 타국에 도달하면 그 신분에 관해 알지 못하는 경우가 없다. 또는 가령 서로 안다고 해도 미행하는 것은 아무런 거리낌이 없을 뿐 아니라 한 국가의 주권자가 타국에 도달할 때 양국 정부 간에 상호 통보해서 도착을 미리 알도록 한다. 그러나 그 여행을 미행으로 통지하는 때는 개인 자격으로 대우를 받는 것이고 치외법권은 보유하지 않는다. 이러한 이유로 주권자가 자격을 드러내놓고 타국에 체류하는 중에는 그 소유품에 대해서까지도 그 체류국의 법률 규칙이 미치지 않지만 한 국가의 주권자가 타국 내에서 개인 자격으로 재산을 소유한 때 이는 한 개인의 소유재산과 같게 간주할 것이고, 이에 대해서는 원래 치외법권이 성립할 이유가 없다.

제2항 외교관

外國에駐箚ᄒᆞ거나或은派遣ᄒᆞᆫ國家의代表者卽外交官은本國의主權을代表ᄒᆞᄂᆞᆫ者ㅣ됨으로써駐箚國及派遣國에在留ᄒᆞ거나通過ᄒᆞᄂᆞᆫ時ᄂᆞᆫ君主와同一히治外法權을有ᄒᆞᄂᆞ니라何故오如此ᄒᆞᆫ特權이無ᄒᆞ다ᄒᆞᆯ진대主權國은代表者ᄅᆞᆯ他國에派遣ᄒᆞᄂᆞᆫ所以로自國의威嚴을損傷ᄒᆞᆯ뿐아니라外交官도亦其職務ᄅᆞᆯ實行ᄒᆞ기不能ᄒᆞᆷ으로써如此ᄒᆞᆫ特權을認ᄒᆞᄂᆞᆫ바ㅣ니라然而其身體及財産은其地方의法律規則을依ᄒᆞ야管轄을不受ᄒᆞ고大使館及公使館內ᄂᆞᆫ本國法律管轄內에屬ᄒᆞᆷ으로써管轄ᄒᆞᄂᆞᆫ點으로브터觀察ᄒᆞᆯ진대本國의領土一部分으로看做ᄒᆞ며大使及公使에附從ᄒᆞᆫ書記官外交官補及公使館附武官等은總히在留國管轄에不屬ᄒᆞ며又其妻子從僕은外交官職務에關ᄒᆞ야關係가毫無ᄒᆞᆫ者ㅣ로대外交官自身의便宜와快樂을爲ᄒᆞ야國際上에如此ᄒᆞᆫ特權을與ᄒᆞᆷ에不過ᄒᆞ며又國際上儀式에參列ᄒᆞ기爲ᄒᆞ야派遣ᄒᆞᆫ全權委員及列國會議에參列ᄒᆞ기爲ᄒᆞ야派遣ᄒᆞᆫ全權委員等도本國을代表ᄒᆞᄂᆞᆫ時ᄂᆞᆫ外交官과同一히國際上에特權을有ᄒᆞ며外交以外의事項假令電信、郵便、貨幣等事에關ᄒᆞ야列國會議ᄅᆞᆯ開ᄒᆞᆯ時에此等會議에參列ᄒᆞ기爲ᄒᆞ야派遣ᄒᆞᄂᆞᆫ委員은此等委員을接受ᄒᆞᄂᆞᆫ國에셔特別히保護ᄒᆞ

외국에 주재하거나 혹은 파견 국가의 대표자, 즉 외교관은 본국의 주권을 대표하는 자이기에 주재국 및 파견국에 체류하거나 통과하는 때 군주와 같게 치외법권을 갖는다. 왜냐하면 이러한 특권이 없다면 주권국은 대표자를 타국에 파견하는 이유로 자국의 위엄을 훼손할 뿐 아니라 외교관도 역시 그 직무를 실행할 수 없어서 이러한 특권을 인정한다. 그러나 그 신체 및 재산은 그 지방의 법률 규칙에 따라 관할을 받지 않고 대사관 및 공사관 내부는 본국 법률의 관할에 속함으로써 관할이라는 점에서 보건대 본국의 영토 일부분으로 간주하며 대사와 공사에 복종하는 서기관, 외교관보 및 공사관 주재 무관 등은 전부 체류국 관할에 속하지 않는다. 또한 그 처자와 종복은 외교관 직무와 전혀 관련이 없는 자로서 외교관 자신의 편의와 쾌락을 위하여 국제적으로 이러한 특권을 부여하는 것에 불과하다. 또한 국제의식에 참석하기 위하여 파견된 전권위원 및 국제회의에 참석하기 위하여 파견된 전권위원 등도 본국을 대표하는 때는 외교관과 같게 국제적으로 특권을 보유한다. 외교 이외의 사항으로서, 가령, 전신, 우편, 화폐 등의 일에 관해 국제회의를 열 때 이들 회의에 참석하기 위하여 파견되는 위원은 이들 위원을 접수하는 국가에서 특별히 보호하고고禮遇ᄒᆞᄂᆞᆫ事가有ᄒᆞᆫ대此等特權의性質은아직一定치아니ᄒᆞᆯ뿐外라外交官과同一ᄒᆞᆫ特權이無ᄒᆞᆫ事ᄂᆞᆫ分明ᄒᆞ도다

第三項　軍隊

戰爭際에軍隊가敵國에侵入ᄒᆞᄂᆞᆫ境遇ᄂᆞᆫ戰時國際公法에論講ᄒᆞᆯ바ㅣ라然이나平時에在ᄒᆞ야도一國家의軍隊가友誼國及同盟國의版圖ᄅᆞᆯ通過ᄒᆞ거나駐屯ᄒᆞᄂᆞᆫ境遇에ᄂᆞᆫ國際上에亦治外法權을有ᄒᆞᄂᆞ니假令日本國文久三年으로브터明治初年에至ᄒᆞ기ᄭᆞ지英、法兩國의軍隊가自國國民의保護名義로橫濱港과品川地에駐屯ᄒᆞ고西曆千八百二十四年에媾和條約을擔保ᄒᆞ기爲ᄒᆞ야法國軍隊가西班牙國에駐屯ᄒᆞ고馬關條約의保證으로日本明治三十一年四月ᄭᆞ지日本軍隊가威海衛에駐屯ᄒᆞ고西曆千八百七十七年에露國軍隊가루마니아國을通過ᄒᆞ고同千八百十六年에普國及하노바國間의條約과同千八百三十五年에普國及法國間의條約으로ᄡᅥ普國軍隊의通過ᄅᆞᆯ約定ᄒᆞᆷ과如히通過及駐屯에關ᄒᆞ야條約或許可ᄅᆞᆯ依ᄒᆞ야實行ᄒᆞᄂᆞ니라然이나右何境遇ᄅᆞᆯ不問ᄒᆞ고他國家版圖에對ᄒᆞ야軍隊ᄅᆞᆯ通過ᄒᆞᆷ은其國家의確實ᄒᆞᆫ許可ᄅᆞᆯ得ᄒᆞᆫ後에不在ᄒᆞ면實行ᄒᆞᆷ을

예우하는 일이 있지만, 이들 특권의 성격은 아직 일정하지 않을 뿐 아니라 외교관과 같은 특권이 없는 것은 분명하다.

제3항 군대

전쟁 때 군대가 적국에 침입하는 경우는 전시국제공법에서 논할 바이다. 그러나 평시에도 한 국가의 군대가 우호 국가 및 동맹국의 영역을 통과하거나 주둔할 때는 국제적으로 역시 치외법권을 갖는다. 가령 일본국 분큐(文久) 3년(1863)부터 메이지 1년(1868)에 이르기까지 영국과 프랑스 양국의 군대가 자국민 보호 명분으로 요코하마(橫浜) 항과 시나가와(品川)에 주둔하고, 1824년에 강화조약의 이행을 보장하기 위하여 프랑스 군대가 스페인에 주둔하고, 시모노세키조약의 이행을 보장하기 위해 일본 메이지 31년 4월까지 일본 군대가 웨이하이웨이(威海衛)에 주둔하고, 1877년에 러시아 군대가 루마니아를 통과하고 1816년에 프로이센 및 하노버 간의 조약과 1835년에 프로이센과 프랑스 간 조약으로 프로이센 군대의 통과를 약정했던 것과 같이 통과 및 주둔에 관한 조약 혹은 허가에 따라 실행한다. 그러나 위의 어떠한 경우라도 타국의 영역에 대해 군대가 통과하는 것은 그 국가의 허가를 확실히 얻은 후가 아니면 실행할 수

不得홈은前述과如ᄒᆞ도다

如此히其通過及駐屯의許可ᄅᆞᆯ受ᄒᆞᆫ軍隊ᄂᆞᆫ其在留國에在ᄒᆞ야司令官管轄下에專屬ᄒᆞᄂᆞ니何故오軍隊ᄂᆞᆫ假令他國에在ᄒᆞᆯ지라도軍隊組織上으로二個主權에服從홈을不許ᄒᆞᄂᆞᆫ所以니라然而其士官兵卒에犯罪가有ᄒᆞᆫ時ᄂᆞᆫ國家ᄂᆞᆫ其司令官의게對ᄒᆞ야處分을請求ᄒᆞᆯ者ㅣ오決코自國이管轄홈을不得ᄒᆞᆯ지며又條約及其他의方法으로써軍隊의通過駐屯을許諾ᄒᆞᆫ境遇에ᄂᆞᆫ其通過의道路及駐屯의處所ᄅᆞᆯ分明히홈은其地方의安寧秩序ᄅᆞᆯ維持홈에必要홈으로써恒常自國이其軍隊ᄅᆞᆯ指導ᄒᆞ고假令其在留通過의許可及條約中에治外法權이有ᄒᆞᆫ事ᄅᆞᆯ明言치아니ᄒᆞᆫ境遇라도通過駐屯의事實이有ᄒᆞᆫ以上은其許可와同時에治外法權이有ᄒᆞᆫ者로認ᄒᆞᄂᆞ니라但軍隊가如此ᄒᆞᆫ特權을有홈은軍隊의資格上으로有홈에不過ᄒᆞ고恒常海陸軍將校의게件在ᄒᆞᆫ者ㅣ아님으로軍隊의資格上으로他國에不駐ᄒᆞ고一個將校의資格으로他國에駐在ᄒᆞ거나通過ᄒᆞᄂᆞᆫ時ᄂᆞᆫ元來在留國法律命令에服從홈을要ᄒᆞ고民刑事事件에至ᄒᆞ기ᄭᆞ지라도其國家管轄에屬ᄒᆞᆯ者ㅣ니라

없는 것은 앞서 기술한 바와 같다.

이같이 그 통과 및 주둔의 허가를 받은 군대는 체류국에서 사령관의 전속 관할 하에 있다. 왜냐하면 군대는 가령 타국에 있을지라도 군대 조직상 2개의 주권에 복종할 수 없기 때문이다. 그러나 군대의 장교와 병사들의 범죄가 있는 때 국가는 그 사령관에게 처분을 청구할 것이고, 결코 자국이 관할할 수 없다. 또한 조약 및 그 밖의 방법으로 군대의 통과 및 주둔을 허락하였을 때 그들이 통과하는 도로 및 주둔하는 곳을 분명히 하는 것은 그 지방의 안녕질서를 유지하는 데 필요한 것이어서 항상 자국이 그 군대를 지도한다. 가령 그 체류 및 통과의 허가 그리고 조약에서 치외법권이 있는 점을 분명히 선언하지 않은 경우라도 통과 및 주둔 사실이 있는 이상 그 허가와 동시에 치외법권을 갖는 것으로 인정한다. 다만 군대가 이러한 특권을 갖는 것은 군대의 자격에서 갖는 것에 불과하고 항상 육해군 장교에게 수반되는 것은 아니기에 군대의 자격으로 타국에 주둔하지 않고 일개 장교의 자격으로 타국에 주재하거나 통과하는 때는 원래 체류국의 법률명령에 복종해야 하고, 민형사사건까지도 그 국가의 관할에 속한다.

第四項　軍艦及其他의官船

軍艦及其他官船이國家를代表ᄒᆞᆫ境遇에治外法權을有ᄒᆞᆷ에至ᄒᆞᆷ은近世의事實이라西曆千七百九十四年에米國로ㅣ드아이란드에셔英國軍艦으로브터六名의米人을地方官이拘引ᄒᆞᆫ時에米國法廷에셔ᄂᆞᆫ軍艦은國際上에在留國管轄을受ᄒᆞᆯ者ㅣ라ᄒᆞᆫ事가有ᄒᆞ며又同千八百二十年에有名ᄒᆞᆫ英國軍艦「싸인」號事件에關ᄒᆞ야英國判事스토웰도西班牙國政府가同艦으로브터犯罪者를拘引ᄒᆞᆷ에相當ᄒᆞᆫ强力을軍艦에對ᄒᆞ야使用ᄒᆞᆷ은別로可咎ᄒᆞᆯ者ㅣ아니라ᄒᆞ니라然이나同千八百十二年에「에기스티엔지」號事件에關ᄒᆞ야米國判事마살은判決을下ᄒᆞ야曰軍艦은該地方의管轄을不受ᄒᆞᆯ者ㅣ라唱道ᄒᆞ고其理由를說明호대若軍艦으로ᄒᆞ야곰在留國主權의拘束을受ᄒᆞᆯ者ㅣ라ᄒᆞᄂᆞᆫ時ᄂᆞᆫ軍艦은本國에對ᄒᆞ야職務를盡行ᄒᆞ기不能ᄒᆞᆷ으로國家가自國港內에他國軍艦이入來ᄒᆞᆷ을拒絶치아니ᄒᆞᆫ以上은軍艦의性質上으로自國이管轄치못ᄒᆞᄂᆞᆫ事를暗默的으로許可ᄒᆞᆫ者ㅣ라說明ᄒᆞᆫ以來로軍艦에關ᄒᆞᆫ國際上의法則이變更ᄒᆞ야今日에至ᄒᆞ야ᄂᆞᆫ軍艦及其他의官船이國際上에治外法權을有ᄒᆞᆷ에至ᄒᆞᄂᆞᆫ基礎를成ᄒᆞ고歐米學者等도

제4항 군함과 그 밖의 관용 선박

군함과 그 밖의 관용 선박이 국가를 대표할 때 치외법권을 갖게 되는 것은 근세의 일이다. 1794년에 미국 로드아일랜드에서 영국 군함에서 6명의 미국인을 현지 관리가 구인했을 때 미국 법원에서는 군함은 국제적으로 기항국의 관할을 받는다고 하였다. 또한 1820년에 유명한 영국 군함 '따인'호 사건에 관해 영국 판사 스토웰도 스페인 정부가 이 군함에서 범죄자를 구인할 때 적절한 강제력을 군함에 사용했던 것은 달리 책임질 사항이 되지 않는다고 하였다. 그러나 1812년에 '익스체인지'호(The Exchange) 사건에 관해 미국 판사 마셜(J. Marshall)은 판결하면서 군함은 해당 지방의 관할을 받지 않는다고 주도하고 그 이유를 설명하기를 만약 군함이 기항국 주권의 구속을 당하는 것일 때 군함은 본국에 대해서 직무를 모두 수행할 수 없기에 국가가 자국 항 내에 타국 군함이 들어오는 것을 거절하지 않은 이상 군함의 성격상 자국이 관할하지 못한다는 것을 암묵적으로 허가한 것이라고 설명한 이래 군함에 관한 국제법칙이 바뀌어 오늘날에는 군함과 그 밖의 관용 선박이 국제적으로 치외법권을 갖는 기초가 되었고, 구미학자들도

漸次此學說을認ᄒᆞᆷ에 至ᄒᆞᆯ뿐아니라 法國의海軍士官으로有名ᄒᆞᆫ經歷이有ᄒᆞᆫ 오르드란은特히熱心으로軍艦의特權을主張ᄒᆞ니라

是以로方今國際上에在ᄒᆞ야ᄂᆞᆫ軍艦及其他國家를代表ᄒᆞᆫ官船은以上의理由를依ᄒᆞ야國家가其船舶의入港을豫先禁止ᄒᆞᆫ境遇外에ᄂᆞᆫ自由로友誼國港灣에入港ᄒᆞᆷ을可得ᄒᆞᆯ지며戰爭의境遇라도中立國은交戰國兩便의軍艦、其他의官船及拿捕에關ᄒᆞᆫ船舶에對ᄒᆞ야도同一히待遇ᄒᆞᆷ을要ᄒᆞ며又其入港에關ᄒᆞ야도交戰國兩便에對ᄒᆞ야同一條件을附加ᄒᆞᆷ은可得ᄒᆞᆯ지로대决코入港을禁ᄒᆞᆷ은不得ᄒᆞᆷ이通例니라然而平時及戰時를不問ᄒᆞ고他國의軍艦及其他의官船이自國港灣에入來ᄒᆞᆷ을條約으로써許可ᄒᆞᆫ時ᄂᆞᆫ姑捨ᄒᆞ고此等船船에對ᄒᆞ야入港을不禁ᄒᆞᆫ以上은許可를與ᄒᆞᆫ者로看做ᄒᆞᆷ을可得ᄒᆞᆯ지오其入港에關ᄒᆞ야ᄂᆞᆫ幾許間制限의設置로써治外法權을拒絶치못ᄒᆞᆷ이現今의法則이니라玆에所謂幾許間의制限이란者ᄂᆞᆫ無他라軍艦의有ᄒᆞᆫ治外法權은主權者及外交官等의有ᄒᆞᆫ바治外法權과同一히絶對的의意義를有ᄒᆞᆫ者ㅣ아니오軍艦에對ᄒᆞ야國際上에如此ᄒᆞᆫ特權을與ᄒᆞᆷ은國과國間의便宜上으로認ᄒᆞᄂᆞᆫ者ㅣ되ᄂᆞᆫ故로其職務의執行을妨害

점차 이 학설을 인용하게 되었을 뿐 아니라 프랑스 해군 장교 경력을 가진 것으로 유명한 오르톨랑(Th. Ortolan)은 특히 군함의 특권을 열심히 주장하였다.

이러한 이유로 현재 국제적으로는 군함과 그 밖의 국기를 대표하는 관용 선박은 위의 이유에 의하여 국가가 그 선박의 입항을 미리 금지하였을 때 이외에는 자유로이 우호국 항만에 입항할 수 있으며 전쟁의 경우라도 중립국은 교전국 쌍방의 군함, 그 밖의 관용 선박과 선박 나포에 관해서도 같게 대우해야 할 것이다. 또한 그 입항에 관해서도 교전국 쌍방에 대해서 같은 조건을 부가할 수 있지만, 입항을 전면 금지할 수 없는 것이 통례이다. 그러나, 평시 및 전시를 불문하고 타국의 군함과 그 밖의 관용 선박이 자국 항만에 들어오는 것을 조약으로 허가하였을 때는 고사하고 이들 선박에 대해서 입항을 금지하지 않은 이상은 허가를 부여한 것으로 간주할 수 있을 것이고, 그 입항에 관해서는 얼마간 제한해서 치외법권을 거절하지 못하는 것이 현재의 법칙이다. 여기에서 소위 얼마간 제한이라는 것은 다른 이유가 없다. 군함이 갖는 치외법권은 주권자와 외교관 등이 갖는 치외법권과 같게 절대적인 의미를 갖는 것이 아니다. 군함에 대해 국제적으로 이러한 특권을 부여하는 것은 국가와 국가 사이에 편의상 인정되는 것이기 때문에 그 직무 집행을 방해하지 차아니ᄒᆞᄂᆞᆫ範圍內에在ᄒᆞ야ᄂᆞᆫ慣例上으로更히在留國의必要와便宜를依ᄒᆞ야軍艦의有ᄒᆞᆫ바治外法權에對ᄒᆞ야制限을認ᄒᆞᄂᆞ니換言ᄒᆞᆯ진대卽軍艦으로ᄒᆞ야곰他國의港則及檢疫規則이라도不遵ᄒᆞᄂᆞᆫ者ㅣ라ᄒᆞ면在留國은是로因ᄒᆞ야非常ᄒᆞᆫ害毒을其地方에流及ᄒᆞᄂᆞᆫ故로軍艦及其他의官船은在留國의安寧秩序를妨害치아니ᄒᆞᄂᆞᆫ範圍內에在ᄒᆞ야만其國의法律規則을不遵ᄒᆞᄂᆞᆫ特權이有ᄒᆞᆷ으로在留國은此에對ᄒᆞ야衛生上、警察上의法律、命令、關稅法及港則等의內國法을執行ᄒᆞᆯ지라도無妨ᄒᆞ고中立國境遇에ᄂᆞᆫ中立에關ᄒᆞᆫ自國의規則을遵守케ᄒᆞᆷ을得ᄒᆞᆯ지며中立에違反ᄒᆞ야拿捕物을搭載ᄒᆞ고入港ᄒᆞᄂᆞᆫ時ᄂᆞᆫ其物品을押取ᄒᆞ야裁判ᄒᆞᆷ을可得ᄒᆞᆯ지니如此ᄒᆞᆫ點으로觀察ᄒᆞᆯ진대軍艦은本國의領土一部分으로看做ᄒᆞᄂᆞᆫ學說이不當ᄒᆞᆷ을証明ᄒᆞᆷ에可足ᄒᆞᆯ지로다

前述ᄒᆞᆫ制限外에ᄂᆞᆫ軍艦이治外法權을享有ᄒᆞ야在留國主權의게進退를拘束ᄒᆞᄂᆞᆫ事가無ᄒᆞ고艦內에關ᄒᆞᆫ事項은無論本國이管轄ᄒᆞ며其乘組員이在留國에셔犯罪의行爲가有ᄒᆞᆫ境遇라도本國이管轄ᄒᆞᆷ을可得ᄒᆞᆯ지며在留國은其本國의外交機關을經由ᄒᆞ야處分을要求ᄒᆞᆯ外에他道理가無ᄒᆞᆫ대若軍艦이在留國을强迫

않는 범위 내에서는 관례로 다시금 체류국의 필요와 편의에 따라 군함이 갖는 치외법권에 대한 제한이 인정된다. 바꿔 말하자면 즉 군함이 타국의 항만 규칙 및 검역 규칙을 따르지 않는다면 체류국은 이를 이유로 비상한 해독을 그 지방에 유포한다는 이유로 군함과 그 밖의 관용 선박이 체류국의 안녕질서를 방해하지 않는 범위 내에서만 그 국가의 법률 규칙을 준수하지 않는 특권을 갖기에 체류국은 이에 대해서 위생, 경찰 관련 법률, 명령, 관세법 및 항만 규칙 등의 내국법을 집행하여도 무방하다. 중립국의 경우에는 중립에 관한 자국의 규칙을 준수하도록 할 수 있다. 중립을 위반하여 나포물을 탑재하고 입항하는 때는 그 물품을 압수하여 재판할 수 있다. 이러한 점에서 보면 군함은 본국 영토의 일부분으로 간주하는 학설이 부당하다는 점을 증명하는데 충분하다.

앞에서 기술했던 제한 외에는 군함이 치외법권을 누려 기항국 주권에 출입을 구속당할 것이 없다. 함정 내에 관한 사항은 물론 본국이 관할한다. 그 승조원이 기항국에서 범죄 행위를 한 경우라도 본국이 관할할 수 있다. 기항국은 그 본국의 외교기관을 거쳐서 처분을 요청하는 이외에 달리 방법이 없다. 만약 군함이 기항국을 강박하여

ᄒᆞ야其國家의主權을妨害ᄒᆞᄂᆞᆫ時ᄂᆞᆫ在留國은此에對ᄒᆞ야立退ᄅᆞᆯ命ᄒᆞ거나國際上問題로賠償을要求ᄒᆞᆷ은可得ᄒᆞᆯ지라도決코裁判權及警察權을直接으로艦內에行及ᄒᆞᆷ은不得ᄒᆞᄂᆞ니라然이나此特權은軍艦及其他官船全體에對ᄒᆞ야享有ᄒᆞᄂᆞᆫ者ㅣ되ᄂᆞᆫ故로船體及船員個個에對ᄒᆞ야ᄂᆞᆫ此等의特權이無ᄒᆞ야乘組員이船體와分離ᄒᆞᆫ時ᄂᆞᆫ船體ᄂᆞᆫ其國內에在ᄒᆞᆫ他國의財產과同一ᄒᆞᆫ管轄을受ᄒᆞᆯ지며乘組員이陸上에在ᄒᆞᆫ時ᄂᆞᆫ在留國法律規則에服從ᄒᆞᆯ事ᄂᆞᆫ普通一般의人民이其在留國法律規則에服從ᄒᆞᆷ과毫末도相殊ᄒᆞᆫ點이無ᄒᆞᄃᆡ單히艦內及軍艦短艇中에在ᄒᆞᆫ乘組員은治外法權을享有ᄒᆞᄂᆞ니라

軍艦及其他官船의職務ᄂᆞᆫ派遣ᄒᆞᆫ國에在ᄒᆞ야도本國의利益을保護ᄒᆞᆷ에止ᄒᆞᆷ으로써地方의逃亡犯罪者ᄅᆞᆯ隱匿庇護ᄒᆞᆷ을不得ᄒᆞᄂᆞ니如此ᄒᆞᆫ行爲ᄂᆞᆫ其職務의濫用이오在留國主權에對ᄒᆞ야侮辱됨을難免ᄒᆞᄂᆞᆫ故로艦長은普通免職ᄒᆞᄂᆞᆫ罰에處ᄒᆞᄂᆞ니라若犯罪者가軍艦에逃來ᄒᆞᄂᆞᆫ時ᄂᆞᆫ政事犯을除ᄒᆞᆫ外의犯罪ᄂᆞᆫ在留國의要求ᄅᆞᆯ依ᄒᆞ야拿交ᄒᆞᆷ을要ᄒᆞᄃᆡ其拿交의請求ᄂᆞᆫ直接으로艦長의게對ᄒᆞ야行ᄒᆞᆷ을不要ᄒᆞ고外交官을經由ᄒᆞ야請求ᄒᆞᆷ을要ᄒᆞᄂᆞ니如此ᄒᆞᆫ境遇에其逃亡者拿

그 국가의 주권을 방해하는 때 기항국은 이에 대해서 퇴거를 명하거나 국제문제로서 배상을 청구할 수 있지만, 결코, 재판권과 경찰권을 함정 내에 직접 행사할 수 없다. 그러나, 이러한 특권은 군함과 그 밖의 관용 선박 모두 누리는 것이기 때문에 선체와 선원 각각에 대해서는 이러한 특권이 없다. 승조원이 선체와 분리되는 때 선체는 그 국내에 있는 타국의 재산과 같게 관할 대상이 될 것이며 승조원이 육상에 있는 때 기항국의 법률 규칙에 복종하는 것은 보통 일반 인민이 그 체류국의 법률 규칙에 복종하는 것과 진혀 다른 점이 없어서 난순히 함정 내 그리고 군함의 소 선박 안에 있는 승조원은 치외법권을 누린다.

군함과 그 밖의 관용 선박의 직무는 파견국에 있어서 본국의 이익을 보호하는 데 그치기에 현지의 도망 범죄자를 은닉하고 비호할 수 없다. 이러한 행위는 그 직무의 남용이고 기항국 주권을 모욕하는 것을 피하기 어려운 까닭으로 선장은 보통 면직 처벌을 받는다. 만약 범죄자가 군함으로 도망해 오는 때는 정치범을 제외하고 그 이외의 범죄는 기항국의 요청에 따라 인도해야 한다. 인도 청구는 직접 함장에 대해서 할 필요는 없고 외교관을 거쳐 청구해야 한다. 이러한 경우에 그 도망자 인도에

交에關ᄒᆞ야普通으로行ᄒᆞᄂᆞᆫ方法은軍艦으로브터在留國官廳에直接으로拿交ᄒᆞᄂᆞᆫ者ㅣ아니오犯罪人을艦外에逐出ᄒᆞ야地方官으로ᄒᆞ야곰犯罪人의上陸을待ᄒᆞ야逮捕케ᄒᆞᆷ이通常이니라然而政治上犯罪者에關ᄒᆞ야ᄂᆞᆫ學說及慣例上에軍艦은此를艦內에許入ᄒᆞᆯ지라도關係가無ᄒᆞ다ᄒᆞ며軍艦으로브터此를招入ᄒᆞ거나又ᄂᆞᆫ逃亡을補助ᄒᆞᆷ은不能호대犯罪者가逃亡ᄒᆞ야自來ᄒᆞᄂᆞᆫ時ᄂᆞᆫ此를保護ᄒᆞ야地方官의逮捕를不行케ᄒᆞᆷ을可得ᄒᆞᆯ지니라ᄒᆞ나然이나國際上에屢次問題를成ᄒᆞᆫ者ᄂᆞᆫ軍艦及其他의官船이在留國에셔奴隷의逃亡者를保護ᄒᆞ고保護치못ᄒᆞᆷ이니此問題에關ᄒᆞ야最히議論이有ᄒᆞ던國은英國이是라英國은西曆千八百七十五年에同國海軍部에셔若在留國이奴隷를不禁ᄒᆞᄂᆞᆫ境遇에其地의奴隷가軍艦에逃來ᄒᆞᄂᆞᆫ時ᄂᆞᆫ其奴隷를地方官의게拿交ᄒᆞᆷ이라ᄒᆞ얏더니其後에更히訓令을改正ᄒᆞ야奴隷의生命이危險치아니ᄒᆞᆫ以上은此를艦內에入來ᄒᆞᄂᆞᆫ事를拒絕ᄒᆞ고又艦內에入來ᄒᆞᆫ奴隷라도其危險이消滅ᄒᆞᆫ時ᄂᆞᆫ艦內에仍置ᄒᆞᆷ이不可ᄒᆞ다ᄒᆞ니라

第四欵　領事裁判權

관해 보통 행하는 방법은 군함에서 기항국 관청에 직접 인도하지 않고, 범죄인을 함정 바깥으로 내보내고 현지 관리가 범죄인이 상륙하는 것을 기다려 체포하도록 하는 것이 통상적이다. 그러나 정치범죄를 저지른 자에 관해서는 학설과 관례상 군함은 이 자가 함정 내에 들어오도록 허락했어도 관계없다. 군함으로 정치범죄자가 들어오도록 초청하거나 도망하도록 지원할 수 없다. 범죄자가 도망하여 스스로 들어왔을 때는 이 자를 보호하여 현지 관리가 체포하지 못하도록 할 수 있다. 하지만, 국제적으로 여러 차례 문제가 된 것은 군함과 그 밖의 관용 선박이 기항국에서 도망한 노예를 보호할 수 있는지 아닌지였다. 이 문제에 관해 가장 논란이 되었던 국가는 영국이다. 영국은 1875년에 이 나라의 해군부에서 만약 기항국이 노예를 금지하지 않을 때 그 이외 국가 출신 노예가 군함으로 도망해 온 때는 그 노예를 현지 관리에게 인도한다고 했다가 그 후에 다시 훈령을 개정하여 노예의 생명이 위험하지 않은 이상 함정 내에 이들이 들어오는 것을 거절하고 또한 함정 내에 들어 온 노예라도 그 위험이 소멸하였을 때는 함정 내에 그대로 둘 수 없다고 하였다.

제4관 영사재판권

國家의法律規則及其他의權利가他國家版圖內에行홈은國際公法의原則上으로存在홈을不得홀者ㅣ오主權者及其他의大使、公使等이라도他國에在留ᄒᆞᄂᆞᆫ其間은單히在留國法律의拘束을不受홈에止홀뿐이오本國의法律命令及其他의司法權을其在留國에對ᄒᆞ야行홈을不得홈은以上에在ᄒᆞ야도屢屢히說明혼바ㅣ라然而此領事裁判權의例外ᄂᆞᆫ韓國、淸國、暹羅、土耳其、波斯、루마니아、쇠르미아等國에行ᄒᆞᄂᆞᆫ制度라日本國도舊條約上에ᄂᆞᆫ此等의制度가存在ᄒᆞ얏더니新條約을締結ᄒᆞ야實施혼結果로此制度를廢止홈에至ᄒᆞ니라

大凡文明國間에在혼領事官은單히商業的事務를掌理홈에不過호대歐米의諸國이半開國이라認ᄒᆞᄂᆞᆫ國家에對ᄒᆞ야ᄂᆞᆫ條約으로써自國領事의게治外法權以外의特權을有케홀事로規定ᄒᆞ야在留國의法律을不依ᄒᆞ고本國의法律을依ᄒᆞ야自國人民을保護ᄒᆞ며裁判ᄒᆞᄂᆞᆫ權利가有케ᄒᆞᄂᆞ니世人은普通此權利를名稱ᄒᆞ야治外法權이라호대此領事裁判權의性質은治外法權의性質과全히相殊ᄒᆞ니治外法權은國際公法上의法則으로列國間에行ᄒᆞᄂᆞᆫ者오本國의法律及司法權을行ᄒᆞᄂᆞᆫ者ᄂᆞᆫ아니로대是와相反ᄒᆞ야領事裁判權은全히條約의規定을依ᄒᆞ

국가의 법률 규칙 및 그 밖의 권리를 타국의 영역 내에서 행하는 것은 국제공법 원칙으로 존재할 수 없다. 주권자와 그 밖의 대사, 공사 등이라도 타국에 체류하는 기간은 단순히 체류국 법률의 구속당하지 않는 것에 그칠 뿐이다. 본국의 법률, 명령 및 그 밖의 사법권을 체류국에 대해서 행할 수 없는 것은 위에서도 여러 차례 설명하였다. 그러나 이러한 영사재판권의 예외는 한국, 청국, 시암, 터키, 페르시아, 루마니아, 세르비아 등의 국가에서 행하는 제도이다. 일본국도 구 조약상 이러한 제도가 존재하였지만, 신조약을 체결하여 이행한 결과로 이러한 제도를 폐지하게 되었다.

대개 문명국 사이에서 영사관은 단순히 상업적 사무를 맡아 처리하는 것에 불과하다. 여러 구미 국가들이 반개국(半開國)으로 인식하는 국가에 대해서는 조약으로 자국 영사에게 치외법권 이외의 특권을 보유하도록 규정하여 체류국의 법률에 따르지 않고 본국의 법률에 따라 자국 인민을 보호하여 재판하는 권리를 갖도록 한다. 세상 사람들은 보통 이러한 권리를 일컬어 치외법권이라 한다. 이 영사재판권의 성격은 치외법권의 성격과 완전히 서로 다르다. 치외법권은 국제공법상 법칙으로 여러 국가 사이에 행하는 것이고 본국의 법률 및 사법권을 행하는 것이 아니다. 이와 반대로 영사재판권은 온전히 조약 규정에 따라야成立ᄒᆞᄂᆞᆫ者ㅣ며領事ᄂᆞᆫ在留國에서本國의法律及司法權을行ᄒᆞᄂᆞᆫ者ㅣ라然而如此ᄒᆞᆫ例外ᄅᆞᆯ歐米諸國이半開國에對ᄒᆞ야條約으로써設定ᄒᆞᄂᆞᆫ理由ᄂᆞᆫ此等半開國의慣習及法律은文明諸國의慣習及法律과相殊ᄒᆞ야自他間에大差가有ᄒᆞᆷ으로其法律裁判을信憑키難ᄒᆞ야如此ᄒᆞᆫ規定을設定ᄒᆞᆷ에不外ᄒᆞ니此制度의設置ᄅᆞᆯ被ᄒᆞᆫ諸國家ᄂᆞᆫ自國版圖內에在ᄒᆞ야當然히行使ᄒᆞᆯ主權의一部分을外國에對ᄒᆞᆫ契約의結果로他國家에讓與ᄒᆞᆫ者ㅣ니라是以로此例外ᄅᆞᆯ實行ᄒᆞᆷ에關ᄒᆞ야ᄂᆞᆫ他國家間에慣例ᄅᆞᆯ引用ᄒᆞ야領事裁判의問題ᄅᆞᆯ解決ᄒᆞᆷ은不能ᄒᆞᆯ지로다

日本國에行來ᄒᆞᆫ領事裁判制度ᄂᆞᆫ同國安政年間으로브터明治初年間에諸外國과締結ᄒᆞᆫ條約上에明文을依ᄒᆞ야成立ᄒᆞᆫ者ㅣ라其條約의規定은各國이不一ᄒᆞ대最히正確ᄒᆞᆫ規定은明治二年에同國과墺國間에締結ᄒᆞᆫ條約이라同條約의規定을據ᄒᆞᆯ진대墺國人間及墺國人과他締盟國人間의訴訟은墺國領事가裁判ᄒᆞ고墺國人과日本國人間訴訟에日本國人이被告되ᄂᆞᆫ時ᄂᆞᆫ日本國裁判所에서受理ᄒᆞ고墺國人이被告되ᄂᆞᆫ時ᄂᆞᆫ墺國領事가裁判ᄒᆞ며又刑事에關ᄒᆞ야ᄂᆞᆫ墺國人이日本國人及他國人의게對ᄒᆞᆫ犯罪ᄂᆞᆫ領事裁判에一任ᄒᆞ고日本國人이墺國人

성립하는 것이다. 영사는 체류국에서 본국의 법률 및 사법권을 행한다. 그러나 이러한 예외를 여러 구미 국가들이 반개국에 대해서 조약으로 설정하는 이유는 이들 반개국의 관습과 법률이 여러 문명국가의 관습 및 법률과 서로 달라서 자국과 타국 사이에 큰 차이가 있기에 그 법률재판을 신뢰하기 어려워 이러한 규정을 설정하는 것에 지나지 않는다. 이 제도가 설치된 여러 국가는 자국 영역 내에서 당연히 행사할 주권의 일부분을 외국과 체결한 계약의 결과로 타국에 넘겨준 것이다. 이러한 이유로 이러한 예외를 실행하는 것에 관해서는 다른 국가와의 관례를 인용하여 영사재판 문제를 해결할 수 없다.

일본국에서 행해 온 영사재판 제도는 이 국가의 안세이(安政) 시기부터 메이지 원년에 여러 외국과 체결한 조약의 명문에 의하여 성립하였다. 이 조약 규정은 각국이 같지 않지만, 가장 정확한 규정은 메이지 2년에 이 나라와 오스트리아 사이에 체결한 조약이다. 이 조약 규정을 들어보면 오스트리아인들 사이, 그리고 오스트리아인과 다른 체약국인 사이의 소송은 오스트리아의 영사가 재판하고 오스트리아인과 일본인 사이의 소송에서 일본인이 피고가 되는 때는 일본국의 재판소에서

理ᄒᆞ고墺國人이被告되ᄂᆞᆫ時ᄂᆞᆫ墺國領事가裁判ᄒᆞ며又刑事에關ᄒᆞ야ᄂᆞᆫ墺國人이日本國人及他國人의게對ᄒᆞᆫ犯罪ᄂᆞᆫ領事裁判에一任ᄒᆞ고日本國人이墺國人의게對ᄒᆞᆫ犯罪ᄂᆞᆫ日本國裁判所에서受理處刑ᄒᆞᆯ事로規定ᄒᆞ얏스며又貿易規則及稅則에違反ᄒᆞᆫ墺國人으로브터徵收ᄒᆞᄂᆞᆫ罰金或卜物沒收ᄂᆞᆫ墺國領事가行ᄒᆞ고其徵收ᄒᆞᆫ罰金及卜物은日本國政府에屬ᄒᆞᆷ이라ᄒᆞ얏스니日本國이此에對ᄒᆞ야關與ᄒᆞᆷ을不得ᄒᆞᆯ境遇ᄅᆞᆯ擧ᄒᆞᆯ진대民事訴訟에關ᄒᆞ야ᄂᆞᆫ第一、墺國人互相間의訴訟第二、墺國人과他外國人間의訴訟第三、墺國人과日本國人間의訴訟으로外國人이被告되ᄂᆞᆫ境遇오又刑事에關ᄒᆞ야領事廳이管轄權을有ᄒᆞᆫ者ᄂᆞᆫ第一、日本國人及他國人의게對ᄒᆞᆫ自國人의犯罪第二、條約에附屬ᄒᆞᆫ貿易規則及稅則을自國人이犯ᄒᆞᆫ境遇等이是라以上은日本國과墺國間에締結ᄒᆞᆫ條約의明文을解釋上으로觀察ᄒᆞ야領事廳에서裁判ᄒᆞᆯ訴訟及公判ᄒᆞᆯ境遇ᄅᆞᆯ列擧ᄒᆞᆷ에不過ᄒᆞᆫ대民事訴訟上에至ᄒᆞ야締盟國人과無條約國人間의訴訟도實際ᄂᆞᆫ領事廳에서裁判ᄒᆞᄂᆞ니라

前述ᄒᆞᆷ과如히領事裁判에關ᄒᆞ야ᄂᆞᆫ歐米의諸國이方今東洋諸國及土耳其等國

처리하고, 오스트리아인이 피고가 되는 때는 오스트리아 영사가 재판하며 또한 형사에 관해서는 오스트리아인이 일본인에게 저지른 범죄 및 다른 나라 국적자에게 저지른 범죄는 영사 재판에 일임하고, 일본인이 오스트리아인에게 저지른 범죄는 일본국 재판소에서 처리하여 형사 처벌하도록 규정하였다. 또한 무역규칙 및 세금 규칙 위반은 오스트리아인에게서 징수하는 벌금 혹은 선적물 몰수는 오스트리아 영사가 행하고 그 징수한 벌금 및 선적물은 일본 정부에 속하도록 하였다. 일본국이 이에 대해서 관여할 수 없는 경우를 들어보면 민사소송에 관해서는 첫째, 오스트리아인 상호 간의 소송, 둘째, 오스트리아인과 다른 외국인 간의 소송, 셋째, 오스트리아인과 일본인 사이의 소송으로서 외국인을 피고로 하는 경우이고, 또한 형사에 관해서 영사청이 관할권을 갖는 경우는 첫째, 일본인 및 다른 국적인에 대한 자국인의 범죄, 둘째, 조약의 부속 무역규칙 및 세금 규칙을 자국인이 위반하였을 때 등이다. 이상은 일본과 오스트리아 양국 간에 체결한 조약의 명문을 해석상 보아서 영사청에서 재판하는 소송 및 공판할 경우를 열거한 것에 불과하다. 민사소송에 대해서 체약국의 국적인과 무조약국(無條約國)의 국적인 사이의 소송도 실제로는 영사청에서 재판하였다.

앞서 기술한 것과 같이 영사재판에 관해서는 여러 구미 국가들이 현재 동양의 여러 국가와 터키 등의 국가에

* 원문의 편집 오류로 인하여 284쪽이 중복 표시되었다.

에對ᄒᆞ야行ᄒᆞᄂᆞᆫ바ㅣ니라然而此等條約의趣旨ᄂᆞᆫ大同小異ᄒᆞ야締盟國訴訟에至ᄒᆞ야ᄂᆞᆫ被告된者의本國領事가裁判ᄒᆞᆷ이普通이오又此等의領事로裁判ᄒᆞᆷ을可得ᄒᆞᆯ者ᄂᆞᆫ民事에ᄂᆞᆫ第一審에不過ᄒᆞᆷ으로控訴及終審의裁判은本國의法廷이此ᄅᆞᆯ行ᄒᆞᆯ者오刑事에ᄂᆞᆫ罰金科料等輕罪에限ᄒᆞᄂᆞᆫ故로重罪의裁判及其上告ᄂᆞᆫ本國裁判所에서行ᄒᆞᆯ者ㅣ며其裁判에關ᄒᆞᆫ詳細ᄒᆞᆫ規定은本國의內國法을依ᄒᆞ야決定ᄒᆞᆯ者ㅣ니라現今日本國과淸國間에行ᄒᆞᄂᆞᆫ領事裁判權의制度ᄅᆞᆯ觀察ᄒᆞᆯ진대日本國이淸國에對ᄒᆞ야日淸戰役以前에在ᄒᆞ야ᄂᆞᆫ兩國間條約第八條、第九條、第十一條及第十三條等의規定을依ᄒᆞ야淸國은日本國에對ᄒᆞ야領事裁判權을行ᄒᆞ고日本國도淸國에對ᄒᆞ야此權이有ᄒᆞᆷ으로兩國間에互相的으로領事裁判權이有ᄒᆞ더니戰爭後에至ᄒᆞ야ᄂᆞᆫ獨히日本國만淸國에對ᄒᆞ야此權을有ᄒᆞ고淸國은日本國에對ᄒᆞ야此權을不有ᄒᆞᆷ에至ᄒᆞ니라我韓國에對ᄒᆞ야도歐米의列邦及日本國이此權을有ᄒᆞ고又暹羅에對ᄒᆞ야도此制度가現行ᄒᆞᆷ은國家의文物이未達ᄒᆞ야國際公法上에確實히一員됨을不得ᄒᆞᆫ所以니라

玆에附言ᄒᆞᆯ者ᄂᆞᆫ混合裁判或合同裁判이是라埃及國에在ᄒᆞ야ᄂᆞᆫ歐米의列國이

대해서 행하는 것이다. 그러나 이들 조약의 취지는 거의 비슷해서 체약국 소송에 대해서는 피소된 자의 본국 영사가 재판하는 것이 보통이다. 또한 이들 국가의 영사가 재판할 수 있는 경우는 민사에서는 제1심에 불과하여 항소 및 종심 재판은 본국 법원이 이를 행한다. 형사에서는 벌금, 과징금 등 경범죄에 한정되기 때문에 중범죄의 재판 및 그 상고심은 본국 재판소에서 행한다. 그 재판에 관한 상세한 규정은 본국의 국내법에 따라 결정할 것이다. 현재 일본국과 청국 간에 행하는 영사재판권 제도를 보건대 일본국이 청국에 대해서 청일 전생 이선에는 양국 간 조약 제8조, 제9조, 제11조 및 제13조 등의 규정에 따라 청국은 일본국에 대해서 영사재판권을 행하고 일본국도 청국에 대해서 이러한 권리를 가졌기에 양국 간에 서로 영사재판권이 있었다. 전쟁 후에는 홀로 일본국만 청국에 대해서 이러한 권리를 가졌고 청국은 일본국에 대해서 이러한 권리를 갖지 못하게 되었다. 우리나라 한국에 대해서도 구미의 여러 국가 및 일본국이 이러한 권리를 가졌다. 또한 시암에 대해서도 이러한 제도가 현재에도 시행되고 있는 것은 국가의 문물이 미흡하여 국제공법상 확실히 일원이 될 수 없기 때문이다.

여기에서 부언할 것은 혼합재판 혹은 합동 재판이다. 이집트에서는 구미의 여러 국가가

此領事裁判의制度를行來ᄒᆞᆫ事가有ᄒᆞ니當時에同國에對ᄒᆞ야行ᄒᆞ던狀況을略說ᄒᆞᆯ진대同國에十七八個國領事가在留ᄒᆞ야各其自國의國法을依ᄒᆞ야裁判을行ᄒᆞ고其他埃及國의裁判所가有ᄒᆞ야各國의國法이各自相殊ᄒᆞ고裁判節次가互相不一ᄒᆞᆷ으로第一은何國裁判所에起訴ᄒᆞ며何國의法律을依ᄒᆞ야裁判ᄒᆞᆯ事를豫知ᄒᆞ기不能ᄒᆞ고第二는若原告로國籍이相殊ᄒᆞᆫ多數의被告가有ᄒᆞᆫ訴訟에至ᄒᆞ야는其各人에關ᄒᆞ야各其本國裁判所에多數의訴訟을提起ᄒᆞ야同一事件에互相矛盾ᄒᆞ는多數의判决이有ᄒᆞᆷ에至ᄒᆞᆯ지오第三은各領事廳의裁判은其控訴를各其本國法廷에提起ᄒᆞ는結果로埃及國에在留ᄒᆞ는諸國人民의게對ᄒᆞ야非常ᄒᆞᆫ不便을與ᄒᆞ며特히刑事에關ᄒᆞ야는埃及國政府의權力이無ᄒᆞᆷ으로警察官은諸國領事의指揮를從ᄒᆞ야其命令이互相牴觸됨을未免ᄒᆞᆯ不便이有ᄒᆞᆫ지라是以로西曆千八百七十六年一月一日로爲始ᄒᆞ야領事裁判制度를廢止ᄒᆞ고其代에合同裁判制度를設置ᄒᆞᆫ後에新히商法、民法、海商法、民商事의訴訟法及刑法、刑事訴訟法等을發布ᄒᆞ야埃及國人及外國人을不問ᄒᆞ고總히此等法律을準據케ᄒᆞ며埃及國中에三個裁判所를設置ᄒᆞ고其裁判所의管轄及權力에關

이 형사 재판 제도를 행해 온 일이 있다. 당시에 이 국가에 대해서 행하던 상황을 간략히 서술해 본다. 이 나라에 17-18개 국가의 영사가 체류하고 있어서 각기 자국법에 따라 재판하였다. 그 밖에도 이집트의 재판소가 있어서 각국의 국내법이 각자 서로 다르고 재판절차가 서로 일치하지 않아서 첫째는 어느 국가의 재판소에 기소하며, 어느 국가의 법률에 따라 재판할 것인지를 미리 알 수 없고, 둘째는 만약 원고가 서로 다른 국적의 피고가 다수인 소송을 제기하여 그 각자에 관해 각각의 본국 재판소에 다수의 소송을 제기하여 같은 사건에 상호 모순되는 다수의 판결이 있게 될 것이고, 셋째는 각 영사청의 재판은 그 항소는 각각 본국 법원에 제기하는 결과로 이집트에 체류하는 여러 국가의 인민들에 대해서 심각한 불편을 줄 것이며 특히 형사에 관해서는 이집트 정부에 권한이 없어서 경찰관이 여러 국가 영사의 지휘를 따라서 그 명령이 상호 저촉되는 것을 피할 수 없는 불편이 있었다. 이러한 이유로 1876년 1월 1일부터 시작하여 영사재판 제도를 폐지하고 그때 합동재판제도를 마련한 후에 새롭게 상법, 민법, 해상법, 민·상사의 소송법 및 형법, 형사소송법 등을 공포하여, 이집트인 및 외국인을 불문하고 전부 이들 법률에 근거하도록 했다. 이집트에 3개 재판소를 설치하고 그 재판소의 관할 및 권한에

ᄒᆞ야ᄂᆞᆫ特別ᄒᆞᆫ規定이有ᄒᆞ며各裁判所에ᄂᆞᆫ七名의判事ᄅᆞᆯ置호대就中四名은外國人으로定ᄒᆞ고三名은埃及人으로定ᄒᆞ야審判은五名의判事가合議的으로行호대其三名은外國人이오二名은埃及人이며裁判長은外國人에限ᄒᆞᄂᆞ니라然而亞歷山府에控訴院이有ᄒᆞ야外國人七名과埃及人四名의判事로成立ᄒᆞ고審判은五名의外國人判事와三名의埃及人判事로合成ᄒᆞ야行ᄒᆞ며凡判事의任命은埃及國政府에서行호대外國人判事에關ᄒᆞ야ᄂᆞᆫ其外國人本國政府의勸告ᄅᆞᆯ依ᄒᆞ야任命ᄒᆞᆯ事로定ᄒᆞ고歐米十四個國은此協定에贊同ᄒᆞᆫ後에合同裁判의結果가良好ᄒᆞᆷ으로列國은其繼續期限을屢屢히延期ᄒᆞ야今日에至ᄒᆞ기ᄭᆞ지라도此等裁判所에서同國에在留ᄒᆞᄂᆞᆫ內外國人의民刑事訴訟을尙且審理裁判ᄒᆞᄂᆞ니라

第四章 國家自衛權

第一節 總論

國家의生存을安全히保維ᄒᆞ기爲ᄒᆞ야他國家로브터脅迫을受ᄒᆞᆫ時ᄂᆞᆫ其危險을加ᄒᆞᄂᆞᆫ國家에對ᄒᆞ야自國의危險을避ᄒᆞᆯ手段을講究ᄒᆞᆷ이可ᄒᆞ고若其危險이非

관해서는 특별한 규정이 있어서 각 재판소에는 7명의 판사를 두되 그중에서 특히 4인은 외국인으로 정하고, 3인은 이집트인으로 정하였다. 심판은 5명의 판사가 합의해서 행하되 그중 3인은 외국인이고 2인은 이집트인이며 재판장은 외국인에 한정했다. 그러나 알렉산드리아에 항소법원이 있어서 외국인 7인과 이집트인 4인의 판사로 구성하고 심판은 5인의 외국인 판사와 3인의 이집트인 판사로 구성하여 행했다. 대개 판사의 임명은 이집트 정부에서 행하되 외국인 판사에 관해서는 그 외국인 본국 정부의 권고에 따라 임명하도록 정하였나. 구미 14개국은 이 협정에 찬성한 후 합동 재판의 결과가 좋았기에 여러 국가는 존속 기한을 여러 차례 연장해서 오늘날에 이르기까지도 이들 재판소에서 이집트에 체류하는 내외국인의 민·형사 소송을 여전히 심리 재판하고 있다.

제4장 국가의 자위권

제1절 총론

국가의 생존을 안전하게 보호하고 유지하기 위하여 다른 국가로부터 협박을 받는 때는 그 위험을 가하는 국가에 대해서 자국의 위험을 피하기 위한 수단을 마련해야 한다. 만약 그 위험이

常ᄒᆞᆫ時ᄂᆞᆫ自國의生存을維持ᄒᆞᆯ必要上으로强力을使用ᄒᆞ야他國의權利를侵害ᄒᆞᆯ지라도自國의危險은排除ᄒᆞᆷ을可得ᄒᆞᆯ지니國家의此等權利를名稱ᄒᆞ야自衛權이라稱ᄒᆞᄂᆞ니라然而此權利ᄂᆞᆫ平時及戰時를不問ᄒᆞ고國家主權에附屬ᄒᆞᆫ必要ᄒᆞᆫ權利中의一種이니是以로피리모아氏ᄂᆞᆫ此權利를國際公法上第一位에配寘ᄒᆞ야說明ᄒᆞ니라凡個人이社會上에生活ᄒᆞ야身體及財産의安全을保維ᄒᆞᄂᆞᆫ權利ᄂᆞᆫ他人의侵害를決코不許ᄒᆞᆯ者ㅣ오自己의危害를除避ᄒᆞᆯ必要가有ᄒᆞᆫ範圍內에在ᄒᆞ야ᄂᆞᆫ如何ᄒᆞᆫ行爲라도行ᄒᆞᆷ을可得ᄒᆞᆷ과如히國家도亦其生活을保維ᄒᆞ기爲ᄒᆞ야ᄂᆞᆫ如何ᄒᆞᆫ行爲라도行ᄒᆞᆷ을可得ᄒᆞᆯ權利가有ᄒᆞ니라學者中에或國家生存에必要ᄒᆞᆫ權利를總稱ᄒᆞ야自存權이라稱謂ᄒᆞ고國家를存續ᄒᆞ며發達케ᄒᆞ기爲ᄒᆞ야自擇ᄒᆞᄂᆞᆫ方法으로內政及外交를行ᄒᆞᄂᆞᆫ權利ᄭᆞ지라도此自存權範圍內에包含ᄒᆞ야說明ᄒᆞᄂᆞᆫ者ㅣ不無ᄒᆞ대如此히說明ᄒᆞᄂᆞᆫ時ᄂᆞᆫ自存權의範圍가甚히廣大ᄒᆞ야國家의權利라云ᄒᆞᄂᆞᆫ權利ᄂᆞᆫ總히包含ᄒᆞ야主權行使의全體를指ᄒᆞᆷ에可至ᄒᆞᆷ으로ᄡᅥ本編에ᄂᆞᆫ國家의權利를領土主權에基因ᄒᆞ야四種으로區別ᄒᆞ고他國의權利를侵害치아니ᄒᆞᄂᆞᆫ範圍以內에在ᄒᆞ야ᄂᆞᆫ任意로國家가內政外交를

예사롭지 않을 때는 자국의 생존을 유지하는 데 필요한 무력을 사용하여 타국의 권리를 침해해도 자국의 위험을 배제할 수 있어야 할 것이다. 국가의 이들 권리를 이름하여 자위권이라 부른다. 그러나 이 권리는 평시 및 전시를 불문하고 국가 주권에 부속하는 필요적 권리의 일종이다. 이러한 이유로 필리모어는 이들 권리를 국제공법상 첫 번째 위치에 배치하여 설명하였다. 대개 개인이 사회에서 생활하여 신체 및 재산의 안전을 도모하고 유지하는 권리는 타인이 결코 침해할 수 없다. 자기의 위해를 제거하거나 피할 필요가 있는 범위 내에서는 어떠한 행위라도 행할 수 있듯이 국가도 역시 그 생활을 보호하고 유지하기 위하여 어떠한 행위라도 행할 수 있는 권리를 갖는다. 어떤 학자는 국가생존에 필요한 권리를 총칭해서 자존권이라 칭하고, 국가의 존속과 발달을 위해 스스로 선택한 방법으로 내정 및 외교를 수행하는 권리까지도 이러한 자존권의 범위 내에 포함해 설명하는 경우가 없지 않다. 이같이 설명하는 때는 자존권의 범위가 매우 넓어서 국가의 권리라고 하는 권리는 모두 포함해야 주권 행사의 전체를 가리키는 것이 되기에 이편에서는 국가의 권리를 영토 주권에 근거하여 4가지 종류로 구별하고 타국의 권리를 침해하지 않는 범위 내에서 임의로 국가가 내정 및 외교를

行得홀獨立權部에包含케ᄒᆞ고져홈이라是以로國家가海陸軍備를設寘ᄒᆞ야自國의防衛를準備ᄒᆞ며他國家와攻守同盟條約을締結홈으로目的홈과如ᄒᆞᆫ者도國家의自衛로대此ᄂᆞᆫ獨立權의使用上으로行使홈을可得홀者ㅣ오玆에所謂自衛權은아니라故로自衛權이란者ᄂᆞᆫ個人이危險을除避ᄒᆞ기爲ᄒᆞ야他人의게加害홀지라도正當防衛를成홈과如히其性質이互相殆同ᄒᆞᆫ國家의權利를謂ᄒᆞᄂᆞᆫ者ㅣ니此權利를行홈에當ᄒᆞ야ᄂᆞᆫ其手段을取홀外에他道理가無ᄒᆞᆫ事를要ᄒᆞ고其他國에對ᄒᆞ야敵意를不抱ᄒᆞ고自衛의目的上으로必要ᄒᆞᆫ行爲를行치아니ᄒᆞ면他道理가無ᄒᆞᆫ事를要ᄒᆞᄂᆞ니라

國家ᄂᆞᆫ獨立權을依ᄒᆞ야海陸의軍備를自由로設寘홈을可得홈은無論이라然이나其軍備를自國家防禦上에比較ᄒᆞ야不必要ᄒᆞᆫ程度에至ᄒᆞ기ᄭᆞ지增加ᄒᆞ야隣國의平和와獨立을脅迫홈과如ᄒᆞᆫ境遇에至ᄒᆞ야ᄂᆞᆫ是로因ᄒᆞ야危險을被ᄒᆞᆫ國家ᄂᆞᆫ其危險을加ᄒᆞᆫ國家에對ᄒᆞ야其理由의說明을請求홈이可ᄒᆞ고若其請求에對ᄒᆞ야滿足ᄒᆞᆫ說明을不得ᄒᆞᄂᆞᆫ時ᄂᆞᆫ如此ᄒᆞᆫ示威的敵意動作의中止를要請홈을可得홀지라然이나如此히强硬的으로隣國의軍備를中止케홈은原來此를濫行ᄒᆞ

행할 수 있는 독립권에 포함하고자 한다. 이러한 이유로 국가가 해군과 육군 시설 및 장비를 설치해서 자국의 방위를 준비하며 다른 국가와 공수동맹조약을 체결하기 위한 목적과 같은 것도 국가의 자위가 되겠지만 이는 독립권을 사용하여 행사할 수 있는 것이고, 여기에서 말하는 자위권은 아니다. 따라서 자위권이란 개인이 위험을 제거하고 피하고자 타인에게 해를 가하더라도 정당방위가 되듯이 그 성격이 상호 간에 거의 같은 국가의 권리를 말하는 것이다. 이러한 권리를 행사할 때는 그 수단을 취하는 것 이외에는 다른 방법이 없는 것이어야 하고, 그 타국에 대해서 적의를 갖지 않고 자위 목적에서 필요한 행위를 행하지 않으면 다른 도리가 없는 일이어야 한다.

국가는 독립권에 의하여 해군과 육군의 설비와 장비를 자유로 설치할 수 있는 것은 물론이다. 그러나 그 군비를 자국 방어와 비교해서 불필요한 정도까지 증가시켜 이웃 국가의 평화와 독립을 협박하는 경우가 되어서 이로 인해서 위험을 겪는 국가는 그 위험을 가하는 국가에 대해서 그 이유를 설명하도록 요청해야 하고 만약 그 요청에 대해서 만족할 만한 설명을 얻지 못하는 때는 이처럼 위력으로 적대적인 의사를 내보이는 동작의 중지를 요청할 수 있다. 그러나 이같이 강경하게 이웃 국가의 군비를 중지시키는 것은 원래 이를 남용해서 행하거나 거나妄行홀者는아니오特히其軍備는全然히防止的軍備와進擊的軍備의性質을從ᄒᆞ야區別치아니홈을不得홀지니若其軍備로非常히海陸軍을增加ᄒᆞ야隣國을脅迫ᄒᆞ는戰鬪的準備와如ᄒᆞᆫ者는平和的으로軍備의增加說明을請求홀지오又此에對ᄒᆞ야說明ᄒᆞ는國家도平和的으로說明홈이可ᄒᆞ대是와相反ᄒᆞ야領土內에城壘를建築홈과如ᄒᆞᆫ事項은原來他國과戰鬪를開始ᄒᆞ는境遇에戰鬪力을增加홈은無論이로대其城壘의自體가他國의安寧을害ᄒᆞ고危케홈은아니오自國家國防上에必要ᄒᆞᆫ者ㅣ되는故로如此ᄒᆞᆫ境遇에는容喙홈을不得홀지라此等의理由와同一히國家는陸海軍의學校를隆盛히設立ᄒᆞ야教育ᄒᆞ거나或은一般國民의게兵式訓鍊을行ᄒᆞ거나兵學의普及을圖謀홈과如홈은決코他國家의干涉을受홀者ㅣ아니니라故로國家는自衛權의行使를依ᄒᆞ야非常ᄒᆞᆫ危險이有ᄒᆞᆫ時에는他國의權利를侵害홀지라도可咎홈을不得ᄒᆞᆫ實例를擧홀진대西曆千八百十五年센드마ㅣ크스事件이니米國大統領몬로ㅣ氏는西班牙國領地펜사고라에서暴徒가集合ᄒᆞ야米國領內에掠奪을行홈으로써西班牙國太守의게其暴徒를鎭壓處罰홀事를請求ᄒᆞ얏더니西班牙國은此請求를拒絶홈으로米國은 망령되게 행하지 않아야 한다. 특히 그 군비는 완전히 방어적 군비와 공격적 군비의 성격에 따라서 구별하지 않을 수 없다. 만약 그 군비로 예사롭지 않게 해군과 육군을 증가시켜 이웃 국가를 협박하는 전투준비와 같은 것에 대해서는 평화적으로 군비 증가에 관한 설명을 요청할 것이다. 또한 이에 관해서 설명하는 국가도 평화적으로 설명해야 할 것이다. 이와 반대로 영토 내에 성루를 건축하는 것과 같은 사항은 원래 타국과 전투를 개시할 때 전투력을 증가시킬 것은 말할 필요가 없다. 그 성루 자체가 타국의 안녕을 해하고 위태롭게 하는 것은 아니고 자국의 국방에 필요한 것이기 때문에 이런 경우에는 간섭할 수 없다. 이러한 이유와 같이 국가는 육군과 해군 학교를 설립하여 교육하거나 혹은 일반 국민에게 군사훈련을 행하거나 군사학을 보급하는 계획과 같은 것은 결코 다른 국가의 간섭을 받을 일이 아니다. 따라서 국가는 자위권의 행사에 따라 비상한 위험이 있는 때는 타국의 권리를 침해하여도 책망할 수 없는 실례를 들어보고자 한다. 1815년 세인트마크스(St. Marks) 사건에서 미국 대통령 먼로는 스페인 영토인 펜서콜라(Pensacola)에서 폭도들이 집합하여 미국 영역 내에서 약탈하자 스페인 총독에게 그 폭도들을 진압하고 처벌할 것을 요청했더니 스페인은 이 청구를 거절하였다. 이에 미국은

軍隊를派遣ᄒᆞ야暴徒의根據地를打擊ᄒᆞᆫ事가有ᄒᆞ며又有名ᄒᆞᆫ「가로링」號事件도亦此에對ᄒᆞᆫ一例니西曆千八百三十七年加奈太叛亂時에叛徒가나잉갈河에在ᄒᆞᆫ米國領土네ㅣ비ㅣ島에根據를定ᄒᆞ고義勇兵을招集ᄒᆞᆯ際에紐育及빠몬드州ᄂᆞᆫ自國民아此에關與홈을禁ᄒᆞ얏스나米國人은叛徒의게同情을表ᄒᆞ야米國船「가로링」號를使用ᄒᆞ야同島에武器糧草를貯蓄ᄒᆞ고又同船으로써加奈太에叛徒가侵入홈을補助ᄒᆞᆫ故로英國軍隊ᄂᆞᆫ네ㅣ비ㅣ島에侵入ᄒᆞ야米國海岸에셔「가로링」號를攻擊ᄒᆞ야나잉갈瀑布中에擊沈케ᄒᆞ니라是以로米國政府ᄂᆞᆫ領土를侵害ᄒᆞᆫ所以로써英國에對ᄒᆞ야抗議를提出ᄒᆞ고再論ᄒᆞ야曰英國은此抗議에對ᄒᆞ야自衛의必要上으로危險이切迫ᄒᆞ고重大ᄒᆞ야他手段를採用ᄒᆞᆯ暇遑이無ᄒᆞ고又其手段을熟思ᄒᆞᆯ時期가無ᄒᆞ던事實을證明치아니ᄒᆞ면責任을得免치못ᄒᆞᆯ事를論ᄒᆞ니라然이나英國의行爲ᄂᆞᆫ原來如右ᄒᆞᆫ事情下에行ᄒᆞᆫ者오又其行爲의範圍도自衛上必要程度以內에止홈으로米國도此를認ᄒᆞ야爭議의終局을結ᄒᆞᆫ事가有ᄒᆞ니라

以上二個의實例ᄂᆞᆫ共히他國에在ᄒᆞᆫ人民의게對ᄒᆞ야强力을使用ᄒᆞᆫ者오其人民

군대를 파견해서 폭도의 근거지를 타격한 적이 있다. 또한 유명한 '캐롤라인'호(The Caroline) 사건도 역시 이에 관한 한 사례이다. 1837년 캐나다 반란 시에 반도들이 나이아가라강에 있는 미국 영토 네이비(Navy)섬에 근거를 두고 의용병을 모집할 때 뉴욕과 버몬트(Vermont)주는 자국민이 이에 관여하는 것을 금지하였지만 미국인은 반도에게 동정을 표하여 미국 선박 '캐롤라인'호를 사용하여 이 섬에 무기, 양식, 사료를 비축하였다. 또한 이 선박으로 캐나다에 반도가 침입하는 것을 지원하였기 때문에 영국 군대는 네이비섬에 침입하여 미국 해안에서 '캐롤라인'호를 공격하여 나이아가라폭포에 격침했다. 이러한 이유로 미국 정부는 영토침해를 이유로 영국에 대해 항의하고 재론하면서, 이러한 항의에 대해서 영국이 자위의 필요성, 그리고 위험이 절박하고 중대하여 다른 수단을 채용할 여지가 없었고 또한 그 수단을 깊이 생각할 시간이 없었던 사실을 영국이 증명하지 않으면 책임을 면하지 못할 것이라고 주장하였다. 그러나 영국의 행위는 원래 위와 같은 사정 하에서 행한 것이었고 또한 그 행위의 범위도 자위상 필요한 정도 이내에 그쳤기 때문에 미국도 이를 인정하여 분쟁을 종결시킨 적이 있다.

이상 두 건의 실례는 모두 타국에 있는 인민에 대해서 강제력을 사용한 것이고 그 인민의

의行爲ᄂᆞᆫ兩國이共히認否ᄒᆞᄂᆞᆫ者ㅣ로ᄃᆡ或境遇에在ᄒᆞ야ᄂᆞᆫ國家가中立國或友誼國에對ᄒᆞ야其國의領土及物品이敵軍의게利用될事實이分明ᄒᆞ고其實行期가切迫ᄒᆞᄃᆡ其國家ᄂᆞᆫ國力이微弱ᄒᆞ야防禦ᄒᆞᆷ을不得ᄒᆞ고不獲已ᄒᆞ야敵軍에左袒ᄒᆞᆯ境遇에殆至ᄒᆞᆫ時ᄂᆞᆫ自衛上으로自進ᄒᆞ야其領土ᄅᆞᆯ占領ᄒᆞ며又ᄂᆞᆫ利用코져ᄒᆞᄂᆞᆫ物品을押取ᄒᆞᄂᆞᆫ事가不無ᄒᆞ니라然이나如此ᄒᆞᆫ境遇ᄂᆞᆫ直接으로其國家에對ᄒᆞ야强力을使用ᄒᆞᄂᆞᆫ者ㅣ되ᄂᆞᆫ故로其行爲ᄂᆞᆫ敵意가有ᄒᆞᆫ者로認ᄒᆞᆷ을可得ᄒᆞᆯ지니如此ᄒᆞᆫ行爲ᄅᆞᆯ行ᄒᆞᆷ에ᄂᆞᆫ自衛上의必要가切迫ᄒᆞᆷ으로不得已ᄒᆞ야行使ᄒᆞᄂᆞᆫ外에他意가無ᄒᆞᆫ事ᄅᆞᆯ證明ᄒᆞ며且是로因ᄒᆞ야損害ᄅᆞᆯ受ᄒᆞᆫ國에對ᄒᆞ야ᄂᆞᆫ賠償ᄒᆞᆷ을要ᄒᆞᄂᆞ니라西曆千八百七年에英國이丁抹國艦隊ᄅᆞᆯ押寘코져ᄒᆞᆷ은此에對ᄒᆞᆫ適例니丁抹國은有力ᄒᆞᆫ艦隊와海軍의材料ᄅᆞᆯ貯蓄ᄒᆞ얏스나陸軍이微弱ᄒᆞᆷ으로日耳曼北部에在ᄒᆞᆫ法軍의게對抗ᄒᆞᆷ을不得ᄒᆞᆯ境遇에在ᄒᆞ거ᄂᆞᆯ法國은丁抹國과디르싯드에서秘密條約을締結ᄒᆞ야其艦隊ᄅᆞᆯ利用ᄒᆞ야英國을攻擊ᄒᆞᆷ에供用코져ᄒᆞ니라然而若此法國으로此事ᄅᆞᆯ實行ᄒᆞᄂᆞᆫ時ᄂᆞᆫ英國은非常ᄒᆞᆫ危險境遇에陷入ᄒᆞᆯ事가分明ᄒᆞᆷ으로英國政府ᄂᆞᆫ丁抹國에對ᄒᆞ야一時的期限으로英國海軍保

행위는 양국이 모두 인정하지 않았다. 혹은 때에 따라서는 국가가 중립국 및 우호국에 대해 그 국가의 영토 및 물품이 적군에게 이용될 것이 분명하고 그 실행 시기가 절박하지만, 그 국가의 국력이 미약해서 방어할 수 없고 자신을 보호할 수 없어서 거의 적군에 동조할 경우가 되었을 때 자위 차원에서 스스로 진입하여 그 영토를 점령하거나 이용하고자 물품을 압수하는 일이 없지 않다. 그러나 이런 경우는 직접 그 국가에 대해서 무력을 사용하는 것이 되기 때문에 그 행위는 적의가 있는 것으로 인정할 수 있다. 이런 행위를 행할 때는 자위 차원에서 절박하게 필요하여 부득이하게 행사하는 것 이외의 다른 뜻이 없다는 것을 증명하고, 또한 이로 인해서 손해를 받은 국가에 대해서는 배상해야 한다. 1807년에 영국이 덴마크 함대를 진압하려고 했던 것은 이에 대한 예로서 적절하다. 덴마크는 함대의 힘을 축적하고 해군의 자재 비축하였지만, 육군이 미약해서 게르만 북부에 있는 프랑스군에게 대항할 수 없는 상황에 있었다. 프랑스는 덴마크와 틸지트(Tilsit)에서 비밀조약을 체결하여 그 함대를 이용하여 영국을 공격할 때 함께 사용하도록 하였다. 그러나 만약 프랑스가 이러한 일을 실행하는 때 영국은 비상한 위험에 빠질 것이 분명하였기에 영국 정부는 덴마크에 대해서 일정 기간 영국 해군의

管下에寘ᄒᆞᆯ事를請求ᄒᆞ고平和後에至ᄒᆞ야ᄂᆞᆫ其各軍艦을引繼ᄒᆞᆯ時에同一狀態로返還ᄒᆞᆯ條件을附ᄒᆞ며又丁抹國에對ᄒᆞ야法軍의攻擊이有ᄒᆞᆫ時ᄂᆞᆫ此를防禦ᄒᆞᆯ事로保證ᄒᆞ니라然이나丁抹國은此請求를敵意의行爲라ᄒᆞ야英國에對ᄒᆞ야開戰ᄒᆞᆫ事가有ᄒᆞ니此丁抹國이英國에對ᄒᆞ야其請求를承認치아니ᄒᆞᆷ은原來可咎ᄒᆞᆯ바ㅣ아니로대英國의請求도亦自衛上에正當ᄒᆞᆫ行爲니可咎ᄒᆞᆯ바ㅣ無ᄒᆞ니라

此等事實을依ᄒᆞ야國家自衛權의性質及行使境遇ᄂᆞᆫ大概推測ᄒᆞᆷ을可得ᄒᆞᆯ지로대但如何ᄒᆞᆫ境遇에至ᄒᆞ야果然此權利를行使ᄒᆞᄂᆞᆫ事卽換言ᄒᆞᆯ진대國家에對ᄒᆞᆫ非常ᄒᆞᆫ危險이切迫ᄒᆞ야此事情을得避ᄒᆞᆯ餘暇가無ᄒᆞ고他手段을取ᄒᆞᆯ餘地가無ᄒᆞ며又其手段을實行ᄒᆞᆯ暇遑이無ᄒᆞᆫ境遇ᄂᆞᆫ全히其境遇의事實을依ᄒᆞ야解決ᄒᆞᆯ者ㅣ니라

第二節 干涉

第一欵 干涉의性質

國家가他國의獨立權을侵害치못ᄒᆞᆷ은國際公法上의原則이라然이나其他國家任意行爲에一任ᄒᆞᄂᆞᆫ時ᄂᆞᆫ自國의危險이切迫ᄒᆞ야國家의生存을防害ᄒᆞᆯ念慮가

보관하에 두도록 요청하고, 평화 후에 각 군함을 인계 시에 같은 상태로 반환하겠다는 조건을 붙였다. 또한 덴마크에 대해서 프랑스군의 공격이 있는 때는 이를 방어하기로 보증하였다. 그러나 덴마크는 이러한 요청을 적대적 행위라고 해서 영국에 대해서 전쟁을 개시하였다. 덴마크가 영국에 대해서 그 요청을 인정하지 않았던 것은 원래 책임 추궁할 바 아니었지만, 영국의 요청 역시 자위 차원에서 정당한 행위로서 책잡힐 일이 없었다. 이들 사실에 의하여 국가의 자위권의 성격 및 행사되는 경우는 대게 추측할 수 있다. 다만 어떤 상황에서도 과연 이러한 권리를 행사하는 사안, 즉 바꾸어 말하자면 국가에 대해 예사롭지 않은 위험이 절박하여 이러한 사항을 피할 여지가 없고 다른 수단을 취할 여지가 없으며 또한 그 수단을 실행할 틈이 없는 경우는 온전히 그 상황에 의하여 해결해야 한다.

제2절 간섭

제1관 간섭의 성격

국가가 타국의 독립권을 침해할 수 없는 것은 국제공법의 원칙이다. 그러나 그 밖의 국가들에 임의적 행위로 일임하는 때는 자국의 위험이 절박하여 국가의 생존을 방해할 우려가

有ᄒᆞᆫ境遇에至ᄒᆞ야ᄂᆞᆫ其內政及外交行爲에對ᄒᆞ야容喙ᄒᆞ고一國或數國이連合ᄒᆞ야他國家獨立權에强制的容喙ᄅᆞᆯ行ᄒᆞᄂᆞᆫ事ᄅᆞᆯ干涉이라謂ᄒᆞᄂᆞ니是以로干涉은三個의要素가有ᄒᆞᆷ을要ᄒᆞᄂᆞ니라第一은他國家行爲에容喙ᄒᆞ야其獨立權의行使ᄅᆞᆯ左右코져ᄒᆞᄂᆞᆫ者ㅣ아님을要ᄒᆞ고第二ᄂᆞᆫ被干涉國意思如何ᄅᆞᆯ不關ᄒᆞ고此ᄅᆞᆯ行ᄒᆞᄂᆞᆫ者ㅣ됨을要ᄒᆞᄂᆞ니條約及被干涉國의承諾을依ᄒᆞ야內政及外交ᄅᆞᆯ干與ᄒᆞᆷ은玆에所謂干涉이아니오第三은干涉은性質上으로强制的行爲됨을要ᄒᆞᄂᆞ니强力或强力의脅迫으로써行ᄒᆞᄂᆞᆫ者ㅣ아니면玆에所謂干涉이아니니라然則此ᄅᆞᆯ由ᄒᆞ야觀ᄒᆞᆯ진대國家가他國家의請求ᄅᆞᆯ不依ᄒᆞ고其行爲에對ᄒᆞ야干與ᄒᆞᆯ지라도强制的範圍以外의勸告及助力은干涉이아니오又當事國의請求ᄅᆞᆯ依ᄒᆞ야他國家行爲에對ᄒᆞ야容喙ᄒᆞᆯ지라도其意思ᄂᆞᆫ반다시實行코져ᄒᆞᄂᆞᆫ意思가無ᄒᆞ고當事國에셔도實行ᄒᆞᆯ義務가無ᄒᆞᆫ調停及當事國兩便의爭點을第三國判定에一任ᄒᆞ야其判定을依ᄒᆞ야解決ᄒᆞᆯ仲裁와如ᄒᆞᆫ者ᄂᆞᆫ共히他國家獨立權에對ᄒᆞᆫ容喙로대玆에所謂干涉과ᄂᆞᆫ相殊ᄒᆞ니라然이나是와相反ᄒᆞ야當事國一便의承諾을依ᄒᆞ야行ᄒᆞᄂᆞᆫ干涉도他一便國의承諾이有ᄒᆞᆫ時ᄂᆞᆫ干涉의性質을變ᄒᆞ

있는 경우에는 그 내정 및 외교 행위에 대해 참견하고 한 국가 혹은 여러 국가가 연합하여 다른 국가의 독립권에 강제로 참견하는 것을 간섭이라고 한다. 이러한 이유로 간섭은 3개의 요소를 가져야 한다. 첫째는 타국의 행위에 참견해서 그 독립권의 행사를 좌우하려는 것이어야 하고, 둘째는 간섭당하는 국가의 의사 여하와 상관없이 이를 행하는 경우이기에 조약 및 간섭당하는 국가의 승낙에 따라 내정 및 외교에 관여하는 것은 여기에서 말하는 간섭이 아니다. 셋째는 간섭의 성격상 강제적 행위여야 한다. 무력 혹은 무력으로 협박하는 것이 아니면 여기에서 말하는 간섭이 아니다. 그래서 이로써 보자면 국가가 타국의 요청에 의하지 않고 그 행위에 대해서 관여하여도 강제적인 범위 이외의 권고 및 조력은 간섭이 아니다. 또한 당사국의 요청에 따라 타국의 행위에 대해서 참견하더라도 그 의사를 반드시 실행하고자 하는 의사가 없고 당사국에서도 실행할 의무가 없는 조정 그리고 당사국 쌍방의 쟁점을 제삼국의 판정에 일임하여 그 판정에 따라 해결하는 중재와 같은 것은 모두 타국의 독립권에 대한 참견이지만 여기에서 말하는 간섭과 서로 다르다. 그러나 이와 반대로 당사국 일방의 승낙에 따라 행하는 간섭도 상대방 국가의 승낙이 있는 때는 간섭의 성격이 바뀌어

야調停을成홀지오調停境遇에도當事國이其意見을不用홈을不拘ᄒ고其意見을强行的으로行코져ᄒ는時는干涉으로變홈을可得홀지니라

干涉은他國家의權利를侵害ᄒ는者ㅣ니列國은互相間에獨立權을尊重ᄒ는國家的義務에違反됨을未免홀지로다是以로被干涉國에셔此를承諾ᄒ는時는議論이不生홀지로대若不然흔境遇에在ᄒ야는恒常敵意의行爲로看做ᄒ야其結果는戰爭에遂至ᄒ는事가頻有ᄒ니라然이나干涉은반다시戰爭을開始홀目的上으로出來홈을不要ᄒᄂ니或은他國으로ᄒ야곰戰爭을避케ᄒ는目的上으로出來ᄒ는者도有ᄒ며或은戰爭을防禦홀目的上으로出來ᄒ는者도有ᄒ며又或은被干涉國의利益을爲ᄒ야行ᄒ는者도不無호대干涉國의意思如何는不問ᄒ고被干涉國에셔는敵意의行爲로看做홈을可得홀지오國際公法上에在ᄒ야는他國에對ᄒ야干涉을不行홈이原則이니라然이나此干涉을認否ᄒ는原則에關ᄒ야는其解釋을誤解치아니홈을要ᄒᄂ니若國家로ᄒ야곰自國에關係가有흔事項外에는一切의何等事項이라도注意홈을不得ᄒ며他國家間의事項은毫末이라도關與홈을不得홀者ㅣ라ᄒ면國際法社會觀念에背馳ᄒ야文明國團體는

조정이 될 것이다. 조정의 경우에도 당사국이 그 의견을 활용하지 않는데도 불구하고 그 의견을 강제적으로 행하고자 하는 때는 간섭으로 바뀔 수 있다.

간섭은 타국의 권리를 침해하는 것이니 여러 국가는 상호간에 독립권을 존중하는 국가의 의무를 위반하게 되는 것을 면할 수 없다. 이러한 이유로 간섭당하는 국가에서 이를 승낙하는 때는 논란이 발생하지 않겠지만, 만약 그러하지 않았을 때 항상 적대적 행위로 간주하여 그 결과 전쟁에 이르게 되는 일이 많이 있다. 그러나 간섭은 반드시 전쟁을 개시할 목적에서 나올 필요는 없다. 어떤 때는 타국이 전쟁을 피하도록 할 목적에서 나오는 것도 있으며, 혹은 전쟁을 방어할 목적에서 나오는 때도 있다. 또한 어떤 때는 간섭당하는 국가의 이익을 위하여 행하는 것도 없지 않다. 간섭 국의 의사 여하를 불문하고 간섭당하는 국가는 적대적인 행위로 간주할 수 있다. 국제공법상 타국에 대해서 간섭을 하지 않는 것이 원칙이다. 그러나 이러한 간섭 부인 원칙에 관해서는 그 해석을 오해하지 않아야 한다. 만약 국가가 자국과 관계있는 사항 이외의 모든 사항 일체에 주의할 수 없고, 다른 국가들 사이의 사항에 조금도 관여할 수 없다고 한다면 국제법 사회의 개념에 배치되어 문명국 단체는

國際公法을實行ᄒᆞᆷ에關ᄒᆞ야互相間에責任이有ᄒᆞᆷ을不關ᄒᆞ고他國이此를破壞ᄒᆞᆯ지라도一切關係치아니ᄒᆞᆷ을國際公法은此를唱道ᄒᆞᆷ이不能ᄒᆞᆯ지로다然이나是와相反ᄒᆞ야此原則을解釋ᄒᆞ대國家는他國家에關ᄒᆞᆫ事項을容喙ᄒᆞᆷ은可得ᄒᆞᆯ지라도單히德義上의勸告範圍를超過ᄒᆞᆷ을不得ᄒᆞᆯ者ㅣ라ᄒᆞ면恒常自國에關係有無를勿論ᄒᆞ고他國事項에注意盡力ᄒᆞᆯ지라도徒勞됨을未免ᄒᆞᆯ지니然則國家가他國家에對ᄒᆞ야干涉ᄒᆞᆷ을絶對的으로認否ᄒᆞᆷ은不能ᄒᆞᆯ지오必要ᄒᆞᆫ境遇에干涉을行ᄒᆞᆷ은可咎ᄒᆞᆯ者ㅣ아니로대外國에對ᄒᆞ야干涉을過度히不適當ᄒᆞᆫ境遇에濫行ᄒᆞ거나妄行ᄒᆞ야被干涉國으로ᄒᆞ야곰實力이不相伴ᄒᆞ는國家가不必要ᄒᆞᆫ干涉을妄行ᄒᆞ는者로認케ᄒᆞ면反히國家의威嚴을墮損ᄒᆞ며他國의抗議를招ᄒᆞᆷ이分明ᄒᆞᆫ故로國際間에干涉을行ᄒᆞᆯ지라도歸咎치아니ᄒᆞᆯ境遇는他國家의獨立權을尊重히ᄒᆞ는原則과自國의安全을維持ᄒᆞ는權利가互相牴觸치아니ᄒᆞ는境遇에는爲先自國의生存을重히ᄒᆞ는故로他國을干涉ᄒᆞᆷ은決코可咎ᄒᆞᆯ者ㅣ아니니如此ᄒᆞᆫ境遇의干涉은國際上에適法ᄒᆞᆫ干涉이라謂ᄒᆞᆷ을可得ᄒᆞᆯ지로다

第二欵 干涉의種類

국제공법을 실행하는 것에 관해서 상호 간에 책임을 부담하지 않은 채 타국이 이를 파괴하여도 일절 관여하지 않는 것을 국제공법에서 주도할 수 없다. 그러나 이와 반대로 이 원칙을 해석해 보면 국가는 다른 국가와 관련된 사항을 참견할 수 있다고 해도 단순히 도의적인 권고의 범위를 초과할 수 없다고 하면 항상 자국과의 관련성 여부를 막론하고 타국의 사항에 주의를 다하여도 헛수고가 되는 경우를 피할 수 없을 것이다. 이렇다면 국가가 다른 국가에 대해서 간섭하는 것을 전면 부인할 수는 없다. 필요한 경우라면 간섭해도 책임질 일이 아니다. 외국에 대해서 간섭을 부적절한 경우에 과도히 하거나 망령되게 행해서 간섭당하는 국가가 실력과 맞지 않게 불필요한 간섭을 망령되게 행하는 국가로 인식하게 되면 오히려 국가의 위엄을 훼손하며 타국의 항의를 초래할 것이 분명하므로 국제적으로 간섭하더라도 책임지지 않을 경우는 타국의 독립권을 존중해야 한다는 원칙과 자국의 안전을 유지할 권리가 상호 저촉되지 않을 때는 우선 자국의 생존을 중시해야 하므로 타국을 간섭하여도 결코 책임을 질 일이 아니다. 이러한 경우의 간섭은 국제적으로 적법한 간섭이라고 할 수 있다.

제2관 간섭의 종류

國家의自衛上으로出來ᄒᆞᆫ干涉을正當ᄒᆞᆫ者로認ᄒᆞᆷ은國際間에異議가無호대其自衛程度에關ᄒᆞ야ᄂᆞᆫ前述ᄒᆞᆷ과如히事實에依ᄒᆞᆯ者ㅣ라古來로學者間에研究ᄒᆞ야論述ᄒᆞᆫ干涉中에正當ᄒᆞᆫ種類도一定ᄒᆞᆫ標準이無ᄒᆞᆯ뿐아니라立論이矛盾됨을未免ᄒᆞ며大體의理論上으로立論ᄒᆞ야標準ᄒᆞᆯ根據가無ᄒᆞ며又或特別ᄒᆞᆫ事實에關ᄒᆞ야만立論ᄒᆞ야一定ᄒᆞᆫ種類를定ᄒᆞᆷ에可足ᄒᆞᆫ材料를與ᄒᆞᆫ者ㅣ無ᄒᆞ며實際上慣例에至ᄒᆞ야도列國이干涉을行ᄒᆞᆷ에當ᄒᆞ야各種의口實及理由를稱託ᄒᆞ야行ᄒᆞᄂᆞᆫ者ㅣ多數오單純ᄒᆞᆫ者ᄂᆞᆫ極小ᄒᆞ니라近年에至ᄒᆞ야最히攻擊을受ᄒᆞ고强硬ᄒᆞᆫ辯論이有ᄒᆞ던干涉은西曆千八百八十二年에英國이埃及國에對ᄒᆞ야行ᄒᆞᆫ干涉이니英國의理由ᄒᆞᄂᆞᆫ바ᄂᆞᆫ蘇士運河에關ᄒᆞᆫ自國의利害와同千八百七十年에埃及國王約定에對ᄒᆞᆫ自國의名譽와埃及國의內亂을鎭定ᄒᆞ고行政을改革ᄒᆞᆯ理由及財政을整理ᄒᆞᆯ理由等으로써干涉을行ᄒᆞᆷ과如ᄒᆞᆫ者ㅣ是니干涉에關ᄒᆞ야一國의採用ᄒᆞᆫ理由도或境遇에至ᄒᆞ야ᄂᆞᆫ互相矛盾ᄒᆞᄂᆞᆫ者ㅣ不無ᄒᆞ니라是以로如何ᄒᆞᆫ種類의干涉이如何ᄒᆞᆫ程度에至ᄒᆞ야國際公法上에始認ᄒᆞᆯ者ㅣ됨은容易히解決ᄒᆞᆷ을不得ᄒᆞᆯ지로다如此ᄒᆞᆷ으로諸國家間의實例도國際法上에干涉의理由

국가의 자위 차원에서 하는 간섭을 정당한 것으로 인식하는 것은 국제적으로 이의가 없지만, 그 자위의 정도에 관해서는 앞서 기술한 것과 같이 사실에 의한다. 옛날부터 학자 간에 연구해서 논의한 간섭에는 정당한 종류도 일정한 표준이 없을 뿐만 아니라 주장 근거가 모순되는 것을 면하지 못한다. 대체로 이론상 주장으로 표준이 되는 근거가 없다. 또한 혹자는 특별한 사실에 관해서만 주장하여 일정한 종류를 정하는 데 족한 내용이 없다. 실제로 관례에 대해서도 여러 국가가 간섭할 때 각종 구실과 이유를 핑계로 들어 행하는 것이 다수이고, 단순한 것은 아주 적다. 최근에 이르러 가장 공격을 많이 받았고 강경한 변론이 있었던 간섭은 1883년에 영국이 이집트에 대해서 행한 간섭이다. 영국이 이유로 들었던 것은 수에즈운하에 관한 자국의 이해와 1870년에 이집트 국왕의 약정한 것에 대한 자국의 명예와 이집트의 내란을 진정시키고 행정을 개혁한다는 이유, 그리고 재정을 정리한다는 이유 등으로 간섭을 한 것과 같은 것이다. 간섭에 관해서 한 국가가 활용하는 이유도 어떤 경우에는 상호 모순되는 것이 없지 않다. 이러한 이유로 어떠한 종류의 간섭이 어떠한 정도에 이르러야 국제공법상 비로소 간섭으로 인정될 것인지는 쉽게 해결할 수 없다. 이러하기에 여러 국가의 실례도 국제법상 간섭의 이유로로引証키不能ᄒᆞᆫ者ㅣ甚多ᄒᆞᆯ뿐아니라多數의境遇ᄂᆞᆫ國際法上에認是ᄒᆞᆯ道理에違反ᄒᆞᄂᆞᆫ者ㅣ多ᄒᆞᆷ을未免ᄒᆞᆯ지니라大凡干涉으로此ᄅᆞᆯ行ᄒᆞᄂᆞᆫ意思가純正ᄒᆞ고其結果가良好ᄒᆞᆫ者ᄂᆞᆫ今日國際間에認是ᄒᆞᆷ과如ᄒᆞ대各境遇ᄅᆞᆯ隨ᄒᆞ야其干涉의理由ᄅᆞᆯ審査ᄒᆞᆫ後에不在ᄒᆞ면其當不當을判決ᄒᆞᆯ道理가無ᄒᆞᆯ지로다今에學者間에셔可答치못ᄒᆞᆯ干涉이라稱ᄒᆞᄂᆞᆫ重要ᄒᆞᆫ者ᄅᆞᆯ左에略述코져ᄒᆞ노라

第一、自國의危險을避ᄒᆞ기爲ᄒᆞ야行ᄒᆞᄂᆞᆫ干涉

干涉은自國의安寧秩序에對ᄒᆞᆫ危險을避ᄒᆞ기爲ᄒᆞ야行ᄒᆞᄂᆞᆫ事가有ᄒᆞ니假令隣國의國力이微弱ᄒᆞ야其人民이自國에對ᄒᆞ야加害ᄒᆞᄂᆞᆫ事ᄅᆞᆯ制禦ᄒᆞ기不能ᄒᆞ거나又ᄂᆞᆫ隣國의政府로自國의內亂을煽動ᄒᆞᄂᆞᆫ行爲及其他敵意의行爲가有ᄒᆞᆫ境遇에至ᄒᆞ야ᄂᆞᆫ自國의危險을避ᄒᆞ기爲ᄒᆞ야此에對ᄒᆞ야干涉ᄒᆞᆷ을可得ᄒᆞᆯ지니換言ᄒᆞ면他國이自國에對ᄒᆞ야國際法上의義務ᄅᆞᆯ懈怠히ᄒᆞ거나又ᄂᆞᆫ故意로不履行ᄒᆞᄂᆞᆫ時ᄂᆞᆫ其國家에對ᄒᆞ야干涉ᄒᆞ야戰爭을開始ᄒᆞᆷ도可得ᄒᆞᆯ지오戰爭境遇에도相對國의內政整理로媾和의條件을定ᄒᆞ야結局ᄒᆞᆷ도可得ᄒᆞᆯ지라然이나自國에對ᄒᆞ야及ᄒᆞᄂᆞᆫ危險이他國의行爲及不行爲의結果로從ᄒᆞ

인용할 수 없는 것이 매우 많을 뿐 아니라 다수의 경우는 국제법상 인정할 만한 도리를 위반하는 것이 많은 점을 면할 수 없다. 대개 간섭으로 이를 행하는 의사가 순수하고 그 결과가 좋은 것은 오늘날 국제적으로 인정되는 것과 같지만, 각 때에 따라 그 간섭의 이유를 심사한 후 이유가 없으면 정당성 여부를 판단할 도리가 없다. 오늘날 학자들 사이에 책임 추궁할 수 없는 간섭이라고 칭하는 중요한 것을 아래에서 약술하고자 한다.

1. 자국의 위험을 피하고자 행하는 간섭

간섭은 자국의 안녕질서에 대한 위험을 피하고자 행하는 경우가 있다. 가령 이웃 나라의 국력이 미약해서 그 인민이 자국에 대해서 가해진 피해를 제어할 수 없거나 이웃 나라의 정부가 자국의 내란을 선동하는 행위 및 그 밖의 적대적 행위가 있는 경우에는 자국의 위험을 피하고자 이에 대해서 간섭할 수 있다. 바꾸어 말하자면 타국이 자국에 대해서 국제법상 의무를 게을리하거나 고의로 이행하지 않는 때는 그 국가에 대해서 간섭하여 전쟁을 개시할 수도 있고, 전쟁의 경우에도 상대국의 내정 정리를 강화의 조건으로 정하여 종결지을 수도 있다. 그러나 자국에 대해서 미치는 위험이 타국의 작위 및 부작위의 결과에서야出來치아니ᄒᆫ時假令法國革命際에其民政의主義가諸國間에傳播홈과如히自國에對ᄒᆫ危險이他國家上으로ᄂᆞᆫ間接影響을成ᄒᆞᄂᆞᆫ者의게對ᄒᆞ야ᄂᆞᆫ內國에셔其傳播를防禦ᄒᆞᄂᆞᆫ手段을取ᄒᆯ外에道理가無ᄒᆯ지오如此ᄒᆫ事項으로써干涉의理由를定홈은不能ᄒᆯ지로다西曆千八百二十年에도로쌔ㅣ及其翌年에레북크會議에셔普、墺、露三國이神聖同盟에關ᄒᆫ宣言을行ᄒᆞ고歐洲列邦間에民政主義에關ᄒᆫ內亂을壓抑코져ᄒᆞ야네쌜、퓨몬드及西班牙國內亂에對ᄒᆫ干涉卽自國及自國主權者의意見에反對되ᄂᆞᆫ政治主義가他國에行홈을理由ᄒᆞ야其內政을干涉홈과如ᄒᆫ者ᄂᆞᆫ正當ᄒᆫ干涉이라謂홈을不得ᄒᆯ지로다何故오國家ᄂᆞᆫ自國管轄以外事項에關ᄒᆞ야責任을不負ᄒᆞᄂᆞᆫ所以니라

第二、不法干涉을防止ᄒᆞ기爲ᄒᆞ야行ᄒᆞᄂᆞᆫ干涉

國家가不法으로他國의內政及外交를干涉ᄒᆞᄂᆞᆫ境遇에至ᄒᆞ야第三國으로브터其不法干涉을停止ᄒᆞ기爲ᄒᆞ야此에對ᄒᆞ야干涉ᄒᆞᄂᆞᆫ事가有ᄒᆞ니라今에其理由를探究ᄒᆯ진대凡國家ᄂᆞᆫ國際公法上에不法行爲를行ᄒᆞᄂᆞᆫ國家에對ᄒᆞ야反對ᄒᆞᄂᆞᆫ自由가有홈이라云ᄒᆞᄂᆞᆫ論據中으로出來ᄒᆫ者ㅣ니假令西曆千八百

나오지 않는 때, 가령 프랑스 혁명 시기에 그 자유주의가 여러 국가 사이에 전파되는 것과 같이 자국에 대한 위험이 타국에 간접적인 영향을 미칠 때에는 국내에서 그 전파를 방어하는 수단을 취하는 것 이외에 도리가 없다 이런 사항으로 간섭의 이유로 삼을 수 없다. 1820년에 트로포(Troppau)와 그다음 해에 라이바흐회의에서 프로이센, 오스트리아, 러시아 3국이 신성동맹 선언을 채택하고 여러 유럽 국가들 사이에 자유주의 관련 내란을 억압하고자 나폴리, 피에몽(Piedmont), 그리고 스페인의 내란에 대한 간섭, 즉 자국 및 자국 주권자의 의견에 반대되는 정치 주의가 타국에 행하는 것을 이유로 그 내정에 간섭하는 것과 같은 것을 정당한 간섭이라고 할 수 없을 것이다. 왜냐하면 국가는 자국의 관할 바깥의 사항에 관해서 책임을 부담할 수 없기 때문이다.

2. 불법 간섭을 방지하기 위하여 행하는 간섭

국가가 불법으로 타국의 내정 및 외교에 간섭할 때 제삼국이 하는 그러한 불법 간섭을 정지시키기 위하여 이에 대해서 간섭하는 경우가 있다. 이제 그 이유를 연구해 보면 대개 국가는 국제공법상 불법행위를 행하는 국가에 대해서 반대할 자유를 갖는다고 하는 논거에서 나오는 것이다. 가령 1826년에

二十六年에英國이葡萄牙國에對ᄒᆞ야出兵홈과如ᄒᆞᆫ者ㅣ是例니라當時에西班牙國王은葡國女王이其叔父미궬과釁隙이有홈을見ᄒᆞ고미궬과結托ᄒᆞ야自國의領土를其戰爭에使用홈을許ᄒᆞ고其代에葡國의內政을干涉홈으로英國은西國의干涉을防止ᄒᆞ기爲ᄒᆞ야葡國에軍隊를派送ᄒᆞᆫ事가有ᄒᆞ니라然而英國政府ᄂᆞᆫ其派送軍隊의게命ᄒᆞ야曰內政을干涉치말며其國의憲法을保護ᄒᆞᄂᆞᆫ行爲라도自進ᄒᆞ야行ᄒᆞᄂᆞᆫ事ᄂᆞᆫ避ᄒᆞᄂᆞᆫ同時에他國으로브터葡國에對ᄒᆞ야行ᄒᆞᄂᆞᆫ干涉은此를防止홀事로命ᄒᆞ니라此英國行爲에關ᄒᆞ야ᄂᆞᆫ學者間에或認否ᄒᆞᄂᆞᆫ者ㅣ不無홀ᄲᅮᆫ아니라國際公法上으로論홀지라도一國이他國에對ᄒᆞ야干涉ᄒᆞᄂᆞᆫ所以로ᄡᅥ自國도其國에對ᄒᆞ야干涉홈을可得홀者ㅣ라謂홈은不能ᄒᆞᄃᆡ若其一國으로行ᄒᆞᄂᆞᆫ干涉이國際公法上原則에甚히違反되ᄂᆞᆫ境遇에至ᄒᆞ야ᄂᆞᆫ列國이互相間에國際公法存在를保護ᄒᆞᄂᆞᆫ故로此에對ᄒᆞ야干涉을行ᄒᆞ야其不法의干涉을防止ᄒᆞ야ᄡᅥ被干涉國의秩序를回復홈은決코不法이라謂홈을不得홀지로다

第三、條約에基因ᄒᆞᆫ干涉

영국이 포르투갈에 대해서 출병한 것과 같은 것이 그 예이다. 당시에 스페인 국왕은 포르투갈 여왕이 자기 숙부인 미겔(Miguel)과 불화가 있는 것을 보고 미겔과 결탁하여 자국의 영토를 전쟁에 사용하도록 허용하였고, 그때 포르투갈의 내정에 간섭하여 영국은 스페인의 간섭을 방지하기 위하여 포르투갈에 군대를 파병한 적이 있다. 그러나 영국 정부는 그 파견 군대에 명하여 내정을 간섭하지 말고 그 국가의 헌법을 보호하는 행위라도 스스로 행하는 것은 피하고, 동시에 타국이 포르투갈에 대해서 간섭하는 것을 방지하도록 명령하였다. 이러한 영국의 행위에 관해서 학자들에 혹자는 부정하는 경우가 없지 않을 뿐 아니라 국제공법상 논하더라도 한 국가가 타국에 대해서 간섭하는 이유로써 자국도 그 국가에 대해서 간섭할 수 있다고 할 수는 없다. 만약 그 한 국가가 행하는 간섭이 국제공법 원칙을 심하게 위반할 때는 여러 국가가 상호 간에 국제공법의 존재를 보호한다는 이유로 이에 대해서 간섭하여 그 불법 간섭을 방지하여 간섭당한 국가의 질서를 회복하는 것을 결코 불법이라고 할 수 없다.

3. 조약에 근거한 간섭

國家가保證及其他條約에基因ᄒᆞ야他國의國政을干與ᄒᆞᆷ은原來其條約規定에基因ᄒᆞ야行ᄒᆞᄂᆞᆫ者ㅣ되ᄂᆞᆫ故로決코不法行爲라謂ᄒᆞᆷ을不得ᄒᆞᆯ지니라是以로假令干涉을行ᄒᆞᄂᆞᆫ當時에至ᄒᆞ야被干涉을不肯ᄒᆞᄂᆞᆫ境遇라도其干涉을行ᄒᆞᄂᆞᆫ權利ᄂᆞᆫ國際의契約上으로其國家의承諾이有ᄒᆞᆫ者ㅣ라故로此를正確히論ᄒᆞᄂᆞᆫ時ᄂᆞᆫ性質上에干涉이라稱ᄒᆞᄂᆞᆫ名稱을不附ᄒᆞᆯ지라도可ᄒᆞᆯ지로다如此히一定ᄒᆞᆫ事項에關ᄒᆞ야他國의容喙를許ᄒᆞᄂᆞᆫ保證契約과如ᄒᆞᆫ者ᄂᆞᆫ今日國際上에在ᄒᆞ야甚히稀罕ᄒᆞᆫ者로대百年前ᄭᆞ지ᄂᆞᆫ歐洲列邦間에其例가多有ᄒᆞ니라然而國王의系統及政體의維持를保證ᄒᆞᆷ과如ᄒᆞᆫ條約은此를依ᄒᆞ야干涉에關ᄒᆞᆫ權利義務가生ᄒᆞ고不生ᄒᆞᆷ에關ᄒᆞ야ᄂᆞᆫ學者間에議論이有ᄒᆞᆫ바ㅣ니其議論의歧貳ᄒᆞᄂᆞᆫ點은觀察ᄒᆞᆯ진대國家ᄂᆞᆫ王位王統及政體에關ᄒᆞ야自國의自由行爲를制限ᄒᆞᆯ條約을他國과締結ᄒᆞᆷ을可得乎아否乎아云ᄒᆞᄂᆞᆫ問題에歸着ᄒᆞᆯ지로다然이나今日에至ᄒᆞ야ᄂᆞᆫ如此ᄒᆞᆫ條約을締結ᄒᆞᄂᆞᆫ國家도無ᄒᆞᆯ뿐아니라保證條約도單히被保證國에對ᄒᆞᆫ他國行爲에關ᄒᆞ야其國家를保護ᄒᆞᄂᆞᆫ保證에止ᄒᆞᆯ뿐이라西曆千八百四十六年에北米合衆國은코롬비야共和國에對ᄒᆞ

국가가 보증 및 그 밖의 조약에 근거해서 타국의 국정에 간여하는 것은 원래 그 조약 규정에 근거해서 행하는 것이기 때문에 결코 불법행위라고 할 수 없다. 이러한 이유로 가령 간섭하는 당시에 간섭당하는 것을 수긍하지 않는 경우라도 그러한 간섭할 권리는 국제계약상 그 국가의 승낙이 있는 것이다. 따라서 이를 정확히 논하는 때는 성격상 간섭이라는 명칭을 붙이지 않아야 할 것이다. 이같이 일정한 사항에 관해 타국의 참견을 허용하는 보증 계약과 같은 것은 오늘날 국제적으로 매우 희한한 것이겠지만, 백 년 전까지는 여러 유럽 국가들 사이에 그 예가 많았다. 그러나 국왕의 계통 및 정치체제의 유지를 보증하는 것과 같은 조약은 이에 의하여 간섭에 관한 권리와 의무가 발생하는지는 학자들 간에 논란이 있다. 그 의견이 갈리는 점을 보건대 국가는 왕위나 왕통, 그리고 정체에 관해 자국의 자유 행위를 제한하는 조약을 타국과 체결할 수 있는지 아닌지에 관한 문제로 귀착한다. 그러나 오늘날에는 이런 조약을 체결하는 국가도 없을 뿐 아니라 보증조약도 단순히 보증받는 국가에 대한 타국의 행위에 관해서 그 국가를 보호하는 보증에 그칠 뿐이다. 1846년에 북미합중국은 콜롬비아 공화국에 대해야빠나마地峽의完全ᄒᆞᆫ中立及其領土의安全을保護ᄒᆞᆷ으로同共和國의叛亂者가鐵道ᄅᆞᆯ攻擊ᄒᆞᆯ際에其鎭壓을米國政府에請求ᄒᆞ얏더니米國政府ᄂᆞᆫ其叛亂者ᄅᆞᆯ鎭壓ᄒᆞ기爲ᄒᆞ야軍隊ᄅᆞᆯ派遣ᄒᆞ얏스나同時에코롬비야國政府에通牒ᄒᆞ야米國의保證은單히外國으로브터侵來ᄒᆞᄂᆞᆫ攻擊을保證ᄒᆞᆷ이오其地方叛亂者의게對ᄒᆞᆫ保證이아니라ᄒᆞᄂᆞᆫ事項을宣言ᄒᆞ니라然이나凡保證條約을依ᄒᆞ야其條約上의權利義務ᄅᆞᆯ實行ᄒᆞᆷ은元來其當時에締盟國의政略如何ᄅᆞᆯ依ᄒᆞ야出來ᄒᆞᄂᆞᆫ者ㅣ됨으로써其實行은古來로極히不確定ᄒᆞ야西曆千八百五十六年에英、法、墺三國은連帶或單獨으로土耳其의獨立을保證ᄒᆞᆷ에不關ᄒᆞ고同千八百七十七年露土戰爭際에至ᄒᆞ야英國政府ᄂᆞᆫ自進ᄒᆞ야土耳其國을保護ᄒᆞ기爲ᄒᆞ야干涉을行ᄒᆞᆯ義務가無ᄒᆞᆫ事ᄅᆞᆯ唱道ᄒᆞᆷ과如히多數의境遇ᄂᆞᆫ其當時의政略如何ᄅᆞᆯ依ᄒᆞ야左右됨을未免ᄒᆞᄂᆞ니라要컨대國家가條約에基因ᄒᆞ야干涉을實行ᄒᆞ고實行치아니ᄒᆞᆷ은確定ᄒᆞᆫ者ㅣ라謂ᄒᆞᆷ은不得ᄒᆞᆯ지로대其條約規定範圍內에在ᄒᆞ야行ᄒᆞᄂᆞᆫ干涉은決코不法의干涉이라謂ᄒᆞᆷ을不得ᄒᆞᆯ지니라

파나마 지협의 완전 중립 그리고 그 영토의 안전을 도모하고자 이 공화국의 반란자들이 철도를 공격할 때 그들의 진압을 미국 정부에 요청하였다. 미국 정부는 그 반란자들을 진압하기 위하여 군대를 파견하였지만, 동시에 콜롬비아 정부에 통보하여 미국의 보증은 단순히 외국으로부터 쳐들어오는 공격을 보증하는 것이고, 현지 반란자들에 대한 보증이 아니라는 것을 선언하였다. 그러나 대개 보증 계약에 따라 그 조약상 권리와 의무를 실행하는 것은 원래 그 당시 체약국의 정책 여하에 의하여 나오는 것이기에 그 실행은 옛날부터 매우 불확정적이다. 1856년에 영국, 프랑스, 오스트리아 3국은 연대 혹은 단독으로 터키의 독립을 보증하는 것과 상관없이 간섭하였고, 1877년 러시아와 터키 전쟁 때에 영국 정부는 자진하여 터키를 보호하기 위하여 간섭할 의무가 없다는 점을 주도했던 것과 같이 다수의 경우는 그 당시의 정책 여하에 의하여 좌우되는 것을 피할 수 없다. 요컨대 국가가 조약에 근거해서 간섭을 실행할지를 확정한다고 할 수 없고, 그 조약 규정의 범위 내에서 행하는 간섭은 결코 불법 간섭이라고 할 수 없다.

永世中立國、蘇士運河及ᄲᅩ스ᄲᅩ라스、ᄯᅡ르다넬海峽에關ᄒᆞ야歐洲에셔公法으로看做ᄒᆞᄂᆞᆫ保證에至ᄒᆞ야ᄂᆞᆫ締約國이其條約을實行ᄒᆞ기爲ᄒᆞ야其事項에干涉ᄒᆞᆷ을可得ᄒᆞᆷ은無論이로대一國의政體及王統、王位ᄅᆞᆯ維持ᄒᆞ기爲ᄒᆞ야內政에關ᄒᆞᆫ干涉을行ᄒᆞᄂᆞᆫ保證되ᄂᆞᆫ境遇에其規定에基因ᄒᆞ야行ᄒᆞᄂᆞᆫ干涉을正當ᄒᆞ고不正當ᄒᆞᆷ으로認ᄒᆞᆷ에至ᄒᆞ야ᄂᆞᆫ學者間에異論이有ᄒᆞ니라多數의學者ᄂᆞᆫ此ᄅᆞᆯ不法으로認ᄒᆞᄂᆞ니其理由ᄅᆞᆯ據ᄒᆞᆯ진대如此ᄒᆞᆫ條約은一王室或其當時執政者의條約에不過ᄒᆞᆷ으로性質이私人的契約을包含ᄒᆞᆫ者ㅣ오國家自體의意思ᄅᆞᆯ發表ᄒᆞᆫ國際條約이라謂ᄒᆞᆷ을不得ᄒᆞᆯ지라云ᄒᆞᆷ에在ᄒᆞ도다然이나國家가憲法及其他內國의事情을依ᄒᆞ야如此ᄒᆞᆫ條約을締結ᄒᆞᆯ權이有ᄒᆞ고無ᄒᆞᆷ은別個問題ᄅᆞᆯ成ᄒᆞᆯ者ㅣ오其國家의主權者가締結ᄒᆞᆫ以上은其條約은國家의意思ᄅᆞᆯ發表ᄒᆞᆫ者로看做ᄒᆞᆯ外에他道理가無ᄒᆞ고其規定을依ᄒᆞ야締盟國一便이相對國에對ᄒᆞ야其國政을干與ᄒᆞᆷ은決코不法이라謂ᄒᆞᆷ을不得ᄒᆞᆯ지로다

第四、內國求援에基因ᄒᆞᆫ干涉

內亂이發生ᄒᆞᆫ境遇에政府及叛亂者로브터他國에對ᄒᆞ야干涉을請求ᄒᆞ야其

영세중립국, 수에즈운하, 및 보스포루스, 다르다넬스 해협에 관해 유럽에서 공법으로 간주하는 보증에 대해서는 체약국이 그 조약을 실행하기 위하여 그 사항에 간섭할 수 있는 것은 물론이다. 한 국가의 정체 및 왕통, 왕위를 유지하기 위하여 내정에 관한 간섭하는 보증일 때 그 규정에 근거하여 행하는 간섭이 정당한지 아닌지는 학자 간에 이견이 있다. 다수의 학자는 이를 불법으로 인식하는데, 그 이유를 들어보면 이런 조약은 하나의 왕실 혹은 그 당시 집권자의 조약에 불과하기에 성격상 사인 계약을 포함한 것이고 국가 자체의 의사를 발표한 국제조약이라고 할 수 없다는 데 있다. 그러나 국가가 헌법 및 그 밖의 국내 사정에 따라 이런 조약을 체결할 권한을 갖는지 아닌지는 별개의 문제이다. 그 국가의 주권자가 체결한 이상 그 조약은 국가의 의사를 발표한 것으로 간주하는 것 외에 다른 도리가 없고 그 규정에 따라 체약국 일방이 상대국에 대해서 그 국정에 관여하는 것은 결코 불법이고 할 수 없다.

4. 국내 구원에 근거한 간섭

내란이 발생하였을 때 정부와 반란자들이 타국에 대해서 간섭을 요청하여 그

國家를干涉ᄒᆞ는境遇가不尠ᄒᆞ니假令西曆千八百四十九年에露國이墺國政府의請求를依ᄒᆞ야其內亂을干與ᄒᆞ야匈牙利의叛徒를鎭壓ᄒᆞᆷ과如ᄒᆞᆷ은卽其一例니라如此히內亂에至ᄒᆞ야若其政府及叛亂團體가共同ᄒᆞ야第三國의게干涉을請求ᄒᆞ는境遇에는其請求를受ᄒᆞᆫ國家에서此에對ᄒᆞ야干涉을可히行得ᄒᆞᆯ事는大槪認是ᄒᆞ는바ㅣ로대政府或叛亂團體의一便으로브터請求ᄒᆞᆷ에對ᄒᆞ야는干涉을行得ᄒᆞᆯ者歟아云ᄒᆞ는問題에關ᄒᆞ야는學說이不一ᄒᆞ니피리모아와如ᄒᆞᆫ學者는其干涉으로ᄒᆞ야곰國際法上에違反ᄒᆞᆫ者로不認ᄒᆞ야列國上에從來로認ᄒᆞ야慣行ᄒᆞᆫ者로說明ᄒᆞ며ᄲᅢ델氏는請求를受ᄒᆞᆫ國에서正當ᄒᆞᆷ으로認ᄒᆞ는一便을救助ᄒᆞᆷ이可ᄒᆞ다ᄒᆞ며ᄲᅮ른쥬리氏는政府는國家의代表者로看做ᄒᆞᆷ을可得ᄒᆞᆯ者ㅣ되는故로政府의請求를依ᄒᆞ야는干涉ᄒᆞ는權利가有ᄒᆞ다ᄒᆞ며우르세氏는叛徒의請求에도應ᄒᆞᆷ을可得ᄒᆞᆯ지오政府의請求에도應ᄒᆞᆷ을可得ᄒᆞᆯ者ㅣ라ᄒᆞ며헤프델氏는政府及叛徒의何者를不問ᄒᆞ고請求를依ᄒᆞ야는干涉의權이有ᄒᆞ다호대是와相反ᄒᆞ야호르氏는政府及叛徒의請求有無를不問ᄒᆞ고干涉ᄒᆞᆷ은絶對的으로不能ᄒᆞᆫ者ㅣ라ᄒᆞᄂᆞ니라

국가를 간섭하는 경우가 적지 않다. 가령 1849년에 러시아가 오스트리아 정부의 요청에 따라 그 내란에 간여하여 헝가리의 반도들을 진압했던 것과 같은 것이 그 예이다. 이같이 내란에 대해서 만약 그 정부와 반란단체가 공동으로 제삼국에 간섭을 요청하는 경우 그 청구를 받은 국가에서 이에 대해서 간섭할 수 있는 점은 대개 인정된다. 정부 혹은 반란단체의 일방이 요청할 때 간섭할 수 있는지 아닌지의 문제에 관해서는 학설이 일치하지 않는다. 필리모어와 같은 학자는 그러한 간섭이 국제법을 위반하는 것으로 인정하지 않으며, 여러 국가가 종래 인정해서 관행이 된 것이라고 설명하였고 바텔은 요청받은 국가에서 정당하다고 인정하는 일방을 구조해야 한다고 하였으며 블룬칠리는 정부는 국가의 대표자로 간주할 수 있으므로 정부의 요청에 따라서 간섭할 권리를 갖는다고 하였으며 울지(Th. Woolsey)는 반도의 요청에도 응할 수 있고 정부의 요청에도 응할 수 있다고 했으며, 헤프터는 정부와 반도 누구를 불문하고 요청에 따라서 간섭할 권리가 있다고 하였다. 이와 반대로 혹은 정부와 반도의 요청 여부를 불문하고 절대적으로 간섭할 수 없다고 하였다.

如此히近世大家의學說이不一致홈을不拘ᄒᆞ고內亂境遇에際ᄒᆞ야政府或叛徒의一便請求를依ᄒᆞ야干涉을行ᄒᆞᄂᆞᆫ時ᄂᆞᆫ干涉國이元來其行爲에關ᄒᆞ야責任을不負홈이不能ᄒᆞᆯᄲᅮᆫ아니라旣述홈과如히政治上의犯罪者ᄂᆞᆫ他國이保護ᄒᆞ야拿交치아니ᄒᆞᄂᆞᆫ者ㅣ어ᄂᆞᆯ若內亂에關ᄒᆞ야當事者의一便請求를依ᄒᆞ야其國의內政을干涉ᄒᆞᆯ者ㅣ라ᄒᆞ면政治上의犯罪者를保護ᄒᆞᆯ理由도存在ᄒᆞᆫ基礎를失홈에可至ᄒᆞᆯ지오又更히國際公法道理上에干涉을行得ᄒᆞᆯ理由도無ᄒᆞᆯ지로다何故오國家ᄂᆞᆫ其內政에關ᄒᆞ야任意로處理ᄒᆞᄂᆞᆫ獨立權이有홈으로他國으로브터此를干涉홈은國政을妨害ᄒᆞᄂᆞᆫ者오獨立權을侵害ᄒᆞᄂᆞᆫ者ㅣ라然而內亂은元來主權을相爭ᄒᆞᄂᆞᆫ者ㅣ됨으로써戰爭者一便의請求가有홈을因ᄒᆞ야不法의干涉이性質을卒變ᄒᆞ야正當ᄒᆞᆫ干涉을成홈은不能ᄒᆞᆫ者ㅣ어ᄂᆞᆯ其干涉을正當ᄒᆞᆫ干涉으로唱道ᄒᆞᄂᆞᆫ學者의理由ᄂᆞᆫ或友誼에基因ᄒᆞᆫ者ㅣ라ᄒᆞ며或正義觀念에基因ᄒᆞᆫ者ㅣ라ᄒᆞ며又或合意에基因ᄒᆞᆫ者ㅣ라ᄒᆞ야不可홈이無ᄒᆞ다云홈에不外ᄒᆞ나然이나一便의合意ᄲᅮᆫ으로ᄂᆞᆫ正當ᄒᆞᆫ者를證明홈에不足ᄒᆞ고友誼를因ᄒᆞ야干涉홈을可得ᄒᆞᆯ者ㅣ라ᄒᆞ면國家의獨立權은無用物을成

이같이 근세에 대가들의 학설이 일치하지 않는 점에도 불구하고 내란의 경우에 정부 혹은 반도의 일방의 요청에 따라 간섭하는 때는 간섭국이 원래 그 행위에 관한 책임을 부담하지 않을 수 없을 뿐 아니라 이미 서술했듯이 정치적 범죄자는 타국이 보호하여 인도하지 않는 것이기에 만약 내란에 관해 당사자 일방의 요청에 따라 그 국가의 내정에 간섭한다면 정치적 범죄자를 보호할 이유도 존재 기반을 상실하게 될 것이다. 또한 다시금 국제공법 원칙에서 간섭을 할 수 있는 이유도 없을 것이다. 왜냐하면 국가는 그 내정에 관해서 임의로 처리할 독립권을 갖기에 타국이 이를 간섭하는 것은 국정을 방해하는 것이고 독립권을 침해하는 것이다. 그러나 내란은 원래 주권을 서로 다투는 것이기에 전쟁 수행자 일방의 요청이 있다는 것으로 인해서 불법 간섭의 성격이 갑자기 바뀌어 정당한 간섭이 될 수는 없기에 그 간섭을 정당한 간섭으로 주도하는 학자들의 이유는 어떤 때는 우의에 근거한 것이라고 하거나 어떤 때는 정의 관념에 근거한 것이라고 한다. 또한 어떤 경우는 합의에 근거한 것이라고 하여 불가능하지 않다고 하는 것에 불과하다. 그러나 일방의 합의만으로는 정당한 것을 증명하기에 부족하고 우의를 원인으로 하여 간섭할 수 있다고 하면 국가의 독립권은 무용지물이

ᄒᆞ야他國은自由로內政을干涉ᄒᆞᄂᆞᆫ口實을主張홈에至ᄒᆞᆯ지며又叛徒의請求를依ᄒᆞ야政府에反對ᄒᆞᄂᆞᆫ時ᄂᆞᆫ他國家의政府로ᄒᆞ야곰自由로自國의政治를行ᄒᆞᄂᆞᆫ事를妨害홈에至ᄒᆞᆯ지며是와相反ᄒᆞ야政府의請求를依ᄒᆞ야干涉을行ᄒᆞᄂᆞᆫ境遇에ᄂᆞᆫ業已其政府로브터他國의援助를求ᄒᆞᆫ以上은其國의主權所在가不確定홈에至ᄒᆞᆫ實證이오國家의代表者되ᄂᆞᆫ資格은何手에歸着홈을不知ᄒᆞᆯ者ㅣ되ᄂᆞᆫ境遇에在홈으로써政府의求援도亦其國家의請求라謂홈을不得ᄒᆞᆯ지로다若又干涉을行코져ᄒᆞᄂᆞᆫ國家로他國家內政에關ᄒᆞ야正當히自量ᄒᆞᄂᆞᆫ一便을救援홈이可ᄒᆞ다ᄒᆞᆯ진대自國에ᄂᆞᆫ何等의關係가無ᄒᆞᆫ他國家事項에至ᄒᆞ야도亦其正不正을裁判ᄒᆞᄂᆞᆫ者ㅣ니國際公法上에如此ᄒᆞᆫ權利가存立홈을不得홈은無論이라故로如何ᄒᆞᆫ關係上으로觀察ᄒᆞᆯ지라도內亂境遇에至ᄒᆞ야戰爭者一便의請求를依ᄒᆞ야干涉을行홈은正當ᄒᆞᆫ干涉이라謂홈을不得ᄒᆞᆯ지니라

第五、國力均衡을保維ᄒᆞ기爲ᄒᆞ야行ᄒᆞᄂᆞᆫ干涉

國家ᄂᆞᆫ正當히領土를擴張ᄒᆞ고又ᄂᆞᆫ相續及其他의原因을依ᄒᆞ야他國의領土

되어서 타국은 자유로이 내정에 간섭하는 구실을 주장하게 될 것이며 또한 반도의 요청에 따라 정부에 반대하는 때는 타국 정부가 자유로이 자국의 정치를 행하는 것을 방해하게 될 것이며 이와 반대로 정부의 요청에 따라 간섭할 때는 이미 그 정부가 타국의 원조를 구한 이상 그 국가 주권의 소재가 확정적이지 않다는 점을 실증하는 것이고, 국가 대표자인 자격이 누구 수중에 귀착될지를 알 수 없게 되는 경우가 있어서 정부의 구원도 역시 그 국가의 요청이라고 할 수 없다. 만약 또한 간섭하고자 하는 국가가 타국의 내정에 관해서 스스로 판단하기에 정당하다고 여기는 일방을 구원할 수 있다고 하면서 자국과 아무런 관계가 없는 타국의 사항에 대해서도 역시 그것이 정당성 여부를 재판하는 것이어서 국제공법상 이런 권리가 존재할 수 없는 것은 말할 필요가 없다. 따라서 어떠한 관계에서 보더라도 내란의 경우에는 전쟁 수행자 일방의 요청에 따라 간섭하는 것이 정당한 간섭이라고 할 수 없다.

5. 국력의 균형을 보호하고 유지하기 위하여 행하는 간섭

국가는 정당하게 영토를 확장하거나 상속 및 그 밖의 원인에 의하여 타국의 영토를

ᄅᆞᆯ合併ᄒᆞ야國力이膨脹ᄒᆞᆫ結果로他國의安寧을脅迫ᄒᆞᆷ에至ᄒᆞᆫ時ᄂᆞᆫ列國間에國力均衡을保全ᄒᆞ고平和ᄅᆞᆯ維持ᄒᆞ기爲ᄒᆞ야他國으로브터此에對ᄒᆞ야干涉ᄒᆞᄂᆞᆫ事가有ᄒᆞᆫ대特히第十七世紀中葉으로브터近世에至ᄒᆞ기ᄭᆞ지ᄂᆞᆫ歐洲外交上의原則으로列國은互相間의利害ᄅᆞᆯ爲ᄒᆞ야列國間의勢力이無優劣ᄒᆞᆫ狀態ᄅᆞᆯ維持ᄒᆞ야써一般的平和ᄅᆞᆯ圖謀ᄒᆞ고國際公法의存立을勵行ᄒᆞ기爲ᄒᆞ야行ᄒᆞᄂᆞᆫ干涉은正當ᄒᆞᆫ干涉으로認是ᄒᆞ며國力均衡을理由ᄒᆞ야列國間에戰爭及協定이有ᄒᆞᆫ事ᄂᆞᆫ枚擧ᄒᆞᆷ에暇遑이無ᄒᆞ도다假令第十八世紀에路易第十四世가西班牙國의王位ᄅᆞᆯ法國에相續코져ᄒᆞᆯ際에列國이此에反對ᄒᆞ야法、西二大强國의合併으로歐洲全體의平和ᄅᆞᆯ破裂ᄒᆞᆷ에殆至ᄒᆞᆫ者ᄅᆞᆯ列國이妨害ᄒᆞᆷ과如ᄒᆞᆫ者ㅣ其一例오又ᄂᆞᆫ古來로歐洲에셔國力의均衡을依ᄒᆞ야平和ᄅᆞᆯ維持코져ᄒᆞᆷ은西曆千六百四十八年의스드팔리아條約의規定으로써永久히不可侵的條約이라ᄒᆞ고其後同千七百十三年에至ᄒᆞ야ᄂᆞᆫ유트렉크條約으로써不可侵的條約이라ᄒᆞ고又其後同千八百十五年以後에至ᄒᆞ야ᄂᆞᆫ維也納條約으로써列國이嚴正遵守ᄒᆞᆯ者ㅣ라ᄒᆞᆷ을觀ᄒᆞᆯ지라도證明ᄒᆞᆷ을可得ᄒᆞᆯ지로다然而

합병하여 국력이 팽창한 결과로 타국의 안녕을 협박하게 되는 때는 여러 국가 사이에 국력 균형을 보전하고 평화를 유지하기 위하여 타국이 이에 대해서 간섭하는 경우가 있다. 특히 17세기 중엽부터 근세에 이르기까지 유럽 외교상 원칙으로 여러 국가는 상호 간의 이해를 위하여 여러 국가 간의 세력이 우열하지 않도록 하는 상태를 유지해서 일반적인 평화를 도모하고 국제공법의 존립을 장려하기 위하여 행하는 간섭은 정당한 간섭으로 인식하며 국력의 균형을 이유로 해서 여러 국가 사이에 전쟁과 협정이 있었던 점은 낱낱이 열거할 여지가 없다. 가령 18세기에 루이 14세가 스페인 왕위를 프랑스에서 승계하고자 했을 때 여러 국가가 이에 반대하였다. 프랑스와 스페인 2대 강국이 합병해서 유럽 전체의 평화가 거의 파괴될 지경에 이르게 된 것을 여러 국가가 방해했던 것과 같은 것이 그 한 예이다. 또는 옛날부터 유럽에서 국력의 균형에 의하여 평화를 유지하려고 했던 것은 1648년의 웨스트팔리아조약의 규정에서 영구적으로 침해할 수 없는 조약이라고 했고 그 후 1713년에는 유트레흐트조약으로 침해할 수 없는 조약이라고 했고, 또한 그 후 1815년 이후에는 빈조약으로 여러 국가가 엄정 준수하기로 했던 것을 보더라도 증명할 수 있다. 그러나

列國의國力은恒常强弱의變動이有ᄒᆞ야均衡의異同을未免홈으로써一般國力의均衡을保維코져ᄒᆞᄂᆞᆫ列國協定도亦永久히遵奉키不能ᄒᆞᆯ지로다是以로拿破崙三世ᄂᆞᆫ隣國이强大홈을隨ᄒᆞ야國力均衡上으로法國도領土를增加ᄒᆞᆯ者ㅣ라ᄒᆞ야西曆千八百六十年에伊太利國이勃興ᄒᆞᆯ當時에도其代償으로사보이、니유스兩州를讓受ᄒᆞᆫ事가有ᄒᆞ고又同千八百六十六年에普魯西國이聯邦을組織ᄒᆞᆯ當時에도同一ᄒᆞᆫ請求를提出ᄒᆞ얏더니此請求ᄂᆞᆫ比斯麥의斷然히拒絶홈을當ᄒᆞ야其目的을未遂ᄒᆞᆯ뿐아니라此事實은國力의均衡을理由ᄒᆞ야干涉홈을可得ᄒᆞᆯ者ㅣ라ᄒᆞᄂᆞᆫ慣例에大打擊을與ᄒᆞ야國家ᄂᆞᆫ其人民의勉勵와政府의改良으로正當ᄒᆞᆫ手段을採用ᄒᆞ야써國力을增長케홈은確實히是로因ᄒᆞ야他國의國力을壓倒ᄒᆞᄂᆞᆫ事가有ᄒᆞᆯ지라도干涉의理由를成立ᄒᆞᆯ餘地가無ᄒᆞ고如此ᄒᆞᆫ國力의均衡上으로想像的의危險을口實ᄒᆞ야他國을干涉홈은國際公法上에不法의干涉됨을未免ᄒᆞᆯ지로다是以로今日에至ᄒᆞ야ᄂᆞᆫ文明國間에國際公法의實行을擔保ᄒᆞᄂᆞᆫ責任이有ᄒᆞᆫ事를認ᄒᆞ야他國을不法으로危險에陷케ᄒᆞᄂᆞᆫ事에對ᄒᆞ야ᄂᆞᆫ互相間에盡力ᄒᆞᄂᆞᆫ慣習이有호대國家自衛權行

여러 국가의 국력은 항상 강약의 변동이 있어서 균형이 서로 같지 않은 경우를 면할 수 없기에 일반 국력의 균형을 보호하고 유지하기 위해서는 여러 국가의 협정도 역시 영구적으로 준수할 수 없다. 이러한 이유로 나폴레옹 3세는 이웃 나라가 강대해짐에 따라서 국력 균형상 프랑스도 영토를 증가해야 한다고 하여 1860년에 이탈리아가 발흥할 때도 그 보상으로 사보이, 니스 양주를 양도받은 경우가 있고 또한 1866년에 프로이센이 연방을 조직할 때도 같은 요구를 제출하였다가 이러한 요구를 비스마르크가 단호하게 거절하게 되면서 그 목적을 달성하지 못했을 뿐 아니라 이러한 사실은 국력의 균형을 이유로 간섭할 수 있다고 하는 관례에 큰 타격을 주었다. 국가들은 그 인민의 노력과 정부 개량의 정당한 수단을 활용하여 국력이 향상하도록 하는 것은 확실히 이로 인해서 타국의 국력을 압도하는 경우가 있어도 간섭의 이유가 될 여지가 없고 이런 국력의 균형상 예상되는 위험을 구실삼아 타국을 간섭하는 것은 국제공법상 불법 간섭이 되는 것을 면할 수 없을 것이다. 이러한 이유로 오늘날에는 문명국 간에 국제공법의 실행을 담보할 책임이 있는 것을 인정하여 타국을 불법으로 위험에 빠지게 하는 점에 대해서는 상호 간에 온 힘을 다하는 관습이 있지만, 국가의 자위권 행사

使以外의理由를從ᄒᆞ야出來ᄒᆞᄂᆞᆫ即國力의均衡을口實ᄒᆞ야行ᄒᆞᄂᆞᆫ干涉과如ᄒᆞᆫ者ᄂᆞᆫ次로正當ᄒᆞᆫ干涉이라謂ᄒᆞᆷ을不得ᄒᆞᆯ지니라

第六、政治主義의傳播를防止ᄒᆞ기爲ᄒᆞ야行ᄒᆞᄂᆞᆫ干涉

一定ᄒᆞᆫ政治主義가一國家內에盛行ᄒᆞ야其主義가他國에傳播코져ᄒᆞᄂᆞᆫ境遇에此主義를不好ᄒᆞᄂᆞᆫ國家ᄂᆞᆫ其傳播를防禦ᄒᆞ기爲ᄒᆞ야干涉을行ᄒᆞᆫ事가有ᄒᆞ니라假令共和政體를建設코져ᄒᆞᆫ革命이隣國에現行ᄒᆞ야其主義가自國人民의게傳播ᄒᆞᄂᆞᆫ時ᄂᆞᆫ帝王國의基礎가搖動ᄒᆞ야其地位를失ᄒᆞᆷ에可至ᄒᆞᆯ者ㅣ되ᄂᆞᆫ故로此主義의傳播를嫌惡ᄒᆞᄂᆞᆫ同時에民政主義國은王政主義의傳播를嫌惡ᄒᆞᆯ지라然이나國家ᄂᆞᆫ如何ᄒᆞᆫ政體를建設ᄒᆞ던지如何ᄒᆞᆫ政體로變更ᄒᆞ던지國際公法上으로論ᄒᆞᆯ진대全히其國家의自由오國家의資格上으로ᄂᆞᆫ國家內에主權이確定ᄒᆞ야存在ᄒᆞᆷ을要ᄒᆞᆷ에不過ᄒᆞ고他國家內部事項에關ᄒᆞ야ᄂᆞᆫ直接으로國際關係에影響이不及ᄒᆞᄂᆞᆫ故로政治主義의如何로써干涉의理由를定ᄒᆞᆷ은不可ᄒᆞ니라西曆千八百十五年以後에普、墺、露三國이神聖同盟을締結ᄒᆞ야當時歐洲에現存ᄒᆞᆫ主權에反對ᄒᆞᄂᆞᆫ運動을防遏ᄒᆞ고他國에在ᄒᆞᆫ革命

이외의 이유에서 나오는 것으로서 국력의 균형을 구실로 행하는 간섭과 같은 것은 결코 정당한 간섭이라고 할 수 없다.

6. 정치 주의 전파를 방지하기 위하여 행하는 간섭

일정한 정치 주의가 한 국가 내에서 성행하여 그 주의를 타국에 전파하게 시키려는 경우에 이러한 주의를 좋아하지 않는 국가는 그 전파를 막기 위하여 간섭하는 경우가 있다. 가령 공화정체를 건설하기 위한 혁명이 이웃 나라에서 실행되어 그 주의가 자국 인민에게 전파되는 때는 제왕국의 기초가 요동하여 그 지위를 상실할 수 있다는 때문에 이러한 주의의 전파를 혐오하고, 동시에 자유주의 국가는 왕정주의의 전파를 혐오할 것이다. 그러나 국가는 어떠한 정체를 건설하든지 어떠한 정체로 바뀌든지 국제공법상 논한다면 온전히 그 국가의 자유이고 국가의 자격으로는 국가 내에 주권이 확정적으로 존재해야 하는 것에 불과하고 타국의 내부 사항에 관해서는 직접 국제관계에 영향이 미치지 않는 까닭에 정치 주의 여하에 따라서 간섭하는 것은 이유가 될 수 없다. 1815년 이후 프로이센, 오스트리아, 러시아 3국이 신성동맹을 체결하여 당시 유럽에 현존했던 주권에 반대하는 운동을 막고 타국에 있었던 혁명

企圖를鎭壓코져ᄒᆞ야墺國은네블、사르대니야等革命에干涉을行ᄒᆞ고法國은西班牙國에對ᄒᆞ야干涉을行ᄒᆞ야헤르지난드二世의王位를確定홈과如홈은學者의一般이認否ᄒᆞᄂᆞᆫ바ㅣ오英國은當初브터神聖同盟行爲에反對ᄒᆞ얏ᄉᆞ나同盟諸國은更히西班牙國을爲ᄒᆞ야南亞米利加에在ᄒᆞᆫ民政主義革命에對ᄒᆞ야干涉을行ᄒᆞ야獨立ᄒᆞᆫ諸共和國을顚覆코져홈으로同千八百二十三年에米國도英國과協議ᄒᆞ야몬로主義를唱道ᄒᆞᆫ所以로同盟主義의干涉이是로因ᄒᆞ야跌跎홈에遂至ᄒᆞ니라是以로今日에在ᄒᆞ야ᄂᆞᆫ政治主義의傳播를防遏ᄒᆞ기爲ᄒᆞ야行ᄒᆞᄂᆞᆫ干涉은國際上에正當ᄒᆞᆫ干涉이라謂홈을不得ᄒᆞᆯ지로다

玆에附言홈을要ᄒᆞᆯ者ᄂᆞᆫ以上에略說ᄒᆞᆫ몬로主義卽北米合衆國이國家의政策으로取來ᄒᆞᆫ方針이是라西曆千八百二十三年十二月二日몬로大統領이國會에提出ᄒᆞᆫ第七回敎書中에記載ᄒᆞᆫ趣旨를略言ᄒᆞᆯ진대

米國의權利及利害에關係가有ᄒᆞᆫ亞米利加大陸은自保自持ᄒᆞ야自由獨立의狀態를繼續ᄒᆞᆯ지오如何ᄒᆞᆫ歐洲의强國이라도此大陸을殖民地로看做홈을不許ᄒᆞ며歐洲事項에關ᄒᆞ야ᄂᆞᆫ米國이恒常注意傍觀者地位에立來ᄒᆞᆫ同

시도를 진압하기 위하여 오스트리아는 나폴리, 사르디니아 등의 혁명에 간섭하고 프랑스는 스페인에 대해서 간섭하여 페르디난드 7세(Ferdinand VII)의 왕위를 확정한 것과 같은 것은 학자들이 일반적으로 인정하지 않는다. 영국은 처음부터 신성동맹 행위에 반대했으나 동맹의 여러 구성국은 다시금 스페인을 위하여 남아메리카에서 있던 자유주의 혁명에 대해서 간섭하여 독립한 여러 공화국을 전복시키려고 하자 1823년에 미국도 영국과 협의하여 먼로주의를 주도한 까닭으로 동맹주의 간섭이 이로 인해서 좌절되었다. 이러한 이유로 오늘날 정치 주의 전파를 막기 위하여 행하는 간섭은 국제적으로 정당한 간섭이라고 할 수 없다. 여기에서 부언해야 할 것은 이상에서 간략히 기술한 먼로주의, 즉 북미합중국이 국가정책으로 취해 온 방침이다. 1823년 12월 2일 먼로 대통령이 의회에 제출한 제7차 교서에 기재된 취지를 아래에 간략히 언급한다.

"미국의 권리 및 이해에 관계가 있는 아메리카 대륙은 자력으로 보호하고 자력으로 유지하여 자유 독립 상태를 계속할 것이고, 유럽의 어떠한 강국이라도 이 대륙을 식민지로 간주하는 것을 허용하지 않으며 유럽의 사안에 관해서는 미국이 항상 주의를 기울이는 관중의 지위에 있었다. 동시에

時에米國人民은太西洋北方面에在ᄒᆞᆫ同胞의自由幸福에關ᄒᆞ야ᄂᆞᆫ最友誼的의同情을表ᄒᆞ며歐洲列强間事項에關ᄒᆞᆫ戰爭에ᄂᆞᆫ米國이决코干與ᄒᆞᆫ事가無ᄒᆞ고又此에干與ᄒᆞᆷ은米國政略에違反되ᄂᆞᆫ者ㅣ라然이나此半球에在ᄒᆞᆫ動作에關ᄒᆞ야ᄂᆞᆫ米國이一層直接關係를有ᄒᆞ야歐洲同盟諸國의政略과亞米利加의政略과ᄂᆞᆫ各其自別ᄒᆞ고其差異ᄂᆞᆫ各自政府의組織上으로起因ᄒᆞᆷ이라是以로米國政府ᄂᆞᆫ此半球如何ᄒᆞᆫ部分에對ᄒᆞᆯ지라도彼等强國이其組織을擴張코져ᄒᆞᄂᆞᆫ企圖를目擊ᄒᆞ고米國安寧秩序에危險이有ᄒᆞ다公言치아니ᄒᆞᆷ을不得ᄒᆞᆯ지라歐洲列强이亞米利加에在ᄒᆞ야現有ᄒᆞᆫ殖民地及屬地에對ᄒᆞ야ᄂᆞᆫ米國이干涉ᄒᆞᆫ事도無ᄒᆞ고又今後에至ᄒᆞᆯ지라도干涉치아니ᄒᆞᆯ지라然이나業已獨立을宣言ᄒᆞ고此를維持ᄒᆞ며米國도亦此에關ᄒᆞ야ᄂᆞᆫ正當히承認ᄒᆞᆫ政府에對ᄒᆞ야歐洲의强國이此를壓抑코져ᄒᆞᄂᆞᆫ干涉은米國에對ᄒᆞᆫ友誼에違反ᄒᆞᄂᆞᆫ行爲로看做ᄒᆞᆷ을可得ᄒᆞᆯ지라ᄒᆞᄂᆞᆫ事項을宣言ᄒᆞ니라

要컨대몬로主義란者ᄂᆞᆫ米國의政略으로歐洲政治上事項에ᄂᆞᆫ干與치아니ᄒᆞ

미국 인민은 대서양 북쪽에 있는 동포의 자유와 행복에 관해서 가장 우호적으로 공감을 표하며 여러 유럽 국가들 사이의 문제에 관한 전쟁에는 미국이 결코 간여한 일이 없고 또한 이에 간여하는 것은 미국의 정책을 위반하는 것이다. 그러나 이쪽 반구에서의 활동에 관해서는 미국이 더 직접적인 관계를 맺어서 유럽의 여러 동맹국의 정책과 아메리카의 정책은 각자 다르고 그 차이는 각 정부의 조직에서 발생하는 것이다. 이러한 이유로 미국 정부는 이쪽 반구의 어떠한 부분에 대해서라도 저들 강국이 그 조직을 확장하게 시키려는 의도를 목격하고 미국의 안녕질서에 위험이 있다고 공언하지 않을 수 없다. 여러 유럽 국가들이 아메리카에서 현재 보유하는 식민지 및 속지에 대해서는 미국이 간섭한 일도 없고 또한 이후에라도 간섭하지 않을 것이다. 그러나 이미 독립을 선언하고 이를 유지하며 미국 역시 이에 관해서는 정당히 승인한 정부에 대해서 유럽의 강국이 이를 억압하고자 하는 간섭은 미국에 대한 우의를 위반하는 행위로 간주할 수 있다는 점을 선언한다."

요컨대 먼로주의는 미국의 정책으로 유럽의 정치적 사안에 간여하지 않고,

는同時에亞米利加大陸에關ᄒᆞᆫ政治上事項은歐洲의强國으로ᄒᆞ야곰干與ᄒᆞᆷ을不許ᄒᆞᆷ에在ᄒᆞ도다몬로大統領은當時에神聖同盟諸國이西班牙國殖民地에對ᄒᆞ야其獨立을干涉ᄒᆞᆷ으로此敎書로써華盛頓以來의米國政略을公言ᄒᆞ고其後同千八百五十年에米國은그레돈、색루외條約으로써中央亞米利加一部에셔英國의領土權을行코져ᄒᆞᆷ에對ᄒᆞ야反對ᄒᆞ고同千八百六十一年米國內亂時에法國이墨西哥를干涉ᄒᆞᆷ에對ᄒᆞ야法國을反抗ᄒᆞ고內亂後에法國으로ᄒᆞ야곰同國으로브터退去케ᄒᆞ며又同千八百八十六年智利及秘魯兩國間戰爭에關ᄒᆞ야도德義上으로勸告ᄒᆞ고干涉ᄒᆞᆫ事가有ᄒᆞ며其他近年에至ᄒᆞ야도째네쉘나、규바等事件에干涉을行ᄒᆞᆷ과如히米國政府는古來로此몬로主義를依ᄒᆞ야亞米利加大陸事項에關ᄒᆞ야行動ᄒᆞᆫ事實이頻有ᄒᆞ대英國도此主義를不認ᄒᆞ며國際公法上으로觀察ᄒᆞᆯ지라도此몬로主義는亞米利加의外交政略方針이오國際公法의法則上으로는何等의價値도無ᄒᆞ니라

第七、人道에違反ᄒᆞ는行爲를防止ᄒᆞ기爲ᄒᆞ야行ᄒᆞ는干涉

國家의政府가暴虐無道히人民을苦境에陷케ᄒᆞ며又는內亂境遇에虐殺及其

동시에 아메리카 대륙에 관한 정치적 사안은 유럽의 강국들이 간여하는 것을 허락하지 않겠다는 것이다. 먼로 대통령은 당시 신성동맹의 여러 국가가 스페인 식민지에 대해서 그 독립에 간섭하자 이러한 교서로 워싱턴 이후의 미국 정책을 공언하고 그 후 1850년에 미국은 클레이턴-불워조약(Clayton-Bulwer Treaty)으로 중앙아메리카 일부에서 영국이 영토권을 행사하고자 하려는 것에 대해서 반대하고 1861년 미국 내란 시에 프랑스가 멕시코를 간섭하는 것에 대해서 프랑스에 반대하고 내란 후에 프랑스를 이 나라에서 되거시겼다. 또한 1886년 칠레와 페루 양국 간 전쟁에 관해서도 도의상 권고하고 간섭한 경우가 있다. 그 밖에 최근에도 베네수엘라, 쿠바 등 사건에 간섭하는 것과 같이 미국 정부는 옛날부터 이 먼로주의에 따라 아메리카 대륙의 사안에 관해서 행동한 사실이 많이 있다. 영국은 이 주의를 인정하지 않아서, 국제공법상으로 보더라도 이 먼로주의는 아메리카의 외교정책의 방침이고 국제공법상 법칙으로는 하등의 가치도 없다.

7. 인도를 위반하는 행위를 방지하기 위하여 행하는 간섭

국가의 정부가 포학하고 무도하게 인민을 곤경에 빠뜨리거나 내란의 경우에 학살 및

他와殘忍行爲를行ᄒᆞ거나或은異宗教徒間에殘酷ᄒᆞᆫ行爲가有ᄒᆞᆫ時에當ᄒᆞ야ᄂᆞᆫ他國이人類會社에在ᄒᆞ야其野蠻的行爲와殘酷ᄒᆞᆫ所爲를傍觀키難ᄒᆞᆫ理由로써此에對ᄒᆞ야干涉을行ᄒᆞᆫ實例가不尠ᄒᆞ니假令西曆千八百二十七年에英、法、露三國이土耳其國政府가其領土內에在ᄒᆞᆫ希臘人民을虐待ᄒᆞᆷ으로써土國政府와軍隊ᄂᆞᆫ叛亂者와게對ᄒᆞ야戰爭이優勢地位에在ᄒᆞᆷ을不關ᄒᆞ고此에干涉ᄒᆞ야希臘國을獨立케ᄒᆞ며又同千八百六十年에小亞細亞몬드레쌔ᄂᆞᆫ地方에셔土國人이耶蘇教徒를死刑에暗處ᄒᆞᆷ으로歐洲의列國이此에對ᄒᆞ야干涉ᄒᆞᆫ事가有ᄒᆞ며又伯林條約에몬데네그로、루마니야、쇠르비아의獨立을認ᄒᆞ야信教의自由를確認ᄒᆞᆫ과如ᄒᆞᆷ은卽此에對ᄒᆞᆫ實例니라然이나人情에基因ᄒᆞ야他國의內政을干涉ᄒᆞᆷ을正當ᄒᆞᆫ者로認ᄒᆞᄂᆞᆫ論者ᄂᆞᆫ道德上의觀念과國際公法上의法則을混同ᄒᆞ야立論ᄒᆞᆫ者ㅣ니如此ᄒᆞᆫ人情에違反ᄒᆞᆫ行爲가有ᄒᆞᆷ에當ᄒᆞ야ᄂᆞᆫ平和的調停을行ᄒᆞ거나勸告를行ᄒᆞᆷ이正當ᄒᆞᆷ은無論이로대其國家에對ᄒᆞ야强力을自用ᄒᆞ야干涉을行ᄒᆞᆷ은不法됨을未免ᄒᆞᆯ지니是以로쌔뎔氏와如ᄒᆞᆫ學者도國家ᄂᆞᆫ虐待를被ᄒᆞᆫ人民을救濟ᄒᆞᆷ은可得ᄒᆞᆯ지라도此로써干涉

그 밖의 잔혹한 행위를 행하거나 혹은 다른 종교도 사이에 잔혹한 행위가 있는 때에는 타국이 인류사회에서 그 야만적 행위와 잔혹한 행위를 방관하기 어렵다는 이유로 이에 대해서 간섭한 실례가 적지 않다. 가령 1827년에 영국, 프랑스, 러시아 3국은 터키 정부가 그 영토 내에 있는 그리스인들을 학대하자 터키 정부군이 반란자에 대한 전쟁에서 우세한 지위에 있는 것과 상관없이 이에 간섭하여 그리스를 독립시켰다. 또한 1860년에 소아시아의 마운트 레바논(Mount Lebanon) 지방에서 터키인이 예수교도를 몰래 사형에 처하자 여러 유럽 국가들이 이에 대해서 간섭한 경우가 있다. 또한 베를린조약에서 몬테네그로, 루마니아, 세르비아의 독립을 인정하여 신앙과 종교의 자유를 확인한 것과 같은 것은 즉, 이에 대한 실례이다. 그러나 인정에 근거하여 타국의 내정에 간섭하는 것을 정당한 것으로 인정하는 논자들은 도덕관념과 국제공법의 법칙을 혼동하여 주장하는 것이다. 이런 인정에 반하는 행위가 있는 때에는 평화적 조정을 행하거나 권고를 하는 것이 정당한 점은 물론이다. 그 국가에 대해서 무력을 사용하여 간섭하는 것은 불법을 면할 수 없다. 이러한 이유로 바텔과 같은 학자도 국가는 학대당한 인민을 구제할 수 있을지언정 이를 이유로

의理由를定ᄒᆞᆷ은不可ᄒᆞ다論定ᄒᆞ니라

第五章 國家의交通權

第一節 總論

國際公法의目的은列國의共通利益을圖謀ᄒᆞ야互相間의幸福을增進코져ᄒᆞᆷ에在ᄒᆞᆷ으로써國家互相間交通에關ᄒᆞᆫ權利義務를生ᄒᆞ고國際公法上에一員되ᄂᆞᆫ國家ᄂᆞᆫ他國家에對ᄒᆞ야條約國與否를不問ᄒᆞ고通商交通의自由를拒絕치못ᄒᆞᆷ이原則이니라何故오諸國家ᄂᆞᆫ氣候와風土가相殊ᄒᆞᆯ뿐아니라各國의産物도相殊ᄒᆞᆷ으로其産物을水陸으로互相交換ᄒᆞ야經濟上慾望을補充ᄒᆞ며人民이交通ᄒᆞ야相殊ᄒᆞᆫ智識과聞見을互相交換ᄒᆞᆷ은各國民의福利를增進ᄒᆞᄂᆞᆫ바ㅣ오文明生活上에欠缺치못ᄒᆞᆯ者ㅣ되ᄂᆞᆫ故로此를拒絕ᄒᆞᆷ은社會의進步的形勢를妨害ᄒᆞᄂᆞᆫ所以니라然이나玆에所謂交通權은國家間에修好、交通及通商ᄒᆞᄂᆞᆫ權利니一國은他國에對ᄒᆞ야此를禁止ᄒᆞᆷ이不可ᄒᆞ며又ᄂᆞᆫ他國에對ᄒᆞ야强請ᄒᆞᆷ을可得ᄒᆞᆯ權利로대國家獨立權의作用을依ᄒᆞ야其交通上에制限을設ᄒᆞ야或은商品輸出入에關ᄒᆞ야自國의法律을違反ᄒᆞ거나衛生、公安及風俗에危害를貽及ᄒᆞᆯ者

간섭할 수는 없다고 결론지었다.

제5장 국가의 교통권

제1절 총론

국제공법의 목적은 여러 국가의 공통이익을 도모하여 상호 간의 행복을 증진하는 데 있기에 국가 상호 간에 교통에 관한 권리와 의무가 생긴다. 국제공법상 일원이 되는 국가는 다른 국가에 대해서 조약 당사국 여부를 불문하고 통상을 위한 교통의 자유를 거절하지 못하는 것이 원칙이다. 왜냐하면 여러 국가는 기후와 풍토가 서로 다를 뿐 아니라 각국의 산물도 서로 달라서 그 산물을 수상과 육상으로 상호 교환하여 경제적인 필요를 보충한다. 인민이 교통하여 서로 다른 지식과 견문을 상호 교환하여 각 국민의 복리를 증진하게 시킨다. 문명 생활에서 빠질 수 없는 것이기 때문에 이를 거절하는 것은 사회 진보의 형세를 방해하는 까닭이다. 그러나 여기에서 소위 교통권은 국가 간에 수호, 교통 및 통상하는 권리여서 한 국가는 타국에 대해서 이를 금지할 수 없다. 또는 타국에 대해서 강요할 수 있는 권리이지만, 국가의 독립권이 적용되어서 교통을 제한하거나 혹은 상품 수출입에 관해 자국의 법률을 위반하거나 위생, 공안 및 풍속에 위해를 끼칠 수 있는 것은

ᄂᆞᆫ條約或內國法으로써其輸出入을禁止ᄒᆞ고制限ᄒᆞᆷ을可得ᄒᆞᆯ事ᄂᆞᆫ無論이니라

今日에至ᄒᆞ야國家間에交通權이存在ᄒᆞᆷ은容疑ᄒᆞᆯ바ㅣ無ᄒᆞ되第十八世紀ᄭᆞ지ᄂᆞᆫ列國間通商及交通에關ᄒᆞ야此ᄅᆞᆯ許ᄒᆞ고不許ᄒᆞᆷ이一大問題ᄅᆞᆯ成ᄒᆞ얏스나方今은國家間에交通及通商을許ᄒᆞᆷ은國家의義務로看做ᄒᆞᆷ을可得ᄒᆞᆯ지니如何ᄒᆞᆫ國家라도此ᄅᆞᆯ拒絶ᄒᆞᆷ은不得ᄒᆞᆯ지오若拒絶ᄒᆞᄂᆞᆫ時ᄂᆞᆫ兵力에依ᄒᆞᆯ지라도此ᄅᆞᆯ强請ᄒᆞᆷ을可得ᄒᆞᆯ지로다第十七世紀末葉에葡國이印度商業에關ᄒᆞ야亞細亞의商業을他國民의게拒絶ᄒᆞᆷ을當ᄒᆞ야列國은此에抗議ᄒᆞᆫ事가有ᄒᆞ며今世紀初葉에露國은太平洋北部白令海沿岸에關ᄒᆞ야他國民의交通、通商을禁止코져ᄒᆞ얏더니英米兩國이此에反對ᄒᆞ야其目的을未達ᄒᆞ니라是以로今日에至ᄒᆞ야ᄂᆞᆫ此權利存在與否에關ᄒᆞ야再論ᄒᆞᆯ必要가無ᄒᆞᆷ에至ᄒᆞ얏스나然이나其交通及通商에關ᄒᆞ야何等의規定이無ᄒᆞᆫ時ᄂᆞᆫ各國이任意로其外交及通商上에制限을添加ᄒᆞ야商品의輸出入을無時로制限ᄒᆞ며其交通及通商의方法을任意로變更ᄒᆞ야國民을區別ᄒᆞ야待遇ᄒᆞᄂᆞᆫ故로列國은其交通事項을一般公法上及經濟上漠然ᄒᆞᆫ條理에一任치아니ᄒᆞ고修好通商及其他의諸條約을締結ᄒᆞ야其條件을詳細

조약 혹은 국내법으로 그 수출입을 금지하고 제한할 수 있는 것을 물론이다. 오늘날에 국가 간에 교통권이 존재하는 것은 의심할 여지가 없다. 18세기까지는 여러 국가 사이의 통상 및 교통에 관해 이를 허용할 것인지 아니면 불허할 것인지가 큰 문제였으나 이제는 국가 간에 교통 및 통상을 허락하는 것을 국가의 의무로 간주할 수 있어서 어떠한 국가라도 이를 거절할 수 없다. 만약 거절하는 때는 병력에 의하더라도 이를 강요할 수 있다. 17세기 말에 포르투갈이 인도의 상업 관련 아시아의 상업을 타국의 국민에게 거절할 때 여러 국가는 이에 항의한 적이 있다. 금세기 초에 러시아는 태평양 북부 베링해 연안에 관해 타국민의 교통, 통상을 금지하려고 했더니 영미 양국이 이에 반대해서 그 목적을 달성하지 못했다. 이러한 이유로 오늘날에는 이 권리의 존재 여부에 관해서 재론할 필요가 없게 되었다. 그러나 그 교통 및 통상에 관해 어떠한 규정도 없는 때는 각국이 임의로 그 외교 및 통상에 제한을 추가하여 상품의 수출입을 무시로 제한하며 그 교통 및 통상 방법을 임의로 변경하여 국민을 구별해서 대우하기 때문에 여러 국가들은 그 교통 관련 사항을 일반 공법상 그리고 경제적으로 막연한 조리에 일임하지 않고 수호 통상 및 그 밖의 여러 조약을 체결하여 그 조건을 상세히

히規定홀必要가有ᄒᆞ며又ᄂᆞᆫ更히外交政策上으로各種의條約을締結홈을可得홀지니是以로如此ᄒᆞᆫ國際上關係를維持ᄒᆞ야繼續코져홈에關ᄒᆞ야ᄂᆞᆫ外交官及領事의設寘가必要홈으로外交官及領事官의制度가存立홈에至ᄒᆞ니라

第三節 外交官

第一、外交官의發達

國家와國家間의交涉은使節을派遣ᄒᆞ야協議치아니ᄒᆞ면到底히行得키不能홈으로써在前未開時代에在ᄒᆞ야도軍使及其他의使節은不可侵的人物로認ᄒᆞᆫ事가有ᄒᆞᆫ대中世以後에至ᄒᆞ기ᄭᆞ지ᄂᆞᆫ國家間에交通이稀罕ᄒᆞ고國際間에協議가甚尠ᄒᆞ야此等의必要가有ᄒᆞᆫ時ᄂᆞᆫ其當時에特히使節을派遣ᄒᆞ야其交涉을掌行케ᄒᆞ고其交涉을終了ᄒᆞᆫ後에ᄂᆞᆫ歸國케ᄒᆞ니라使節의身體ᄂᆞᆫ派駐ᄒᆞᆫ國家에서侵害ᄒᆞᆫ事ᄂᆞᆫ別無ᄒᆞᆫ대通過國에서ᄂᆞᆫ非常ᄒᆞᆫ妨害를受ᄒᆞ며各種의危險을被ᄒᆞᆫ事가不尠ᄒᆞ며交通及商業의發達을隨ᄒᆞ야國際間에交涉홀事項도漸次頻繁홈에至홀ᄲᅮᆫ아니라西曆千四百六十一年乃至同千四百八十三年間에法王路易十一世가恒常自國의使節을他國에永駐케홈은今日列國間에駐

규정할 필요가 있다. 또는 다시금 외교정책상 각종 조약을 체결할 수 있다. 이러한 이유로 이런 국제관계를 유지하고 지속하려는 것에 관해서는 외교관과 영사의 설치가 필요하기에 외교관과 영사관의 제도가 존립하게 되었다.

제2절 외교관

1. 외교관의 발달

국가와 국가 사이의 교섭은 사절을 파견하여 협의하지 않으면 도저히 행할 수 없기에 과거 미개한 시대에도 군사와 그 밖의 사절은 침해할 수 없는 인물로 인정한 일이 있다. 중세 이후에까지는 국가 간 교통이 드물고 국제적인 협의가 매우 적어서 이들의 필요할 때는 당시에 특별히 사절을 파견하여 그 교섭을 맡아 처리하도록 하였고 그 교섭을 종료한 후에는 귀국시켰다. 사절의 신체는 파견하여 주재하는 국가에서 침해한 적이 별로 없었다. 통과국에서는 예사롭지 않은 방해를 받으며 각종 위험을 당한 경우가 적지 않았다. 교통 및 상업이 발달하면서 국제적으로 교섭할 일도 점차 빈번해졌을 뿐 아니라, 1461년에서 1483년 사이에 프랑스와 루이 11세가 자국 사절을 항상 타국에 영구 주재하도록 한 것은 오늘날 여러 국가 사이에

剳公使를派遣ᄒᆞᄂᆞᆫ慣例를成ᄒᆞᆫ原因이라謂ᄒᆞᆷ을可得ᄒᆞᆯ지로다其後에諸國家도亦其便宜를自感ᄒᆞ야第十七世紀中葉에至ᄒᆞ야ᄂᆞᆫ外交의事項을駐剳ᄒᆞᆫ公使로ᄒᆞ야곰掌行케ᄒᆞᆷ이一般慣例를成ᄒᆞ니라然이나當時의外交官은間諜의嫌疑를受ᄒᆞ야本國의利益上으로外國을欺瞞코져ᄒᆞᄂᆞᆫ機關이라ᄒᆞ야西曆千六百六十年에波蘭國會ᄂᆞᆫ法國의公使가歸國치아니ᄒᆞ면間諜으로處分ᄒᆞᆯ事를議決ᄒᆞᆫ事가有ᄒᆞ며그로뒤스氏도公使의派遣은諸國間에慣行ᄒᆞᄂᆞᆫ者ㅣ로대不必要ᄒᆞᆫ者ㅣ라說明ᄒᆞᆫ事가有ᄒᆞ니라然이나方今에在ᄒᆞ야ᄂᆞᆫ國際公法上에列國이外交를行ᄒᆞᆷ에必要ᄒᆞᆫ機關을成ᄒᆞᆷ에至ᄒᆞ니라

國家가他國과外交를行ᄒᆞᄂᆞᆫ權利ᄂᆞᆫ其國家主權者의게ᄂᆞᆫ國家獨立權의行爲니其政府의何人이外國에對ᄒᆞ야外交事務를掌理ᄒᆞᄂᆞᆫ事ᄂᆞᆫ其國家의國法을依ᄒᆞ야定ᄒᆞᆯ者ㅣ오國際公法上에在ᄒᆞ야ᄂᆞᆫ其權利가一人의게在ᄒᆞ고不在ᄒᆞᆷ을不問ᄒᆞ고單히外交의機關이存在ᄒᆞᆷ을要ᄒᆞ야其團體의行爲로써其國家의行爲를拘束ᄒᆞᆯ者ㅣ有ᄒᆞ면足ᄒᆞᆫ者ㅣ라然而內國에在ᄒᆞ야ᄂᆞᆫ外部大臣과如ᄒᆞᆫ者ㅣ有ᄒᆞ야政府의機關으로其外交事項을掌行ᄒᆞ고外國에在ᄒᆞ야ᄂᆞᆫ使節及

주차공사를 파견하는 관례가 된 원인이라고 할 수 있다. 그 후에 여러 국가도 역시 그러한 편의를 자각하여 17세기 중엽에는 외교 사항을 주차공사들이 맡아 처리하도록 하는 것이 일반관례가 되었다. 그러나 당시의 외교관은 간첩 혐의를 받아서 본국의 이익을 위하여 외국을 기만하려는 기관이라고 하여 1660년에 폴란드 국회는 프랑스의 공사가 귀국하지 않으면 간첩으로 처벌하는 사안을 결의한 적이 있다. 그로티우스도 공사의 파견을 여러 국가 사이에 관행으로 하는 것이지만 불필요한 것이라고 실명한 적이 있다. 그러나 지금은 국제공법상 여러 국가가 외교를 수행하는데 필요한 기관이 되었다.

국가가 타국과 외교를 행하는 권리는 그 국가의 주권자에게는 국가 독립권의 행위로서 그 정부의 어떠한 사람이 외국에 대해서 외교 사무를 맡아 처리할지는 그 국가의 국내법에 따라 정할 것이고, 국제공법상으로는 그 권리가 어떠한 사람에게 있고 없고 여부를 불문하고 단순히 외교 기관이 존재해야 하는데 그 단체의 행위로서 국가의 행위를 구속하는 자가 있으면 족하다. 그러나 국내적으로는 외부대신과 같은 자가 있어서 정부 기관으로 그 외교 사항을 맡아 처리하고 외국에서는 사절 및

公使가此等事務를掌行ᄒᆞᄂᆞ니如此히本國을代表ᄒᆞ야他國에在ᄒᆞ야外交事項을掌行ᄒᆞᄂᆞᆫ者卽政府의派遣官吏를外交官이라稱ᄒᆞ고又此等外交官에ᄂᆞᆫ恒常派遣國에駐箚ᄒᆞᄂᆞᆫ者도有ᄒᆞ고又ᄂᆞᆫ特定ᄒᆞᆫ協議를行ᄒᆞ기爲ᄒᆞ야臨時로派遣ᄒᆞᄂᆞᆫ者도有ᄒᆞ니라是以로國家가外國과交通을行ᄒᆞᄂᆞᆫ以上은外交官이必要ᄒᆞᆷ으로他外國이自國에對ᄒᆞ야此等外交官을派遣코져ᄒᆞᄂᆞᆫ時ᄂᆞᆫ其使節을絶對的으로拒絶ᄒᆞᆷ은不能ᄒᆞᆫ同時에自國도亦此權利를有ᄒᆞᄂᆞ니라

第二、外交官의階級

昔時에在ᄒᆞ야國家를代表ᄒᆞᄂᆞᆫ外交官의階級은主權者를代表ᄒᆞ야其外交事務를主權者의代身上으로處理ᄒᆞᄂᆞᆫ大使의一種類를未免ᄒᆞ얏더니第十七世紀에至ᄒᆞ야列國은公使舘을他國에設寘ᄒᆞ야大使或公使를駐箚케ᄒᆞᆷ으로大使及公使의區別이生ᄒᆞ며又其大使及公使中에도各種의階級이發生ᄒᆞ야資格도十五種類가有ᄒᆞᆷ에至ᄒᆞ며階級及席次에關ᄒᆞ야도紛爭이不絶ᄒᆞᆷ에至ᄒᆞᆫ故로歐洲의列國은外交官의階級을一定ᄒᆞ기爲ᄒᆞ야西曆千八百十五年維也納公會에서其階級을全權大使、法王의使節、全權公使及代理公使의三等으

공사가 이들 사무를 맡아 처리한다. 이같이 본국을 대표하여 타국에서 외교 사항을 맡아 처리하는 자, 즉 정부가 파견하는 관리를 외교관이라 칭한다. 또는 이들 외교관에는 항상 파견국에 주재하는 자도 있고 또는 특정한 협의를 위하여 임시로 파견하는 자도 있다. 이러한 이유로 국가가 외국과 교통하는 이상 외교관이 필요하기에 다른 외국이 자국에 대해서 이들 외교관을 파견하고자 하는 때는 그 사절을 전면 거절할 수 없고, 동시에 자국도 역시 이러한 권리를 갖는다.

2. 외교관의 계급

옛날에 국가를 대표하는 외교관의 계급은 주권자를 대표하여 그 외교 사무를 주권자를 대신해서 처리하는 대사의 한 종류를 면하지 못하였다. 17세기에 이르러 여러 국가는 공사관을 타국에 설치하여 대사 혹은 공사를 주재시키면서 대사와 공사의 구별이 생겼다. 또한 그 대사와 공사 중에서도 각종 계급이 발생하여 자격 종류도 15가지가 되었다. 계급 및 석차에 관해서도 분쟁이 끊이지 않게 되자 여러 유럽 국가들은 외교관의 계급을 정하기 위하여 1815년 빈회의에서 계급을 전권대사, 교황의 사절, 전권공사와 대리공사의 3등급으로로分別ᄒᆞ고各階級中에ᄂᆞᆫ其國에駐箚ᄒᆞᆫ前後ᄅᆞᆯ依ᄒᆞ야席次ᄅᆞᆯ定케ᄒᆞ니라然而歐米의大强國等은小弱國의全權公使가駐箚이永久ᄒᆞᆫ所以로自國의公使보다上席에處케ᄒᆞᆷ을不肯ᄒᆞᆷ으로西曆千八百十八年엑스라샤펠會議에서更히辦理公使ᄅᆞᆯ加ᄒᆞ야今日에至ᄒᆞ야ᄂᆞᆫ第一、特命全權大使及法王의使節第二、特命全權公使第三、辦理公使第四、代理公使의四種으로定ᄒᆞ니라此四種階級中에ᄂᆞᆫ其國에駐箚ᄒᆞᆫ日字의前後ᄅᆞᆯ依ᄒᆞ야席次ᄅᆞᆯ定ᄒᆞᆷ으로써國際公法의法則으로看做ᄒᆞ고但法王의使節은今日에至ᄒᆞ야外交官으로看做치아니ᄒᆞᄂᆞ니라

全權大使、全權公使及辦理公使ᄂᆞᆫ本國의主權者로브터駐箚國主權者의게對ᄒᆞᆫ信任狀으로써任命ᄒᆞᄂᆞᆫ者ㅣ오代理公使ᄂᆞᆫ本國의外部大臣으로브터駐箚國外部大臣의게對ᄒᆞᆫ書簡을依ᄒᆞ야其國에駐箚ᄒᆞᄂᆞᆫ者ㅣ로대就中大使ᄂᆞᆫ本國主權者의身體及威權을代表ᄒᆞᄂᆞᆫ者ㅣ되ᄂᆞᆫ故로何時ᄅᆞᆯ不問ᄒᆞ고駐箚國主權者의게陛見ᄒᆞᄂᆞᆫ特權이有ᄒᆞ니라古昔에在ᄒᆞ야ᄂᆞᆫ此等大使가其駐箚國에到着ᄒᆞᄂᆞᆫ時ᄂᆞᆫ尊大ᄒᆞᆫ儀仗을具送ᄒᆞ고駐箚國君主ᄂᆞᆫ此大使ᄅᆞᆯ其都府境界

분별하고 각 계급 중에는 그 국가에 주재한 순서에 의하여 석차를 정하도록 했다. 그러나 구미의 강대국들은 약소국의 전권공사가 영구 주재한다는 이유로 자국 공사보다 상석에 두는 것을 인정하지 않았기에 1818년 엑스라샤펠회의에서 다시 판리공사(ministers resident)를 추가하여 오늘날에는 첫째 특명전권대사 및 교황의 사절, 둘째, 특명전권공사 셋째, 판리공사 넷째, 대리공사의 4가지 종류로 정하였다. 이 4가지 종류의 계급 중에는 그 국가에 주재한 날짜의 순서에 의하여 석차를 정하여 국제공법의 법칙으로 간주하였다. 다만, 교황의 사절은 오늘날에는 외교관으로 간주하지 않는다.

전권대사, 전권공사 및 판리공사는 본국의 주권자가 주재국 주권자에 대한 신임장으로 임명한다. 대리공사는 본국의 외부대신이 주재국 외부대신에게 작성한 서신에 의하여 그 국가에 주재한다. 그중에서도 특히 대사는 본국 주권자의 신체 및 권위를 대표하기 때문에 때를 불문하고 언제라도 주재국의 주권자를 폐현(陛見)하는 특권을 갖는다. 아주 옛날에는 이들 대사가 그 주재국에 도착하는 때는 존엄한 의장을 갖추어 보내고 주재국 군주는 이 대사를 자국의 수도 경계로에出迎ᄒᆞ며其國에駐在ᄒᆞᄂᆞᆫ諸國外交官도其國王이出迎ᄒᆞᄂᆞᆫ番列에叅加ᄒᆞ야西曆千六百六十一年에瑞典國大使가英國에入來ᄒᆞᆯ際에法、西兩國의公使가乘車의前後ᄅᆞᆯ相爭ᄒᆞ야互相間에殺傷이有ᄒᆞᆷ과如ᄒᆞᆫ事가有ᄒᆞ얏더니今日에至ᄒᆞ야ᄂᆞᆫ全權大使가駐箚國에入去ᄒᆞᆯ時라도如此ᄒᆞᆫ儀式은全히廢止ᄒᆞᆷ에至ᄒᆞ니라又全權公使以下ᄂᆞᆫ本國의政府ᄅᆞᆯ代表ᄒᆞᆷ에不過ᄒᆞ야大使와如히何時ᄅᆞᆯ不問ᄒᆞ고主權者의게陛見ᄒᆞᄂᆞᆫ特權은無호대現今國際上의慣例로論ᄒᆞᆯ진대凡他國의大使及公使ᄂᆞᆫ其國主權者의게陛見을請ᄒᆞᄂᆞᆫ權利ᄂᆞᆫ有ᄒᆞᆷ에至ᄒᆞ야其主權者의便宜와時期ᄅᆞᆯ豫先請問ᄒᆞᆫ後에陛見ᄒᆞᆷ을可得ᄒᆞᄂᆞᆫ權利ᄂᆞᆫ有ᄒᆞ니라然而全權大使以下의外交官이掌行ᄒᆞᄂᆞᆫ事務에至ᄒᆞ야ᄂᆞᆫ何等의差異가無ᄒᆞ야凡本國과駐箚國間의外交事項은總히掌理ᄒᆞᆷ을可得ᄒᆞᆯ者ㅣ오全權大使ᄂᆞᆫ元來其資格上에主權者와直接으로其事項을協議ᄒᆞᄂᆞᆫ權이有호대現今國際上慣例에至ᄒᆞ야ᄂᆞᆫ此特權이實際上에何等價値가無ᄒᆞ니何故오主權者가口頭로陳述ᄒᆞᆫ事項은其國家의外交事項으로何等効力을不生ᄒᆞᄂᆞᆫ者로看做ᄒᆞ야國家ᄅᆞᆯ拘束ᄒᆞᄂᆞᆫ國際事項은반다시外部大臣及其他의政府外交

나가서 마중하였으며, 그 국가에 주재하는 여러 국가의 외교관들도 그 국왕의 마중 행렬에 참여하였다. 1661년에 스웨덴 대사가 영국에 입국했을 때 프랑스와 스페인 양국의 공사가 승차 순서를 두고 서로 다투어 상호 간에 살상이 벌어지는 일이 있었다. 오늘날에는 전권대사가 주재국에 출입할 때도 이런 의식은 전면 폐지되었다. 또한, 전권공사 이하는 본국 정부를 대표하는 것에 불과하여 대사와 같이 때를 불문하고 언제라도 주권자 폐현을 요청할 특권은 없다. 현재 국제적인 관례로 논하자면 대개 타국의 대사와 공사는 그 국가의 주권자에게 폐현을 요청하는 권리를 갖게 되어서 그 주권자의 편의와 시기를 미리 문의한 후에 폐현할 수 있는 권리를 갖는다. 그러나 전권대사 이하의 외교관이 맡아 처리하는 사무에 대해서는 전혀 차이가 없다. 대개 본국과 주재국 사이의 외교 사항은 전부 맡아 처리할 수 있고 전권대사는 원래 그 자격에 의하여 주권자와 직접 그 사안을 협의할 권한을 갖지만, 현재 국제적 관례로는 이러한 특권이 실제로 전혀 가치가 없다. 왜냐하면 주권자가 말로 진술한 사항은 그 국가의 외교 사항으로 전혀 효력이 생기지 않는 것으로 간주하여 국가를 구속하는 국제적 사항은 반드시 외부대신과 그 밖의 정부 외교

機關을經由ᄒᆞ야掌行ᄒᆞᆫ者에限ᄒᆞᄂᆞᆫ所以니라

大凡主權國이外國에派遣ᄒᆞᄂᆞᆫ外交官을任命ᄒᆞᆷ은以上四種階級中의何者로써行ᄒᆞᆯ지라도此ᄂᆞᆫ全히其國家의自由로대他國으로브터派遣ᄒᆞᄂᆞᆫ外交官과同資格의外交官을其國에派遣ᄒᆞᆷ이今日國際上의慣例니라是以로派遣國은其相對國의同意를依ᄒᆞ야其外交官의階級을決定ᄒᆞᆯ必要가有ᄒᆞ나他國은自國에對ᄒᆞ야全權大使를派遣코져ᄒᆞᆯ지라도自國은其國에對ᄒᆞ야全權大使의派遣을不必要로認ᄒᆞᄂᆞᆫ時ᄂᆞᆫ此에對ᄒᆞ야同意치아니ᄒᆞᆷ을可得ᄒᆞᆯ지니라現今歐洲의七大國은互相間에全權大使를派遣ᄒᆞ야駐箚케ᄒᆞ며其他의諸國도亦兩便國家間의協議로써全權大使를派遣ᄒᆞ야駐箚케ᄒᆞᄂᆞᆫ事가有ᄒᆞ니米國은西曆千八百九十三年에全權大使를英、法、德三國에派遣ᄒᆞᆯ事로的定ᄒᆞᆫ結果를依ᄒᆞ야其大使의派遣을受ᄒᆞᆫ三國은華盛頓府에駐箚ᄒᆞᆫ自國의公使를全權大使로改稱ᄒᆞᆫ事가有ᄒᆞ며日本은日露戰爭以前에ᄂᆞᆫ外交官官制上에全權大使의名稱이無ᄒᆞ고但全權公使及代理公使가有ᄒᆞᆷ에不過ᄒᆞ더니其後에代理公使ᄂᆞᆫ削除ᄒᆞ야全權公使의名稱만存在ᄒᆞ니라然이나日露戰爭以後에至ᄒᆞ

기관이 맡아 처리한 것에 한정되기 때문이다.

대체로 주권국이 외국에 파견하는 외교관을 임명하는 것은 이상의 4가지 종류의 계급 중 어느 것이라도 이는 온전히 그 국가의 자유이다. 타국이 파견하는 외교관과 같은 자격의 외교관을 그 국가에 파견하는 것이 오늘날 국제적인 관례이다. 이러한 이유로 파견국은 그 상대국의 동의에 따라 그 외교관의 계급을 결정할 필요가 있지만, 타국은 자국에 대해서 전권대사를 파견하고자 할지라도 자국은 그 국가에 대해서 전권대사 파견이 불필요하다고 생각하는 때는 이에 대해서 동의하지 않을 수 있다. 현재 유럽의 7대국은 상호 간에 전권대사를 파견하여 주재하도록 하고 그 밖의 여러 국가도 역시 쌍방 국가 간에 협의하여 전권대사를 파견하여 주재하도록 하는 경우가 있다. 미국은 1893년에 전권대사를 영국, 프랑스, 독일 3국에 파견하기로 약정한 결과에 따라 그 대사의 파견을 받은 3국은 워싱턴에 주재하는 자국의 공사를 전권대사로 개칭한 일이 있다. 일본은 러일전쟁 이전에는 외교관 관제상 전권대사의 명칭이 없었고 다만 전권공사와 대리공사가 있는데 불과하였다. 그 후 대리공사는 삭제하여 전권공사의 명칭만 존재한다. 그러나 러일전쟁 이후에는

야ᄂᆞᆫ歐米大强國의例ᄅᆞᆯ依ᄒᆞ야全權公使의名稱을改定ᄒᆞ야全權大使의名稱으로外國에駐箚케ᄒᆞᆷ에至ᄒᆞᆫ니라

最終에一言의說明을要ᄒᆞᆯ者ᄂᆞᆫ卽臨時代理公使가是라臨時代理公使란者ᄂᆞᆫ大使及公使가本國에歸朝ᄒᆞ거나一時的으로其駐箚國의都府ᄅᆞᆯ離在ᄒᆞᆫ境遇에大使館及公使館의書記生等其部下의外交官等으로大使及公使ᄅᆞᆯ代身ᄒᆞ야其不在中의外交事務ᄅᆞᆯ代理케ᄒᆞᄂᆞᆫ者니其書記官이臨時的代理公使로職務ᄅᆞᆯ掌行ᄒᆞᆷ에關ᄒᆞ야ᄂᆞᆫ特히本國政府로브터通知가有ᄒᆞᆷ을不要ᄒᆞ고單히其大使、公使가書簡으로써其不在中의外交事務ᄅᆞᆯ代理케ᄒᆞᄂᆞᆫ事ᄅᆞᆯ外部大臣의게通知ᄒᆞᆷ에不過ᄒᆞᆷ으로歸任ᄒᆞᄂᆞᆫ時ᄂᆞᆫ亦此ᄅᆞᆯ通知ᄒᆞᄂᆞᆫ同時에代理의資格이解任ᄒᆞᄂᆞ니라

第三、外交官의就任

全權大使、全權公使及辦理公使가赴任ᄒᆞᄂᆞᆫ境遇에ᄂᆞᆫ政府로브터職務에關ᄒᆞᆫ訓令外에信任狀을携帶ᄒᆞᆷ을要ᄒᆞᄂᆞ니信任狀이란者ᄂᆞᆫ派遣國主權者의署名이有ᄒᆞ고國璽ᄅᆞᆯ捺鈐ᄒᆞ야此에外部大臣의副署가有ᄒᆞᆫ書狀으로大使、公

구미 강대국의 예에 의해서 전권공사의 명칭을 바꾸어 전권대사의 이름으로 외국에 주재하도록 하였다.

마지막으로 한마디 설명이 필요한 것은, 즉 임시대리공사이다. 임시대리공사란 대사와 공사가 본국에 귀국하거나 일시적으로 그 주재국의 수도를 떠나 있는 경우에 대사관 및 공사관의 등 그 부하 외교관 등이 대사와 공사를 대신하여 그가 부재중에 외교 사무를 대리한다. 이 서기관이 임시대리공사로서 직무를 맡아 처리하는 것에 관해서는 본국 정부가 특별히 통지할 필요가 없고, 단순히 그 대사, 공사가 서한으로 자신이 부재중에 외교 사무를 대리하도록 한다는 점을 외부 대신에게 통지하는 데 불과하기에 귀임하는 때도 역시 이를 통지하고, 동시에 대리 자격을 해임한다.

3. 외교관의 취임

전권대사, 전권공사 및 판리공사가 부임할 때는 정부가 발부한 직무 관련 훈령 외에 신임장을 휴대해야 한다. 신임장이란 파견국 주권자의 서명이 있고 국새를 찍고 이것에 외부대신의 부서가 있는 서신으로 대사, 공사의

使의任命을駐箚國主權者의게通知ᄒᆞᄂᆞᆫ者ㅣ라是以로其書中에ᄂᆞᆫ大使、公使의姓名、階級、資格、派遣目的及其信用을明記ᄒᆞ고自國을爲ᄒᆞ야掌行ᄒᆞᄂᆞᆫ職務上으로明言ᄒᆞᄂᆞᆫ바ᄂᆞᆫ駐箚國主權者로브터十分信憑ᄒᆞᆯ事를請求ᄒᆞᄂᆞᆫ文意로書送ᄒᆞᄂᆞ니其書式은一定ᄒᆞᆫ바ㅣ無ᄒᆞ니라

代理公使의境遇ᄂᆞᆫ以上과同一ᄒᆞᆫ主意를外部大臣으로브터駐箚國外部大臣의게對ᄒᆞᆫ書簡으로通知ᄒᆞᆷ에不過ᄒᆞ며若駐箚國의主權者가帝王이아니오大統領과如ᄒᆞᆫ行政長官되ᄂᆞᆫ境遇에ᄂᆞᆫ信任狀에大使、公使를闕下에駐箚케ᄒᆞᆷ으로ᄒᆞᄂᆞᆫ文意ᄂᆞᆫ不書ᄒᆞ고其國家에駐箚케ᄒᆞᄂᆞᆫ文意를記載ᄒᆞᄂᆞ니如此ᄒᆞᆫ信任狀을携帶ᄒᆞᆫ外交官은任地에到着ᄒᆞ야其主權者의게陛見을請求ᄒᆞ야其信任狀을奉呈ᄒᆞ고其地에駐箚ᄒᆞᄂᆞ니라然이나其駐箚을間斷치아니ᄒᆞ고其國首府에駐箚ᄒᆞᆷ을要ᄒᆞᆷ은아니오或境遇에至ᄒᆞ야ᄂᆞᆫ一人으로數國의公使를兼任ᄒᆞᄂᆞᆫ事가有ᄒᆞ니此境遇에ᄂᆞᆫ各駐箚國에對ᄒᆞᆫ信任狀을携帶ᄒᆞ야其國家主權者의게奉呈ᄒᆞ고其中一國에駐在ᄒᆞ야兼任國의外交事務를掌行ᄒᆞ고重要ᄒᆞᆫ事務가有ᄒᆞᆫ境遇에ᄂᆞᆫ其國에出駐ᄒᆞᆷ을可得ᄒᆞᄂᆞ니라

임명을 주재국 주권자에게 통지하는 것이다. 이러한 이유로 그 서신에는 대사, 공사의 성명, 계급, 자격, 파견 목적 및 그 신용을 명기하고 자국을 위하여 맡아서 수행할 직무를 명확히 기술하는 것은 주재국 주권자가 충분히 신뢰하도록 요청하는 뜻의 서신을 발송하는 것으로서 서식은 정해진 바가 없다.

대리공사의 경우는 이상과 같은 내용을 외부대신이 주재국 외부대신에게 서신으로 통지하는 것에 불과하다. 만약 주재국의 주권자가 제왕이 아니고 대통령과 같은 행정장관일 때 신임장에 대사, 공사를 왕국에 주재하도록 한다는 뜻을 적지 않고, 그 국가에 주재하도록 한다는 내용을 기재한다. 이러한 신임장을 휴대한 외교관은 임지에 도착하여 그 주권자에게 폐현을 요청하여 그 신임장을 봉정하고 그곳에 주재한다. 그러나 그 주재가 중단없이 그 국가의 수도에 주재해야 하는 것은 아니다. 어떤 경우에는 한 사람이 여러 국가의 공사를 겸임하는 일이 있다. 이 경우에는 각 주재국에 대한 신임장을 휴대하여 그 국가의 주권자에게 봉정하고 그중 한 국가에 주재하면서 겸임 국가의 외교 사무를 맡아 처리하고 중요한 사무가 있는 경우에는 그 국가에 출장하여 주재할 수 있다.

條約의締結及其他의重要ᄒᆞᆫ事項을外國과協議ᄒᆞᄂᆞᆫ境遇ᄂᆞᆫ特히全權大使及其他의外交官을派遣ᄒᆞ야處理케ᄒᆞᄂᆞᆫ事도有ᄒᆞ며或은其國에駐箚ᄒᆞᄂᆞᆫ外交官으로ᄒᆞ야곰掌理케ᄒᆞᄂᆞᆫ事도有호대其特派與否ᄅᆞᆯ不問ᄒᆞ고如此ᄒᆞᆫ境遇에ᄂᆞᆫ委任狀或全權書ᄅᆞᆯ特히交付ᄒᆞᆷ을要ᄒᆞ고其任務ᄅᆞᆯ有ᄒᆞᆫ者ᄅᆞᆯ全權委員이라稱ᄒᆞᄂᆞ니라然而全權書中에ᄂᆞᆫ其携帶者의相對國과協議ᄒᆞᆷ을可得ᄒᆞᆯ權限을分明히ᄒᆞ고主權者의自署國璽及外部大臣의副署가有ᄒᆞᆫ者ㅣ니條約을締結調印ᄒᆞᆷ에ᄂᆞᆫ반다시此ᄅᆞᆯ現持치아니치못ᄒᆞᆯ지니라假令日本國이條約을改定ᄒᆞᆯ當時에外國에駐箚ᄒᆞᄂᆞᆫ各公使의게全權書ᄅᆞᆯ交付ᄒᆞ야全權委員으로定ᄒᆞᆫ事가有ᄒᆞ며日清戰爭及日露戰爭境遇에媾和條約을締結ᄒᆞᆯ當時에도各兩便國이全權委員을特命ᄒᆞᆫ事가有ᄒᆞ니라然而此兩國의全權委員은互相間에携帶ᄒᆞᆫ全權書ᄅᆞᆯ交換ᄒᆞ고正當히國際協議ᄅᆞᆯ行ᄒᆞᆷ에必要ᄒᆞᆫ委任이有ᄒᆞᆫ事ᄅᆞᆯ認ᄒᆞᆫ後에其事項을協議ᄒᆞᆷ에從事ᄒᆞᄂᆞ니라

又外交에關ᄒᆞᆫ列國會議에關ᄒᆞ야ᄂᆞᆫ信任狀을携帶치아니ᄒᆞ고各國의代表者ᄂᆞᆫ全權書ᄅᆞᆯ携帶ᄒᆞ야第一回會議時에此ᄅᆞᆯ議長의게提示ᄒᆞ거나或은其全權

조약체결 및 그 밖의 중요한 사항을 외국과 협의하는 경우는 특히 전권대사와 그 밖의 외교관을 파견하여 처리하도록 하는 일도 있다. 혹은 그 국가에 주재하는 외교관이 맡아 처리하도록 하는 일도 있다. 그 특파 여부를 불문하고 이 경우에는 위임장 혹은 전권서를 특히 내줘야 하고, 그 임무를 가진 자를 전권위원이라고 칭한다. 그래서 전권서에서는 그 휴대한 자가 상대국과 협의할 수 있는 권한을 분명히 하고 주권자의 자필 서명, 국새, 및 외부대신의 부서가 있다. 조약을 체결하고 서명할 때는 반드시 이를 갖고서 보여야 한다. 청일전쟁과 러일전쟁의 경우에 강화조약을 체결할 당시에도 쌍방의 각 국가가 전권위원을 특별히 임명한 일이 있다. 그래서 이들 양국의 전권위원은 휴대한 전권서를 상호 간에 교환하고 국제협의를 하는데 필요한 위임이 정당하게 있다는 점을 인정한 후에 그 사항을 협의하였다.

또한 외교 관련 국제회의에서는 신임장을 휴대하지 않고 각국 대표자는 전권서를 휴대하여 제1차 회의 시에 이를 의장에게 제시하거나 혹은 그 전권서의

書의謄本을交換ᄒᆞᆫ後에會議에從事ᄒᆞ며外交官은旅行券을携帶ᄒᆞᄂᆞ니旅行券이란者ᄂᆞᆫ本國政府로브터派送ᄒᆞᆫ大使、公使의身分을明言ᄒᆞᆫ書類니平時에在ᄒᆞ야ᄂᆞᆫ此ᄅᆞᆯ依ᄒᆞ야任地에到達ᄒᆞ기ᄭᆞ지大使及公使의資格으로ᄡᅥ安全히通過ᄒᆞᆷ을可得ᄒᆞᆯ者ㅣ로대戰時에在ᄒᆞ야敵國에派遣ᄒᆞᄂᆞᆫ境遇에ᄂᆞᆫ外國의政府로브터도旅行券을受ᄒᆞᆷ이常例니라大使、公使、全權委員의政府로브터受ᄒᆞᆫ訓令은書類로ᄡᅥ行ᄒᆞᄂᆞᆫ事도有ᄒᆞ며又或은口頭로ᄡᅥ行ᄒᆞᄂᆞᆫ事가有호대此ᄂᆞᆫ任地政府及會議相對者의게對ᄒᆞ야通知ᄒᆞᆯ必要가無ᄒᆞ고其訓令內의事項을依ᄒᆞ야處理ᄒᆞᆷ이可ᄒᆞ며其事項以外에屬ᄒᆞᆫ者ᄂᆞᆫ總히本國政府에請問ᄒᆞ야訓示ᄅᆞᆯ得ᄒᆞᆫ後에處理ᄒᆞᆷ이可ᄒᆞ니라

大使、公使가任地에到達ᄒᆞᄂᆞᆫ時ᄂᆞᆫ其到着을外部大臣의게通知ᄒᆞ고信任狀을奉呈ᄒᆞ기爲ᄒᆞ야主權者의게陛見ᄒᆞᆷ을請求ᄒᆞᆯ지니其陛見에信任狀을奉呈ᄒᆞᄂᆞᆫ時ᄂᆞᆫ同時에本國主權者의傳言을奏上ᄒᆞ고其國의主權者ᄂᆞᆫ此에對ᄒᆞ야答辭ᄒᆞᆷ이通例니라如此ᄒᆞᆫ陛見을依ᄒᆞ야其大使及公使ᄂᆞᆫ正式으로其國에駐箚ᄒᆞᄂᆞᆫ外交官의資格을始得ᄒᆞ야其任期가終了ᄒᆞ기ᄭᆞ지本國의代表者로職

등본을 교환한 후에 회의를 수행하며 외교관은 여행권을 휴대하는데 여행권은 본국 정부가 파송한 대사, 공사의 신분을 명확히 기술한 서류로서 평시에는 이에 의하여 임지에 도달하기까지 대사와 공사의 자격으로서 안전하게 통과할 수 있고 전시에 적국에 파견할 때는 외국 정부로부터 여행권을 받는 것이 상례이다. 대사, 공사, 전권위원의 정부로부터 받은 훈령은 서류로 행하거나, 또는 어떤 때는 말로 행하는 일이 있다. 이는 임무 수행지의 정부 및 회의 상대자에게 통지할 필요가 없고 그 훈령 내의 사항에 의하여 처리해야 하며 그 사항 이외에 속한 것은 전부 본국 정부에 문의하여 훈시를 얻은 후에 처리해야 한다.

대사, 공사가 임무 수행지에 도달하는 때는 그 도착을 외부대신에게 통지하고 신임장을 봉정하기 위하여 주권자에게 폐현을 요청한다. 폐현하여 신임장을 봉정하는 때는 동시에 본국 주권자의 전하는 말을 아뢰고, 그 국가의 주권자는 이에 대해서 답사하는 것이 통례이다. 이러한 폐현에 따라 그 대사와 공사는 정식으로 그 국가에 주재하는 외교관의 자격을 얻기 시작해서 그 임기가 종료되기까지 본국의 대표자로 직무를

務를掌行홀지며其資格上에相伴ᄒᆞᄂᆞᆫ特權을可得홀지오又此陛見을依ᄒᆞ야其地에駐箚ᄒᆞᄂᆞᆫ諸外國의外交官과同僚의資格을始得ᄒᆞᄂᆞᆫ故로同一階級되ᄂᆞᆫ外交官中에ᄂᆞᆫ信任狀奉呈의日字를依ᄒᆞ야席次의前後를定호대代理公使ᄂᆞᆫ外部大臣의게面會ᄒᆞ야其任命狀을提出ᄒᆞ고其國에駐箚ᄒᆞᄂᆞᆫ者ㅣ됨으로其任命狀의提出日字를依ᄒᆞ야席次의前後를定ᄒᆞᄂᆞ니라然이나玆에注意를要홀者ᄂᆞᆫ國家가外交官을互相間에授受홀義務有無의問題가是라此問題ᄂᆞᆫ國際上에一時的議論問題를成ᄒᆞ얏더니今日에至ᄒᆞ야ᄂᆞᆫ此를國家의權利義務로看做ᄒᆞ야他國에駐箚ᄒᆞᄂᆞᆫ外交官을召還ᄒᆞ거나無故히自國에駐箚ᄒᆞᄂᆞᆫ外交官의게退去를命홈은卽其本國에對ᄒᆞ야友誼的國交를不肯ᄒᆞᄂᆞᆫ行爲로看做ᄒᆞ야戰爭을開始홈에遂至ᄒᆞ며又戰爭境遇에ᄂᆞᆫ交戰國이各其公使를召還ᄒᆞ며或은退去를命ᄒᆞᄂᆞᆫ者ㅣ니假令西曆千七百九十三年一月에英國은法國이路易十六世를處刑홈으로써兩國間에外交關係를杜絶ᄒᆞ고法國大使의게退去를命ᄒᆞ얏더니數日이不過ᄒᆞ야英法戰爭을遂成홈과如ᄒᆞᆫ者ㅣ其一例니라然이나國家間에衝突이有홈을因ᄒᆞ야外交의機關이中絶홈은卽時此를

맡아 처리하며 그 자격에 수반되는 특권을 얻을 수 있다. 또한 이러한 폐현에 따라 그곳에 주재하는 여러 외국의 외교관과 동료의 자격을 얻기 시작하기 때문에 같은 계급인 외교관 중에서는 신임장 봉정 일자에 의하여 석차의 순서를 정한다. 대리공사는 외부대신을 면회하여 임명장을 제출하고 그 국가에 주재하는 것이기에 그 임명장 제출 일자에 의하여 석차의 순서를 정한다. 그러나 여기에서 주의해야 할 것은 국가가 외교관을 상호 간에 보내고 접수할 의무가 있는지의 문제이다. 이 문제는 국제적으로 한때 논란이 되는 문제였다. 오늘날에는 이를 국가의 권리와 의무로 간주하여 타국에 주재하는 외교관을 소환하거나 무고하게 자국에 주재하는 외교관의 퇴거를 명령하는 것은 즉, 그 본국에 대해서 우호적인 국교를 부정하는 행위로 간주하여 전쟁을 개시하게 될 수도 있다. 또한 전쟁의 경우에는 교전국이 각각 그 공사를 소환하거나 혹은 퇴거를 명한다. 가령 1793년 1월에 영국은 프랑스가 루이 16세를 처형하자 양국 간에 외교관계를 단절하고 프랑스 대사에게 퇴거를 명령하였고, 며칠이 지나지 않아서 영불전쟁이 있었던 것과 같은 것이 그 하나의 사례이다. 그러나 국가 간 충돌로 인하여 외교 기관이 중단되는 것을 즉시

敵意의行爲로看做ᄒᆞᆷ은不可ᄒᆞ니國家間에葛藤이有ᄒᆞᆷ을因ᄒᆞ야戰爭을開始ᄒᆞᆯ意思ᄂᆞᆫ無ᄒᆞ대外交官의退去를命ᄒᆞ야國交를杜絶ᄒᆞᄂᆞᆫ境遇가不無ᄒᆞ니假令西曆千八百四十八年에西班牙國에駐箚ᄒᆞᄂᆞᆫ英國大使가叛亂者를助力ᄒᆞᆫ所以로退去를命ᄒᆞ야二個年間에至ᄒᆞ기ᄭᆞ지兩國의外交가絶斷ᄒᆞ얏스나戰爭에不至ᄒᆞᆷ이其一例니라

大使、公使로有罪ᄒᆞᆫ境遇及兩國間에敵意가有ᄒᆞᆫ境遇等에至ᄒᆞ야ᄂᆞᆫ外交官을召還ᄒᆞ거나退去를命ᄒᆞᆷ이能ᄒᆞ대他國으로브터外交官을任命ᄒᆞᄂᆞᆫ境遇에其特定人으로自國에駐箚ᄒᆞᆷ을拒絶ᄒᆞᄂᆞᆫ事가國家間에往往히發生ᄒᆞᄂᆞ니其拒絶을無故히行ᄒᆞᆷ은不得ᄒᆞᆯ지라도自國에셔其特定人의任命을嫌惡ᄒᆞᄂᆞᆫ理由가有ᄒᆞᆷ에至ᄒᆞ야ᄂᆞᆫ兩國의國交ᄂᆞᆫ不害ᄒᆞ고其人의駐箚을拒絶ᄒᆞᆷ을可得ᄒᆞᆯ지라假令主權者가其特定人을不好ᄒᆞᆷ과如ᄒᆞᆫ事實은其人을拒絶ᄒᆞᄂᆞᆫ理由로主張ᄒᆞᆷ을可得ᄒᆞᆯ者와如ᄒᆞ대正當ᄒᆞᆫ理由가無ᄒᆞ고此를拒絶ᄒᆞᆷ은不當ᄒᆞ니假令西曆千八百八十五年에米國은墺國公使로계레氏를任命ᄒᆞ얏스나同氏ᄂᆞᆫ猶太人과結婚ᄒᆞ고其結婚이正式의結婚을經由치아니ᄒᆞᆫ理由로此人을拒絶

적대적 행위로 간주해서는 안 된다. 국가 간 갈등이 있는 것을 원인으로 해서 전쟁을 개시할 의사는 없지만, 외교관의 퇴거를 명하여 국교를 단절하는 경우가 없지 않다. 가령 1848년에 스페인에 주재하던 영국 대사가 반란자를 지원했다는 이유로 퇴거를 명령받았고 2년에 이르기까지 양국의 외교가 단절되었지만, 전쟁에 이르지 않았던 것이 그 한 예이다.

대사, 공사로서 범죄를 저질렀을 때 및 양국 사이에 적의가 있는 경우에는 외교관을 소환하거나 퇴거를 명령할 수 있지만, 다국이 외교관을 임명할 때 그 특정인이 자국에 주재하는 것을 거절하는 일이 국가 간에 종종 발생한다. 아무 이유 없이 그렇게 거절할 수 없지만, 자국에서 그 특정인의 임명을 혐오하는 이유가 있는 경우에는 양국의 국교를 침해하지 않으면서 그 사람이 주재하는 것을 거절할 수 있다. 가령 주권자가 그 특정인을 좋아하지 않는 것과 같은 사실로써 그 사람을 거절하는 이유로 주장할 수 있는 것과 같다. 하지만, 정당한 이유 없이 이를 거절하는 것은 부당하다. 가령 1885년에 미국은 오스트리아 공사로 케일리(A. M. Keiley)를 임명하였지만, 이 사람이 유대인과 결혼하였고 그 결혼이 정식 결혼을 거치지 않았다는 이유로 이 사람을 거절하자,

ᄒᆞ얏더니米國은其理를認否ᄒᆞ야其公使를解任치아니ᄒᆞ고公使館事務ᄂᆞᆫ代理公使되ᄂᆞᆫ書記官으로ᄒᆞ야곰處理케ᄒᆞᆫ事가有ᄒᆞ니라要컨대外交官을拒絶ᄒᆞᄂᆞᆫ理由ᄂᆞᆫ一一히列擧ᄒᆞ기不能ᄒᆞᆫ대其特定人의主張ᄒᆞᄂᆞᆫ理由로自國의政體及威嚴을反對ᄒᆞ거나其外交官이自國人民되ᄂᆞᆫ時及其特定人을主權者가不好ᄒᆞᄂᆞᆫ時等卽其友誼國의外交官으로自國에셔接受ᄒᆞᄂᆞᆫ時ᄂᆞᆫ大使、公使도圓滿히其職務를行ᄒᆞ기不能ᄒᆞ고又ᄂᆞᆫ自國便으로論ᄒᆞᆯ지라도其特定人의接受를不肯ᄒᆞᄂᆞᆫ境遇됨을要ᄒᆞᄂᆞ니如此히相當ᄒᆞᆫ理由가有ᄒᆞᆫ時에至ᄒᆞ야ᄂᆞᆫ派遣國도他人을任命ᄒᆞ야駐箚케홈이可ᄒᆞ니라是以로列國은如此ᄒᆞᆫ不便을未萠에防止코져ᄒᆞ야大使、公使를任命ᄒᆞᆯ時에至ᄒᆞ야ᄂᆞᆫ爲先相對國에對ᄒᆞ야其反對有無를秘密히探問ᄒᆞᆫ後에任命을發表홈이便利ᄒᆞᆯ지니라

第四、外交官의特權

駐箚國에在ᄒᆞᆫ大使、公使外에도外交官의性質이有ᄒᆞᆫ公使館書記官、外交官補及公使館附武官은本國政府로브터公使館에在留ᄒᆞ야外交事務를掌理ᄒᆞᆯ人員으로派遣을被命ᄒᆞᆫ者ㅣ되ᄂᆞᆫ故로其長官되ᄂᆞᆫ大使、公使를分離ᄒᆞ야도

미국은 이러한 이유를 인정하지 않았고 그 공사를 해임하지 않았다. 공사관 사무는 대리공사인 서기관이 처리하도록 한 일이 있다. 요컨대 외교관을 거절하는 이유는 하나하나 열거할 수 없다. 그 특정인을 거절하는 이유로서 자국의 정체 및 위엄을 반대하거나 그 외교관이 자국 인민이었을 때 그리고 그 특정인을 주권자가 좋아하지 않는 때 등 즉 그 우호국의 외교관을 자국에서 접수하는 때는 대사, 공사도 원만히 그 직무를 수행할 수 없거나 자국 편에서 논하더라도 그 특정인의 접수를 공정하지 않는 경우여야 한다. 이같이 타당한 이유가 있는 때에는 파견국도 타인을 임명하여 주재하도록 해야 한다. 이러한 이유로 여러 국가는 이러한 불편을 미리 방지하기 위하여 대사, 공사를 임명할 때는 우선 상대국에 대해서 반대 의사가 있는지를 비밀히 수소문한 후에 임명을 발표하는 것이 편리할 것이다.

4. 외교관의 특권

주재국에서 대사, 공사 외에도 외교관의 성격이 있는 공사관의 서기관, 외교관보 및 공사관 부속 무관은 본국 정부로부터 공사관에 체류하여 외교 사무를 맡아 처리할 인원으로 파견을 임명받은 사람이기 때문에 그 수장되는 대사, 공사와 분리해도

其個人에關ᄒᆞ야治外法權을有ᄒᆞᄂᆞ니라大凡外交官은人質或駐剳國의俘虜되ᄂᆞᆫ事가無ᄒᆞ며其身體ᄂᆞᆫ不可侵的의特權이有ᄒᆞ야駐剳國法律規則의管轄을受ᄒᆞᄂᆞᆫ事가無ᄒᆞ며其他의政治上理由를因ᄒᆞ야職務의妨害를受ᄒᆞᄂᆞᆫ事가無ᄒᆞ며特히公儀式에叅列ᄒᆞ야外交官의敬禮를受ᄒᆞᄂᆞᆫ特權이有ᄒᆞ니라然이나但大使及公使의秘書官은其家族과同一ᄒᆞᆫ待遇를受ᄒᆞ며大使、公使의妻子及其他家族等과如ᄒᆞᆫ者ᄂᆞᆫ國際上外交事務에關ᄒᆞ야關係가無호대大使、公使의有ᄒᆞᆫ바特權을共享ᄒᆞ며特히妻ᄂᆞᆫ夫即大使、公使에對ᄒᆞᆫ國際上儀式에叅列ᄒᆞᄂᆞᆫ名譽權이有ᄒᆞ며大使、公使以下의外交官은駐剳國에在留ᄒᆞᆯ지라도總히本國法律의管轄을受ᄒᆞ야其在留國에셔出生ᄒᆞᆫ子라도當然히本國의臣民되ᄂᆞᆫ身分을取得ᄒᆞᆯ지며其他外交官은駐剳國에셔叛亂을行ᄒᆞᆫ境遇外에ᄂᆞᆫ決코逮捕、拘留를當ᄒᆞᄂᆞᆫ事가無ᄒᆞᆯ지오雖如此ᄒᆞᆫ叛亂을行ᄒᆞᆫ境遇라도其事情이切迫ᄒᆞ야猶豫ᄒᆞᆯ暇遑이無ᄒᆞᆫ境遇外에ᄂᆞᆫ爲先本國에對ᄒᆞ야召還ᄒᆞᆷ을請求ᄒᆞᆯ者ㅣ니라西曆千七百十七年에倫敦에駐箚ᄒᆞᄂᆞᆫ瑞典國大使ᄂᆞᆫ王位를顚覆코저ᄒᆞᄂᆞᆫ陰謀에叅與ᄒᆞ야瑞典國은一萬二千의兵士로써蘇格蘭을陰

그 개인에 관해서 치외법권을 갖는다. 대체로 외교관은 인질 혹은 주재국의 포로가 되는 경우가 없다. 그 신체는 침범당하지 않는 특권이 있어서 주재국 법률 규칙의 관할을 받는 일이 없다. 그 밖의 정치적 이유로 인해서 직무가 방해받는 일이 없다. 특히 공식행사에 참석하여 외교관으로서 경례를 받는 특권이 있다. 그러나 다만 대사와 공사의 비서관은 그 가족과 같은 대우를 받는다. 대사, 공사의 처자와 그 밖의 가족 등과 같은 자는 국제적으로 외교 사무와 관계가 없지만 대사, 공사가 갖는 특권을 함께 누린다. 특히 처는 남편인 대사, 공사에 대한 국제적 의식에 참석하는 명예권을 갖는다. 대사, 공사 이하의 외교관은 주재국에 체류해도 모두 본국 법률의 관할을 받아서 그 체류국에서 출생한 자식이라도 당연히 본국의 신민이 되는 신분을 취득한다. 그 밖의 외교관은 주재국에서 반란을 행한 때 외에는 결코 체포, 구류 당할 수 없다. 비록 이러한 반란을 행한 경우라도 그 사정이 절박하여 유예할 여지가 없는 때 외에는 우선 본국에 대해서 소환하도록 요청해야 한다. 1717년에 런던에 주재하는 스웨덴 대사는 왕위를 전복하려는 음모에 가담하여 스웨덴이 1만 2천 명의 병사로 스코틀랜드를 몰래

襲ᄒᆞᆷ으로英國政府는瑞典國大使를逮捕ᄒᆞ고外交書類를押取ᄒᆞ야其書類中에서陰謀에關ᄒᆞᆫ証據를發見ᄒᆞᆫ故로其大使를俘虜로拘留ᄒᆞ얏더니倫敦에駐箚ᄒᆞᆫ他外交官은此를國際公法에違反이라ᄒᆞ야抗議를提出ᄒᆞᆫ事가有호대英國政府는其理由를說明ᄒᆞᆷ으로西班牙國公使를除ᄒᆞᆫ外他國外交官은總히此英國說明에對ᄒᆞ야滿足히容許ᄒᆞᆫ事가有ᄒᆞ니라此英國의處置는不當ᄒᆞᆫ處置라謂ᄒᆞᆷ은不得ᄒᆞᆯ지로대今日國際上으로論ᄒᆞᆯ진대如此ᄒᆞᆫ境遇에는其大使를本國으로放逐ᄒᆞᆷ과如ᄒᆞᆫ處置가妥當ᄒᆞᆯ지로다要컨대國家에對ᄒᆞᆫ犯罪의行爲가有ᄒᆞ야其事情이切迫ᄒᆞᆫ時는他國의外交官이라도逮捕ᄒᆞᆷ을可得ᄒᆞᆯ지니라然이나此는其大使를法廷에서處罰ᄒᆞᆷ은不可ᄒᆞ고單히其國家의安寧上及自衛上으로其行爲를繼續ᄒᆞᆷ을不得케ᄒᆞ는範圍以內에在ᄒᆞ야强力을行及ᄒᆞᆷ에不過ᄒᆞ니라又大使館及公使館에寄留ᄒᆞ는者는治外法權에關係가無ᄒᆞ니假令西曆千六百五十三年에英國에駐箚ᄒᆞ는葡萄牙國大使의弟돈、싼다리온、사ㅣ는英國商業會議所에서英國武官과爭鬪ᄒᆞ고其翌夜에自國人五十名을引率ᄒᆞ고同會議所에至ᄒᆞ야殺人行爲를旣遂ᄒᆞᆫ故로英國法廷은此犯罪者를

습격하였다. 영국 정부는 스웨덴 대사를 체포하고 외교 서류를 압수하여 그 서류에서 음모에 관한 증거를 발견하였기 때문에 그 대사를 체포하고 구속하였더니 런던에 주재하는 다른 외교관들은 이를 국제공법 위반이라고 항의한 적이 있다. 영국 정부는 그 이유를 설명하기를 스페인 공사를 제외한 타국 외교관들 모두 영국의 이러한 설명에 대해서 만족하며 용납한 적이 있다. 이러한 영국의 처치는 부당한 것이라고 할 수 없겠지만, 오늘날 국제적으로 논하자면 이 경우에는 그 대사를 본국으로 추방하는 것과 같은 처치가 타당한 것이다. 요컨대 국가에 대한 범죄 행위가 있어서 그 사정이 절박할 때는 타국의 외교관이라도 체포할 수 있다. 그러나 이는 그 대사를 법원에서 처벌할 수 없고 단순히 그 국가의 안녕과 자위 차원에서 그 행위를 계속할 수 없도록 하는 범위 내에서 강제력을 행사하는 것에 불과하다. 또한 대사관 및 공사관에 잠시 체류하는 자는 치외법권과 무관하다. 가령 1653년에 영국에 주재하는 포르투갈 대사의 동생인 돈 판탈레옹 사(Don Pantaleon Sa)는 영국 상업회의소에서 영국인 무관과 싸운 뒤, 다음날 저녁때 자국인 50명을 인솔하고 이 회의소에서 살인 행위를 수행했다는 이유로 영국 법원은 이 범죄자를

拿捕ᄒᆞ야審判ᄒᆞᆫ結果로死刑에處ᄒᆞᆫ事가有ᄒᆞ니라

大使、公使ᄂᆞᆫ駐箚國法廷에出廷ᄒᆞ야訴訟을受ᄒᆞᄂᆞᆫ强行的制裁ᄂᆞᆫ無論不受ᄒᆞᆷ이原則이로대自己의任意上으로其特權을抛棄ᄒᆞ고訴訟에從事ᄒᆞᆷ은妨害될事가無ᄒᆞᆯ지로다如此ᄒᆞᆫ境遇에至ᄒᆞ야ᄂᆞᆫ法廷의節次上으로必要ᄒᆞᆫ辯解를拒絕ᄒᆞᆷ이不能호대如此히法廷에出廷ᄒᆞᆷ을可得ᄒᆞ고不得ᄒᆞᆷ은其本國의內國法을依ᄒᆞ야規定ᄒᆞᆯ者ㅣ오又ᄂᆞᆫ其外交官의意思如何를依ᄒᆞ야可決ᄒᆞᆯ者ㅣ되ᄂᆞᆫ故로若其本國法律에셔此等行爲를禁ᄒᆞ거나又ᄂᆞᆫ自己가不肯ᄒᆞᄂᆞᆫ時ᄂᆞᆫ相對者가外交官本國法廷에對ᄒᆞ야訴訟ᄒᆞᆯ外에他道理가無ᄒᆞᆯ지로다然이나是와相反ᄒᆞ야若其外交官으로民事訴訟의原告及被告를自處ᄒᆞᄂᆞᆫ時ᄂᆞᆫ其事件에關ᄒᆞ야治外法權을抛棄ᄒᆞᆫ者ㅣ되ᄂᆞᆫ故로其判決에服從ᄒᆞᆷ이可ᄒᆞ고第一審에出廷ᄒᆞ야當事ᄒᆞᄂᆞᆫ時ᄂᆞᆫ相對者便으로브터其訴訟에關ᄒᆞᆫ控訴及上告審에出廷을拒絕ᄒᆞᆷ이不能ᄒᆞᆯ지오終審裁判에關ᄒᆞ야ᄂᆞᆫ其所有財產中에外交官資格上으로所有ᄒᆞᆫ物品을除ᄒᆞᆫ外他物品으로써其宣告에關ᄒᆞᆫ義務를履行ᄒᆞᆷ이可ᄒᆞ며其他外交官을証人으로法廷에口供ᄒᆞᆯ必要가有ᄒᆞᆫ時ᄂᆞᆫ法廷은外部大

체포하여 심판한 결과 사형에 처한 일이 있다.

대사, 공사는 주재국 법원에 출두하여 소송을 받는 강제적 제재는 물론 받지 않는 것이 원칙이지만, 자기가 임의로 그 특권을 포기하고 소송을 하는 것을 방해될 것이 없다. 이 경우에는 법원 절차상 필요한 입장 해명을 거절할 수는 없다. 이같이 법원에 출두할 수 있는지 아닌지는 그 본국의 국내법에 따라 규정할 것이고, 또는 그 외교관의 의사 여하에 의하여 결정할 것이기 때문에 만약 그 본국의 법률에서 이들 행위를 금지하거나 자기가 수긍하지 않는 때는 상대방이 외교관의 본국 법정에서 소송하는 것 외에는 다른 도리가 없다. 그러나 이와 반대로 만약 그 외교관이 민사소송의 원고와 피고를 자처하는 때는 그 사건에 관해 치외법권을 포기한 것이 되기 때문에 그 판결에 복종해야 한다. 제1심에 출두하여 당사자가 되는 때는 상대방으로부터 그 소송에 대한 항소 및 상고심에 출두하는 것을 거절할 수 없고 종심 재판에 관해서는 그 소유재산 중 외교관 자격에서 소유한 물품을 제외한 다른 물품으로 그 선고 관련 의무를 이행해야 하며 그 밖의 외교관을 증인으로서 법원에서 자백시킬 필요가 있는 때 법원이 외부대신을

臣을經由ᄒᆞ야出廷을要求홈을可得홀지로대此를强制홈은不得홀지니大使、公使ᄂᆞᆫ其裁判을成立케ᄒᆞ기爲ᄒᆞ야自己의特權을拋棄ᄒᆞ고必要ᄒᆞᆫ證據를提出홈이通常이오其出廷을不肯ᄒᆞᄂᆞᆫ時ᄂᆞᆫ書類로써其法廷에對ᄒᆞ야陳述홈을可得홀지니라西曆千八百五十六年에米國에駐剳ᄒᆞᄂᆞᆫ和蘭國公使ᄂᆞᆫ其公使面前에셔殺人罪가有ᄒᆞᆫ公判에關ᄒᆞ야人證의必要가有홈으로法廷에出頭홈을請求ᄒᆞ얏더니其請求를不當ᄒᆞᆫ者ㅣ라ᄒᆞ야此를拒絶홈으로米國政府ᄂᆞᆫ公使의召還을請求ᄒᆞ야兩國間에問題를成ᄒᆞᆫ事가有ᄒᆞ니라然이나此米國의處置ᄂᆞᆫ過當ᄒᆞᆫ者로學者間에議論이有ᄒᆞ니라

大使、公使ᄂᆞᆫ其公使館內에在ᄒᆞ야館員及從者를裁判홈이不能홈으로刑事犯罪ᄂᆞᆫ證據를蒐集ᄒᆞ야本國에送達홀外에道理가無홀지로다但英國에在ᄒᆞ야ᄂᆞᆫ凡大使館及公使館에屬ᄒᆞᆫ者의게對ᄒᆞ야發送ᄒᆞᆫ召還狀을無効로看做ᄒᆞ고其他諸國에在ᄒᆞ야ᄂᆞᆫ從僕의犯罪者ᄂᆞᆫ大使、公使의許可가無ᄒᆞ면逮捕홈을不得홀者ㅣ라ᄒᆞ야普通은其人을解雇ᄒᆞᆫ後에地方官衙로ᄒᆞ야곰法權을行及케ᄒᆞᄂᆞ니라然이나解雇치아니ᄒᆞᄂᆞᆫ時ᄂᆞᆫ逮捕홈을不得홀지오公使ᄂᆞᆫ其人

거쳐 출두하도록 요구할 수 있겠지만, 이를 강제할 수는 없다. 대사, 공사는 재판이 성립할 수 있게 하려면 자기의 특권을 포기하고 필요한 증거를 제출하는 것이 통상이고, 그 출두를 수긍하지 않는 때는 서류로써 그 범위에 대해서 진술할 수 있다. 1856년에 미국에 주재하는 네덜란드 공사는 그 공사 앞에서 살인죄가 있었던 공판에 관해 증인이 될 필요가 있어서 법원에 출두하도록 요청하였더니, 그러한 요청을 부당한 것이라고 해서 이를 거절하자 미국 정부는 공사를 소환하도록 요청하여 양국 간에 문제가 되었던 일이 있다. 그러나 이러한 미국의 처치는 과도한 것으로 학자들이 논의한 적이 있다.

대사, 공사는 그 공사관 내에서 관원과 시종을 재판할 수 없기에 형사 범죄는 증거를 수집하여 본국에 보내는 것 외에는 도리가 없다. 다만 영국에서는 대개 대사관 및 공사관에 속한 자에게 발송한 소환장을 무효로 간주하고 그 밖의 여러 국가에서는 종복인 범죄자는 대사, 공사의 허가가 없으면 체포할 수 없다고 하여 보통은 그 사람을 해고한 후에 현지 관청이 사법권을 행사하도록 한다. 그러나 해고하지 않았을 때는 체포할 수 없을 것이고, 공사는 그 사람을을本國에送還ᄒᆞᆷ이可ᄒᆞ니라是以로大使館及公使館에屬ᄒᆞᆫ人員은完全ᄒᆞᆫ治外法權이有ᄒᆞᆫ者도有ᄒᆞ며或不完全ᄒᆞᆫ治外法權卽多少間特權이有ᄒᆞᆫ者도有ᄒᆞᆷ으로써其人員을豫知ᄒᆯ必要가有ᄒᆞᆫ故로駐在國은其人名簿ᄅᆞᆯ請求ᄒᆞ야外部衙門에備寘ᄒᆞᆷ이方今列國間의慣例니라

外交官이友誼國을通過ᄒᆞ야任地에往來ᄒᆯ時에ᄂᆞᆫ治外法權을有ᄒᆯ者歟아又ᄂᆞᆫ但旅行劵의待遇만受ᄒᆯ者歟아ᄒᆞᆷ에關ᄒᆞ야ᄂᆞᆫ未嘗不一大議論이有ᄒᆞ던바ㅣ라元來外交官은主權者와ᄀᆞᆺ치其資格이其身體에固着ᄒᆞᆫ者ㅣ아니오又ᄂᆞᆫ海陸軍軍隊와相殊ᄒᆞ야外交官은此外交官을受ᄒᆞᄂᆞᆫ國家에在ᄒᆞ야만外交上의職務ᄅᆞᆯ有ᄒᆞᆷ에不過ᄒᆞᆷ으로正確히此ᄅᆞᆯ論ᄒᆯ진대旅行劵以外의權利ᄂᆞᆫ强請ᄒᆞᆷ을不得ᄒᆯ者ㅣ나然이나列國間의便宜及友誼上으로互相間에其資格을認ᄒᆞ야自國에永久히滯留ᄒᆞᄂᆞᆫ者ㅣ아니면其通過에關ᄒᆞ야特別ᄒᆞᆫ待遇ᄅᆞᆯ與ᄒᆞ며駐劄國ᄭᆞ지通過ᄒᆞᄂᆞᆫ通行을妨害ᄒᆞᄂᆞᆫ事가無ᄒᆞ며莫大ᄒᆞᆫ事情이有ᄒᆞᆷ을依치아니ᄒᆞ면其地方法律規則의拘束을受ᄒᆞᄂᆞᆫ事가無ᄒᆞᆷ으로因ᄒᆞ야學者間에此特權을極端의權利的으로主張ᄒᆞᄂᆞᆫ者ㅣ不無ᄒᆞᆫ대現今에在ᄒᆞ야ᄂᆞᆫ以上에

본국에 보내야 한다. 이러한 이유로 대사관 및 공사관에 속한 인원은 완전한 치외법권을 갖는 자도 있고 혹은 불완전한 치외법권, 즉 약간의 특권이 있는 자도 있기에 그 인원을 미리 알아야 할 필요가 있어서 주재국은 그 인명부를 요청하여 외교부서에 비치하는 것이 현재의 여러 국가의 관례이다.

외교관이 우호국을 통과하여 임지를 왕래할 때는 치외법권을 가질지, 또는 다만 여행권의 대우만 받을 것일지에 관해서는 과연 큰 논란이 있었다. 원래 외교관은 주권자와 같이 그 자격이 그 신체에만 고착되지 않는다. 또는 해군, 육군의 군내와 서로 달라서 외교관은 이 외교관을 접수하는 국가에서만 외교상의 직무를 갖는 것에 불과하기에 정확히 이를 논하자면 여행권 이외의 권리는 강요할 수 없다. 그러나 여러 국가가 편의 및 우호적 차원에서 상호 간에 그 자격을 인정하여 자국에 영구적으로 체류하는 것이 아니면 그 통과에 관해 특별한 대우를 부여하며 주재국까지 통과하는 통행을 방해할 것이 없으며, 막대한 사정이 있는 것에 의하지 않으면 현지 법률 규칙의 구속을 당하는 일이 없으므로 학자 간에 이 특권을 극단적인 권리로써 주장하는 이가 없지 않다. 현재에는 위에서

論述ᄒᆞᆫ以外의特權은無ᄒᆞ며個人的民刑訴訟等에ᄂᆞᆫ此ᄅᆞᆯ主張ᄒᆞᆷ을不得ᄒᆞᆯ자니라玆에注意ᄅᆞᆯ要ᄒᆞᆯ者ᄂᆞᆫ外交官이駐箚國에信任狀을提出ᄒᆞ야其國에駐箚ᄒᆞᄂᆞᆫ資格을始得ᄒᆞᄂᆞᆫ故로治外法權도其信任狀을提出ᄒᆞᄂᆞᆫ日로브터取得ᄒᆞᆷ을可得ᄒᆞᆯ者ㅣ로대駐箚國에在ᄒᆞ야ᄂᆞᆫ信任狀을提出ᄒᆞ기以前이라도好誼ᄅᆞᆯ依ᄒᆞ야特權을許與ᄒᆞ며友誼國을通過ᄒᆞᆯ時라도其資格은旅行券을依ᄒᆞ야分明ᄒᆞᆫ者ㅣ되ᄂᆞᆫ故로其資格에相當ᄒᆞᆫ待遇ᄅᆞᆯ受ᄒᆞ며解任ᄒᆞ야駐箚國으로브터歸國ᄒᆞᄂᆞᆫ時ᄂᆞᆫ業己外交官의資格은無ᄒᆞ대特別히此權을享有ᄒᆞᄂᆞ니라

外交官은其任所及所有物에關ᄒᆞ야도治外法權이有ᄒᆞ야身體와同一히一切의課金을得免ᄒᆞᆯ뿐아니라其任所及財産은不可侵的物로看做ᄒᆞᄂᆞ니라何故오其任所及所有物이其地方官廳管轄下에在ᄒᆞᆫ時ᄂᆞᆫ大使、公使의獨立이不完全ᄒᆞᆫ地位에陷至ᄒᆞᆯ지며不可侵의特權이無ᄒᆞᆯ진대各種의口實로써其職務ᄅᆞᆯ妨害ᄒᆞᆯ지며其書類ᄅᆞᆯ檢索ᄒᆞ야秘密이現露ᄒᆞᆷ에可至ᄒᆞᆯ所以니라是以로大使、公使ᄅᆞᆯ逮捕ᄒᆞᆯ非常境遇外에ᄂᆞᆫ其使館이不可侵地位에確立ᄒᆞ야此等事項을承諾치아니ᄒᆞᄂᆞᆫ時ᄂᆞᆫ地方官의게檢索을當ᄒᆞ거나押取ᄅᆞᆯ當ᄒᆞᄂᆞᆫ事가無

논술한 것 이외의 특권은 없으며 개인적인 민·형사 소송 등에는 이를 주장할 수 없다. 여기에서 주의해야 할 것은 외교관이 주재국에 신임장을 제출해야 그 국가에 주재하는 자격을 얻기 시작하기 때문에 치외법권도 그 신임장을 제출하는 날부터 취득할 수 있는 것이다. 주재국에서는 신임장을 제출하기 이전이라도 호의에 의하여 특권을 허락하며 우호국을 통과할 때라도 그 자격은 여행권에 의하여 분명하게 되기 때문에 그 자격에 상당한 대우를 받으며 해임되어 주재국으로부터 귀국하는 때는 이미 외교관의 자격이 없지만, 특별히 이러한 권리를 누린다.

외교관은 근무 장소 및 소유물에 관해서도 치외법권이 있어서 신체와 마찬가지로 모든 과징금을 면제받을 뿐 아니라 그 근무 장소 및 재산은 침범할 수 없는 물건으로 간주한다. 왜냐하면 근무 장소 및 소유물이 현지 관청의 관할하에 있는 때는 대사, 공사의 독립이 불완전한 지위에 빠지게 되어 불가침의 특권이 없어져서 각종 구실로 그 직무를 방해할 것이며 그 서류를 검색하여 비밀이 드러나게 될 것이기 때문이다. 이러한 이유로 대사, 공사를 체포할 비상의 경우 외에는 그 공관은 침범할 수 없는 지위를 확립해야 이들 사항을 승낙하지 않았을 때는 현지 관리에게 검색당하거나 압수당하는 일이 없으며

ᄒᆞ며大使、公使의乘車及乘馬도亦其地方官의管轄을得免ᄒᆞ야搜索을當ᄒᆞᄂᆞᆫ事가無ᄒᆞ니라特히此任所에關ᄒᆞᆫ特權은此ᄅᆞᆯ濫用ᄒᆞᆷ이不可ᄒᆞ니換言ᄒᆞᆯ진대卽其使館內에地方犯罪者ᄅᆞᆯ隱匿ᄒᆞᆷ을不得ᄒᆞᆯ지로다假令西曆千七百四十七年에瑞典國에셔一叛亂者가英國大使館內에逃避ᄒᆞᆷ으로其叛亂者의拿交ᄅᆞᆯ請求ᄒᆞ얏더니英大使ᄂᆞᆫ其拿交ᄅᆞᆯ拒絕ᄒᆞᆷ으로써瑞典國政府ᄂᆞᆫ兵士로大使館을圍繞ᄒᆞ고館內에入去코져ᄒᆞᄂᆞᆫ者ᄅᆞᆯ檢査ᄒᆞ고館外로出來ᄒᆞᄂᆞᆫ馬車에ᄂᆞᆫ番兵을伴行케ᄒᆞ야써其搜索을嚴密히行ᄒᆞᄂᆞᆫ故로不得已ᄒᆞ야其犯罪者ᄅᆞᆯ拿交ᄒᆞᆫ事가有ᄒᆞᆫ대英國政府ᄂᆞᆫ此에對ᄒᆞ야抗議ᄅᆞᆯ提出ᄒᆞ야兩國間에葛藤을生ᄒᆞ야兩國의大使ᄂᆞᆫ各其任地ᄅᆞᆯ退去ᄒᆞᆫ事가有ᄒᆞ니라然이나파리모아氏ᄂᆞᆫ此瑞典國政府의處置ᄅᆞᆯ正當ᄒᆞᆷ으로說明ᄒᆞᆷ이其一例니라又外交官이駐劄國에셔其任所以外에有ᄒᆞᆫ바不動產及其他私有財產에關ᄒᆞ야ᄂᆞᆫ多數의學說이其國의法律을依ᄒᆞ야管轄ᄒᆞᆷ을可得ᄒᆞᆯ者ㅣ라ᄒᆞ고外交官이商業에從事ᄒᆞ야外交官資格以外에行ᄒᆞᆫ契約及去來에關ᄒᆞ야ᄂᆞᆫ其國家法廷의管轄을受ᄒᆞᆷ이可ᄒᆞ다ᄒᆞᄂᆞ니라然而此點에關ᄒᆞ야有名ᄒᆞᆫ實例ᄅᆞᆯ成ᄒᆞᆫ者ᄂᆞᆫ호이돈事件이是니

대사, 공사의 승차 및 승마도 역시 현지 관리의 관할을 벗어나서 수색당할 일이 없다. 특히 이러한 근무지에 관한 특권은 이를 남용할 수 없다. 달리 말하면 그 공관 내에 현지의 범죄자를 은닉할 수 없다. 가령 1747년에 스웨덴에서 한 반란자가 영국 대사관 내에 도피하자 그 반란자의 인도를 요청했더니 영국 대사가 그 인도를 거절하자 스웨덴 정부는 병사로 대사관을 포위하고 관내에 들어가려는 자를 검색하고 관외로 나가려는 마차에는 보초병을 동행하도록 해서 엄밀히 수색하였기 때문에 어쩔 수 없이 그 범죄자를 인도한 일이 있다. 영국 정부는 이에 대해 항의해서 양국 간에 갈등이 생겼고, 양국 대사가 각자 임지를 떠난 일이 있다. 그러나 필리모어는 이러한 스웨덴 정부의 처치를 정당한 것으로 설명했던 것이 그 한 예이다. 또한 외교관이 주재국에서 그 근무 장소 이외에 있는 부동산 및 그 밖의 사유재산에 관해서는 다수의 학설이 그 국가의 법률에 따라 관할할 수 있다고 하였다. 외교관이 상업에 종사하여 외교관 자격 이외에서 행한 계약 및 거래에 관해서는 그 국가 법원의 관할을 받아야 한다. 그러나 이 점에 관해서 유명한 실례가 되는 것은 휘턴 사건이다.

普國의法律을依ᄒᆞᆯ진대家屋所有者는其家屋의貸借契約으로브터生ᄒᆞ는家賃及其他의費用을借主로브터支撥케ᄒᆞ는擔保로其家屋內에積在ᄒᆞᆫ物品을押取ᄒᆞ는權利가有ᄒᆞ거ᄂᆞᆯ西曆千八百四十三年에同國에駐劄ᄒᆞ는米國公使호인동氏는公使館以外에家屋을借家ᄒᆞ야家屋의所有者되는所以로其家屋內에在ᄒᆞᆫ物品을押取ᄒᆞᆫ事가有ᄒᆞᆷ으로써兩國間에問題를成ᄒᆞ야議論이有ᄒᆞ던바ㅣ로대此問題는終乃結定ᄒᆞᆷ을不得ᄒᆞ고中止ᄒᆞᆷ에至ᄒᆞ니라然이나凡外交官의資格上으로行치아니ᄒᆞᆫ任意的契約에關ᄒᆞ야駐在國法權을行及ᄒᆞᆯ者ㅣ라ᄒᆞ는時는其範圍를決定ᄒᆞᆷ이困難ᄒᆞ고實行이極難ᄒᆞᆯ뿐아니라治外法權의法則과矛盾ᄒᆞ는結果를生ᄒᆞᆯ지며實際上으로論ᄒᆞᆯ지라도英米等國은法律로써外交官에對ᄒᆞᆫ訴訟은一切不法이라ᄒᆞ며又其他의列國도外交官이他國에在ᄒᆞ야商業을營行ᄒᆞ는事는禁ᄒᆞᆯ뿐아니라其他契約上事項에關ᄒᆞ야도本國法廷에起訴ᄒᆞᆷ으로通例를作ᄒᆞᄂᆞ니라

大使、公使에關ᄒᆞᆫ特權은其通信物에關ᄒᆞ야도適用ᄒᆞᆷ을可得ᄒᆞ야使館과本國政府間及其他使館互相間의通信物及使者는其通過地方에셔妨害를受ᄒᆞ

프로이센의 법률에 따르면 가옥 소유자는 그 가옥의 대차 계약에서 생기는 임차료와 그 밖의 비용을 임차인이 지급하도록 하는 것을 담보로 그 가옥 내에 적재한 물품을 압류할 권리가 있었다. 1843년에 이 나라에 주재하던 미국 공사 휘턴은 공사관 이외의 가옥을 임차하여 가옥의 소유자가 되었기 때문에 그 가옥 내에 있던 물품을 압류당하게 되자 양국 간에 문제가 되어 논란이 있었다. 이 문제는 끝내 결정되지 못한 채 중지되었다. 그러나 대개 외교관의 자격에서 행하지 않은 임의적 계약에 관해 주재국의 사법권이 미치는 때는 그 범위를 결정하기 어렵고 실행이 매우 어려울 뿐 아니라 치외법권의 법칙과 모순되는 결과가 생긴다. 실제로 논하더라도 영미 등의 국가들은 법률로써 외교관에 대한 소송을 일절 불법으로 한다. 또한 그 밖의 여러 국가도 외교관이 타국에서 상업상 영리 행위를 하는 것을 금지할 뿐 아니라 그 밖의 계약 차원의 사항에 관해서도 본국 법원에 기소하는 것이 통례이다.

대사, 공사에 관한 특권은 그 통신물에 관해서도 적용될 수 있다. 공관과 본국 정부 사이 그리고 그 밖의 공관 상호 간의 통신물 및 서신자는 그 통과하는 곳에서 방해받지는事가無ᄒᆞ며檢査를不受ᄒᆞ고通過ᄒᆞᆷ을可得ᄒᆞ는特權이有ᄒᆞ니라然이나但此境遇에在ᄒᆞ야는其公用의性質을證明ᄒᆞ는旅行券을携帶치아니ᄒᆞᆷ이不可ᄒᆞᆯ지로다又本國及他國에在ᄒᆞᆫ使館間의通信物도無檢査로通過ᄒᆞ며其他大使、公使의使用上으로駐劄國에輸入ᄒᆞ는物品及書類도總히無檢無稅로通關ᄒᆞ는特典이有ᄒᆞ니라然이나但如此ᄒᆞᆫ物品에對ᄒᆞ야關稅를免除ᄒᆞᆷ은此를權利問題라謂ᄒᆞᆷ보다찰아리駐劄國好誼에基因ᄒᆞᆫ者ㅣ라謂ᄒᆞᆷ이妥當ᄒᆞᆷ으로政府는此에對ᄒᆞ야制限ᄒᆞᆷ을可得ᄒᆞᆯ지라露國과如ᄒᆞᆫ國은外交官使用物品에關ᄒᆞ야關稅免除를一公使가駐劄ᄒᆞᆫ期間內에輸入品의代價額을豫筭ᄒᆞ야此에附加ᄒᆞᆯ稅金免除의金額을豫先一定ᄒᆞᄂᆞ니라

第五、外交官의解任

大使、公使가駐劄國에對ᄒᆞᆫ任務를終了ᄒᆞᆫ時는解任狀을其國主權者의게奉呈ᄒᆞᄂᆞ니라解任狀이란者는信任狀과如히本國主權者로브터駐劄國主權者의게對ᄒᆞᆫ署名國璽及外部大臣의副署가有ᄒᆞᆫ書狀이니其書狀에는解任ᄒᆞᆯ大使、公使의姓名及解任ᄒᆞ는事情과其駐劄中에特受ᄒᆞᆫ待遇를賀謝ᄒᆞ는事를

않으며, 검사를 받지 않고 통과할 수 있는 특권을 갖는다. 그러나 다만 이 경우에는 그 공용의 성격을 증명하는 여행권을 휴대하지 않으면 안 된다. 또한 본국과 타국에 있는 공관들 사이의 통신물도 검사 없이 통과하며 그 밖의 대사, 공사가 사용하기 위하여 주재국으로 수입하는 물품 및 서류도 모두 검사 없이 그리고 세금 부담 없이 통관하는 특전이 있다. 그러나 다만 이러한 물품에 대해서 관세를 면제하는 것은 이를 권리문제라고 말하기보다는 차라리 주재국의 호의에 근거하는 것이라고 하는 것이 타당하기에 정부는 이에 대해서 제한할 수 있다. 러시아와 같은 국가는 외교관의 개인용 물품에 관해서 관세 면제를 한 공사가 주재한 기간 내에 수입하는 물품의 대가액을 미리 산정하여 이에 부과할 세금을 면제할 때의 금액을 미리 정해 놓는다.

5. 외교관의 해임

대사, 공사가 주재국에 대한 임무를 종료하였을 때는 해임장을 그 국가의 주권자에게 봉정한다. 해임장이란 신임장과 같이 본국의 주권자가 주재국의 주권자에 대해 서명, 국새 및 외부대신의 부서가 있는 서신이다. 그 서신에서 해임할 대사, 공사의 성명 및 해임하는 사정과 그 주재 중에 특별히 받은 대우에 감사하다는 점을

記入ᄒᆞᆫ者ㅣ라此書狀은大使、公使가其駐劄國主權者의게陛見ᄒᆞᄂᆞᆫ同時에此를奉呈ᄒᆞᄂᆞᆫ者ㅣ로대但代理公使의境遇ᄂᆞᆫ外部大臣間에書狀으로써解任ᄒᆞᄂᆞᆫ事가就任境遇와相殊홈이無ᄒᆞ니라第十八世紀에至ᄒᆞ기ᄭᆞ지ᄂᆞᆫ大使、公使가解任ᄒᆞᆯ際에駐劄國主權者의게陛見ᄒᆞᄂᆞᆫ時ᄂᆞᆫ物品을贈與ᄒᆞᄂᆞᆫ事가常例를成ᄒᆞ야第十七世紀中에ᄂᆞᆫ其贈物厚薄에關ᄒᆞ야紛議를生ᄒᆞ야自國使臣의게贈與ᄒᆞᆫ物品이他國使臣의게贈與ᄒᆞᆫ物品보다劣等되ᄂᆞᆫ時ᄂᆞᆫ自國에對ᄒᆞᆫ侮辱이라ᄒᆞ야其無禮홈을主張ᄒᆞᆫ事가有ᄒᆞ더니米國을爲始ᄒᆞ야他諸國은自國의外交官으로ᄒᆞ야곰解任歸國ᄒᆞᆯ時에如此ᄒᆞᆫ贈物을受ᄒᆞᄂᆞᆫ事를禁ᄒᆞᆫ結果로如此ᄒᆞᆫ贈物慣習은今日에在ᄒᆞ야全히廢止홈에遂至ᄒᆞ니라

大使、公使를解任ᄒᆞᄂᆞᆫ方法은其種類가不一ᄒᆞ야其死亡及本國의召還을依ᄒᆞ야解任ᄒᆞᄂᆞᆫ事도有ᄒᆞ며或은駐劄의期限이滿了홈을依ᄒᆞ야解任ᄒᆞᄂᆞᆫ事도有ᄒᆞ며或은特定ᄒᆞᆫ使命을奉行ᄒᆞ야成功ᄒᆞ거나失敗ᄒᆞ거나臨時代理公使ᄂᆞᆫ正任使節이就任ᄒᆞᄂᆞᆫ事實을依ᄒᆞ야解任ᄒᆞᄂᆞᆫ事도有ᄒᆞ며又或은駐劄國의君主가崩御ᄒᆞᄂᆞᆫ時ᄂᆞᆫ其使節을解任ᄒᆞ고新히使節을任命ᄒᆞᄂᆞᆫ事가有ᄒᆞ니라但

기재한다. 이 서신은 대사, 공사가 그 주재국의 주권자에게 폐현하고, 동시에 봉정한다. 다만 대리공사의 경우는 외부대신 간에 서신으로써 해임하는 것이 취임의 경우와 서로 다른 점이 없다. 18세기에까지 대사, 공사가 해임할 때 주재국의 주권자에게 폐현하는 때는 물품을 선물하는 것이 상례가 되어서 17세기 중에는 선물이 후한지 박한지에 관해 논란이 생겨서 자국 사신에게 선물한 물품이 타국 사신에게 선물한 것보다 못하였을 때는 자국에 대해 모욕이라 하여 무례하다고 주장하는 일이 있었다. 미국을 위시하여 다른 여러 국가는 자국의 외교관들이 해임되어 귀국할 때 이러한 선물을 받지 못하도록 한 결과 이같이 선물을 주는 관습은 오늘날에는 온전히 폐지되었다.

대사, 공사를 해임하는 방법은 그 종류가 일치하지 않는다. 그의 사망 및 본국의 소환에 따라 해임되는 일도 있으며, 어떤 때는 주재하는 기한이 만료되어 해임되는 일도 있다. 어떤 때는 특정한 사명을 수행하여 성공하거나 실패하거나 임시대리공사는 정식 임명된 사절이 취임하는 사실에 의하여 해임하는 일도 있다. 또는 어떤 때는 주재국의 군주가 사망하는 때 그 사절을 해임하고 새로이 사절을 임명하는 일이 있다. 다만

此境遇에其使節을繼續ᄒᆞ야駐剳케ᄒᆞ고져ᄒᆞᄂᆞᆫ時ᄂᆞᆫ更히信任狀을其駐剳國君主의게奉呈ᄒᆞᆷ을要호대駐剳國政府가革命을依ᄒᆞ야變更ᄒᆞᆫ時에更히信任狀을要ᄒᆞ고不要ᄒᆞᆷ에關ᄒᆞ야ᄂᆞᆫ議論이有ᄒᆞ니라然이나一般慣例上으로論ᄒᆞᆯ진대其外交官은解任ᄒᆞ고更히其政府에對ᄒᆞᆫ信任狀을要ᄒᆞ나共和國大統領의死亡及更迭을依ᄒᆞ야ᄂᆞᆫ解任치아니ᄒᆞᄂᆞ니라又開戰及國家間의爭議ᄅᆞᆯ依ᄒᆞ야歸國을被命ᄒᆞᆫ時도亦解任ᄒᆞᄂᆞ니此境遇에在ᄒᆞ야ᄂᆞᆫ本國이其外交官을召還치아니ᄒᆞ면駐剳國政府ᄂᆞᆫ其外交官의게對ᄒᆞ야歸國을宣言ᄒᆞ고通行劵을交付ᄒᆞᆷ이通例며其他大使、公使의게大犯罪가有ᄒᆞᆫ時도歸國을命ᄒᆞᆷ을可得ᄒᆞᆯ지오又駐剳國政府가其外交官의本國及其身分에對ᄒᆞ야過太ᄒᆞᆫ欠禮가有ᄒᆞ야其外交官이其國을自退ᄒᆞᄂᆞᆫ時도解任될뿐아니라正確히解釋ᄒᆞᆯ진대外交官의階級이變更ᄒᆞᄂᆞᆫ時에도亦解任됨을未免ᄒᆞᄂᆞ니此境遇에ᄂᆞᆫ前資格에對ᄒᆞᆫ解任狀과新資格에對ᄒᆞᆫ信任狀을提出ᄒᆞ야其職務ᄅᆞᆯ繼續ᄒᆞᄂᆞ니라是以로要컨대外交官의解任은本國의任意ᄅᆞᆯ依ᄒᆞ야行ᄒᆞᄂᆞᆫ者와駐剳國의行爲ᄅᆞᆯ依ᄒᆞ야行ᄒᆞᄂᆞᆫ外에更히大使、公使의任意上으로出來ᄒᆞᄂᆞᆫ者의三種이有

이 경우에 그 사절을 계속 주재시키려는 때는 신임장을 그 주재국의 군주에게 다시 봉정하는 것이 필요하지만, 주재국 정부가 혁명에 따라 변경되었을 때는 다시 신임장이 필요한지 아닌지에 관해서 논란이 있다. 그러나 일반적인 관례로 논하자면 그 외교관은 해임하고 다시 그 정부에 대한 신임장이 필요하지만, 공화국 대통령의 사망 및 경질에 의해서는 해임하지 않는다. 또한 전쟁 개시 및 국가 간 분쟁에 따라 귀국 명령을 받은 때도 역시 해임한다. 이 경우에는 본국이 그 외교관을 소환하지 않으면 주재국 정부는 그 외교관에 대해서 귀국하도록 선언하고 통행권을 내주는 것이 통례이다. 그 밖에 대사, 공사가 큰 범죄를 저지른 때도 귀국하도록 명령할 수 있다. 또한 주재국 정부가 그 외교관의 본국 및 그 신분에 대해서 과다한 결례가 있어서 그 외교관이 그 나라를 스스로 떠나는 때도 해임될 뿐 아니라 정확히 해석하자면 외교관의 계급이 바뀌는 때에도 역시 해임을 면하지 못한다. 이 경우에는 이전 자격에 대한 해임장과 새로운 자격에 대한 신임장을 제출하여 그 직무를 계속한다. 이러한 이유로 요컨대 외교관의 해임은 본국이 임의로 행하는 것과 주재국의 행위에 따라 행하는 것 이외에 다시 대사, 공사의 임의에 따른 것의 3가지 종류가 있다고 홈이라謂홈을可得홀지로다然而就中國際上에問題를成ᄒᆞᄂᆞᆫ者ᄂᆞᆫ駐劄國으로브터其使節의召還을本國政府에對ᄒᆞ야請求ᄒᆞᄂᆞᆫ境遇가是니若此境遇에至ᄒᆞ야其本國이其請求의理由를不正當히認ᄒᆞᄂᆞᆫ時ᄂᆞᆫ此에不應ᄒᆞ야國際間紛議를成ᄒᆞᄂᆞᆫ事가有ᄒᆞ니라假令西曆千八百四年에米國에駐劄ᄒᆞᆫ西班牙國公使ᄂᆞᆫ兩國間爭議點에關ᄒᆞ야新聞紙에賄賂를使用ᄒᆞᆫ理由를依ᄒᆞ야米國政府로브터其公使의召還을請求ᄒᆞ얏더니西國政府ᄂᆞᆫ此請求에應ᄒᆞ얏스나公使退去의期限은便宜를依홈이可홀事로訓令ᄒᆞ야其公使ᄂᆞᆫ同千八百七年十月ᄭᆞ지米國에駐劄ᄒᆞᆫ事가有ᄒᆞ니라凡外交官의解任은其解任과同時에特權이消滅ᄒᆞᄂᆞᆫ者ㅣ로대治外法權은歸國時에至ᄒᆞ기ᄭᆞ지享有홈을可得홀지오特히大使、公使가其任地에셔死亡ᄒᆞᄂᆞᆫ時ᄂᆞᆫ其屍體에關ᄒᆞ야도生在ᄒᆞᆫ外交官에相當ᄒᆞᆫ待遇를受홈을可得홀지오又其妻子、家族、從僕等은外交官의死亡과同時에何等特權이라도享有홈을可得홀理由가無ᄒᆞ대特히國際上慣例와列國의友誼를依ᄒᆞ야歸國홈에相當ᄒᆞᆫ期限以內ᄂᆞᆫ尙且其治外法權의恩澤을受ᄒᆞᄂᆞ니라

할 수 있다. 그러나 그중에서도 특히 국제적으로 문제 되는 것은 주재국이 그 사절의 소환을 본국 정부에게 요구하는 경우이다. 만약 이 경우에 그 본국이 요구 사유가 정당하지 않다고 인식하는 때는 이에 불응하여 국제적 분쟁이 되는 일이 있다. 가령 1804년에 미국에 주재하는 스페인 공사는 양국 간 분쟁 사항에 관해 신문지에 뇌물을 사용했다는 이유에 의하여 미국 정부가 그 공사의 소환을 요구하였더니 스페인 정부는 이러한 요구에 응하였으나 공사의 퇴거 기한을 편의에 의하도록 훈령하여 그 공사는 1807년 10월까지 미국에 주재한 일이 있다. 대개 외교관의 해임은 그 해임과 동시에 특권이 소멸하지만, 치외법권은 귀국 시까지 누릴 수 있다. 특히, 대사, 공사가 임지에서 사망하는 때는 그 시체에 관해서도 살아있는 외교관에 상당한 대우를 받을 수 있다. 또는 그 처자, 가족, 종복 등은 외교관의 사망과 동시에 어떠한 특권도 누릴 이유가 없다. 특히 국제적 관례와 여러 국가의 우의에 의하여 귀국하는데 상당한 기한 이내는 여전히 그 치외법권의 혜택을 받는다.

第三節 領事官

第一、領事官의性質

領事官의制度ᄂᆞᆫ歐羅巴舊時代에도存在ᄒᆞ야希臘時代에ᄂᆞᆫ地中海沿岸殖民地에픠니시야及其他의領事가存在ᄒᆞᆫ形跡이有호대現行ᄒᆞᄂᆞᆫ領事의制度ᄂᆞᆫ中世卽第六世紀以後에爲始ᄒᆞᆫ者ㅣ니其當時에一國或一都市로브터他國海港及都市에官吏或其他의代人을派遣ᄒᆞ야商業上의便宜ᄅᆞᆯ互相圖謀ᄒᆞ며商人間의爭論을判定케ᄒᆞ더니十字軍以來로諸國家의人民이他國家沿岸에居住ᄒᆞᄂᆞᆫ者ㅣ益增益加ᄒᆞᆷ으로各其領事ᄅᆞᆯ派遣ᄒᆞᄂᆞᆫ事가盛行ᄒᆞᆷ에至ᄒᆞ니라當時에伊國、法國、西班牙國等及아드리아크海沿岸과地中海沿岸海港에ᄂᆞᆫ外國人이其港內一地方에集合ᄒᆞ야居住ᄒᆞᆷ으로써此에對ᄒᆞ야其本國商業航海에關ᄒᆞᆫ法令을適用ᄒᆞᆯ職權이有ᄒᆞᆫ各本國의官吏ᄅᆞᆯ派遣ᄒᆞᆷ으로領事의設置가有ᄒᆞᆷ에至ᄒᆞ고其領事ᄂᆞᆫ其任在地에在ᄒᆞ야本國의法令及裁判權을執行ᄒᆞ며又其領事官은本國을爲ᄒᆞ야外交官에屬ᄒᆞᆫ職務도行ᄒᆞᆫ事가有ᄒᆞ더니第十七世紀初葉에至ᄒᆞ야諸國家ᄂᆞᆫ內國의組織을變更ᄒᆞ야整頓ᄒᆞᆫ結果로領土에

제3절 영사관

1. 영사관의 성격

영사관제도는 유럽의 구시대에도 존재하여 그리스 시대에는 지중해 연안 식민지에 페니키아 및 그 밖의 영사가 존재한 흔적이 있다. 현행 영사 제도는 중세, 즉 6세기 이후에 시작한다. 그 당시에 한 국가 혹은 한 도시에서 다른 국가의 항구 및 도시에 관리 혹은 그 밖의 대리인을 파견하여 상업상 편의를 상호 도모하였으며 상인 간의 분쟁을 판단하도록 하였다. 십자군 이래로 여러 국가의 인민이 타국의 연안에 거주하는 것이 점차 증가하면서 각각 그 영사를 파견하는 일이 성행하게 되었다. 당시에 이탈리아, 프랑스, 스페인 등 및 아드리아해 연안과 지중해 연안해 항구에는 외국인 그 항구 내 한 지방에 집단으로 거주하자 이에 대해서 그 본국의 상업 항해에 관한 법령을 적용할 직권을 갖는 각 국가의 본국 관리를 파견하면서 영사가 설치되기에 이르렀다. 그 영사는 주재하는 곳에서 본국의 법령 및 재판권을 집행하였다. 또한 그 영사관은 본국을 위하여 외교관에 속한 직무도 행한 일이 있다. 17세기 초에 이르러 여러 국가는 국내 조직을 변경하여 정돈한 결과로 영토에

對ᄒᆞᆫ管轄權도其範圍가確定ᄒᆞᆷ에至ᄒᆞᆫ同時에外交官及公使舘의制度가發生ᄒᆞᆷ으로從來에領事가行來ᄒᆞ던裁判權은國際公法上條理에違反ᄒᆞᄂᆞᆫ者ㅣ라ᄒᆞ야各主權國은其版圖內에在ᄒᆞᆫ他國人도管轄ᄒᆞᆷ을可得ᄒᆞᆷ에至ᄒᆞ며外交官과領事官의職務도互相分離ᄒᆞ야領事官은但其在留地에居住ᄒᆞᄂᆞᆫ本國人民의商業과航海를爲ᄒᆞ야便益을圖謀ᄒᆞ며自國商人及水夫間의爭論을仲裁ᄒᆞᄂᆞᆫ權利만有ᄒᆞᆷ에至ᄒᆞ니라是以로方今國際上의領事官이란者ᄂᆞᆫ本國政府의命令을受ᄒᆞ야外國에在留ᄒᆞᄂᆞᆫ通商上의官吏로職務ᄒᆞᄂᆞᆫ바ᄂᆞᆫ在留國의法律規則을犯치아니ᄒᆞᄂᆞᆫ範圍以內에在ᄒᆞ야本國에關ᄒᆞᆫ商業上의利益을增進ᄒᆞ며又ᄂᆞᆫ在留ᄒᆞᄂᆞᆫ本國人民의個人的便益을圖謀ᄒᆞᆷ에在ᄒᆞ니라大凡領事官을他國에派遣ᄒᆞ고又ᄂᆞᆫ自國에他國領事官을在留케ᄒᆞᆷ을條約으로써規定치아니ᄒᆞᆫ以上은決코其國家의義務라謂ᄒᆞᆷ을不得ᄒᆞᆯ지로다

領事官의階級은各國의國法을依ᄒᆞ야定ᄒᆞᆯ者ㅣ오國際公法上에在ᄒᆞ야ᄂᆞᆫ其階級을區別ᄒᆞᆯ必要가 無ᄒᆞ니라 然이나諸國家ᄂᆞᆫ領事를 四階級으로 分ᄒᆞ야

一、総領事二、領事三、副領事四、領事代理로定ᄒᆞᆷ이普通이니라今에此領事

대한 관할권도 그 범위가 확정되었고, 동시에 외교관 및 공사관 제도가 발생하면서 종래 영사가 행해 오던 재판권은 국제공법상 조리를 위반하는 것이라고 하여 각 주권국은 그 영역 내에 있는 타국인도 관할할 수 있게 되면서 외교관과 영사관의 직무도 상호 분리되어 영사관은 단지 그 체류지에 거주하는 본국 인민의 상업과 항해를 위하여 편익을 도모하고 자국 상인과 선원 사이의 분쟁을 중재하는 권리만 갖게 되었다. 이러한 이유로 지금 국제적으로 영사관이란 본국 정부의 명령을 받아서 외국에 체류하는 통상 차원의 권리로 직무를 수행하는 것은 체류국의 법률 규칙을 위반하지 않는 범위 내에서 본국에 관한 상업적 이익을 증진하거나 체류하는 본국 인민의 개인적 편익을 도모하는 데 있다. 대개 영사관을 타국에 파견하거나 자국에 타국 영사관을 체류하도록 하는 것을 조약으로 규정하지 않은 이상 결코 그 국가의 의무라고 할 수 없다.

영사관의 계급은 각국의 국내법에 따라 정하고, 국제공법에서는 그 계급을 구별할 필요가 없다. 그러나 여러 국가는 영사를 4가지 계급으로 나누어 ① 총영사, ② 영사, ③ 부영사, ④ 영사대리로 정하는 것이 보통이다. 이제 이 영사의

의地位를略說ᄒᆞᆯ진대總領事는他種類의領事보다比較的管轄區域이廣大ᄒᆞᆫ者ㅣ니領事及副領事上地位에立ᄒᆞ야監督ᄒᆞᆷ을可得ᄒᆞ는者ㅣ오領事는比較的狹小ᄒᆞᆫ範圍卽都府及港口에在ᄒᆞ야職務를執行ᄒᆞ는者ㅣ오副領事는領事를補佐ᄒᆞ는者ㅣ로대本國政府로브터直接任命을受ᄒᆞᆫ時는獨立ᄒᆞᆷ을可得ᄒᆞ는者ㅣ오領事代理는一定ᄒᆞᆫ土地內에在ᄒᆞ야領事의職務를行ᄒᆞ기爲ᄒᆞ야總領事로브터任命ᄒᆞ는者ㅣ니總領事는其領事代理가行ᄒᆞᆫ行爲에關ᄒᆞ야責任을負擔ᄒᆞ는者ㅣ니라然이나其階級如何를依ᄒᆞ야職務上에差異는不有ᄒᆞ니라假令今에日本國의例를擧ᄒᆞ야略說ᄒᆞᆯ진대日本國은現今에領事官을分ᄒᆞ야一、總領事二、一等領事三、二等領事四、領事官補로ᄒᆞ고其職權에關ᄒᆞ야는領事館의管轄區域을的定ᄒᆞ며領事를不寘ᄒᆞ는地에在ᄒᆞ야는貿易事務官을置ᄒᆞ며領事及貿易事務官을不寘ᄒᆞ는地로通商上에必要ᄒᆞᆫ處所는名譽領事或領事代理를寘ᄒᆞ는事가有호대就中名譽領事는其地에在留ᄒᆞ는外國人으로任命ᄒᆞ는事가有ᄒᆞ니라然이나歐米의例를依ᄒᆞᆯ진대總領事는專任官吏로대其他의領事는其地에在留ᄒᆞ는商人으로써補充ᄒᆞ는者ㅣ最多ᄒᆞ고或國

지위를 간략히 설명하자면 총영사는 다른 영사보다 비교적 관할 구역이 넓어서 영사와 부영사 지위를 감독할 수 있는 자이고 영사는 비교적 좁은 범위, 즉 수도 및 항구에서 직무를 집행하는 자이고, 부영사는 영사를 보좌하는 자로서 본국 정부에게서 직접 임명되는 때는 독립적일 수 있는 자이고, 영사대리는 일정한 토지 내에서 영사의 직무를 수행하기 위하여 총영사가 임명하는 자이기에, 총영사는 그 영사대리가 행한 행위에 관해서 책임을 부담한다. 그러나 그 계약 여하에 의하여 지무상 차이는 없다. 가령 오늘날 일본국의 예를 들어서 간략히 설명해보면 일본국은 현재 영사관을 나누어, ① 총영사, ② 1등 영사, ③ 2등 영사, ④ 영사관보로 하고 그 직무 권한에 관해서는 영사관의 관할 구역을 정하여 영사를 배치하지 않은 곳에서는 무역사무관을 두며, 영사와 무역사무관을 배치하지 않은 곳으로서 통상 면에서 필요한 곳은 명예영사 혹은 영사대리를 두는 경우가 있다. 그중에서도 특히 명예영사는 그곳에 체류하는 외국인으로 임명하는 일이 있다. 그러나 구미의 예에 의하면 총영사는 전임 관리이고 그 밖의 영사는 그곳에 체류하는 상인으로 보충하는 자가 가장 많고 어떤 때는

家의國法을依ᄒᆞ야自國의人民으로만任命ᄒᆞᄂᆞᆫ者ㅣ라ᄒᆞᄂᆞᆫ國家도不無ᄒᆞ대北米合衆國及其他國家에在ᄒᆞ야ᄂᆞᆫ外國人이라도任用ᄒᆞᆷ을可得ᄒᆞᆯ者ㅣ라ᄒᆞ야特히商業이頻繁치아니ᄒᆞᆫ地에ᄂᆞᆫ外國人을任用ᄒᆞᆷ이通例니라

第二、領事官의職務

國家가他國家領內에領事官을在留케ᄒᆞᄂᆞᆫ所以ᄂᆞᆫ〔一〕、其國에在ᄒᆞ야自國人民의一般利益을注意케ᄒᆞᄂᆞᆫ事〔二〕、在留國政府에셔痛痒을不感ᄒᆞ거나或은利害關係가些少ᄒᆞᆷ으로因ᄒᆞ야干與치아니ᄒᆞᄂᆞᆫ事項이自國及自國人民便으로ᄂᆞᆫ必要ᄒᆞᆫ者ᄅᆞᆯ自國을爲ᄒᆞ야處理케ᄒᆞᆷ에在ᄒᆞ니라然而其職務細目에至ᄒᆞ야ᄂᆞᆫ各國이自國의國法으로써規定ᄒᆞᆷ을可得ᄒᆞ대此ᄂᆞᆫ一國家에存在ᄒᆞᆫ國法에不過ᄒᆞᆷ으로特히紹介ᄒᆞᆯ必要가無ᄒᆞ고玆에紹介의必要가有ᄒᆞᆫ者ᄂᆞᆫ現今國際公法上에認ᄒᆞ야列國間에共通ᄒᆞ야行ᄒᆞᄂᆞᆫ領事의職務가是라此ᄅᆞᆯ大別ᄒᆞ야行政上及行政司法上의職務二種으로區別ᄒᆞᆷ을可得ᄒᆞᆯ지오又條約에基因ᄒᆞ야領事裁判制度가存在ᄒᆞᆫ國家에在ᄒᆞ야ᄂᆞᆫ更히司法上의職務도掌行ᄒᆞᆷ을可得ᄒᆞᄂᆞ니라左에列國에通行ᄒᆞᄂᆞᆫ領事의行政上職務ᄅᆞᆯ列擧ᄒᆞᆯ진대

국가의 국내법에 따라 자국의 인민으로만 임명하는 국가도 없지 않지만, 북미합중국 및 그 밖의 국가에서는 외국인이라도 임용할 수 있다고 하여 특히 상업이 번영하지 않은 곳에서는 외국인을 임용하는 것이 통례이다.

2. 영사관의 직무

국가가 타국의 영역 내에 영사관을 체류시키는 까닭은 (1) 그 국가에서 자국 인민의 일반적인 이익에 주의하도록 하기 위함 (2) 체류국 정부에서 아무렇지 않게 여기거나 혹은 이해관계가 적다는 이유로 간여하지 않는 사항이 자국 및 자국 인민 편에서는 필요한 것을 자국을 위하여 처리하도록 하는 데 있다. 그러나 그 직무의 세목에 대해서는 각국이 자국의 국내법으로 규정할 수 있지만, 이는 한 국가에 존재하는 국내법에 불과하기에 특히 소개할 필요가 없고 여기에서 소개할 필요가 있는 것은 현재 국제공법에서 인정하여 여러 국가 사이에 공통으로 하는 영사의 직무이다. 이를 크게 구별해서 행정상 및 사법행정상의 직무의 두 가지 종류로 구별할 수 있다. 또한 조약에 근거해서 영사재판 제도가 존재하는 국가에서는 다시 사법상 직무도 맡아 처리할 수 있다. 아래에서 여러 국가가 일반적으로 행하는 영사의 행정상 직무를 열거해 보면,

〔一〕、在留國에在ᄒᆞ야本國의商業及航海上의利益을注意ᄒᆞ며兩國間에成立ᄒᆞᆫ條約이正當히行ᄒᆞ고不行ᄒᆞᆷ을注目ᄒᆞ야不法ᄒᆞᆫ事項이有ᄒᆞᆫ時ᄂᆞᆫ本國政府或其國에駐箚ᄒᆞᄂᆞᆫ自國公使의게報告ᄒᆞᄂᆞᆫ事

〔二〕、在留國에在ᄒᆞᆫ本國人民의利益을注意ᄒᆞ야正當히領事官의助力을要求ᄒᆞᄂᆞᆫ者ㅣ有ᄒᆞᆫ時ᄂᆞᆫ此ᄅᆞᆯ保護ᄒᆞ며又其人民의게對ᄒᆞ야在留國의法令適用이正當ᄒᆞ고不正當ᄒᆞᆷ을注意ᄒᆞ야不正當ᄒᆞᆫ事項이有ᄒᆞᆫ時ᄂᆞᆫ本國政府에報告ᄒᆞᄂᆞᆫ事

〔三〕、在留國의管轄權을妨害치아니ᄒᆞᄂᆞᆫ範圍內에在ᄒᆞ야本國船舶의水夫及本國人民의移民을監督ᄒᆞᄂᆞᆫ事

〔四〕、本國船舶의難破者、職業을失ᄒᆞᆫ水夫及其他의窮民又ᄂᆞᆫ本國船舶의船員되ᄂᆞᆫ他國水夫ᄅᆞᆯ補助ᄒᆞ며本國人은此ᄅᆞᆯ本國에送致ᄒᆞᄂᆞᆫ事

〔五〕、公海에在ᄒᆞᆫ自國船舶內의犯罪者又ᄂᆞᆫ領事裁判制度가存在ᄒᆞᆫ國家되ᄂᆞᆫ時ᄂᆞᆫ其地에在ᄒᆞᆫ犯罪者ᄅᆞᆯ本國에送付ᄒᆞᄂᆞᆫ事

〔六〕、在留國에在ᄒᆞᆫ商工業、財政及政治上事項으로本國及其人民利害에關

(1) 체류국에서 본국의 상업 및 항해상 이익에 주의하며 양국 간에 체결된 조약이 정당하게 이행되고, 불이행되는지를 주목하여 불법 사항이 있는 때는 본국 정부 혹은 그 국가에 주재하는 자국 공사에게 보고함
(2) 체류국에 있는 본국 인민의 이익에 주의하여 정당하게 영사관의 조력을 요구하는 자가 있는 때는 이를 보호하며 또한 그 인민에 관해서 체류국의 법령 적용이 정당하고 부당한지를 주의하여 부당한 사항이 있는 때는 본국 정부에 보고함
(3) 체류국의 관할권을 방해하지 않는 범위 내에서 본국 선박의 선원 및 본국 인민의 이민을 감독함
(4) 본국 선박의 난파자, 실직한 선원과 그 밖의 빈민 또는 본국 선박의 선원인 타국 선원을 보조하며 본국인을 본국에 송치함
(5) 공해에 있는 자국 선박 내의 범죄자 또는 영사재판 제도가 있는 국가일 때는 그곳에 있는 범죄자를 본국에 보냄
(6) 체류국에 있는 상공업, 재정 및 정치적 사항으로 본국 및 그 인민의 이해에

係와影響이有ᄒᆞᆫ者를時時로本國政府에報告ᄒᆞᄂᆞᆫ事

又行政司法上에關ᄒᆞᆫ職權을舉ᄒᆞᆯ진대

〔一〕、在留國에在ᄒᆞᆫ本國人民의出生、死亡、結婚、離婚을證明ᄒᆞ고登記ᄒᆞᄂᆞᆫ事

〔二〕、在留國에서死亡ᄒᆞᆫ本國人民의遺產을管理ᄒᆞᄂᆞᆫ事

〔三〕、本國人民이外國船舶을買入ᄒᆞᆫ時ᄂᆞᆫ其賣買를監督ᄒᆞ고登記를行ᄒᆞ며國旗를揭揚ᄒᆞ기爲ᄒᆞ야船籍證書의假免狀을出給ᄒᆞᄂᆞᆫ事

〔四〕、本國政府의規定을依ᄒᆞ야本國人의請求가有ᄒᆞᆫ時ᄂᆞᆫ旅行券을交付ᄒᆞᄂᆞᆫ事

〔五〕、逃亡犯罪者의拿交를請求호대但條約이有ᄒᆞᆫ時ᄂᆞᆫ其規定을依ᄒᆞ야行ᄒᆞᆷ을要ᄒᆞᄂᆞᆫ事

〔六〕、本國人民間의爭論으로其裁斷을任意로請求ᄒᆞᄂᆞᆫ境遇에特히商業又船舶內事項에關ᄒᆞ야ᄂᆞᆫ其仲裁裁判을行ᄒᆞᄂᆞᆫ事

〔七〕、本國船舶의船員間爭論을判定ᄒᆞ고必要가有ᄒᆞᆫ時ᄂᆞᆫ其船長을選定ᄒᆞ며

관계있고 영향이 있는 것을 때때로 본국에 보고함

또는 행정사법 관련 직권을 거론해 보면,

(1) 체류국에 있는 본국 인민의 출생, 사망, 결혼, 이혼을 증명하고 등기함
(2) 체류국에서 사망한 본국 인민의 유산을 관리함
(3) 본국 인민이 외국 선박을 매입하였을 때는 그 매매를 감독하고 등기하며 국기를 게양하기 위하여 선적증서의 임시허가장을 발급함
(4) 본국 정부의 규정에 따라 본국인의 요청이 있는 때는 여행권을 내줌
(5) 도망한 범죄자의 인도를 요청함 다만 조약이 있는 때는 그 규정에 따라 행할 필요가 있음
(6) 본국 인민 간 다툼으로 판단을 임의로 요청할 때 특히 상업 또는 선박 내 사항에 관해서는 중재재판을 행함
(7) 본국 선박의 선원 사이의 분쟁을 판정하고 필요하였을 때는 그 선장을 정하여

船舶의航海에適不適ᄒᆞᆫ事情或船舶이受ᄒᆞᆫ損害에關ᄒᆞᆫ鑑定者의宣誓ᄅᆞᆯ管理ᄒᆞᄂᆞᆫ事

〔八〕、在留國의法廷及其他官廳의書類로本國에서使用될者ᄅᆞᆯ証明ᄒᆞᄂᆞᆫ事

〔九〕、本國船舶의航海에關ᄒᆞ야船長의請願書及報告書ᄅᆞᆯ受理ᄒᆞ야公證을與ᄒᆞᄂᆞᆫ事

以上은領事職務의大要ᄅᆞᆯ列擧ᄒᆞᆫ者ㅣ니領事ᄂᆞᆫ在留國에在ᄒᆞ야自國의人民이不當ᄒᆞᆫ待遇ᄅᆞᆯ受ᄒᆞ거나又其人民에對ᄒᆞ야地方官의保護ᄅᆞᆯ必要로認ᄒᆞᄂᆞᆫ時ᄂᆞᆫ在留國地方官廳에向ᄒᆞ야其注意ᄅᆞᆯ催促ᄒᆞᆷ을可得ᄒᆞᆯ지오又領事ᄂᆞᆫ單히其自國人民의게對ᄒᆞ야만事務ᄅᆞᆯ行ᄒᆞᆯ뿐아니라友誼國人民의依賴가有ᄒᆞᆫ時ᄂᆞᆫ其國人民의게對ᄒᆞ야도相當ᄒᆞᆫ保護ᄅᆞᆯ行ᄒᆞᆷ이可ᄒᆞ니라然이나國際上事項은本國或外交官을經由ᄒᆞ야行ᄒᆞᆯ者ㅣ되ᄂᆞᆫ故로領事自身이直接으로行ᄒᆞᆷ은不能ᄒᆞ니라領事의職務ᄂᆞᆫ大概其範圍가確定ᄒᆞ야行ᄒᆞᄂᆞᆫ者ㅣ로대詳細ᄒᆞᆫ事項에至ᄒᆞ야ᄂᆞᆫ論爭이不尠ᄒᆞᆷ으로近年에至ᄒᆞ야ᄂᆞᆫ國家間領事職務에關ᄒᆞ야特히條約을締結ᄒᆞ야明確히規定ᄒᆞᆯ必要가有ᄒᆞ니라

선박의 항해 상황이 적절했는지 아니면 부적절했는지, 혹은 선박이 당한 손해에 관한 감정인의 선서를 관리함

(8) 체류국의 법원과 그 밖의 관청 서류로서 본국에서 사용될 것을 증명함

(9) 본국 선박의 항해 관련 선장의 청원서 및 보고서를 수리하여 공증함

이상은 영사 직무의 대강을 열거한 것이다. 영사는 체류국에서 사국의 인민이 부당한 내우를 받거나 그 인민에 내해서 현지 관리의 보호가 필요하다고 인식하는 때는 체류국 현지 관정에 대해서 주의를 촉구할 수 있다. 또한 영사는 단순히 자국 인민에 대해서만 사무를 행할 뿐 아니라 우호국 인민의 의뢰가 있는 때는 그 국가 인민에 대해서도 상당한 보호를 해야 한다. 그러나 국제적인 사항은 본국 혹은 외교관을 거쳐 행하는 까닭에 영사 자신이 직접 행할 수 없다. 영사의 직무는 대개 그 범위가 확정되어 행하는 것이기에 상세한 사항에 대해서는 논쟁이 적지 않기에 요새는 국가 간에 영사 직무에 관해서 특별히 조약을 체결하여 명확히 규정할 필요가 있다.

第三、領事官의任命及解任

列國은領事官을他國에互相駐在케ᄒᆞᄂᆞᆫ事ᄂᆞᆫ國際上에此ᄅᆞᆯ業已認ᄒᆞᄂᆞᆫ바ㅣ며又通商條約及其他의規定을依ᄒᆞ야行ᄒᆞᄂᆞᆫ者ㅣ니特別ᄒᆞᆫ理由가有ᄒᆞᆫ一定ᄒᆞᆫ處所에ᄂᆞᆫ領事官의在留ᄅᆞᆯ拒絕ᄒᆞᆷ을可得호ᄃᆡ絕對的으로其在留ᄅᆞᆯ認否ᄒᆞᆷ을不得ᄒᆞᆷ은現今의慣例니라凡國家가總領事以下의領事ᄅᆞᆯ任命ᄒᆞᄂᆞᆫ時ᄂᆞᆫ其本國政府의委任狀이有ᄒᆞᆷ을要ᄒᆞᄂᆞ니委任狀이란者ᄂᆞᆫ主權者가署名ᄒᆞ고國璽ᄅᆞᆯ捺鈐ᄒᆞ야外部大臣의連署가有ᄒᆞᆫ書狀으로國家가其人을領事官으로任命ᄒᆞᄂᆞᆫ事ᄅᆞᆯ明言ᄒᆞ야見者로ᄒᆞ야곰其領事의資格을認케ᄒᆞ고此에對ᄒᆞ야相當ᄒᆞᆫ待遇ᄅᆞᆯ與ᄒᆞᆷ을希望ᄒᆞᄂᆞᆫ趣旨ᄅᆞᆯ記載ᄒᆞᆫ者ㅣ라然而此委任狀은如此ᄒᆞᆫ性質이有ᄒᆞᆷ으로此ᄅᆞᆯ依ᄒᆞ야領事의資格은取得ᄒᆞᆯ지라도其任地에셔職務ᄅᆞᆯ行코져ᄒᆞᆷ에ᄂᆞᆫ更히在留國政府의認可ᄅᆞᆯ受ᄒᆞᆷ을要ᄒᆞᄂᆞᆫ故로此認可ᄅᆞᆯ依ᄒᆞ야職權을行ᄒᆞᆷ을始得ᄒᆞᄂᆞ니라認可ᄂᆞᆫ恒常認可狀을領事의게交付ᄒᆞᆷ을要ᄒᆞᄂᆞ니其認可狀이란者ᄂᆞᆫ在留國主權者가署名ᄒᆞ고國璽ᄅᆞᆯ捺鈐ᄒᆞ고外部大臣의連署가有ᄒᆞ야領事의資格을承認ᄒᆞ고職權을行ᄒᆞᆷ에特典을認可ᄒᆞ야自國官廳

3. 영사관의 임명과 해임

여러 국가가 영사관을 타국에 상호 주재하도록 하는 것은 이미 국제적으로 인정된 사항이며, 또한 통상조약 및 그 밖의 규정에 따라 행하는 것이기에 특별한 이유가 있는 일정 장소에는 영사관의 체류를 거절할 수 있지만, 그 체류를 전면 부인할 수 없는 것이 현재의 관례이다. 대개 국가가 총영사 이하의 영사를 임명하는 때는 그 본국 정부의 위임장이 있어야 한다. 위임장이란 주권자가 서명하고 국새를 찍어서 외부대신이 잇달아 서명한 서신으로 국가가 그 사람을 영사관으로 임명하는 것을 명확히 기술해야 보는 사람이 그 영사의 자격을 알게 되고 이에 대해서 상당한 대우를 해 달라고 희망하는 취지를 기재한 것이다. 그러나 이 위임장은 이러한 성격을 갖기에 이에 의하여 영사의 자격을 취득하여도 그 임지에서 직무를 행하기 위해서는 다시 체류국 정부의 인가를 받아야 하므로 이 인가에 의하여 비로소 직무 권한을 행사할 수 있다. 인가는 항상 인가장을 영사에게 내줘야 한다. 인가장이란 것은 체류국의 주권자가 서명하고 국새를 찍고 외부대신이 잇달아 서명해서 영사의 자격을 승인하고 직권 행사 시 특전을 인가하는 것으로서 자국 관청이은此意를體ᄒᆞ야領事가職權을行ᄒᆞᆷ에相當히補助ᄒᆞᆯ意를記載ᄒᆞᆫ者ㅣ라然이나領事의認可ᄂᆞᆫ반다시正式의認可狀을要치아니ᄒᆞᄂᆞ니露國及丁抹國에在ᄒᆞ야ᄂᆞᆫ單히其外國領事를認可ᄒᆞᄂᆞᆫ通知를外部로브터通知ᄒᆞᆷ에不過ᄒᆞ고又墺國에在ᄒᆞ야ᄂᆞᆫ其領事委任狀에認可背書를行ᄒᆞ야皇帝가署名ᄒᆞ고國璽를捺鈐ᄒᆞ야外部大臣이連署ᄒᆞᄂᆞᆫ慣習이有ᄒᆞ니라

外國領事의認可ᄂᆞᆫ或境遇를依ᄒᆞ야拒絶ᄒᆞᄂᆞᆫ事가有ᄒᆞ니假令領事로任命ᄒᆞᆫ者의게相當히拒絶ᄒᆞᆯ理由가有ᄒᆞᆫ時ᄂᆞᆫ其認可를拒絶ᄒᆞᆷ을可得ᄒᆞᆯ지라西曆千八百六十九年에그라스고에在留ᄒᆞᆫ米國領事ᄂᆞᆫ米國에歸化ᄒᆞᆫ愛蘭人으로愛蘭叛亂에曾參ᄒᆞᆫ事가有ᄒᆞᆷ으로써英國政府ᄂᆞᆫ認可치아니ᄒᆞᆫ事實이有ᄒᆞ니卽此에對ᄒᆞᆫ一例라謂ᄒᆞᆷ을可得ᄒᆞᆯ지로다又領事ᄂᆞᆫ認可狀을受ᄒᆞᆫ以後에至ᄒᆞ야도其職權을超越ᄒᆞ야特히政治上事項에關與ᄒᆞᆫ事가有ᄒᆞᆫ時ᄂᆞᆫ其認可를繳消ᄒᆞᆷ을可得ᄒᆞᆯ지니如此ᄒᆞᆫ境遇에ᄂᆞᆫ在留國이其召還을其本國政府에對ᄒᆞ야請求ᄒᆞᆷ이常例니라然이나其事情을依ᄒᆞ야ᄂᆞᆫ如此ᄒᆞᆫ節次를經由치아니ᄒᆞᆯ지라도卽時其認可를繳消ᄒᆞᆷ을可得ᄒᆞᆯ지니라凡領事가召還을當ᄒᆞᆫ時及認可의繳

이러한 의도를 갖고 영사가 직권 수행 시 적절히 보조하는 뜻을 기재한 것이다. 그러나 영사의 인가는 반드시 정식 인가장이 필요하지 않다. 러시아와 덴마크에서는 단순히 그 외국 영사를 인가하는 통지를 외교부서가 하는 것에 불과하다. 또한 오스트리아에서는 그 영사 위임장에 인가한다고 배서하여 황제가 서명하고 국새를 찍고 외부대신이 잇달아 서명하는 관습이 있다.

외국 영사의 인가는 어떤 경우에는 거절한다. 가령 영사로 임명할 자에게 거절 이유가 타당할 때는 그 인가를 거절할 수 있다. 1869년에 글래스고에 체류했던 미국 영사는 미국에 귀화한 아일랜드인으로서 아일랜드 반란에 참여한 적이 있어서 영국 정부는 인가하지 않았던 사실이 있었으니 이에 대한 한 가지 예라고 말할 수 있다. 또한 영사는 인가장을 받은 이후에도 그 직무 권한을 초월해서 특히 정치적 사안에 관여한 일이 있는 때는 그 인가를 취소할 수 있다. 이 경우에는 체류국이 그의 소환을 그 본국 정부에게 요청하는 것이 상례이다. 그러나 그 사정에 따라 이러한 절차를 경유하지 않았어도 즉시 그 인가를 취소할 수 있다. 대개 영사가 소환당한 때 그리고 인가 취소를

消ᄅᆞᆯ當ᄒᆞᆫ時ᄂᆞᆫ同時에其職務ᄅᆞᆯ行ᄒᆞᆷ을不得ᄒᆞᆯ지오領事의資格으로ᄂᆞᆫ在留ᄒᆞᆷ을不得ᄒᆞᆷ에至ᄒᆞ야領事의職務ᄂᆞᆫ此에終了ᄒᆞᆯ지며又領事官은外交官의資格이無ᄒᆞᆷ으로써在留國의君主가崩御ᄒᆞ거나政府가變動ᄒᆞᆯ지라도其職務執行에關ᄒᆞ야ᄂᆞᆫ何等의影響이無ᄒᆞᆯ지오國家가條約을締結치아니ᄒᆞᆫ國에領事ᄅᆞᆯ設置ᄒᆞᆫ事가有ᄒᆞᆯ지라도是로因ᄒᆞ야國際關係ᄅᆞᆯ生ᄒᆞᄂᆞᆫ者ㅣ라謂ᄒᆞᆷ을不得ᄒᆞᆯ지니라

第四、領事官의特權

領事特權에關ᄒᆞ야ᄂᆞᆫ學說及實例의一定ᄒᆞᆫ바ㅣ無ᄒᆞ니라然이나元來領事ᄂᆞᆫ本國을代表ᄒᆞᆫ者ㅣ아니라故로領事裁判의制度가不行ᄒᆞᄂᆞᆫ國家에在ᄒᆞ야ᄂᆞᆫ治外法權이無ᄒᆞᆷ은分明ᄒᆞ대但外國政府의官吏로在留國에在ᄒᆞ야職務ᄅᆞᆯ執行ᄒᆞᆷ을認可ᄒᆞᆫ者ㅣ되ᄂᆞᆫ故로普通人民과ᄂᆞᆫ區別ᄒᆞ야特種의保護ᄅᆞᆯ受ᄒᆞᆯ性質이有ᄒᆞᆷ은亦多辯을不待ᄒᆞᆯ지로다領事의特權을詳密히論述ᄒᆞᆯ진대第一、在留國의人民이아니오其職務에關係가無ᄒᆞᆫ財産을不有ᄒᆞ고商業을營爲치아니ᄒᆞᄂᆞᆫ者第二、在留國의人民은아니로대其地에住所가有ᄒᆞ고商業에從事

당하였을 때는 동시에 그 직무를 수행할 수 없다. 영사의 자격으로는 체류할 수 없게 되어서 영사의 직무는 이에 종료한다. 또한 영사관은 외교관의 자격이 없기에 체류국의 군주가 사망하거나 정부가 변동할지라도 그 직무 집행에 관해서는 하등의 영향이 없다. 국가가 조약을 체결하지 않은 국가에 영사를 설치하여도 이로 인해서 국제관계가 생기는 것이라고 할 수 없다.

4. 영사관의 특권

영사 특권에 관해서는 학설과 실례가 일정하지 않다. 그러나 원래 영사는 본국을 대표하는 자가 아니다. 따라서 영사재판 제도가 행해지지 않는 국가에서는 치외법권이 없는 것은 분명하다. 다만 외국 정부의 관리로서 체류국에서 직무를 집행하도록 인가받은 것이기 때문에 보통 인민과 구별해서 특별한 종류의 보호를 받는 성격이 있는 것은 많이 말할 필요가 없다. 영사 특권을 상세하고 세밀히 논하자면 첫째, 체류국의 인민이 아니고 그 직무와 관계없는 재산을 보유하지 않고 상업상 영리 행위를 하지 않을 것 둘째, 체류국의 인민이 아니지만, 그곳에 주소를 갖고서 상업에 종사하며

ᄒᆞ며職務에關係가無ᄒᆞᆫ財産이有ᄒᆞᆫ者第三、在留國의人民으로其地에住所가有ᄒᆞ고外國政府를爲ᄒᆞ야領事의職務를行ᄒᆞᄂᆞᆫ者의三種이有ᄒᆞ니此三種이各其境遇를隨ᄒᆞ야多少間差異가有홈은未免ᄒᆞᆯ지로대此三種은皆外交官의特權이有ᄒᆞᆫ者ᄂᆞᆫ아니라換言ᄒᆞᆯ진대卽在留國의人民이아니오住所도無ᄒᆞᆫ時ᄂᆞᆫ其義務에關ᄒᆞ야其地에在留ᄒᆞᄂᆞᆫ外國人民과同一ᄒᆞᆫ免除를受ᄒᆞᆯ지며是와相反ᄒᆞ야住所가有ᄒᆞ고商業에從事ᄒᆞᄂᆞᆫ時ᄂᆞᆫ其商業及財産에關ᄒᆞ야全히在留國의法律管轄을未免ᄒᆞᆯ지오又在留國의人民되ᄂᆞᆫ時ᄂᆞᆫ其特權에關ᄒᆞ야學說에牴觸됨을未免호대其國의法律規則을全히服從ᄒᆞᆯ者ㅣ오單히其職務를執行홈에必要ᄒᆞᆫ特權을有홈에不過ᄒᆞᆯ지니라要컨대領事官은其職務를執行홈에關ᄒᆞ야在留國政府로브터妨碍를不受ᄒᆞᄂᆞᆫ特權이有홈으로在留國法律及法權에對ᄒᆞ야服從홈을要호대外國人으로犯罪가有ᄒᆞᆫ境遇에ᄂᆞᆫ自國法廷에서此를罰ᄒᆞ거나本國에對ᄒᆞ야還送홈은在留國의任意로대就中其犯罪로本國政府의命令을依ᄒᆞ야職務上에關係가有ᄒᆞᆫ者ᄂᆞᆫ是로因ᄒᆞ야拘留及逮捕를當ᄒᆞᄂᆞᆫ事가無ᄒᆞ니라何故오如此ᄒᆞᆫ行爲ᄂᆞᆫ國際問題를成ᄒᆞᆯ者ㅣ되ᄂᆞᆫ所

직무와 무관한 재산을 가질 것, 셋째, 체류국의 인민으로서 그곳에 주소를 갖고, 외국 정부를 위하여 영사 직무를 행할 것의 3가지 종류가 있다.

이러한 3가지 종류는 각각의 때에 따라서 다소간 차이가 있는 것을 면할 수 없지만, 이 3가지 종류는 모두 외교관의 특권을 갖는 것이 아니다. 달리 말하자면 즉, 체류국의 인민이 아니고 주소도 없는 때는 그 의무에 관해서 그곳에 체류하는 외국인과 같은 면제를 받을 것이고 이와 반대로 주소가 있고 상업에 종사하는 때는 그 상업 및 재산에 관해서 온전히 체류국 법률의 관할을 면할 수 없을 것이다. 또한 체류국의 인민이면 그 특권에 관하여 학설과 충돌되는 것을 면할 수 없어서 그 국가의 법률 규칙에 온전히 복종하고 단순히 그 직무를 집행하는 데 필요한 특권을 보유하는 것에 불과할 것이다. 요컨대 영사관은 그 직무 집행에 관해 체류국 정부로부터 방해받지 않을 특권을 갖기에 체류국 법률과 사법권에 대해 복종해야 할 것이다. 외국인으로서 범죄를 저질렀을 때 자국 법원에서 이를 벌하거나 본국으로 송환할지는 체류국의 임의 사항이다. 그중에서도 특히 그 범죄로 인해 본국 정부의 명령에 따라 직무상 관계를 갖는 자는 이로 인하여 구속 및 체포되는 일이 없다. 왜냐하면 이러한 행위는 국제문제가 되기

以니라今에領事의特權으로認ᄒᆞᄂᆞᆫ者를列擧ᄒᆞᆯ진대

第一、本國과在留國間의政治上理由를依ᄒᆞ야逮捕를不當ᄒᆞᄂᆞᆫ事

第二、人頭稅를免除ᄒᆞᄂᆞᆫ事

第三、其住所를兵士宿泊에不供ᄒᆞᄂᆞᆫ事

第四、其門戶에本國徽章及國旗를揭揚ᄒᆞᄂᆞᆫ事

第五、本國政府의命令에基因ᄒᆞᆫ行爲에關ᄒᆞ야ᄂᆞᆫ法廷에셔刑罰을不受ᄒᆞᄂᆞᆫ事

第六、其住所ᄂᆞᆫ在留國法權下에臨檢及搜索을當ᄒᆞᆯ지라도職務上의書類를個人的書類와區別ᄒᆞ야置ᄒᆞᆫ時ᄂᆞᆫ在留國官衙의게檢閱搜索을當치아니ᄒᆞᄂᆞᆫ事

第七、在留國外國人의게賦課ᄒᆞᆯ義務라도領事의職務를執行ᄒᆞᆷ에妨害되ᄂᆞᆫ者ᄂᆞᆫ免除를受ᄒᆞᆯ事及刑事의告訴를受ᄒᆞᆫ境遇라도保放을受ᄒᆞ며拘留를不當ᄒᆞᆯ事

第八、領事의在留地가戰地를成ᄒᆞᆫ境遇에本國國旗를領事舘에揭揚ᄒᆞᆫ時ᄂᆞᆫ

때문이다.

이제 영사 특권으로 인정되는 것을 열거하면,

첫째, 본국과 체류국 사이의 정치적 이유에 의하여 체포당하지 않음

둘째, 인두세를 면제받음

셋째, 주소지를 병사 숙박에 제공하지 않음

넷째, 출입문에 본국 휘장과 국기를 게양함

다섯째, 본국 정부의 명령에 근거한 행위에 관해서는 법원에서 형벌을 받지 않음

여섯째, 주소지는 체류국 사법권 아래에서 임검 및 수색을 당할지라도 직무상 서류를 개인 서류와 구별하여 둘 때는 체류국 관청에 검열이나 수색을 당하지 않음

일곱째, 체류국의 외국인에게 부과하는 의무라도 영사의 직무 집행에 방해되는 것은 면제받고 형사 고발된 경우라도 보증금을 내고 석방되어 구속당하지 않음

여덟째, 영사의 체류지가 전쟁터가 된 경우에 본국 국기를 영사관에 게양하였을 때는

交戰者가不得已ᄒᆞᆫ境遇에不在ᄒᆞ면國際上의交誼를顧慮ᄒᆞ야攻擊을不當ᄒᆞᆯ事

以上은一般領事官의特權이로대列國의交誼上으로其國家에在留ᄒᆞᆫ領事의게對ᄒᆞ야許與ᄒᆞᆫ特典에差異가有ᄒᆞᆷ으로國際公法上에其範圍가一定치아니ᄒᆞ니라然이나在留國에在ᄒᆞ야ᄂᆞᆫ前任領事의享有ᄒᆞ던特權은後任領事의게至ᄒᆞ야도此를享有ᄒᆞᆯ者로看做ᄒᆞ며特히在留國에서此를拒絶치아니ᄒᆞᄂᆞᆫ以上은其權利를繼續ᄒᆞᄂᆞᆫ者로看做ᄒᆞ며又ᄂᆞᆫ在留國이一國領事의게對ᄒᆞ야許與ᄒᆞᆫ特典及特權은他國의領事도請求ᄒᆞᆷ을可得ᄒᆞᆯ지나此國際公法上의特權은其範圍가一定치아니ᄒᆞᆷ으로國家間에往往히條約으로써此를規定ᄒᆞᄂᆞᆫ事가有ᄒᆞ니라如此ᄒᆞᆫ境遇에ᄂᆞᆫ其特權이條約上의明文을依ᄒᆞ야決定ᄒᆞᆯ者ㅣ되ᄂᆞᆫ故로日、德兩國間의領事職務條約及日、白兩國의領事職務條約에締盟國領事로任命國의臣民되ᄂᆞᆫ時ᄂᆞᆫ民事의關係上으로引致留置를當ᄒᆞᄂᆞᆫ事가無ᄒᆞ고刑事上에至ᄒᆞ야ᄂᆞᆫ重罪의刑을犯ᄒᆞᆫ者ㅣ아니면拘留를得免ᄒᆞ며陸海軍의宿營及捐貸를得免ᄒᆞ며不動産所有權에對ᄒᆞᆫ者外에ᄂᆞᆫ對人稅奢侈稅幷直

교전자가 부득이한 경우가 아니라면 국제적인 우의를 고려하여 공격당하지 않음

이상은 영사관의 일반적인 특권이다. 여러 국가는 친교 차원에서 그 국가에 체류하는 영사에 대해 허용하는 특전에 차이가 있어서 국제공법상 그 범위가 일정하지 않다. 그러나 체류국에서는 전임 영사가 누렸던 특권은 후임 영사도 이를 누리는 것으로 간주하며 특히 체류국에서 이를 거절하지 않은 이상 그 권리가 계속하는 것으로 간주한다. 또는 체류국이 한 국가의 영사에 대해서 허용한 특전 및 특권은 타국의 영사도 요청할 수 있겠지만 이러한 국제공법상 특권은 그 범위가 일정하지 않기에 국가 간에 종종 조약으로 이를 규정하는 경우가 있다. 이 경우에는 그 특권이 조약의 명문에 의하여 결정될 것이기 때문에 일본, 독일 양국 사이의 영사 직무조약 및 일본, 벨기에 양국의 영사 직무조약의 체약국 영사가 임명 국의 신민일 때는 민사 관계에서 인치와 구속을 면제받고, 형사상으로는 중죄를 범한 경우가 아니면 구속을 면하며, 육·해군의 숙영 및 자금 기부를 면하며, 부동산 소유권에 대한 것 이외에는 대인세, 사치세를 함께 직접

接又ᄂᆞᆫ對人的性質이有ᄒᆞᆫ各種의負擔及捐資ᄅᆞᆯ得免ᄒᆞᆯ지며領事로商工業에從事치아니ᄒᆞᄂᆞᆫ時ᄂᆞᆫ其事務所及居宅을不可侵的地位에置ᄒᆞ야犯罪가有ᄒᆞ기外에ᄂᆞᆫ在留國官吏의侵入을受ᄒᆞᄂᆞᆫ事가無ᄒᆞ며領事官의記錄書類ᄂᆞᆫ絶對的으로檢閱及押取ᄅᆞᆯ當ᄒᆞᄂᆞᆫ事가無ᄒᆞᆷ으로規定ᄒᆞᆷ이卽一例니라

第四節　條約

第一款　條約의性質

條約이란者ᄂᆞᆫ國家間의契約이니國家ᄂᆞᆫ獨立權의作用을依ᄒᆞ야他國에對ᄒᆞ야國際公法에違反치아니ᄒᆞᄂᆞᆫ行爲ᄂᆞᆫ如何ᄒᆞᆫ行爲라도契約ᄒᆞᆷ을可得ᄒᆞᆯ지오又其契約을依ᄒᆞ야國際關係上에當然히負擔치아니ᄒᆞᆯ義務라도負擔ᄒᆞᄂᆞᆫ事가有ᄒᆞ고享有ᄒᆞᆷ을不得ᄒᆞᆯ權利라도取得ᄒᆞᄂᆞ니玆에條約이란者ᄂᆞᆫ國家와國家의契約에限ᄒᆞᆷ으로써國家와個人間의契約이나又ᄂᆞᆫ國家가個人의資格上으로行ᄒᆞᆫ契約은條約이아니니此等種類의契約을論ᄒᆞᆷ은私法範圍에屬ᄒᆞᆯ지오國際公法上에在ᄒᆞ야ᄂᆞᆫ此ᄅᆞᆯ硏究ᄒᆞᆯ者ㅣ아님으로君主와他國君主間에在ᄒᆞᆫ相續權及其他個人的合意ᄂᆞᆫ一私契約에止ᄒᆞᆯᄲᅮᆫ이오國家의條約으로看做ᄒᆞᆷ은不得ᄒᆞᆯ지로다

또는 대인적 성격을 갖는 각종 부담 및 자금 기부를 면할 것이다. 영사로서 상공업에 종사하지 않는 때는 그 사무소 및 주택은 침범할 수 없는 지위에 놓여서 범죄가 행해지었을 때 이외에는 체류국 관리의 침입을 받는 일이 없다. 영사관이 기록한 서류는 절대로 검열 및 압수를 당하는 일이 없다고 규정하는 것이 한 예이다.

제4절 조약

제1관 조약의 성격

조약이란 국가 간의 계약이다. 국가는 독립권을 활용하여 타국에 대해서 국제공법을 위반하지 않는 행위는 어떠한 행위라도 계약할 수 있다. 또한 그 계약에 따라 국제관계에서 당연히 부담하지 않을 의무라도 부담하는 일이 있고 누릴 수 없는 권리라도 취득한다. 여기에서 조약이란 국가와 국가의 계약에 한정하기에 국가와 개인 사이의 계약이나 국가가 개인 자격으로 행한 계약은 조약이 아니다. 이들 종류의 계약을 논하는 것은 사법(私法)의 범위에 속할 것이고 국제공법상에서 이를 연구하지 않기에 군주와 타국 군주 간에 있는 상속권 및 그 밖의 개인적 합의는 하나의 사적 계약에 그칠 뿐이고 국가의 조약으로 간주할 수 없다.

條約의種類에關ᄒᆞ야ᄂᆞᆫ古來로學者의區別이不一ᄒᆞ야或은屬人的條約、物質的條約이라ᄒᆞ며或은對等條約、不對等條約이라ᄒᆞ며又或은雙務條約、片務條約等으로區別ᄒᆞᄂᆞᆫ者ㅣ不無ᄒᆞ나此等의區別은國際公法上에何等의實用이無ᄒᆞ고列國間에成立ᄒᆞᆫ條約의種類에至ᄒᆞ야ᄂᆞᆫ實로枚擧ᄒᆞᆷ에暇遑이無ᄒᆞᆯ지로다修好條約은締盟國兩便의友誼ᄅᆞᆯ維持ᄒᆞ며平和의交通을行ᄒᆞᄂᆞᆫ事ᄅᆞᆯ規定ᄒᆞ얏시며通商條約은兩國이通商을營爲ᄒᆞᆷ에關ᄒᆞ야其條件을規定ᄒᆞ얏시며保證條約은假令西曆千八百五十六年에英、法、墺三國이土耳其國의獨立을保證ᄒᆞ며同千八百三十一年及三十九年에歐洲五大國이白耳義國의中立을保証ᄒᆞᆷ과如히其目的ᄒᆞᄂᆞᆫ바ᄂᆞᆫ第三國의利益으로브터出來ᄒᆞᄂᆞᆫ事도有ᄒᆞ며締盟國一般의利益으로出來ᄒᆞᄂᆞᆫ者도有호대要컨대凡保證條約이란者ᄂᆞᆫ國家의獨立安全을保証ᄒᆞᆷ에限ᄒᆞᄂᆞᆫ者ㅣ라其他政略上에關ᄒᆞ야ᄂᆞᆫ攻守同盟과如ᄒᆞᆫ條約이有ᄒᆞ고又ᄂᆞᆫ社會의交通이頻繁ᄒᆞᆷ을因ᄒᆞ야條約의種類도日復日增加ᄒᆞ야鄰國間에通商條約、犯罪人拿交條約等으로브터一般列國間에ᄂᆞᆫ米突、赤十字、郵便、電信遞換等의聯合條約이며或은戰爭行爲에關ᄒᆞᆫ條約等이有ᄒᆞ야其國家間의契約

조약의 종류에 관해서는 옛날부터 학자들의 구별이 일치하지 않아서 어떤 이는 속인적 조약, 물질적 조약이라고 하며, 어떤 이는 평등조약, 불평등조약이라고 하며, 어떤 이는 쌍무조약, 편무조약 등으로 구별하는 것이 없지 않지만, 이들 구별은 국제공법상 실용성이 전혀 없다. 여러 국가 간에 성립한 조약의 종류에 대해서는 참으로 일일이 거론할 여지가 없다. 수호조약은 체약국 쌍방의 우호 관계를 유지하며 평화적으로 교통하는 것을 규정하였으며 통상조약은 양국이 통상을 영위하는 것에 관한 조건을 규정하였으며, 보증조약은 가령 1856년에 영국, 프랑스, 오스트리아 3국이 터키의 독립을 보증하고, 1831년 및 1839년에 유럽의 5대 국가들이 벨기에의 중립을 보증한 것과 같이 그 목적이 제삼국의 이익에서 나오는 것도 있으며, 체약국 일반의 이익에서 나오는 것도 있다. 요컨대 대개 보증조약이란 국가의 독립과 안전을 보증하는 것에 한정하는 것이다. 그 밖의 정책에 관해서는 공수동맹과 같은 조약이 있고 또는 사회의 교통이 빈번해진 것을 원인으로 해서 조약의 종류도 날마다 증가하여 이웃 국가들 사이에 통상조약, 범죄인 인도조약 등으로부터 일반 여러 국가 간에는 미터(meter), 적십자, 우편, 전신, 체신 등이 연합조약, 혹은 전쟁 행위에 관한 조약들이 있어서 그 국가 간의 계약인되ᄂᆞᆫ名稱에關ᄒᆞ야ᄂᆞᆫ或條約이라稱ᄒᆞᄂᆞᆫ事도有ᄒᆞ며或宣言이라規則이라議定書라協約이라稱ᄒᆞᄂᆞᆫ事가有ᄒᆞ나其性質効力等에至ᄒᆞ야ᄂᆞᆫ名稱의如何를依ᄒᆞ야相殊ᄒᆞᆫ바ㅣ無ᄒᆞ니라

第二欵　條約의成立

條約을有効케ᄒᆞᆷ에ᄂᆞᆫ普通契約과如히其締結者되ᄂᆞᆫ國家가此를締結ᄒᆞᆯ權能이具備ᄒᆞᆫ事와條約締結의委任을受ᄒᆞᆫ國家의代表者가其締結에關ᄒᆞ야充分ᄒᆞᆫ權限이有ᄒᆞᆫ事及條約締結時에充分히協議ᄒᆞ야合意가有ᄒᆞᆫ事를要ᄒᆞ며又條約의目的ᄒᆞᄂᆞᆫ바ᄂᆞᆫ國際公法에違犯치아니ᄒᆞᆷ을要ᄒᆞᄂᆞᆫ外에條約이特히普通契約과相殊ᄒᆞᆫ點은國家의批准을要ᄒᆞ야批准이有ᄒᆞᆫ然後에其條約의効力을始生ᄒᆞᄂᆞᆫ一點이是니라

第一、締結者의資格　完全ᄒᆞᆫ主權國은任意로國際公法에違反치아니ᄒᆞᄂᆞᆫ範圍以內에在ᄒᆞ야ᄂᆞᆫ如何ᄒᆞᆫ條約이라도他國과締結ᄒᆞᆷ을可得ᄒᆞᆯ지로대此權利ᄂᆞᆫ他國間의條約을依ᄒᆞ야其行使를制限ᄒᆞᄂᆞᆫ事가有ᄒᆞ야永世局外中立國又ᄂᆞᆫ聯邦國或合衆國各州에在ᄒᆞ야ᄂᆞᆫ列國間의條約又ᄂᆞᆫ自國의憲法을依ᄒᆞ야

명칭에 관해서는 어떤 때는 조약이라 칭하거나 어떤 때는 선언, 규칙, 의정서, 협약이라 칭하는 경우가 있으나 그 성격과 효력 등에 대해서는 명칭 여하에 의하여 서로 다른 바가 없다.

제2관 조약의 성립

조약이 효력을 가지려면 보통 계약과 같이 체결자인 국가가 이를 체결할 권능을 구비하고, 조약체결의 위임을 받은 국가의 대표자가 그 체결에 관해서 충분한 권한을 가지며, 그리고 조약체결 시에 충분히 협의하여 합의해야 한다. 또한 조약의 목적이 국제공법을 위반하지 않아야 하는 것 이외에 조약이 특히 보통 계약과 서로 다른 점은 국가가 비준해야 하기에 비준이 있은 다음에 그 조약의 효력이 생기기 시작한다는 것이다.

1. 체결자의 자격

완전한 주권국은 임의로 국제공법을 위반하지 않는 범위 내에서 어떠한 조약이라도 타국과 체결할 수 있겠지만, 이 권리는 타국과의 조약에 의하여 그 행사가 제한하는 경우가 있어서 영세국외 중립국 또는 연방국 혹은 합중국의 각 구성 주에서는 여러 국가 사이의 조약 또는 자국의 헌법에 따라

他國과條約을締結ᄒᆞᆷ에關ᄒᆞ야其權利의行使ᄅᆞᆯ制限ᄒᆞ거나或은此ᄅᆞᆯ締結ᄒᆞᄂᆞᆫ權能을不有ᄒᆞᆫ者ㅣ有ᄒᆞ고又附庸國及被保護國에在ᄒᆞ야ᄂᆞᆫ條約의締結權을不有ᄒᆞ거나或은此ᄅᆞᆯ他國에讓與ᄒᆞ야其權利ᄅᆞᆯ自行ᄒᆞ기不能ᄒᆞᆷ으로써如此ᄒᆞᆫ國家에在ᄒᆞ야ᄂᆞᆫ條約을締結ᄒᆞᄂᆞᆫ權이無ᄒᆞ고若其權限을超過ᄒᆞᆫ時ᄂᆞᆫ其條約은全히無効됨을未免ᄒᆞᆯ지니라

凡主權國에在ᄒᆞ야他國과條約을締結ᄒᆞᄂᆞᆫ權은何人의手에在ᄒᆞᆫ者歟아各國이憲法上에定ᄒᆞᆫ바ᄅᆞᆯ依ᄒᆞᆯ진대君主專制國及立憲國에在ᄒᆞ야ᄂᆞᆫ君主大權內에在ᄒᆞ고共和國에在ᄒᆞ야ᄂᆞᆫ行政長官又ᄂᆞᆫ行政長官及上院에在ᄒᆞᆷ이普通이오其他海陸軍將帥가戰地에在ᄒᆞ야ᄂᆞᆫ其指揮下에在ᄒᆞᆫ軍隊及兵士行動에關ᄒᆞᆫ全權이有ᄒᆞᆷ으로써其職權上으로休戰約定、俘虜交換、商業免許及軍隊降服等에關ᄒᆞ야敵國과約定ᄒᆞᄂᆞᆫ權利가有ᄒᆞ니此等約定은批准을不要ᄒᆞ고도國家ᄅᆞᆯ拘束ᄒᆞᄂᆞᆫ者ㅣ로대此ᄂᆞᆫ全히交戰國間에限ᄒᆞ야行ᄒᆞᆷ을得ᄒᆞᄂᆞᆫ特別法則이니此ᄂᆞᆫ戰時國際公法範圍에屬ᄒᆞᆯ者ㅣ라然이나若其將帥로ᄒᆞ야곰其職權을超越ᄒᆞ야締結ᄒᆞᆫ約定은國家가追認치아니ᄒᆞ면効力을不生ᄒᆞᆯ지로다

타국과 조약을 체결하는 것에 관해 그 권리의 행사를 제한하거나 혹은 체결하는 권능을 갖지 않는 경우가 있고 또한 부용국 및 피보호국은 조약체결권을 갖지 않거나 혹은 이를 타국에 넘겨줘서 그 권리를 스스로 행사할 수 없기에 이러한 국가에서는 조약을 체결하는 권한이 없고 만약 그 권한을 초과한 때 그 조약은 완전히 무효가 되는 것을 면할 수 없다.

대체로 주권국에서는 타국과 조약을 체결하는 권한이 누구의 손에 있을까? 각국이 헌법에서 정한 바에 의할 때 군주전제국 및 입헌국에서는 군주의 대권 내에 있고 공화국에서는 행정장관 또는 행정장관과 상원에 있는 것이 보통이다. 그 밖에 해군과 육군의 장수가 전지에서는 그 지휘하에 있는 군대와 병사의 행동에 관해 전권을 갖기에 그 직권상 휴전약정, 포로교환, 상업 면허 및 군대의 항복 등에 관해 적국과 약정할 권리를 갖는다. 이들 약정은 비준 없이 국가를 구속하지만, 이는 온전히 교전국 사이에 한정해서 행할 수 있는 특별법칙이다. 이는 전시국제공법의 범위에 속하는 것이다. 그러나 만약 그 장수가 그 직권을 초월하여 체결한 약정은 국가가 추인하지 않으면 효력이 생기지 않는다.

第二、共諸의自由 條約締結者되ᄂᆞᆫ國家間의共諸은契約의境遇와同一히自由됨을要ᄒᆞᆷ은法理上에容疑ᄒᆞᆯ바ㅣ아니라然이나國際公法上에在ᄒᆞ야ᄂᆞᆫ私人間의契約과如히事實上으로其共諸에關ᄒᆞ야完全ᄒᆞᆫ意思의自由를不要ᄒᆞᄂᆞ니何故오國家間에ᄂᆞᆫ或兵力을用ᄒᆞᄂᆞᆫ事도有ᄒᆞ며或威逼을行ᄒᆞᄂᆞᆫ事도有ᄒᆞ야不正히被ᄒᆞᆫ損害를救濟ᄒᆞᄂᆞᆫ事를許與ᄒᆞᆷ으로써威逼或兵力을依ᄒᆞ야得ᄒᆞᆫ救濟의結果로締結ᄒᆞᆫ條約을威逼又ᄂᆞᆫ兵力을使用ᄒᆞᆫ者ㅣ라ᄒᆞ야無効로看做ᄒᆞᆷ을不得ᄒᆞᆯ뿐아니라若此를無効로ᄒᆞ거나無効로看做ᄒᆞᆷ을可得ᄒᆞᆷ에至ᄒᆞ야ᄂᆞᆫ國家間의契約은總히政略上에基因ᄒᆞ야國家에大小强弱의差異가有ᄒᆞᆷ으로써其間에締結된條約은總히信憑ᄒᆞᆷ을不得ᄒᆞᆯ結果를生ᄒᆞᆯ지니條約에關ᄒᆞ야ᄂᆞᆫ締盟國間에共諸의事實이形式上으로存在ᄒᆞᆫ以上은其承諸의自由與否와約定의適當與否ᄂᆞᆫ締盟國에在ᄒᆞ야만判定을自行ᄒᆞᆯ外에道理가無ᄒᆞᆷ으로當事國間에承諸이苟有ᄒᆞᆫ條約은有効로看做ᄒᆞᆯ外에道理가無ᄒᆞᆯ지로다然이나條約을締結ᄒᆞᆯ當時에締盟國主權者又ᄂᆞᆫ全權委員의게對ᄒᆞ야個人的으로暴力或威逼을使用ᄒᆞᆫ時ᄂᆞᆫ全히別問題를成ᄒᆞᆯ지라此를依ᄒᆞ야締結ᄒᆞᆫ條約

2. 합의의 자유

조약체결자인 국가들 사이의 합의는 계약의 경우와 같이 자유여야 한다는 것은 법리상 의심할 바가 아니다. 그러나 국제공법에서는 개인 간의 계약과 같이 사실상 합의에 관해서 완전한 의사의 자유가 필요한 것은 아니다. 왜냐하면 국가 간에는 어떤 경우에는 병력을 활용하는 일도 있으며, 어떤 경우에는 힘으로 협박하는 일도 있어서 부당하게 당한 손해를 구제하는 것을 허용함으로써 협박 혹은 병력에 의하여 얻은 구제의 결과로서 체결한 조약을 협박 또는 병력을 사용한 것이라고 하여 무효로 간주할 수 없을 뿐 아니라 만약 이를 무효로 하거나 무효로 간주할 수 있게 되는 국가 간의 계약은 모두 정책적인 원인에 근거하여 국가의 대소 강약의 차이가 있기에 이들 사이에 체결된 조약은 모두 신뢰할 수 없는 결과가 발생할 것이다. 조약에 관해서는 체약국 간에 합의한 사실이 형식상 존재하는 이상 그 합의의 자유 여부와 약정의 정당성 여부는 체약국 스스로 판정하는 것 외에는 달리 도리가 없어서 당사국 간에 승낙이 진실로 있는 조약은 유효한 것으로 간주하는 것밖에 도리가 없다. 그러나 조약을 체결할 당시에 체약국의 주권 또는 전권위원에 대해서 개인적으로 폭력 혹은 협박을 사용하였을 때는 완전히 다른 문제가 된다. 이에 의하여 체결한 조약은

은無効됨을未免ᄒᆞᆯ지며又ᄂᆞᆫ條約을締結ᄒᆞᆯ當時에詐欺及其他不正手段으로相對國의承諾을得ᄒᆞᆫ時ᄂᆞᆫ其詐欺等을受ᄒᆞᆫ國에셔其條約을無効로ᄒᆞᆷ을得ᄒᆞᆯ지로대반다시此를履行ᄒᆞᆯ義務ᄂᆞᆫ不有ᄒᆞ니라

第三、目的의適法　條約의目的ᄒᆞᄂᆞᆫ바ᄂᆞᆫ國際公法에違反치아니ᄒᆞᄂᆞᆫ行爲를要ᄒᆞᄂᆞ니其法則에矛盾되ᄂᆞᆫ條約은假令無効ᄂᆞᆫ아니로대締盟國一便이無効로主張ᄒᆞᆷ은可得ᄒᆞᆯ지라故로條約의規定으로單히自國에損害와不利益이有ᄒᆞᆫ事實뿐으로ᄂᆞᆫ條約을無効로ᄒᆞᆷ을不得ᄒᆞᆯ지라然이나其損害와不利益의性質로自國의滅亡衰頹를致ᄒᆞᆯ者ㅣ되ᄂᆞᆫ時ᄂᆞᆫ國家ᄂᆞᆫ獨立權及自衛權을依ᄒᆞ야自國의存續을安全히ᄒᆞᆷ이當然ᄒᆞᆫ權利를成ᄒᆞᄂᆞᆫ故로生存을害ᄒᆞ고獨立을傷ᄒᆞ며其條約을遵守ᄒᆞᆯ義務ᄂᆞᆫ無ᄒᆞᆷ으로如此ᄒᆞᆫ條約은無効로主張ᄒᆞᆷ을可得ᄒᆞᆯ지며其他公海를占有ᄒᆞ며文明國間에奴隷制度를創設ᄒᆞᄂᆞᆫ條約이나又ᄂᆞᆫ無故히他國을侵害ᄒᆞᄂᆞᆫ目的으로締結ᄒᆞᄂᆞᆫ條約과如ᄒᆞᆫ者ᄂᆞᆫ國際公法의原則及文明國間에認ᄒᆞᄂᆞᆫ道理에違反ᄒᆞᄂᆞᆫ者ㅣ됨으로써其履行을正當히拒絕ᄒᆞᆷ을可得ᄒᆞᆯ지로다

무효가 되는 것을 면할 수 없을 것이다. 또는 조약을 체결할 당시에 사기와 그 밖의 부정한 수단으로 상대국의 승낙을 얻었을 때는 그러한 사기 등을 당한 국가에서 그 조약을 무효로 할 수 있을 것이고 이를 이행할 의무는 갖지 않는다.

3. 목적의 적법성

조약이 목적하는 바는 국제공법을 위반하지 않는 행위여야 한다. 그 법칙에 모순되는 조약을 가령 무효는 아니라도 체약국 일방이 무효로 주장할 수 있다. 따라서 조약 규정으로 단순히 자국에 손해와 불이익이 있는 사실만으로는 조약을 무효로 할 수 없다. 그러나 그 손해와 불이익의 성격으로서 자국의 멸망 쇠퇴를 일으키는 때 국가는 독립권 및 자위권에 의하여 자국의 존속을 안전하게 하는 것이 당연한 권리가 되기 때문에 생존을 해치고 독립을 훼손하며 그 조약을 준수할 의무는 없기에 이러한 조약을 무효로 주장할 수 있다. 그 밖의 공해를 점유하며 문명국 간에 노예제도를 창설하는 조약이나 아무 이유 없이 타국을 침해할 목적으로 체결하는 조약과 같은 것은 국제공법의 원칙 및 문명국 간에 인정되는 도리를 위반하는 것이 되기에 그 이행을 거절하는 것이 정당하다.

第三欵 條約의形式

條約에ᄂᆞᆫ國際公法上에必要ᄒᆞᆫ一定ᄒᆞᆫ形式이無ᄒᆞ고單히當事國間에在ᄒᆞ야其行爲不行爲에關ᄒᆞ야適當ᄒᆞᆫ意思表示가有ᄒᆞ야互相承諾ᄒᆞᄂᆞᆫ時ᄂᆞᆫ卽有効됨을可得ᄒᆞᄂᆞᆫ者ㅣ니方法의嚴正與否와具備與否를依ᄒᆞ야効力의差異를生ᄒᆞᄂᆞᆫ事가無ᄒᆞ니라然이나條約은其規定事項에關ᄒᆞ야後日에爭論이生ᄒᆞᆷ을豫防ᄒᆞᆯ必要가有ᄒᆞᆷ으로써恒常書類에記載ᄒᆞ고全權委員의署名이有ᄒᆞᆷ을要ᄒᆞᄂᆞᆫ故로口頭로條約을談判ᄒᆞᄂᆞᆫ時ᄂᆞᆫ迅速히其共諸에關ᄒᆞᆫ事項을筆記ᄒᆞ고業既條約書를成ᄒᆞᆫ時ᄂᆞᆫ其以前에口頭及書面으로行ᄒᆞᆫ談判及約定은總히其條約書中에包含ᄒᆞᆫ者로看做ᄒᆞ야條約에記載ᄒᆞᆫ明文以外에意義를敷延或附加ᄒᆞᆷ을不得ᄒᆞᆯ지니라然이나締盟國兩便이各其國民의게對ᄒᆞ야兩國이合意의結果로써同一ᄒᆞᆫ法令을發表ᄒᆞ거나又ᄂᆞᆫ締盟國一便에셔宣言書를發表ᄒᆞ고相對國은意同ᄒᆞᆫ答書를發表ᄒᆞ거나或은外交文書를交換ᄒᆞ야條約을締結ᄒᆞᄂᆞᆫ事가不無ᄒᆞ며又ᄂᆞᆫ嚴正ᄒᆞᆫ方式에基因ᄒᆞᆫ條約卽全權委員이締結ᄒᆞ야署名ᄒᆞᆫ條約에對ᄒᆞ야國家의批准이有ᄒᆞᆫ者ㅣ라도條約이라稱ᄒᆞᄂᆞᆫ者와約定又ᄂᆞᆫ協商或規則이라稱ᄒᆞᄂᆞᆫ者

제3관 조약의 형식

조약에는 국제공법상 필요한 일정한 형식이 없고 단순히 당사국 간에 그 작위 혹은 부작위에 해 적당한 의사표시가 있어서 상호 승낙하는 때는 곧 유효하게 될 수 있다. 방법이 엄정했는지 여부와 구비했는지에 따라 효력의 차이가 생기는 일이 없다. 그러나 조약은 그 규정하는 사항에 관하여 후일에 논쟁이 생기는 것을 예방할 필요가 있기에 항상 서류에 기재하고 전권위원의 서명이 있어야 하기에 구술로 조약을 협상하는 때는 신속히 그 합의한 사항을 필기하고 합쳐서 기존 조약서가 되었을 때는 그 이전에 구술 및 서면으로 행한 협상 및 약정은 전부 그 조약서 안에 포함된 것으로 간주하고 조약에 기재한 명문 이외의 의미를 부연하거나 부가할 수 없다. 그러나 체약국 쌍방이 각각의 국민에 대해서 양국이 합의한 결과로 같은 법령을 공포하거나 혹은 체약국 일방에서 선언서를 발표하고 상대국이 동의한 답서를 발표하거나 혹은 외교문서를 교환하여 조약을 체결하는 경우가 없지 않다. 또는 엄격한 방식에 근거한 조약 즉, 전권위원이 체결하여 서명한 조약에 대해서 국가의 비준이 있는 것도 조약이라고 칭하는 것과 약정 또는 협상 혹은 규칙이라 칭하는 것이

ㅣ有ᄒᆞ며又ᄂᆞᆫ西曆千八百五十六年의巴里宣言과如히宣言이라稱ᄒᆞᄂᆞᆫ者도有ᄒᆞ니凡此宣言은其國의意思ᄅᆞᆯ發表ᄒᆞᆷ에不過ᄒᆞ야條約의性質을有ᄒᆞᆫ者ᄂᆞᆫ아니로대宣言의種類ᄅᆞᆯ依ᄒᆞ야此에調印ᄒᆞᆫ各國을拘束ᄒᆞᄂᆞᆫ性質이有ᄒᆞᆫ者ᄂᆞᆫ當然히此ᄅᆞᆯ條約이라稱ᄒᆞᆷ이可ᄒᆞ니라夫條約은名稱의如何ᄅᆞᆯ依ᄒᆞ야效力의差異ᄂᆞᆫ無ᄒᆞ나然이나文字의意義로브터觀察ᄒᆞᄂᆞᆫ時ᄂᆞᆫ恒常條約이라稱ᄒᆞᆷ은政略上又ᄂᆞᆫ交通通商上에關ᄒᆞ야一般的으로緊要ᄒᆞᆫ事項에對ᄒᆞ야永久히繼續ᄒᆞᆯ性質이有ᄒᆞᆫ者ᄅᆞᆯ謂ᄒᆞᆷ이오約定又ᄂᆞᆫ協商等은郵便、電信、奴隸貿易等과如ᄒᆞᆫ特種事項에關ᄒᆞᆫ國家間의契約을謂ᄒᆞᆷ이普通이니라

第四欵　條約의批准

戰爭時에陸海軍將帥가其職權에基因ᄒᆞ야締結ᄒᆞᆫ條約은批准을不要호대其他條約에關ᄒᆞ야ᄂᆞᆫ國家의主權者가談判을自行ᄒᆞ야條約을締結ᄒᆞᄂᆞᆫ事ᄂᆞᆫ現今國際上에慣例가아니오條約은主權者의委任狀或全權書로써任命ᄒᆞᆫ全權委員의手ᄅᆞᆯ經由ᄒᆞ야締結ᄒᆞᄂᆞᆫ事가普通이니라然而其署名締結ᄒᆞᆫ條約으로ᄒᆞ야곰國家ᄅᆞᆯ拘束ᄒᆞᄂᆞᆫ效力이有케ᄒᆞᆷ에ᄂᆞᆫ更히主權者의批准이有ᄒᆞᆷ을要ᄒᆞᄂᆞ니正式의

있으며 또는 1856년의 파리선언과 같이 선언이라 칭하는 것도 있다. 대개 이러한 선언은 그 국가의 의사를 공포하는 것에 불과하여 조약의 성격을 갖는 것은 아니지만, 선언의 종류에 따라 이에 서명한 각국을 구속하는 성격이 있는 것은 당연히 이를 조약이라 칭해야 한다. 무릇 조약은 명칭 여하에 의하여 효력의 차이는 없다. 그러나 문자의 의미에서 고찰하는 때는 항상 조약이라 칭하는 것은 정책상 또는 교통통상에 관해 일반적으로 요긴한 사항에 대해서 영구적으로 계속할 성격이 있는 것을 말하는 것이고 약정 또는 협상 등은 우편, 전신, 노예무역 등과 같은 특별한 종류의 사항에 관한 국가 간의 계약을 말하는 것이 보통이다.

제4관 조약의 비준

전쟁 시에 육군과 해군의 장수가 그 직무 권한에 근거하여 체결한 조약은 비준이 필요 없지만, 그 밖의 조약에 관해서는 국가의 주권자가 스스로 협상을 수행하여 조약을 체결하는 것은 현재 국제적으로 관례가 아니다. 조약은 주권자의 위임장 혹은 전권서로써 임명된 전권위원의 손을 거쳐 체결하는 것이 보통이다. 그러나 그 서명하여 체결한 조약이 국가를 구속하는 효력을 갖도록 하려면 다시 주권자의 비준이 있어야 하기에 정식의

批准이란者ᄂᆞᆫ其締結에關ᄒᆞᆫ條約을正當히認ᄒᆞᄂᆞᆫ事를主權者가署名ᄒᆞ고國璽를鈐ᄒᆞᆫ後에外部大臣의副署가有ᄒᆞᆫ書面으로써其批准書를締盟國互相間에交換ᄒᆞᆷ으로브터條約의效力을始生ᄒᆞᄂᆞᆫ者ㅣ오全權委員의委任卽全權이란者ᄂᆞᆫ但其兩國의條約을談判ᄒᆞ야締結ᄒᆞᄂᆞᆫ權에止ᄒᆞᆯᄲᅮᆫ이니假令條約明文中에批准을行ᄒᆞᆯ事項을記載치아니ᄒᆞᆫ者ㅣ라도其條約書에ᄂᆞᆫ本國政府의最後判斷卽批准을要ᄒᆞᄂᆞ니라然이나或境遇에ᄂᆞᆫ締盟의任意를依ᄒᆞ야條約中의事項은批准을不待ᄒᆞ고도豫先實行ᄒᆞᄂᆞᆫ事가有ᄒᆞ니假令西曆千八百四十年에倫敦條約을依ᄒᆞ야埃及國에關ᄒᆞᆫ條約中에其一部規定은締盟國의准批을不待ᄒᆞ고도實行ᄒᆞᆯ事로豫定ᄒᆞᆷ이卽其一例라謂ᄒᆞᆷ을得ᄒᆞᆯ지로다此ᄂᆞᆫ元來締盟國의任意上으로出來ᄒᆞᆫ者ㅣ로대普通條約은批准이有ᄒᆞᆷ을依ᄒᆞ야效力을始生ᄒᆞᄂᆞ니라然而此批准은條約明文中에反對의規定이無ᄒᆞ면其效力은全權委員이調印ᄒᆞ던當時에遡及ᄒᆞ야生ᄒᆞᆯ지니라

國家ᄂᆞᆫ全權委員이正當히締結ᄒᆞᆫ條約에對ᄒᆞ야批准을拒絶ᄒᆞᆷ을不得ᄒᆞᆯ義務有無에關ᄒᆞ야ᄂᆞᆫ學者의議論이岐貳ᄒᆞᄂᆞᆫ바ㅣ로대實際上으로觀察ᄒᆞᄂᆞᆫ時ᄂᆞᆫ此間

비준이란 체결된 조약을 정당하게 인정하는 것으로서 주권자가 서명하고 국새를 찍은 후에 외부대신의 부서가 있는 서면이다. 그 비준서를 체약국 상호 간에 교환함으로써 조약의 효력이 발생하기 시작한다. 전권위원의 위임 즉 전권이라는 것은 다만 그 양국의 조약을 협상하여 체결하는 권리에 그칠 뿐이다. 가령 조약 명문에 비준해야 한다는 사항을 기재하지 않았어도 그 조약에는 본국 정부의 최후 판단 즉 비준이 필요하다. 그러나 어떤 경우에는 체약국들이 비준을 기다리지 않고도 조약에서 규정한 사항을 임의로 미리 실행하는 일이 있다. 가령 1840년에 런던조약에 의하여 이집트에 관한 조약 중 일부 규정은 체약국의 비준을 기다리지 않고도 실행하기로 예정했던 것이 그 한 예라고 할 수 있다. 이는 원래 체약국의 임의에서 나온 것이지만, 보통 조약은 비준이 있는 것에 의하여 효력이 발생하기 시작한다. 그러나 이러한 비준은 조약의 명문 중에 반대의 규정이 없으면 그 효력은 전권위원이 서명하던 당시에 소급해서 생긴다.

국가는 전권위원이 정당하게 체결한 조약에 대해서 비준을 거절할 수 없는 의무가 있는지는 학자들의 논의가 갈린다. 실제로 고찰해 볼 때는 이러한 문제도

題도容易히解釋홈을可得홀지라國家의憲法上에條約締結權과批准權이同一혼主權者又는同一혼機關에不屬혼時假令北米合衆國憲法에는他國과條約을締結ᄒᆞ는權은大統領의게屬ᄒᆞ고大統領은全權委員을選定ᄒᆞ야如何혼條約이라도締結홈을得홀지로대其條約에對혼批准은上院議員三分二以上의同意로써大統領이此를行홈과如히如此혼境遇에는其國政府의一機關으로條約을締結ᄒᆞ야도批准을與ᄒᆞ는權은更히別種機關에在ᄒᆞ야兩機關은憲法에基因ᄒᆞ야他一便機關의行爲를拘束홈이不能홈으로條約에對ᄒᆞ야批准을與ᄒᆞ고不與홈은締結權이有혼者의任意에不在혼故로國家가一次締結에關혼條約에對ᄒᆞ야반다시批准을與홀義務는無ᄒᆞ니라是以로米國에在ᄒᆞ야는大統領이締結혼條約에對ᄒᆞ야批准을拒絕혼事가不尠ᄒᆞ니假令西曆千八百八十五年에니가라國과運河의條約을締結홈에對ᄒᆞ야上院은批准을拒絕혼事가有ᄒᆞ고同千八百八十八年英米兩國通商條約、同千八百九十七年英米仲裁裁判條約等에對ᄒᆞ야批准홈을拒絕홈은此에對혼實例라謂홈을得홀지오相對國도亦條約을締結홀當時로브터米國의憲法上으로大統領은上院批准에關ᄒᆞ야同意를强制홈을不

쉽게 해석할 수 있다. 국가의 헌법상 조약체결권과 비준권이 같은 주권자 또는 같은 기관에 속하지 않은 때로서 가령 북미 합중국 헌법에서는 타국과 조약을 체결하는 권한이 대통령에게 속하고 대통령은 전권위원을 선정해서 어떠한 조약이라도 체결할 수 있지만, 그 조약에 대한 비준은 상원의원 3분의 2 이상의 동의로 대통령이 이를 행한 것과 같이 이 경우에는 그 국가 정부의 한 기관으로 조약을 체결해도 비준을 줄 권한은 다시 다른 기관에 있기에 양 기관은 헌법에 근거하여 다른 쪽 기관의 행위를 구속할 수 없기에 조약에 대하여 비준을 부여할지는 체결권이 있는 자의 임의에 따르지 않기 때문에 국가가 일차로 체결한 조약에 대해서는 반드시 비준을 부여할 의무는 없다. 이러한 이유로 미국에서는 대통령이 체결한 조약에 대해서 비준을 거절한 일이 적지 않다. 가령 1815년에 니카라과와 운하 조약을 체결한 것에 대해서 상원은 비준을 거절한 일이 있다. 1888년 영미 양국의 통상조약, 1897년 영미 중재재판조약 등에 대해서 비준을 거절했던 것은 이에 대한 실례라고 할 수 있고 상대국도 역시 조약을 체결할 당시부터 미국의 헌법상 대통령은 상원이 비준에 관해 동의하도록 강제할

得ᄒᆞᆯ事를豫知ᄒᆞᆷ으로써其批准을拒絶ᄒᆞᆷ에關ᄒᆞ야歸咎치아니ᄒᆞᆫ事가有ᄒᆞ니라

以上은米國의特例를擧ᄒᆞ야說明ᄒᆞᆫ者ㅣ로대是와相反ᄒᆞ야條約을締結ᄒᆞᆷ과批准을行ᄒᆞᄂᆞᆫ權力이憲法上에同一機關에在ᄒᆞ거나又ᄂᆞᆫ主權者의게在ᄒᆞᆫ時ᄂᆞᆫ一次正當히締結ᄒᆞᆫ條約에對ᄒᆞ야批准을不與ᄒᆞᆷ에ᄂᆞᆫ相當ᄒᆞᆫ理由가有ᄒᆞᆷ을必要ᄒᆞᄂᆞ니假令全權委員이其權限을超越ᄒᆞ야締結ᄒᆞᆫ時或締結當時에詐欺가行ᄒᆞᆫ時或締結當時와批准時期間에兩國의事情이全變ᄒᆞ야此를批准履行ᄒᆞ기不能ᄒᆞ거나又ᄂᆞᆫ履行이困難ᄒᆞᆷ에至ᄒᆞᆷ과如ᄒᆞᆷ은此를理由ᄒᆞ야批准을拒絶ᄒᆞᆷ을可得ᄒᆞᆯ지로대無故히此를拒絶ᄒᆞᆷ은不得ᄒᆞᆯ지니라晩近의實例로論ᄒᆞᆯ진대以上說明ᄒᆞᆫ바에一步를更進ᄒᆞ야締結과批准間에時日을置ᄒᆞᆷ은國家가條約에關ᄒᆞᆫ利害關係를熟思케ᄒᆞ기爲ᄒᆞᆷ이라ᄒᆞᄂᆞᆫ理由가行ᄒᆞᆷ에至ᄒᆞ야批准을拒絶ᄒᆞᆯ理由가存在ᄒᆞᆫ以上은拒絶ᄒᆞᆷ을可得ᄒᆞᆯ者로看做ᄒᆞᄂᆞᆫ故로西曆千八百四十一年에和蘭國은루기셈부릉그國과條約을締結ᄒᆞᆷ에對ᄒᆞ야批准을不與ᄒᆞᄂᆞᆫ理由로條約締結後에其條約規定은自國民의商業을害ᄒᆞᆷ에至ᄒᆞᆯ事를政府가發見ᄒᆞᆫ所以로拒絶ᄒᆞᆫ事가有ᄒᆞ고同千八百八十三年에英國은공고河口에關ᄒᆞ야葡萄牙國과規定ᄒᆞᆫ

수 없다는 것을 미리 알아서 그 비준 거절에 관해서 책임을 돌리지 않은 경우가 있다. 이상은 미국의 특례를 들어 설명한 것이다. 이와 반대로 조약을 체결한 것과 비준하는 권한이 헌법상 같은 기관에 있거나 주권자에게 있는 때는 일차적으로 정당하게 체결한 조약에 대해서 비준을 부여하지 않는 것에는 타당한 이유가 있어야 한다. 가령 전권위원이 그 권한을 초월하여 체결한 때 혹은 체결 당시에 사기가 행해진 때 혹은 체결 당시와 비준 시기 사이에 양국의 사정이 완전히 변하여 이를 비준하고 이행할 수 없거나 이행이 곤란하게 된 것과 같은 것은 이를 이유로 비준을 거절할 수 있겠지만, 아무 이유 없이 이를 거절할 수는 없다. 최근의 실례를 논하자면 이상 설명한 것에 일보 더 나아가 체결과 비준 사이에 시일을 두는 것은 국가가 조약에 관한 이해관계를 심사숙고하기 위한 것이라는 이유가 있어서 비준을 거절할 이유가 존재한 이상 거절할 수 있는 것으로 간주하기 때문에 1841년에 네덜란드는 룩셈부르크와 조약을 체결할 때 비준을 부여하지 않은 이유로서 조약체결 후에 그 조약 규정이 자국민의 상업을 해치게 되는 것을 정부가 발견하였다는 이유로 거절한 일이 있고 1883년에 영국은 콩고강 하구에 관해 포르투갈과 규정한

條約은同地方에在ᄒᆞᆫ一般商民及其他에對ᄒᆞ야滿足ᄒᆞᆫ結果를不與ᄒᆞ고同一事項은列國의協議를依ᄒᆞ야決定ᄒᆞᄂᆞᆫ者ㅣ라ᄒᆞᄂᆞᆫ理由로批准을拒絶ᄒᆞᆷ은此에對ᄒᆞᆫ實例라謂ᄒᆞᆷ을得ᄒᆞᆯ지로다

第五欵　條約의効力

條約의批准이有ᄒᆞ면締盟國은其規定을實行ᄒᆞᆯ義務를負擔ᄒᆞᄂᆞ니條約은恒常此를公布ᄒᆞ야國民의게知得케ᄒᆞᆯ지라도其公布與否ᄂᆞᆫ効力을生ᄒᆞᆷ에必要ᄒᆞᆫ條件이아니오秘密條約과如ᄒᆞᆫ者ᄂᆞᆫ公布ᄂᆞᆫ無ᄒᆞᆯ지라도批准이有ᄒᆞ면同時에國家를拘束ᄒᆞᄂᆞᆫ効力이生ᄒᆞᄂᆞ니라然而國家ᄂᆞᆫ條約을實行코저ᄒᆞᆷ에當ᄒᆞ야議會의協賛을得ᄒᆞᆯ法律을必要ᄒᆞᄂᆞᆫ境遇에其協賛을不得ᄒᆞᆷ으로實行키不能ᄒᆞᆷ에至ᄒᆞᆯ時라도國家ᄂᆞᆫ此를理由ᄒᆞ야相對國에對ᄒᆞ야破約의責任을得免치못ᄒᆞᆯ지니假令西曆千七百十三年에英法間유트릭크通商條約은英國海商法의規定을變更ᄒᆞᆷ을要ᄒᆞᄂᆞᆫ規定이有ᄒᆞ얏더니此에關ᄒᆞᆫ法律案을同國國會에서否決ᄒᆞᆷ으로因ᄒᆞ야實行ᄒᆞᆷ을不得ᄒᆞ얏고同千八百三十一年米法條約에法國政府ᄂᆞᆫ米國商業에及ᄒᆞᆫ損害에對ᄒᆞ야償金支撥을約定ᄒᆞ얏시나法國立法府ᄂᆞᆫ償金支撥을否決

조약이 이 지방에 있는 일반 상업인과 그 밖의 사항에 대한 만족스러운 결과를 부여하지 않고 같은 사항은 여러 국가가 협의해서 결정하는 것이라는 이유로 비준을 거절한 것은 이에 대한 실례라고 말할 수 있다.

제5관 조약의 효력

조약의 비준이 있으면 체약국은 그 규정을 실행할 의무를 부담한다. 조약은 항상 이를 공포하여 국민이 알 수 있도록 해도 그 공포 여부는 효력이 발생하는데 필요한 조건이 아니다. 비밀조약과 같은 것은 공포가 없어도 비준이 있으면 동시에 국가를 구속하는 효력이 생긴다. 그러나 국가는 조약을 실행하고자 할 때, 의회의 협조를 얻을 법률이 필요한 경우에 그 협조를 얻지 못하여 실행할 수 없게 되는 때라도 국가는 이를 이유로 상대국에 대해서 조약 파기의 책임을 면하지 못할 것이다. 가령 1713년에 영국과 프랑스 사이의 유트레히트 통상조약은 영국 해상법 규정을 변경해야 하는 규정을 가졌다. 이에 관한 법률안을 영국 의회에서 부결하자 이로 인해서 실행할 수 없었다. 1831년 미국과 프랑스의 조약에 프랑스 정부는 미국의 상업에 미치는 손해에 대해서 보상금 지급을 약정했으나 프랑스 입법부는 보상금 지급을 부결하여

ᄒᆞᆷ으로破約ᄒᆞᆷ에至ᄒᆞ얏더니此에對ᄒᆞ야米國政府ᄂᆞᆫ詰責ᄒᆞ야曰如此ᄒᆞᆫ條約을實行ᄒᆞᆷ을不得ᄒᆞᆷ은政府의如何ᄒᆞᆫ機關으로브터出來ᄒᆞᆷ을不問ᄒᆞ고其國家ᄂᆞᆫ相對國에對ᄒᆞ야條約實行의責任을難免ᄒᆞᆷ이라ᄒᆞᆷ은國際上에認是ᄒᆞᄂᆞᆫ바ㅣ오又條約의拘束力은但其締盟國間에止ᄒᆞᆯᄲᅮᆫ이오第三國은其規定을依ᄒᆞ야利益을受ᄒᆞᄂᆞᆫ事가有ᄒᆞᆫ境遇라고其條約에基因ᄒᆞ야何等의權利義務ᄅᆞᆯ有ᄒᆞᆯ者ㅣ아니니數國間에締結ᄒᆞᆫ條約의規定은國際公法으로諸國이遵守ᄒᆞᆯ事ᄅᆞᆯ明定ᄒᆞᆫ境遇라도其効力은締盟國間에만國際公法으로看做ᄒᆞᆯᄲᅮᆫ이며其以外의諸國은決코此에關ᄒᆞ야何等의義務도無ᄒᆞ고國際公法自體도如此ᄒᆞᆫ條約이有ᄒᆞᆷ으로影響을被ᄒᆞᄂᆞᆫ事가無ᄒᆞ야國際公法上에効力을生ᄒᆞᄂᆞᆫ者ㅣ아니니라

條約効力上에關ᄒᆞ야締盟國은其履行을確實히ᄒᆞ기爲ᄒᆞ야中世에至ᄒᆞ야ᄂᆞᆫ宣誓ᄅᆞᆯ行ᄒᆞᄂᆞᆫ事가有ᄒᆞ니假令西曆千七百七十七年에法國과瑞西國間條約에此ᄅᆞᆯ行ᄒᆞᆷ이最後의實例니라然이나宣誓ᄂᆞᆫ宗敎上의儀式으로此ᄅᆞᆯ行ᄒᆞᆫ個人을拘束ᄒᆞᆯᄲᅮᆫ이오國家ᄅᆞᆯ拘束ᄒᆞᄂᆞᆫ効力은無ᄒᆞ며中世에도羅馬法王이金錢을受ᄒᆞ고條約의義務ᄅᆞᆯ解除ᄒᆞᄂᆞᆫ慣習이生ᄒᆞᆷ으로全히其實効ᄅᆞᆯ失ᄒᆞᆷ에至ᄒᆞ얏시며又條

조약을 파기하게 되었다. 이에 대해서 미국 정부는 책임을 추궁하면서 이러한 조약을 실행할 수 없게 된 것은 정부의 어떠한 기관에서 나온 것임에도 불문하고 그 국가는 상대국에 대해서 조약 실행의 책임을 면하기 어렵다는 것이 국제적으로 인정되는 바이고, 또한 조약의 구속력은 단지 그 체약국 간에 그칠 뿐이고, 제삼국은 그 규정에 따라 이익을 얻는 경우가 있더라도 그 조약에 근거하여 하등의 권리나 의무를 갖지 않기 때문에 여러 국가 간에 체결된 조약의 규정은 국제공법으로 여러 국가가 준수하도록 명문으로 규정한 경우라도 그 효력은 체약국 사이에만 국제공법으로 간주할 뿐이며, 그 이외의 여러 국가는 결코 이에 관해서 하등의 의무도 없고 국제공법 자체도 이러한 조약이 있어서 영향받는 일이 없어서 국제공법상 효력이 생기지 않는다고 했다.

조약 효력에 관해 체약국은 그 이행을 확실히 하기 위하여 중세에는 선서를 하는 일이 있었다. 가령 1777년에 프랑스와 스위스 사이의 조약에 이를 실행했던 것이 마지막 실제 사례였다. 그러나 선서는 종교적 의식으로 이를 행하는 개인을 구속할 뿐이고 국가를 구속하는 효력은 없다. 중세에도 로마의 교황이 금전을 받고 조약의 의무를 해제하는 관습이 생기면서 온전히 그 실제 효력을 잃게 되었다. 또한 조약

約履行의擔保로人質을取ᄒᆞ는慣習이有ᄒᆞ얏더니近世에至ᄒᆞ야는凡人質은自國에拘留ᄒᆞᆷ을得ᄒᆞᆷ에止ᄒᆞᆯ뿐이오此를虐待或殺傷ᄒᆞᆷ을不得ᄒᆞᆷ으로其實效를全失ᄒᆞ야今日에至ᄒᆞ야는如此ᄒᆞᆫ慣習이廢止ᄒᆞᆷ에至ᄒᆞ얏고最近의實例는西曆千七百四十八年英法條約에人質을與ᄒᆞᆷ이是니라方今에至ᄒᆞ야는國家는但自國의利害關係로브터條約을履行ᄒᆞᆯ義務가國際公法上으로有ᄒᆞ다ᄒᆞ는觀念에基因ᄒᆞ야此를履行ᄒᆞᆷ에不過ᄒᆞ나然이나其履行의擔保로領土占領或第三國의保証은今日에도行ᄒᆞ는바ㅣ니馬關條約履行의擔保로日本軍隊가威海衛를占領ᄒᆞᆷ은卽其一例오十一年前에淸國이公債를募集ᄒᆞᆷ에對ᄒᆞ야露國이保証ᄒᆞᆷ은第三國으로브터保証을行ᄒᆞᆫ實例니라然而條約의擔保로領土를占領ᄒᆞᆫ境遇에는若條約의義務를不履行ᄒᆞᆫ時는卽時其領土의主權을占領國이取得ᄒᆞ고取得치못ᄒᆞᆷ에關ᄒᆞ야는議論이有ᄒᆞᆫ바ㅣ로대此는其各境遇의事情及條約의規定을依ᄒᆞ야判定ᄒᆞᆯ外에道理가無ᄒᆞᆯ지오又는第三國保証에關ᄒᆞ야도義務國이條約을履行치아니ᄒᆞ는時는卽時保証國은其義務를負擔ᄒᆞ고負擔치아니ᄒᆞᆷ에關ᄒᆞ야도元來保証의程度를依ᄒᆞᆯ者ㅣ로대恒常第三國은如此ᄒᆞᆫ不履行境遇에此를負

이행의 담보로서 인질을 잡는 관습이 있었다가 근세에는 대개 인질은 자국에 구류시키는 것에 그칠 뿐이었고 이를 학대하거나 살상할 수 없어서 그 실제 효력을 완전히 잃어 오늘날에는 이러한 관습이 폐지되었고 최근의 실례는 1748년 영국과 프랑스의 조약에서 인질을 두도록 한 것이 있다. 지금 국가는 다만 자국의 이해관계에서 조약을 이행할 의무가 국제공법상으로 있다는 생각에 기초하여 이를 이행하는 것에 불과하다. 그러나 그 이행의 담보로서 영토 점령 혹은 제삼국의 보증은 오늘날에도 행한다. 시모노세키조약 이행의 담보로 일본 군대가 웨이하이웨이를 점령한 것은 즉, 그 한 예이고 11년 전에 청국이 공채를 모집한 것에 대해서 러시아가 보증한 것은 제삼국이 보증한 실례이다. 그러나 조약의 담보로 영토를 점령하였을 때 만약 조약의 의무를 불이행하는 때는 즉시 그 영토의 주권을 점령국이 취득하는지에 관해서는 논란이 있다. 이는 각 경우의 사정 및 조약 규정에 따라 판정하는 것밖에 도리가 없다. 또는 제삼국의 보증에 관해서도 의무국이 조약을 이행하지 않는 때는 즉시 보증국이 그 의무를 부담하는지도 원래 보증 정도에 의하겠지만 항상 제삼국은 이러한 불이행의 경우에 이를

擔홀者ㅣ아니오義務國으로ᄒᆞ야곰履行케ᄒᆞᆷ에盡力케ᄒᆞᄂᆞᆫ責任을負擔ᄒᆞᆷ에不過홀지니라

第六欵 條約의解釋

條約의規定을解釋ᄒᆞᆷ에關ᄒᆞ야古來로學者ᄂᆞᆫ各種의學說을主唱ᄒᆞ야클노뒤스氏ᄂᆞᆫ條約을三種에區分ᄒᆞ야第一對等條約卽締盟國互相間에共通利益이有ᄒᆞᆫ者ᄂᆞᆫ條約中의言語ᄅᆞᆯ恒常其文字ᄅᆞᆯ依ᄒᆞ야理解ᄒᆞᆫ대適當ᄒᆞᆫ意義로解釋ᄒᆞᆷ이可ᄒᆞ고若其意義가不分明ᄒᆞᆫ時ᄂᆞᆫ不可不最廣義上으로解釋ᄒᆞᆷ이可ᄒᆞ며第二不相等條約卽締盟國一便에만負擔이有ᄒᆞᆫ條約은其言語ᄅᆞᆯ條約의目的物、條約의時日並其事情을依ᄒᆞ야不可不最狹義上으로解釋ᄒᆞᆷ이可ᄒᆞ며第三締盟國兩便에共通ᄒᆞᄂᆞᆫ利益과一便의負擔規定을混同ᄒᆞᆫ條約에ᄂᆞᆫ其文字ᄅᆞᆯ特別約定의性質並其約定ᄒᆞᆫ特別事情에基因ᄒᆞ야解釋ᄒᆞᆷ이可ᄒᆞ다ᄒᆞ며빠뎰氏ᄂᆞᆫ此ᄅᆞᆯ敷延ᄒᆞ야五種으로區別ᄒᆞ고十二個의法則을附ᄒᆞ니라然이나如何ᄒᆞᆫ條約을不問ᄒᆞ고各締盟國間에解釋에關ᄒᆞ야意見이相殊ᄒᆞᆫ時ᄂᆞᆫ國際公法上에此ᄅᆞᆯ判定ᄒᆞᄂᆞᆫ機關이無ᄒᆞᆷ으로其解釋方法에關ᄒᆞ야一定ᄒᆞᆫ原則을國際公法上에設홀지라도何

부담하는 것이 아니고 의무국이 이행하도록 하는 데 최선을 다할 책임을 부담하는 것에 불과하다.

제6관 조약의 해석

조약 규정의 해석에 관해서 옛날부터 학자들은 각종 학설을 주장하였다. 그로티우스는 조약을 3가지 종류로 구분하였다. 첫째 평등조약 즉, 체약국 상호 간에 공통의 이익이 있는 경우는 조약의 언이를 항상 그 문지에 의하여 이해하여 적당한 의미로 해석해야 하고 만약 그 의미가 분명하지 않을 때는 어쩔 수 없이 가장 넓은 의미로 해석해야 한다고 했다. 둘째 불평등 조약 즉 체약국 일방에만 부담이 있는 조약은 그 언어를 조약의 목적물, 조약의 일시 및 그 사정에 따라 어쩔 수 없이 가장 좁은 의미로 해석해야 한다고 하며 셋째, 체약국 쌍방에 공통된 이익과 일방 부담 규정을 혼용한 조약에는 그 문자를 특별약정의 성격 및 그 약정한 특별사정에 근거하여 해석해야 한다고 하였다. 바텔은 이를 부연하여 5가지 종류로 구별하고 12개의 법칙을 첨부하였다. 그러나 어떠한 조약이라도 불문하고 각 체약국 간에 해석에 관해서 의견이 서로 다른 때는 국제공법상 이를 판정하는 기관이 없기에 그 해석 방법에 관해서 일정한 원칙을 국제공법에 두어도

等의實用이無ᄒᆞᆯ지며又클노튀스氏以來로古來의學者ᄂᆞᆫ條約의解釋은羅馬法을依ᄒᆞ야解釋ᄒᆞᆷ이可ᄒᆞ다ᄒᆞᄂᆞᆫ者ㅣ甚多호대私法과國際公法은其性質이相殊ᄒᆞ야私法에關ᄒᆞᆫ解釋方法을總히國際公法에適用ᄒᆞᆷ은危險이不尠ᄒᆞᆫ바ㅣ라然則條約은如何히解釋ᄒᆞᆷ이可乎아凡條約은締盟國間의互相善意로써其締結當時의意思에基因ᄒᆞ야規定中에明言ᄒᆞᆫ意義로締結國이其解釋을自解ᄒᆞᄂᆞᆫ外에道理가無ᄒᆞ고其解釋에關ᄒᆞ야意見이互相同一ᄒᆞᆫ時ᄂᆞᆫ此로써其條約에關ᄒᆞ야ᄂᆞᆫ最히正當ᄒᆞᆫ解釋으로看做ᄒᆞᆯ지니라換言ᄒᆞᆯ진대條約은其規定의意義ᄅᆞᆯ依ᄒᆞ야普通文字ᄂᆞᆫ普通意義로解釋ᄒᆞ고科學的用語ᄂᆞᆫ其特種의意義로解釋ᄒᆞ고有疑ᄒᆞᆫ文字句語ᄂᆞᆫ條約全體의意義에抵觸치아니ᄒᆞ고又ᄂᆞᆫ國際公法의原則에抵觸치아니ᄒᆞᄂᆞᆫ範圍以內에서解釋ᄒᆞᆷ이可호대若締盟國間에解釋이相殊ᄒᆞᆫ時ᄂᆞᆫ其協議ᄅᆞᆯ依ᄒᆞ야當事者間에서決定ᄒᆞᆯ外에道理가無ᄒᆞᆯ지로다

第七欵 條約의消滅及更新

條約消滅에關ᄒᆞ야ᄂᆞᆫ當然히無効되ᄂᆞᆫ境遇가有ᄒᆞ고締盟國一便에서無効로主張ᄒᆞᆷ을可得ᄒᆞᆯ境遇가有ᄒᆞ니라然而條約의規定으로締盟國間에一時履行ᄒᆞ기

하등의 실용성이 없다. 또한 그로티우스 아래로 옛날부터의 학자들은 조약 해석은 로마법에 따라 해석해야 한다는 자들이 매우 많았다. 사법과 국제공법은 그 성격이 서로 달라서 사법에 관한 해석 방법을 모두 국제공법에 적용하는 것은 위험이 적지 않다. 이렇다면 조약을 어떻게 해석해야 하는가? 대개 조약은 체약국 사이에 상호 선의에서 그 체결 당시의 의사에 근거하여 규정 중에 명시된 의미로 체결국들이 그 해석을 스스로 하는 것 외에는 도리가 없다. 그 해석에 관해 의견이 상호 같을 때는 이로써 그 조약에 관해서 가장 정당한 해석으로 간주할 것이다. 바꾸어 말하자면 조약은 그 규정의 의미에 의하여 보통 문자는 보통 의미로 해석하고 과학적 용어는 그 특별한 종류의 의미로 해석하고 의심이 가는 문자와 문구는 조약 전체의 의미에 저촉되지 않고 또는 국제공법의 원칙에 저촉되지 않는 범위 내에서 해석해야 할 것이다. 만약 체약국 간에 해석이 서로 다른 때는 협의에 따라 당사자 간에 결정하는 것 외에는 도리가 없다.

제7관 조약의 소멸과 갱신

조약의 소멸에 관해서는 당연히 무효인 경우가 있고 체약국 일방이 무효를 주장할 수 있는 때도 있다. 그러나 조약 규정으로 체약국 간에 일시적으로 이행할 수

不能ᄒᆞᆫ時ᄂᆞᆫ不得已中止ᄒᆞ얏다가其事情이消滅ᄒᆞᆫ後에効力을回復ᄒᆞᆯ者ㅣ며又ᄂᆞᆫ無効되얏던條約으로締盟國間의明示或默示의承諾을依ᄒᆞ야其効力을更新ᄒᆞᄂᆞᆫ事가有ᄒᆞ니今에如此ᄒᆞᆫ境遇等을大別ᄒᆞᆯ진대

第一 條約의無効境遇

甲、條約의有効期限이經過ᄒᆞᆫ時 一定ᄒᆞᆫ年月을限ᄒᆞ야條約의有効期限을定ᄒᆞᆫ時ᄂᆞᆫ其時日의經過ᄅᆞᆯ依ᄒᆞ야當然히消滅ᄒᆞᆯ지로다

乙、條約의義務ᄅᆞᆯ履行ᄒᆞ야畢了ᄒᆞᆫ時 條約으로써一定ᄒᆞᆫ行爲ᄅᆞᆯ約定ᄒᆞᆫ境遇에此ᄅᆞᆯ履行ᄒᆞ야完了ᄒᆞᆫ時假令損害賠償의約定과如ᄒᆞᆫ者ᄂᆞᆫ其賠償을行ᄒᆞᆫ後에ᄂᆞᆫ同時에解除ᄒᆞᄂᆞ니라然이나國境條約이나新立國에對ᄒᆞᆫ獨立承認과如ᄒᆞᆫ者ᄂᆞᆫ其國境을的定ᄒᆞ고承認을畢了ᄒᆞᆷ에至ᄒᆞ야ᄂᆞᆫ條約은目的을達ᄒᆞᄂᆞᆫ者ㅣ로대其規定은永久的性質이有ᄒᆞᆷ으로如此ᄒᆞᆫ條約은効力을永久히繼續ᄒᆞ야締盟國間에存續ᄒᆞᆯ者ㅣ니라

丙、條約國이在來의條約과兩立ᄒᆞᆷ을不得ᄒᆞᆯ新條約을締結ᄒᆞᆷ과如히暗默的으로舊條約을廢止ᄒᆞ거나又ᄂᆞᆫ分明히在來ᄒᆞᆫ條約을無効로ᄒᆞᄂᆞᆫ意思ᄅᆞᆯ表

없는 때는 부득이하게 중지하였다가 그 사정이 소멸한 후에 효력을 회복하며 또는 무효가 되었던 조약으로 체약국 간에 명시 혹은 묵시적인 승낙에 따라 그 효력을 갱신하는 일이 있으니 이제 이 경우 등을 크게 구별해 본다.

1. 조약이 무효인 경우

(1) 조약의 유효 기한이 지난 때

일정한 연월을 한도로 해서 조약의 유효 기한을 정한 때는 그 일시가 지나면 이에 의하여 당연히 소멸한다.

(2) 조약의 의무를 이행해야 완결되는 때

조약으로 일정한 행위를 약정하였을 때 이를 이행하여 완료한 때, 가령 손해배상의 약정과 같은 것은 그 배상한 후에는 동시에 해제된다. 그러나 국경조약이나 신생 독립국에 대한 독립 승인과 같은 것은 그 국경을 결정하고 승인을 완료해야 조약은 목적을 달성한다. 그 규정은 영구적 성격을 갖기에 이러한 조약은 효력이 영구적으로 계속해서 체약국 간에 존속한다.

(3) 조약국이 원래 있던 조약과 양립할 수 없는 새로운 조약을 체결하는 것과 같이 암묵적으로 구 조약을 폐지하거나 원래 있던 조약을 무효로 하는 의사를 분명히

示ᄒᆞᆫ時

丁、條約中에解除條件을規定ᄒᆞᆫ時ᄂᆞᆫ其條件의發生、成就와同時에無效됨을難免ᄒᆞᆯ지니라

戊、條約의主體와目的物의消滅　締盟國의一便或兩便에서其規定을履行키不能ᄒᆞᆷ에至ᄒᆞᆫ時換言ᄒᆞᆯ진대締盟國一便이滅亡ᄒᆞ거나又ᄂᆞᆫ條約中에明示或默示로其締結의基礎되ᄂᆞᆫ事實에對ᄒᆞ야變更을生ᄒᆞᆫ所以로此ᄅᆞᆯ履行ᄒᆞ기不能ᄒᆞᆷ에至ᄒᆞᆷ과如ᄒᆞᆫ者ㅣ라

第二　條約을無效로ᄒᆞᆷ을可得ᄒᆞᆯ境遇

甲、條約上에權利ᄅᆞᆯ有ᄒᆞᆫ國家가任意로其條約上의權利ᄅᆞᆯ拋棄ᄒᆞᄂᆞᆫ時

乙、條約이永久의性質을有ᄒᆞᆫ者ㅣ아니오締盟國一便의意思로써何時라도無效로ᄒᆞᆷ을可得ᄒᆞᆯ境遇에ᄂᆞᆫ其一便國에서任意로無效로ᄒᆞᆷ을可得ᄒᆞᆷ은無論이라假令先年平和會議諸條約文中에若締盟國中一國이本條約을廢棄ᄒᆞᄂᆞᆫ時ᄂᆞᆫ書面으로써其意ᄅᆞᆯ和蘭國政府에對ᄒᆞ야通知ᄒᆞ고和蘭國政府ᄂᆞᆫ卽時此ᄅᆞᆯ締盟國에對ᄒᆞ야通知ᄒᆞ야一個年을經過치아니ᄒᆞ면廢棄의效力

표시한 때

(4) 조약에서 해제조건을 규정하는 때는 그 조건의 발생, 성취와 동시에 무효가 되는 것을 면하기 어렵다.

(5) 조약의 주체와 목적물의 소멸

체약국의 일방 혹은 쌍방에서 그 규정을 이행하기 불가능하게 되는 때, 바꾸어 말하자면 체약국 일방이 멸망하거나 조약에서 명시적 혹은 묵시적으로 그 체결의 기초가 되는 사실에 대해서 변경이 발생한 이유로 이를 이행할 수 없게 되는 것과 같다.

2. 조약을 무효로 할 수 있는 경우

(1) 조약상 권리를 갖는 국가가 임의로 그 조약상 권리를 포기하는 때

(2) 조약이 영구적 성격을 갖지 않고 체약국 일방의 의사로서 언제라도 무효로 할 수 있는 경우에는 그 국가 중 일방이 임의로 무효로 할 수 있는 것을 물론이다. 가령 작년 평화회의의 여러 조약문 중에서 만약 체약국 중 한 국가가 이들 조약을 폐기하는 때는 서면으로 그 뜻을 네덜란드 정부에 대해 통지하고 네덜란드 정부는 즉시 이를 체약국에 대해 통지하여 1년이 지나지 않으면 폐기의 효력이

이不生홈이라規定ᄒᆞ야締盟國은何時던지廢棄의通知를行ᄒᆞ야其義務를得免홈과如ᄒᆞᆫ者ㅣ是니라

丙、締盟國一便이條約履行을懈怠히ᄒᆞ거나又ᄂᆞᆫ其履行을不行홈에至ᄒᆞ야其不履行이條約의主要ᄒᆞᆫ部分을成ᄒᆞᄂᆞᆫ時ᄂᆞᆫ他一便國은此를理由ᄒᆞ야其條約을無効로主張홈을可得ᄒᆞᆯ지라元來條約規定中에ᄂᆞᆫ其條約成立에關ᄒᆞᆫ主要部分과不然ᄒᆞᆫ部分이有ᄒᆞ야若不主要ᄒᆞᆫ部分의不履行이有ᄒᆞᆫ時ᄂᆞᆫ此ᄂᆞᆫ賠償을要求ᄒᆞᆯ外에道理가無ᄒᆞ고條約自體를無効로홈은不能ᄒᆞᆯ지로대主要ᄒᆞᆫ部分의不履行이有ᄒᆞᆫ時ᄂᆞᆫ相對國은條約을遵守ᄒᆞᆯ義務가無홈으로其條約의無効를主張홈을可得ᄒᆞᆯ지니라

丁、條約의履行이自國의成立과兩立홈을不得ᄒᆞᆯ時 凡條約의繼續必要條件은其規定이自國의生存에違反치아니홈을要홈으로是와相反ᄒᆞᄂᆞᆫ時ᄂᆞᆫ其義務를履行홈을不得ᄒᆞᆯ지로다元來國家ᄂᆞᆫ獨立權의一部分을他國에委棄ᄒᆞᄂᆞᆫ條約이라도締結홈은可得ᄒᆞᆯ지라도此境遇에ᄂᆞᆫ特別히明示의規定이有홈을要ᄒᆞ고條約締結에關ᄒᆞ야明約이豫有치아니ᄒᆞ면其規定으로國

생기지 않는다고 규정하여 체약국은 언제든지 폐기 통지를 하여 그 의무를 면할 수 있는 것과 같다.

(3) 체약국 일방이 조약 이행을 게을리하거나 그 이행을 하지 않게 되어 그 불이행이 조약의 중요한 부분이 되는 때는 다른 국가 중 일방이 이를 이유로 그 조약의 무효를 주장할 수 있다. 원래 조약 규정 중에는 그 조약 성립에 관한 주요 부분과 그렇지 않은 부분이 있다. 만약 중요하지 않은 부분이 이행되지 않는 때는 배상을 요구하는 것 외에 도리가 없고, 조약 자체를 무효로 할 수는 없다. 중요한 부분의 불이행이 있는 때 상대국은 조약을 준수할 의무가 없기에 그 조약의 무효를 주장할 수 있다.

(4) **조약의 이행이 자국의 성립과 양립할 수 없는 때**

대개 조약이 계속되기에 필요한 조건은 그 규정이 자국의 생존과 위반하지 않아야 한다. 이와 반대되는 때는 그 의무를 이행할 수 없다. 원래 국가는 독립권 일부분을 타국에 포기하는 조약이라도 체결할 수 있지만, 이 경우에는 특별히 명시적인 규정이 있어야 하고 조약체결에 관해서 분명한 약속을 미리 하지 않았다면 그 규정으로

家의生存을害ᄒᆞ고獨立과両立ᄒᆞᆷ을不得ᄒᆞᆷ에至ᄒᆞ야ᄂᆞᆫ無効로主張ᄒᆞᆷ을可得ᄒᆯ지니라

以上은條約이消滅ᄒᆞᄂᆞᆫ境遇ᄅᆞᆯ大擧ᄒᆞ야說明ᄒᆞᆫ者ㅣ로대條約의種類ᄅᆞᆯ依ᄒᆞ야ᄂᆞᆫ戰爭을依ᄒᆞ야全然히消滅ᄒᆞᄂᆞᆫ者도有ᄒᆞ며戰爭中에其効力을維持ᄒᆞᄂᆞᆫ者도有ᄒᆞ며又ᄂᆞᆫ戰爭中에만條約의實行을見ᄒᆯ者도有ᄒᆞ며或은戰爭中에實行을中止ᄒᆞᄂᆞᆫ者도有ᄒᆞ야其詳細ᄒᆞᆫ說明은戰時國際公法講義에研鑽ᄒᆯ者ㅣ로대要컨대條約의性質上으로友誼國의國交가繼續ᄒᆞ야行ᄒᆞᄂᆞᆫ其間에限ᄒᆞ야締結ᄒᆞᆷ에關ᄒᆞᆫ者ᄂᆞᆫ戰爭을依ᄒᆞ야消滅ᄒᆞ고永久的規定에關ᄒᆞᆫ者ᄂᆞᆫ戰爭中에實行ᄒᆞᆷ을不得ᄒᆯ境遇에限ᄒᆞ야中止ᄒᆯ者ㅣ며戰爭行爲에關ᄒᆞᆫ條約과如ᄒᆞᆫ者ᄂᆞᆫ戰爭中이라도實行ᄒᆞᆷ을可得ᄒᆯ지니라

玆에注意ᄅᆞᆯ要ᄒᆯ者ᄂᆞᆫ西曆千八百六十一年倫敦會議에서歐洲大國은條約을締結ᄒᆞ야凡條約의規定은平和會議에基因ᄒᆞ야締盟國의承諾을不得ᄒᆞ면其義務ᄅᆞᆯ得免ᄒᆞ며又ᄂᆞᆫ規定을變更치못ᄒᆞᆷ으로國際公法의原則이라ᄒᆞᄂᆞᆫ規定을設置ᄒᆞ니라其理由ᄒᆞᄂᆞᆫ바ᄅᆞᆯ據ᄒᆯ진대凡私人間의契約도當事者一便의意思로ᄂᆞᆫ其

국가의 생존을 해치고 독립과 양립할 수 없게 되어 무효를 주장할 수 있다.

이상은 조약이 소멸하는 경우를 대강 설명한 것이다. 조약의 종류에 따라 전쟁에 따라 완전히 소멸하는 것도 있으며 전쟁 중에 그 효력을 유지하는 것도 있다. 또는 전쟁 중에만 조약이 실행되는 것도 있다. 혹은 전쟁 중에 실행을 중지하는 것도 있다. 그 상세한 설명은 전시국제공법 강의에서 연구할 것이다. 요컨대 조약의 성격상 우호국과 국교가 계속되는 기간에 한정해서 체결한 것에 관한 것은 전쟁에 따라 소멸하고 영구적 규정에 관한 것은 전쟁 중에 실행될 수 없는 때에만 중지될 것이다. 전쟁 행위에 관한 조약과 같은 것은 전쟁 중이라도 실행될 수 있다.

여기에서 주의할 것은 1861년 런던회의에서 유럽의 큰 국가들이 조약을 체결하여 대개 조약 규정은 평화회의에 근거하여 체약국의 승낙을 얻지 못하면 그 의무를 면하게 된다. 또는 규정을 변경하지 못하여 국제공법이 원칙이라는 규정을 설치한다. 이유를 들어보면 대개 개인 간의 계약도 당사자 일방의 의사로는 그

義務를得免ᄒᆞ거나又ᄂᆞᆫ變更ᄒᆞᆷ을不得ᄒᆞ거던況國家間의條約되ᄂᆞᆫ嚴正ᄒᆞᆫ形式으로써約定ᄒᆞᆫ者ᄂᆞᆫ相對國의承諾을不待ᄒᆞ고其義務를得免ᄒᆞ며又ᄂᆞᆫ其規定을變更ᄒᆞᆷ은不可ᄒᆞᆷ이라ᄒᆞᆷ에在ᄒᆞᆫ모다此法則은元來適當ᄒᆞᆫ法則이로대今日에在ᄒᆞ야此法則으로써絶對的으로國際公法上에適用ᄒᆞᄂᆞᆫ者ㅣ라謂ᄒᆞᆷ은不得ᄒᆞᆯ지로다何故오若此法則으로ᄒᆞ야곰正當ᄒᆞᆫ者ㅣ라ᄒᆞᄂᆞᆫ時ᄂᆞᆫ一次條約으로써規定ᄒᆞᆫ事項의變更或廢止ᄂᆞᆫ假令如何ᄒᆞᆫ必要가有ᄒᆞᆯ지라도締盟國中의一國이承諾을拒絶ᄒᆞᄂᆞᆫ時ᄂᆞᆫ到底히不當ᄒᆞᆫ條約이라도默守치아니ᄒᆞᆷ을不得ᄒᆞᆯ結果를生ᄒᆞᆯ지오西曆千八百六十年의伊太利諸國의合同도澳國의反對를因ᄒᆞ야成立ᄒᆞᆷ을不得ᄒᆞᆯ지오又同千八百六十六年乃至七十一年間의德帝國合同도諸小國의反對를因ᄒᆞ야成立ᄒᆞᆷ을不得ᄒᆞᆯ지라故로倫敦條約의規定은締盟國以外國家에서ᄂᆞᆫ國際公法으로看做ᄒᆞᆷ이不能ᄒᆞᆯ지오國際公法上으로此條約의規定을解釋ᄒᆞᆯ진대國家ᄂᆞᆫ些細ᄒᆞᆫ口實을妄稱ᄒᆞ야써條約上의義務를得免ᄒᆞ며又ᄂᆞᆫ變更을主張ᄒᆞᆷ을不得ᄒᆞᆷ에止ᄒᆞᆯ뿐이니라

條約更新에關ᄒᆞ야一言ᄒᆞᆯ진대凡條約이解除ᄒᆞ고無効되ᄂᆞᆫ時ᄂᆞᆫ同時에締盟國

의무를 면하거나 변경할 수 없는데, 하물며 국가 사이의 조약으로서 엄격한 형식으로 약정한 것은 상대국의 승낙을 기다리지 않고 그 의무를 면하거나 그 규정을 변경할 수 없다는 것이다. 이러한 법칙은 원래 적절한 법칙이다. 오늘날에 이 법칙이 절대적으로 국제공법에서 적용된다고 말할 수 있다. 왜냐하면 만약 이 법칙이 정당한 것이라고 하는 때는 일차적으로 조약에서 규정한 사항의 변경 혹은 폐지는 가령 어떤 면에서 필요할지라도 체약국 중의 한 국가가 승낙을 거절하는 때는 도저히 부당한 조약이라도 굳게 지키지 않을 수 없는 결과가 생긴다. 1860년의 이탈리아 여러 국가의 연합도 오스트리아의 반대로 인하여 성립되지 못했다. 또한 1866년에서 1871년 사이에 독일제국연합도 여러 소국의 반대로 인해서 성립될 수 없었다. 따라서 런던조약의 규정은 체약국 이외의 국가에서 국제공법으로 간주할 수 없다. 국제공법상 이 조약의 규정을 해석해 보면 국가는 세세한 구실을 망령되게 칭하여서 조약상 의무를 면하거나 변경을 주장할 수 없는 것에 그칠 뿐이다.

조약의 갱신에 관하여 한마디 한다면 대개 조약이 해제되고 무효가 되는 때는 동시에 체약국을을拘束ᄒᆞᆷ을不得ᄒᆞᆯ지로대當事國의意思를依ᄒᆞ야는其消滅ᄒᆞᆫ條約이라도存續케ᄒᆞ는事가有ᄒᆞ니如此히條約의効力을更新케ᄒᆞᆷ에는明示或黙示로其更新에關ᄒᆞᆫ合意가有ᄒᆞᆷ을要ᄒᆞᄂᆞ니라明示의認定이란者는當事國間에舊條約規定을遵守ᄒᆞᆯ合意로條約의効力을回復ᄒᆞᆷ이라云ᄒᆞᆷ보다新條約을締結ᄒᆞᆷ이라云ᄒᆞᆷ이可ᄒᆞᆫ者ㅣ로대締盟國兩便이條約은消滅ᄒᆞᆫ後에依然히其規定을履行ᄒᆞᆷ과如히暗黙的으로其効力을認在ᄒᆞᆫ境遇에는締盟國은其消滅을理由ᄒᆞ야其實行에關ᄒᆞᆫ行爲에相件ᄒᆞ는條約上의義務를得免ᄒᆞᆷ이不能ᄒᆞᄂᆞ니假令通商條約에有効期限이經過ᄒᆞᆫ後에締盟國이輸出入物品에關ᄒᆞ야其條約의規則을適用ᄒᆞᆷ과如ᄒᆞᆷ은條約更新에關ᄒᆞᆫ暗黙的規定이니라各其條約의効力을認定ᄒᆞᆷ을可得ᄒᆞᆯ境遇는過失、錯誤等에基因ᄒᆞᆫ者ㅣ아니오其行爲가更新을認定ᄒᆞᆷ에事實上으로無疑ᄒᆞᆫ境遇에限ᄒᆞᆯ지니라

第四編 國際爭議

第一章 總則

列國間交通通商上에各國은利害關係의異同이不少ᄒᆞ야各其利益을擴張ᄒᆞ며

구속할 수 없다. 당사국의 의사에 의해서는 그 소멸한 조약이라도 존속시키는 경우가 있다. 이같이 조약의 효력을 갱신시킬 때 명시 혹은 묵시적으로 그 갱신에 관한 합의해야 한다. 명시적으로 인정하는 것은 당사국 간에 이전 조약 규정을 준수하기로 합의하여 조약의 효력을 회복시키는 것이라고 하기보다 새로운 조약을 체결한 것이라고 해야 한다. 체약국 쌍방이 조약 소멸 후에 여전히 그 규정을 이행하는 것과 같이 암묵적으로 그 효력을 인정할 때 체약국은 그 소멸을 이유로 그 실행에 관한 행위와 수반하는 조약상 의무를 면할 수 없다. 가령 통상조약의 유효기간이 지난 후에 체약국이 수출입 물품에 관해서 그 조약의 규칙을 적용하는 것과 같은 것은 조약 갱신에 관한 암묵적 규정이다. 각 조약의 효력을 인정할 수 있는 경우에는 과실, 착오 등에 근거한 것이 아니고 그 행위가 갱신을 인정하는 것이라고 사실상 의심할 수 없는 경우에 한한다.

제4편 국제분쟁

제1장 총칙

여러 국가 사이에 교통과 통상 면에서 각국은 이해관계의 차이가 작지 않다. 각자 이익을 확장하여

自國의幸福을圖謀ᄒᆞᄂᆞᆫ結果로國際關係上에或他國의權利를侵害ᄒᆞ며其他各種의事情으로브터國家間에爭議를生ᄒᆞᄂᆞᆫ事가不尠ᄒᆞ니라如此히國際問題가生ᄒᆞᆷ을當ᄒᆞ야ᄂᆞᆫ此를個人이國法에對ᄒᆞᆷ과如히國際法上에其權利의侵害를指目ᄒᆞ야國家의犯罪라謂ᄒᆞᆷ은不能ᄒᆞᆯ지로대國家가他國의權利를侵害ᄒᆞᄂᆞᆫ時ᄂᆞᆫ私法上의權利關係와如히加害國은物質的의損害를賠償ᄒᆞ고其他被害國으로ᄒᆞ야곰滿足케ᄒᆞᄂᆞᆫ行爲를行치아니ᄒᆞᆷ을不得ᄒᆞᆯ지니라

國家가他國에對ᄒᆞ야加ᄒᆞᆫ權利侵害ᄂᆞᆫ國家又ᄂᆞᆫ國家主權者의自體가行ᄒᆞᄂᆞᆫ境遇ᄂᆞᆫ無論이오官吏가他國의權利를毀損ᄒᆞᆫ時라도國家ᄂᆞᆫ此에對ᄒᆞᆫ責任을負擔ᄒᆞᆯ지니라西曆千七百八年에倫敦에駐在ᄒᆞᆫ露國大使ᄂᆞᆫ五十磅의負債關係로街路上에셔馬車로브터拘引ᄒᆞᆫ事가有ᄒᆞᆷ으로彼得大帝ᄂᆞᆫ英國政府에對ᄒᆞ야其拘引에關係ᄒᆞᆫ者를卽時死刑에處ᄒᆞᆯ事를請求ᄒᆞ고倫敦에駐在ᄒᆞᄂᆞᆫ列國의外交官도擧皆英國에對ᄒᆞ야抗議를提出ᄒᆞᆷ으로써英國政府ᄂᆞᆫ此에對ᄒᆞ야滿足ᄒᆞᆫ結果를與ᄒᆞ기爲ᄒᆞ야外交官에對ᄒᆞᆫ暴行을刑罰ᄒᆞᄂᆞᆫ法律案을國會에提出ᄒᆞ얏더니國會도此法律案을通過ᄒᆞ고英國女王은特히莫斯古府에特派大使를派出ᄒᆞ야

자국의 행복을 도모하는 결과로 국제관계에서 혹은 타국의 권리를 침해하거나, 그 밖에 각종 사정으로 국가들 사이에 분쟁이 생기는 일이 적지 않다. 이같이 국제문제가 생길 때는 이를 개인이 국내법에 대해서와 같이 국제법상 그 권리의 침해를 지목하여 국가의 범죄라고 할 수는 없다. 국가가 타국의 권리를 침해하는 때는 사법상 권리관계와 같이 가해국은 물질적 손해를 배상하고 그 밖의 피해국을 만족시키는 행위를 하지 않을 수 없다.

국가가 타국에 대해서 가한 권리 침해는 국가 또는 국가의 주권자 자체가 행하는 경우는 물론이고 관리가 타국의 권리를 훼손한 때라도 국가는 이에 대한 책임을 부담할 것이다. 1708년에 런던에 주재한 러시아 대사는 50파운드의 채무 관계로 도로에 있는 마차에서 구인된 일이 있어서 피터 대제는 영국 정부에 대해서 그 구인에 관련된 자를 즉시 사형에 처하도록 요청하였고 런던에 주재하는 여러 국가의 외교관들도 모두 영국에 대해서 항의하자 영국 정부는 이에 대해서 만족할 만한 결과를 주기 위하여 외교관에 대한 폭행을 형벌로 한 법률안을 의회에 제출하였더니, 의회도 이 법률안을 통과시켰고 영국 여왕은 특히 모스크바에 특사를 파견하여

其法律謄本에女王의書簡을添附ᄒᆞ고英國政府ᄂᆞᆫ法律이無ᄒᆞᆷ으로써露國請求에應ᄒᆞᆷ을不得ᄒᆞ얏시나國會全體의一致로此에關ᄒᆞᆫ法律을制定ᄒᆞᆫ事ᄅᆞᆯ明言ᄒᆞ얏더니露國도此ᄅᆞᆯ依ᄒᆞ야滿足ᄒᆞᆷ으로思想ᄒᆞᆷ이其一例니라是와相反ᄒᆞ야國家ᄂᆞᆫ自國人民이他國에對ᄒᆞ야行ᄒᆞᆫ犯罪에關ᄒᆞ야責任을負ᄒᆞ고不負ᄒᆞᆷ은議論이有ᄒᆞᆫ바ㅣ라然이나一個人이他國版圖內에셔犯罪ᄅᆞᆯ生ᄒᆞ고其地에猶留ᄒᆞᆫ時ᄂᆞᆫ元來其國에셔此ᄅᆞᆯ逮捕ᄒᆞ야刑罰을自行ᄒᆞᆷ을可得ᄒᆞᆷ으로其人民의本國은犯罪에關ᄒᆞ야何等의責任이無ᄒᆞᆯ지로대一個人이自國內에셔他國에對ᄒᆞ야其權利ᄅᆞᆯ侵害ᄒᆞ거나又ᄂᆞᆫ侵害코져ᄒᆞᄂᆞᆫ時ᄅᆞᆯ當ᄒᆞ야ᄂᆞᆫ其企圖ᄅᆞᆯ防止ᄒᆞ고其犯罪ᄅᆞᆯ自國法律로處罰ᄒᆞᆯ責任이有ᄒᆞᆫ者ㅣ라要컨대自國內에在ᄒᆞᆫ個人으로他國의權利ᄅᆞᆯ侵害코져ᄒᆞᆷ에際ᄒᆞ야國家가責任을負ᄒᆞᄂᆞᆫ境遇ᄂᆞᆫ國家가其犯行을追究치아니ᄒᆞ고又ᄂᆞᆫ此에對ᄒᆞ야相當ᄒᆞᆫ處罰을不行ᄒᆞᆫ時에限ᄒᆞᆯ지니如此ᄒᆞᆫ境遇에ᄂᆞᆫ被害國은此ᄅᆞᆯ國際上問題로其救濟方針과損害賠償을請求ᄒᆞᆷ을可得ᄒᆞᆯ지오又ᄂᆞᆫ此와同一ᄒᆞᆫ理由ᄅᆞᆯ依ᄒᆞ야自國人民이他國에在ᄒᆞᆫ境遇에其國政府로其個人에對ᄒᆞ야相當ᄒᆞᆫ保護ᄅᆞᆯ懈怠히ᄒᆞ거나或은其保護ᄅᆞᆯ拒絕ᄒᆞᆫ境遇에도本國政府ᄂᆞᆫ

그 법률의 등본에 여왕의 서신을 첨부하고 영국 정부는 법률이 없어서 러시아의 청구에 응할 수 없었지만, 의회 전체가 일치하여 이에 관한 법률을 제정하겠다고 분명히 말했더니, 러시아도 이에 의하여 만족한다고 생각했던 것이 그 한 예이다. 이와 반대로 국가는 자국 인민이 타국에 대해서 행한 범죄에 관한 책임을 부담하는지는 논란이 있다. 그러나 한 개인이 타국의 영역 내에서 범죄를 저지르고 그 땅에 여전히 체류하는 때는 원래 그 국가에서 이를 체포하여 스스로 형벌을 행할 수 있고, 그 인민의 본국은 범죄에 관해서 하등의 책임이 없다. 한 개인이 자국 내에서 타국에 대해서 그 권리를 침해하거나 침해하고자 할 때는 그 계획을 방지하고 그 범죄를 자국 법률로 처벌할 책임이 있다. 요컨대 자국 내에 있는 개인이 타국의 권리를 침해하고자 할 때 국가가 책임을 부담하는 경우는 국가가 그 범행을 추궁하지 않거나 이에 대해서 상당한 처벌을 하지 않은 때에 한한다. 이러한 경우에 피해국은 이를 국제문제로 그 구제 방침과 손해배상을 청구할 수 있다. 또는 이와 같은 이유에 의하여 자국 인민이 타국에 있는 경우에 그 국가의 정부가 그 개인에 대하여 상당한 보호를 게을리하거나 혹은 그 보호를 거절한 때도 본국 정부는

國際上問題로救濟와賠償을請求홈을可得홀지니라假令西曆千八百四十七年에英國人뚠바시퓌코가希臘國亞丁에서民擾를因ᄒᆞ야家屋에破壞를被ᄒᆞᆫ事가有홈에對ᄒᆞ야希臘政府ᄂᆞᆫ相當ᄒᆞᆫ保護를不與홈으로英國政府ᄂᆞᆫ其損害賠償을希臘國에對ᄒᆞ야請求ᄒᆞ얏더니希臘國은此에不應홈으로써英國은艦隊를派遣ᄒᆞ야希臘國政府에屬ᄒᆞᆫ船舶及希臘人民의船舶을押取ᄒᆞᆫ事가卽其一例니라更히又一國의個人으로列國一般의利益을不法으로侵害ᄒᆞᄂᆞᆫ事가有ᄒᆞ니假令海賊、奴隷賣買、海底電信破壞等과如ᄒᆞᆫ者ㅣ是라如此ᄒᆞᆫ犯行에至ᄒᆞ야ᄂᆞᆫ此를行ᄒᆞᆫ個人의本國은其責任을負擔ᄒᆞᄂᆞᆫ者ㅣ아니오國際公法의法則及條約에基因ᄒᆞ야列國이共同ᄒᆞ야其犯行者를追究ᄒᆞ며此를處罰홈을可得홀지니라

前述과如히國際關係上으로各種의事由를依ᄒᆞ야國家間에爭議를惹起ᄒᆞᄂᆞᆫ時ᄂᆞᆫ其問題의曲直을裁判ᄒᆞᄂᆞᆫ機關이國際公法上에存在치아니홈으로但其爭議當事國間에在ᄒᆞ야만此에關ᄒᆞᆫ終局方法을講究홀外에道理가無홀지라然而若平和로終局ᄒᆞ기不能ᄒᆞᆫ時ᄂᆞᆫ爭議國은兵力으로互相間에其主張ᄒᆞᄂᆞᆫ바를貫徹홀外에他方法이無홀지나然이나戰爭은國際爭議를決定ᄒᆞᄂᆞᆫ最後의手段으로

국제문제로 구제와 배상을 청구할 수 있다. 가령 1847년에 영국인 돈 파시피코(Don Pacifico)가 그리스 아테네에서 민란으로 가옥이 파괴되었지만 이에 대해서 그리스 정부가 상당한 보호를 제공하지 않아서 영국 정부는 그리스에 대해서 손해배상을 청구하였다. 그리스가 이에 응하지 않자 영국은 함대를 파견해서 그리스 정부에 속한 선박과 그리스인의 선박을 압류한 것이 즉 그 한 예이다. 다시 또한 한 국가의 개인이 여러 국가 일반의 이익을 불법으로 침해하는 일이 있다. 가령 해적, 노예 매매, 해저전선 파괴 등과 같은 것이다. 이러한 범죄 행위에 대해서는 이를 행한 개인의 본국은 그 책임을 부담하지 않는다. 국제공법의 법칙 및 조약에 근거하여 여러 국가가 공동으로 그 범행자를 추궁하며 이를 처벌할 수 있다.

앞서 기술한 것과 같이 국제관계상 각종 사유에 의하여 국가 간에 분쟁이 발생하는 때는 그 문제의 시비 곡절을 재판하는 기관이 국제공법상 존재하지 않기에 다만 그 분쟁 당사국 간에서만 이를 종결하는 방법을 마련하는 외에 도리가 없다. 그러나 만약 평화로 종결될 수 없는 때 분쟁 당사국은 병력으로 상호 간에 그 주장하는 바를 관철하는 외에 다른 방법이 없다. 그러나 전쟁은 국제분쟁을 결정하는 최후 수단으로서

國家ᄂᆞᆫ他國의게權利의侵害ᄅᆞᆯ當ᄒᆞ거나不法의損害ᄅᆞᆯ受ᄒᆞᄂᆞᆫ時라도其救濟方法을得ᄒᆞ기爲ᄒᆞ야卽時兵力을相交ᄒᆞᆷ을不得ᄒᆞᆯ지오爲先平和的으로其救濟賠償의方法을求得ᄒᆞᆯ手段을盡行ᄒᆞ야無事히爭議ᄅᆞᆯ終局ᄒᆞᄂᆞᆫ責任을負擔ᄒᆞᄂᆞ니라何故오自國이受ᄒᆞᆫ權利侵害와不法損害ᄂᆞᆫ加害國의惡意上으로出來ᄒᆞᆷ과如ᄒᆞᆫ境遇에도事情을詳審ᄒᆞᄂᆞᆫ時ᄂᆞᆫ或加害國個人의意思及怠慢上으로出來ᄒᆞ야加害國도其救濟賠償에應ᄒᆞ고被害國도平和的으로此ᄅᆞᆯ請求ᄒᆞ야滿足히思想ᄒᆞᄂᆞᆫ事가有ᄒᆞ고又ᄂᆞᆫ加害國의意思上으로出來ᄒᆞᆫ境遇라도兩國間爭議에關ᄒᆞ야平和的談判으로互相讓步ᄒᆞ거나各其權利義務의存在ᄒᆞᆫ바ᄅᆞᆯ詳悉히ᄒᆞ야無事히結局ᄒᆞᆯ利益이有ᄒᆞᆫ所以니라然而平和로國際爭議ᄅᆞᆯ終局ᄒᆞᄂᆞᆫ手段에關ᄒᆞ야ᄂᆞᆫ此ᄅᆞᆯ左의二章으로分說코져ᄒᆞ노라

第二章　平和手段

國際爭議ᄅᆞᆯ無事히終局코져ᄒᆞᆷ에關ᄒᆞ야國家가取ᄒᆞᆯ手段에ᄂᆞᆫ平和的과强制的의二種이有ᄒᆞ니平和的手段方法에關ᄒᆞ야ᄂᆞᆫ學說의各種說明이有ᄒᆞ나凡國家間의爭議ᄂᆞᆫ互相間의口頭或書面으로써自國의主張을辨明ᄒᆞ야其結果로戰爭

국가는 타국에 권리를 침해당하거나 불법 손해를 받는 때라도 구제 방법을 얻기 위하여 즉시 병력이 서로 싸우도록 할 수 없다. 우선 평화적으로 구제와 배상 방법을 구할 수 있는 수단을 최선을 다해 무사히 분쟁을 종결할 책임을 부담한다. 왜냐하면 자국이 받은 권리 침해와 불법 손해는 가해국의 악의에서 나오는 것 같은 경우에도 사정을 세밀히 심사하는 때는 혹시 가해국 개인의 의사 및 태만에서 나와서 가해국도 그 구제와 배상에 응하고 피해국도 평화적으로 이를 청구하여 만족하게 생각하는 경우가 있다. 또는 가해국의 의사에서 나온 경우라도 양국 간 분쟁에 관해 평화적 협상으로 상호 양보하거나 각자의 권리 의무가 존재하는 경우를 상세히 알아야 무사히 종결할 이익이 있기 때문이다. 그래서 평화적으로 국제분쟁을 종결하는 수단에 관해서는 이를 아래의 제2장에서 나누어 설명하고자 한다.

제2장 평화적 수단

국제분쟁을 무사히 종결시키는 것에 관해 국가가 취할 수단에는 평화적인 것과 강제적인 것의 두 가지 종류가 있다. 평화적 수단과 방법에 관해서는 학설상 각종 설명이 있으나, 대개 국가 간의 분쟁은 상호 간의 구술 혹은 서면으로 자국의 주장을 변명하여 그 결과로 전쟁을

을開始ᄒᆞᄂᆞᆫ事가無ᄒᆞ고無事히終局ᄒᆞᆷ을勉勵ᄒᆞᄂᆞᆫ方法에關ᄒᆞ야國際公法의法則上으로相對國의權利를侵害치아니ᄒᆞᄂᆞᆫ範圍以內에서此를行ᄒᆞᄂᆞᆫ者를平和手段이라謂ᄒᆞᄂᆞ니라近來에交通通商이發達ᄒᆞᄂᆞᆫ同時에國際의範圍도宏濶ᄒᆞ야列國의利害關係도密接ᄒᆞ고複雜ᄒᆞᆫ結果로列國은昔日과如히小事件을因ᄒᆞ야ᄂᆞᆫ容易히戰爭을惹起ᄒᆞᆷ을不得ᄒᆞᆯ지오且戰爭으로브터出來ᄒᆞᄂᆞᆫ結果의不利益은但其交戰國間에止ᄒᆞᆯᄲᅮᆫ아니라第三國交通通商上에도大障害를及ᄒᆞ야一般國際의不幸이不尠ᄒᆞᆷ으로써近世列國間에ᄂᆞᆫ恒常一般平和를維持코져ᄒᆞᆷ에勉力ᄒᆞ야先年海牙平和會議에서國際紛爭平和的處理條約을締結ᄒᆞ야列國關係上에兵力을使用ᄒᆞᆷ을制止코져ᄒᆞ기爲ᄒᆞ야締盟國은國際紛爭을平和로處理ᄒᆞᆯ事를全力ᄒᆞ기로約定ᄒᆞᆫ所以니라今에平和手段의重要ᄒᆞᆫ者를左에略說코져ᄒᆞ노라

第一節 直接談判

國家ᄂᆞᆫ其爭議問題에關ᄒᆞ야口頭와書面으로써相對國에對ᄒᆞ야直接으로談判을開始ᄒᆞ야第三國의容喙를不受ᄒᆞ고當事國互相間에各其主張을辯明ᄒᆞᆫ結果

개시하지 않고 무사히 종결하도록 장려하는 방법에 관해서 국제공법 법칙상 상대국의 권리를 침해하지 않는 범위 내에서 이를 행하는 것을 평화적 수단이라고 한다. 근래에 교통과 통상이 발달하고, 동시에 국제관계의 범위도 크게 넓어져서 여러 국가의 이해관계도 밀접하고 복잡해진 결과로 여러 국가는 예전과 같이 작은 사건을 이유로 쉽게 전쟁할 수 없다. 또한 전쟁에서 나오는 불이익한 결과는 다만 그 교전국 간에 그칠 뿐 아니라 제삼국의 교통과 통상에도 큰 장해가 미쳐서 일반적으로 국제적 불행이 적지 않기에 근세 여러 국가 간에는 항상 일반적인 평화를 유지하고자 노력했다. 작년 헤이그 평화회의에서 국제분쟁의 평화적 해결 조약을 체결하여 여러 국가 관계에서 병력 사용을 제지하고자 체약국은 국제분쟁을 평화적으로 해결하는 데 최선을 다하기로 약정한 이유이다. 이제 평화적 수단의 중요한 것을 아래에서 약술하고자 한다.

제1절 직접 협상

국가는 분쟁 문제에 관해 구술과 서면으로 상대국에 대해서 직접 협상을 개시하여 제삼국의 참견을 받지 않고 당사국 상호 간에 각자의 주장을 밝히는 결과로로兩便의意思가融解ᄒᆞ야爭議의結了ᄅᆞᆯ見ᄒᆞᄂᆞᆫ事가有ᄒᆞ니如此ᄒᆞᆫ境遇에各其爭議國은其爭議의點을精密히硏究ᄒᆞ야平和ᄅᆞᆯ不害ᄒᆞᆯ誠實ᄒᆞᆫ希望으로其條理의存在ᄒᆞᆫ바ᄅᆞᆯ互相認得ᄒᆞ야其局을終了코져ᄒᆞᄂᆞᆫ結果로爭議에關ᄒᆞᆫ感情도融解ᄒᆞ며其他小爭點에對ᄒᆞ야ᄂᆞᆫ主張을互相拋棄ᄒᆞ야其局을終了ᄒᆞᄂᆞᆫ者ㅣ니特히大强國間에在ᄒᆞ야ᄂᆞᆫ此方法으로爭議ᄅᆞᆯ終了ᄒᆞᄂᆞᆫ者ㅣ不尠ᄒᆞ고又ᄂᆞᆫ談判이進行ᄒᆞᄂᆞᆫ中에爭議國一便은爭點에關ᄒᆞᆫ自國의主張을拋棄ᄒᆞ야終局ᄒᆞᄂᆞᆫ事가有ᄒᆞ니就中其主張을拋棄ᄒᆞᄂᆞᆫ境遇에도其主張을不正當ᄒᆞᆫ者로自認ᄒᆞᄂᆞᆫ者ㅣ아니오政略及其他의事情上으로係爭問題에限ᄒᆞ야自國의權利ᄅᆞᆯ單純히拋棄ᄒᆞᄂᆞᆫ事가有ᄒᆞ고又或境遇에ᄂᆞᆫ其問題ᄅᆞᆯ終了ᄒᆞ기爲ᄒᆞ야拋棄ᄒᆞᆷ에不拘ᄒᆞ고自國의主張이正當ᄒᆞᆫ事ᄅᆞᆯ明言ᄒᆞᄂᆞᆫ事가有ᄒᆞ고或은直接談判에셔爭議國이互相讓步ᄒᆞ야各其主張의正當不正當을決ᄒᆞᄂᆞᆫ事ᄅᆞᆯ廢止ᄒᆞ고兩便의主張을互相撤回ᄒᆞ거나或은係爭의物件을分割ᄒᆞ거나或은一便에셔賠償要求者의게賠償을受ᄒᆞᄂᆞᆫ同時에相對國主張에對ᄒᆞ야도其賠償을自辦ᄒᆞ야終局ᄒᆞᄂᆞᆫ事가有ᄒᆞ니假令西曆千八百四十二年에英米兩國은條約으로ᄡᅥ메인州境界問題ᄅᆞᆯ決定ᄒᆞᆫ

쌍방 의사가 녹아 분쟁이 해결되는 경우가 있다. 이러한 경우에 각각의 분쟁국들은 그 분쟁 사항을 정밀하게 연구하여 평화를 해하지 않겠다는 성실한 희망으로 그 조리가 존재하는 것을 상호 인식하여 그 사태를 종료시키려는 결과로 분쟁 관련 감정도 녹여서 그 밖의 소소한 쟁점에 관해서는 주장을 상호 포기하여 그 사태를 종료한다. 특히 강대국 사이에 이 방법으로 분쟁을 종료하는 경우가 적지 않다. 또는 협상이 진행되는 중에 분쟁국의 일방은 쟁점에 관한 자국의 주장을 포기하여 종결하는 경우가 있다. 그중에서도 특히 그 주장을 포기할 때도 그 주장이 부당하다고 스스로 인식하지 않고 정책상 그리고 그 밖의 사정상 분쟁이 되는 문제에 한정해서 자국의 권리를 단순히 포기하는 경우가 있다. 또한 어떠한 경우에는 그 문제를 종료하기 위하여 포기하는 것에도 불구하고 자국의 주장이 정당하다는 점을 명시적으로 말하는 경우가 있다. 또는 직접 협상에서 분쟁국들이 상호 양보하여 각자 주장의 당부 여부에 관한 결정을 폐지하고 쌍방의 주장을 상호 철회하거나 혹은 분쟁 대상인 물건을 나누거나 혹은 일방이 배상 요구자에게 배상하고, 동시에 상대국 주장에 대해서도 그 배상을 자기 비용으로 처리해서 종결하는 경우가 있다. 가령 1842년에 영미 양국은 조약으로 메인주 경계 문제를 결정한

事가有ᄒᆞ고同千八百四十八年의英米間오레곤境界問題도此方法을依ᄒᆞ야終局ᄒᆞᆷ이是니라如此히爭議國에셔直接談判을依ᄒᆞ야互相讓步ᄒᆞ야爭議를結了ᄒᆞᄂᆞᆫ者를調和라稱ᄒᆞᄂᆞ니라

第二節 周旋及居中調停

國際爭議가進行ᄒᆞᄂᆞᆫ中에此에關係가無ᄒᆞ고兩便에對ᄒᆞ야友誼國地位에在ᄒᆞᆫ第三國又ᄂᆞᆫ第三國의合同으로써爭議國의主張을和解ᄒᆞ며且其間에橫在ᄒᆞᆫ惡感情을融和ᄒᆞ야써其問題를終局ᄒᆞᆷ에勉力ᄒᆞᄂᆞᆫ者를名稱ᄒᆞ야第三國周旋이라居中調停이라稱ᄒᆞᄂᆞ니如此히友誼國의好意로브터他國間爭議에關ᄒᆞ야自進ᄒᆞ야周旋ᄒᆞᆷ은決코惡感情上으로待遇ᄒᆞᆯ바ㅣ아니오爭議國一便或兩便은任意上으로此를相當히拒絕ᄒᆞᆷ을得ᄒᆞᆷ에止ᄒᆞᆯ뿐이며又或境遇에ᄂᆞᆫ爭議國의一便或兩便으로브터友誼國에對ᄒᆞ야周旋을依賴ᄒᆞᄂᆞᆫ事가不無ᄒᆞ니라如此ᄒᆞᆫ境遇에友誼國은此에應ᄒᆞ고不應ᄒᆞᆷ은全히其國의任意니라然而居中調停에在ᄒᆞ야ᄂᆞᆫ其爭議에容喙ᄒᆞ야爭議國間에談判을容易케ᄒᆞᆷ에勉力ᄒᆞᆯ뿐아니라爭議를終了케ᄒᆞᆯ公平方法은兩便國을爲ᄒᆞ야案出ᄒᆞᆷ을可得ᄒᆞᆯ者ㅣ되ᄂᆞᆫ故로爭議國兩便의

일이 있고, 1848년에 영미 간 오리건 경계 문제도 이러한 방법에 의하여 종결되었다. 이같이 분쟁국들이 직접 협상하고 상호 양보하여 분쟁을 종결하는 것을 조화라 칭한다.

제2절 주선과 거중조정

국제분쟁이 진행하는 중에 이와 무관하고 쌍방에 대해서 우호국의 지위에 있는 제삼국 또는 제삼국이 연합하여 분쟁국이 주장을 화해시키며 그들 간에 가로놓인 악감정을 융화시켜서 그 문제를 종결짓도록 노력하는 것을 이름하여 제삼국의 주선이나 거중조정이라 칭한다. 이같이 우호국이 호의에서 타국 사이의 분쟁에 관해서 자진해서 주선하는 것을 악감정으로 대우할 것은 결코 아니고 분쟁국 일방 혹은 쌍방은 임의로 이를 적절히 거절할 수 있는데 그칠 뿐이다. 또한 어떤 경우에는 분쟁국의 일방 혹은 쌍방이 우호국에 대해서 주선을 의뢰하는 경우가 없지 않다. 이러한 경우에 우호국은 이에 응할지는 온전히 그 국가의 임의적 사항이다. 그래서 거중조정에서는 그 분쟁에 참견하여 분쟁국들 사이의 협상을 쉽게 만드는 데 노력할 뿐 아니라 분쟁을 종료시키는데 공평한 방법을 쌍방에 제안할 수 있는 것이기 때문에 분쟁국 쌍방의

承諾을不得ᄒᆞ면其事件에容喙ᄒᆞᆷ을不得ᄒᆞᆯ지오居中調停도亦周旋과同一히友誼國으로브터此ᄅᆞᆯ提供ᄒᆞᄂᆞᆫ事도有ᄒᆞ며爭議國으로브터依賴ᄒᆞᄂᆞᆫ事도有ᄒᆞ나然이나爭議國에서依賴ᄒᆞ거나或은第三國提供에應ᄒᆞ고不應ᄒᆞᆷ은全히其國家의任意로대事情을依ᄒᆞ야ᄂᆞᆫ其依賴ᄅᆞᆯ不肯ᄒᆞ거나又ᄂᆞᆫ提供에不應ᄒᆞᆷ을得ᄒᆞᄂᆞᆫ同時에第三國도此ᄅᆞᆯ提供ᄒᆞ고不提供ᄒᆞᆷ과依賴에對ᄒᆞ야應ᄒᆞ고不應ᄒᆞᆷ은全히其國의任意니라

周旋及居中調停은友誼國의好意上으로브터出來ᄒᆞᄂᆞᆫ故로爭議國의便宜ᄅᆞᆯ依ᄒᆞ야相當히拒絕ᄒᆞᆷ을可得ᄒᆞᆯ지로대其提供으로ᄒᆞ야곰決코友誼에違反ᄒᆞᄂᆞᆫ者로看做ᄒᆞᆷ은不可ᄒᆞ며又居中調停者ᄂᆞᆫ其爭議에關ᄒᆞ야裁判官地位에不在ᄒᆞᆷ으로써假令爭議國一便의主張을正當히自認ᄒᆞᄂᆞᆫ境遇라도此ᄅᆞᆯ平和로終局ᄒᆞᆷ이必要ᄒᆞᆫ時ᄂᆞᆫ其主張을寬히ᄒᆞ며兩國間에意見을調停ᄒᆞ며兩便의意向을融和ᄒᆞ야相當히和解ᄒᆞᆷ에至케ᄒᆞᆷ이其職分을成ᄒᆞᄂᆞᆫ故로其職分은公平히ᄒᆞ야爭議國兩便에對ᄒᆞ야偏頗ᄒᆞᆫ處置가無ᄒᆞᆷ을要ᄒᆞᄂᆞ니라然而周旋及居中調停은爭議國의依賴及友誼國의發意ᄅᆞᆯ不問ᄒᆞ고同一히勸告의性質이有ᄒᆞᆷ으로써其職務ᄂᆞᆫ

승낙을 얻지 못하면 그 사건에 참견할 수 없다. 거중조정도 역시 주선과 같이 우호국이 이를 제공하는 때도 있으며 분쟁국이 의뢰하는 때도 있다. 그러나 분쟁국이 의뢰하거나 혹은 제삼국의 제공에 응할지는 온전히 그 국가들의 임의 사항이지만 사정상 그러한 의뢰를 수긍하지 않거나 제공에 불응할 수 있고, 동시에 제삼국도 이를 제공할지와 의뢰에 대해서 응할지는 온전히 그 국가의 임의적 사항이다.

주선 및 거중조정은 우호국의 호의에서 나오는 것이기 때문에 분쟁국의 편의에 따라 적절히 거절할 수 있지만 그 제공이 우의에 반하는 것으로 간주해서는 결코 안 된다. 또한 거중조정이라는 것은 그 분쟁에 관해서 재판관의 지위에 있지 않다. 가령 분쟁국의 일방이 주장하는 것을 정당히 스스로 인정하는 경우라도 이를 평화적으로 종결하는 것이 필요할 때는 그 주장을 관대하게 해서 양국 간의 의견을 조정하며 쌍방의 의향을 융화시켜 적절히 화해시키는 것이 그 직분이기에 그 직분을 공평히 해서 분쟁국 쌍방에 대해서 편파적인 처리가 없도록 해야 한다. 그래서 주선 및 거중조정은 분쟁국의 의뢰 및 우호국의 자발적 의사를 불문하고 같이 권고의 성격을 갖기에 그 직무는

提供ᄒᆞᆫ意見을爭議國兩便이나又ᄂᆞᆫ一便에서採用치아니ᄒᆞᄂᆞᆫ時ᄂᆞᆫ終了ᄒᆞᄂᆞᆫ者ㅣ로대是와相反ᄒᆞ야爭議國兩便에서其意見을採用ᄒᆞ야問題를終了ᄒᆞᆫ時에도居中調停者와ᄂᆞᆫ特別ᄒᆞᆫ約定이無ᄒᆞᆫ以上은其採用ᄒᆞᆫ意見實行에關ᄒᆞ야居中調停者ᄂᆞᆫ責任을不負ᄒᆞᄂᆞ니라

居中調停은爭議國의紛爭으로ᄒᆞ야곰往往히兵力을使用ᄒᆞᆷ에不至ᄒᆞ고도終局ᄒᆞᄂᆞᆫ實效를得ᄒᆞᆷ에至ᄒᆞᆷ으로西曆千八百五十六年巴里條約議定書中에七大强國代表者ᄂᆞᆫ各其本國의名義로國家間에重大ᄒᆞᆫ意見衝突이生ᄒᆞᆫ時ᄂᆞᆫ兵力을使用ᄒᆞ기前에事情이許ᄒᆞᄂᆞᆫ範圍를從ᄒᆞ야友誼國周旋에依賴ᄒᆞᆷ을希望ᄒᆞᄂᆞᆫ事로明言ᄒᆞᆫ事가有ᄒᆞ고同會議에代表者를派出치아니ᄒᆞᆫ列國에서도此議定書趣旨에對ᄒᆞ야賛同ᄒᆞᆯ事를希望ᄒᆞᄂᆞᆫ規定이有ᄒᆞᆷ에不拘ᄒᆞ고西曆千八百七十年에戰爭이惹起ᄒᆞᆯ時에英國은此規定에基因ᄒᆞ야普法兩國에對ᄒᆞ야其爭議를友誼國政府周旋에依賴ᄒᆞᆷ이可ᄒᆞᆫ事를勸告ᄒᆞ얏더니法國은此에對ᄒᆞ야同規定中에國家威嚴에關ᄒᆞᆫ問題에至ᄒᆞ야ᄂᆞᆫ例外되ᄂᆞᆫ事가有ᄒᆞᆫ條項을擧ᄒᆞ야其勸告를排斥ᄒᆞ고戰爭을開始ᄒᆞᆫ事가有ᄒᆞ니라先年平和會의決議로各締盟國은平和를破裂

제공한 의견을 분쟁국 쌍방이나 일방에서 채택하지 않는 때는 종료한다. 이와 반대로 분쟁국 쌍방에서 그 의견을 채택하여 문제를 종료시키는 때에도 거중조정자와 특별한 약정이 없는 이상 그 채택한 의견의 실행에 관해 거중조정자는 책임을 부담하지 않는다.

거중조정은 분쟁국이 분쟁으로 인해 종종 병력을 사용하지 않고도 종결하는 효과를 얻게 되기에 1856년 파리조약 의정서 중에 7대 강국의 대표자는 각기 본국 명의로 국가 간에 중대한 의견 충돌이 생기는 때는 병력을 사용하기 전에 사정이 허락하는 범위에서 우호국에 주선을 의뢰하는 것을 희망한다고 명시적으로 선언한 경우가 있다. 이 회의에 대표자를 파견하지 않은 여러 국가에서도 이 의정서의 취지에 대해서 찬성하기를 희망하는 규정이 있었음에도 1870년에 전쟁이 발생했을 때 영국은 이 규정에 근거하여 프로이센과 프랑스 양국에 대해서 그 분쟁을 우호국 정부의 주선에 의뢰하도록 권고했다. 프랑스는 이에 대해 이 규정 중에 국가의 위엄에 관한 문제에 관해서는 예외라는 조항을 들어서 그 권고를 배척하고 전쟁을 개시한 적이 있다. 작년 평화회의 결의로 각 체약국은 평화를 파괴할

ᄒᆞᆯ重大ᄒᆞᆫ爭議가生ᄒᆞᆫ境遇에ᄂᆞᆫ爭議國은平和의破裂을豫防ᄒᆞ기爲ᄒᆞ야各其一國을選定ᄒᆞ야他一便으로브터選定ᄒᆞᆫ國과直接으로交涉을開始ᄒᆞᆯ事로附託ᄒᆞᆯ事ᄅᆞᆯ規定ᄒᆞ얏시나此亦爭議國이事情의許ᄒᆞᄂᆞᆫ範圍ᄅᆞᆯ從ᄒᆞ야行ᄒᆞᆷ을規定ᄒᆞᆫ者ㅣ됨으로써如此ᄒᆞᆫ居中調停은其性質上으로强制ᄒᆞᆷ을不得ᄒᆞᆯ者ㅣ됨은判然ᄒᆞᆫ者ㅣ니라

第三節 仲裁裁判

仲裁裁判이란者ᄂᆞᆫ爭議國兩便이條約을依ᄒᆞ야意見이相殊ᄒᆞᆫ點을第三者判定에一任ᄒᆞ고其判定을依ᄒᆞ야全히其爭議ᄅᆞᆯ終了ᄒᆞᄂᆞᆫ方法을謂ᄒᆞᆷ이라第十九世紀以來로最히驚愕치아니ᄒᆞᆷ을不得ᄒᆞᆯ狀態ᄂᆞᆫ兵備가非常히增加ᄒᆞᆫ同時에商業과交通이發達ᄒᆞᆷ으로文明國間에在ᄒᆞ야ᄂᆞᆫ戰爭을嫌避코져ᄒᆞᄂᆞᆫ觀念이顯著ᄒᆞ야國家間에爭議ᄅᆞᆯ戰爭으로終局코져ᄒᆞᄂᆞᆫ事ᄂᆞᆫ甚尠ᄒᆞᆷ에至ᄒᆞ야特히歐洲中에ᄂᆞᆫ永世局外中立國又ᄂᆞᆫ永世局外中立地ᄅᆞᆯ設定ᄒᆞ야戰爭에可至ᄒᆞᆯ衝突을防禦ᄒᆞ며又ᄂᆞᆫ戰爭境遇에도其害毒을減少코져ᄒᆞᆷ은前世紀에至ᄒᆞ기ᄭᆞ지ᄂᆞᆫ曾見치못ᄒᆞ던바ㅣ라國際爭議ᄂᆞᆫ平和로結局ᄒᆞᄂᆞᆫ法을講究ᄒᆞ야其結果로仲裁裁判에

중대한 분쟁이 생긴 경우에 분쟁국은 평화의 파괴를 예방하기 위하여 각각 한 국가를 선정하여 다른 일방이 선정한 국가와 직접 교섭을 개시하도록 부탁하는 것을 규정하였으나 이 역시 분쟁국이 사정상 허용하는 범위에 좇아서 행하도록 규정되어서 이러한 거중조정은 그 성격상 강제할 수 없는 것이 명백하다.

제3절 중재재판

중재재판이란 분쟁국 쌍방이 조약에 의하여 의견이 서로 다른 점을 제삼자의 판정에 일임하고 그 판정에 따라 온전히 그 분쟁을 종료하는 방법을 말한다. 19세기 이후로 가장 놀라운 상황은 군비가 이례적으로 증가하고, 동시에 상업과 교통이 발달하면서 문명국들 사이에 있어서 전쟁을 꺼리고 피하려는 관념이 현저하여 국가 간의 분쟁에 전쟁으로 종결시키려는 경우가 매우 적어진 것이다. 특히 유럽에서는 영세국외 중립국 또는 영세국외 중립지를 설정하여 전쟁에 이를 수 있는 충돌을 방지하며 또는 전쟁의 경우에도 그 해독을 감소시키려고 하는 것은 전세기에까지 일찍이 보지 못했다. 국제분쟁은 평화로 종결짓는 법을 마련하여 그 결과로 중재재판에

附ᄒᆞ야써無事히終局ᄒᆞᄂᆞᆫ事가今世紀에盛行ᄒᆞ야西曆千八百十五年以來로六十回內外의仲裁裁判이有ᄒᆞ니라然而其結果ᄂᆞᆫ總히良好홈으로써學者間에在ᄒᆞ야도此方法을唱道ᄒᆞ고就中北米合衆國이爭議國一便을成ᄒᆞ얏던事件이三十二오英國이當事國을成ᄒᆞ얏던事件이二十에至ᄒᆞᆫ지라然而此兩國間에셔아라빠마事件에關ᄒᆞᆫ제네브仲裁裁判、白令海峽膃肭獸漁業問題에關ᄒᆞᆫ巴里仲裁裁判과如ᄒᆞᆫ者ᄂᆞᆫ其問題의當事國되ᄂᆞᆫ兩國에大利害關係가有홈에不拘ᄒᆞ고仲裁裁判을依ᄒᆞ야決定홈은國際爭議로ᄒᆞ야곰此方法을依ᄒᆞ야戰爭을得避홈에至ᄒᆞᆫ大進步라謂홈을得ᄒᆞᆯ지오此外에도同千八百九十年米國國會ᄂᆞᆫ國際爭議로外交官이終局ᄒᆞ기不能ᄒᆞᆫ者ᄂᆞᆫ仲裁裁判으로終結ᄒᆞᆯ事ᄅᆞᆯ同國大統領이列國政府에交涉홈을申請ᄒᆞᆫ事가有ᄒᆞ고同千八百九十三年에英國下院의決議로써英國은此米國의企圖ᄅᆞᆯ共同盡力ᄒᆞᆯ事ᄅᆞᆯ議決ᄒᆞᆫ結果로兩國間의爭議ᄂᆞᆫ仲裁裁判을依ᄒᆞ야決定ᄒᆞᆯ條約을締結홈에至ᄒᆞ니라此條約은同千八百九十七年에米國上院이批准을拒絶홈으로成立홈에ᄂᆞᆫ不至ᄒᆞ얏시나先年平和會議에셔ᄂᆞᆫ國際爭議ᄅᆞᆯ平和的으로處理ᄒᆞᄂᆞᆫ方法에關ᄒᆞ야列國代表者ᄂᆞᆫ國際紛爭平和的

회부해서 무사히 종결하는 일이 금세기에 성행하여 1815년 이래로 60회 내외의 중재재판이 있었다. 그래서 그 결과는 모두 양호했기에 학자 간에도 이 방법을 주도하고 그중에서도 특히 북미합중국이 분쟁국의 일방이 되었던 사건이 32건이고 영국이 당사국이 되었던 사건이 20건이었다. 그래서 이들 양국 간에 앨라배마 사건에 관한 제네바 중재재판, 베링해협 물개 수렵 문제에 관한 파리 중재재판과 같은 것은 그 문제의 당사국인 양국에 큰 이해관계가 있는 것이었는데도 불구하고 중재재판에 의하여 결정한 것은 국제분쟁이 이러한 방법에 따라 전쟁을 피할 수 있게 된 큰 진보라고 할 수 있을 것이다. 이외에도 1890년 미국 의회는 국제분쟁을 외교관이 종결할 수 없는 것은 중재재판으로 종결하도록 미국 대통령이 여러 국가 정부에 교섭할 것을 요청한 일이 있고 1893년에 영국 하원의 결의로 영국은 이러한 미국의 계획을 공동으로 노력하기로 결의한 결과, 양국 간의 분쟁은 중재재판에 의하여 결정할 조약을 체결하게 되었다. 이 조약은 1897년에 미국 상원이 비준을 거절하여 성립되지 못하게 되었으나 작년 평화회의에서는 국제분쟁을 평화적으로 해결하는 방법에 관하여 여러 국가의 대표자들이 국제분쟁의 평화적

處理條約을締結ᄒᆞᆷ에至ᄒᆞ니라此條約은列國의調印과批准을經由치못ᄒᆞᆷ으로國際公法上의法則이라謂ᄒᆞᆷ은不能ᄒᆞᆯ지로대不遠間列國間에實行을可見ᄒᆞᆯ所望이有ᄒᆞ도다今에其規定을觀ᄒᆞ건대國家間에名譽又ᄂᆞᆫ重要ᄒᆞᆫ利益에關係치아니ᄒᆞ고但事實上에見解ᄒᆞᄂᆞᆫ바ᄅᆞᆯ相殊히ᄒᆞᆷ으로브터出來ᄒᆞᄂᆞᆫ爭議로外交上의手段을依ᄒᆞ야協定ᄒᆞᆷ을不得ᄒᆞᆷ에ᄂᆞᆫ其事情이許ᄒᆞᆷ을爲限ᄒᆞ고萬國審理委員을設置ᄒᆞ야公平誠實ᄒᆞᆫ審査ᄅᆞᆯ依ᄒᆞ야事實을分明히ᄒᆞ야爭議의終了ᄅᆞᆯ幇助ᄒᆞᄂᆞᆫ任에當케ᄒᆞ며審理委員을設ᄒᆞᆷ에ᄂᆞᆫ爭議國間에審理條約을締結ᄒᆞ야審理ᄒᆞᆯ事實及委員의權限을分明히ᄒᆞ고審理節次等을規定ᄒᆞ야委員의報告書ᄂᆞᆫ爭議國에서如何히處置ᄒᆞᆷ이自由로대此ᄅᆞᆯ依ᄒᆞ야爭議ᄅᆞᆯ終結ᄒᆞᆷ은多大ᄒᆞᆫ便宜가確有ᄒᆞᆫ者ㅣ오更히又萬國仲裁裁判에關ᄒᆞᆫ事ᄅᆞᆯ規定ᄒᆞ얏시니就中國際爭議ᄅᆞᆯ卽時仲裁裁判에附ᄒᆞᆷ이便宜케ᄒᆞᆯ目的으로常設仲裁裁判所ᄅᆞᆯ搆成ᄒᆞ야事務局을海牙府에置ᄒᆞ고各締盟國은同條約에批准ᄒᆞᆫ지三個月以內에國際公法問題에堪能ᄒᆞᆯ名譽와德望이最高ᄒᆞᆫ者四人以下ᄅᆞᆯ指名ᄒᆞ야其任期ᄅᆞᆯ六個年으로ᄒᆞ고其裁判官의名簿中으로브터爭議國은當該裁判部ᄅᆞᆯ選定ᄒᆞᆯ事로ᄒᆞ고爭議國間

해결에 관한 조약을 체결하게 되었다. 이 조약은 여러 국가의 서명과 비준을 경유하지 못하여 국제공법상의 법칙이라고 말할 수 없지만 머지않아 여러 국가 간에 실행되기를 소망한다. 이제 그 규정을 보건대 국가 간에 명예 또는 중요한 이익과 무관하고 단지 사실에 관한 견해가 서로 다른 점에서 생기는 분쟁으로서 외교적 수단에 의하여 의논하여 결정할 수 없는 경우에는 그 사정이 허용하는 한도에서 국제심사 위원회를 설치하여 공평하고 성실한 심사에 따라 사실을 분명히 하여 분쟁이 종료되도록 지원하는 일을 맡도록 하였으며 심사위원회를 설치할 때는 분쟁국 사이에 사실심사에 관한 조약을 체결하여 심사할 사실과 위원의 권한을 분명히 하고 심사 절차 등을 규정하여 위원의 보고서는 분쟁국에서 어떻게 처리하든지 자유이지만, 이에 의하여 분쟁을 종결하는 것은 확실히 매우 편리하다. 다시 또한 국제중재재판에 관한 사항을 규정하였다. 그 중에서도 특히 국제분쟁을 즉시 중재재판에 회부하는 것을 편리하게 할 목적으로 상설중재재판소를 구성하여 사무국을 헤이그에 두고 각 체약국은 이 조약을 비준한 지 3개월 이내에 국제공법 문제를 감당할 능력과 최고의 덕망이 있는 4인 이하의 사람을 지명하여 그 임기를 6년으로 하고, 재판관 명부 중에서 분쟁국이 당해 재판부를 선정하도록 하고 분쟁국 간에에反對約定이無홀以上은裁判所ᄂᆞᆫ海牙府에置홀事로ᄒᆞ니라又同條約에關ᄒᆞ야九個國以上의批准이有ᄒᆞᆫ時ᄂᆞᆫ評議會ᄅᆞᆯ組織ᄒᆞ야萬國事務所ᄅᆞᆯ開設ᄒᆞ고其費用은各締盟國이負擔ᄒᆞ며仲裁裁判의節次ᄅᆞᆯ別로規定치아니ᄒᆞ면此에依賴ᄒᆞᄂᆞᆫ列國은爭議事件의主旨並裁判官의權能을明確히定ᄒᆞᆫ特別條約을締結ᄒᆞ야口頭辯論及準備書類ᄅᆞᆯ依ᄒᆞ야裁判ᄒᆞ고其判決은終局이라ᄒᆞ며裁判所並當事者一便이共히覺知홈을不得ᄒᆞᄂᆞᆫ新事件으로其性質이宣告에影響을與홀者ㅣ되ᄂᆞᆫ事件을發見ᄒᆞᆫ境遇外에ᄂᆞᆫ再審을請求홈을不得케ᄒᆞ니라然而同條約은元來締盟國을拘束홀ᄲᅮᆫ이오締盟國中의一國이此ᄅᆞᆯ廢棄ᄒᆞᄂᆞᆫ時ᄂᆞᆫ和蘭國政府에通告ᄒᆞ고同國政府ᄂᆞᆫ他締盟國에對ᄒᆞ야通知ᄒᆞᆫ後一個年이經過치아니ᄒᆞ면効力이不生ᄒᆞ며通知ᄅᆞᆯ行ᄒᆞᆫ國에限ᄒᆞ야만廢棄의効力이生홈으로ᄒᆞ니라要컨대此條約의規定은元來爭議國으로ᄒᆞ야곰如何ᄒᆞᆫ問題라도仲裁裁判에附홀事ᄅᆞᆯ命ᄒᆞᆫ者ㅣ아니오國際審理委員을設홈에關ᄒᆞ야도當事國의名譽와重要ᄒᆞᆫ利益에關係치아니ᄒᆞᆫ境遇로事件이許ᄒᆞᄂᆞᆫ時에限ᄒᆞ야此ᄅᆞᆯ行홀者로ᄒᆞ얏시며又仲裁裁判을行홈에當ᄒᆞ야ᄂᆞᆫ元來爭議國의自由로但爭議國間에서仲裁裁判에

반대의 약정이 없는 이상 재판소는 헤이그시에 두기로 했다. 또한 이 조약에 관해 9개국 이상의 비준이 있는 때는 평의회를 조직하여 국제사무소를 개설하고 그 비용은 각 체약국이 부담하며 중재재판 절차를 별도로 규정하지 않으면 이에 의뢰하는 여러 국가가 분쟁 사건의 주된 취지와 재판관의 권능을 명확히 정한 특별조약을 체결하여 구술변론과 준비 서류에 의하여 재판하고 그 판결은 최종적이라고 하며, 재판소와 당사자 일방이 함께 지각할 수 없었던 새로운 사건으로 그 성격이 선고에 영향을 주었던 사건을 발견하였을 때 이외에는 재심을 청구할 수 없도록 하였다. 그래서 이 조약은 원래 체약국을 구속할 뿐이고 체약국 중의 한 국가가 이를 폐기하는 때는 네덜란드 정부에 통고하고 네덜란드 정부는 다른 체약국에 통지한 후 일 년이 지나지 않으면 효력이 생기지 않으며 통지한 국가에 한해서만 폐기의 효력이 생기도록 하였다. 요컨대 이 조약 규정은 원래 분쟁국들이 어떠한 문제라도 중재재판에 회부할 것을 명령한 것이 아니고 국제심사위원회를 설치하는 것에 관해서도 당사국의 명예와 중요한 이익과 무관한 경우로 사건이 허용하는 때에만 이를 행하도록 하였다. 또한 중재재판을 행할 때는 원래 분쟁국들이 자유로 다만 분쟁국 간에서 중재재판에

附코져ᄒᆞ는時는常設裁判官을設置ᄒᆞ야써仲裁裁判者의選定을便宜케ᄒᆞᆷ에不外ᄒᆞᆷ이라凡國家間에는條約으로써如何ᄒᆞᆫ爭議라도仲裁裁判을依ᄒᆞ야決定ᄒᆞᆷ을約定ᄒᆞᆯ지로대多大ᄒᆞᆫ利害가有ᄒᆞᆫ問題라도恒常반다시此ᄅᆞᆯ依ᄒᆞ야決定ᄒᆞᆯ者ㅣ라ᄒᆞᆷ은危險이不尠ᄒᆞᆷ으로如此ᄒᆞᆫ條約을締結ᄒᆞᆫ國이無ᄒᆞ니라然이나小問題에關ᄒᆞ야는仲裁裁判에附ᄒᆞᆯ事ᄅᆞᆯ條約中에豫先規定ᄒᆞ는事가不無ᄒᆞ니日暹兩國新條約附屬議定書第三項에條約의解釋、實行及違反結果로從ᄒᆞ야出來ᄒᆞ는一切爭議는直接으로調和的協定方法이盡ᄒᆞᆫ境遇에仲裁裁判委員의判定에任ᄒᆞᆯ事ᄅᆞᆯ規定ᄒᆞᆫ事가有ᄒᆞ니라

國家는其爭議ᄅᆞᆯ仲裁裁判에附코져ᄒᆞᆷ에合意ᄅᆞᆯ要ᄒᆞᆷ으로一便國으로는仲裁裁判에附코져ᄒᆞᆯ지라도相對國은拒絕ᄒᆞᆷ을可得ᄒᆞᆯ지오其拒絕에關ᄒᆞ야는理由ᄅᆞᆯ附ᄒᆞ야拒絕ᄒᆞᆷ을要ᄒᆞ는義務는無ᄒᆞ며又는第三國으로브터仲裁裁判者되는事ᄅᆞᆯ申告ᄒᆞᆯ지라도當事國兩便又는一便이此에應ᄒᆞ는義務가無ᄒᆞᆫ同時에第三國及其他裁判者될者가依賴ᄅᆞᆯ受ᄒᆞᆯ지라도此에應ᄒᆞᆯ義務는無ᄒᆞ니라然而爭議國의同意로써仲裁裁判에附ᄒᆞᆷ은裁判者가其問題ᄅᆞᆯ決ᄒᆞᆷ에適用ᄒᆞᆯ法則을仲裁裁

회부하도록 하는 때는 상설재판관을 설치해서 중재재판관의 선정을 편리하게 하는 것에 불과하다. 대개 국가 간에는 조약으로 어떠한 분쟁이라도 중재재판에 의하여 결정하기로 약정할 것이지만 이해가 큰 문제도 항상 반드시 이에 의하여 결정하기로 하는 것은 위험이 적지 않기에 이러한 조약을 체결한 국가가 없다. 그러나 작은 문제는 중재재판에 회부할 것을 조약 중에 미리 규정하는 경우가 없지 않다. 일본과 시암 양국의 새로운 조약의 부속 의정서 제3항에서 조약의 해석, 실행 및 위반의 결과로 발생하는 일체의 분쟁은 직접적인 화해 방법을 다 거친 경우에 중재재판 위원회의 판정에 맡기도록 규정한 적이 있다.

국가는 그 분쟁을 중재재판에 회부하고자 합의해야 하기에 한쪽 국가가 중재재판에 회부하고자 해도 상대국이 거절할 수 있다. 그 거절에 관해서는 이유를 첨부하여 거절해야 할 의무는 없다. 또는 제삼국이 중재재판의 대상이 되는 사건을 신고하여도 당사국 쌍방 또는 일방이 이에 응할 의무가 없고, 동시에 제삼국과 그 밖의 중재재판관이 될 자가 의뢰를 받을지라도 이에 응할 의무는 없다. 그래서 분쟁국의 동의로써 중재재판에 회부하는 것은 재판관이 그 문제를 결정할 때 적용할 법칙을 중재재판관이

判者로ᄒᆞ야곰自選適用케ᄒᆞᄂᆞᆫ事가有ᄒᆞ니何境遇를不問ᄒᆞ고其裁判에附ᄒᆞᆷ에當ᄒᆞ야ᄂᆞᆫ爭議國은條約으로써裁判者의判定ᄒᆞᆯ事項及裁判者의權限을明確히指定ᄒᆞ야裁判者ᄂᆞᆫ其範圍內에셔審理裁判ᄒᆞᆯ者ㅣ오依賴에關ᄒᆞᆫ權限以外의判決은爭議國을拘束ᄒᆞᆯ者ㅣ아니며又裁判者選定에關ᄒᆞ야ᄂᆞᆫ其爭議에利害關係를不有ᄒᆞᆫ者를選定ᄒᆞᆷ이可ᄒᆞ니當事國의合意로써此를定ᄒᆞ야第三國의君主、大統領或은私人團體又ᄂᆞᆫ一私人이라도單一ᄒᆞᆫ仲裁裁判者로選定ᄒᆞᆷ을可得ᄒᆞᆯ지오又或裁判者를二人以上으로ᄒᆞ야其全體或一部를他國의게選定케ᄒᆞᆷ을可得ᄒᆞᆯ지라然而二人以上의裁判者를選定ᄒᆞᄂᆞᆫ時ᄂᆞᆫ其數를奇數로ᄒᆞ거나或은其意見이兩分ᄒᆞᄂᆞᆫ境遇에ᄂᆞᆫ第三者의意見을依ᄒᆞ야決定ᄒᆞᆯ事를豫先規定ᄒᆞᆷ이普通이니라何故오同數의意見이相分ᄒᆞᄂᆞᆫ時ᄂᆞᆫ其判定이成立ᄒᆞᆷ을不得ᄒᆞᆷ에至ᄒᆞᆷ으로써奇數或第三國의意見을要ᄒᆞᄂᆞ니라仲裁裁判者ᄂᆞᆫ凡依賴에關ᄒᆞᆫ事件을自審自判ᄒᆞᄂᆞᆫ者ㅣ로대他國의君主로其裁判者를選定ᄒᆞᆫ時ᄂᆞᆫ君主가此를自審自判ᄒᆞᆷ을不要ᄒᆞ고其選擇ᄒᆞᆫ바의人民으로ᄒᆞ야곰此를判定케ᄒᆞ고其判定은君主의名義로發表ᄒᆞᆷ을得ᄒᆞᆯ지니라然이나是와相反ᄒᆞ야團體或個人으로써裁判

스스로 선별해서 적용하도록 하는 일이 있다. 어느 경우를 불문하고 그 재판에 회부할 경우에 분쟁국은 조약으로써 재판관이 판정할 사항 및 재판관의 권한을 명확히 지정해서 재판관이 그 범위 내에서 심리하고 재판하도록 할 것이고 의뢰받은 권한 이외의 판정은 분쟁국을 구속하지 않고 또한 재판관 선정에 관해서는 그 분쟁에 이해관계가 없는 자를 선정해야 한다. 당사국의 합의로써 이를 정하여 제삼국의 군주, 대통령, 혹은 사적 단체 또는 한 개인이라도 단일한 중재재판관으로 선정될 수 있다. 또한 이때한 경우에는 재판관을 2인 이상으로 하여 전체 혹은 일부를 타국이 선정하도록 할 수도 있다. 그래서 2인 이상의 재판관을 선정하는 때는 그 수를 홀수로 하거나 혹은 그 의견이 양분될 때는 제삼자의 의견에 따라 결정할 경우를 미리 규정하는 것이 보통이다. 왜냐하면 동수의 의견으로 서로 나뉘는 때는 그 판정이 성립할 수 없기에 홀수 혹은 제삼국의 의견이 필요하다. 중재재판관은 대개 의뢰받은 사건을 스스로 심리하고 스스로 판단하는 사람이지만, 타국의 군주를 그 재판관으로 선정하는 때는 군주가 이를 스스로 판단하여 결정할 필요는 없고 그가 선택한 인민이 이를 판정하게 시키고 그 판정은 군주의 명의로 발표할 수 있다. 그러나 이와 반대로 단체 혹은 개인을 재판관으로

者를定ᄒᆞᆫ時ᄂᆞᆫ其指定ᄒᆞᆫ團體或個人이自審裁判ᄒᆞᆷ을要ᄒᆞᄂᆞ니라

仲裁裁判者ᄂᆞᆫ其爭議에關ᄒᆞᆫ當事國兩便의主張을聽聞ᄒᆞ고必要ᄒᆞᆫ證據를蒐集ᄒᆞ며其事實을審查ᄒᆞ야兩便을拘束ᄒᆞᆯ最後裁判을行ᄒᆞᄂᆞ니其裁判所를搆成ᄒᆞ고裁判節次에關ᄒᆞ야當事國間에特別條約이有ᄒᆞᆫ外에ᄂᆞᆫ裁判者가此를自定ᄒᆞ고裁判者가二人以上되ᄂᆞᆫ時ᄂᆞᆫ多數決로써決定ᄒᆞᄂᆞ니라然而其判決에對ᄒᆞ야ᄂᆞᆫ爭議國은豫先條約을依ᄒᆞ야爭議를決ᄒᆞᆯ事를約定ᄒᆞ고仲裁裁判者도亦其約定을信據ᄒᆞ야依賴에關ᄒᆞᆫ事件을審查裁判ᄒᆞᄂᆞᆫ事를承諾ᄒᆞ고判決을行ᄒᆞᄂᆞᆫ者ㅣ됨으로爭議國間에在ᄒᆞ야ᄂᆞᆫ其判決을依ᄒᆞ야此를決定ᄒᆞᆯ義務가有ᄒᆞᆯ뿐아니라爭議國兩便은裁判者의게對ᄒᆞ야判決을無視치못ᄒᆞᆯ責任을負擔ᄒᆞᆯ지니라其判決은爭議國間에在ᄒᆞ야ᄂᆞᆫ條約과同一ᄒᆞᆫ効力이有ᄒᆞ고爭議事件에關ᄒᆞ야ᄂᆞᆫ最終決定을成ᄒᆞᆷ으로若一便이此를不從ᄒᆞᄂᆞᆫ時ᄂᆞᆫ相對國에對ᄒᆞ야條約의破約責任을難免ᄒᆞᆯ지니라此와同一ᄒᆞᆫ理由로爭議國兩便에셔判決을無視ᄒᆞᄂᆞᆫ時ᄂᆞᆫ共히仲裁裁判者의게對ᄒᆞ야同一責任을負ᄒᆞᄂᆞ니要컨대當事國은其爭議를仲裁裁判에附ᄒᆞ고其判決에絕對的으로服從ᄒᆞᆯ事를約定ᄒᆞᆷ으로써仲裁裁判者도

정한 때는 그 지정 단체 혹은 개인이 스스로 심리하고 재판해야 한다.

중재재판관은 그 분쟁에 관한 당사국 쌍방의 주장을 심리하고 필요한 증거를 수집하며 그 사실을 심사하여 쌍방을 구속하는 최종 판정을 내린다. 재판소를 구성하고 재판절차에 관해 당사국 간에 특별조약이 있는 경우 이외에는 재판관이 이를 스스로 정하고 재판관이 2인 이상 되는 때는 다수결로써 결정한다. 그래서 그 판결에 대해서 분쟁국들은 우선 조약에 의하여 분쟁을 결정하도록 약정하고 중재재판관도 역시 그 약정을 신뢰하여 의뢰된 사건을 심사하여 재판하기로 승낙하고 판정을 내리는 사람이 된다. 분쟁국 간에는 그 판정에 따라 이를 결정할 의무가 있을 뿐 아니라 분쟁국 쌍방은 재판관에 대해서 판결을 무시하지 못할 책임을 부담한다. 이 판정은 분쟁국 간에 조약과 동일한 효력이 있고 분쟁 사건에 관해서는 최종 결정이 되기에 만약 일방이 이를 따르지 않는 때는 상대국에 대해서 조약 파기 책임을 면하기 어렵다. 이와 동일한 이유로 분쟁국 쌍방에서 판정을 무시하는 때는 공동으로 중재재판관에 대해서 동일한 책임을 부담한다. 요컨대 당사국은 그 분쟁을 중재재판에 회부하고 그 판결에 절대적으로 복종하기로 약정했기에 중재재판관도

亦自國又ᄂᆞᆫ自己의名譽와信用을保維코져ᄒᆞᄂᆞᆫ關係上으로輕忽히審判者됨이不可ᄒᆞ며其裁判如何ᄅᆞᆯ依ᄒᆞ야自國의威信을不失ᄒᆞ기爲ᄒᆞ야審判은愼重히行ᄒᆞᆷ을要ᄒᆞᆷ으로써今世紀以來에至ᄒᆞ야ᄂᆞᆫ仲裁裁判의判決이良好ᄒᆞᆫ結果가有ᄒᆞ니라然而如何ᄒᆞᆫ境遇에도仲裁裁判者ᄂᆞᆫ其判決實行에關ᄒᆞ야擔保의責任을爭議國兩便又ᄂᆞᆫ一便에對ᄒᆞ야負擔ᄒᆞᄂᆞᆫ者ㅣ아니라然이나其判決은爭議國兩便을拘束치못ᄒᆞᄂᆞᆫ境遇가有ᄒᆞ니今에此特別境遇ᄅᆞᆯ擧ᄒᆞᆯ진대左의四種이라謂ᄒᆞᆷ을得ᄒᆞᆯ지로다

第一、裁判者가其依賴ᄒᆞᆫ權限을確實히超過ᄒᆞᆫ判決을行ᄒᆞᆫ時

第二、其判決이甚히不分明ᄒᆞ야實行ᄒᆞ기不能ᄒᆞᆫ時

第三、其判決이分明히偏頗ᄒᆞ야正義와公平의審判을不成ᄒᆞᄂᆞᆫ時

第四、其判決로詐欺及其他不正手段上으로出來ᄒᆞᆫ事ᄅᆞᆯ証明ᄒᆞᆫ時

仲裁裁判의判決이成立ᄒᆞᆷ을不得ᄒᆞᆯ境遇ᄂᆞᆫ審判仲裁裁判者가死亡ᄒᆞᆫ時에其補闕者ᄅᆞᆯ豫先選定치아니ᄒᆞᆫ時와又ᄂᆞᆫ仲裁裁判에附ᄒᆞᆫ後에當事國間에協議가成立ᄒᆞ야調和終局ᄒᆞᄂᆞᆫ時等이是니라

역시 자국 또는 자기의 명예와 신용을 보호하고 유지하고자 하는 관계에서 경솔히 심판관이 되어서는 안 된다. 그 재판 여하에 의하여 자국의 위신을 실추시키지 않도록 심판은 신중히 해야 하기에 금세기 이래에 중재재판의 판정이 양호한 결과를 가졌다. 그래서 어떤 상황에서도 중재재판관은 그 판정의 실행에 관해서 담보할 책임을 분쟁국 쌍방 또는 일방에 대해서 부담하지 않는다. 그러나 그 판정은 분쟁국 쌍방을 구속하지 못하는 경우가 있다. 이제 이러한 특별한 경우를 거론해서 아래에 4가지 종류를 말할 수 있다.

첫째, 재판관이 그 의뢰받은 권한을 확실히 초과한 판정을 내린 때

둘째, 그 판정이 매우 불분명해서 실행할 수 없는 때

셋째, 그 판정이 분명히 편파적이어서 정의와 공평한 심판이 되지 못하는 때

넷째, 그 판정이 사기와 그 밖의 부정한 수단에서 나왔다는 것이 증명된 때

중재판정의 판단이 성립할 수 없는 경우는 심판할 중재재판관이 사망한 때에 그의 보궐 재판관을 미리 선정하지 않은 때, 또는 중재재판에 회부한 후 당사국 사이에 협의가 성립해서 화해로 종결된 때 등이다.

仲裁裁判의判決은前述ᄒᆞᆷ과如ᄒᆞᆫ境遇ᄅᆞᆯ除ᄒᆞᆫ外에ᄂᆞᆫ其爭議에關ᄒᆞ야最終決定을成ᄒᆞᆷ으로써其判決을下ᄒᆞᆷ에關ᄒᆞ야ᄂᆞᆫ愼重히ᄒᆞᆷ을要ᄒᆞ나裁判者의感情其他個人的或國民的에固有ᄒᆞᆫ意見及法律上에關ᄒᆞᆫ誤解或隱然中으로自國民利害에基因ᄒᆞᆫ不公平ᄒᆞᆫ判決이有ᄒᆞᆷ은決코保証ᄒᆞᆷ을不得ᄒᆞᆯ지라如此ᄒᆞᆫ境遇에被害國은此에對ᄒᆞ야救濟ᄒᆞᆯ道理가無ᄒᆞᆷ으로爭議國이重大ᄒᆞᆫ利害關係가有ᄒᆞᆫ問題ᄂᆞᆫ容易히此ᄅᆞᆯ仲裁裁判에一任ᄒᆞᆷ이不能ᄒᆞᆯ지라是와相反ᄒᆞ야其爭議의爭點을成ᄒᆞᆫ事項이重大치아니ᄒᆞ거나其問題ᄂᆞᆫ法律上보다事實上이重ᄒᆞ거나若事實問題와法律問題가混合ᄒᆞᆫ境遇에ᄂᆞᆫ仲裁裁判을依ᄒᆞ야公平ᄒᆞᆫ結果ᄅᆞᆯ得ᄒᆞᄂᆞᆫ同時에是로因ᄒᆞ야國家間의激昂을除去ᄒᆞ야써其爭議ᄅᆞᆯ無事히終了ᄒᆞᄂᆞᆫ利益이有ᄒᆞ니라

第四節　列國會議

爭議가二個國間에起ᄒᆞ야其影響이數個國에及ᄒᆞᄂᆞᆫ事가有ᄒᆞ니數個國間에爭議가生ᄒᆞᆫ境遇에ᄂᆞᆫ此ᄅᆞᆯ終局케ᄒᆞ기爲ᄒᆞ야關係諸國이會議ᄅᆞᆯ開ᄒᆞ고其問題ᄅᆞᆯ論究決定ᄒᆞᄂᆞᆫ事가不尠ᄒᆞ니라假令西曆千八百四十八年에米國政府ᄂᆞᆫ巴羅的

중재재판의 판정은 앞서 기술한 것 같은 경우를 제외하고 그 분쟁에 관해서 최종 판단이 되기에 그 판정을 내리는 것에 관해서는 신중해야겠지만 재판관의 감정 그 밖의 개인적 혹은 국민적으로 고유한 의견 및 법률관계의 오해 혹은 은연중에 자국민의 이해에 기반한 불공평한 판정이 있는 경우에는 결코 보증할 수 없다. 이러한 경우에 피해국은 이에 대해서 구제할 도리가 없기에 분쟁국이 중대한 이해관계를 갖는 문제는 이를 쉽게 중재재판에 일임할 수 없다. 이와 반대로 그 분쟁의 쟁점이 되는 사항이 중대하지 않거나 그 문제는 법률적이기보다 사실 면에서 중하거나 만약 사실문제와 법률문제가 혼합되었을 때 중재재판에 의하여 공평한 결과를 얻고, 동시에 이에 따라 국가 사이의 격앙된 상태를 제거하여 그 분쟁을 무사히 종료시키는 이익이 있다.

제4절 국제회의

분쟁이 2개 국가 사이에서 일어나 그 영향이 여러 국가에 미치는 경우가 있다. 여러 국가 사이에 분쟁이 생긴 경우에는 이를 종결시키기 위하여 관련된 여러 국가가 회의를 열고 그 문제를 깊이 밝혀 결정하는 경우가 적지 않다. 가령 1848년에 미국 정부는 발트해를

海上을通過ᄒᆞᄂᆞᆫ船舶에對ᄒᆞ야丁抹國이課稅ᄒᆞᆷ을反對ᄒᆞ얏더니此問題ᄂᆞᆫ歐洲諸國도自國船舶에對ᄒᆞ야利害가有ᄒᆞᆷ으로써同千八百五十七年에쇼펑헤겐府에서列國會議ᄅᆞᆯ開ᄒᆞ고其條約을依ᄒᆞ야此ᄅᆞᆯ決定ᄒᆞᆫ事가有ᄒᆞ고又ᄂᆞᆫ土耳其國及其他歐洲東方問題에關ᄒᆞ야ᄂᆞᆫ此에利害關係ᄅᆞᆯ有ᄒᆞᆫ歐洲大國의會議로써恒常此ᄅᆞᆯ決定ᄒᆞᆷ이其實例니라特히如此ᄒᆞᆫ列國會議ᄂᆞᆫ列國이戰爭後에其戰爭으로브터由來ᄒᆞᆫ問題ᄅᆞᆯ決定ᄒᆞ기爲ᄒᆞ야媾和條約을規定ᄒᆞᄂᆞᆫ以外에屢屢히會合ᄒᆞᆫ바ㅣ有ᄒᆞ니如此ᄒᆞᆫ會合에ᄂᆞᆫ爭議에干與치아니ᄒᆞᆫ國이라도其問題의決定如何ᄅᆞᆯ依ᄒᆞ야利害의關係가有ᄒᆞ야一般的平和ᄅᆞᆯ維持ᄒᆞᆷ에列國의贊同을要ᄒᆞᆯ者ᄂᆞᆫ總히列國이此에叅列케ᄒᆞᆷ이通常이오其一般協議ᄅᆞᆯ依ᄒᆞ야列國間에衝突이有ᄒᆞ거나又ᄂᆞᆫ衝突ᄒᆞᆯ問題ᄅᆞᆯ決定ᄒᆞᄂᆞᆫ者ㅣ니拿翁이敗北ᄒᆞᆫ後西暦千八百十四年巴里會議及同十五年維也納會議와如ᄒᆞᆫ者ᄂᆞᆫ卽此에對ᄒᆞᆫ實例라謂ᄒᆞᆷ을得ᄒᆞᆯ지라然이나如此ᄒᆞᆫ列國會議ᄅᆞᆯ依ᄒᆞ야國際爭議의問題ᄅᆞᆯ決定ᄒᆞᆫ結果ᄂᆞᆫ公平ᄒᆞᆫ處置가無ᄒᆞᆷ은아니로대或境遇에ᄂᆞᆫ如此ᄒᆞᆫ會議ᄅᆞᆯ利用ᄒᆞ야大强國의私利ᄅᆞᆯ營爲ᄒᆞᄂᆞᆫ事가有ᄒᆞᆯ뿐아니라平和ᄅᆞᆯ維持코져ᄒᆞᄂᆞᆫ外形上으로調和의意思가無ᄒᆞᆫ

통과하는 선박에 대해서 덴마크가 과세하는 데 반대하였다. 이 문제는 여러 유럽 국가도 자국 선박에 대해서 이해가 있었기에 1857년에 코펜하겐시에서 국제회의를 열고 그 조약에 의하여 이를 결정한 일이 있다. 또는 터키와 그 밖의 동유럽 문제에 관해서는 이에 이해관계를 갖는 유럽의 대국들이 회의로 항상 이를 결정한 것이 그 실례이다. 특히 이러한 국제회의는 여러 국가가 전쟁 후에 그 전쟁으로부터 발생한 문제를 결정하기 위하여 강화조약을 규정하는 것 이외에 여러 차례 모인 적이 있다. 이러한 모임에는 분쟁에 간여하지 않은 국가라도 그 문제의 결정 여하에 의하여 이해관계가 있어서 일반적인 평화를 유지하는데 여러 국가의 찬성이 필요할 경우는 여러 국가가 전부 이에 참석하도록 하는 것이 통상이다. 일반적인 협의로 여러 국가 사이에 충돌이 있거나 충돌할 문제를 결정하는 것이기에, 나폴레옹이 패배한 후 1814년 파리회의 및 1815년 빈회의와 같은 것은 즉 이에 대한 실례라고 할 수 있다. 그러나 이러한 국제회의에 따라 국제분쟁 문제를 결정한 결과는 공평한 처리가 없지는 않지만, 어떠한 경우에는 이러한 회의를 이용하여 강대국의 사리를 도모하는 경우가 있을 뿐 아니라 외형상 평화를 유지한다고 하지만, 조화를 이룰 의사가 없는

會合이有ᄒᆞ니라假令西曆千八百十五年의維也納條約은法國에對ᄒᆞᆫ戰勝國間에戰勝의利益을分排ᄒᆞ고各强國은小弱ᄒᆞᆫ鄰國에對ᄒᆞ야互相間의慾望程度ᄅᆞᆯ慾增ᄒᆞᆷ에不過ᄒᆞᆷ으로피리모아氏ᄂᆞᆫ大强國會議로ᄒᆞ야곰恒常國際公法上의適當及公平結果ᄅᆞᆯ滅損케ᄒᆞᄂᆞᆫ者로指ᄒᆞ야論述ᄒᆞᆫ事가有ᄒᆞ니라然이나其結果의如何ᄂᆞᆫ會議에干與ᄒᆞᆫ各國이各其自判ᄒᆞᆯ外에道理가無ᄒᆞᆷ으로써國際公法上에在ᄒᆞ야ᄂᆞᆫ列國會議ᄅᆞᆯ爭議決定ᄒᆞᄂᆞᆫ一平和的手段으로看做ᄒᆞᆷ을得ᄒᆞᆯ지니라

第三章　强制手段

國家가他國의게權利의侵害ᄅᆞᆯ受ᄒᆞ거나損害ᄅᆞᆯ受ᄒᆞᆫ時ᄂᆞᆫ其救濟ᄅᆞᆯ求ᄒᆞ기爲ᄒᆞ야平和的手段을採用ᄒᆞᆷ을得ᄒᆞᆷ은無論이로대相對國이若此要求에不應ᄒᆞᄂᆞᆫ時나要求ᄅᆞᆯ行ᄒᆞᆯ暇遑이無ᄒᆞᆷ에ᄂᆞᆫ被害國은相對國의權利ᄅᆞᆯ侵害ᄒᆞ야써自國要求에應케ᄒᆞᄂᆞᆫ手段을講究ᄒᆞᆯ지며又ᄂᆞᆫ相對國의權利ᄂᆞᆫ侵害치아니ᄒᆞᆯ지라도友誼에ᄂᆞᆫ違反되ᄂᆞᆫ手段으로써救濟ᄅᆞᆯ求ᄒᆞᄂᆞᆫ方法도採用ᄒᆞᆷ을可得ᄒᆞᆯ지라此ᄅᆞᆯ名稱ᄒᆞ야强制手段이라謂ᄒᆞᄂᆞ니如此ᄒᆞᆫ强制手段은元來戰爭에關ᄒᆞᆫ手段이라謂ᄒᆞᆷ은不能ᄒᆞᆯ지로대平和와戰爭中間에在ᄒᆞᆫ者ㅣ나國際公法上法理에ᄂᆞᆫ相對國에

모임이 있다. 가령 1815년의 빈조약은 프랑스에 대한 전승국 사이에 전승 이익을 분배하고 강국들 각자가 약소국인 이웃 국가에 대해서 상호 간의 욕망 수준을 마음대로 늘린 것에 불과하여 필리모어는 강대국들의 회의가 항상 국제공법상 적당하고 공평한 결과를 떨어뜨리는 것이라고 지적하여 논한 바 있다. 그러나 그 결과는 회의에 간여한 각국이 각각 스스로 판단하는 것 외에 도리가 없기에 국제공법에서는 국제회의가 분쟁을 결정하는 하나의 평화적 수단으로 간주할 수 있다.

제3장 강제 수단

국가가 타국 때문에 권리를 침해당하거나 손해를 당하는 때는 그 구제를 구하기 위하여 평화적 수단을 채택할 수 있는 것은 물론이다. 상대국이 만약 이러한 요구에 불응하거나 요구할 여지가 없는 경우에 피해국은 상대국의 권리를 침해하여 자국의 요구에 응하도록 하는 수단을 마련하거나 상대국의 권리를 침해하지 않으면서도 우의에 반하는 수단으로써 구제를 구하는 방법도 채택할 수 있는데, 이를 강제 수단이라고 한다. 이러한 강제 수단은 원래 전쟁에 관한 수단이라고 말할 수 없지만, 평화와 전쟁 중간에 있거나 국제공법의 법리는 상대국에

對ᄒᆞ야戰爭은開始치아니ᄒᆞ고友誼의關係ᄂᆞᆫ繼續ᄒᆞ며如此ᄒᆞᆫ手段을採用ᄒᆞᆷ은正當ᄒᆞᆫ者로認ᄒᆞ기難ᄒᆞᆷ에不拘ᄒᆞ고國家ᄂᆞᆫ戰爭을惹起치아니ᄒᆞ고爭議ᄅᆞᆯ終了ᄒᆞᄂᆞᆫ慣手段으로此ᄅᆞᆯ行來ᄒᆞ야國際公法도亦慣習上으로此ᄅᆞᆯ追咎치아니ᄒᆞᄂᆞ니라如此ᄒᆞᆫ手段을說明ᄒᆞ기爲ᄒᆞ야四節로分說ᄒᆞᆯ진대左와如ᄒᆞ도다

第一節 報復

報復이란者ᄂᆞᆫ自國又ᄂᆞᆫ自國人民의게對ᄒᆞ야他國이不利益을與ᄒᆞᆫ境遇에自國도亦其國又ᄂᆞᆫ其國人民의게對ᄒᆞ야相對國의行爲와全히同一ᄒᆞ거나或은類相似ᄒᆞᆫ不利益을與ᄒᆞᄂᆞᆫ者ㅣ니假令他國이自國으로브터輸入ᄒᆞᄂᆞᆫ物品에對ᄒᆞ야過當ᄒᆞᆫ關稅ᄅᆞᆯ賦課ᄒᆞ야其結果로自國物品의輸入을妨害ᄒᆞ거나禁止코져ᄒᆞ거나又ᄂᆞᆫ自國人民이其國에往來居住ᄒᆞᆷ을禁止ᄒᆞ거나妨害ᄒᆞ거나或은他國人民보다一層不便不利益을被케ᄒᆞᄂᆞᆫ境遇에自國도加害國物品에關ᄒᆞ야同一方法이나又ᄂᆞᆫ類似ᄒᆞᆫ重稅ᄅᆞᆯ賦課ᄒᆞ거나或은其國人民이自國版圖內에셔往來居住ᄒᆞᆷ에關ᄒᆞ야同種類의不便不利益을加ᄒᆞ야써加害國으로ᄒᆞ야곰其不當行爲ᄅᆞᆯ廢止케ᄒᆞᆷ과如ᄒᆞᆫ者ㅣ是니라或相對國이取ᄒᆞᆫ方法과同一ᄒᆞᆫ報復을行ᄒᆞᄂᆞᆫ境遇

대해서 전쟁을 개시하지 않고 우호 관계는 계속하며 이러한 수단을 채택하는 것이 정당하다고 인정하기 어려움에도 불구하고 국가는 전쟁을 초래하지 않으면서 분쟁을 종료하는 상투적인 수단으로 이를 행해 와서 국제공법도 역시 관습상 이에 대해 책임을 추궁하지 않는다. 이러한 수단을 설명하기 위하여 4절로 나누어 설명하면 아래와 같다.

제1절 보복

보복이란 자국 또는 자국 인민에 대해서 타국이 불이익을 줄 때에 자국도 역시 그 국가 또는 그 국가 인민에 대해서 상대국의 행위와 온전히 동일하거나 혹은 비슷한 유형의 불이익을 주는 것이다. 가령 타국이 자국에서 수입하는 물품에 대해서 과도한 관세를 부과하여 그 결과로 자국 물품의 수입을 방해하거나 금지하려고 하거나 자국 인민이 그 국가에 왕래하거나 거주하는 것을 금지하거나 방해하는 것, 혹은 타국 인민보다 한층 더 불편하거나 불이익을 당하도록 할 때에 자국도 가해국 물품에 관해 동일한 방법이지만 유사하게 중한 세금을 부과하거나 혹은 그 국가의 인민이 자국 영역 내에서 왕래하거나 거주하는 것에 관해 동일한 종류의 불편이나 불이익을 가하여 가해국이 그 부당한 행위를 그만두도록 하는 것과 같은 것이다. 혹은 상대국이 취한 방법과 동일한 보복을 행하는 경우와와相對國이取ᄒᆞᆫ方法과類似ᄒᆞᆫ行爲를行ᄒᆞᄂᆞᆫ境遇를區別ᄒᆞᄂᆞᆫ學者가不無ᄒᆞ대此區別은實用이無ᄒᆞᆯ지로다要컨대其區別의有無ᄂᆞᆫ不問ᄒᆞ고報復의行爲ᄂᆞᆫ元來國家獨立權의作用이니不法으로論ᄒᆞᆷ은不可ᄒᆞ대其方法이友誼的에違反됨은分明ᄒᆞ고報復은相對國이自國又ᄂᆞᆫ自國人民의게對ᄒᆞ야與ᄒᆞᆷ과同一ᄒᆞᆫ程度의不利益을其國又ᄂᆞᆫ其國人民의게對ᄒᆞ야與ᄒᆞᄂᆞᆫ者ㅣ라然이나其程度에關ᄒᆞ야ᄂᆞᆫ制限이有ᄒᆞ야自國의安全及一般社會의善良秩序를維持ᄒᆞᄂᆞᆫ範圍를超過ᄒᆞᆷ이不能ᄒᆞᆷ으로文明國은其外交官을野蠻國이殺害ᄒᆞᆯ지라도其國의外交官을殺害ᄒᆞ거나俘虜로待遇ᄒᆞ거나人質ᄒᆞ거나又ᄂᆞᆫ其財産을破壞ᄒᆞᆷ과如ᄒᆞᆫ行爲ᄂᆞᆫ國際公法에矛盾ᄒᆞᄂᆞᆫ野蠻의行爲를難免ᄒᆞᆷ으로此ᄂᆞᆫ不行ᄒᆞᄂᆞ니라

第二節　復仇

復仇란者ᄂᆞᆫ他國이不法行爲를行ᄒᆞᆷ에對ᄒᆞ야自國도不法行爲로써此에應ᄒᆞᄂᆞᆫ者ㅣ니復仇의文字ᄂᆞᆫ戰爭中復讎的國家行爲에對ᄒᆞ야도使用ᄒᆞᄂᆞᆫ者ㅣ로대玆에所謂復仇란者ᄂᆞᆫ自國에對ᄒᆞᆫ不法行爲를戰端은不開ᄒᆞ고救濟케ᄒᆞᆯ目的으로平時에行ᄒᆞᄂᆞᆫ强制的手段으로國家가自國或은其人民의게不法의損害를加ᄒᆞᆫ

상대국이 취한 방법과 유사한 행위를 행하는 경우를 구별하는 학자가 없지 않지만, 이러한 구별은 실용성이 없다. 요컨대 그 구별의 유무를 불문하고 보복 행위는 원래 국가의 독립권을 행사한 것이기에 불법이라고 논할 수 없지만 그 방법이 우의에 반하는 것은 분명하고 보복은 상대국이 자국 또는 자국 인민에게 주는 것과 동일한 정도의 불이익을 그 국가 또는 그 국가의 인민에 대해서 주는 것이다. 그러나 그 수준에 관해서는 제한이 있어서 자국의 안전 및 일반 사회의 선량한 질서를 유지하는 범위를 초과할 수 없기에 문명국은 그 외교관을 야만국이 살해할지라도 그 국가의 외교관을 살해하거나 포로로 대우하거나 인질로 삼거나 그 재산을 파괴하는 것과 같은 행위는 국제공법에 모순되는 야만의 행위를 면하기 어렵기에 이를 행하지 않는다.

제2절 복구

복구란 타국이 불법행위를 행한 것에 대해서 자국도 불법행위로 이에 응하는 것이다. 복구라는 문자는 전쟁 중 국가의 복수행위에 대해서도 사용하지만, 여기에서 소위 복구란 것은 자국에 대한 불법행위를 전쟁 개시 없이 구제하기 위한 목적으로 평시에 행하는 강제적 수단으로서 국가가 자국 혹은 그 인민에게 불법적인 손해를 입힌

時ᄂᆞᆫ宜當히自國은加害國政府或은其人民의게屬ᄒᆞᆫ財産을積極的으로取得ᄒᆞ거나或은自國에셔加害國又ᄂᆞᆫ其人民의게對ᄒᆞ야當然히給與ᄒᆞᆯ者ᄅᆞᆯ消極的으로給與치아니ᄒᆞ야써自國이被ᄒᆞᆫ損害에對ᄒᆞ야滿足ᄒᆞᆫ結果ᄅᆞᆯ得ᄒᆞ기ᄭᆞ지此ᄅᆞᆯ行ᄒᆞᆷ을謂ᄒᆞᆷ이니假令加害國에對ᄒᆞ야被害國이豫先約定ᄒᆞᆫ義務의履行을拒絶ᄒᆞ거나其國又ᄂᆞᆫ其人民의게對ᄒᆞ야給與ᄒᆞᆯ特典이나或은權利ᄅᆞᆯ剝奪ᄒᆞ거나又ᄂᆞᆫ加害國或其人民의게屬ᄒᆞᆫ財産을加害國의領土、領海又ᄂᆞᆫ公海에셔押取ᄒᆞᆷ과如ᄒᆞᆫ者ㅣ是라然而加害國이自國에對ᄒᆞ야損害ᄅᆞᆯ賠償ᄒᆞᄂᆞᆫ時ᄂᆞᆫ自國이强取ᄒᆞᆫ物品은其本國에返還ᄒᆞ고若此ᄅᆞᆯ沒取賣却ᄒᆞᆫ時ᄂᆞᆫ其賠償을行ᄒᆞᆷ이可ᄒᆞ고此에附屬的되ᄂᆞᆫ利益도其賠償中에筭入ᄒᆞᆷ이可ᄒᆞ니라然이나是와相反ᄒᆞ야復仇의結果로戰爭을成ᄒᆞᆫ時ᄂᆞᆫ其物品은拿捕物과同一히沒收ᄒᆞᆷ을得ᄒᆞᄂᆞ니라

此手段의性質은戰爭에最近ᄒᆞᆫ行爲로多數의境遇ᄂᆞᆫ戰爭을惹起ᄒᆞᆷ에至ᄒᆞᄂᆞ니라相對國에셔確實히不法行爲ᄅᆞᆯ行ᄒᆞ거나或은自國又ᄂᆞᆫ自國人民의게對ᄒᆞ야公平ᄒᆞᆫ處置ᄅᆞᆯ行ᄒᆞᄂᆞᆫ事ᄅᆞᆯ猶豫치못ᄒᆞᆯ境遇外에ᄂᆞᆫ復仇ᄅᆞᆯ行ᄒᆞᆷ이不能ᄒᆞᄂᆞ니此ᄅᆞᆯ行ᄒᆞᆷ에關ᄒᆞ야ᄂᆞᆫ不得不行ᄒᆞᆯ必要가有ᄒᆞ고且其必要의程度가重大ᄒᆞᆫ事에關

때는 마땅히 자국이 가해국 정부 혹은 그 인민에게 속한 재산을 적극적으로 취득하거나 혹은 자국에서 가해국 또는 그 인민에 대해서 당연히 급여할 것을 소극적으로 급여하지 않아서 자국이 당한 손해에 대하여 만족스러운 결과를 얻기까지 이를 행하는 것을 말한다. 가령 가해국에 대해 피해국이 미리 약정한 의무의 이행을 거절하거나 그 국가 또는 그 인민에게 급여할 특전이나 혹은 권리를 박탈하거나 가해국 혹은 그 인민에게 속한 재산을 가해국의 영토, 영해 또는 공해에서 압류하는 것과 같다. 그래서 가해국이 자국에 대해서 손해를 배상하는 때는 자국이 강제로 취득한 물품을 그 본국에 반환하고 만약 이를 몰수하여 매각하였을 때는 배상해야 하고 이에 부속되는 이익도 그 배상에 산입해야 한다. 그러나 이와 반대로 복구의 결과로 전쟁이 일어나는 때 그 물품은 포획물과 같이 몰수할 수 있다. 이러한 수단의 성격은 전쟁에 가장 가까운 행위로서 다수의 경우는 전쟁을 초래하게 된다. 상대국에서 확실히 불법행위를 행하거나 혹은 자국 또는 자국 인민에 대해서 공평한 처리를 유예하지 못한 때 외에는 복구할 수 없다. 이를 행하는 것이 어쩔 수 없이 행할 필요가 있고 또한 그 필요한 정도가 중대한 일에 관해서

ᄒᆞ야擧證ᄒᆞᄂᆞᆫ責任은復仇ᄅᆞᆯ行ᄒᆞᄂᆞᆫ國家에셔此ᄅᆞᆯ負擔ᄒᆞᆯᄲᅮᆫ아니라正當히此强制手段을取ᄒᆞᆯ境遇라도相對國의不法行爲의程度에相當ᄒᆞᆫ事ᄅᆞᆯ要ᄒᆞ고被害程度에不相當ᄒᆞᆫ復仇에對ᄒᆞ야ᄂᆞᆫ其國이責任을得免치못ᄒᆞᆯ지니라又昔時에在ᄒᆞ야ᄂᆞᆫ一般復仇와特別復仇ᄅᆞᆯ區別ᄒᆞ고更히積極的復仇와消極的復仇ᄅᆞᆯ區別ᄒᆞᄂᆞ니就中特別復仇란者ᄂᆞᆫ國家가其人民이直接으로損害ᄅᆞᆯ受ᄒᆞᆫ者의게對ᄒᆞ야相對國又ᄂᆞᆫ其人民의게個人的復仇ᄅᆞᆯ行ᄒᆞᄂᆞᆫ事ᄅᆞᆯ許可ᄒᆞᄂᆞᆫ者ㅣ라然이나復仇ᄂᆞᆫ其性質이戰爭에最近ᄒᆞᆷ으로써此ᄅᆞᆯ行ᄒᆞᆷ은國家의行爲됨을要ᄒᆞ며個人的復仇ᄂᆞᆫ方今國際上에셔不認ᄒᆞ야諸國間에行ᄒᆞᄂᆞᆫ事가無ᄒᆞ니라今에復仇의例ᄅᆞᆯ擧ᄒᆞᆯ진대其例가不尠ᄒᆞ니法國路易王十四世ᄂᆞᆫ年少ᄒᆞ야마사린僧正이執政ᄒᆞᆯ時에英國의商船一隻이法國海岸에셔不當히拿捕ᄅᆞᆯ當ᄒᆞ야沒收ᄒᆞᆷ을被ᄒᆞ얏더니英國은同商船所有者의게書翰을携帶케ᄒᆞ고其마사린僧正의게對ᄒᆞ야三日以內에右商船及搭載品을返還ᄒᆞᆯ事ᄅᆞᆯ要請ᄒᆞ얏더니法國은此에對ᄒᆞ야不應ᄒᆞᆷ으로써英國政府ᄂᆞᆫ二隻軍艦에命ᄒᆞ야英國海峽에셔法國商船二隻을拿捕케ᄒᆞ야此ᄅᆞᆯ賣却ᄒᆞ야被害者의損害ᄅᆞᆯ充數ᄒᆞ고其餘金은法國大使의게給與ᄒᆞᆫ事가

증명할 책임은 복구하는 국가에서 이를 부담할 뿐 아니라 이러한 강제 수단을 취하는 것이 정당하다고 해도 상대국의 불법행위 수준에 상당해야 하고 피해 정도에 상당하지 않은 복구에 대해서는 그 국가가 책임을 면할 수 없을 것이다. 또한 옛날에는 일반 복구와 특별 복구를 구별하고 다시 적극적인 복구와 소극적인 복구를 구별했다. 그중에서도 특별 복구란 국가가 직접 손해를 당한 자국 인민에 대해서 상대국 또는 그 인민에게 개인적으로 복구하도록 허가하는 것이다. 그러나 복구는 그 성격상 전쟁에 가장 가깝기에 이를 행하는 것은 국가의 행위여야 하며 개인적인 복구는 지금 국제적으로 인정되지 않아서 여러 국가 간에 행하는 일이 없다. 이제 복구의 예를 들자면 그 예가 적지 않다. 프랑스 루이 14세가 연소하여 마자랭(J. Mazarin) 추기경이 섭정할 때 영국의 상선 한 척이 프랑스 해안에서 부당하게 나포되어 몰수당했다. 영국은 이 상선 소유자에게 서신을 휴대하도록 해서 마자랭 추기경에게 3일 이내에 위 상선과 탑재 품을 반환할 것을 요청했다. 프랑스가 이에 불응하자 영국 정부는 2척의 군함에 명하여 영국 해협에서 프랑스 상선 2척을 나포하고 이를 매각하여 피해자의 손해를 충당하고 그 나머지 금전은 프랑스 대사에게 지급한 일이

有ᄒᆞ고西曆千七百五十二年에시레샤負債事件에關ᄒᆞ야ᄂᆞᆫ英國이中立國되ᄂᆞᆫ普魯西國의商船及搭載品을不法으로捕獲ᄒᆞᆷ으로普國은其復仇로倫敦商人의게支撥ᄒᆞᆯ債務ᄅᆞᆯ沒收ᄒᆞ야兩國間에紛議ᄅᆞᆯ生ᄒᆞᆫ事가有ᄒᆞ고又ᄂᆞᆫ同千八百十六年에英國은시실國과條約上에基因ᄒᆞ야商業上의一定ᄒᆞᆫ利益을保障ᄒᆞ고其시실國政府ᄂᆞᆫ其利益에違反ᄒᆞᄂᆞᆫ特權은他國에對ᄒᆞ야許與치아니ᄒᆞᆯ事ᄅᆞᆯ約定ᄒᆞᆷ에不拘ᄒᆞ고千八百三十六年에同國政府ᄂᆞᆫ同國에셔産出ᄒᆞᄂᆞᆫ硫黃專賣權을法國私立會社及其他에對ᄒᆞ야許與ᄒᆞᆷ으로英國의商業은非常ᄒᆞᆫ損害ᄅᆞᆯ受ᄒᆞᆫ故로英國外部大臣ᄲᅡ아마루스드氏ᄂᆞᆫ此專賣權의許與로條約의違反이라ᄒᆞ야右專賣權의廢止ᄅᆞᆯ시실國政府에對ᄒᆞ야要請ᄒᆞ얏더니同國政府ᄂᆞᆫ此에對ᄒᆞ야不應ᄒᆞᆷ으로써千八百四十年에英國艦隊ᄂᆞᆫ네블近海에셔시실國商船을捕獲ᄒᆞ고마루다港內에在ᄒᆞᆫ시실國國旗ᄅᆞᆯ揭揚ᄒᆞᆫ船舶을抑留ᄒᆞ야最終은法國에調停으로英國의要求ᄅᆞᆯ承諾ᄒᆞᆫ事가有ᄒᆞ고又同千八百六十一年에英法西三國은墨西哥國政府가各其自國人民의게對ᄒᆞᆫ負債及此에對ᄒᆞ야加ᄒᆞᆫ損害ᄅᆞᆯ賠償케ᄒᆞ기爲ᄒᆞ야墨國에對ᄒᆞ야干涉ᄒᆞᆫ事가有ᄒᆞ고又同千八百八十四年及五年에法國은東

있다. 1752년에 실레시아 부채 사건에 관해서는 영국이 중립국인 프로이센의 상선과 탑재 품을 불법 포획하자 프로이센이 복구로 런던 상인에게 지급할 채무를 몰수하여 양국 간에 분쟁이 생긴 적이 있다. 또는 1816년에 영국은 시칠리아와 조약에 근거하여 상업상 일정한 이익을 보장하고 시칠리아 정부는 그 이익에 반하는 특권을 타국에 허용하지 않기로 약정했는데도 불구하고 1836년에 이 나라 정부가 자국에서 산출되는 유황 전매권을 프랑스 민영회사 등에 대해서 허용하자 영국의 상업이 예사롭지 않은 손해를 당한 이유로 영국 외부내신 파머스턴(Lord Palmerston)이 이러한 전매권 허용으로 조약을 위반했다고 하여 위의 전매권을 폐지하도록 시칠리아 정부에 대해서 요청했더니 이 나라 정부가 이에 대해서 불응하자 1840년에 영국 함대가 나폴리 근해에서 시칠리아 상선을 포획하고 몰타 항구 내의 시칠리아 국기를 게양한 선박을 억류하자, 최종적으로 프랑스의 조정으로 영국의 요구를 승낙한 경우가 있다. 또한 1861년에 영국, 프랑스, 스페인 3국은 각자 자국 인민에 대한 멕시코 정부의 채무와 이들에 대해서 가한 손해를 배상시키기 위하여 멕시코에 대해서 간섭한 일이 있고 또한 1884년과 1885년에 프랑스는*

* 이후 원문 누락.

평시국제공법

초판 발행 1쇄 2025년 4월 30일

강술 석진형
교열 신해영
옮긴이 강병근
펴낸곳 고려대학교출판문화원
www.kupress.com
kupress@korea.ac.kr
(02841) 서울특별시 성북구 안암로 145
Tel 02-3290-4230, 4232
Fax 02-923-6311
찍은곳 (주)대한프린테크

ISBN 979-11-6956-111-2 93360

값 55,000원